Sonderausgabe von »Gestalt und Integration«
Heft 2/1992 · 1/1993 · 2/1993 · 1/1994

Reihe
Innovative Psychotherapie und Humanwissenschaften
Band 56
Herausgegeben von
Hilarion Petzold

Hilarion Petzold, Johanna Sieper

Integration und Kreation

Band 1

Modelle und Konzepte der Integrativen Therapie, Agogik und Arbeit mit kreativen Medien

Jubiläumsband zu 20 Jahren Weiterbildung an der „Europäischen Akademie für psychosoziale Gesundheit“ und am „Fritz Perls Institut für Integrative Therapie, Gestalttherapie und Kreativitätsförderung“
20 Jahre DGIK

Junfermann Verlag · Paderborn
1993

Graphische Gestaltung: Erika Reinecke
Redaktionelle Bearbeitung: Ruth Frangenberg-Wolter

Bildnachweise: aus dem Archiv des Arbeiter-Samariter-Bundes, mit frdl. Genehmigung und aus dem Bildarchiv des Fritz Perls Institutes

Dieses Buch wurde gefördert durch eine Spende der Deutsche Bank AG, Hückeswagen.

Satz: adrupa Paderborn

CIP-Titelaufnahme der Deutschen Bibliothek
Integration und Kreation
Hilarion Petzold, Johanna Sieper (Hrsg.) – Paderborn: Junfermann, 1993
ISBN 3-87387-124-6
NE: Petzold, Hilarion [Hrsg.]; GT

ISBN 3-87387-124-6

Inhaltsverzeichnis

BAND 2: STRUKTUREN, METHODEN, ORGANISATION

Vorwort

Das „Fritz Perls Institut für Integrative Therapie, Gestalttherapie und Kreativitätsförderung“ (FPI), die „Deutsche Gesellschaft für Integrative Therapie, Gestalttherapie und Kreativitätsförderung“ (DGIK) – vormals DGGK – feierten im Jahre 1992 ihr zwanzigjähriges, die „Europäische Akademie für psychosoziale Gesundheit“ (EAG) ihr zehnjähriges Bestehen. Wir hatten uns deshalb entschlossen, in einer Zusammenarbeit dieser drei Einrichtungen eine Sonderausgabe von „Gestalt und Integration“ als Jubiläumsband vorzulegen. Von den Gründungsmitgliedern haben es *Hilarion Petzold* und *Johanna Sieper* unternommen, diesen Band vorzubereiten. Er bietet einen repräsentativen Überblick über das, was durch die „Integrative Therapie“ seit ihren Anfängen in der Mitte der sechziger Jahre entstanden ist: auf theoretischer Ebene, in der Praxeologie, im Bereich der Aus- und Weiterbildung auf institutioneller Ebene. Wir hoffen, daß dieser Jubiläumsband über den Kreis der DGIK-Mitglieder und FPI-Ausbildungskandidaten hinaus Verbreitung und Interesse findet.

Das Redaktionsteam:
Nando, Belardi, Dorothea Metz-Schneider
Hilarion Petzold, Waldemar Schuch
Johanna Sieper

Zum Geleit

Die „Deutsche Gesellschaft für Integrative Therapie, Gestalttherapie und Kreativitätsförderung" (DGIK) wurde im Jahre 1972 gegründet. Damals stand der im Vereinsnamen ausgewiesene zweite Begriff „Integrative Therapie" noch nicht in der „Headline", obwohl er im Namen des FPIs, des Ausbildungsinstituts unseres Fach- und Berufsverbandes, und in den theoretischen Grundkonzepten sowie im methodischen Ansatz durchaus schon vorhanden war, praktiziert und gelehrt wurde. Aber es handelte sich damals um ein „Metamodell", eine verbindende Begrifflichkeit, die Gestalttherapie, Leib- und Bewegungstherapie, Arbeit mit kreativen Medien in einen übergreifenden Rahmen bringen sollte.

Diese Situation hat sich inzwischen gewandelt. Die Gestalttherapie hat nach wie vor mit den kreativtherapeutischen Verfahren ihren Ort in unserer Gesellschaft. Die DGIK vertritt heute darüber hinaus dezidiert ein Integrationsmodell als eigenständiges Verfahren neben der Gestalttherapie, nämlich die „Integrative Therapie", deren Grundpositionen und Praxisdimensionen dieser Jubiläumsband darstellen soll. Weiterhin wird eindrücklich dokumentiert, daß die Integrative Therapie „Leitverfahren" für eine Reihe von „Methoden" geworden ist, ähnlich wie die Psychoanalyse für die analytische Kunst- oder Musiktherapie. Integrative Musiktherapie, Integrative Kunsttherapie, Integrative Bewegungstherapie usw. sind inzwischen eingeführte und beachtete Formen der Behandlung auf dem Hintergrund des Integrativen Ansatzes, die zum Teil eigene Entwicklungen genommen haben und in eigenen Berufsverbänden organisiert sind.

Die „Deutsche Gesellschaft für Integrative Therapie, Gestalttherapie und Kreativitätsförderung" ist durch diese Entwicklungen nicht unberührt geblieben. Sie ist in ihrem berufspolitischen Engagement breiter und profilierter geworden, hat 1978 zu den Verbänden gehört, die die „Arbeitsgemeinschaft der psychotherapeutischen Fachverbände" (AGPF) mitbegründeten. Sie hat im gleichen Jahr im Rahmen der Hearings zur Erstfassung eines Psychotherapeutengesetzes mitgewirkt und ist bis heute berufspolitisch in hohem Maße aktiv – nicht zuletzt, was die Entwicklung des neuen Psychotherapiegesetzes anbelangt.

In diesem Zusammenhang vertritt die DGIK die „Integrative Therapie" als schulenübergreifendes Integrationsparadigma und natürlich auch die „Gestalttherapie" als eines der Kernverfahren im Rahmen des Integrativen Ansatzes, und sie steht mit den beiden anderen Gestaltverbänden (DVG und GTA) in einem guten, kollegialen Kooperationsverband. 1985 gehörte die DGIK zu den Verbänden, die die „Europäische Gesellschaft für Gestalttherapie" mitbegründeten, und sie zählte zu den Mitausrichtern des ersten „Europäischen Kongresses für Gestalttherapie" in Mainz und auch der darauf folgenden Kongresse in Feldhofen und Paris.

Mit den Schwestervereinen in Österreich, Schweiz, Norwegen und im ehemaligen Jugoslawien bestehen gute Kontakte, und so erweisen sich 20 Jahre fachverbandlicher, berufsverbandlicher und gesundheits- und berufspolitischer Arbeit als eine lange, fruchtbare Zeit, die die Kontinuität von Integrativer Therapie, Gestalttherapie und der Arbeit mit kreativen Medien dokumentiert.

Gisela Ries, Dipl. Psych.
1. Vorsitzende der DGIK

Einführung

Das *„Fritz Perls Institut für Integrative Therapie, Gestalttherapie und Kreativitätsförderung“* (FPI) konnte 1992 auf 20 Jahre Weiterbildungstätigkeit im europäischen Raum zurückblicken. Es richtete im Jahre 1982 ein Bildungshaus an der Bevertalsperre ein, die jetzige *„Europäische Akademie für psychosoziale Gesundheit und Kreativitätsförderung“* (EAG), staatlich anerkannte Einrichtung der beruflichen Bildung, die nunmehr über 10 Jahre tätig ist. FPI und EAG sind Ausdruck der „gemeinsamen Suchbewegung“ ihrer Begründer und langjährigen Leitfiguren *Hilarion Petzold, Hildegund Heinl* und *Johanna Sieper*, und all der Menschen, die sie auf dem „heraklitischen Weg“ beständigen Wandels und innovativer Veränderung begleitet haben, dem Weg von *Integration* und *Kreation*, von *Differenzierung* und *Ganzheitlichkeit*.

Weil FPI und EAG auf die Weiterbildung von Angehörigen in helfenden Berufen aus dem Bereich psychosozialer, medizinischer und pädagogischer Arbeitsfelder gerichtet sind, in denen der „Umgang mit Menschen“ im Zentrum des professionellen Handelns steht, sind die Aus- und Weiterbildungsaktivitäten nicht nur auf das Vermitteln von professionellen Fähigkeiten (Kompetenzen) und Fertigkeiten (Performanzen) gerichtet. Vielmehr geht es um die Vermittlung einer hohen „Professionalität in zwischenmenschlichen Kontexten“. Deshalb ist der „beziehungszentrierte“ Umgang mit Menschen das Hauptziel all unserer Bildungsmaßnahmen. Beziehungszentrierung schließt Personenzentriertheit ein, überschreitet sie jedoch in jedem Augenblick. Der Klient, der Patient, der Ratsuchende, der Lernende – sie alle stehen im Zentrum des Geschehens, aber dieses Zentrum ist nicht monopolar. Die Person des Beraters, des Therapeuten, des Pädagogen, ist in diese Konzepte einbezogen. So geht es denn um *Ko-respondenzprozesse*, um ein wechselseitiges Fragen und Antworten, ein intersubjektives Geschehen zwischen Menschen in konkreten Situationen ihrer gemeinsamen Lebenswelt, ihrer persönlichen Biographie und ihrer zeitgeschichtlichen Eingebundenheit, aber auch um ihre Pläne, Entwürfe, Hoffnungen. Dialoge in Kontext und Kontinuum zu ermöglichen, die zu Übereinkünften führen, kooperativen Bemühungen, um humane Lebenszusammenhänge herzustellen und Spielräume kreativer Entfaltung und Selbstverwirklichung in der Gemeinschaft bereitzustellen, das waren stets die Leitziele der Arbeit an FPI und EAG – von ihren Anfängen an. Psychosoziale, therapeutische, pädagogische, persönlichkeitsbildende und kreativitätsfördernde Arbeit wurde deshalb niemals nur als Vermittlung von „Interventionstechniken“ gesehen oder als Lehren rein akademischen Wissens, sondern sie war und ist stets von einem sozialen Engagement und einem politischen Bewußtsein getragen, von der Bereitschaft, für die *Integrität* und die Entfaltungsmöglichkeiten von Menschen, Gruppen und Lebensräumen einzutreten. Der Weg von *„Integration* und *Kreation“*, von *Differenzierung* und *Ganzheitlichkeit* erweist sich damit als ein persönlicher Weg, der auf die Realisierung der eigenen Potentiale an schöpferischer Kraft, Tragfähigkeit, Lebendigkeit gerichtet ist in dem klaren Wissen darum, daß dies alles nur in Beziehungen, Dialogen, gemeinschaftlichen Aktionen realisiert werden kann. Persönlichkeitsbildung wird deshalb an Selbsterfahrung, an die Ausbildung kommunikativer Fähigkeiten, an gemeinschaftliche Erfahrungen rückgebunden, denn Subjektivität gründet in Intersubjektivität, persönlicher Sinn in Konsensfindung. Der vorliegende Jubiläumsband ist eine Dokumentation von zwanzig Jahren institutioneller Arbeit und – blickt man auf die ersten Veröffentlichungen zur „Integrativen Therapie und Agogik“ – ein Zeugnis für mehr als ein Vierteljahrhundert intellektueller und praktischer Auseinandersetzung mit Fragen der „Menschenbildung“, Fragen psychosozialer Arbeit, Problemen der Therapie, Prävention und Rehabilitation, innovativen Experimenten zur Kreativitätsförderung und zur Humanisierung von Lebenszusammenhängen.

In Beiträgen von Mitarbeitern – Lehrtherapeuten und Lehrbeauftragten – des Instituts und der Akademie – werden in diesem Band theoretische, praxeologische und methodisch-didaktische Konzeptionen des „Integrativen Ansatzes" vorgestellt. Zum Teil handelt es sich dabei um Vorträge, die auf Tagungen und Kongressen, die von der Akademie organisiert wurden, gehalten wurden. Das Buch gliedert sich in fünf Teile:

In einen *konzeptuellen* Teil (I), in dem Texte zusammengetragen sind, die Kernkonzepte des Integrativen Ansatzes und zum Verfahren der „Integrativen Therapie" und ihren methodischen Ausfaltungen vorstellen, etwa zur „Anthropologie des schöpferischen Menschen" (*Ilse Orth, Hilarion Petzold*), zur Therapie „vom Leibe her" (*Hildegund Heinl*) oder zum „Integrationsparadigma" (*Petzold*), aber auch aus dem inneren Leben des Instituts, wie etwa der Beitrag von *Renate Frühmann* über die Diskussion um den Stand der Theorieentwicklung auf der Vollversammlung der Lehrtherapeuten widerspiegelt.

Weiterhin einen *dokumentatorischen Teil* (II) mit Texten über die Gründerpersönlichkeiten von FPI und EAG, ihre Ideen, Praxisansätze, ihre Beiträge zur Entwicklung des Instituts und der Akademie.

Der dritte, *methodenorientierte Teil* (III) des Bandes stellt einzelne Methoden vor, die an FPI und EAG entwickelt wurden und die in Form von langfristigen, abschlußbezogenen, postgradualen Studiengängen oder mittelfristigen Weiterbildungskursen bzw. Kompaktcurricula gelehrt werden. Jeder Aus- bzw. Weiterbildungszweig ist hier vertreten und wird von den jeweiligen FachbereichsleiterInnen oder profilierten Personen des Lehrkörpers in einer Weise dargestellt, daß wichtige theoretische Konzepte und die Entwicklung der jeweiligen *Methode* am Institut und die wesentlichsten Elemente des didaktischen Modelles sowie die Struktur der Weiterbildungsmaßnahme deutlich werden. Es wird dabei die ganze Breite der methodischen Ansätze präsentiert, die sich im Rahmen der „Integrativen Therapie" und „Integrativen Agogik" entwickelt haben, denn es handelt sich hier um ein komplexes *Verfahren*, das über eine Vielzahl von *Methoden* verfügt, die im Laufe von mehr als 20 Jahren entwickelt werden konnten: Methoden, welche *altersgruppenspezifisch* ausgerichtet sind, Kinder- und Jugendlichenpsychotherapie, Erwachsenentherapie, Gerontotherapie – oder die eine *problem-* bzw. *krankheitsspezifische* Zielgruppenorientierung haben, wie z. B. die Suchtkrankentherapie, oder die schließlich *methodische* Schwerpunktbildung im Bereich der psychosozialen Interventionen repräsentieren, etwa Supervision, Gestaltberatung/Integrative Beratung, Soziotherapie. Das Herzstück stellen die Weiterbildungsangebote in den therapeutischen Methoden dar, die alle dem *Integrationsparadigma* verpflichtet sind, in dem gleichen Menschen- und Weltbild gründen, auf die gleiche Persönlichkeitstheorie und Krankheitslehre zurückgreifen, die aber dennoch einen spezialisierten, methodischen Zugang repräsentieren: Die Integrative Psychotherapie, Kunst- und Kreativitätstherapie, Bewegungstherapie, Musiktherapie, Tanztherapie, Poesie- und Bibliotherapie, Dramatherapie.

Die Texte zu diesen Bereichen zeigen nicht nur, daß FPI und EAG ein klinisch-hochkarätiges, psychotherapeutisches Weiterbildungsangebot bereitstellen, sondern daß diese Einrichtungen auch international als eines der profiliertesten Zentren im Bereich künstlerischer Therapieformen gelten können. Gemeinsame Grundlage in dieser methodischen Vielfalt ist die *„Anthropologie des schöpferischen Menschen"*, die *„Therapie vom Leibe her"*, das *„Einbeziehen von Kontext und Kontinuum"* unter dem *„Prinzip der Mehrperspektivität"*, das Handeln aus der Beziehung in *„intersubjektiver Ko-respondenz"* als gemeinsame hermeneutische Suchbewegung zur Konstituierung von *Sinn*. Die methodischen Charakteristika des Verfahrens sind: die Prozeßorientierung therapeutischen Handelns, das Verwenden kokreativer Gestaltung mit „kreativen Medien" und ihrer Evokation von projektivem Material zur Bearbeitung unbewußter Problematik und das erlebnisaktivierende Vorgehen. Grundlegend ist auch die Orientierung an einem „life span developmental approach", einer „Entwicklungspsychologie der Lebensspanne" mit einer Zentrierung auf Risiko- und Schutzfaktoren, auf *Salutogenese* und *Pathogenese.* Die therapeutischen Methoden können mit Kindern, Jugendlichen, Erwachsenen, alten Menschen, eingesetzt werden. Die kindertherapeutischen und gerontotherapeutischen Weiterbildungsschwerpunkte an FPI und EAG steuern hierzu theoretische Konzepte und praktische Erfahrungen bei, so daß der „Know-how-Transfer" innerhalb der Einrichtung zu „kreativen Synergien" führt.

Die Arbeit in verschiedenen Feldern mit unterschiedlichen Populationen und Altersgruppen, die Entwicklung verschiedener, methodischer Zugangsweisen hat in einer reicher Literatur aus den Reihen der Mitarbeiter, Absolventen und Ausbildungskandidaten von FPI und EAG seinen Niederschlag gefunden. Für jeden Ausbildungszweig wurden Lehrbücher, Reader, Monographien erstellt und konnten mit einer Vielzahl von Fachzeitschriftenpublikationen und Abschluß- bzw. Graduierungsarbeiten (siehe Aufstellung dieses Buch) Beiträge zum Aufbau eines fundierten „Body of knowledge" für den Integrativen Ansatz geleistet werden. Ein weiteres übergreifendes Moment für die Arbeit an FPI und EAG ist die Auffassung, daß sie sich als eine spezielle Form „berufsbezogener Erwachsenenbildung" versteht, für die eine spezifische Didaktik entwickelt wurde, in der Selbsterfahrung, Theorievermittlung und die Lehre methodisch-praktischer Fertigkeiten verbunden werden.

Durch die Integrative Agogik/Gestaltpädagogik, die in einem eigenen Weiterbildungszweig mit schulpädagogischer Ausrichtung gelehrt wird, die aber auch in andragogischen und geragogischen Weiterbildungsveranstaltungen vermittelt wird, verfügt das Integrative Modell über einen personen- und beziehungszentrierten Ansatz ganzheitlichen und differentiellen Lehrens und Lernens. Dieses Konzept, das die kognitive, die affektive und die soziale Dimension von Lernvorgängen zu verbinden sucht, kommt sowohl in den Weiterbildungsveranstaltungen von FPI und EAG zum Tragen als auch in der Weiterbildung des Lehrkörpers. Hier liegt eine besondere Stärke der an FPI und EAG angebotenen Aus-, Fort- und Weiterbildungen: In ihnen wird die „Methode durch die Methode" gelehrt, in einer Art und Weise, daß es zu Prozessen „persönlich bedeutsamen Lernens" (*Bürmann*) mit hohem theoretischen Niveau und großer Praxisrelevanz kommt. Auch im theoretischen Weiterbildungsprogramm, das z. T. in Studiengruppen „ko-respondierend" erarbeitet wird, werden Prinzipien ganzheitlichen Lernens eingesetzt, um sich die im „Zentralen Arbeitskreis Theorie" vorbereiteten Materialien anzueignen.

Der vierte *organisationsbezogene Teil* des Buches (IV) dokumentiert die Arbeit in der Verwaltung und in Einrichtungen und Kooperationsprojekten von FPI und EAG: dem „FPI-Klinikum für Psychiatrie und Psychotherapie" an den Hardtwaldkliniken in Zwesten und dem „FPI-Klinikum für Kinder- und Jugendlichenpsychotherapie" an der Elisabeth-Klinik, Dortmund, weiterhin an der zentralen Weiterbildungsstelle für Drogenarbeit und Suchtprobleme. Hier wird deutlich, daß FPI und EAG nicht nur in der Lehre, sondern auch in der klinischen Praxis, in psychotherapeutischen und soziotherapeutischen Arbeitsfeldern verwurzelt sind. Das „Institut für empirische Sozial- und Interventionsforschung" an der EAG (derzeit mit Projektstellen in Dortmund und in Halle) führt für öffentliche und private Auftraggeber und im Rahmen des FPI-Weiterbildungsangebotes selbst Forschungsvorhaben mit Schwerpunkten in den Bereichen Drogenarbeit und Suchtkrankenhilfe, Gerontologie, Psychotherapieforschung, Bildungsforschung, Behindertenarbeit, Randgruppenproblematik durch. Dabei liegt ein Schwerpunkt der Forschungsvorhaben immer wieder auch darin, aufgrund von Situationsanalysen und empirischen Erhebungen Daten zu liefern, die im Verein mit der praxeologischen und methodischen Expertise des Institutes, dem organisationsberaterischen Knowhow des Fachbereichs Supervision/Organisationsberatung, Grundlagen für die Konzipierung von Weiterbildungsangeboten bieten oder

Strategien für die Beratung bzw. Entwicklung von Organisationen. Diese Form des „intervention research" hat sich als ein ausgesprochen effektives Instrument zur Beeinflussung komplexer Situationen und zur Verbesserung psychosozialer Problemlagen erwiesen.

Abschließend wird eine Übersicht über Kooperationen mit Berufs- und Fachverbänden gegeben, insbesondere mit den z. T. seit zwanzig Jahren bestehenden FPI-Regionalinstituten und der „Deutschen Gesellschaft für Integrative Therapie, Gestalttherapie und Kreativitätsförderung", die gleichfalls im Jahre 1972 gegründet wurde und ihr 20jähriges Jubiläum feierte. Die Zusammenarbeit mit dieser und mit einer großen Zahl anderer Fachgesellschaften und Berufsverbände ist nicht zuletzt durch das Faktum gegeben, daß FPI und EAG mit ihren postgradualen, berufsbegleitenden Curricula, die als Aufbaustudiengänge durchgeführt werden, qualifizierende Abschlüsse vermitteln, z. B. als MusiktherapeutIn, Kunst- und KreativitätstherapeutIn, BewegungstherapeutIn, TanztherapeutIn, DramatherapeutIn, SoziotherapeutIn, Kinder- und JugendlichenpsychotherapeutIn, PsychotherapeutIn, SupervisorIn.

Die Absolventen dieser Curricula sind in den entsprechenden Fachgesellschaften und Dachverbänden auf nationaler, europäischer und internationaler Ebene zusammengeschlossen mit dem Ziel, durch gesundheitspolitische Initiativen an einer besseren Versorgung der Bevölkerung mit therapeutischen und psychosozialen Diensten mitzuwirken und darüber hinaus einen Beitrag zur Humanisierung von Lebenszusammenhängen zu leisten. Weiterhin soll durch die Berufs- und Fachverbände die Etablierung, die Verankerung und Festigung der verschiedenen therapeutischen Berufsbilder auf einem hohen professionellen Niveau und der wissenschaftliche Austausch vorangetrieben werden.

Durch FPI und EAG und die Menschen, die an diesen Einrichtungen mitgearbeitet haben und mitarbeiten, wurden in 20 Jahren eine Vielzahl von Innovationen angestoßen und verwirklicht, die zeigen, daß die Leitideen des Integrativen Ansatzes – *Differenzierung, Integration und Kreation* – mehr sind als abstrakte Philosophie, sondern daß sie aus einem unmittelbaren Bezug zur Lebenswelt, aus einer Verschränkung von Theorie und Praxis und aus Ko-respondenz von Menschen mit Menschen geboren wurden und ihre Lebendigkeit erhalten – *Kokreativität in Aktion.*

Wir hatten in den Anfängen unserer eigenen therapeutischen und pädagogischen Tätigkeit Mitte der sechziger Jahre durch unsere gleichzeitige Involvierung in alternative Multi-Media- und Theaterexperimente die Idee, daß künstlerisches Tun, pädagogische Arbeit und Therapie verbunden werden müßten. Wir haben diese Vision zunächst in unseren ersten klinischen Arbeitsfeldern in der Psychiatrie, in Altenheimen und in kindertherapeutischen Projekten persönlich umgesetzt, dann in den von uns geleiteten Volkshochschulen Büderich/Büttgen und Dormagen auf institutioneller Ebene realisieren können, bevor wir in der Zusammenarbeit mit *Hildegund Heinl* und anderen Kollegen das „Fritz Perls Institut" aufbauen konnten. Hier ist es uns, so hoffen wir – und dieser Band bestätigt diese Hoffnung –, gelungen, eine Einrichtung aufzubauen, die mit ihrer „Europäischen Akademie" einen Stil des Lehrens und Lernens, der Agogik und Therapie entwickeln und verbreiten konnte, in dem Differenzierung, Integration und Kreation in ausgewogener Weise verbunden sind.

Hilarion G. Petzold, Johanna Sieper
Düsseldorf 1993

I
GRUNDGEDANKEN DES INTEGRATIVEN ANSATZES UND ZUR INTEGRATIVEN THERAPIE

Integrative Therapie

Hilarion Petzold, Düsseldorf/Amsterdam

„Integrative Therapie" ist ein ganzheitliches therapeutisches Verfahren, das Psychotherapie, Leibtherapie, Soziotherapie und Arbeit mit „kreativen Medien" umfaßt und Mitte der sechziger Jahre von *Hilarion Petzold* begründet wurde (*Rahm* et al. 1993). Es wird von ihm und seinen Mitarbeitern seitdem systematisch als methodenübergreifender Ansatz weiterentwickelt. Ausgangspunkt war die Vorstellung, daß der „ganze Mensch" in seiner leiblichen, emotionalen und kognitiven Realität und in seinen sozialen und mikroökologischen Bezügen behandelt werden müsse und nicht nur seine „Psyche" – es wird deshalb auch von einer „Integrativen Humantherapie" gesprochen. Weiterhin war die Idee wesentlich, daß es allen Psychotherapieschulen *gemeinsame Grundkonzepte* und *Wirkfaktoren* (*common factors*) gibt, aber auch wichtige spezifische Elemente, die zusammengeführt werden müssen, um Einseitigkeiten zu überwinden und sich den wissenschaftlichen und klinischen Ertrag des gesamten psychotherapeutischen Feldes zunutze zu machen. Diese Grundidee wird von der neueren empirischen Psychotherapieforschung vollauf gestützt (*Petzold* 1988n, 1992a; *Mahrer* 1989; *Norcross, Goldfried* 1992; *Grawe* et al. 1993).

DEFINITIONEN UND ZIELE DES INTEGRATIVEN ANSATZES

Für den Integrativen Ansatz können programmatisch folgende Zieldimensionen umrissen werden:

„Die Klarheit des erkenntnistheoretischen Standorts, die Konsistenz der anthropologischen Konzepte und die Eindeutigkeit der ethischen Position sind die Grundvoraussetzung jedes therapeutischen Handelns. Hier einen verläßlichen Boden zu gewinnen ist das Ziel der theoretischen Bemühungen in der Integrativen Therapie" (Petzold 1991a).

„Der Integrative Ansatz ist keine Kombination oder Aneinanderreihung therapeutischer Verfahren und Methoden, sondern er sucht in diesen nach spezifischen und allgemeinen Wirkmomenten und Konzepten, um auf dieser Grundlage eigenständige, schulenübergreifende Theoriekonzepte und Praxisstrategien zu entwickeln, in denen die besten Elemente der traditionellen Schulen – sich wechselseitig ergänzend – einbezogen sind und aus dieser Synergie eine neue, mehrperspektivische Sicht und ein neuer Weg der Behandlung entstehen kann: I n t e g r a t i v e T h e r a p i e" (Petzold 1992a).

„Eine tragfähige Beziehung und empathisches Verständnis für erlebtes Leid, konkrete Hilfe in Problemlagen, Einsicht in die gesellschaftlichen Bedingungsgefüge der Biographie, des aktualen Lebens und der Zukunftsentwürfe, Bewußtheit für den eigenen Leib sowie Räume für emotionalen Ausdruck und soziales Miteinander, das ist es, was unsere Patienten brauchen, um gesund zu werden, was Menschen brauchen, um gesund zu bleiben, und was Psychotherapie bereitstellen muß, um wirksam zu sein. Dabei müssen vielfältige, kreative Methoden und Medien eingesetzt sowie differentielle und integrative „Wege der Heilung und Förderung" beschritten werden. Dies ist die Richtung, die wir in der Praxis der Integrativen Therapie eingeschlagen haben" (Petzold 1993a).

In kompakten Definitionen kann der Integrative Ansatz unter drei Perspektiven gesehen werden:

1. als Metamodell,
2. als Verfahren klinischer Therapie und
3. als methodenintegrative Praxeologie.

Die Definitionen, die den entsprechenden Bänden des Grundlagenwerkes „Integrative Therapie – Modelle und Methoden zu einer schulenübergreifenden Psychotherapie" voranstehen (Bd. 1 „Klinische Philosophie", Bd. 2 „Klinische Theorie", Bd. 3 „Klinische Praxeologie"), machen die komplexe und umfassende Ausrichtung dieses Integrationsversuchs deutlich.

Definitionen

*»**Integrative Therapie** als ein **Metamodell** angewandter Anthropologie und Erkenntnistheorie* ist als ***Humantherapie*** *einer „asklepiadischen Therapeutik" verpflichtet, d. h. sie versteht sich im Sinne des griechischen „therapeuein" als Verbindung von Heilkunst, Gesundheitsförderung und Kulturarbeit, die darauf gerichtet ist, der Partikularisierung, Entfremdung, Verdinglichung und Kolonialisierung des Menschen und seiner Lebenswelt zu begegnen. Zu diesem Zweck stellt Integrative Therapie für die Zielfindung und Begründung von Interventionen aus dem Bereich „angewandter Humanwissenschaften" die theoretische Metafolie einer „**klinischen Philosophie**" bereit mit den Kernkonzepten der diskursiven Konsensfindung in Prozessen „intersubjektiver Ko-respondenz", einer „Anthropologie des schöpferischen Menschen", den Konzepten der „Kokreativität" und der Mehrperspektivität, durch die die „klinische Theorie" und die „Praxeologie" mit ihrem breiten Spektrum an psychotherapeutischen, leibtherapeutischen, kreativitätstherapeutischen, soziotherapeutischen und agogischen Methoden für die Arbeit mit einzelnen, Gruppen, Netzwerken und Institutionen fundiert wird.«*

*»**Integrative Therapie** als ein **Verfahren klinischer Therapie** ist an der „Entwicklungspsychologie der Lebensspanne" orientiert und vertritt einen schulenübergreifenden, differentiellen und methodenintegrativen Ansatz. Dieser verbindet auf der Grundlage vergleichender Psychotherapieforschung und metahermeneutischer Konzeptbildung tiefenpsychologisches Denken, sozialwissenschaftliche Reflexionen, kognitions-, emotions- und handlungstheoretische Überlegungen zu einer „hinreichend konsistenten" „**klinischen Theorie**". In einem mehrperspektivischen Zugang werden Gesundheit und Krankheit kontextabhängig, karrierebezogen und multifaktoriell bestimmt gesehen, wobei negative Beziehungserfahrungen in Interaktion mit supportiven Erlebnissen, „stressfull live events" in Interaktion mit positiven Lebensereignissen zu „zeitextendierten Belastungen" (mit den sie begleitenden Überforderungsgefühlen und ihren Bewertungen in „subjektiven Theorien") führen können, die als krankheitsverursachend für die Persönlichkeit und ihre Strukturen „Selbst, Ich und Identität" betrachtet werden. Integrative Therapie schließt damit das medizinische Behandlungsmodell ein, überschreitet es aber deutlich, indem sie sich nicht nur mit Pathogenese und „Risikofaktoren", sondern auch mit Salutogenese und „protektiven Faktoren" befaßt.«*

*»**Integrative Therapie** als differentielle **klinische Praxeologie** hat eigenständige behandlungsmethodische Entwicklungen und Elemente der aktiven und elastischen Technik der „Ungarischen Psychoanalyse", Konzepte kognitiver Therapieansätze, der emotionszentrierten, erlebnisaktivierenden Verfahren humanistischer Psychologie (z. B. Gestalttherapie, Psychodrama), der Leibtherapie und der Arbeit mit kreativen Medien zu einer originellen, konsistenten Behandlungskonzeption mit einer flexiblen, vielseitig zupaßbaren Methodik verbunden. Sie hat zum Ziel, den Menschen in seiner körperlich-seelisch-geistigen Ganzheit und mit seinem Lebenskontext/Kontinuum durch theoriegeleitetes, forschungsbasiertes und indikationsspezifisches Vorgehen im Rahmen einer ko-respondierenden und kooperativen therapeutischen Beziehung zu behandeln, um beschädigte Gesundheit und Identität wiederherzustellen, die Entwicklung der Persönlichkeit zu fördern, bei der Bewältigung von irreversiblen Schädigungen Copinghilfen oder palliative Stützung zu geben. Von den „Phänomenen zu den Strukturen und Entwürfen" im Lebensgeschehen und im therapeutischen Prozeß voranschreitend, sind Schwerpunkte der Therapie die Bearbeitung biographischer Defizite, Traumata, Konflikte und Störungen und ihrer Auswirkungen im gegenwärtigen Leben des Patienten, die Nach- oder Neusozialisation bei frühen Schädigungen und Negativkarrieren, das Aufdecken unbewußter Problematiken, das Bereitstellen alternativer bzw. korrektiver Erfahrungen und praktischer Hilfen bei der Bewältigung aktueller Lebensschwierigkeiten sowie das Entwickeln kommunikativer Kompetenz, tragfähiger Beziehungsstrukturen und positiver Zukunftsentwürfe. Dabei kommen für die jeweils spezifische Behandlung psychischer, psychosomatischer und sozialer Erkrankungen verschiedener Schweregrade Einzel-, Gruppen-, Familien- und Netzwerktherapie und vielfältige Methoden,*

Techniken und Medien im Rahmen eines Modelles „integrativer Intervention" zum Einsatz.«

QUELLEN UND HISTORISCHES HERKOMMEN

Die „Integrative Therapie" hat von Anfang an versucht, die großen Hauptströmungen der Psychotherapie zu verbinden: den tiefenpsychologischen Ansatz, der in Form der „aktiven und elastischen Technik" von *Ferenczi* übernommen wurde, den humanistisch-psychologischen Ansatz durch die Aufnahme von Konzepten und Methoden aus dem Psychodrama und der Gestalttherapie, den behavioralen Ansatz durch den Einsatz ausgewählter Techniken der Verhaltensmodifikation und der kognitiven Therapieformen. Versuche, einige dieser Richtungen zu kombinieren, hat es seit den vierziger Jahren gegeben, insbesondere für die Verbindung von Psychoanalyse und Verhaltensmodifikation (z. B. *Dollard* und *Miller*, *French*), aber auch Schulengründer wie *Moreno* und *Perls* versuchten in ihren Verfahren, die großen Strömungen der Psychologie und Psychotherapie einzubeziehen. Seit den fünfziger Jahren kamen zunehmend eklektische Ansätze in der Psychotherapie auf (z. B. *Thorne*, *Garfield*). Übergreifende Theorienbildungen und die systematischen Integrationen in theoretischer und praxeologischer Hinsicht finden sich erst seit Ende der sechziger Jahre (*Petzold*, *Wyss*, *Prochaska/DiClemente*). Sie versuchen, eklektische Positionen zu überwinden. Der Ansatz des Autors gilt als eines der frühesten und umfassendsten Modelle dieser Art (*Petzold*, *Sieper* 1988; *Petzold* 1992g).

MENSCHENBILD

In der „Integrativen Therapie" wird der *Mensch als ein wesensmäßig Koexistierender, „être-au-monde", als ein „Körper-Seele-Geist-Wesen im sozialen und ökologischen Kontext und Zeitkontinuum" gesehen, als „Leibsubjekt in der Lebenswelt", das von „bewußten und unbewußten Strebungen bestimmt" ist und in „fundamentaler Ko-respondenz mit der Welt und den Mitmenschen" steht* (*Petzold* 1991e). Die Konsequenz aus einem so umfassenden Menschenbild für die Praxis der Therapie ist, daß nicht nur *Psycho*-Therapie betrieben werden kann, sondern daß der *„Körper"* einbezogen werden muß (durch bewegungs-, entspannungs- und kreativtherapeutische Ansätze), daß die *„Seele"*, d. h. motivationales und emotionales Geschehen, durch psychotherapeutische Methoden behandelt wird und daß für Belange des *„Geistes"* (Fragen nach dem Lebenssinn, nach Zielen, Werten) meditative Wege oder das (sokratische) Sinngespräch aufgegriffen werden, daß schließlich für die Dimension Kontext/Kontinuum in der Bearbeitung sozialer Probleme soziotherapeutische, familientherapeutische, netzwerktherapeutische Ansätze zur Anwendung kommen und im Umgang mit (mikro)ökologischen Problemen auf milieutherapeutische Strategien und Interventionen des „ecological modelling" zurückgegriffen wird. Der Leib als zentrale Möglichkeit der Wahrnehmung und des Ausdrucks steht zu allen Dingen der Welt, die in das Bewußtseinsfeld treten oder im Handlungsraum liegen, in einer kreativen Bezogenheit. Der Mensch ist wesensmäßig Koexistierender und Gestaltender. Wir sprechen deshalb von einer „Anthropologie des schöpferischen Menschen" (*Orth*, *Petzold* 1993).

ENTWICKLUNGSTHEORIE UND PERSÖNLICHKEITSTHEORIE

Anthropologie, die Aussagen über das Wesen des Menschen macht, Persönlichkeitstheorie, die das Funktionieren der Person erklären will, müssen aufeinander abgestimmt sein. Wird der Mensch als wesensmäßig Koexistierender und Bezogener gesehen, so muß Persönlichkeit in ihrer Entwicklung interaktional bestimmt sein. Die „Integrative Therapie" greift deshalb auf interaktionistische und sozialisationstheoretische Konzepte der Persönlichkeitsentwicklung zurück und stützt sich besonders auf die moderne Baby- und Kleinkindforschung (*Petzold* 1993c), die zahlreiche Grundpositionen der traditionellen Psychoanalyse in Frage stellt und ein neues Paradigma bietet. *Mensch wird man durch den Mitmenschen.* Person wird man durch Interaktionsprozesse, durch Ko-respondenz. Dieses Prinzip gilt über die ganze Lebensspanne. Die Psychologie des Erwachsenenalters und des Alters, nicht nur die Entwicklungsstrecke der frühen Kindheit, wird als wesentlich angesehen (*Petzold* 1993a). Aus dem biologischen Organismus entwickelt sich schon im Uterus ein „archaisches Leib-Selbst". Es nimmt wahr, speichert, reagiert. Diese Möglichkeiten werden gegen Ende des ersten Lebensjahres zunehmend bewußter eingesetzt. Aus dem Leib-Selbst bildet sich ein „reflexives Ich": *Ich* sehe mich *selbst.* Das Ich des Kleinkindes, das mit 12 Monaten die Mutter im Spiegel erkennt, mit 18 Monaten sich selbst im Spiegel erkennt, das im zweiten und dritten Lebensjahr zunehmend auch bemerkt, „wie" es von anderen Menschen gesehen wird („Ich sehe, wie andere mich sehen"), konstituiert in diesem Prozeß „Identität". Ein Leib-Selbst, das über Ich und Identität verfügt, bezeichnen wir als „reifes Selbst". Identität verändert sich über das Leben hin, sie wird in starkem Maße vom sozialen Kontext bestimmt, aus dem *„Identifizierungen"* (Identitätszuschreibungen) kommen, die das Ich bewertet (*valuiert*), mit *„Identifikationen"* belegt und *„internalisiert"*. Auf diese Weise entsteht eine persönliche Geschichte, eine Biographie. Die Persönlichkeitstheorie in der Integrativen Therapie verbindet Erkenntnisse persönlichkeitspsychologischer Forschung und Teilerkenntnisse verschiedener psychotherapeutischer Systeme zu einem integrativen Persönlichkeitsmodell (*Petzold* 1992a, 528 ff.).

KRANKHEITS- UND GESUNDHEITSLEHRE

Der Prozeß der Persönlichkeitsentwicklung und die beständige Formung der Identität durch die Umwelt – bis ins hohe Alter – machen deutlich: Der Mensch ist kein Selbstversorger, er ist eingebunden in soziale Bezüge. Sind diese gut, kann er sich entfalten, sind sie belastend oder schädigend, wird er eingeschränkt, verletzt, krank. Im integrativen Ansatz vertreten wir dezidiert, daß Gesundheit und Krankheit nicht voneinander isoliert betrachtet werden dürfen. Menschliche Persönlichkeit ist das Resultat aller positiven, negativen und Defiziterfahrungen. Sie wird bestimmt durch die Interaktion von Schutz- und Risikofaktoren, Ketten widriger, belastender Ereignisse (*chains of adversive events*) und Ketten positiver, stützender und schützender Ereignisse (*chains of supportive/protective events*, vgl. *Petzold, Goffin, Oudhof* 1993). Diese Sicht überschreitet das traditionelle, verkürzende „medizinische Modell" in der Psychotherapie. Sie wird durch Längsschnittforschung gut abgesichert. Man weiß, daß Ursachen für seelische Erkrankungen im Erwachsenenalter nicht nur in der frühen Kindheit liegen, nicht nur in traumatischen Einzelereignissen, sondern in Ereignisketten. Die Forschung zeigt, daß auch im Erwachsenenalter schwere seelische Schäden gesetzt werden können, aber auch Kompensation und Heilung erfolgt (*Rutter, Rutter* 1992) In der Integrativen Therapie haben wir damit eine sehr moderne, flexible Krankheitslehre, die in drei, sich ergänzenden Modellen gründet:

1. das *Modell der Entwicklungsschädigungen*
   Traumata (Überstimulierung), Defizite (Unterstimulierung), Störungen (uneindeutige, unterbrochene Stimulierung), Konflikte (widerstreitende Stimulierung) können, wenn sie die Ressourcen, die Konfliktlösungs- und Bewältigungsmöglichkeiten (coping capacity) des Menschen überschreiten, krankheitsauslösend wirken;
2. das *Modell der multiplen, zeitextendierten Belastung bzw. Überlastung*
   Nicht nur ein Ereignis, sondern Ereignisketten, nicht nur eine kurzzeitige Einwirkung, sondern über längeren Zeitraum wirkender Streß sind in der Regel Ursache von Erkrankungen;
3. das *Repressionsmodell der Krankheit*
   Es besagt: Wenn expressive Impulse des Organismus (z. B. das Zeigen von Gefühlen) permanent gewaltsam unterdrückt werden oder keine Resonanz erhalten, können diese Situationen zur Ursache von Erkrankungen werden (*Petzold* 1993b).

Da die „Lebenskarrieren" von Menschen sehr unterschiedlich sind, ihre Familienkonstellationen und ihre Belastungserfahrungen sehr stark variieren, gibt es nach Auffassung der Integrativen Therapie – und das wird durch die Forschung gut gestützt – keine starren Schemata der Pathogenese. Jeder Lebensverlauf muß deshalb sehr sorgfältig mit dem Patienten untersucht werden, um die Ursachen und Hintergründe der Erkrankungen und ihrer Symptomatik zu erarbeiten und auf dieser Grundlage eine differentielle Behandlungsplanung zu ermöglichen sowie entsprechende therapeutische Maßnahmen und Methoden auszuwählen und einzusetzen. Die Mehrzahl der herkömmlichen Therapieformen (z. B. Psychoanalyse, Bioenergetik, Gesprächs- oder Gestalttherapie) arbeiten statt dessen monomethodisch und mit relativ wenigen, typisierten, krankheitsverursachenden Konstellationen. Auch bei der Gesundheits- und Krankheitslehre, die – über die individuellen Ursachen hinausgehend – immer auch die Situation des sozialen Netzwerkes und das gesellschaftliche Bedingungsgefüge in den Blick nimmt (wir sprechen deshalb von einem „erweiterten" Gesundheits- und Krankheitsbegriff), haben wir also ein integratives, schulenübergreifendes Modell (*Petzold, Schuch* 1991).

DIE PRAXIS DER BEHANDLUNG – METHODEN, TECHNIKEN UND MEDIEN

Die Integrative Therapie verfügt auf der Grundlage der Breite ihres Ansatzes über ein reiches Repertoire an *Methoden* (*Petzold* 1993a), z. B. Integrative Leib- und Bewegungstherapie, Integrative Kunsttherapie, Integrative Musiktherapie (siehe die Beiträge in diesem Buch), *Behandlungstechniken* (z. B. Rollentausch, Identifikations- und Dialogtechnik, Lebenspanorama, Körperbilder) und *Medien* (z. B. Farben, Puppen, Kollagen, Ton usw.), die indikationsspezifisch und prozeßorientiert eingesetzt werden können (*Petzold, Orth* 1990). Sie stehen immer aber im Rahmen einer tragfähigen, empathischen therapeutischen Beziehung. Diese bildet die Grundlage der Heilung. Bearbeitet werden Probleme der gesamten „Lebensspanne", Belastungen aus der Kindheit, Schwierigkeiten im aktuellen Lebensvollzug, Befürchtungen für die Zukunft. Unbewußte Konflikte und bewußtes Material werden auf einer kognitiven, emotionalen und leiblichen Ebene angeschaut und durchgearbeitet. Dabei macht sich die „Integrative Therapie" die moderne Forschung zu „therapeutischen Wirkfaktoren" zunutze, denn Therapie wirkt, wenn in einer vertrauensvollen, empathischen und stützenden Therapeut-Patient-Beziehung emotionale Entlastung gegeben, Ausdruck von Gefühlen gefördert, rationale Einsicht vermittelt wird, wenn praktische Lebenshilfe gegeben werden kann, eine Förderung der leiblichen Selbstwahrnehmung erfolgt und man die „kommunikative Kompetenz" von Patienten/Klienten entwickelt. Andere Wirkfaktoren sind der Aufbau und die Entwicklung sozialer Netzwerke, die Eröffnung eines positiven Zukunftshorizontes, die Förderung des Sinn- und Identitätserlebens, des Problemlösungs- und Bewältigungsverhaltens usw. Werden diese Faktoren nicht mechanistisch, sondern organisch in den interpersonalen Prozeß der Therapie eingebaut und systematisch zur Wirkung gebracht, so sind die Chancen, daß eine Therapie ein positives Ergebnis hat, recht gut. Leider werden die Erkenntnisse der Prozeß- und Wirksamkeitsforschung von vielen Psychotherapeuten und Therapieschulen nicht oder wenig zur Kenntnis genommen, geschweige denn systematisch genutzt (*Petzold* 1992g). Der Integrative Ansatz unterstreicht indes die Bedeutung dieser Ergebnisse und wendet sich damit in seiner Praxis von Einseitigkeiten ab – etwa von der vorwiegenden Zentrierung auf Emotionen in der Gestalttherapie, der alleinig sprachlichen Ausrichtung in der Psychoanalyse, von der ausschließlichen Fokussierung auf physische Phänomene bei vielen Körpertherapien oder auf offenes Verhalten bei der klassischen Verhaltenstherapie. Vielmehr werden alle diese Aspekte einbezogen, denn sie sind – blickt man auf das komplexe Menschenbild unseres Ansatzes – wichtige Dimensionen des menschlichen Wesens, die nicht ausgeblendet werden dürfen.

Darin liegt das Integrative Moment. Aus den verschiedenen Praxeologien der therapeutischen Verfahren haben wir in der Integrativen Therapie „vier Wege der Heilung" herausgearbeitet (*Petzold* 1988n). Der „erste Weg" zentriert auf die Sinnerfahrung und Vermittlung von Einsicht, der „zweite Weg" auf emotionale Nachsozialisation und Vermittlung von Grundvertrauen durch „korrigierende emotionale Erfahrungen und Parenting-Prozesse". Der „dritte Weg" zielt auf Erlebnisaktivierung und die Ermöglichung „alternativer Erfahrungen", z. B. durch Formen kreativtherapeutischer Gestaltung. Der „vierte Weg" will Solidaritätserfahrungen vermitteln und eine „exzentrische Sicht" auf krankmachende, gesellschaftliche Zusammenhänge. Soziotherapeutische Maßnahmen und Netzwerkarbeit sind hier wichtige Instrumente. Einzel- und Gruppentherapien mit dem Integrativen Verfahren beinhalten je nach Thematik und Prozeß emotionszentrierte Sequenzen mit z. B. Gestaltmethoden, konfliktzentriert-aufdeckender Arbeit auf tiefenpsychologischer Grundlage (z. B. mit Träumen) und leibtherapeutischer Bearbeitung von Ereignissen, die „in den Leib hinein" verdrängt wurden. Rollenspiele dienen dem Einüben neuen Verhaltens, Arbeit mit kreativen Medien dient der Förderung der Wahrnehmungs- und Ausdrucksfähigkeit.

INDIKATION UND ANWENDUNGSBEREICHE

Die Integrative Therapie wird aufgrund ihrer Ausrichtung an der „Psychologie der Lebensspanne" (*Rutter, Rutter* 1992; *Petzold* 1993a) in der Arbeit mit Kindern, Jugendlichen, Erwachsenen, alten Menschen und Hochbetagten eingesetzt (*Petzold* 1988n, Bd. 2; 1993a; *Petzold, Orth* 1990, Bd. 2). Außerdem kann sie aufgrund ihres komplexen theoretischen Ansatzes und ihres breiten behandlungsmethodischen und -technischen Instrumentariums bei einer Vielzahl von Erkrankungen und Patientenpopulationen zur Anwendung kommen. Ihre kreativtherapeutischen und leibtherapeutischen Möglichkeiten machen sie für die Behandlung psychosomatischer Störungen, nicht zuletzt bei Patienten aus benachteiligten Schichten mit eingeschränkter Verbalisationsfähigkeit, sehr geeignet. Die emotionszentrierten Methoden und die erlebnisaktivierende Praxis ermöglichen die erfolgreiche Behandlung des ganzen Spektrums neurotischer Erkrankungen (*Petzold* 1993b). Die Kombination verbaler und nonverbaler Vorgehensweisen schließlich bietet auch für ansonsten schwer zugängliche Patientenpopulationen mit psychiatrischen Erkrankungen, Drogen- und Rauschmittelabhängigkeit, psychischen Alterserkrankungen, Behandlungsmöglichkeiten (ebenda und *Petzold, Orth* 1990, Bd. 2). So finden sich im eigentlichen Sinne keine Kontraindikationen, sondern es ist von *„spezifischen Indikationen"* auszugehen, für die die entsprechenden Methoden, Techniken und Medien ausgewählt und zugepaßt werden müssen. Die verschiedenen Formen der Integrativen Therapie werden derzeit in freier Praxis, psychosomatischen und psychiatrischen Kliniken und Ambulatorien, in Allgemeinkrankenhäusern (z. B. in der Kranken- und Sterbebegleitung), aber auch in therapeutischen Wohngemeinschaften, Krisenzentren, Rehabilitationseinrichtungen und im Heimwesen (mit geistig Behinderten, mit gerontopsychiatrischen Patienten) in therapeutischer und rehabilitierender Ausrichtung eingesetzt. Sie kommen auch in der Selbsthilfebewegung, der Prävention, der gesundheitsfördernden und persönlichkeitsentwickelnden Erwachsenenbildung in Form von Selbsterfahrungsangeboten zur Anwendung, was durch eine reiche Literatur dokumentiert wird (*Petzold, Vormann* 1980; *Petzold, Schobert* 1991). Das kreative Potential der Integrativen Methoden hat schon früh dazu geführt, daß sie auch im pädagogischen Bereich Eingang fanden und sich Ansätze der „Integrative Agogik" bzw. der „Gestaltpädagogik" entwickelten (*Petzold, Brown* 1977; *Burow* 1993).

AUSBILDUNG UND VERBREITUNG

Die Integrative Therapie erfordert eine differenzierte und gründliche Ausbildung, in der

Theorie, Methodik und Selbsterfahrung verbunden werden. Diese läuft in der Regel über fünf Jahre berufsbegleitend und umfaßt ca. 1600 Stunden, davon 250 Stunden Lehranalyse, 100 Stunden Kontrollanalyse und 120 Stunden Supervision. Die übrige Zeit verteilt sich auf Theorie- und Methodikveranstaltungen. In einem elaborierten Ausbildungscurriculum, in dem Prinzipien der Integrativen Agogik und moderner berufsbezogener Erwachsenenbildung zum Tragen kommen, wird die „Methode durch die Methode gelehrt und gelernt". Diese theoriedidaktische Ausrichtung, die auch eine fundierte Ausbildung der Lehrtherapeuten als Hintergrund hat, ist ein Spezifikum des Integrativen Ansatzes, der mit seinem Ausbildungsmodell, seiner Theorie und Praxeologie der Supervision und Kontrollanalyse im Felde der Psychotherapie einzigartig dasteht (*Frühmann, Petzold* 1993; *Schreyögg* 1992). Die Integrative Therapie ist inzwischen international verbreitet, vorwiegend allerdings in den europäischen Ländern.

ZEITSCHRIFTEN

Integrative Therapie, Zeitschrift für vergleichende Psychotherapie und Methodenintegration, Paderborn

Gestalt und Integration, Zeitschrift für ganzheitliche und kreative Therapie, Düsseldorf

Integrative Bewegungstherapie, Aulendorf/Düsseldorf

LITERATUR

Burow, O.-A., Gestaltpädagogik – Trainingskonzepte und Wirkungen. Ein Handbuch, Junfermann, Paderborn 1993.

Dollard, J., Miller, N.E., Personality and psychotherapy: An analysis in terms of learning, thinking and culture, McGraw Hill, New York 1950.

Frühmann, R., Petzold, H.G., Lehrjahre der Seele, Junfermann, Paderborn 1993a.

Grawe, K., Donati, R., Bernauer, P., Psychotherapie im Wandel. Von der Konfession zur Profession, Hogrefe, Göttingen 1993 (im Druck).

Mahrer, A.R., The integration of psychotherapies, Human Sciences Press, New York 1989.

Norcross, J.C., Goldfried, M.R. (eds.), Handbook of psychotherapy integration, Basic Books, New York 1992.

Orth, I., Petzold, H.G., Zur Anthropologie des „schöpferischen Menschen", dieses Buch.

Petzold, H.G., Integrative Bewegungs- und Leibtherapie. Ausgewählte Werke Bd. I/1 und I/2, Junfermann, Paderborn 1988n.

Petzold, H.G., Integrative Therapie. Modelle und Methoden zu einer schulenübergreifenden Psychotherapie. Ausgewählte Werke Bd II/1: Klinische Philosopie, Junfermann, Paderborn 1991a.

Petzold, H.G., Das Ko-respondenzmodell als Grundlage der Integrativen Therapie und Agogik, 1991e, in: *Petzold* (1991a) 19-90.

Petzold, H.G., Integrative Therapie. Ausgewählte Werke, Bd. II/2: Klinische Theorie, Junfermann, Paderborn 1992a.

Petzold, H.G., Das „neue" Integrationsparadigma in Psychotherapie und klinischer Psychologie und die „Schulen des Integrierens" in einer „pluralen therapeutischen Kultur", 1992g, in: *Petzold* (1992a) 927-1040.

Petzold, H.G., Integrative Therapie. Gesammelte Werke, Bd. II/3: Klinische Praxeologie, Junfermann, Paderborn 1993a.

Petzold, H.G., Die Wiederentdeckung des Gefühls. Emotionen in der Psychotherapie und der menschlichen Entwicklung, Junfermann, Paderborn 1993b.

Petzold, H.G., Psychotherapie und Babyforschung, Junfermann, Paderborn 1993c.

Petzold, H.G., Brown, G. (Hrsg.), Gestaltpädagogik, Pfeiffer, München 1977.

Petzold, H.G., Goffin, J.J.M., Oudhof, J., Protektive Faktoren und Prozesse – die „positive" Perspektive in der longitutdinalen, „klinischen Entwicklungspsychologie" und ihre Umsetzung in die Praxis der Integrativen Therapie, dieses Buch.

Petzold, H.G., Orth, I., Die neuen Kreativitätstherapien, 2 Bde., Junfermann, Paderborn 1990a.

Petzold, H.G., Schobert, R., Selbsthilfe und Psychosomatik, Junfermann, Paderborn 1991.

Petzold, H.G., Schuch, *W.*, Grundzüge des Krankheitsbegriffes im Entwurf der Integrativen Therapie, in: *Pritz, Petzold* (1991) 371-486.

Petzold, H.G., Sieper, J., Die FPI-Spirale – Symbol des „heraklitischen Weges", *Gestalttherapie* & *Integration, Gestalt-Bulletin* 2 (1988b) 5-33.

Petzold, H.G., Sieper, J., Integration und Kreation, Junfermann, Paderborn 1993a.

Petzold, H.G., Vormann, G. (Hrsg.), Therapeutische Wohngemeinschaften, Erfahrungen – Modelle – Supervision, Pfeiffer, München 1980.

Pritz, A., Petzold, H.G., Der Krankheitsbegriff in den psychotherapeutischen Schulen, Junfermann, Paderborn 1991.

Rahm, D., Otte, H., Bosse, S., Ruhe-Hollenbach, H., Einführung in die Integrative Therapie. Grundlagen und Praxis, Junfermann, Paderborn 1993.

Rutter, M., Rutter, M., Developing minds. Challenge and continuity across the life span, Penguin Books, London 1992.

Schreyögg, A., Integrative Supervision, Junfermann, Paderborn 1992.

Prozesse der Organisationsentwicklung von FPI/EAG Kultur- und Strukturanalyse

Astrid Schreyögg, Hagen

1. EINLEITUNG

20 Jahre FPI/EAG – das ist ein Anlaß, die in diesem Zeitraum geleistete inhaltliche Arbeit zu sichten und zu überdenken. Dieses 20jährige Bestehen kann aber auch Ausgangspunkt für eine „besinnliche" Auseinandersetzung mit der Entwicklung des „Systems" FPI/EAG und seiner „Kultur" bilden. Erst auf diese Weise lassen sich nämlich all die bisherigen fachlichen „Errungenschaften" mit ihren strukturellen Verankerungen in ihrer Gesamtheit verstehen. Das mag dann nicht nur als „Rechenschaftsbericht" nach außen oder der Förderung eines „kollektiven Selbstverständnisses" der Systemmitglieder im Innenraum dienen, auf diese Weise sind vielleicht auch Fragen, wie sich dieses Fortbildungsinstitut in systemgerechter Weise fortentwickeln läßt, sinnfälliger als bisher zu beantworten.

Das Ziel solcher Analyse besteht also vorrangig in der hausinternen Organisationsentwicklung; denn wie in der Psychotherapie durch Rekonstruktion des bisherigen, individuellen Lebens reflektierte Veränderung eingeleitet werden kann, ist auch ein soziales System durch rekonstruktive Analysen zu gezielter Fortentwicklung zu bewegen.

So möchte ich an dieser Stelle als „Geburtstagsgeschenk des Supervisionszweiges" eine Analyse des Organisationsentwicklungsprozesses von FPI/EAG wagen, die wesentliche strukturelle und prozessuale Merkmale in einer Gesamtschau einzufangen sucht.

Wie in unserem Haus grundsätzlich üblich, will ich dabei „mehrperspektivisch" vorgehen, d. h. die Folie der Analyse bilden unterschiedliche Organisationskonzepte zur Erklärung von Strukturen und Prozessen. Dabei soll das System entsprechend heute in der organisationstheoretischen Literatur gängigen Metaphern charakterisiert werden.

2. DER IST-ZUSTAND VON FPI/EAG

Bei FPI/EAG handelt es sich heute um das größte europäische Fortbildungsinstitut für den psycho-sozialen Bereich in freier Trägerschaft. Sein Gesamtprogramm umfaßt einerseits Angebote für Psycho- und Soziotherapeuten, für Therapeuten mit unterschiedlichen medialen Ausrichtungen, d. h. für Kunst-, Musik-, Bewegungs-, Tanztherapie und Angebote mit zielgruppenspezifischen Schwerpunkten, wie die Kindertherapie und die Therapie von Suchtpatienten. Unter seinem Dach werden außerdem Ansätze für alternative Pädagogik und Supervision gelehrt. Die Kurse finden in unterschiedlichen europäischen Ländern, wie in Italien, der Schweiz, in Österreich, Norwegen usw. statt. Durch seine Größe, seine regionalen Niederlassungen und seine inhaltliche Differenzierung stellt FPI/EAG heute ein feingeliedertes, „organisiertes Sozialsystem" dar, das sich als „Räderwerk" und als „Miniaturgesellschaft" beschreiben läßt.

(1) Als organisatorisches System weist es zunächst eine planmäßig etablierte, arbeitsteilige Struktur auf. Diese formale Struktur bildet ein komplexes Muster, das der gemeinsamen Zielerreichung (*Kieser, Kubicek* 1983) dienen soll. Im Verständnis traditioneller Organisationsforschung stellt es sich als Ineinandergreifen unterschiedlichster, kooperierender Positionen dar, die einem „feinmechanischen Wunderwerk" vergleichbar „funktionieren." Aus dieser Sicht läßt sich das System FPI/EAG als „Räderwerk" begreifen, das effizient und zuverlässig seine Arbeit tut.

(2) Nun ist selbstverständlich keine Organisation – und schon gar nicht ein Fortbildungsinstitut mit einer Maschinenmetapher allein ausreichend zu erfassen. Aus der Sicht von Kulturanthropologen (*Schein* 1985) oder phänomenologischen Soziologen (*Coenen* 1985) ist es darüber

hinaus als „Miniaturgesellschaft“ zu begreifen, die im Verlauf ihres Bestehens ein eigenes, kollektives Sinnsystem entfaltet. Dieses dient dann als „Referenzsystem“ (*Luhmann* 1984) dazu, Differenzen zur Umwelt zu etablieren, um gemeinsam zielorientierte Phänomene wahrzunehmen, zu strukturieren, zu verstehen und untereinander möglichst reibungslos zu kommunizieren (*Petzold* 1993).
Mit Hilfe dieser beiden Metaphern, des „Räderwerkes“ und der „Miniaturgesellschaft“ will ich zunächst den Ist-Zustand von FPI/EAG beschreiben.

2.1. FPI/EAG als „Räderwerk“

Schon seit seiner offiziellen Gründung im Jahre 1972 in Basel und 1974 in der BRD durch Eintrag ins Handelsregister usw., läßt sich vom FPI als einem „organisatorischen“ System sprechen. Das heißt, es war damit als formales, zielgerichtetes Handlungssystem mit einer, wenn auch zunächst nur groben *Arbeitsteilung* (*Frese* 1980) etabliert. *Hilarion Petzold* fungierte z. B. als wissenschaftlicher Leiter, *Hildegund Heinl* als Ausbildungsleiterin usw.
Neben Aspekten von Arbeitsteilung bzw. Aufgabenspezialisierung wies das FPI aber auch schon zu Beginn seines Bestehens eine zweistufige *Hierarchie* auf. Die damaligen fünf Gesellschafter, die in ihrem Hauptberuf entweder klinischen oder universitären Einrichtungen angehörten, als Leiter von Bildungseinrichtungen fungierten oder freiberuflich tätig waren, suchten eine kleine Schar von ebenfalls nebenberuflichen Mitarbeitern für die gemeinsame Aufgabe – die Ausbildung von Therapeuten – zu koordinieren.
Wie wir im weiteren noch sehen werden, schälte sich im Verlauf der 20 nachfolgenden Jahre eine immer differenziertere, arbeitsteilige und regional gegliederte Struktur heraus, die zur Etablierung unterschiedlicher, auch wieder arbeitsteiliger Einheiten in unterschiedlichen Ländern führte.
Durch sukzessive Vergrößerung, fachliche Differenzierung und regionale Ausweitung des Systems entstand z. B. die Notwendigkeit, ein eigenes Verwaltungssystem zu etablieren. Es umfaßt heute zwei Hierarchie-Ebenen, d. h. eine Verwaltungsleiterin koordiniert die derzeit 6 Büros in drei verschiedenen Ländern, in der BRD, in Österreich und in der Schweiz. Durch Erwerb der Akademie am Beversee, als Tagungs- und „Stamm“-Haus, mußten außerdem Mitarbeiter für solche Bereiche, wie Hauswirtschaft, Hausverwaltung usw. angestellt werden. Diese Einheiten sind wieder in zwei Hierarchie-Ebenen gegliedert. Alle diese Bereiche sowie drei Forschungsbüros in Dortmund, Halle und Hückeswagen, unterstehen heute ebenfalls der Verwaltungsleiterin in disziplinarischer Hinsicht. Alle festangestellten Mitarbeiter zählen derzeit 40 Personen.
Im Pool der Lehrenden, der heute 230 Personen umfaßt und der sich im Gegensatz zu den soeben genannten Subsystemen bis dato ausschließlich aus Honorarkräften zusammensetzt, wurde durch generelle Zunahme der Kurse sowie Verbreiterung der Angebotspalette eine dritte Hierarchie-Ebene, die der Fachbereichsleiter, notwendig. Sie leiten jeweils eigene, fachspezifische Weiterbildungsausschüsse (heute 7) mit jeweils 4 – 5 Kollegen und sind in einer übergeordneten „Fachbereichsleiterkonferenz“ repräsentiert.
Wie das Organigramm von FPI/EAG zeigt (siehe Abb.), bildet die „Gesellschafterversammlung“ das übergeordnete Koordinations- und Entscheidungsgremium. Es wird durch eine Vielzahl von anderen Gremien, so z. B. die Fachbereichsleiterkonferenz unterstützt. Das Verhältnis zwischen Gesellschafter- und den übrigen Gremien ist formal geregelt durch das GmbH-Recht und das Erwachsenenbildungsgesetz des Landes Nordrhein-Westfalen.
Die Rechtsform des Systems FPI/EAG als „gemeinnützige Gesellschaft mit beschränkter Haftung“ sieht eine Entscheidungsstruktur vor, die umfassende Mitbestimmung ausschließt. Die Letztentscheidung liegt immer bei den Gesellschaftern. Das Erwachsenenbildungsgesetz des Landes Nordrhein-Westfalen sieht zwar einen Dozentenbeirat vor, ihm kommt aber nur bera-

tende Funktion zu, d. h. die Letzt-Entscheidung bleibt auch hiernach immer bei den Leitern einer jeweiligen Bildungseinrichtung. Gremien, wie etwa einem Dozentenbeirat, kommt in dieser Rechtskonstruktion lediglich „Mitwirkung“ im Sinne einer von der Gesellschafterversammlung verliehenen „delegierten Kompetenz“ zu. Einflüsse solcher Gremien bleiben somit immer informell, d. h. revidierbar.

Aus Sicht des Gesetzgebers soll diese GmbH-Entscheidungsstruktur einem System Kontinuität und Stabilität verleihen. Und aus Sicht der Gründer wurde diese Rechtsform gewählt wegen des Geschäftsvolumens, der Minderung von persönlichen Haftungsrisiken und mit Blick auf eine größere Flexibilität der Handlungsmöglichkeiten. Andere Rechtsformen, wie etwa Vereine, erweisen sich wegen ihrer breiten Mitbestimmungsgarantien oft als zu „immobil.“

FPI/EAG weist heute eine Vielzahl von Mitwirkungsgremien auf. Durch sie soll nicht nur die Komplexität des Systems strukturiert, sondern auch die Verzahnung der Subeinheiten garantiert werden. So werden etwa im „zentralen“ Weiterbildungsausschuß, der das älteste dieser Gremien darstellt, zweigübergreifende Fragestellungen verhandelt, wie die Standards für die Berufung von Lehrpersonen, die Struktur der Ausbildungen usw. In der Fachbereichsleiterkonferenz dagegen finden Auseinandersetzungen statt über das Verhältnis der Zweige zueinander usw. Es stellt also ein fachliches Integrationsgremium dar. Daneben findet sich ein zentraler Arbeitskreis zur Entwicklung von Theorie-Didaktik, ein Ausschuß zur Programmplanung, eine Ethik-Kommission, ein Prüfungsausschuß usw. Diese Gremienarbeit wird vom Lehrpersonal, bis auf Ausnahmen, ehrenamtlich geleistet, und die Gremien sollen, neben einer Entlastung der Gesellschafter, die Funktion einer breiten Mitwirkung erfüllen.

Zentrale Aufgabe aller Ausschüsse ist die „*Standardisierung*“, d. h. hier werden Ziele, didaktische Muster, lernorganisatorische Strukturen, Texte für die Außendarstellung usw. formuliert, diskutiert und beschlossen.

Zum Verständnis der formalen Ist-Situation von FPI/EAG ist allerdings von gravierender Bedeutung, daß es sich bei den Lehrpersonen „nur“ um Honorarkräfte handelt. Aufgrund dieses Status sind sie nicht in eine strikte Wei-

sungs- und Kontrollstruktur einzubinden und können sich deshalb jederzeit aus allen organisatorischen Verbindlichkeiten lösen. Gleichzeitig stellen sie aber ein zentrales Moment der organisatorischen Einheit von FPI/EAG dar. Durch sie wird nicht nur die Lehre getragen, sondern als „Ehrenamtliche" leisten sie auch die gesamte Gremienarbeit innerhalb des Systems. Ihre Eingliederung in das System muß also auf nicht-formale Weise garantiert werden. Hier spielt, wie wir im weiteren noch sehen werden, die generelle Attraktivität des Systems eine Rolle.

Den haupt- und nebenberuflichen Mitarbeitern stehen nun die Ausbildungskandidaten gegenüber. Sie sind nach Zweigen und durch die jeweiligen Ausbildungsgruppen mit 15 – 16 Personen gegliedert.
Sie lassen sich einerseits als „nahe" organisatorische Umwelt bezeichnen , d. h. als „Nachfrager", und andererseits als Subsystem. Die Grenzen zwischen FPI/EAG-Mitarbeitern und den Ausbildungskandidaten sind nämlich als relativ fließend zu bezeichnen. Gewählte Verteter der Ausbildungskandidaten nehmen im zentralen Ausschuß teil, in Fachbereichsausschüssen usw. Außerdem sind einige von ihnen als Ko-Leiter schon in die Lehre eingebunden. Darüber hinaus arbeiten sie mit den Lehrpersonen in den vielen Regionalinstituten, wie Bielefeld, Hamburg usw. zusammen. Die Regionalinstitute sollen als „Außenstellen des FPIs" die regionale Integration aller Systemmitglieder in den unterschiedlichen Stadien der Ausbildung und dem unterschiedlichen Grad ihrer Zugehörigkeit garantieren. Ihre Vernetzung erfolgt im allgemeinen durch ihre Ausbildungs-, Supervisions-, Theoriegruppen usw., wo sie immer wieder untereinander und mit Lehrpersonen interagieren und kooperieren.
Relativ offene Grenzen zwischen Lehrenden und Lernenden sind in einem solchem Fortbildungsinstitut höchst funktional, weil sich der Dozentenstab ja aus dem Kreis der Ausbildungskandidaten ständig neu rekrutieren und regenerieren muß (*Mayntz* 1963).

2.2 FPI/EAG als „Miniaturgesellschaft"

Wenn ich nun den Standort einer Kulturanthropologin oder phänomenologischen Soziologin einnehme, erscheint FPI/EAG als „Miniaturgesellschaft" (*Steinmann, Schreyögg, G.* 1993), die eine spezifische „Kultur" entwickelt hat.
Alle Menschen, die hier heute tätig sind, dienen einer gemeinsamen Aufgabe – der berufsbezogenen, persönlichkeitsfördernden und wissenschaftlichen Erwachsenenbildung (*Sieper* 1985). Diese Intention bildet den Rahmen für ihre Kooperationen und Interaktionen. Auf diesem Hintergrund entwickelte sich ein gemeinsam etabliertes, *kollektives Sinnsystem*. Wie wir anhand der Prozeßbeschreibung noch sehen werden, war dies in den Gründungsstadien einerseits noch stark durch die Gestalttherapie geprägt, die als Teil einer amerikanischen „Gegenkultur" primär antirational, antiinstitutionell und charismatisch individualisierend bis narzißtisch (*Lasch* 1978) orientiert war. Es war andererseits schon eingefärbt durch Implikationen des Psychodramas, d. h. durch das sozialintegrative Spontaneitäts- und Kreativitätskonzept, und schließlich spielten auch psychoanalytische „Dissidenten"-Positionen, wie sie im Anschluß an *Ferenczi* vertreten wurden, eine Rolle.
Heute läßt sich das System im Sinne einer groben Kategorisierung eher als „gesellschaftlich gut etablierte und intellektuell breit fundierte *Kultur* mit innovativen Zügen" bezeichnen. In Relation zu vergleichbaren Instituten weist FPI/EAG durch seine Größenordnung, seine konzeptionelle Orientierung und Elaboration, die Art seiner Mitglieder, durch seine Struktur und sein äußeres Erscheinungsbild für einen Teil der „Szene" einen leicht „exklusiven" bis „elitären" Charakter auf.
Sichtbarstes Zeichen gesellschaftlicher Etablierung ist die „Europäische Akademie für psychosoziale Gesundheit" (EAG) am Beversee. Sie ist inzwischen staatlich anerkannte Einrichtung der beruflichen Weiterbildung und von den Europabehörden in Straßburg zur Führung des Europa-Logos ermächtigt. Sie weist äußerlich gut gepflegte, parkähnliche Gartenanlagen und

solide renovierte oder neue Bauten auf. Außerdem fallen die vielen Wagen der oberen Mittelklasse auf dem großen Parkplatz auf, die kultivierte Abendgarderobe beim alljährlichen Fest der Lehrpersonen usw. All dies findet seine Entsprechung in klar strukturierten Curricula und in dem relativ perfekten und umfänglichen Jahresprogramm, in dem jeweils ausgewiesen ist, von welchen Behörden, Verbänden und sonstigen Instanzen das Institut bzw. Teile von ihm schon anerkannt wurden oder mit welchen Universitäten, Hochschulen usw. es kooperiert.
Die intellektuellen Aspekte der „Kultur" dokumentieren sich vorrangig in den vielfältigen Publikationen der Mitarbeiter, die bislang zu jedem Lehrbereich erschienen sind, und sie dokumentieren sich in den Mitarbeiterlegenden des Programms, wo alle akademischen Titel und sonstigen Vorbildungen des Lehrpersonals aufgeführt sind.
Der innovative Charakter des Instituts manifestiert sich am deutlichsten in seinen vielen, z. T. europäischen Tagungen, wo immer wieder neue Themen mit unterschiedlichsten Experten aus verschiedenen Ländern verhandelt werden.
Aufgrund der differierenden Aufgabenstellungen, Positionen und Formen der Zugehörigkeit zum System, entfalteten sich aber „Subkulturen" mit je spezialisierten Sinnsystemen.
So weisen etwa die hauptberuflichen Mitarbeiter des Verwaltungs-, Forschungs-, Hauswirtschaftsbereiches usw. heute relativ „perfektionistische" Kulturmuster auf, was sich in Darstellungsform, Service, Kleidung, Umgangsweisen, klar und elegant gegliederter Raumgestaltung usw. zeigt.
Sichtbarster Ausdruck sind hierfür die sorgfältige Pflege des Akademiegartens, die hell und funktional gehaltenen Büro-, Schlaf- und Tagungsräume sowie das „exzellente Angebot aus Küche und Keller". Und bei mündlichen oder telefonischen Kontakten mit Verwaltungsangestellten, mit dem Haus- oder Küchenpersonal erhalten Außenstehende den Eindruck einer freundlichen und korrekten Einrichtung.
Das Subsystem der Lehrpersonen dagegen ist eher durch Merkmale von „Charisma", „Extravaganz" usw. charakterisiert. Es stellt eine heterogene, länderübergreifende „community" dar, deren Zusammenhalt heute primär durch das „Markenzeichen FPI/ EAG" garantiert ist. Im Zuge der Differenzierung des Ausbildungsangebotes zeichnen sich nämlich innerhalb dieser Untereinheit wieder z.T. relativ unterschiedliche Subkulturen ab. So bieten etwa die TanztherapeutInnen schon äußerlich ein eher „feminines, träumerisches" Bild, während die SupervisorInnen einen vergleichsweise versachlichten, bodenständigen und in Sprache und Gestik der „Männerwelt nahen" Eindruck machen. Die KunsttherapeutInnen wirken „full of colours", die SoziotherapeutInnen dagegen „handfest" bis „hemdsärmelig-zupackend" usw.
Die äußere Erscheinung der jeweiligen Subsysteme ist als Ausdruck nuanciert unterschiedlicher Weltverständnisse zu begreifen, die sich aus den je unterschiedlichen, konzeptionellen und methodischen Orientierungen der Zweige ergeben. So fällt etwa beim jährlichen Treffen des Lehrstabes immer wieder auf, daß die Lehrkräfte für Psychotherapie dazu neigen, hausinterne Probleme, vorrangig als „Übertragung", „Widerstand", „Spaltung" usw. zu erklären, also mit individuellen oder interaktiven Mustern. Lehrpersonen des Supervisionszweiges dagegen diagnostizieren dann eher „mangelnde Kompetenzabklärung", „grundlegende Strukturmängel" usw.
Insgesamt läßt sich die Kultur der Lehrpersonen als System mit einem „harten Kern" (*Sackmann* 1983), einigen mehr oder weniger gut angebundenen „Spezialisten-Kulturen" und einer Reihe von „Satelliten-Kulturen" charakterisieren. Diese Heterogenität hat neben fachlichen Gründen noch andere Ursachen: Ich hatte schon darauf hingewiesen, daß die Lehrpersonen als Honorarkräfte nicht in der gleichen Verbindlichkeit wie die anderen festangestellten Mitarbeiter in das System einzubinden sind. So weisen sie zum Teil eine relativ niedrige Anwesenheitsrate innerhalb des Systems auf, werden weniger strikt durch systeminterne Muster geprägt bzw. eher durch die, die sie in anderen Arbeitszusammenhängen (Kliniken, Praxen,

Hochschulen, psychosozialen Einrichtungen, Bildungsinstitutionen usw.) oder die sie anhand ihrer Spezialisierungen entwickeln. Dadurch ist nicht nur die Bildung homogener Kulturmuster oft sehr verzögert, sondern es entfalten sich auch ausgeprägte, subkulturelle Flügel mit zentrifugalen Tendenzen.

Auf der anderen Seite finden wir aber auch eine Vielzahl von Mitarbeitern, die einen laufenden Beitrag zur Entwicklung der „Kernkultur“ leisten. Das sind diejenigen, die als Ergänzung zu ihren sonstigen Tätigkeiten „zu Hause“, in den verschiedensten Gremien von FPI/EAG mitarbeiten. Auf diese Weise suchen „Freiberufler“ entweder Anbindung an ein organisatorisches System, oder Mitglieder anderer organisatorischer Systeme sehen dadurch eine „Alternative“ zu ihrem sonstigen Tätigkeitsfeld. Darüber hinaus garantiert ihnen solche Mitarbeit Einfluß innerhalb des Systems mit der Konsequenz eines gewissen Bekanntheitsgrades in der „community“ und nach außen, d. h. in einem nationalen und internationalen Rahmen.

Allerdings weist auch diese Kernkultur, entsprechend den heute maßgeblichen Gesellschaftern *Hilarion Petzold* und *Hildegund Heinl*, wieder zwei nuanciert unterschiedliche Muster auf (*Kets de Vries, Miller* 1985). Während sich um *Hildegund Heinl* eher „Systembewahrer“ und „ärztliche Kliniker“ gruppieren, gesellen sich zu *Hilarion Petzold* eher „Expansionisten“, „klinische Forscher“, „Intellektuelle“ und „soziotherapeutische Innovatoren“.

So bietet sich externen Beobachtern heute ein relativ buntes Bild: Neben „richtigen Klinikern“, „Realos“, „Intellektuellen“ und „Hütern der Hausordnung“, finden sich „Zauberer“, „Beziehungstierchen“ (*Krämer* 1985), „Gruppentiger“, „Künstler“, „kreative Chaoten“ usw.

Neben organisationskulturellen Unterschieden bestehen auch solche nationaler Art. So erleben Schweizer Kollegen auf ihrem liberalistischen Hintergrund FPI/EAG oft eher als zu „bürokratisch“, um aber im Einzelfall von der Verwaltung maximale Perfektion zu erwarten. Die österreichischen und italienischen Kollegen etwa können sich über einen verlorengegangenen Brief gar nicht so ereifern wie die „Piefkes“, weil sie aufgrund ihrer Nationalkulturen oft ohnedies eher zu improvisatorischen Arbeitsformen neigen. Die Norweger dagegen fallen durch Schweigsamkeit, die Niederländer durch organisatorische Betriebsamkeit auf usw.

Aufgrund der Größe des Systems, seiner regionalen Ausdehnung und seiner hohen Aufgabendifferenzierung besteht allerdings immer die Gefahr zentrifugaler Bewegungen von fachlichen oder regionalen Subkulturen. Aus diesem Grund mußten viele „kulturelle Anschlußstellen“ im System etabliert und institutionalisiert werden.

So entstand die Notwendigkeit vermittelnder Supervision der Büro- und Hausangestellten. Kulturverbindend soll auch das jährliche Treffen aller Lehrpersonen wirken, das Einladen von österreichischen, holländischen und Schweizer Kollegen in Ausbildungsausschüsse, die Etablierung der Fachbereichsleiterkonferenz als fachliches Integrationsgremium usw.

3. *PROZESSPHÄNOMENE VON FPI/EAG*

Nach dieser knappen Skizze des Ist-Zustandes will ich nun den organisatorischen Prozeß von FPI/EAG beschreiben. Auch hierbei sollen wieder unterschiedliche theoretische Muster als Folie der Analyse dienen.

(1) Aus einer ersten Perspektive ist das System als „Organismus“, vergleichbar einer Pflanze zu skizzieren. Diese Metapher ist nicht nur beliebt im Milieu von Therapeuten, wir finden sie auch bei einer Vielzahl von Organisationstheoretikern (vgl. *Türk* 1989). Aus dieser Sicht haben FPI/EAG bis heute einen Lebenszyklus durchlaufen, der durch spezifische Entwicklungsstadien mit dazugehörigen Krisen und ihre Überwindung charakterisiert ist (*Quinn, Cameron* 1983).

(2) So sinnfällig eine solche Betrachtung scheinen mag, blendet sie doch die Tatsache aus, daß sich FPI/EAG wie jede andere Organisation auf dem Hintergrund einer hochkomplexen Umwelt entwickelt haben. In einem systemtheoretischen Verständnis entfaltete sich

das Institut zu seiner heutigen Form überhaupt erst in laufender Interaktion mit dieser Umwelt, die, wenn man sie genauer untersucht, aus einer Vielzahl relevanter Institutionen, Verbänden usw. besteht. Deren Ansprüche müssen in einem solchen System beantwortet bzw. verarbeitet werden. Aus dieser Sicht läßt sich FPI/EAG auch als „Produkt einer komplexen Umwelt“ bezeichnen (*Türk* 1989).

(3) Wollten wir das Institut allerdings *nur* als „Organismus“ oder *nur* als „Produkt einer komplexen Umwelt“ beschreiben, würden wir unterstellen, daß es sich „automatisch“ entfaltet hätte, daß es also durch eine ihm immanente Dynamik oder durch Umweltbedingungen „determiniert“ sei. Wie aber alle, die in diesem System je anwesend waren, wissen, gestalten es die Menschen, die ihm angehören aktiv und selbsttätig aus. Und so soll, entsprechend neueren, organisationstheoretischen Ansätzen, auch FPI/EAG als „Ort kollektiven Lernens“ beschrieben sein; denn hier formen die anwesenden Menschen „ihr“ System reflektiert und aktiv in einer ihnen angemessenen Weise (*Argyris, Schön* 1978).

3.1 FPI/EAG als „Organismus“

Wie in Organisationsprozeßmodellen üblich, läßt sich FPI/EAG zunächst als System begreifen, das im Sinne eines Lebenszyklus bestimmte Reifungstadien durchlaufen hat, die einem „endogenen teleologischen Determinismus“ (*Türk* 1989, 58) folgen. Vielen Modellen der Entwicklungspsychologie vergleichbar wird dabei eine diskontinuierliche Abfolge von Phasen unterstellt, die im Fortlauf zu einem jeweiligen Gestaltwandel führen (*Starbuck* 1968) und im allgemeinen durch eine Krise eingeleitet werden.

In der Literatur werden immer wieder vier Stadien beschrieben (*Quinn, Cameron* 1983): eine „Pionier-“, eine „Kollektivitäts-“, eine „Formalisierungs-“ und eine „Integrationsphase“. Entsprechend diesen stellt sich der Entwicklungsprozeß von FPI/EAG etwa folgendermaßen dar:

(1) Über die „Gründungs- oder Pionierphase“ des Systems kursieren wie in allen Organisationen viele Legenden und Geschichten. Die verläßlichste scheint die zu sein, daß *Hilarion Petzold*, 26 Jahre, ausgestattet mit einem Theologie, Philosophie- und Psychologiestudium in Paris, einer Vielzahl von therapeutischen „Schnupperkursen“ und Ausbildungseinheiten in Frankreich und den USA, einer Psychoanalyse, einem „Mut ohnegleichen“ und dem erstaunlichen Vornamen „Hilarion“, 1969 als Direktor zweier Volkshochschulen in Nordrhein-Westfalen engagiert wurde. Gleichzeitig fungierte er als Lehrbeauftragter der Fachhochschule für Sozialarbeit in Düsseldorf und der PH Neuss, wo er zusammen mit *Johanna Sieper* Dozentenschulungen für Gruppendynamik und Psychodrama durchführte. Im weiteren Verlauf arbeiteten die beiden als Supervisoren für Kliniken usw., traten bei verschiedenen Tagungen auf und boten 1971 „per Anschlag“ auf den Lindauer Psychotherapie-Wochen eine „Psychodrama-Selbsterfahrungsgruppe“ an. Durch Teilnehmer dieser „Urgruppe“ entstanden noch im gleichen Jahr Gruppen in Wien, Basel und Würzburg. Anfang 1972 bildete sich eine Gruppe in Wuppertal bzw. Mainz im „Wohnzimmer“ der Familie *Heinl*.

Diese ersten Gruppenmitglieder waren offenbar so fasziniert von der Arbeit des „Meisters“, daß sie beschlossen, eine Ausbildung – und zwar eine „gestalttherapeutische“, die ihnen noch innovativer und extravaganter als eine psychodramatische schien, zunächst für sich selbst zu installieren. Außerdem wurden schon in diesem Stadium Gruppen für Bewegungs- (*Petzold, Berger*) und Kreativitätstherapie (*Sieper*) installiert. Dem Pionier war es damit offenbar gelungen, eine symbolische Realität für andere zu etablieren, die auf subtile Weise ihre eigenen Interessen stützte (*Gray, Ariss* 1985).

Dieser „Kerntrupp trug die Botschaft weiter in die Welt“, so daß 1972 weitere Ausbildungsgruppen, zwei in Hannover, zwei in Düsseldorf und eine in Nürnberg stattfinden konnten. Aus diesen ersten Gruppen wurden dann viele Mitglieder als „Trainer“, heute „Lehr-Therapeuten“ und „Lehr-Supervisoren“, rekrutiert, die bis heute einen Teil der „Stammbesetzung“ des Instituts bilden. Vier der Pioniere aus der „Urgruppe“ von 1971 gründeten dann (nach einem Zwischenschritt in der Schweiz, 1972) zusammen mit *Hilarion Petzold* schon im Herbst 1974 das „Fritz Perls Institut“ als GmbH mit dem Status der Gemeinnützigkeit.

Dem Pionier und denen, die er angezogen hatte, war es offenbar gelungen, in der Umwelt eine „Nische“ zu finden (*Lydens* 1975), in der eine neue Botschaft – „das Heil drama-, bewegungs- und kreativitätstherapeutischer Arbeit“ begeistert aufgenommen wurde. Aufgrund der improvisatorischen Arbeitsformen, „sein wichtigstes Medium war der Therapeut selbst“, wurden keine besonderen materiellen Ressourcen benötigt, um weitere Wachstumsprozesse in Gang zu setzen. Vor allem *Hilarion Petzold* als charismatischer Führer wurde nicht müde, Ideen zu produzieren und öffentlich zu propagieren, so daß sich bald weitere Ausbildungsgruppen in Österreich und in der Schweiz bildeten. Die „Organisation“ FPI war in diesem Stadium als sehr offenes System charakterisiert, das eine höchst flexible Form der Koordination, Kooperation, Verwaltung der materiellen Ressourcen usw. aufwies. Die in diesem Stadium typische, extravertierte Orientierung wurde vor allem durch die Gründerpersönlichkeit, eben *Hilarion Petzold*, verkörpert.

Alle diese Aspekte führten aber im Jahre 1975 zu einer Krise, d. h. vorrangig zu Unmut bei zweien der fünf Institutsgründern, sie spalteten sich ab und gründeten ein eigenes Gestalt-Ausbildungsinstitut, das heutige IGW.

(2) Der „Abschied“ dieser beiden Gesellschafter zog auch eine Polarisierung des Feldes nach sich, die insbesondere bei Ausbildungsgruppen in Österreich deutlich wurde. Die „Dissidenten“ bauten hier nämlich eine Reihe von neuen, „eigenen“ Ausbildungsgruppen auf. Von den verbleibenden Gesellschaftern und ihren Mitstreitern mußten nun erneute Anstrengungen unternommen werden, nämlich das bislang Erarbeitete konzeptionell und personell zu sichern, was ein neuerliches Stadium, das der „Kollektivitätsphase“ einleitete.

Hildegund Heinl wurde zur „Hüterin des Korpsgeistes“, indem sie mit hohem persönlichen Engagement „Nachwuchstalente“ lehrtherapeutisch betreute, die Besetzung von Gruppenleitern regelte usw. *Hilarion Petzold* produzierte Konzepte um Konzepte und Buch um Buch zur Sicherung der inhaltlichen Eigenheit des Instituts, und *Johanna Sieper* suchte all das curricular zu strukturieren, um die Qualität der Lehre zu gewährleisten. In diesem Stadium war das System primär auf die interne Kommunikation orientiert, in der immer wieder Konsens gefunden werden sollte. Durch das emotional orientierte, therapeutische Klima und die vorrangig informellen Organisationsstrukturen gestalteten sich in dieser Zeit die Beziehungen zwischen den Therapeuten, aber auch zwischen Therapeuten- und Ausbildungskandidatensubsystem oft so nahe, wie es mit Intentionen einer Therapieausbildung kaum mehr kompatibel war.

Die entscheidende Krise am Ende dieses Stadiums bestand aber in der allgegenwärtigen Improvisation, die mit dem zunehmenden Größenwachstum nicht mehr vereinbar war. Die Gesellschafter trafen immer noch Personalentscheidungen nach dem Muster der „ersten Stunde", die ehrenamtliche Organisation der Seminare klappte mehr schlecht als recht usw. Das erzeugte verständlichen Unmut bei den Ausbildungskandidaten, aber auch Ärger bei den Mitarbeitern.

(3) Die beschriebene Krise mündete in die „Formalisierungsphase". Als sichtbarsten Ausdruck dieser Epoche lassen sich vor allem vier Fakten nennen:

a) Die Gesellschafter beriefen nun ein Mitwirkungsgremium, das bei allen relevanten Fragen der Personalrekrutierung, der Regelung von Ausbildungsstandards usw. mitberaten sollte. Dieses Gremium ist als „zentraler Weiterbildungsausschuß" bis heute erhalten.

b) *Barbara Hascher* richtete 1975 erstmalig ein professionelles Sekretariat in Düsseldorf ein. Da dies allerdings mit der Kursorganisation bald auch wieder überlastet war, wurde 1978 in Mainz, in der Nähe der Praxis von *Hildegund Heinl*, ein weiteres Büro mit 2 Verwaltungsmitarbeiterinnen eingerichtet. Von diesen beiden Sekretariaten aus sollten dann Jahresprogramme, Kurse usw. in formalerer Weise als bisher koordiniert werden.

c) 1978 wurde an dem Hardtwald-Klinikum in Zwesten per Kooperationsvertrag das „Fritz-Perls-Klinikum" eingerichtet. Hier sollte die Lehre von Psychotherapie im stationären Setting an psychosomatischen, neurotischen und psychotischen Patienten stattfinden. Und im Jahr 1982 konnte die Elisabeth-Klinik in Dortmund als Ausbildungsstätte für stationäre Kindertherapie gewonnen werden.

d) Im Jahr 1979 berief die Freie Universität Amsterdam *Hilarion Petzold* zum Professor für „Klinische Bewegungstherapie und Psychomotorik" an die Abteilung für klinische Entwicklungspsychologie und -therapie. Hier ließen sich über Life-span-development-Forschungen wesentliche diagnostische Aspekte der Integrativen Therapie evaluieren.

Auf diese Weise gelangte das System nicht nur zu höheren Graden von Institutionalisierung, sondern es gelangte auch von Formen zentralisierter Macht zu breiteren Formen der Machtverteilung, d. h. es wurde stärker dezentralisiert (*Mintzberg* 1984). Im Zuge dieser Entwicklung entstand aber nun die Notwendigkeit der Komplexitätsreduktion, mit dem Ergebnis einer gewissen konservativen Starre. Nun sollten nämlich möglichst alle Verwaltungsangelegenheiten standardisiert und die Ausbildungsgänge möglichst weitgehend institutionalisiert werden. In diese Epoche fällt auch die Gründung des Ausbildungsausschusses für den „Bewegungs-Zweig", der als erstes, nun fachspezifisches Mitwirkungsgremium weitere, etwa für die Kindertherapie, nach sich zog.

Nun ergab sich ein neuerlicher, turbulenter Wachstumsschub des Systems und eine zunehmende Ausdifferenzierung von Angeboten, etwa zur Kindertherapie oder zur Supervision. Im Sinne von Komplexitätsreduktion wurden diese Programme auch wieder stark durchstrukturiert, wodurch sich die Eigenkomplexität des Systems allerdings wieder erhöhte.

Die Ereignisse der Formalisierungsphase zogen zwar zunehmende Akzeptanz bei externen Instanzen nach sich, sie leiteten aber im Innenraum des Systems neuerlich „krisenhafte Stimmungen" ein, indem nämlich die Ausbildungskandidaten über „Verschulung", die Verwaltungsangestellten über Überlastung klagten und die nebenberuflichen Mitarbeiter, die Lehrtherapeuten, sich zunehmend überfordert fühlten, die Komplexität des Systems noch zu überschauen usw.

(4) Der Ankauf der Akademie am Beversee im Jahre 1981 markierte den Beginn eines neuen Stadiums, der „Integrationsphase". In dieser Epoche fand zunächst eine Regeneration des Systems statt (*Starbruck* 1968); denn durch dieses Haus war symbolisiert, daß nun endlich wieder die Beziehungsverhältnisses in menschlich angemessener Weise innerhalb des Systems und nach außen, etwa zu potentiellen Ausbildungskandidaten usw., stabilisiert werden könnten (*Lievegoed* 1974). Im weiteren Verlauf

zeigte sich jedoch, daß die Integrationskraft des Instituts in diesem Stadium oft bis zum äußersten beansprucht war und noch einige Jahre verstreichen mußten, bis Konsolidierung einkehrte.
Bald stellte sich nämlich heraus, daß das damals als „Fritz-Perls-Akademie“ benannte Haus eine Vielzahl baulicher Mängel aufwies und vor allem von seiten der Behörden der Einbau einer neuen Kläranlage gefordert wurde. Alle diese Baumaßnahmen schienen das Institut personell und finanziell bei weitem zu überfordern. Zwar wurde schnell ein Verwaltungsleiter zur strikteren Regelung der Finanzen angestellt, die Umbauten konnten aber nur mit einer Vielzahl von Spenden und durch verminderte Honorare der Lehrpersonen realisiert werden.
Trotz aller Anstrengungen bei der Konsensfindung und Beziehungspflege, die von *Hildegund Heinl* vorrangig nach innen und von *Hilarion Petzold* vorrangig nach außen (*Lievegoed* 1974) unternommen wurden, oszillierte das System immer wieder relativ turbulent zwischen Beunruhigung und Stabilisierung. Durch Verlagerung der Verwaltung 1981 nach Beversee in das damalige „alte Bootshaus“ sollte z. B. eine verstärkte Zentralisierung der Verwaltung realisiert werden, die Probleme mit der Hausverwaltung usw. ließen sich auf diese Weise aber nur unvollkommen regeln.
Zwischenzeitlich fand auch eine Umbenennung der Akademie als „Europäische Akademie für Psychosoziale Gesundheit“ statt. Das Haus, das bis dato als landesspezifische Bildungseinrichtung vom Land Nordrhein-Westfalen anerkannt war, wies nämlich zunehmend Kurse außerhalb des Bundeslandes auf und dehnte seine Programme immer weiter auf den europäischen Raum aus.
In das Jahr 1986 fiel dann ein Wechsel der Verwaltungsleitung. Jetzt wurde *Doris Wolff* engagiert, die es in einem „Kraftakt“ auf sich nahm, die überdifferenzierten und zum Teil zentrifugalen Verwaltungsprozesse, aber auch die Vorgänge in „Haus und Garten“ neu zu regeln und zu überwachen. Ihr kam eine entscheidende Strukturierungs- und Integrationsfunktion zu; denn bis zu diesem Zeitpunkt hatten die Gründerpersönlichkeiten laufend ihre Führungsaufgaben und ihren Führungsanspruch innerhalb des Systems kurzfristig und punktuell geltend gemacht, was aber zum Teil zu Konfusion, Unselbständigkeit usw. führte. Wie alle übrigen Lehrpersonen waren ja auch sie nur nebenberuflich und auch vielfach ehrenamtlich für das System tätig und dadurch kaum in der Lage, eine kontinuierliche Führung des hauptberuflichen Segments zu gewährleisten.
Frau *Wolff* realisierte nun auch den Neubau, d. h. auf der Stelle des alten Bootshauses sollte jetzt ein neues Haus entstehen, in dem die Verwaltung, aber auch neue Arbeitsräume, mehr Zimmer für die Teilnehmer usw. Platz finden konnten.
Heute scheint das System in ein Stadium der Konsolidierung eingetreten zu sein, in dem konzeptionelle Innovationen im Innenraum, aber auch extern erzeugte Beunruhigungen, wie sie etwa durch das neue Psychotherapiegesetz in der BRD zu erwarten sind, gelassener und mit einem „guten Polster aus dem bisher Geleisteten“ zu verkraften sind. Man könnte sagen, daß es sich hier um eine *spiralförmige* Entwicklung handelt (*Mayntz, Nedelmann* 1987; *Masuch* 1985), wo Expansion und Strukturierung auf einem immer höheren Konsolidierungsniveau in Beziehung gesetzt werden. Sich entwickelnde Kristallisationen, d. h. Verfestigungen, wie z. B. „vergreisende“ Bürokratisierung auf der einen Seite und zentrifugale, charismatische Entwicklungsprozesse auf der anderen, werden immer wieder neu aufgelöst und verflüssigt.

3.2 FPI/EAG als Produkt einer komplexen Umwelt

Anhand des bisher beschriebenen Wachstumsprozesses könnte der Eindruck entstehen, als wenn es sich bei FPI/EAG um eine „Monade im einsamen Ozean“ handelt, die unabhängig von aktuellen Umwelten, entsprechend eigenen Gesetzlichkeiten vor sich hintreibt.
Im Lichte von „Selektionsmodellen“ (*Türk* 1989) erscheint FPI/EAG dagegen als Ergebnis

von Bewährungs- und Aussonderungsprozessen in einer sich permanent verändernden Umwelt. Wenn wir uns vergegenwärtigen, daß das primäre Ziel einer jeden Organisation in ihrem Selbsterhalt besteht, wird schnell deutlich, daß sie sich in „ihrer“ Umwelt bewähren muß, um zu überleben. Das wiederum gelingt ihr nur dann, wenn sie in einem laufenden Balanceprozeß Umweltbedingungen flexibel adaptiert, aber auch in die Umwelt hinein verändernd wirkt. Diese Weise der Betrachtung ist also an der Evolutionstheorie (*Campbell* 1969) orientiert.

Dabei ist die „Umwelt“ eines Ausbildungsinstituts, wie es FPI/EAG darstellt, hochkomplex und nur auf einem gestaffelten Figur-Hintergrund zu verstehen.

Den allumfassenden Hintergrund von FPI/EAG bildet heute ein gesamteuropäischer Fortbildungsmarkt, der für innovative Arbeitsformen mehr oder weniger offen ist. Hier stoßen manche Angebote auf Nachfrage, andere nicht. So mußten z. B. verschiedentlich Einzelseminartypen „ausselegiert“ werden, weil sie jeweils nur von 4 oder 5 Personen nachgefragt wurden. Manche Programme lassen sich eher außerhalb der BRD installieren usw.

So stellte es, nachträglich betrachtet, eine wichtige unternehmerische Entscheidung dar, Ausbildungsgruppen auch außerhalb der BRD anzubieten, weil sich nämlich innerhalb der deutschen Grenzen relativ schnell ein bunter Markt mit allen Aspekten von Verdrängungswettbewerb entfaltete. In diesen Zusammenhang paßt auch, das Lehrprogramm nicht auf die „Klassische Gestalttherapie“ zu zentrieren, sondern mit der „Integrative Therapie“ ein breiteres Verfahren anzubieten, das sich von anderen Instituten konzeptionell absetzt.

So muß es heute auch als kluge Entscheidung gewertet werden, die Angebotspalette durch therapeutische Programme mit medialen und zielgruppenspezifischen Schwerpunkten zu bereichern und einen pädagogischen sowie einen supervisorischen Zweig zu etablieren. Diese hohe Diversifikation des Angebotes verleiht dem Institut heute eine gewisse Stabilität, so daß es auch beim völligen oder partiellen „Wegbrechen“ eines Marktsegments noch überleben kann, bzw. durch solche Ereignisse nicht so leicht „auszuselegieren“ ist.

Wenn wir solche Selektionsprozesse bei FPI/EAG genauer untersuchen, ist relevant, daß innerhalb des Systems unterschiedliche Berufsgruppen für unterschiedliche Funktionen aus- bzw. weitergebildet werden. Damit sind bestimmte Teile des Systems in unterschiedlichen Segmenten der Umwelt „Bewährungsproben“ ausgesetzt. So war es z. B. zum Erhalt und zur Weiterentwicklung des Supervisionszweiges nützlich, daß die Supervisorenausbildung von FPI/EAG von der „Deutschen Gesellschaft für Supervision“ anerkannt wurde. Im anderen Fall hätte auf Dauer Gefahr bestanden, daß die hier ausgebildeten Supervisoren bei einer breiten Szenerie von Supervisionnachfragern der BRD in eine verschärfte Konkurrenzsituation geraten. Das konnte auf diese Weise vermieden werden und führte vielmehr zu Kooperationen mit positiven Auswirkungen im Feld. Heute stellt dieser Zweig schon ein relativ eigenständiges Institutssegment dar, das derzeit 17 Ausbildungsgruppen in 4 europäischen Ländern umfaßt.

Aus diesem Grund ist Verbandsarbeit, im Falle von FPI/EAG sogar auf internationaler Ebene, zum Erhalt des Systems von größter Bedeutung. Verbände stellen meistens spezifische Anforderungen, denen in Lehrprogrammen Rechnung zu tragen ist, um von ihnen anerkannt zu werden. Und umgekehrt ist es nicht unerheblich, daß Vertreter von FPI/EAG die Standards von Verbänden maßgeblich mitbestimmen.

Der pädagogische Bereich dagegen ist nur geringen, externen Restriktionen ausgesetzt. Hier erhalten lediglich lernorganisatorische Aspekte Bedeutung, wie die Abstimmung des Programms auf die Unterrichts- und Ferienzeiten, d. h. die Kursprogramme müssen in die Freizeit der Lehrer verlagert werden.

Äußerst kompliziert stellt sich dagegen die Lage im psychotherapeutischen Bereich dar, weil die Umwelt der Therapiezweige nicht nur durch vielfältige Verbände geregelt ist, sondern Psychotherapie insgesamt ein gesellschaftlich hochinstitutionalisiertes Umweltsegment darstellt. Hier ist es dann nicht nur notwendig, die Programme usw. auf bestehende Verbände, wie etwa den Verband für Musiktherapie oder für Tanztherapie abzustimmen oder eventuell zur Gründung solcher Verbände, ja sogar Dachverbände beizutragen, hier ist auch oft Vorgaben des Gesetzgebers zu entsprechen. Wenn diese nämlich ignoriert werden und damit Ausbildung „an der Gesetzeslage vorbei" erfolgt, ist zu erwarten, daß die Ausgebildeten kein Tätigkeitsfeld finden und die Programme auf Dauer nicht mehr nachgefragt werden.

Wie die aktuelle Lage im Zusammenhang mit der offiziellen Anerkennung der Gestalttherapie als kassenärztlich zugelassenem Verfahren zeigt, kann ein Institut, das sich ausschließlich auf die Ausbildung von Gestaltpsychotherapeuten richtet, im Falle einer Nicht-Anerkennung leicht ins Abseits geraten.

Wieder andere gesetzliche Regelungen bestehen dagegen für die Kindertherapie, die Kunsttherapie, die Musiktherapie oder den sozialtherapeutischen Bereich in der Drogen- und Alkoholarbeit. Die meisten der hier vermittelten Handlungskompetenzen lassen sich nur in einem klinischen Rahmen anwenden, für den wieder andere institutionelle Regelungen gelten, etwa solche des Bundessozialhilfegesetzes.

Aus allen diesen Gründen ist es natürlich von größter Bedeutung, daß sich die Mitglieder des Systems FPI/EAG über ihre Lehrtätigkeit hinaus laufend mit dem jeweiligen Forschungsstand ihrer „scientific community", mit der aktuellen Gesetzeslage, mit verbandlichen Regelungen, aber auch mit generellen Entwicklungen der für sie jeweils relevanten „Märkte" beschäftigen, um von den jeweiligen Umwelten nicht „ausselegiert" zu werden. Auf der anderen Seite besteht aber auch die Notwendigkeit, die einmal entwickelten Konzepte institutionell zu sichern und ihnen damit einen überdauernden Charakter zu verleihen. Hier sind z. B. universitäre Anbindungen, wie sie derzeit schon im Psychotherapie-, Bewegungstherapie- und Supervisionszweig bestehen, relevant.

Veränderungen können allerdings auf keine Umweltanforderung hin, auch wenn sie noch so differenziert eruiert wurden, automatisch „herbeigezaubert" werden. Modifikationen in der Umwelt müssen vielmehr vom System in einer jeweils eigenen Art verarbeitet werden. Dabei ist immer relevant, wie adaptionsfähig die Organisation für die eine oder andere Neuerung ist, ob und wie sie sich also in den bislang etablierten Rahmen integrieren läßt oder nicht. So muß auch in FPI/EAG jeder Innovator seine Ideen immer in zweifacher Weise „verkaufen": nach innen und nach außen.

3.3 *FPI/EAG als „Ort kollektiven Lernens"*

Solche Überlegungen führen uns schon zu Fragen, wie die Systemmitglieder von FPI/EAG ihr System selbst gestalten und als wie lernfähig sie sich dabei erweisen.

Diese Sicht korrespondiert mit der neueren organisationstheoretischen Literatur, wonach es sich bei Organisationen um potentiell lernfähige Systeme handelt (*Argyris, Schön* 1978). Wie wir soeben gesehen haben, müssen Organisationen natürlich ohnedies laufend immanente Entwicklungsprozesse wie auch externe Umweltanforderungen verarbeiten, sie werden aber, wenn sie „wirklich lernfähig" sind, in darauf abgestimmter Weise aktiv (*Starbuck* 1968) und selbsttätig handeln.

Im Verständnis einschlägiger Autoren handelt es sich hierbei nicht um die Lernfähigkeit einzelner Personen, sondern um ein kollektives Phänomen, das als „organisatorische Lernfähigkeit" im gesamten System, oder jedenfalls in seinen relevanten Teilen etabliert ist. Der Begriff „organisatorische Lernfähigkeit" bezeichnet auch nicht eine Lernform, bei der aktuelle organisatorische Krisen durch „beherzte Krisenintervention" einzelner oder eines Kollektivs kurzfristig gemeistert werden. Der Begriff meint noch nicht einmal organisatorisches Lernen, bei dem einzelne Krisen auf dem Hintergrund aller relevanten Parameter des Systems analysiert und dann durch breite Umstrukturierung prophylaktisch vermieden werden oder ihnen vorgebeugt wird. „Qualifiziertes, organisatorisches Lernen" bezeichnet vielmehr einen Idealzustand, bei dem sich möglichst viele Systemmitglieder laufend, d. h. auch unabhängig von Krisen, mit der Situation des Systems befassen, es permanent verändern, ja, wo es sogar ein relevantes Merkmal der „culture" darstellt, die Organisation ständig veränderungsfähig, d. h. „innovativ" zu halten (*Reinhardt* 1993).

Diese Konzeption trägt der Tatsache Rechnung, daß Organisationen in der Gegenwartsgesellschaft eine zentrale Bedeutung als Orten aktiven, gesellschaftlichen Lernens zukommt (*Türk* 1989). In diesem Sinne sollte der Ansatz als Orientierungsmuster für FPI/EAG, dessen Ziel ja in der generellen Entwicklung menschlicher Lernfähigkeit besteht, vom Gesamtsystem besonders sorgfältig „integriert" werden. Aus diesem Grund habe ich diese Konzeption hier auch etwas breiter verhandelt.

3.3.1 *Die organisatorische Lernfähigkeit von FPI/EAG*

Wenn wir diesen Maßstab an FPI/EAG anlegen, läßt sich behaupten, daß das System schon seit seinen Anfängen einen hochgradig innovativen Charakter in sich trägt. Ja, die Innovationsbereitschaft und damit oft verbundene „Lust zur Expansion" des „Ursprungspioniers", *Hilarion Petzold*, nahm gelegentlich so turbulente Formen an, daß andere Gesellschafter, insbesondere *Hildegund Heinl*, immer wieder um die Stabilität des Systems fürchteten und Entwicklungen abzubremsen oder zu mildern suchten. Es fanden sich dann aber, meistens ungeplant, also „wildwüchsig", immer wieder Organisationsmitglieder, die bereit und fähig waren, Innovationen „mit- und durchzutragen", so daß sie nach einer Innovierungsphase jeweils auf eine solide fachliche und organisatorische Basis gestellt werden konnten. So läßt sich rückblickend behaupten, daß im Gesamtensemble des Instituts laufend, im Sinne von Wellenbewegungen, durch „expansionistische Innovationslust" einerseits und „realitätsgerechte

Einbremsung" andererseits tragfähige Neuerungen hervorgebracht wurden.
In diesem Zusammenhang ist allerdings zu bemerken, daß fachliche Innovationen nicht etwa nur oder auch nur primär aus marktpolitischen Gründen eingeleitet wurden, wie es anhand des letzten Kapitels scheinen mag. Ihren Hintergrund bildeten normativ geleitete „Visionen" einer ganzheitlichen und differentiellen Arbeit mit Menschen, die auf eine umfassende Entfaltung menschlicher Potentiale abzielt (*Orth, Petzold* 1993). Durch diese Orientierungen ist sicher auch der Großteil der Attraktivität zu begründen, die das System für seine Mitglieder hat.
Trotz der bislang ganz offensichtlich entfalteten Formen organisatorischer Lernfähigkeit, steht ihrer Entwicklung aber auch manches entgegen.

3.3.2 Probleme organisatorischer Lernfähigkeit in FPI/EAG

Zentrale Voraussetzung zur Etablierung einer breiten, organisatorischen Lernfähigkeit stellt die laufende Auseinandersetzung der Organisationsmitglieder mit „ihrem" System dar. Das aber erweist sich in FPI/EAG aus kulturellen und strukturellen Gründen oft als schwierig.
(1) Das grundlegende Problem von Fortbildungsinstitutionen mit therapeutischer Kultur, so auch von FPI/EAG, besteht darin, daß organisationsinterne Phänomene primär auf der Folie individueller oder interaktionaler Muster verhandelt werden. Wenn überhaupt Systembeschreibungen (*Willke* 1991) eine Rolle spielen, dann solche, die an familialen Systemen entwickelt wurden. Und in diesen findet im allgemeinen eine Akzentuierung gefühlshafter Bezüge statt, was einem organisatorischen System nicht voll entspricht.
Darüber hinaus wohnen vielen der neueren therapeutischen Konzepte rigoros antibürokratische und antikapitalistische Implikationen inne, so daß von ihren Protagonisten formalstrukturelle Phänomene oder gar „marktpolitische" Fragen im allgemeinen ausgeblendet werden. Zur Entwicklung einer breiten organisatorischen Lernfähigkeit ist aber auch Kommunikation über solche Zusammenhänge von Belang.
(2) Ein strukturelles Problem bei der Etablierung solcher Lernfähigkeit in FPI/EAG besteht in dem Faktum, daß das Subsystem der Lehrpersonen aufgrund des GmbH-Rechtes nur „mitwirken" und nicht in formal garantierter Weise mitbestimmen kann. Aufgrund des Status von Honorarkräften sind diese Mitglieder auch nur punktuell anwesend und deshalb oft nur in eher unverbindlicher Weise für die Belange des Gesamtsystems zu interessieren. Auch dadurch können sie vielfach nur begrenzt an zentralen, institutsrelevanten Entwicklungen und Entscheidungen partizipieren. Den „Kern" organisatorischer Lernfähigkeit bilden deshalb immer die Gesellschafter. Ihnen fällt die Aufgabe zu, bei ihren internen Treffen Probleme zu formulieren und sie dann in den einzelnen Gremien zu kommunizieren, zur Diskussion zu stellen und die Honorarkräfte für eine Mitbeteiligung an der Lösung aktueller Fragen zu gewinnen. Das wiederum führt automatisch zur Zentralisierung von Expertenkompetenz bei den Gesellschaftern, was immer wieder zu ihrer Überlastung, aber auch zu Unzufriedenheit bei den Honorarkräften führt. So stehen auch hier Veränderungen ins Haus, die etwa in einer Erweiterung des Gesellschafterkreises bestehen könnten usw.

4. AUSBLICK

Wie weiter oben erläutert, befindet sich FPI/EAG derzeit in einer Konsolidierungsphase. In dieser kann vergleichsweise ruhiger als früher nach Balance zwischen unterschiedlichen organisatorischen Ansprüchen gesucht werden; denn wie in jeder modernen Organisation müssen die Organisationsmitglieder vorrangig zwei, sich überschneidende Dimensionen laufend austarieren:
(1) Sie müssen Balance finden zwischen formalen Regelungen einerseits und improvisatorischer Mitwirkung andererseits. Formale Regelungen garantieren fachliche und personelle Kontinuität mit den Gefahren von Verfesti-

gung. Improvisatorische Mitwirkung dagegen mobilisiert breite und innovative Mitbeteiligung mit den Gefahren unverbindlicher und vordergründiger Entscheidungsfindung. Dabei ist aber zu beachten, daß in einer Organisation mit therapeutischer Tradition Formen improvisatorischer Mitwirkung als besonders kulturkonform gelten, was nicht selten zur Diffusion bzw. zur Auflösung dieser Systeme führt.

(2) Darüber hinaus muß laufend zwischen Stabilisierung eines einmal gewonnenen „status quo" und Tendenzen von Innovation und Expansion vermittelt werden. Die Förderung von Stabilität dient dem Selbsterhalt des Systems mit den Gefahren von Erstarrung, Expansion und Innovation dagegen führen zur Verlebendigung, fördern aber auch zentrifugale Tendenzen, die bis zum Zerfall der Organisation führen können.

Durch diese Aspekte sind auch die aktuellen „Lernthemen" des Systems bestimmt, was ich anhand einiger Beispiele zeigen will.

ad (1): *Formale Regelungen/improvisatorische Mitwirkung*

Die Gesellschafter etablierten im Verlauf des letzten Jahres die Fachbereichsleiterkonferenz, deren Mitglieder, die Fachbereichsleiter, von „oben" berufen wurden. Sie erhielten als dritte Hierarchie-Ebene eine formale, fachspezifische Koordinationsfunktion. Sie arbeiten auch nicht mehr rein ehrenamtlich, sondern, mit einem kleinen Jahreshonorar ausgestattet, sollen sie wichtige Vorgänge in „ihren" Zweigen mit den dazugehörigen Lehrpersonen verhandeln. Als „Fachbereichsleiter-Konferenz" soll das Gremium zur Dezentralisierung der Entscheidungskompetenz, zur Sicherung von Qualität bzw. ihrer Kontrolle usw. beitragen und damit zur Entlastung der Gesellschafter.

Durch Etablierung dieses formalen „Mittelbau-Gremiums" antizipierten viele Systemmitglieder eine Konkurrenz zum „zentralen Weiterbildungsausschuß". In diesem wurden bislang nicht nur Ausbildungsstandards, Beschwerden von Kandidaten usw. verhandelt, sondern er war mit seinen, in der „Vollversammlung" der Lehrkräfte gewählten Vertretern auch als „Mitwirkungsorgan" der Lehrenden definiert. Viele Lehrpersonen befürchten nun, daß der „zentrale Ausschuß" an fachlichem Einfluß verliert und zum „Beschwerdegremium verkommt." Solche Befürchtungen sind nicht ganz unberechtigt, denn dieser Ausschuß entstammt letztlich einer Epoche des Instituts, in der geringere Grade an Spezialisierung bestanden. Hier wurden traditionell primär Fragestellungen der Psycho- und Soziotherapieausbildung verhandelt. Durch den nun formal festgeschriebenen, fachlichen Funktionsverlust wurde aber auch Reduktion des „Mitwirkungseinflusses" antizipiert. Aus diesem Grund initiierten viele Lehrende Anfang des Jahres 1993 die Gründung einer eigenen Interessengemeinschaft für Lehrkräfte. Diese sucht jetzt insgesamt umfassendere und auch formalere Mitwirkung der Lehrkräfte als bisher geltend zu machen und artikuliert sich auch kämpferischer, als es im primär konsensorientierten, „zentralen Ausschuß" üblich war. Hier wird es in Zukunft darum gehen, wie das GmbH- und das Erwachsenenbildungsgesetz noch umfassender als bisher für die Mitwirkung genutzt werden kann.

Die Etablierung der Fachbereichsleiterkonferenz als formaler etabliertes Mitwirkungsgremium soll eine fachlich fundierte und vor allem eine personell gesicherte Kontinuität garantieren. Dies kollidierte aber sofort mit Kulturmustern von improvisatorischer Mitwirkung. Diese beiden konkurrierenden Ansprüche, die durch die beiden Gremien symbolisiert sind, müssen also in der nächsten Zeit differenzierter ausgehandelt werden, d. h. hier besteht breiter „Lern- und Handlungsbedarf".

ad (2): *Sicherung/Expansion und Innovation*

Die Balance zwischen Sicherung und Expansion sowie Innovation des Systems wirft eine noch größere Zahl von „Lernthemen" auf.

Hierbei geht es z. B. um Fragen, wie die finanziellen Ressourcen des Systems verteilt werden sollen, ob etwa die Honorare der Lehrkräfte, zur „Pflege des Personalstamms" erhöht werden sollen oder ob eher in die Sicherung des Gesamtsystems zu investieren ist; denn auf diese Weise kann nicht nur sein Bestand garantiert, sondern vielleicht sogar noch Ausdehnung stattfinden. Dabei ist immer zu bedenken, daß Expansion eines Systems, wenn sie ein „stabilisierendes Optimum" erreicht, auch wieder zu seiner Bestandssicherung dienen kann.

In diesem Zusammenhang tauchen Überlegungen auf, ob Forschung zur Therapie-Evaluation zu finanzieren ist, wie umfassend in Kooperationen mit Hochschulen investiert werden soll usw. Derartige Entwicklungen würden auf die eine oder andere Weise den institutionalisierten Charakter des Instituts erhöhen, weshalb mit ihnen umfassende, strategische Entscheidungen einhergehen, die wohlüberlegt sein müssen.

Andere, nunmehr schon „Dauerbrennerthemen" sind, ob und wodurch die Angebotspalette des Instituts verbreitert werden soll, ob konzipierte Programme innerhalb des Systems oder nach außen auf Akzeptanz stoßen, ob und wie neue „Spezialistenkulturen" angebunden werden können usw. So muß gut überlegt werden, ob die Etablierung eines Programms für „Organisationsentwicklung und Coaching" in das Ensemble des Instituts zu integrieren ist, ob es von seinem Image solche Entwicklungen verträgt, ob sie im Binnenraum mitgetragen werden usw.

Ein Thema, das alle Lehrkräfte in der einen oder anderen Weise beschäftigt, ist die Frage, ob immer wieder neue Mitarbeiter für den *Staff* gewonnen und ausgebildet werden sollen oder ob nicht vielmehr das vorhandene Personal noch „tiefer" und „breiter" als bislang geschult werden sollte. „Durch laufende Erweiterung des *Pools* der Lehrkräfte steigt automatisch die Anonymitätsrate in diesem Subsystem", wenden die einen ein, „durch das frische Engagement neuer Mitarbeiter wird das System laufend mit neuen Impulsen versorgt", geben andere zu bedenken.

5. FAZIT

So mühsam sich manche Auseinandersetzungen um die soeben aufgefächerten Themen auch gestalten mögen, zeigt die Entwicklung insgesamt, daß FPI/EAG noch nicht in „Vergreisungsstadien" eingetreten ist. Damit präsentiert es sich, trotz einiger struktureller und kultureller „Verengungen" eben immer noch als innovative Organisation. Vielleicht kann ich durch Diskussionen über meine Organisationsanalyse aber auch dazu beitragen, daß in diesem „Mikrokosmos" noch ein klein wenig mehr „organisatorische Lernfähigkeit in die Breite" – und in die „Tiefe" zu etablieren ist.

LITERATUR

Argyris, Ch., Schön, D.A., Organizational learning, Reading, Mass. 1978.

Campbell, D., Variation and selective retention in socio-cultural evolution, *General Systems* (1969) 69 ff.

Coenen, H., Diesseits von subjektivem Sinn und kollektivem Zwang, München 1985.

Frese, E., Grundlagen der Organisation, Wiesbaden 1980.

Gray, B., Ariss, S.S., Politics and strategic change across organizational life cycles, *Academy of Management Review* (1985) 707 ff.

Kets de Vries, M.F.R., Miller, D., Group fantasies and organizational functioning, *Human Relations* (1984) 111 ff.

Kieser, A., Kubicek, H., Organisation, 2. Aufl., New York 1983.

Krämer, K., Organisationskultur und Supervisionsfokus, *Supervision* 7 (1985) 75 – 94.

Lasch, Ch., The culture of narcism, New York 1978.

Lievegoed, R., Organisationen im Wandel, Bern, Stuttgart 1974.

Lyden, F.J., Using Parsons' functional analysis in the study of public organizations, *Administrative Science Quarterly* (1975) 59 ff.

Luhmann, N., Soziale Systeme. Grundriß einer allgemeinen Theorie, Frankfurt/M. 1984.

Masuch, M., Vicious circles in organizations, *Administrative Science Quarterly* (1985) 14 ff.

Mayntz, R., Soziologie der Organisation, Hamburg 1963.

Mayntz, R., Nedelmann, B., Eigendynamische soziale Prozesse: Anmerkungen zu einem analytischen Paradigma, *Kölner Zeitschrift für Soziologie und Sozialpsychologie* (1987) 648 ff.

Mintzberg, H., Power and organization life cycles, *Academy of Management Review* (1984) 207 ff.

Petzold, H., Integrative Therapie, Paderborn 1993.

Orth, I., Petzold, H., Zur Anthropologie des schöpferischen Menschen, dieses Buch.

Quinn, R.E., Cameron, K., Organizational life cycles and shifting criteria of effectiveness: some preliminary evidence, *Management Science*, Vol. 29, 1 (1983) 33-51.

Reinhardt, R., Das Modell organisationaler Lernfähigkeit und die Gestaltung lernfähiger Organisationen, Frankfurt/M., Berlin, Bern, New York, Paris, Wien 1993.

Sackmann, S., Organisationskultur: Die unsichtbare Einflußgröße, *Gruppendynamik* 4 (1983) 393-406.

Schein, E.H., Organizational culture and leadership, San Francisco 1985.

Sieper, J., Bildungspolitische Hintergrunddimensionen für integrativ-agogische Arbeit an FPI und FPA, *Integrative Therapie* 3/4 (1985) 340-358.

Starbuck, W.H., Organizational metamorphosis, in: *Millman, R.W., Hottenstein, M.P.* (ed.), Promising research directions, Academy of Management Proceedings, 1968, 113 ff.

Steinmann, H., Schreyögg, G., Management, Lehrbuch, 3. Aufl., Wiesbaden 1993.

Türk, K., Neuere Entwicklungen in der Organisationsforschung – Ein Trend-Report, Stuttgart 1989.

Willke, H., Supervision als Revisionsinstanz des therapeutischen Prozesses, *Gestalt und Integration* 1 (1991) 38-49.

Curricula, Seminare, Tagungen
– Zahlen und Entwicklungen –

Isabelle Schmiedel, Düsseldorf

Anhand der Ausbildungsprogramme und Anmeldungsunterlagen wurden nachstehende Zahlen zur Entwicklung des Instituts und seiner einzelnen Zweige, Curricula und Seminarangebote mitgeteilt.

CURRICULA

Integrative Therapie/Gestalttherapie
1972-1992
(Ausbildungsgruppen, vierjährig)

Ausbildungsgruppen 1972-1992 à 14-16 TeilnehmerInnen:	137
TeilnehmerInnen psychotherapeutischer Zweig:	1.233
TeilnehmerInnen soziotherapeutischer Zweig:	822
TeilnehmerInnen an Weiterbildungen gesamt:	2.055
Teilnehmertage:	256.875
Ausbildungsstunden:	2.055.000
Gesamtzahl der TeilnehmerInnen am Fritz Perls Institut von 1972-1992:	78.960

Integrative Kinder- und Jugendlichenpsychotherapie
(Ausbildungsgruppen, vierjährig)

Jahr	Neue Gruppen	Gruppen gesamt
1985	1	1
1986	1	2
1987	3	5
1988	2	6
1989	5	10
1990	2	9
1991	2	9
1992	2	6

Gruppen gesamt:	18
TeilnehmerInnen:	270
Teilnehmertage:	33.750
Unterrichtsstunden:	270.000

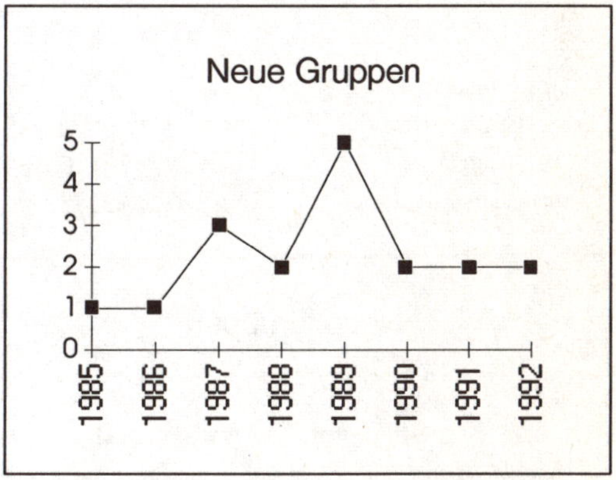

Integrative Therapie/Gestalttherapie (Ausbildungsgruppen, vierjährig)

Jahr	Neue Gruppen	Gruppen gesamt
1972	4	4
1973	3	7
1974	6	13
1975	8	17
1976	3	17
1977	9	20
1978	9	21
1979	3	21
1980	8	20
1981	8	19
1982	6	22
1983	6	20
1984	6	18
1985	8	20
1986	8	22
1987	8	24
1988	6	22
1989	6	20
1990	8	20
1991	8	22
1992	6	22

Gruppen gesamt:	137
TeilnehmerInnen:	2.055
Teilnehmertage:	256.875
Unterrichtsstunden:	2.055.000

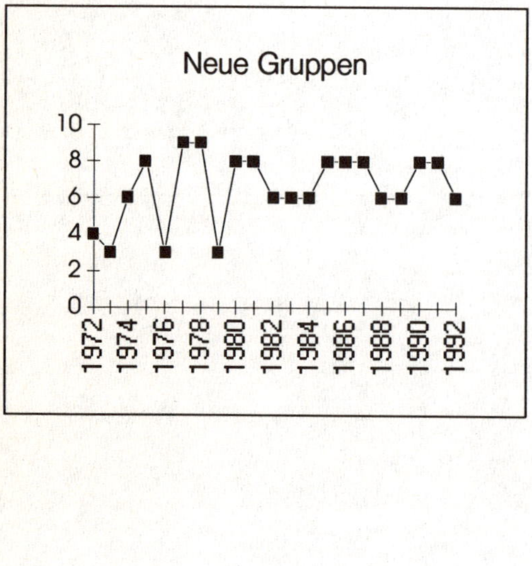

Integrative Bewegungstherapie (Ausbildungsgruppen, vierjährig)

Jahr	Neue Gruppen	Gruppen gesamt
1972	1	1
1973	0	1
1974	2	3
1975	1	3
1976	0	3
1977	1	2
1978	1	2
1979	1	3
1980	2	4
1981	1	4
1982	2	5
1983	2	5
1984	2	6
1985	2	6
1986	2	6
1987	2	6
1988	4	8
1989	3	9
1990	3	10
1991	3	9
1992	6	11

Gruppen gesamt:	41
TeilnehmerInnen:	615
Teilnehmertage:	76.875
Unterrichtsstunden:	615.000

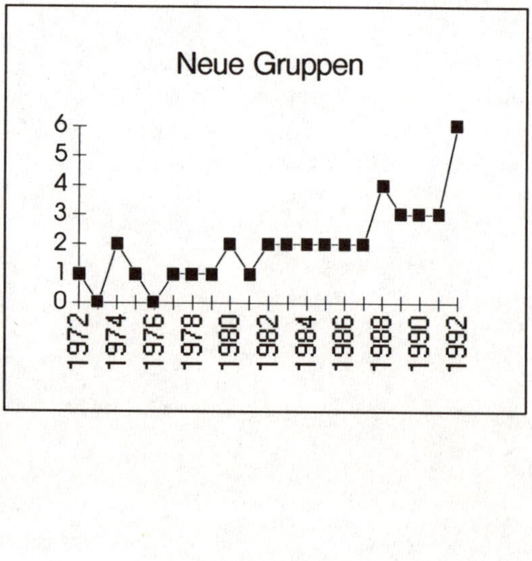

Tanztherapie
(Ausbildungsgruppen, vierjährig)

Jahr	Neue Gruppen	Gruppen gesamt
1987	3	3
1988	1	4
1989	1	5
1990	1	3
1991	1	3
1992	1	3

Gruppen gesamt:	8
TeilnehmerInnen:	120
Teilnehmertage:	15.000
Unterrichtsstunden:	120.000

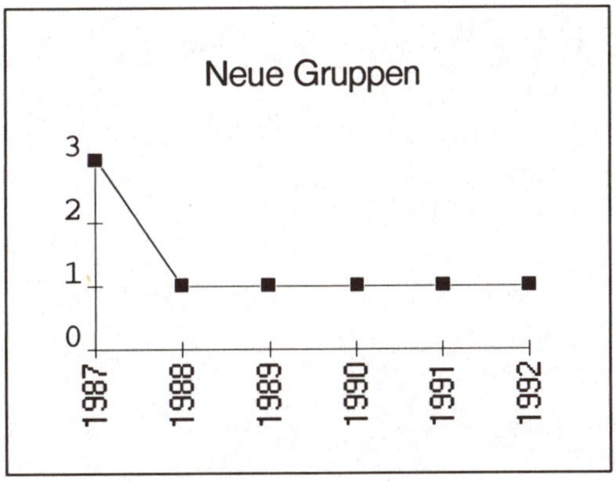

Musiktherapie
(Ausbildungsgruppen, vierjährig)

Jahr	Neue Gruppen	Gruppen gesamt
1985	1	1
1986	1	2
1987	1	3
1988	1	3
1989	1	3
1990	3	4
1991	1	5
1992	1	5

Gruppen gesamt:	10
TeilnehmerInnen:	150
Teilnehmertage:	18.750
Unterrichtsstunden:	150.000

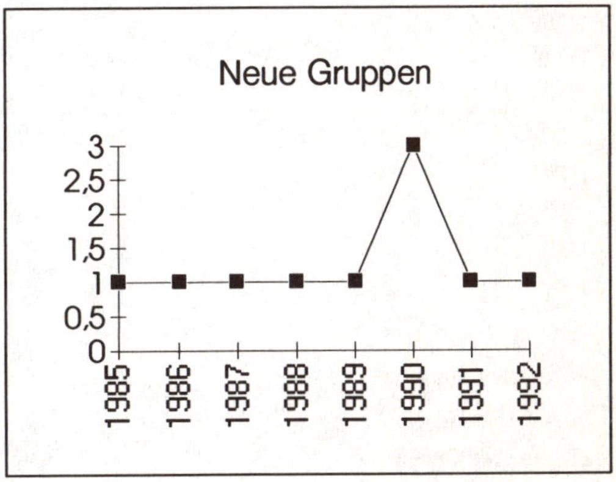

Kreative Therapie/Integrative Kunsttherapie und Arbeit mit kreativen Medien (Ausbildungsgruppen, vierjährig)

Jahr	Neue Gruppen	Gruppen gesamt
1972	2	2
1973	1	3
1974	4	7
1975	3	8
1976	0	7
1977	0	3
1978	0	0
1979		
1980		
1981		
1982		
1983	Ausbildungszweig ruht	
1984		
1985		
1986		
1987		
1988	2	2
1989	3	5
1990	2	7
1991	1	6
1992	2	5

Gruppen gesamt:	20
TeilnehmerInnen:	300
Teilnehmertage:	37.500
Unterrichtsstunden:	300.000

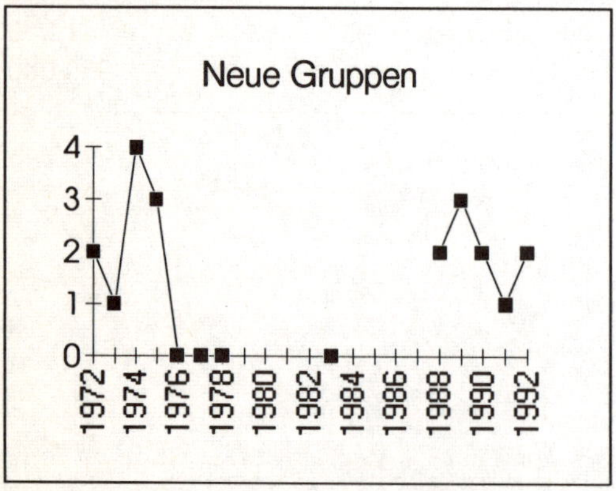

Integrative Poesie- und Bibliotherapie (Ausbildungsgruppen, vierjährig)

Jahr	Neue Gruppen	Gruppen gesamt
1992	1	1

Gruppen gesamt:	1
TeilnehmerInnen:	16
Teilnehmertage:	2.000
Unterrichtsstunden:	16.000

Integrative Dramatherapie (Ausbildungsgruppen, vierjährig)

Jahr	Neue Gruppen	Gruppen gesamt
1993	1	1

Gestaltpädagogik
(Ausbildungsgruppen, vierjährig)

Jahr	Neue Gruppen	Gruppen gesamt
1982	2	2
1983	1	3
1984	1	4
1985	1	3
1986	1	3
1987	1	3
1988	1	3
1989	1	3
1990	1	3
1991	1	3
1992	1	3

Gruppen gesamt:	12
TeilnehmerInnen:	180
Teilnehmertage:	22.500
Unterrichtsstunden:	180.000

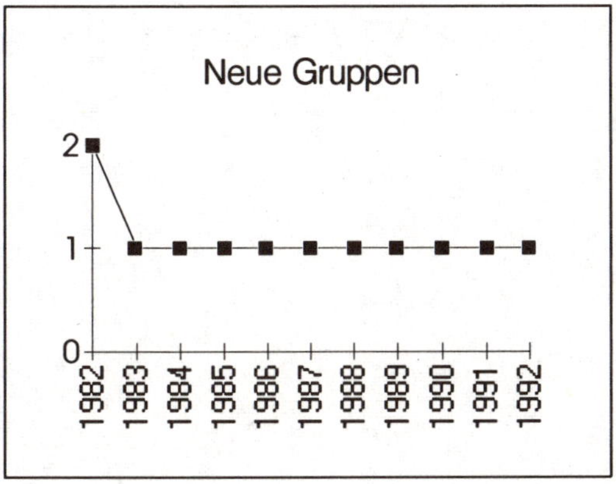

Gestaltseelsorge
(Ausbildungsgruppen, vierjährig)

Jahr	Neue Gruppen	Gruppen gesamt
1976	2	2
1978	2	4

Gruppen gesamt:	4
TeilnehmerInnen:	60
Teilnehmertage:	7.500
Unterrichtsstunden:	60.000

Supervision
(Ausbildungsgruppen in der BRD, dreijährig)

Jahr	Neue Gruppen	Gruppen gesamt
1974	2	2
1975	1	3
1978	1	2
1982	1	2
1984	2	3
1986	2	4
1988	2	4
1989	1	3
1990	4	5
1991	2	6
1992	4	6

Gruppen gesamt:	22
TeilnehmerInnen:	330
Teilnehmertage:	41.250
Unterrichtsstunden:	330.000

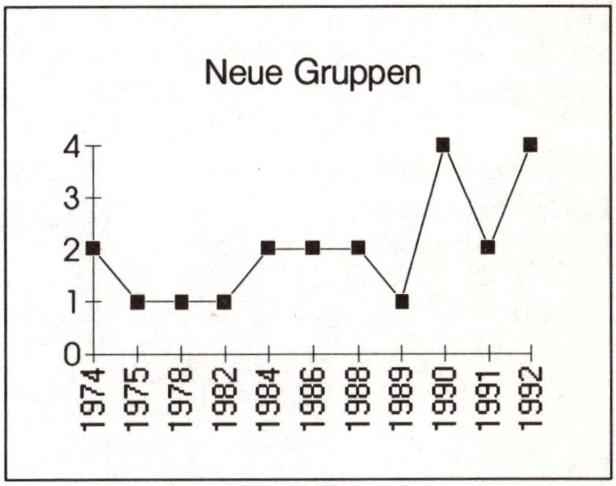

KOMPAKTCURRICULA
(zwei- bis dreijährig)

Arbeit mit Alten, Kranken, Sterbenden: 7
à 25 Seminartage = 2625 TeilnehmerSeminartage
Eingerichtet: 1979

Bewegungstherapie f. KG: 3
à 24 Seminartage = 1080 TeilnehmerSeminartage
Eingerichtet: 1988

Gestaltberatung: 22
à 25 Seminartage = 8250 TeilnehmerSeminartage
Eingerichtet: 1979

Gestaltpädagogik: 4
à 15 Seminartage = 900 TeilnehmerSeminartage
Eingerichtet 1972

Integr. Kindertherapie: 15
à 33 Seminartage = 7425 TeilnehmerSeminartage
Eingerichtet: 1979

Körpertherapie: 4
à 60 Seminartage = 3600 TeilnehmerSeminartage
Eingerichtet: 1984

Kreative Therapie: 19
à 25 Seminartage = 7125 TeilnehmerSeminartage
Eingerichtet: 1979

Paar- u. Sexualtherapie: 9
à 16 Seminartage= 2160 TeilnehmerSeminartage
Eingerichtet: 1984

Poesie- u. Bibliotherapie: 7
à 16 Seminartage = 1680 TeilnehmerSeminartage
Eingerichtet: 1986

Teilnehmertage gesamt: 34.845
Unterrichtsstunden: 278.760

EINZELSEMINARE

Integrative Therapie/Gestalttherapie

Jahr	Seminartage	Teilnehmertage
1976	12	180
1977	54	810
1978	16	240
1979	43	645
1980	87	1305
1981	75	1125
1982	93	1395
1983	140	2100
1984	148	2220
1985	114	1710
1986	135	2025
1987	119	1785
1988	99	1485
1989	165	2475
1990	129	1935
1991	120	1800
1992	104	1560
		24795

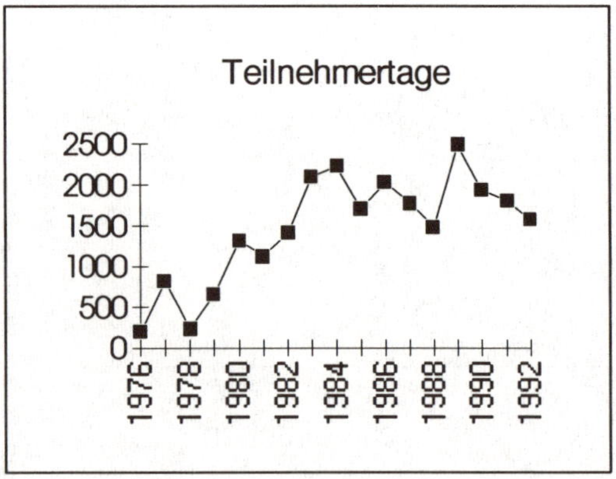

Leib- und Bewegungstherapie

Jahr	Seminartage	Teilnehmertage
1976	24	360
1977	42	630
1978	37	555
1979	35	525
1980	70	1050
1981	56	840
1982	69	1035
1983	89	1335
1984	92	1380
1985	69	1035
1986	73	1095
1987	73	1095
1988	82	1230
1989	95	1425
1990	89	1335
1991	98	1470
1992	78	1170
		17565

Kreative Therapie, Arbeit mit kreativen Medien

Jahr	Seminartage	Teilnehmertage
1982	21	315
1983	34	510
1984	43	645
1985	33	495
1986	45	675
1987	67	1005
1988	56	840
1989	48	720
1990	53	795
1991	87	1305
1992	93	1395
		8700

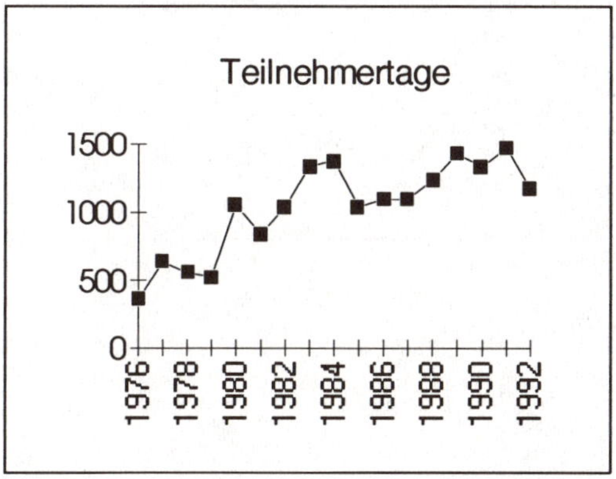

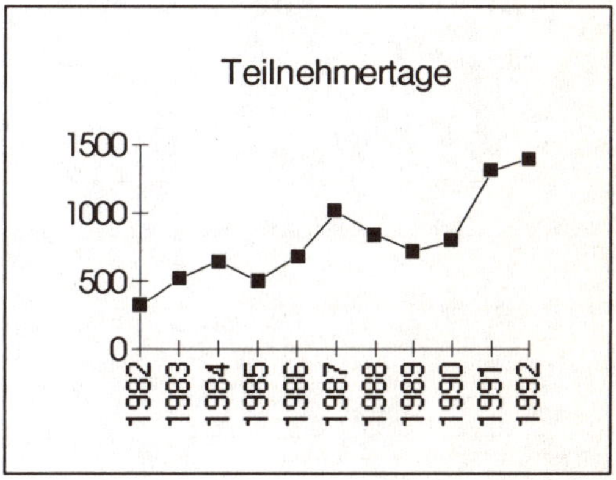

Familien- und Kindertherapie

Jahr	Seminartage	Teilnehmertage
1982	29	435
1983	36	540
1984	38	570
1985	46	690
1986	58	870
1987	64	960
1988	112	1680
1989	118	1770
1990	127	1905
1991	127	1905
1992	131	1965
		13290

Partnerschafts- und Sexualtherapie

Jahr	Seminartage	Teilnehmertage
1987	29	435
1988	26	390
1989	14	210
1990	19	285
1991	17	255
1992	22	330
		1905

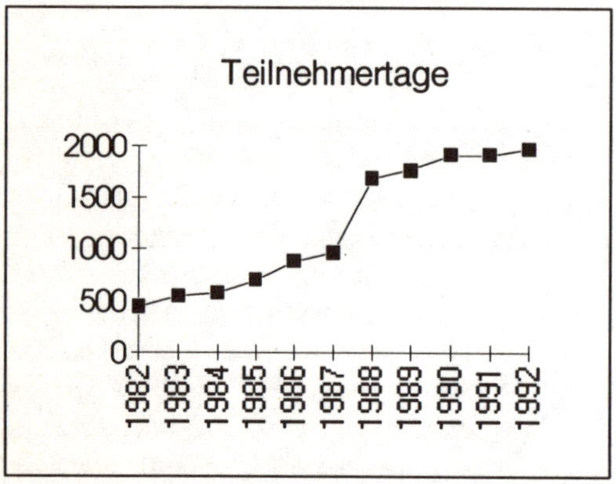

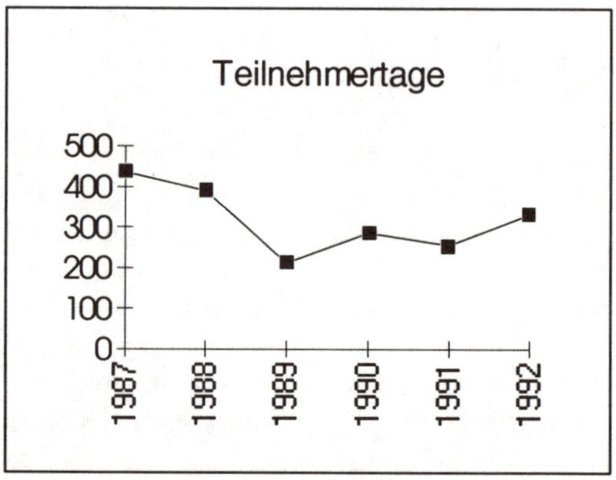

TAGUNGEN

Jahr	Anzahl
1971	2
1972	3
1973	2
1974	2
1975	3
1976	1
1977	2
1978	3
1979	2
1980	1
1981	1
1982	0

Jahr	Anzahl
1983	3
1984	3
1985	5
1986	6
1987	8
1988	7
1989	11
1990	18
1991	8
1992	8

Gesamt: 99 Tagungen
TeilnehmerInnen: 11.880

Zur Frage nach der „therapeutischen Identität" in einer pluralen therapeutischen Kultur am Beispiel von Gestalttherapie und Integrativer Therapie – Überlegungen (auch) in eigener Sache

Hilarion Petzold, Düsseldorf/Amsterdam

1. DIMENSIONEN THERAPEUTISCHER IDENTITÄT

Die Psychotherapie ist (bislang noch) fast ausschließlich nach „Schulen" organisiert, die eher abgrenzend als kooperativ miteinander umgehen und in dieser Hinsicht und in vielen anderen Aspekten eine gewisse „eklesiale Charakteristik" aufweisen, Konfessionen, Bruderschaften und Mönchsorden gleich (so *Hans Sachs*). Auch *Freud* sah die Psychoanalyse als „säkularisierte Seelsorge". Dieser Hintergrund sollte bedacht werden, wenn man sich mit der Frage der Identität von Psychotherapieschulen und Psychotherapeuten/innen auseinandersetzt und ihrer allenthalben vorfindlichen Tendenz zur „Territorialität", d. h. der Wahrung von umgrenzten Einflußsphären – sei es im Felde der Wissenschaft oder in klinischen Institutionen oder sei es im Bereich geographischer oder kommerzieller Territorien – wie es *Gisela Gniech* (1983) in ihren Arbeiten für die Psychologie gezeigt hat. Es ist ein phylogenetisches Erbe, über Nischen, Reviere, Territorien, Zonen, Domänen, Märkte seine Identität zu definieren, und es ist offenbar unendlich schwer, diese Strukturen zu überwinden – in allen Bereichen. Weltbürger und Weltbürgerinnen* gibt es noch wenige, Europäer werden wir vielleicht noch auf einem langen Weg. Die psychotherapeutischen Schulen tun sich hier keineswegs leicht, wie Schulenstreit und Anerkennungskämpfe zeigen und die – meines Erachtens destruktiven – Versuche, die eigene Identität überwiegend durch Abgrenzung als Ausgrenzung zu definieren, weil Vielfalt, die Präsenz anderer im Feld immer noch und allzu häufig als Bedrohung erlebt wird. Hier wird es notwendig, monolithe Formen aufzugeben (*Stüwe* 1989) und in einer multikulturellen Gesellschaft für „kulturelle Vielfalt" einzutreten (*Miksch* 1989; *Zitzlaff* 1989) – auch und gerade in der Psychotherapie, in der Therapeuten ja stets darauf verwiesen sind, unterschiedliche „social worlds" (*Strauss* 1978; *Petzold, Petzold* 1991) zu betreten, vielfältige Formen des Denkens aufzunehmen als „représentations sociales" (*Moscovici* 1984). Gerade für die Psychotherapie gilt es, nicht in Nachfolge eklesialer Strukturen die „eine Wahrheit" hochzuhalten, sondern eine Vielfalt „therapeutischer Kulturen" wertzuschätzen, nicht nur die Klarheit der GESTALT, sondern auch die „chaotische Mannigfaltigkeit" (*Schmitz* 1990) und die verflochtene Untergründigkeit des *Rhizoms* (*Deleuze, Guattari* 1977; *Petzold* 1989a), um seine fruchtbare, subversive Kraft zu sehen und zu nutzen. Es geht nicht um die Alternative „Harmonisierung oder Widerstreit" (*Ruhloff*

---

* Ich sehe die Wichtigkeit, sich als Autor nicht nur auf Männer zu beziehen. Deshalb hier und immer wieder einmal in diesem Text die Doppelformulierung. Ich tue mich aber schwer, als Autor so zu schreiben, als sei ich Autorin. Ich bitte deshalb darum, meine Ausführungen auf den jeweiligen Standort zuzupassen, soweit dies geht – und es geht vielleicht nicht immer. Die sprachliche Geschlechterhegemonie wird durch Reflexion, Bewußtseinsarbeit und Dialog überwunden und nicht durch Verpflichtung auf weibliche Sprachformen oder durch Sprachformalismen oder durch die Anmaßung, daß man/frau meint, alles auch als Mann und Frau aussagen zu können. Ich setze auf die wachsende Souveränität und Dialogfähigkeit von Kollegen und Kolleginnen und ihre Sensibilität für Formen und Wirkungen sprachlicher Dominanz und Gewaltausübung. Maskulinformen werden im folgenden Artikel, wie sonst in meinen Schriften, in dem Bewußtsein gebraucht, daß in meiner Zielgruppe Kolleginnen in der Mehrzahl sind und sie mit ihren Kollegen kritische Differenzierungen vornehmen, wo dies notwendig wird.

1990), sondern – in guter heraklitischer Tradition – darum, „zusammenkommendes Widerstreitende“ als „schönste Harmonie“ zu sehen (*Heraklit* B 18, vgl. *Petzold, Sieper* 1988b). Pluriforme Wirklichkeit (*Picker* 1970), Pluralismus als Erkenntnisprinzip und Ausdruck humaner Lebensformen (*Spinner* 1974; *Welsch* 1987) auf der Grundlage einer *pluralen Vernunft*, darum wird es auch in der Psychotherapie gehen. Dann nur können die unterschiedlichen, schulenspezifischen *Kulturen* – wir verwenden den Begriff im Sinne des Organisations-Kultur-Konzeptes (*Peters, Watermann* 1983) – mit ihren Erkenntnissen, Werten, Normen zu einer „pluralen therapeutischen Kultur“ beitragen, in der jede Richtung ihr *„proprium“*, ihren *„Kulturkern“* behält, aber gerade damit zum übergeordneten Milieu der Psychotherapie als ganzer beiträgt. Es wäre damit eine *„doppelte Loyalität“* möglich: aufgrund der Identität als Psychotherapeut und der Identität als Mitglied der jeweiligen Richtung (*Sackmann* 1983, 395). Konkurrierende Kulturen (*Gregory* 1983) hätten dann die Möglichkeit, Differenzen ko-respondierend auszutragen, Gemeinsamkeiten zu teilen und von fruchtbaren Unterschiedlichkeiten zu profitieren. Von einer *„ko-respondierenden therapeutischen Kultur“* zwischen den Richtungen, ja innerhalb der Schulen und zwischen denselben Schulen in unterschiedlichen Ländern sind wir bislang noch recht weit entfernt. „Die anderen, das sind die Fremden.“ Derartige xenophobische Phänomene (*Duala-M'Bedy* 1977) lassen sich immer wieder auf schulenspezifischen Fachtagungen beobachten, die man als Angehörige einer „artfremden“ Therapieform besucht. Nur langsam beginnt sich dies zu wandeln, und auch diese Überlegungen müssen als Hintergrund der nachfolgenden Ausführungen mit im Blick bleiben.

Im Hinblick auf die Eigenständigkeit der theoretischen Konzepte der „Integrativen Therapie“, des Verfahrens, das ich 1965 begründete und das ich dann seit 1972 mit meinen Kolleginnen und Kollegen am *„Fritz Perls Institut für Integrative Therapie, Gestalttherapie und Kreativitätsförderung“* entwickelt habe (*Petzold, Sieper* 1988a), und ob der Spezifität und Originalität der methodischen Differenzierungen, die an dieser Institution in fast zwanzig Jahren ausgearbeitet wurden, kommt der Frage nach der *Identität* für uns als *„professional community“* eine erhebliche Bedeutung zu. Da werden „Integrative Kunst-, Bewegungs-, Musik- oder Tanztherapeuten“ ausgebildet, da werden „Integrative“ Psychotherapeuten ausgebildet, Soziotherapeuten, Supervisoren ..., und natürlich wird auch und immer noch „Gestalttherapie“ gelehrt und in den Einzeltherapien die „aktive und elastische Technik“ der Ungarischen Schule *Sandor Ferenczis* praktiziert.

Entsteht nun eine „diffuse Identität“ bzw. „Identitätsunsicherheit“, wenn an einer „Schule“, hier der „Europäischen Akademie für psychosoziale Gesundheit“ und dem „Fritz Perls Institut“, die mit ca. 45.000 Teilnehmertagen pro Jahr international zu den größten Einrichtungen psychosozialer Weiterbildung zählen, durch derartige Differenzierungen und die dahinterstehenden Konzepte und Begrifflichkeiten z. B. Psychotherapeuten auf der Grundlage der *Verfahren Gestalttherapie* und der *Integrativen Therapie* ausgebildet werden oder Bewegungspsychotherapeuten in der *Methode* der *Integrativen Bewegungstherapie* (IBT) unter Einbezug der Gestalttherapie oder wenn Sozialarbeiter sich in der **Methode** der Soziotherapie zu Soziotherapeuten weiterbilden, wiederum auf der Grundlage der *Gestalttherapie und* der *Integrativen Therapie* und einer Vielzahl anderer Methoden psycho-sozialer Intervention? Es kann hier mit Recht die Frage gestellt werden: „Was sind sie nun: Integrative Psychotherapeuten, Gestalttherapeuten, Integrative Bewegungspsychotherapeuten? Für die Soziotherapeuten ist die Frage eindeutig zu beantworten. Hier ist die Profession der Schulenorientierung in der methodischen Weiterbildung vorgeordnet. Sie sind Soziotherapeuten. Anders steht es noch mit der Psychotherapie. Man ist Psychoanalytiker, Psychodramatiker, Gestalttherapeut. Die Profession ist der Schulenzugehörigkeit leider nachgeordnet. Das *Verfahren* oder die Grundorientierung zählt.

Zunächst einmal sind begriffliche Vorklärungen vonnöten. Im Felde der Psychotherapie und psychosozialen Arbeit finden sich derzeit folgende Begrifflichkeiten: Grundorientierungen, Verfahren, Methoden, Techniken. Es können folgende Definitionen gegeben werden:

»**Verfahren** *sind im Feld der klinischen Praxis entwickelte, theoretische Modellvorstellungen (klinische Mesoparadigmen) über die gesunde und die gestörte Entwicklung der menschlichen Persönlichkeit in ihrem Kontext und über die Möglichkeiten der Beeinflussung ihrer kognitiven, emotionalen, sensumotorischen und sozialen Stile und Verhaltensweisen durch ein systematisch erarbeitetes und überprüftes Repertoire von Interventionsmethoden. Durch diese Modellvorstellungen, die in der Regel unter Rückgriff auf „Referenztheorien" (d. h. auf philosophisches, psychologisches und klinisches Grundlagenwissen aus 'main streams' oder 'Grundorientierungen') erarbeitet werden, wird die Praxeologie des Verfahrens, durch welche Krankheiten, Störungen und Leidenszustände von Patienten in/mit ihrem Kontext behandelt werden, auf den Boden wissenschaftlich konsistenter Theorien (z. B. zur Salutogense und Pathogenese) gestellt, werden weiterhin klar formulierbare Therapieziele möglich und können Methoden, Formen und Techniken der Beeinflussung von Befindlichkeiten, Leidenszuständen und Krankheiten im Rahmen therapeutischer Beziehungen und supportiver Agenturen der Hilfeleistung (Ambulatorien, Kliniken usw.) systematisch klinisch erprobt und empirisch überprüft werden.*«

Bislang steht eine Definition des Konzeptes „Grundorientierung" für die Psychotherapie aus. **Grundorientierungen** könnten wie folgt definiert werden:

»***Grundorientierungen*** *sind historisch im Prozeß der wissenschaftlichen Theorienbildung im Felde der Psychotherapie und klinischen Psychologie gewachsene Makro- oder auch Mesoparadigmen, die für* ***Verfahren*** *der Psychotherapie bzw.* ***Methoden*** *der klinischen Psychologie metatheoretische Grundannahmen (Menschenbild, Erkenntnistheorie, Ethik etc.) und mit diesen kohärente psychologische Modellvorstellungen (Persönlichkeitstheorie, Entwicklungstheorie, Krankheitslehre etc.) für die Entwicklung einer konsistenten Praxeologie der Krankenbehandlung bereitstellen.*«

Das Konzept der „Grundorientierung" findet sich in der angelsächsischen und französischen Literatur praktisch nicht und ist (aufgrund fehlender Trennschärfe) hierzulande sehr umstritten. Wenn man es verwenden will, muß man derzeit sicher mehr als zwei Grundorientierungen unterscheiden und müssen die Formen der Verhaltenstherapie als *Verfahren* im Rahmen der *Grundorientierung* „behaviorale Psychologie" und die Formen der Psychoanalyse (auch sie ist *keine* Grundorientierung) als *Verfahren* im Rahmen der „Tiefenpsychologie" gesehen werden. Weitere Grundorientierungen sind z. B. die *„phänomenologisch-hermeneutische"* – ihr gehören die „experientiellen, existential-psychologischen bzw. humanistisch-psychologischen Verfahren an, dann die *„systemische Grundorientierung"*, die *„integrative Grundorientierung"*, die die „Schulen des Integrierens" (*Petzold* 1993g) umfaßt, die sich im Rahmen des „neuen Integrationsparadigmas" entwickelt haben (*Norcross, Goldfried* 1992) oder die *„clinical developmental orientation"*, die sich an der Longitudinalforschung und der „klinischen Entwicklungspsychologie" (*Rutter, Rutter* 1992) ausrichtet (*Brandtstädter, Gräser* 1985; *Thomas* 1990; *Petzold* 1993b). In all diesen Grundorientierungen gibt es zahlreiche Verfahren und Methoden, die sich auf die Theoriekonzepte und Forschungsergebnisse eines solchen *„main stream"* beziehen.

»*In der Psychotherapie sind* ***„Methoden"*** *(der griech. Begriff sagt es) an übergeordneten, theoretischen Prinzipien, d. h. an einem „klinischen Mesoparadigma" bzw. „Verfahren", ausgerichtete Wege theoriegeleiteten, systematischen Handelns in der Praxis. „Methode" als klinisches Mikroparadigma verstandenes Gesamt konsistent abgestimmter Praxisstrategien (Interventionsformen, Techniken, Medien, Behandlungsstile, Settings usw.) ermöglicht es, übergeordnete und spezifische therapeutische* ***Zielsetzungen*** *zu erreichen, wie sie einerseits im Rahmen eines Verfahrens erarbeitet werden (Globalziele von Therapie etwa) und wie sie sich andererseits aus der Anwendung eines Ver-*

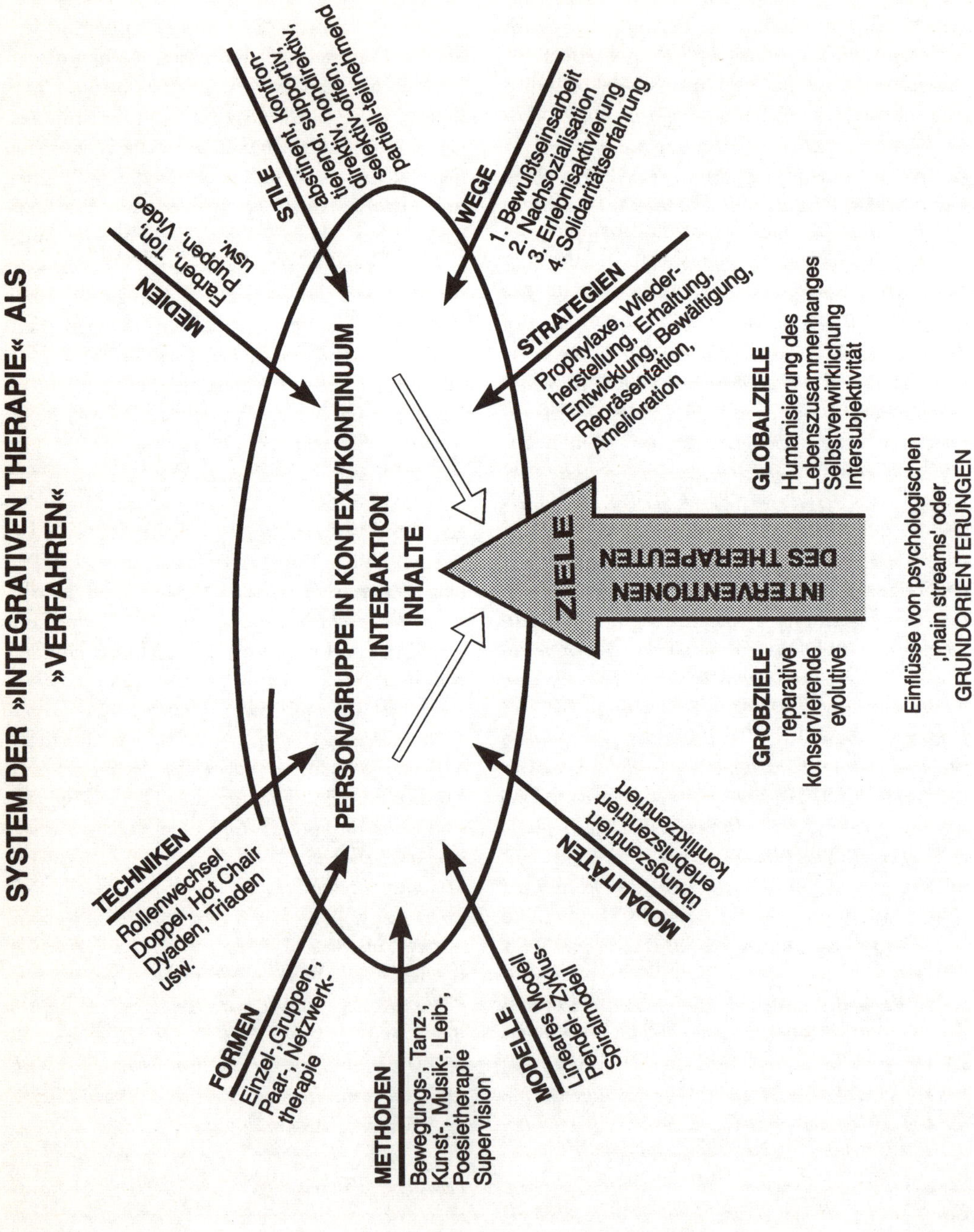

Abb. 1: System der Integrativen Therapie als Verfahren (Graphik: Tjalke Hotermans)

fahrens in der Praxis ergeben (Grob- und Feinziele). Methode macht es weiterhin möglich, die Inhalte einer Therapie mit einem konkreten Menschen in seiner Situation systematisch zu bearbeiten.«

In Abbildung 1 wird das „System der Integrativen Therapie" als **Verfahren** mit seinen Methoden, Formen, Techniken, Medien, Stilen usw. dargestellt.

Methoden als Formen von Praxeologie beziehen sich also immer auf **Verfahren** (z. B. Gestaltsoziotherapie auf die Gestalttherapie, die analytische Gruppenpsychotherapie oder die analytische Kunsttherapie auf die Psychoanalyse), die z. B. die klinischen Theorien und damit allgemeine Zielsetzungen bereitstellen: **Verfahren** wiederum, beziehen sich auf einen **„main stream"** bzw. auf eine **Grundorientierung** (die Gestalttherapie auf die Humanistische Psychologie, die Psychoanalyse oder die *Jung*sche Analyse auf die Tiefenpsychologie), welche übergeordnete Konzepte, metatheoretische Annahmen, Metaziele bereitstellt.

Es ist mit diesen Definitionen ein konzeptueller Rahmen abgesteckt, der dazu beiträgt, die Frage nach der „therapeutischen Identität" präziser zu fassen und zu klären. Diese sollte sich künftig in erster Linie über die Profession und dann erst über Grundorientierung und Verfahren bestimmen, also durch die Zugehörigkeit zum Berufsstand der Psychotherapeuten und über die Aufgaben, die dieser Berufsstand wahrzunehmen hat: die Behandlung von Patienten und die Förderung von persönlichen Entwicklungsprozessen.

Identität entsteht, wie *Luhmann* herausgearbeitet hat, einerseits durch Mitgliedsrollen, d. h. durch Zuordnungen zu Organisationen bzw. zu Konsensgemeinschaften, z. B. der Psychoanalytiker oder der Gestalttherapeuten („Nehmen wir *die* bei uns auf?" – „Wollen wir zu *denen* gehören?" – „Können wir uns mit deren Positionen (Sinnfolien, Werte, Ziele, Normen) identifizieren" – „Sind *wir* bei denen Mitglied oder können es werden?"); andererseits entsteht Identität, wie ich gezeigt habe (*Petzold* 1984i, 1992a, 529 ff., 1993d), durch das Zusammenwirken von Selbstattributionen (*Identifikation*) und Fremdattributionen (*Identifizierung*) und deren Bewertung (*Valuation): „Ich* bin Gestalttherapeut" (*Identifikation*), „Das ist ein effektives Verhalten, das die Emotionen nicht draußen vorläßt" (*Valuation*)! – oder: *„Ich* bin Integrativer Bewegungstherapeut" (*Identifikation*), „Wir beziehen den Leib ein!" *(Valuation)* – oder: „Der ist ein Bewegungstherapeut" (*Identifizierung*) – oder: *„Der* ist doch kein richtiger Gestalttherapeut mehr. Der ist zu analytisch" (*valuierende Identifizierung)* etc. Es gilt, deratige Theoriekonzepte und die von ihnen erhellten Zusammenhänge zu berücksichtigen, wenn man über die Identitätsfrage bei Psychotherapeuten nachdenkt. Was nämlich jemand ist – das zeigt sowohl *Luhmanns* (1964, 1968, 1978) Mitgliedsrolle als auch mein Identitätskonzept (*Petzold, Mathias* 1983; *Kames* 1992) –, wird nicht nur von ihm selbst bestimmt, sondern *entsteht* im Geflecht der Relationen, die ko-respondierend zusammenfinden oder konfrontierend aufeinandertreffen, die aneinander vorbeigehen und keine Berührungspunkte mehr finden oder die sich begegnen, zusammenfinden *trotz* (und manchmal auch wegen) bestehender Divergenzen.

Vielleicht muß gerade deshalb auch jeder Therapeut, jede Therapeutin der Frage nach *seiner/ihrer* Identität besondere Aufmerksamkeit schenken. Dies muß aber in einer Weise geschehen, daß die Betrachtung „nach innen hin" nicht die Offenheit für das „Außen" verdeckt. *Niklas Luhmann* (1968) bezeichnet den Gewinn von Identität als die Stabilisierung einer „Innen-Außen-Differenz", als Abgrenzungsphänomen also, Abgrenzung aber in einer Weise, daß – wie ich immer wieder herausgearbeitet habe – gesehen wird: Grenze ist zugleich Abgrenzung und Berührungsfläche, ist Besonderheit und Verbundenheit i n e i n e m (*Petzold* 1986e, 1991b).

Für Therapeuten und für die Psychotherapie ist die Frage nach der Identität aus verschiedenen Gründen besonders prekär: Es stehen verschiedene „Primäridentitäten" im Hintergrund: Arzt,

Psychologe, Sozialwissenschaftler. Psychotherapeut zu sein ist oft eine Art „Sekundäridentität". Weiterhin gibt es bislang weder eine übergreifende *„scientific community"* der Psychotherapeuten (allenfalls verschiedene, z. B. die *community* der wissenschaftlich arbeitenden Psychoanalytiker, Verhaltenstherapeuten, Gesprächstherapeuten, Gestalttherapeuten), noch eine übergreifende *„professional community"* (allenfalls die Berufs- und Fachverbände der verschiedenen Verfahren, die sich z. T. sogar befehden). Wo sollen sich die „Mitgliedsrollen" stabilisieren, wenn es keine schulenübergreifenden Organisationen gibt oder die derzeitigen Ansätze – etwa im Rahmen der „Europäischen Gesellschaft für Psychotherapie" noch jung sind? Weiterin besteht für die Psychotherapie das Problem, daß sie *zugleich* „scientific community" (*Kuhn*) und „professional community" ist. Beide Gemeinschaften aber haben sehr verschiedene, zum Teil einander ausschließende Ziele. Ich habe den Begriff *„professional community"* wie folgt definiert: *als eine »Makro- oder Mesogruppierung von Menschen, die einerseits im gesellschaftlichen Kontext als Ausübende einer bestimmten Profession mit einer gemeinsamen Interessenlage und -vertretung identifiziert werden* [z. B. „die Ärzte"] *und die sich andererseits mit ihrer Profession identifizieren, berufsständische Normen, Regeln und Organisationsformen herausbilden und ein „professionelles Bewußtsein entwickeln"* [z. B. „wir als Psychologen"]. *Das Maß der „professionellen Identität" des einzelnen wie der Gesamtgruppierung hängt von der Prägnanz der Gruppenbildung (Petzold* 1990o, 29), *also dem Grad ihrer Organisiertheit, Kohärenz, Interessenverfolgung ab, weiterhin von den verbindenden Zielen, Werten und Konzepten sowie der gesellschaftlichen, durch Wissen, Kapital, Einfluß, Tradition gesicherten **Macht**, d. h. von ihrer Präsenz als „commercial community" im Markt«*.

Die Dinge liegen also nicht einfach, weil wirtschaftliche und Machtinteressen im Spiel sind und die Fragen nach der wissenschaftlichen Wahrheit „kontaminieren", wie die derzeitige Debatte um die Zulassung und Anerkennung bzw. Ausgrenzung von Berufsgruppen und Therapieverfahren in der BRD zeigt (vgl. *Petzold* 1992g).

Die Frage nach der Eigenidentität als Therapieverfahren, als Therapeut/in *und* Mensch und erst recht nach der Identität als „scientific community" und als „professioneller Gemeinschaft" wird sich auf die Dauer nicht durch Konkurrenzgerangel und „kontroverstheologische" Debatten beantworten lassen, sondern erfordert ein sorgsames Ko-respondieren der Schulen miteinander über eine gute Zeitstrecke hin, in der *Dauer*. In solchen Ko-respondenzprozessen (idem 1978c, 1991e) wird deutlich: Therapeutische Identität ist nicht *ein*dimensional. Sie konstituiert sich *spezifisch*, d. h. auf eine besondere Richtung zentriert, mit wechselnden Gewichtungen für das Einzelsubjekt und für eine Gruppe über folgende Dimensionen:

1. durch ein „Wir-Gefühl" (man kennt Menschen, eine Gruppierung persönlich, fühlt sich ihnen zugehörig, wird von ihnen als Kollege/Kollegengruppe, Freund/Freundeskreis, Peer/Peergruppe erlebt),
2. durch Identifikation mit den Leitfiguren (z. B. Schulengründern) oder
3. Identifikation mit Theoriekonzepten und Wertsetzungen.
4. Ein verbindendes Moment ist die gemeinsame Praxis („Wir kennen uns nicht und arbeiten in gleicher Weise"),
5. der leibliche Habitus („Auf dem Bahnhof sah ich ihn und wußte, der fährt auch zu der Gestalttagung");
6. ein gemeinsames Territorium („Diese Ausbildung findet *bei uns* am Beversee an unserem Institut statt");
7. ein gemeinsamer Status und gegebenenfalls auch ein institutioneller Rahmen („Wir sind niedergelassene, staatlich anerkannte Psychotherapeuten bzw. stationär in der Klinik arbeitende").

Um von einer solchen schulenspezifischen Identitätsbildung zu einer übergreifenden Identität als Psychotherapeut bzw. der Psychotherapie zu kommen, reichen gesetzliche Regelungen nicht. Es wird erheblicher Integrationsbemühungen zwischen den Schulen bedürfen. Diese aufgeführten identitätsstiftenden Dimensionen können in das Modell der der fünf identitätstragenden Bereiche (Identitätssäulen) eingeordnet werden

I. Leiblichkeit
II. Soziales Netzwerk
III. Arbeit und Leistung
IV. materielle Sicherheiten
V. Werte (idem 1984i, 1990m, *Kames* 1992).

So läßt sich Dimension 5 und 4 zu Säule I „Leiblichkeit" zuordnen, Dimension 1, 2 und 3 zu Säule V „Werte", Dimension 6 zu Säule III „Arbeit und Leistung", Dimension 7 zu Säule IV „materielle Sicherheiten", aber auch zu Säule III. Diese Identitätsbereiche von Therapeuten müssen auf dem Hintergrund eines Kontinuums gesehen werden. Es gibt gemeinsame Geschichte *und* Zukunftsperspektiven in diesen Dimensionen, und sie können für jeden Therapeuten auch situativ zum Tragen kommen („Ich arbeite als Gestalttherapeut in einer psychoanalytisch ausgerichteten Klinik" ..." in einer therapeutischen Gemeinschaft mit Gestalt-Leuten als Kollegen" etc.).

Therapeutische Identität ist – wie jede andere – plastisch und steht in beständigen, durch Außen- und Binnenwirkungen bedingten Veränderungen. Tritt man mit Kollegen über diesen Wandel selbst wieder in Ko-respondenzprozesse, wächst eine Identität, die tragfähig ist und die über ein schulenspezifisches Identitätskonzept hinaus zu einer übergreifenden Identität der Psychotherapie kommen kann, was unserer Wissenschaft und Profession zugute kommen würde. Auf dem Hintergrund dieser Konzepte möchte ich einige Überlegungen vortragen, die, so hoffe ich, Anregungen für Erklärungs- und Differenzierungsprozesse geben können und so zu Konsensbildungen führen, und sei es nur den *respektierenden Konsens darüber, daß man Dissens hat.*

2. *GESTALTTHERAPIE, PSYCHOANALYSE, INTEGRATIVE THERAPIE – FRAGEN NACH QUELLEN, GEMEINSAMKEITEN, UNTERSCHIEDEN ALS MARKIERUNGSPUNKTE UND MERKMALE DER IDENTITÄT THERAPEUTISCHER* ***VERFAHREN***

Therapeutische Identität wird – wie ausgeführt – durch Fremdzuschreibung (*Identifizierungen*) aus dem Kontext und Selbstzuschreibung (*Identifikationen*) im Verlauf eines Zeitkontinuums (d. h. memorierter, individueller/kollektiver Geschichte und antizipierter privater/gemeinschaftlicher Zukunft) mit Bezug auf die erwähnten **sieben** Dimensionen konstituiert. Da Subjekte und Gemeinschaften von Subjekten, z. B. Therapeuten, Psychotherapieverbände, sich wandeln und der Kontext der Lebenswelt sich beständig verändert, da Wirklichkeit *im Fluß* ist, ist auch Identität eine sich beständig wandelnde. Bei Therapieverfahren ändern sich damit auch Theoriepositionen und Praxiskonzepte – beides sind wichtige Gegenstände der *Identifikation* – in mehr oder weniger umfassender Weise. In den theoretischen und praxeologischen *Inhalten*, die zur Identifikation vorliegen, liegen die Gemeinsamkeiten und Unterschiedlichkeiten von Schulen begründet. Sie sollen uns hier besonders im Verhältnis von Gestalttherapie und Integrativer Therapie beschäftigen. Veränderungen bestehender Konzepte oder das Aufkommen neuer Ideen nämlich ist für Schulen und die Therapeuten, die ihnen angehören, zuweilen ängstigend. Sie tendieren dann des öfteren zur „Orthodoxie", bleiben in einer Identifikation fixiert. Wandel hingegen macht beständig neue Identifikationen erforderlich und damit Auseinandersetzungen mit neuen Inhalten oder der Infragestellung alter Konzepte. Dies aber ist das Programm jeder lebendigen Therapie.
In dieser *„heraklitischen Position"* trifft sich die „Integrative Therapie" mit den Anliegen „beständiger Integrationsarbeit" von *Fritz Perls* (1948), der sich dezidiert auf *Heraklit* beruft (*Perls* 1969a, 43, 1980, 23), aber auch mit

Sigmund *Freuds* Ausrichtung, der – gleichfalls auf *Heraklit* verweisend – mit seinem Lebenswerk, das er beständig revidierte, umformte, umgestaltete, ein beeindruckendes Beispiel für die ultimative Wahrheit des „Weisen von Ephesus" (*Petzold, Sieper* 1988b) gab: „Sie wissen, wir waren nie stolz auf die Vollständigkeit und Abgeschlossenheit unseres Wissens und Könnens; wir sind, wie früher so auch jetzt, immer bereit, die Unvollkommenheiten unserer Erkenntnis zuzugeben, Neues dazuzulernen und an unserem Vorgehen abzuändern, was sich durch Besseres ersetzen läßt," so *Freud* 1919 in seinem bilanzierenden Text „Wege der psychoanalytischen Therapie". Weder *Perls* noch *Freud* haben die heraklitische Position systematisch ausgearbeitet, ja sie haben sie „gebrochen" vertreten: *Perls* durch seinen ahistorischen Hier-und-Jetzt-Ansatz, *Freud* durch seine Tendenz zur Dogmatisierung und autoritären Verhinderung des wissenschaftlichen Diskurses in der psychoanalytischen „scientific community" (*Sandner* 1989). Dennoch: Die heraklitische Basis von Gestalttherapie und Psychoanalyse erweist sich als ihr stärkstes Moment, wenn man diese *Verfahren* und ihre Entwicklung betrachtet. Sie verpflichtet auf eine phänomenologische Position: den *„flow of awareness"* (*Perls*) und die *„gleichschwebende Aufmerksamkeit"* (*Freud*). In dieser – vor der Hand – phänomenologischen Grundhaltung, d. h. im Bezug auf die Grundorientierung der Phänomenologie, findet sich für die Integrative Therapie, die Gestalttherapie und die Psychoanalyse ein identitätsstiftendes metatheoretisches Moment (im Sinne von Dimension 3). Dieser gemeinsame Boden blieb indes nicht ungefährdet, und daraus ergeben sich Abgrenzungsmomente:

Perls hat ihn z. B. durch seinen Biologismus allzuoft wieder verlassen, überdies auch durch verdeckt weitergeschleppte, psychoanalytische Positionen, die mit einem phänomenologischen Standort nicht zu vereinbaren sind [z. B. (1976, 125) skillful frustration/Abstinenz; (1969a, 56) death layer/Todestrieb; (ibid. 65) autonomy, self support/Überbetonung von solipsistischen Ich-Leistungen usw.]. Seine anthropologische Bestimmung des Menschen als „selbstregulierender Organismus" (1976, 26f), der immer wieder eine „homöostatische Balance" stabilisiert (1976, 22 ff.; 1980, 60 f, 123), verkennt, daß eben dieses *nicht* das Wesen des Menschen ist, sondern daß es vielmehr den Menschen kennzeichnet, sich immer wieder überschreiten zu können, die homöostasischen Mechanismen durchbrechen zu können (*for better or worse*), um in der Weltoffenheit (*Gehlen*), die die „exzentrische Position" (*Plessner*) ermöglicht, nach Identität und der Erkenntnis eines *Sinnes* seines Daseins zu streben (*Hernegger* 1978; *Petzold* 1978c, 1983e), ohne dazu verurteilt zu sein, dem biologischen Automatismus einer *„wisdom of the organism"* (*Perls* 1969a, 17, 22) – eine schon sprachlich nicht tragbare Formulierung – folgen zu müssen (*Petzold* 1988l). Zu dem gleichfalls von *Perls* reklamierten *Buber*schen „Ich und Du" wird durch die anthropologische Position des „selbstregulierenden *Organismus*" eine Aporie aufgerichtet, und es wird der Weg einer sinnverstehenden „Hermeneutik des Subjekts" – *Perls* hat eine solche explizit mit seiner Abweisung jeglicher Ausrichtung auf *Inhalte* zugunsten des *Prozesses* abgelehnt – verhindert. „A good therapist doesn't listen to the content of the bullshit the patient produces, but to the sound ..." – „ so don't listen to the words ..." (ibid. 1969a, 53). Diese Empfehlung, nicht darauf zu achten, *was* Patienten sagen, sondern *wie* sie es sagen, die er von seinem Lehrer *W. Reich* übernimmt, verunmöglicht eine dialogische Therapie genauso wie die Positionen, die er mit seinem „Gestaltgebet" vertritt. („Ich bin Ich und Du bist Du, Ich bin nicht auf dieser Welt, um Deine Erwartungen zu erfüllen ... Sollten wir einander treffen – wunderbar –, wenn nicht, dann kann man es auch nicht ändern", ibid. 4).

Freud hat das phänomenologische Fundament verlassen, als er sich bemühte, das Erleben von Subjekten, d. h. das gemeinsame *Erleben* von Analytiker und Patient, metapsychologisch zu erklären – im Rückgriff auf das Paradigma *Newton*scher Physik einerseits (*Russelman* 1983) und der Biologie *Haeckels* und *Lamarcks* andererseits (*Sulloway* 1979). Dieses „szientistische Selbstmißverständis" (*Habermas* 1968) fixierte ihn auf eine lineare Kausalität im Sinne der alten Physik und *lamarck*istischen Biologie (ein lineares Ursache-Wirkungs-Denken, das an einem deterministischen Geschichts- und Evolutionsverständnis orientiert bleibt und die Dimension der offenen, variablen, nicht determinierten Zukunft verliert, wie sie sich z. B. aus der Quantentheorie, Chaostheorie oder der modernen Biologie und Genetik ergeben, deren Stichworte Unschärfe, Wahrscheinlichkeit, Dissipation, Autopoiese, implizite Ordnung, Entropie usw. sind.) Weiterhin verstellte diese Ausrichtung eine angemessene Bewertung der „hermeneutischen Praxis" in der Psychoanalyse, nämlich ihr fundamentales Bemühen, aus den von Analytikern/innen und Analysanden/innen wahrgenommenen Ereignissen einen *Sinn* zu gewinnen. Die phänomenologisch-hermeneutische Suchbewegung, die den psychoanalytischen Prozeß kennzeichnet (*Ricoeur* 1969; *Lorenzer* 1970; *Spence* 1982) und dem *Sinn* der Phänomene eine *Bedeutung* gibt, ist nicht nur auf das „*Wie*", die *Gestalt* und das „*Was*", die *Form* (*Petzold* 1990b) gerichtet ist, sondern auch auf das „*Warum*" (aber: „Why and because are dirty words in Gestalt Therapy, *Perls* 1969a, 41). Sie nimmt weiterhin das „*Woher*", und – durch *Adler* und *Jung* – das „*Wohin*" in den Blick und berücksichtigt also Phänomen, Struktur und Entwurf, Inhalt und Prozeß. Sie mündet in eine reflexive, tiefgründige und diskursive „Auslegung der eigenen und gemeinsamen Existenz" in ihren salutogenen, glücklichen und ihren pathogenen, traumatischen Dimensionen; gegenüber einer solchen Praxis stellt die Gestalttherapie von *Perls* einen Rückschritt dar. *Perls* (1969a, 1980) betont einseitig das sinnenhafte „Erleben der eigenen Existenz" im Hier und Jetzt (idem 1980, 93) und lehnt Vergangenheitsaufarbeitung ab: „The great error of psychoanalysis is in assuming that the memory is reality. All the so-called *traumata*, which are supposed to be the root of the neurosis, are an invention of the patient to save his self-esteem. None of these traumata has ever been proved to exist. I haven't seen a single case of infantile trauma that wasn't a falsification. They are all lies to be hung onto in order to justify one's unwillingness to grow. To mature means to take responsibility for your life, to be on your own. Psychoanalysis fosters the infantile state by considering that the past is responsible for the illness. The patient isn't responsible – no –, the trauma is responsible, or the Oedipus complex is responsible, and so on." Unerledigtes komme durch die organismische Selbstregulation von selbst auf, und so erübrige sich biographisches Durcharbeiten: „This type of organismic self-regulation is very important in therapy, because the emergent, unfinished situations will come to the surface. We don't have to dig: it's all there" (ibid. 21). Er zentriert deshalb auf „*awareness*" und verkürzt diese um die „*consciousness*". „Wir sollten ... Begriffe wie Vernunft (mind) und Bewußtsein (consciousness)" ad acta legen (idem 1980, 263), da sie lediglich für *awareness* stehen: „*Loose your mind and come to your senses*" (*Perls* 1969a, 50). Betrachtet man den Reichtum und die Fülle des Begriffes „*mind*" in der englischen Sprache, so ist das kein guter Spruch. Besser wäre: „*Keep your mind and come to your senses!*".

Perls verkürzt mit seiner Betonung des „*Wie*", seiner Abwertung persönlicher Geschichte und Leugnung traumatischer Erfahrungen sowie mit seiner Abqualifizierung der „Inhalte" die Dimension des Sinnes. Wird *Sinn* nur sensualistisch aufgefaßt, bleibt er ohne *Bedeutung*, und damit kommt das höchste Gut der Hominisation, die Welt des Symbolischen und hier besonders die der Sprache abhanden. Die Sprache hat übrigens im Zentrum des Lebenswerkes von *Paul Goodman* (1972), dem Mitbegründer der Gestalttherapie, gestanden, ohne daß dies von *Perls* gewürdigt und von dem Gestalttherapeuten in der Theorienbildung berücksichtigt worden wäre.

In *dieser* Hinsicht, nämlich der tiefenhermeneutischen Ausrichtung, sieht sich die Integrative Therapie der so orientierten Psychoanalyse mehr verwandt als der Gestalttherapie. Sie vollzieht den *Rückschritt* von *Perls*: weg von Sprache,

Inhalt, Bedeutung, „consiousness" nicht mit, wohl aber dessen *Fortschritt*: dem sinnenhaften Erleben in seiner emotionalen, leiblichen Konkretheit einen höheren Wert zuzumessen, als dies die Psychoanalyse in ihrer Praxis bislang vermochte.

Der psychoanalytische Diskurs vertrocknet, wie *Perls* (1969a, 54) meint, zuweilen im „Logozentrismus" (*Derrida*), ja, er degeneriert manchmal zur „*verbiage*". Der gestalttherapeutische Diskurs verkommt zuweilen zur sinn-losen Mobilisierung von Emotionen, zu kathartischer Abfuhr, wenn er die *Geschichte* von emotionalen Blockierungen und das *Ziel*, die Zukunftgerichtetheit des emotionalen Impulses, aus dem Auge verliert und statt dessen kontextlos Emotionen um der Emotionen willen agieren läßt (*Stevens* 1977). Gefühle aber haben Geschichte (*Petzold* 1993b). Sie entstehen in sozialen und ökologischen Gefügen und wirken an einer persönlichen und gemeinschaftlichen Zukunft mit, weit über jedes „Hier und Jetzt" hinaus (idem 1981e).

Der Weg „*von den Phänomenen zu den Strukturen zu den Entwürfen*", wie ihn die Integrative Therapie praktiziert, steht in der heraklitischen Tradition, denn der Epheser betont: „Es ist allen Menschen gegeben, sich selbst zu erkennen und vernünftig zu sein" (DK 22, B116) und dabei zu begreifen, daß in den fließenden Ereignissen der Welt ein verborgener „*Logos*" (DK 22, B 72, 17), ein Sinn aufbricht (*Petzold, Sieper* 1988b). „Natur pflegt sich versteckt zu halten" (B 123), belehrt er uns. Aber er verweist auch darauf, daß sie sich dem Erkennen freigibt, zumal, wenn man sich auf das Verborgene richtet (B 18). *Perls* (1969a, 48) hat das Konzept des Unbewußten zu einem „loss of contact with our authentic self", zu einer „*not yet awareness*" oder „*unawareness*" (idem 1976, 73) verknappt, „as if there were such a thing as *the* unconscious rather than simply behavior or emotions that are unknown or not available" (*Perls* 1970, 16; 1980, 92). Er expliziert hier, *Freuds* große Entdeckung verkennend und die Verdrängungstheorie ablehnend, das Unbewußte als das Vorbewußte. „We call it 'background'" (ibid. 1970, 15). Das Unbewußte, wie es die Tiefenpsychologie sieht, verlangt die Suche nach einem *Logos* – und das heißt letztlich doch nach symbolischen Formen, nach sprachlich faßbarem Sinn und Bedeutung (und sei es nur ein Sinn „zwischen den Zeilen"). Für die Therapie hieße das, eine Theorie zu entwickeln, die auf den Umgang mit diskursiven und präsentativen Symbolen, mit Sprache und Bildern (*Petzold, Orth* 1993), d. h. mit sinnbestimmter und bedeutungsvoller Kommunikation gerichtet ist.

Die Gestalttherapie hat mit der Betonung der „awareness" des *Organismus* zur Überbetonung der „consciousness" in der Psychoanalyse eine Alternative entwickeln wollen, weil sie erkannte, daß die Rationalität, daß die „exzentrische Position" übermächtig geworden war: „Wo ES war, soll ICH werden!" (*Freud*). Die Vernichtung des ES aber wäre die Vernichtung des Lebens, die Aufhebung der Zentriertheit im Leibe, im lebendigen Organismus.

Und *Perls*, der ohnehin gegen die Anpassung an gesellschaftliche Normen und Rationalisierungstendenzen angetreten war (idem 1969a, 30f), formuliert denn auch (mit anderem Hintergrund zwar, aber dennoch gleichlautend wie *Adorno*): „Wo ICH war, muß ES werden!" (idem 1969c,2) Aber das ist eine falsche Alternative! Mensch sein bedeutet, die *Dialektik von Exzentrizität und Zentriertheit* leben zu können, die Bezogenheit von ES und ICH zu realisieren, die Ko-respondenz von zentriertem Leib-Selbst und exzentrischem Ich-Bewußtsein zu vollziehen. *Perls* hat sich mit Kraft und der ganzen Ungebärdigkeit seines Temperaments gegen die Gefahr der Versteinerung, der Verkopfung, der Zergliederung und Fragmentierung in der Psychoanalyse gewandt (idem 1969a, 1), die über dem Analysieren die Synthese die Ganzheit (idem 1976, 26 ff.) aus dem Blick zu verlieren drohte, obwohl durch die phänomenologisch-hermeneutische Seite des psychoanalytischen Diskurses diese Ganzheit als Möglichkeit gegeben war, wenn auch nicht unbedroht. Die elementenpsychologische, assoziationstheoretische Basis des *Freud*schen Denkens, sein verkappter

Dualismus, sein physikalistischer Fehlgriff in der Ausarbeitung der Metapsychologie, seine Bevorzugung des deterministischen Konzeptes von *Lamarck* gegenüber dem ungeordneteren, generativeren Ansatz von *Darwin* mit seiner Sprunghaftigkeit ..., all dieses bedürfte der *Korrektur*, nicht aber der Alternative. Aus integrativer Sicht stimmen wir vielen der Kritikpunkte von *Perls* zu, haben also hier gemeinsamen Boden mit der Gestalttherapie, aber wir haben immer wieder Probleme mit den Alternativen, die *Perls* bietet bzw. die er nicht bietet.

2.1 Aporien und Fehlkonzeptualisierungen der Perlsschen Gestalttherapie

Perls konnte zu seiner Zeit die Probleme der *Freud*schen Theorie nicht umfassend und klar genug erkennen. „Intuitiv" suchte er nach korrigierenden Ansätzen für die Psychoanalyse in der *Gestaltpsychologie* (vorwiegend der Frankfurter Schule, d. h. in *Goldsteins* und *Gelbs* Arbeiten – die Arbeiten der Berliner Schule waren ihm nach eigener Aussage in seiner Autobiographie 1969b kaum bekannt), im *Existentialismus* und in der *Phänomenologie* sowie in der *„Ich-Du-Philosophie"* *Bubers* und *Marcels* (*Perls* 1969a, 6; 1980, 16, 120). Er konterkarrierte diese Ansätze aber zugleich durch den Bezug auf das Homöostasemodell als anthropologischer Grundposition (vgl. 1969a, 16; 1976, 22; 1980, 60, 68 oder seinen Aufsatz über „Gestalttherapie und Kybernetik" 1956/1980), weiterhin durch sein solipsistisches „Gestaltgebet" (idem 1969a, 4) – hier wird die intersubjektive Philosophie *Marcels* und *Bubers* ad absurdum geführt und schließlich durch seinen analogisierenden bzw. metaphorischen Gebrauch des Gestaltbegriffs und theoretischer Konzepte der Gestaltpsychologie. Dieser zuweilen geradezu falsche Gebrauch (vgl. *Henle* 1978) – wenn z. B. ein organismisches Bedürfnis, eine leibliche Empfindung, ein Gefühl, ein Motiv, eine Motivation als *Gestalt* bezeichnet werden – bzw. die aus dem Gesamtkontext der Gestalttheorie gerissene Verwendung von Gestaltkonzepten durch die *Perls*che Gestalttherapie ist von führenden Gestaltpsychologen dezidiert kritisiert und als „insignificant and almost cheap" (*Wolfgang Köhler* in Brief an *Paul Goodman*, vgl. *Stoehr* in *Goodman* 1978; *Petzold* 1981h, 30 ff.) oder als wissenschaftlich unzulässig zurückgewiesen worden, etwa von *Rudolf Arnheim* oder *Mary Henle* (1978). Gestalttherapeuten in der Tradition von *Perls* praktizieren, was nicht von der Hand zu weisen ist, einen „seminaiven Phänomenologismus" (*Tholey* 1984). *Perls* hat sich, wie er freimütig offenlegt, mit der Gestaltpsychologie, aber auch mit der Phänomenologie nie tiefer auseinandergesetzt: „Ich hatte eine eigenartige Beziehung zu den Gestalt-Psychologen. Ich bewunderte vieles, was sie taten, vor allem die frühe Arbeit von *Kurt Lewin*. Als sie logische Positivisten wurden, konnte ich ihnen nicht mehr folgen. Ich habe keines ihrer Lehrbücher gelesen, lediglich ein paar Aufsätze von *Lewin*, *Wertheimer* und *Köhler*. Am wichtigsten war für mich die Vorstellung der unerledigten Situation, die offene Gestalt. Die akademischen Gestalt-Psychologen haben mich natürlich nie anerkannt. Ich war kein reiner Gestalt-Vertreter. In meiner Phantasie waren sie alle Alchimisten, die nach Gold suchten, nach der vollkommenen Verifizierung, während ich mich damit begnügte, die weniger beeindruckenden, aber nützlicheren Nebenprodukte ihrer Arbeit zu nutzen" (*Perls* 1969b/1981, 65). Dieser Rezeptionsmangel zeigt sich in seinem Werk und in seinen Konzeptualisierungen, die beides – Gestaltpsychologie und Phänomenolgie – nicht wirklich verarbeiten, ja zuweilen mißverstehen (*Perls* war schließlich weder Philosoph noch Psychologe). Aber dennoch hat *Perls* mit einem guten Gespür interessante Strömungen des damaligen Zeitgeistes und aktuelle wissenschaftliche Entwicklungen aufgegriffen, die, so muß man heute sagen, in die „richtige" Richtung weisen. Die Ausarbeitung blieb und bleibt noch zu tun, und es stellt sich die Frage, in welcher Form man in diese anregende Materialsammlung investiert? Versucht man eine Konsolidierung der theoretischen Ansätze, die Reformulierung der Theoreme zu einer Theorie, entlehnt man nützliche Anregungen und Bausteine aus Theorie und Praxis, um Eigenes zu entwickeln, wie z. B. *Gendlin* mit seiner Focusing-Methode bzw. *Ruth Cohn* mit der TZI, oder „inkorporiert" man Gestaltelemente – wie vielfach geschehen (*Goulding* 1974; *Goulding* et al. 1979) – in andere Therapieformen (Bioenergetik *und* Gestalt, TA *und* Gestalt usw.)? Oder „integriert" man schließlich – wie in der Integrativen Therapie – *kompatible, konzeptsyntone*, praxeologische und theoretische Elemente, ja Kernkonzepte (wie z. B. das Awarenesskonzept) in einen übergeordneten Rahmen, der allerdings auch dazu zwingt, *konzeptdystone* Elemente aus dem Konvolut, das die Begründer der Gestalttherapie uns hinterlassen haben, auszusondern?

Bei *Perls* und *Goodman* finden sich sehr viele Aporien und Brüchigkeiten in der theoretischen Konzeptualisierung und der Theorie-Praxis-Umsetzung. Einige *konzeptdystone* Positionen seien erwähnt, um die Assimilationsarbeit mit Blick auf Gestaltkonzepte durch die Integrative Therapie, aber auch die Entwicklungsbewegungen der Integrativen Therapie über den Gestaltansatz hinaus zu verdeutlichen.

Mit der „Amöbenmetapher" („I am an organism, I want some food") verkennt *Perls* (1969b, 1981, 233) genauso grundsätzlich die soziale, relationale Verfaßtheit des Menschen, wie es *Freud* (GW 8, 380f) mit seiner „Spiegel-" und „Chirurgen-Metapher" getan hat. (Auch *Perls* 1980, 125 zieht leider den Vergleich Psychotherapeut/Chirurg). Aber der Mensch ist kein Selbstversorger. Er ist wesensmäßig Koexistierender (*Marcel*), ist ein Interaktor (*Moreno*), wird Mensch durch den Mitmenschen (*Mead*). *Perls* agiert hier seine Unfähigkeit aus, zwischenmenschliche Bezogenheit zu leben, nicht allein in *Kontakt* oder *Begegnung* (hier lagen seine Stärken), sondern auch in *Beziehungen, Bindungen.* Bis zu seinem letzten Atemzug demonstriert er – darf man den Berichten trauen (*Gaines* 1979)- seine Unbezogenheit. (Der Schwester, die ihn besorgt daran hindern will, sich die Infusion aus der Vene zu ziehen: „Doctor, you must not do this!" antwortet *Perls*: „Nurse, you are not going to tell me what I am going to do!" Dies sollen seine letzten Worte gewesen sein).

Perls hat Korrektive zur Psychoanalyse und Ergänzungen beigetragen, die für die Entwicklung eines ganzheitlichen und differentiellen, d. h. integrativen Ansatzes der Psychotherapie einen bleibenden Wert haben. Zu nennen sind hier z. B.: die Radikalisierung der phänomenologischen Position und der damit verbundene Gewinn der *„awareness"* als Konzept und – durch den Einfluß der *Gindler*-Schülerin *Charlott Selver* – des „Awareness-Trainings" als Methode; die Verbreitung der von *Moreno* übernommenen aktionalen und erlebnisaktivierenden Techniken, die *Perls* Ende der vierziger Jahre am Moreno-Institut, New York, kennenlernte; die Betonung des gegenwärtigen Erlebens im Hier und Jetzt, im Kontakt, ja in der Begegnung („The I and thou in the here and now", *Perls* 1969c, 1), die Förderung des emotionalen Ausdrucks usw., die Betonung des „Ganzheitlichen" – auch wenn er diesem Anspruch nur sehr unzureichend genügte, etwa durch die Vernachlässigung des Sozialen, die Abwertung der kognitiven Dimension (als talking about, mind fucking) und der Sprache. Weitere bedeutende Beiträge von *Perls* zum allgemeinen Fundus von Therapie liegen in der Ermutigung zur Nonkonformität, dem Herausstellen der eigenen schöpferischen Kraft, in der Wertschätzung der eigenen Persönlichkeit des Therapeuten als „Katalysator" und „wichtigstem Instrument der Therapie". *(Perls* übernimmt den Gedanken von *Ferenczi*. Ich ziehe im übrigen die Formulierung vor: „Die Persönlichkeit des Therapeuten bzw. der Therapeutin ist das wichtigste *Medium* in der Praxis der Therapie", *Petzold* 1977c, vgl. *Wolff* 1987). Aber genügt dieses alles, um ein Therapie*verfahren* zu begründen? Und ich meine hier nicht eine „Bewegung" von *„Gestaltists"*, die sich an bestimmten ideologischen Aussagen orientiert und bestimmte „Riten" vollzieht (den Ritus des *„Hot Seat"* z. B. oder des *„making the rounds"*, vgl. *Perls* 1980, 193 ff.), die eine bestimmte „Kultur" vertritt, z. B. die *Kultur* des emotionalen Ausdrucks, sondern ich meine eine klinische Form der Psychotherapie, die darauf gerichtet ist, wirklich kranken bzw. schwerkranken Menschen zu helfen. – Ist dies *Fritz Perls* gelungen oder *Paul Goodman*, der – als er als Hauptautor den theoretischen und klinischen Teil von „Gestalt Therapy“ (1951) schrieb – keinerlei klinische Erfahrung hatte und ausweislich seiner mehr als 1000 Items umfassenden Bibliographie (*Nicely* 1979) weder vor noch nach Veröffentlichung dieses Buches zu klinischen Fragen publizierte? (*Petzold* 1987 f).

Es ist diese Frage schwierig zu beantworten, denn es kommt darauf an, wie man die Antwort gewinnen will. Zum einen ist es beim derzeitigen Stand klinischen Wissens sicherlich berechtigt zu fragen: „*Wie* ist es gelungen?“ – etwa im Sinne einer positivistisch-empirisch nachweisbaren Wirksamkeit der Gestalttherapie, was persönlichkeits- und krankheitsverändernde Effekte anbelangt? In diesem Zusammenhang stellt sich in gleicher Weise die Frage: „Ist es *Freud* gelungen, eine klinische Form der Psychotherapie zu begründen, deren Wirksamkeit durch Forschung mit einem positivistischen Empirieverständnis nachgewiesen ist?“

2.2 *Strukturerfordernisse für psychotherapeutische Verfahren – reflektiert am Beispiel der „klassischen“ Gestalttherapie*

Damit man bei einem psychotherapeutischen Ansatz von einem **Verfahren** (*Petzold* 1993h) sprechen kann, sind bestimmte Strukturmomente einzufordern. Der empirische Wirksamkeitsnachweis allein reicht sicher nicht aus. Allerdings müssen sich psychotherapeutische Verfahren heute offenbar daran messen lassen, ob sie Wirkungen zeigen (*Grawe* 1992; *Meyer* et al. 1991), wie schwierig es auch immer ist, solche Wirkungen zu erfassen, nachzuweisen und vor allem zu bewerten (Was heißt Gesundheit, was heißt Therapieerfolg?). Um die empirische Absicherung der Wirksamkeit der „Standardtechnik“ der Psychoanalyse ist es nicht gut bestellt (*Grawe* et al. 1993). Allerdings ist sie auch nicht „die Krankheit, die sie zu heilen vorgibt“ (*Russel*). Der empirische Nachweis für die Wirksamkeit der Gestalttherapie steht auch nicht auf einem sehr breiten Fundament, denn das Verfahren ist im universitären Bereich noch nicht gut genug verankert. Immerhin, es gibt für die Gestalttherapie mehr als vierzig empirische Studien (*Thomas* 1987; *Petzold, Schobert* 1987), von denen ein guter Teil den „*Grawe*-Kriterien“ entspricht und die die Effizienz dieses Verfahrens nachweisen. Die empirische Psychotherapieforschung, insbesondere die Prozeßforschung, läßt allerdings letztlich die Frage offen, ob es wirklich das *Verfahren* Gestalttherapie oder Psychoanalyse oder Psychodrama etc. ist, das die heilende Wirkung hervorbringt. Vieles spricht dafür, daß es ganz bestimmte unspezifische und spezifische Faktoren sind (z. B. einfühlendes Verstehen, Herstellung von Bedeutungszusammenhängen, Förderung sozialer Kommunikation etc.), die heilend wirken (*Norcross, Goldfried* 1992; *Petzold* 1992g; *Huf* 1992), und derartige Variablen zeigen sich im Sinne „therapeutischer Heuristiken“ bei fast allen großen Psychotherapieverfahren (*Grawe* 1988, 1989; *Grawe, Casper, Ambühl* 1990; *Orlinsky, Howard* 1988) und – dies ist hervorzuheben – auch bei Laientherapien und Selbsthilfegruppen (*Huf* 1992, 134 ff.)! Damit finden sich offenbar Konstanten in der vorhandenen Schulenvielfalt und Pluralität therapeutischer Kultur: *common factors* (*Rosenzweig* 1936; *Frank* 1971), *common concepts* (*Petzold* 1970c, 1992g).

Der andere Weg, die vorhin aufgeworfene Frage zu beantworten – und die Antworten stellen wiederum identitätsstiftende Materialen für Identifikationen bereit –, besteht darin, die strukturelle Ausarbeitung mit Blick auf die *allgemeine* theoretische Substanz, die *spezielle* theoretische Differenziertheit eines *Verfahrens* zu betrachten und zu untersuchen, um dann entscheiden zu können, ob wir hier eine solide Form „klinischer Psychotherapie“ vorfinden, denn klinische Theorienbildung erweist sich als der „Niederschlag reflektierter Praxis“, als das hermeneutische Bemühen, den *Sinn* des eigenen Handelns in der Arbeit mit Patienten zu verstehen, die Strukturen der Persönlichkeit und das Geschehen der Krankheit zu begreifen, um aus der Verantwortung für die Gesundheit und das Lebensglück der anvertrauten Menschen *konzeptbasiert*, überprüfbar und legitimierbar handeln zu können. Es geht hier um mehr als um „richtig oder falsch". Im wissenschaftlichen Erkenntnisprozeß kann es immer wieder Fehler geben. Es geht um das systematische Bemühen, die klinische Realität und die therapeutische Praxis in der *„professional community"* durch die gemeinsame Anstrengung einer Profession, die der Therapeutengemeinschaft, zu verstehen. Hier hat die Psychoanalyse zweifelsohne Großes geleistet und ist die klassische Gestalttherapie über „halbgare Philosopheme" nicht hinausgekommen. Gestalttherapeuten, die klinisch arbeiten, haben z. T. eigenständige Weiterentwicklungen vorangetrieben, oder sie beziehen sich immer wieder auch – und warum nicht – auf die Psychoanalyse. Sie arbeiten dann auf dem Hintergrund des theoretischen Rahmenwerkes des *Verfahrens* der Psychoanalyse mit der *Methode* der Gestalttherapie, insbesondere ihrer erlebnisaktivierenden Technik, die wir indes – von dem oftmals sehr konfrontativen Vorgehen des *Perls*schen Stiles einmal abgesehen – schon bei *Ferenczi* (1964, Bd. III) als die „aktive und elastische Form" der Psychoanalyse beschrieben finden, für die ein sehr sorgsames, feinfühliges Vorgehen charakteristisch ist (ibid., S. 389 f). Das Problem ist nur: Wie sind die Brüche, die sich zwischen den Theoriepositionen von Psychoanalyse und Gestalttherapie finden, anzugleichen, ganz zu schweigen von den Brüchen der disparaten gestalttherapeutischen Anthropologien, die sich im Schrifttum ihrer Begründer selbst finden (biologischer Organismus-Bezug und existentialistischer Ich-Du-Bezug) und den divergierenden Ansätzen ihrer beiden Persönlichkeitstheorien (organismisches Selbst sowie topdog/under-dog bei *Perls* 1969a und ahistorisches Selbst als „Prozeß des Kontaktgeschehens" mit den Substrukturen, ICH, ES und personality bei *Goodman* 1951)? Wie lassen sich die gestalttherapeutischen Praxispositionen und Interventionsstrategien mit den erwähnten unterschiedlichen Anthropologien und Persönlichkeitstheorien, die ja psychotherapeutisches Handeln fundieren sollten, konsolidieren? Sicher nicht dadurch, daß man in tiefgreifender Verkennung der äußerst divergenten, ja unvereinbaren Selbstbegriffe von *Goodman* und *Kohut* diese gleichstellt oder gar gleichsetzt (*Tobin* 1982). Auch wenn man „von fragilen Selbstprozessen" (*Beaumont* 1987) spricht oder Krankheitsbilder aus der psychoanalytischen Krankheitslehre, insbesondere neuere Arbeiten zum „Borderline-Syndrom" übernimmt und damit wiederum eine linear-kausale Ableitung aus „frühen Störungen" aufgreift, gegen die *Perls* (1969a) sich doch so dezidiert wandte („Wir treiben keine Archäologie", „Ich habe noch nie ein kindliches Trauma gesehen, das nicht eine Lüge wäre" etc.), löst man die Grundsatzprobleme nicht. Die kritischen Anfragen, die *Perls* (1942, 1969a, et al. 1951) an die Psychoanalyse gestellt hat, insbesondere an ihre Metatheorie oder an ihre Persönlichkeitstheorie oder ihre Krankheitslehre, sind „offene Fragen" geblieben. Es waren zum Teil durchaus berechtigte Fragen, aber *Perls* hat auf sie selbst keine überzeugende Antwort finden oder Ansätze zu Antworten nicht in die Form einer elaborierten alternativen Theorie bringen können. Es ist ihm auch nicht gelungen, eine konsistente Korrektur vorzunehmen, aber die theoretischen Bezüge zu Existentialismus, Phänomenologie, Gestaltpsychologie, General-Semantics, Organismustheorie, die er aufgreift, sind wichtige Fingerzeige. Sie bleiben allerdings in seinem eigenen Ansatz unverbunden, *membra disjecta*. *Goodmans* Arbeiten, die in *Perls, Hefferline, Goodman* (1951) die Chance zu einer konsistenteren Elaboration boten, wurden nie aufgegriffen oder ausgearbeitet – weder von *Perls* noch auf breiterer Basis und unter Rückgriff auf die Auswertung der Erfahrung mit Patienten von späteren Generationen der Gestalttherapeuten (vgl. aber *Müller, Müller* 1993). Unter dieser Optik ist die *klassische* Gestalttherapie in der Tradition von *Perls* und in den Weiterentwicklungen von *Zinker* (1975, 1983) oder *Polster* (1983) wohl kaum als *klinisches* **„Verfahren"** der Psychotherapie zu betrachten. Sie lebt als solches nur (und sie hat ja durchaus im klinischen Raum Verbreitung), wenn sie sich – explizit oder implizit, wie viele andere Therapieformen ja auch – mit *tiefenpsychologischen Theoriekonzepten* in die Patientenarbeit begibt. Man könnte sie dann durchaus als eine spezifische Form einer „aktiven Psychoanalyse" bezeichnen, d. h. als tiefenpsychologisch fundierte **Methode.** Dies ist sie in der Regel, wenn Gestalttherapeuten mit „wirklich kranken" Menschen arbeiten, und dagegen ist keineswegs etwas zu sagen, nur, zugestanden muß es werden! Andernfalls müßte vorgelegt werden, was für eine klinische Psychotherapie strukturell als unabdingbar gelten muß, wenn sie als eigenständiges *Verfahren* gelten will und nicht nur als *Methode*, d. h. als Ensemble konsistenter Handlungsstrategien angesehen werden soll:

1. eine klare anthropologische Position,
2. eine allgemeine Theorie der Therapie (Konzepte zu Therapiezielen, Wirkfaktoren),
3. eine konsistente Persönlichkeitstheorie,
4. eine Entwicklungstheorie (die die Ausbildung der gesunden wie der kranken Persönlichkeit in ihrer Entwicklung erklärt),
5. eine aufgrund sorgfältiger Praxisreflexion erarbeitete Krankheitslehre (einschließlich einer Diagnostik),
6. eine spezielle Theorie der Therapie (die z. B. den Umgang mit der therapeutischen Beziehung und die sich in ihr manifestierenden Phänomene, Übertragung, Gegenübertragung, Widerstand, Abwehr, Träume, usw. erklärt) usw. (vgl. *Pritz, Petzold* 1992; *Petzold, Kühn* 1991; *Petzold* 1991a, 1992a).

Mit Blick auf diesen Katalog wäre für die klassische Gestalttherapie noch Immenses zu erarbeiten, und man muß sich fragen, warum hier seit dem bedeutendsten Werk zur Gestalttherapie von *Perls, Hefferline* und *Goodman* (1951) trotz seiner offensichtlichen Brüchigkeiten so wenig geschehen ist, was Grundsatzfragen, die Axiomatik anbelangt, denn es gibt natürlich auch eine reiche Literatur zu Detailfragen (vgl. *Fliegener* 1991). Ich habe verschiedentlich vertreten, daß dies – zumindest auf die theoretische Ebene bezogen – bedingt ist durch die divergierenden Theorieansätze von *Goodman* und *Perls*, die einen „*impasse*" bilden.

Weiterhin kam die von *Perls* favorisierte Theoriefeindlichkeit hinzu: „So we have it rather easy compared with the psychoanalysts, because we see the whole being of a person right in front of us, and this is because Gestalt Therapy uses eyes and ears and the therapist stays absolutely in the now. He avoids interpretation, verbiage production, and all other types of mindfucking" (*Perls* 1969a, 54). Eine solche Position zog entsprechende Menschen an, denn es gelang der „Gestalt Community", die Intellektualität von *Goodman* auszublenden, einem Quellenstudium – etwa von *Husserl, Buber, Bergson, Smuts*, der Gestalttheoretiker *Wertheimer, Koffka, Lewin*, usw., die von *Perls* als Referenztheoretiker erwähnt wurden – aus dem Weg zu gehen (wobei die Dürftigkeit der Rezeption und Fehlrezeptionen oder zumindest die Elaborationsaufgabe deutlich geworden wäre) – von einem Studium *Goodmans* und seiner Quellen (z. B. *Aristoteles, Thomas Aquino, Kant, Kropotkin, Freud, Rank, Mead, Dewey* usw.) einmal ganz zu schweigen. Die „Gestalt Community" hat damit auch vermieden, die Aporien der *Perls-Goodman*schen Materialsammlung anzusehen, „impasses" aufzulösen und damit zu kreativen Weiterentwicklungen beizutragen. So wird erst neuerdings das Werk *Lewins* in Ausschnitten aufgenommen (*Wheeler* 1990), und das auf einem Rezeptionsniveau, das kaum dem der bundesdeutschen Gruppendynamik der sechziger Jahre entspricht. Offenbar haben auch Gestalttherapeuten das Problem, die Positionen der „Väter" kritisch zu hinterfragen, und schleppen lieber deren Irrtümer weiter. Sie verlieren dabei leider auch den Blick für das bleibend Wertvolle, das *Perls* und *Goodman*, jeder auf seine, sehr unterschiedliche Weise, eingebracht haben: z. B. *Perls* seine exzellente fokaltherapeutische Technik (Hot Seat) und erlebnisaktivierende Traumarbeit, *Goodman* seine alternativ-pädagogischen Konzepte und gesellschaftskritischen Ideen.

Hans Jürgen Walter (1978) hat sich auf die Quellen im Bereich der Gestalttheorie und -psychologie gerichtet. Er hat Begriffskontaminationen geklärt und sich aus dem Konvolut der Gestalttherapie, von Psychoanalyse, Organismustheorie, Gestaltpsychologie, Phänomenologie, Anarchismus, Sozialphilosophie klar für die *gestalttheoretische Position* entschieden. Das beließ *Perls* seine Verdienste, aber führte zu einer Verlagerung zu neuen Leitfiguren: *Wertheimer, Lewin, Metzger* und zu einer anderen Therapie: die „der gestalttheoretisch fundierten Psychotherapie“, die die Praxeologie von *Perls* in einem übergreifenden Rahmen aufnimmt und seine Konzepte gestalttheoretisch ordnet (wobei einiges aussortiert wird, was der „Gestalt Community“ lieb und teuer ist, etwa konzeptdystone, psychoanalytische Versatzstücke oder anarchistische *Goodman*-Positionen). Aus heutiger Sicht werden so Entwicklungsdefizite, aber auch Schulenbildungen wie die von *H. J. Walter* oder die der „*Integrativen Therapie*“ verstehbar, wird deutlich, warum z. B. eine Entwicklungstheorie oder Krankheitslehre in der klassischen Gestalttherapie nicht ausgearbeitet wurde und bislang nicht ausgearbeitet werden konnte, sondern solche Elaborationen in Seitenlinien erfolgten, deren Arbeit sich für den traditionellen Strom positiv auswirken könnte, sofern man ins Gespräch kommt und sich nicht in Flügelkämpfe verstrickt.

Das Faktum der fehlenden Krankheitslehre in der klassischen Gestalttherapie – *Perls* hatte auch aus ähnlichen Gründen wie *Rogers*, um nämlich Menschen nicht „ätiologisch zu fixieren“, von der Ausformulierung einer solchen Abstand genommen – ist aus heutiger Sicht in der Tat gravierend. Für *Perls* (et al. 1951, 211 ff.) war es aber damals stimmig, sich mit einem „weichen“ nosologischen Ansatz der „Theorie der kontaktvermeidenden Mechanismen“ (idem 1976, 43-61) zu begnügen. Man sollte aber heute nicht beanspruchen, daß die „Theorie der Abwehrmechanismen“ (Projektion, Retroflektion, Introjektion, Konfluenz, Egotismus, vgl. *Perls* 1942, 1980, 45 f; *Petzold* 1984h, 42 ff.) eine Krankheitslehre ersetzen könne. Mit verschlimmbessernden Versuchen einer Weiterentwicklung der *Perls*schen Fragmente (*Staemmler, Bock* 1987) ist nichts gewonnen, wenn sie auf reduktionistische Energiemetaphorik hinauslaufen. Für die Konzeptualisierung einer umfassenden Sicht von Krankheit und Gesundheit sind nur wenig Materialien bei *Perls* und *Goodman* zu finden, auf die sich aufbauen läßt, und in der Folgezeit sind – etwa mit Blick auf die Labeling-Debatte oder antipsychiatrische oder humanistisch-psychologische Positionen – keine Schritte in Richtung auf eine generelle und differentielle Krankheitslehre von Gestalttherapeuten unternommen worden. Wir mußten deshalb eigenständige Wege gehen (*Petzold, Schuch* 1991), d. h. *Identifikationen* außerhalb der „Gestalt-Community“ suchen – und das hat Veränderungen der Identität zur Folge. Aber die traditionelle Psychoanalyse war keine Alternative, und ihre Neuentwicklungen boten für uns nur Teilstücke. Zudem zeigte uns auch der Wandel in der gegenwärtigen Psychoanalyse, in der die psychoanalytische Theorie in einem noch nie dagewesenen Ausmaß von außen als auch von innen kritisiert, hinterfragt, modifiziert und erweitert wird (*Mentzos* 1984, 11; *Stern* 1985), ja die „Krise der Theorie“, die Psychoanalytiker (z. B. *Cremerius, Thomä, Kächele* u. a.) derzeit wieder einmal beschwören, daß differenzierte Elaboration eines theoretischen Gebäudes durchaus keine letzte Sicherheit bieten kann (und soll). Ein zu kohärentes System könnte sogar die Gefahr der Dogmenbildung fördern (vgl. *Petzold* 1991a, 39 f). *Darum* darf es aber aus „heraklitischer Sicht“ (*Petzold, Sieper* 1988b) niemals gehen, sondern – das sei nochmals betont – es geht um das beständige Bemühen theoretischer Durchdringung und Konzeptualisierung, d. h. mittelfristiger Festschreibung von *Konzepten* aufgrund von Konsensbildungen in Ko-respondenzprozessen (*Petzold* 1978c, 1991e) und das bedeutet immer wieder die Revision alter Konzepte, Aufnahme und „Assimilation“ neuer Materialien (um in *Perls*scher Metaphorik zu bleiben), bedeutet neue *Identifikationen* – Wandlungen der Identität.

3. *AUF DEM WEG ZU INTEGRATIVEN FORMEN DER THERAPIE*

Die Ergebnisse der vergleichenden Psychotherapieforschung und die wissenssoziologische Untersuchung der Konzepte einzelner Therapieschulen machen uns deutlich: Es gibt *die* Wahrheit nicht, aber es gibt verschiedene *schulenspezifische* „Kulturen“ (*Schreyögg* 1994), die zwar noch wenig in einer übergeordneten „therapeutischen Kultur“ verbunden sind, die aber vielfältige *„concepts communes et divergents“* (*Petzold* 1970c) aufweisen, und es gibt natürlich spezifische Stärken und Schwächen, Einseitigkeiten, Mängel. Insofern kann auf den *mehrperspektivischen Blick* (*Frühmann* 1986; *Petzold* 1991b), der um Überschau bemüht ist, auf den Versuch einer metahermeneutischen Durchdringung (idem 1991a, 1992g) verschiedener Ansätze nicht verzichtet werden. Weil uns heute eine recht große „Exzentrizität gegenüber dem eigenen Feld“ möglich ist, kann eine gezielte und konzeptbasierte Methodenintegration (*Prochaska, DiClemente* 1992) im Hinblick auf die eigene Praxis, der Versuch, verschiedene theoretische Konzepte und praxeologische Möglichkeiten zu verbinden, Gewinn bringen und unseren Patienten nur zugute kommen, wenn dies „systematisch“ geschieht und eben nicht im Sinne eines „wilden Eklektizismus“, sondern wenn Differenzierung, Selektion und Integration anhand von klaren Kriterien und in einem umreißbaren Rahmen geschehen (*Norcross, Goldfried* 1992). Eine eindeutige erkenntnistheoretische Position (für uns Phänomenologie und Hermeneutik, vgl. *Petzold* 1988p, 1988a), ein kosmologischer Reflexionshintergrund (idem 1990b), eine stringente anthropologische Position (idem 1980g), eine reflektierte ethische Ausrichtung (idem 1990b) bilden hier genauso Eckwerte wie die Orientierung an einem konsistenten Modell der Persönlichkeitstheorie (idem 1984i) oder der Krankheitslehre (*Petzold, Schuch* 1991). In diesem Sinne muß man als Vertreter einer „Integrativen Therapie“ als „Metaverfahren“ durch die beständigen Integrationsbewegungen nicht identitätslos werden. Wenn man auf der Metaebene und in der klinischen Theorie einen Boden hat, auf dem man steht, kann man ihn als *seinen* bezeichnen (und man wird „von außen“ auch auf dieser Position gesehen). Bei näherem Hinschauen wird dann deutlich, daß man auf einem *„Plateau“* mit verschiedenen Regionen steht. Man steht nicht allein. Man hat Nachbarn. An die Gestalttherapie von *Perls* als Verfahren der Einzel- *und* Gruppentherapie grenzt *Freuds* Psychoanalyse mit dem *individuumzentrierten Paradigma*. Zur anderen Seite liegt die Region *Morenos* mit seinem *sozialwissenschafltichen Paradigma* (es ist auf den Menschen als Sozialwesen gerichtet, vgl. *Petzold* 1982b). Nicht soweit entfernt sind auch die Regionen der kognitiven und interaktionalen Verhaltenstherapeuten (wenn sie z. B. der *„social learning theory“* von *Bandura* u. a. verpflichtet sind).- *Perls* (1969b), daran sei erinnert, bezeichnete die Gestalttherapie als eine „behavoristische Phänomenologie“. Das gemeinsame *Plateau*, auf dem all diese Ansätze zumindest von der Ausgangslage des Wahrnehmens und Beobachtens aufruhen, ist die *Phänomenologie*: Es wird von den Phänomenen ausgegangen (*Walch* 1990). Wie mit den Phänomenen allerdings umgegangen wird, wie sie zu handhaben und zu bewerten sind, da scheiden sich schon in einigen Ansätzen die Geister. Immerhin gibt es aber auch hier einen gemeinsamen Grund, etwa den einer *diagnostischen Pragmatik*, wie er mit den großen Diagnoseschemata ICD-10 oder DSM-III R gegeben ist, an denen sich in der klinischen Praxis auch Gestalttherapeuten ausrichten könnten und an denen man sich in der Integrativen Therapie orientiert. Im Hinblick auf die Phänomenologie der dort festgehaltenen Krankheitsbilder sind die Divergenzen zwischen den Schulen nicht so groß, sofern man nicht, wie *Perls* und seine Nachfolger (*Rosenblatt* 1986) jegliche diagnostischen Klassifizierungen ablehnt. Erheblich werden die Unterschiede allerdings, wenn die mit diagnostischen Labeln verbundenen Modelle zur Erklärung von Genese und die praxeologischen Konzepte zur Behandlung von Erkrankungen (und, damit verbunden, der Prognose) mitbetrachtet werden. Die Abstinenz im Hinblick auf eine Erklärung der Krankheitsgenese, wie sie die Gestalttherapie und teilweise auch die Gesprächstherapie praktizieren, führt nicht weiter, da so auch keine soliden Konzepte zur Behandlungsmethode entwickelt werden können. Zumeist bleiben Erklärungsmodelle implizit, denn behandeln tut man ja, und über die *„common factors“* bzw. unspezifischen Wirkfaktoren der Psychotherapie bewegt man sich auf gemeinsamem und damit halbwegs sicherem Grund, wenn auch nur „intuitiv“, manchmal gar blind, auf jeden Fall ohne klarsichtige Orientierung an konsistenten Modellen (*Pritz, Petzold* 1991).

Blickt man heute in die Szene der Psychotherapie, so sieht man faktisch schon eine „plurale therapeutische Kultur“, eine Vielzahl von relativ monolithen aber auch von komplexeren Verfahren, die durchaus im Bereich der Theorie konzeptuelle Ähnlichkeiten, *„common concepts“* (*Petzold* 1970c) aufweisen, Erklärungsmodelle, die – wenn auch mit unterschiedlichen Begrifflichkeiten arbeitend – als *funktional äquivalente Konzepte* gesehen werden können. Da gibt es *strukturelle Homologien* oder zumindest *similäre Strukturen*, wie ich immer wieder hervorgehoben habe (*Petzold* 1974k, 302; 1980a, 1980b) vgl. Abb. 2.

Ein solcher Blick aus „Exzentrizität“ verlangt geradezu nach Integrationsbemühungen, die einerseits vom Ort einer eigenen spezifischen, elaborierten Position, andererseits vom gemeinsamen Boden unspezifischer *„common factors“* (*Frank* 1971) bzw. *„common concepts“* (*Petzold* 1970c, 1992g, 1993h) und schließlich vom Hintergrund „funktionaler *Äquivalente*“ (idem 1974k, 302) her unternommen werden müssen. Ohne einen eigenen Ort zu haben, eigene Standpunkte – und seien sie noch so fragmentarisch –, wird Integration ein fruchtloses Unterfangen. Man steht in der Gefahr, sich zu verlieren, identitätslos zu werden.

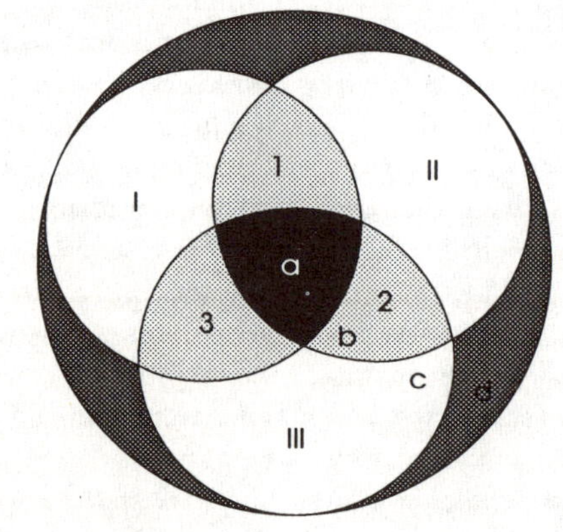

Abb. 2: Methodenintegration (aus *Petzold* 1980b)

Legende:
I Psychoanalyse (*Freund, Jung, Lacan*)
II Humanistische Psychotherapie (*Moreno, Perls, Rogers*)
III Verhaltenstherapie (*Skinner, Lazarus, Kanfer, Meichenbaum*)
a) Homologes (dunkelgraues Feld)
b) Similäres (hellgraues Feld)
c) Divergentes und Differentes (weiße Felder)
d) Synergetisches (mittelgraue Felder)
1. Verfahren, die zu Psychoanalyse und Humanistischer Psychotherapie Ähnlichkeiten aufweisen
2. Verfahren, die zu Humanistischer Psychotherapie und Verhaltenstherapie Ähnlichkeiten aufweisen
3. Verfahren, die zu Verhaltenstherapie und Psychoanalyse Ähnlichkeiten aufweisen

Das gemeinsame *Plateau*, auf dem in unterschiedlichen Regionen verschiedene Psychotherapieverfahren siedeln, und die *spezifische* Identität eines Therapeuten als Gestalttherapeut oder Psychodramatiker – mancher verfügt sogar über mehrere spezifische Identitäten, wenn er mehrere Verfahren erlernt hat – erlauben ihm, eine *generelle Identität* als *Psychotherapeut* jenseits jeder Schulenfixierung zu haben. Wenn man sich nicht nur auf die „Psyche" begrenzen will, sondern ganzheitlicher schaut und den Leib, die soziale Welt, den Geist, den ökologischen Raum einbezieht, wird man sich im Territorium der „helfenden Berufe" mit einer *übergeordneten Identität* bewegen, als *Humantherapeut* oder schlichtweg als *Therapeut*. In jeder dieser genannten Identitäten finden wir einen breiten gemeinsamen Grund, das Territorium, in dem ich ein *Plateau* und eine spezifische *Region* haben kann oder auch mehrere, wenn ich ein mit mehreren Methoden arbeitender oder ein „integrativer" Therapeut bin.

Ich kann von mir als Begründer der *Integrativen Therapie*, die eine der frühen „Schulen des Integrierens" (*Petzold* 1992g) in der modernen Psychotherapie (*Norcross, Goldfried* 1992) ist, sagen: Ich bin – metatheoretisch gesehen – ein phänomenologisch und tiefenhermeneutisch orientierter Therapeut und teile diese Region noch mit einigen Psychoanalytikern (*Lorenzer* 1970; *Cremerius* 1984; *Spence* 1982, 1987), aber auch Gestalttherapeuten, z. B. *Zinker* (1975, 1983) oder *Tobin* (1982). Hier sehe ich also meinen ganz *spezifischen* Ort auf dem Plateau, nämlich in der Großregion von „Phänomenologie und Tiefenhermeneutik", die sich in verschiedene Teilregionen gliedert. Ich könnte auch sagen: Ich bin Gestalttherapeut, denn als integrativer Therapeut teile ich ja mit der Gestalttherapie die Phänomenologie als gemeinsame Region. Jedoch im Bereich der Hermeneutik siedeln die Gestalttherapeuten nicht mehr, und deshalb überschreite ich ihren Bereich, gehe über ihn hinaus, bin nicht mehr *nur* Gestalttherapeut. Die Negierung der Inhaltsdimension, die ein „talking about" – und das lehnte *Perls* ab – erfordern würde, die Vernachlässigung der Sprache, des Textes, der Metaphern und Symbole – *Perls* (1969c, 9) qualifiziert all das als „crap", er schätzte die *„talking cure"* nicht – verschließt der klassischen Gestalttherapie dieses Areal genauso wie den Bereich der Tiefendimension durch ihre Hier-und-Jetzt-Fixiertheit, die Ablehnung biographischer „Archäologie", die Leugnung des *Unbewußten* oder zumindest seine Umdeutung als *„not yet awareness"*, die diesem Kernstück tiefenpsychologischen Denkens seine eigentliche Bedeutung und Fruchtbarkeit in erkenntnistheoretischer, anthropologischer und klinischer Hinsicht nimmt. Die verkürzende Emotionspsychologie – z. B. sei Angst Sauerstoffmangel (*Perls* 1969a, 64) –, insbesondere die verharmlosende (weil einseitige) Aggressionstheorie von *Perls* (idem 1969a, 196 und 1942) – aber auch die von *Goodman* (1971), die platte Definition von Schuld als „introjiziertem Groll" (*Perls* 1980, 136 f, 147, vgl. hierzu *Heimannsberg* 1988) machen eine differenzierte Sicht menschlicher Emotionalität und ihre Handhabung in therapeutischen Prozessen ohne Beiziehung anderer Konzepte kaum möglich, und man muß eine Emotionstheorie gänzlich neu konzipieren (vgl. die Entwürfe von *Dreitzel* 1992 und *Petzold* 1992b). Die Fixiertheit auf das von *Goodman* aus seiner Chicagoer Studienzeit von *Mead* übernommene Modell des „Kontaktzyklus" (vgl. *Petzold* 1984h, 41; *Perls* et al. 1951, 400 ff.; *Hall* 1976), das ein biologistisches und heute ein demodiertes, homöostatisches Motivationskonzept repräsentiert – neuere Entwicklungen (*Heckhausen* 1989) wurden von traditionellen Gestalttherapeuten offenbar nicht zur Kenntnis genommen –, verhindert das vertiefte Verständnis zwischenmenschlicher Kommunikationsprozesse, die eher tiefenhermeneutisch oder narrationstheoretisch erschlossen werden können, denn – die Feinanalyse jeder transkribierten Therapiesitzung oder jeder Videoaufzeichnung von therapeutischen Interaktionen zeigt dies: Keine einzige Kommunikationssequenz folgt der aus dem Orientierungsverhalten von Amöben (*Perls* 1969b/1981, 233 ff.) abgeleiteten Struktur des Kontaktzyklusmodells.

Die Gestalttherapie ist kritisierbar – wie jedes therapeutische Verfahren. Sie unterliegt zeitgebundenen Begrenztheiten genauso wie die Psychoanalyse *Freuds*. Es gilt, solche Schwachstellen kritisch in den Blick zu nehmen, *ohne die von den Pionieren geleistete Arbeit zu entwerten* und Ergänzungen, Korrekturen und Weiterentwicklungen, ja – wo nötig – Neuentwicklungen vorzunehmen oder Positionen aufzugeben. Natürlich gilt es auch, diese neuen Ansätze – und die Integrative Therapie (*Petzold* 1970c, 1974k, 1988n, 1991a, 1992a, 1993a) versteht sich als ein solcher – kritisch zu reflektieren und dem Diskurs auszusetzen. Wir wissen um die Stärken und die Schwächen der klassischen Gestalttherapie, und wir wissen auch, wo wir uns Fehlendes holen können und wo die kreativen, nonkonformistischen Impulse des Gestaltansatzes, seine leibnahe, wahrnehmungszentrierte Behandlungsmethodik zu anderen Verfahren – und auch deren Defizite sollten uns bekannt sein – Beiträge leisten können. Insofern lehren wir in der Ausbildung an FPI und EAG durchaus noch „Gestalttherapie“ als *Methode* im Rahmen des *Verfahrens* der „Integrativen Therapie“, und nur mit einem solchen Kontext wäre es sinnvoll, von „integrativer Gestalttherapie“ – nämlich als methodischer Variante – zu sprechen (wie z. B. von Integrativer Drama- oder Bewegungstherapie), da ein solcher Ansatz, eine „integrative Gestalttherapie“ als ausgearbeitetes Verfahren mit eigenständigen Konzepten und Theorien nicht besteht (es sei denn, man benutzt diesen Begriff als berufspolitischen, als „Integrationslabel“ wie in Österreich, um darunter ein Spektrum zusammenzufassen, das von der klassischen Gestalttherapie bis zur Integrativen Therapie reicht). Von der Integrativen Therapie werden also die übergreifenden und spezifischen theoretischen Konzepte und Begründungszusammenhänge bereitgestellt und damit auch die Möglichkeiten der Kombination mit anderen Methoden (Psychodrama, Bewegungstherapie usw.) oder zu systematischer, theoriegeleiteter Methodenintegration, in der die Ausgangs*methoden* überschritten werden.

Mancheiner wird auf dem *Plateau der Psychotherapie* vielleicht zwei spezifische Orte haben – er/sie hat zwei oder gar drei *Verfahren* und verschiedene *Methoden* erlernt. Er/sie ist vielleicht Gesprächstherapeut/in und wandert zwischen den beiden Verfahren Gesprächstherapie und Gestalttherapie hin und her – sie liegen ja nicht weit voneinander entfernt. Weiterhin benutzt er z. B. die *Methoden* der „Sensory Awareness“ (*Brooks* 1979; *Stevens* 1975) und der „Progressiven Relaxation“ (*Jacobson* 1938; *Bernstein, Borkovec* 1975) indikationsspezifisch im Rahmen beider Verfahren. Oder er ist, wie ich, *auch* Psychodramatherapeut, und hier ist man wiederum in unmittelbarer Nachbarschaft mit der Gestalttherapie von *Perls*, ja bewohnt zeitweise das gleiche Areal, benutzt die gleichen *Techniken*, z. B. den *Rollentausch*. Oder unser Therapeut bzw. unsere Therapeutin hat sich auf die Leib- und Bewegungsarbeit gerichtet, wohnt am Ort der „Integrativen Bewegungstherapie“ oder der „Konzentrativen Bewegungstherapie“ (beide siedeln in unmittelbarer Nachbarschaft).
Das Wechseln der Orte und Positionen heißt nicht, *identitätslos* zu sein: Man lebt ja in einer Region, auf *einem* Plateau. Man schreitet schlichtweg die Breitendimensionen seiner Identität ab, die man heute als Therapeut haben muß. Viele Kollegen haben mehr als ein Verfahren erlernt. Daraus ergeben sich schon Integrationsimpulse. Immer deutlicher wird die Tendenz, die unterschiedlichen Perspektiven der unterschiedlichen Verfahren und Methoden in den Blick zu nehmen. Das verlangt nach Integration auf der Basis des Standortes im eigenen *Verfahren*, d. h. einer der bestehenden Schulen oder einer der neueren Entwicklungen im Felde der Psychotherapie.

3.1 Das „neue Integrationsparadigma“

Gestützt auf die empirische Psychotherapieforschung (*Orlinsky, Howard* 1988; *Huf* 1992; *Grawe* et al. 1993), orientiert durch das Unbehagen an den Unzulänglichkeiten des eigenen Verfahrens oder durch Erfahrungen mit anderen Methoden, vor allem aber durch synthetisierende Leistungen einiger theoretisch, klinisch und forschend arbeitender Psychotherapeuten, begann sich Mitte der siebziger Jahre eine Bewegung zu artikulieren, die ich an anderer Stelle als das *„neue Integrationsparadigma"* beschrieben habe (*Petzold* 1992g) und die durch eklektische und schulenübergreifend denkende Pioniere aus dem Bereich der klinischen Psychologie und der Psychiatrie, Ärzten und Psychologen also, wie im deutschsprachigen Raum Prof. Dr. med. *Hans Strotzka*, Wien, und Prof. Dr. phil. *Ludwig Pongratz*, Würzburg, vorbereitet wurde. Ich selbst stand mit meinen Arbeiten seit Mitte der sechziger Jahre an den Anfängen dieser Bewegung. Inzwischen gibt es „Schulen des Integrierens", und die von mir konzipierte „Integrative Therapie" ist unter ihnen wohl die älteste und eine der stärksten Richtungen. Sie hat ihre Integrationsbemühungen sowohl auf theoretischer wie auf praxeologischer Ebene vorangetrieben. Im deutschsprachigen Raum ist noch die „anthropologische Integrative Therapie" von Prof. Dr. med. *Dieter Wyss* von Bedeutung und neuerdings die schematheoretisch fundierte „heuristische Psychotherapie" der Forschergruppe um Prof. Dr. phil. *Klaus Grawe* in Bern, in dessen Abteilung ich bald 10 Jahre (1980 – 1989) als Gastprofessor einen Lehrauftrag für erlebnisaktivierende Verfahren und für die Supervision klinischer Arbeit wahrgenommen habe. Auf die amerikanischen Entwicklungen soll hier ebensowenig eingegangen werden (*Norcross, Goldfried* 1992) wie auf jüngste deutschsprachige Integrationsansätze (*Blaser* et al. 1992; *Huber* 1992). All diese Entwicklungen zeigen: *Methodenmonismus hat keine Zukunft mehr*, wenn er sich als ein abkapselndes, dogmatisches Verhaftetsein an einen Ansatz erweist – das geht übrigens immer zu Lasten der Patienten. Der faktische *Methodenpluralismus* im klinischen Feld verlangt – wenn man den Gefahren eines inflationären „Psychobooms" (*Bach, Molter* 1976) entgehen will – eine differentielle Sichtweise und bietet die Chance von Integration. Es wird – das zeigt sich – unterschiedliche *Metamodelle* des *Differenzierens* und *Integrierens* geben. Der *„common factor research"* (*Rosenzweig* 1936) und die Prozeßforschung werden solche bereitstellen.

Die die vergleichende Psychotherapieforschung einbeziehende *„Metahermeneutik"* des von mir entwickelten *Verfahrens* der „Integrativen Therapie" ist als ein solches Metamodell zu sehen. Es bietet Möglichkeiten, aufgrund konzeptanalytischer Auswertungen methodenübergreifende *„common concepts"* zu entwickeln und aufgrund indikationsbezogener Überlegungen auf spezifische *Methoden* zu rekurrieren (Integrative Bewegungstherapie, Integrative Musik-, Tanz- oder Kunsttherapie, Integrative Gestalttherapie, Integrative Dramatherapie etc., vgl. *Petzold, Orth* 1985, 1991; *Willke* et al. 1991; *Frohne* 1990). Als Metafolie für dieses hermeneutische Unterfangen habe ich den *„Tree of Science"* (*Petzold* 1975h, 1990b, 1992a, 476) konzipiert, der die Wissensstruktur von Psychotherapie abbildet.

3.2 Der Weg zur Integrativen Therapie

Wenn ich im Bereich der Psychotherapie ein gewisses Verdienst habe, so liegt das – wie *Rolf Zundel* (1987) mit Recht hervorgehoben hat – in dem systematischen *Differenzierungs-* und *Integrationsbemühen* und den Modellen und Instrumenten, die ich hierfür entwickelt habe. Meine eigene Ausbildung und Erfahrung in mehreren Therapieverfahren: Psychoanalyse, Psychodrama, Gestalttherapie, Leibtherapie, hat mich vor die Aufgabe der Integration gestellt. Die Situation meiner eigenen Biographie, das Heranwachsen in einem multikulturellen Kontext, hat dies noch unterstrichen (*Petzold-Heinz, Petzold* 1985; idem 1985t; *Petzold, Sieper* 1988a). Ich stehe mithin in einem Zeitgeist (idem 1989f), und meine Arbeit ist wahrscheinlich Ausdruck dieses Zeitgeistes. Die „Pluralität der Vernunft" (*Kant*, vgl. *Welsch* 1987), Pluralität als Erkenntnisprinzip (*Lyotard, Feyerabend, Spinner*) sind Begriffe für gedankliche Strömungen, die sich auch in den Bemühungen um eine differentielle Sicht und um Integration in der Psychotherapie zeigen. Europäisches Denken, multikulturelle Gesellschaft (*Perotti* 1989,

Sen 1989), mundane Friedensordnung, dies sind weitere Begriffe unserer Zeit am „*fin de siècle*", die auf den Prozeß von Differenzierung und Integration und auf eine Vielfalt verweisen (*Petzold* 1989a), die nur ausgehalten werden kann und fruchtbar wird, wenn man dabei begreift, daß man in „einem Haus" wohnt – auf unser spezifisches Plateau bezogen: im *Haus der Therapie*.

Ich habe in meiner *Identitätstheorie* (*Petzold* 1984i, 1993d), die zu meinen wichtigeren Beiträgen zu unseren Disziplinen (die der Psychotherapie oder, weiter gefaßt, die der „angewandten Humanwissenschaften") gehört, deutlich gemacht, daß Identität prinzipiell *relational* ist, sowohl im gegenwärtigen *Kontext* als auch in die *Kontinuums*richtungen Vergangenheit und Zukunft. Identität als „closed system", als abgekapselte Individualität gesehen, ist ein Mißverständnis (idem 1990m, 1993d). Dies gilt sowohl im Hinblick auf die persönlichkeitstheoretische Perspektive als auch im Hinblick auf das Profil einer psychotherapeutischen Schule, d. h. einer „*professional community*". Gestalttherapeuten, die einer *festen Gestalt* ihres Verfahrens anhängen, haben die Intentionen von *Perls* nicht verstanden. „*Therapien sind Landkarten, Orientierungshilfen. Man kann sie brauchen, solange sie genau sind, und man muß sie ändern oder neue erfinden, wenn sie nicht mehr genügen. Auf geschlossene Gestalten folgen neue. Das ist das Wesen der Gestalttherapie*" (*Perls* 1969c, 1). Wenn man die beinahe vollständige Stagnation der Theorienbildung (was Grundsatzfragen anbelangt) und der konzeptuellen Vertiefung in der Gestalttherapie nach dem Tod von *Perls* sieht, die z. T. hinter *Perls, Hefferline, Goodman* (1951) zurückfällt (so *Polster, Polster* 1975) oder die Theorie in erkenntnistheoretische Eingleisigkeiten und den Biologismus der Autopoiese führt (so *Portele* 1987; dagegen *Walter* 1988) oder – schlimmer noch – die Gestalttherapie, den Intentionen von *Perls* zutiefst widersprechend, physikalistisch verstümmelt (so *Staemmler, Bock* 1987; dagegen *Petzold* 1987h), so muß die Frage gestellt werden, warum hier der von *Perls* intendierte Entwicklungsimpuls sich nicht entfaltet hat? Wo Weiterentwicklungen waren, gingen sie so doziert über den Fundus der klassischen Gestalttherapie hinaus – z. B. in Richtung einer „gestalttheoretisch fundierten Psychotherapie" (*Walter* 1978) – oder bezogen die Gestalttherapie auf einer nachgeordneten Ebene ein – z. B. in meiner phänomenologisch und tiefenhermeneutisch ausgerichteten „Integrativen Therapie" (*Petzold* 1974k; 1988n, p, 1990b, 1991a, 1992a; *Petzold, Schneewind* 1986) –, daß sie eher den Rang eines methodischen Ansatzes bzw. einer *Methode* im Rahmen eines *Verfahrens* erhielt, als selbst diesen Rang eines *Verfahrens* (idem 1993h) zu behalten. Ein Verfahren muß zu allen wichtigen Positionen des „*Tree of Science*" (vgl. Abb. 3 und 4) eine konsistente und mehr oder weniger elaborierte Position vorweisen können, insbesondere zur Erkenntnistheorie, Anthropologie, Persönlichkeitstheorie, Entwicklungstheorie, Krankheitslehre und Theorie der Therapie, um handlungsleitende *Ziele* (Global-, Grob-, Feinziele) formulieren zu können. Es muß auf übergreifenden Theoriemodellen (*large scale theories*) gründen und intersubjektiv nachprüfbare und damit wissenschaftliche Erklärungszusammenhänge bereitstellen. *Methoden* bieten konsistente Umsetzungsmöglichkeiten in Rückbindung an ein *Verfahren* und bieten einen schmaleren Erkärungsrahmen (*small scale theories*). Sie haben damit einen schmaleren Geltungsbereich. Bewegungstherapie, Gestalttherapie oder Psychodrama (das selbst durchaus als Verfahren gelten könnte) lassen sich so – wenn man sie nutzen möchte – auf den Hintergrund der „Integrativen Therapie" stellen. Sie werden damit als *Methoden* betrachtet, die mit der Metaebene des Verfahrens kompatibel bzw. *konzeptsynton* sind. Man läßt dabei Theorie- und Praxiselemente in Fortfall kommen, die inkompatibel bzw. *konzeptdyston* sind, und ersetzt sie durch Elemente aus dem eigenen Fundus. Wie schon einmal betont: So und nur so ist es sinnvoll, von „*Integrativer Gestalttherapie*" oder „Integrativer Dramatherapie" (*Petzold* 1982a, 1990p; *Petzold, Maurer* 1985) zu sprechen. Die klassische Gestalttherapie wird so lange im Rang einer *Methode* oder eines rudimentär ausgearbeiteten *Verfahrens* verbleiben, bis ihren Vertretern die Klärung ihrer inneren Widersprüche und eine umfassende und konsistente Elaboration ihrer Positionen gelingt (bislang zeichnet sich hier allerdings beim Überblick über die internationale Literatur wenig ab). Mir selbst war – nach anfänglichen Bemühungen – diese Aufgabe einer Elaboration bei der Vielzahl der Defizite, Aporien und ungeklärten Positionen zu wenig erfolgversprechend, so daß ich meinen eigenen Ansatz (idem 1965, 1969c) weiterentwickelt habe, dessen derzeitiger Stand ausreichende Prägnanz erreicht hat (idem 1988d, n, p, 1990b, h, 1991a, 1992a, 1993a) und der erlaubt, die wichtigsten Positionen der beiden Gestalttherapien, der von *Perls* und der von *Goodman* (vgl. jetzt *Blankertz* 1990), zu integrieren. Ich stimme hier durchaus mit der Position von *Perls* (1969b) überein: „*There is no end to integration*".

Leben drängt in den Zukunftsraum, Lebensformen wandeln sich, auch die Formen therapeutischer Verfahren und Methoden. Sie stehen in

„TREE OF SCIENCE"

I. METATHEORIE	
Erkenntnistheorie	– *phänomenologisch-struktural, hermeneutisch* –
Wissenschaftstheorie	– *evolutiv-pluralistisch, metahermeneutisch* –
Kosmologie	– *evolutionär, heraklitisch, ökosophisch* –
Anthropologie	– *existentialistisch, intersubjektiv, kreativ* –
Gesellschaftstheorie	– *synarchistisch, kritisch-pragmatisch* –
Ethik	– *diskursiv, situativ/historisch, mutual* –
Ontologie	– *synontisch, partizipativ* –
II. REALEXPLIKATIVE THEORIEN	
Allgemeine Theorie der Therapie	– *intersubjektivistisch, tiefenhermeneutisch* –
Persönlichkeitstheorie	– *entwicklungsbezogen-relational* -
Entwicklungstheorie	– *synoptisch: interaktional, ökologisch, lebenslaufbezogen* -
Gesundheits- und Krankheitslehre	– *kontextbezogen, multifaktoriell* -
Spezielle Theorie der Therapie	– *mehrperspektivisch, systematisch-heuristisch* -
III. PRAXEOLOGIE	
Prozeßtheorie	- *differentiell, variabel* -
Interventionslehre	- *multimodal, multilateral* -
Methodenlehre	- *elastisch, pluriform, integrativ* -
Theorie der Institutionen, Praxisfelder, Zielgruppen	- *systemisch, differentiell* -

Abb. 3: aus *Petzold* (1992a, 456). Vgl. Abb. des „arbor sapientiae", dieses Buch, S. 394.

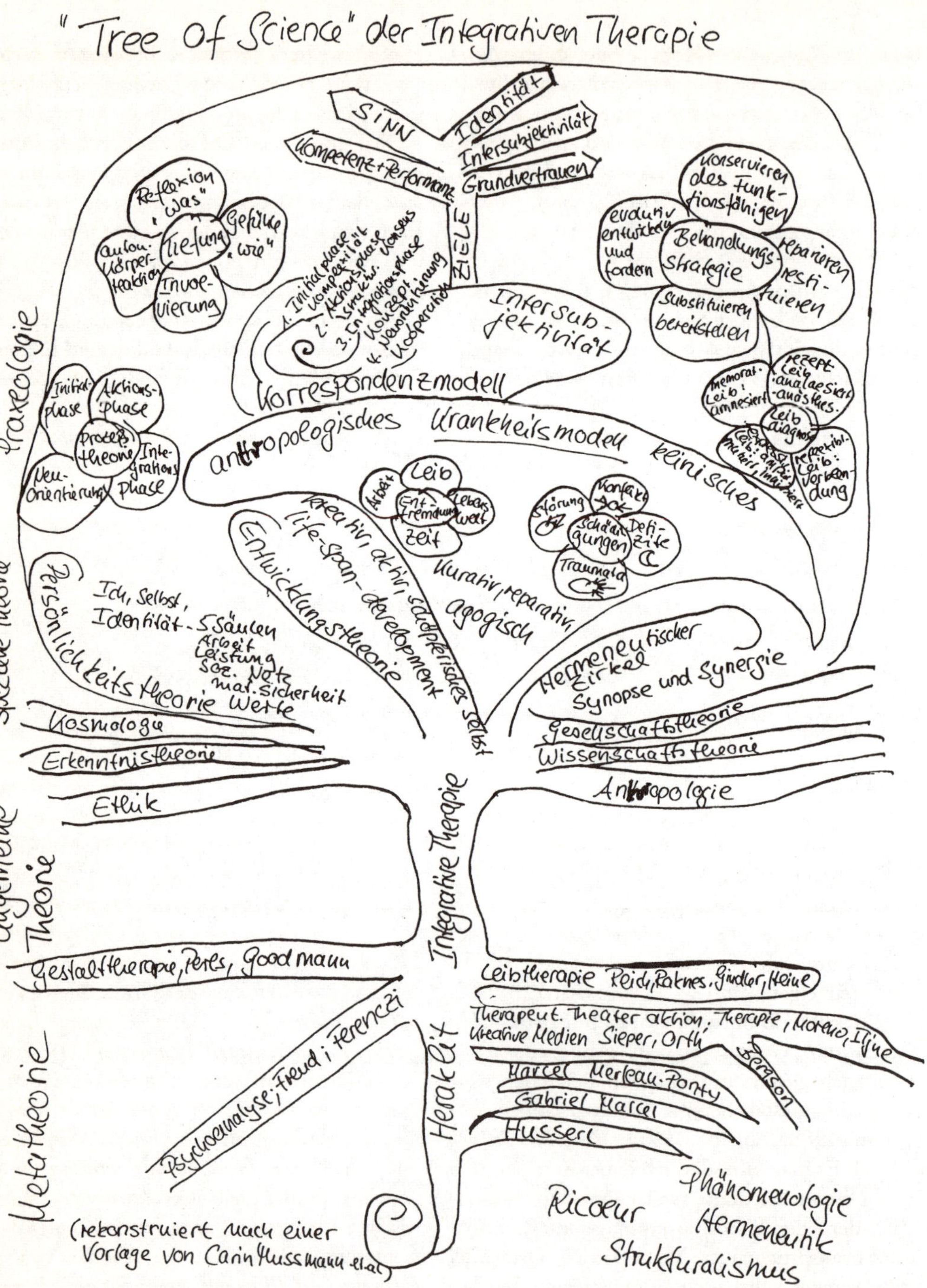
"Tree Of Science" der Integrativen Therapie
SINN
Identität
Intersubjektivität
Grundvertrauen
Kompetenz + Performanz
ZIELE
Reflexion „was"
Gefühle „wie"
Tiefung
Autor. Körper-reaktion
Invol-vierung
konservieren des Funktionsfähigen
evolutiv entwickeln und fördern
Behandlungs-Strategie
reparieren
restituieren
substituieren bereitstellen
1. Initialphase
Kompetitivität
2. Aktionsphase
Struktur. Konsens
3. Integrationsphase
Konzept
4. Neuorientierung
Kooperation
Intersubjektivität
Korrespondenzmodell
Praxeologie
Initial-phase
Aktions-phase
Prozeß-theorie
Inte-grations-phase
Neu-orientierung
anthropologisches
Krankheitsmodell
klinisches
Leib
Arbeit
Ent-fremdung
Lebens-welt
Zeit
Störung
Konflikt
Schädi-gungen
Defi-zite
Traumata
kreativ, aktiv, schöpferisches Selbst
life-span-development
Entwicklungstheorie
kurativ, reparativ, agogisch
Spezielle Theorie
Persönlichkeitstheorie
Ich, Selbst, Identität - 5 Säulen
Arbeit
Leistung
Soz. Netz
mat. Sicherheit
Werte
Hermeneutischer Zirkel
Synopse und Synergie
Kosmologie
Erkenntnistheorie
Ethik
Gesellschaftstheorie
Wissenschaftstheorie
Anthropologie
Allgemeine Theorie
Integrative Therapie
Gestalttherapie, Perls, Goodmann
Leibtherapie Reich, Raknes, Gindler, Heine
Therapeut. Theater aktion, Therapie, Moreno, Iljine
Kreative Medien Sieper, Orth
Psychoanalyse; Freud; Ferenczi
Heraklit
Marcel Merleau-Ponty
Gabriel Marcel
Husserl
Bergson
Metatheorie
Phänomenologie
Ricoeur
Hermeneutik
Strukturalismus
(rekonstruiert nach einer Vorlage von Carin Mussmann et al.)

Abb. 4

beständiger Entwicklung. Ich habe dieses *„heraklitische Prinzip“* der Integrativen Therapie unlängst noch einmal auf einer breiten metatheoretischen Grundlage ausgearbeitet (*Petzold* 1988a, b, 1990h, 1991a, 1992a, 1993a, vgl. *Petzold, Sieper* 1988b).

Die Psychoanalyse hat ihre Lücken und Einseitigkeiten – theoretisch wie praktisch –, die Gestalttherapie desgleichen, das Psychodrama desgleichen. Sie bedürfen der wechselseitigen Korrektive, der Weiterentwicklungen durch die Ko-respondenz (idem 1978c, 1991e) miteinander: als therapeutische *Verfahren* oder Schulen, die miteinander ins Gespräch kommen, aber auch als *Methoden*, die in den Händen von Therapeuten/innen liegen, die sie sich angeeignet haben, um mit ihren Folien und Interventionsmöglichkeiten der Realität von Patienten/innen mehrperspektivisch (idem 1990o) und den Erfordernissen der jeweiligen Lebenssituation entsprechend in möglichst komplexer Weise gerecht werden zu können. Ich habe versucht, die Stärken der Gestalttherapie zu nutzen, aufzugreifen und – wo möglich – auszuarbeiten, und ich habe versucht, ihre beträchtlichen Lücken zu kompensieren. Dies war nicht immer möglich. Gravierende anthropologische Fehlkonzipierungen (isolationistische Autonomie, Organismusmodell usw., vgl. idem 1988l), persönlichkeitstheoretische Widersprüchlichkeiten (zwischen *Perls* und *Goodman*), die fehlende Entwicklungstheorie und Krankheitslehre machten eigene und z. T. grundsätzlich neue Entwicklungen notwendig. Ich bin dabei dennoch *auch* Gestalttherapeut geblieben, selbst wenn ich gleichzeitig in vielen Bereichen weit über die Gestalttherapie hinausgegangen bin (idem 1988a, b, p, 1991a; *Petzold, Schuch* 1991). Es mag sein, daß ich dabei Bereiche einseitig entwickelt habe (wer kann schon gegenüber der eigenen Position umfassende Exzentrizität beanspruchen, sie bleibt partiell. Das *punctum caecum* kann nicht hinterstiegen werden. In der Auseinandersetzung mit den fundamentalen Erkenntnissen (und Irrtümern) der Wiener Psychoanalyse *Freuds* und der Ungarischen Psychoanalyse *Ferenczis* und seiner Schüler (*Balint, Iljine, Alexander, Hermann* u. a.) sowie mit dem nicht weniger bedeutenden (obwohl leider in der Psychotherapie nicht genügend gewürdigten) „sozialwissenschaftlichen Paradigma“ von *Mead* und von *Moreno*, schließlich natürlich in der Ausarbeitung von „offenen Gestalten“ des *Perls-Goodmann*schen Ansatzes, sind, so denke ich, eigene Entwicklungen gelungen, die die *Integrative Therapie* neben ihrer Charakteristik als „Metamodell“ zu einem eigenständigen *Verfahren* werden ließen. Die einzelnen Positionen des *„Tree of Science“* sind inhaltlich gefüllt worden (siehe die kursiven Unterschriften in Abb. 3, die in *Petzold* 1992a, 457-648 und *Rahm* et al. ausgearbeitet sind), und zwar in einer Art und Weise, die – so hoffe ich – in sich „hinreichend konsistent“ ist und die *Integratoren* bereitstellt (d. h. kohärenzstiftende Konzepte, die Integrationsprozesse ermöglichen). Auf jeden Fall vermeidet der Integrative Ansatz die Brüche, die wir in der klassischen Gestalttherapie finden.

Da ich 1968 die Gestalttherapie nach Europa (Frankreich) gebracht und sie seit 1969 in Deutschland (zeitgleich mit *Ruth Cohn*) und ab 1970 in Österreich und der Schweiz verbreitet habe, sie 1972 in Norwegen und Jugoslawien einführte – zur gleichen Zeit wirkte ich im Auftrag von *J.L. Moreno* mit *G. Leutz* und *H. Straub* am Aufbau der deutschen Psychodramaszene –, ist es mir wichtig, das Verhältnis von Gestalttherapie und Integrativer Therapie zu verdeutlichen. Seit der Gründung des *„Fritz Perls Instituts für Integrative Therapie, Gestalttherapie und Kreativitätsförderung“* (1972 Basel, 1974 Düsseldorf) und in unseren ersten Gruppen in den deutschsprachigen Ländern war die Gestalttherapie von uns (*Petzold, Sieper*) in einer *intgrativen Form* gelehrt worden (verbunden mit drama-, leib- und kreativitätstherapeutischen Elementen), auch wenn in einer damals zentralen Publikation, die Ansätze von *Perls, Moreno* und *Iljine* noch monographisch nebeneinander dargestellt wurden (*Petzold* 1973a). In der Praxis waren sie schon verbunden, und für die übergreifende Theorie wurde seit 1970 der Name „Integrative Therapie“ – ich benutzte ihn erstmals 1965 – verwandt (*Petzold* 1970c, 1 ff.; 1974j, 294 ff., 1977m usw.), der auch im Institutsnamen aufscheint. *Perls* (1948) hat uns durch sein eigenes Beispiel des Integrierens und durch seine nonkonformistische Haltung in unseren eigenen Integrationsbestrebungen ermutigt: „*There is no end to integration*" (idem 1969c, 10) wurde von uns ergänzt „and there is no end to creation" (*Petzold* 1971k), und unter diesen Leitsätzen entstand die „Integrative Therapie". Sie hat der Gestalttherapie von *F.S. Perls*, diesem faszinierenden Verfahren mit seiner kreativen Praxeologie viel zu danken. Ihr *awareness*-fördernder, erlebnisaktivierender und emotionszentrierter Ansatz ist ein grundsätzlicher Beitrag zum Feld der Psychotherapie insgesamt und zur Integrativen Therapie im besonderen, daran tun die theoretischen Mängel keinen Abbruch und auch nicht das Faktum, daß die *Perls*sche Technik – sie ist durch zahlreiche Filmaufzeichnungen aus Workshops in ihren Stärken, Schwächen und Unmöglichkeiten gut dokumentiert (vgl. die Aufstellung in *Fagan, Shepherd* 1971) – für die Behandlung von Patienten mit frühen bzw. schweren Persönlichkeitsstörungen nicht geeignet ist. Dafür sind Weiter- und Neuentwicklungen ja da: Sie sollen Vorhandenes verbessern, transformieren oder Neuem zuordnen.

So hat die Integrative Therapie auch wichtige Aspekte der Praxis der klassischen Gestalttherapie verändert, indem sie z. B. nicht nur dem *flow of awareness* folgend arbeitet, sondern der gemeinsamen „hermeneutischen Suchbewegung" die richtige Be-*deutung* beimißt, der *Sprache* zwischen dem Ich und Du, die dem verbalen *Inhalt* genausoviel Wichtigkeit gibt wie der Mimik, Gestik und dem medialen Ausdruck (*Petzold* 1988b, p). Es werden kognitive Strategien einbezogen, Zusammenhänge müssen *erfaßt* und *verstanden*, ja *erklärbar* werden (idem 1991a, 123-144). Wahrnehmungs- und emotionszentrierte *Hot-Seat-Arbeit* (*Perls* 1972) wird zur theoriebasierten Fokaltherapie (*Heinl, Petzold* 1980; *Heinl, Petzold, Walch* 1983; *Leitner* 1991) ausgebaut. Als weitere Möglichkeiten der Behandlung wurden die Leibarbeit (*Petzold* 1970c, 1977n; *Heinl* 1985, 1993), der „healing touch", die „Berührung aus Berührtheit" (idem 1970c, 1975a; *Eisler* 1990) und die intermediale Arbeit mit „kreativen Medien" integriert – ein Begriff und eine Praxeologie, die ich Mitte der sechziger Jahre in die psychotherapeutische Literatur und Behandlungsmethodik einführte (idem 1965; *Dunkel, Rech* 1990) und seitdem mit meinen Mitarbeiterinnen kontinuierlich theoretisch und praxeologisch entwickelt habe. Er wurde in breiter Weise von der deutschsprachigen Gestaltszene aus dem Integrativen Ansatz übernommen, zumeist ohne Rezeption der zugrundeliegenden Entwicklungs- und Medientheorie (vgl. neuerdings aber *Wolff* 1987; *Burow* 1993). Die kreativen Medien und künstlerischen Methoden (*Petzold* 1972e, 1977c, 1990b; *Petzold, Orth* 1990a, 1993, *Orth, Petzold* 1993) sowie die „*narrative Praxis*" (*Petzold, Orth* 1985a; idem 1988d) als emotional berührtes Gespräch und eine am Bühnenmodell (*Habermas* 1968) und an der Szenentheorie (*Moreno* 1946; *Petzold* 1970c, 1990p; *Lorenzer* 1970) orientierte, relationale Gruppentherapie (*Petzold, Schneewind* 1986a; idem 1990o) als spezifische Entwicklungen der Integrativen Therapie rekurrieren *nicht* auf gestalttherapeutische Konzepte, beziehen aber immer den erlebnisaktivierenden Ansatz mit ein. Sie überschreiten das Kontaktmodell und beziehen neben *Kontakt* und *Begegnung* auch *Beziehung* und *Bindung* als Modalitäten menschlichen Miteinanders ein (idem 1986h, 1991b). Weiterhin wird nicht nur die existentielle Ebene des Menschlichen wertgeschätzt, sondern es werden auch – mit *Moreno* – die von *Perls* (1969a, 55; 1980, 98) so geschmähten sozialen Rollen als bedeutsam angesehen (*Petzold, Mathias* 1983) und über die Wege der „Integrativen Dramatherapie" (idem 1982a, 1993k) in die Praxis der Beeinflussung von Haltungen und Verhalten und der Arbeit am eigenen Rollenrepertoire, der Rollenflexibilität und am eigenen sozialen Netzwerk – Kernkonzepte von *Moreno* – in die integrative Praxis einbezogen (idem 1979c, 1982w).

Als wichtigste Ausarbeitung in den Defizitbereichen der klassischen Gestalttherapie und damit als eine grundsätzliche Überschreitung der Ansätze von *Perls* und *Goodman* scheinen mir meine metatheoretischen (erkenntnistheoretischen, anthropologischen) Studien (idem 1991a) sowie meine klinischen Arbeiten (1974j, 1988n, 1992a) u. a. zu einer konsistenten Persönlichkeitstheorie (idem 1984i, 1992a, 536 ff., 1993d), Entwicklungstheorie der Lebensspanne (1992a, 649-788), mit einer an der Interaktion protektiver und risikofördernder Faktoren, salutogener und pathogener Einflüsse ausgerichteten Praxeologe (*Petzold, Orth* 1993; *Petzold* et al. 1993), weiterhin einer Krankheitslehre (idem 1992a, 551-611; *Petzold, Schuch* 1991), verbunden mit Überlegungen zur Zeittheorie (idem 1981e, 1989d, 1991a, 333-396) und zur Bewußtseinstheorie (idem 1988b, 1991a, 196-332) sowie zur Verbindung von Inhalt und Form (idem 1990b), Beziehung und Deutung (idem 1988p), Symbolisierung (idem 1988t; *Petzold, Orth* 1993) und zur *Kokreativität* und zum *kreativen Impetus* (neben der „*Intentionalität* des Leibes" ein Alternativkonzept zur Triebtheorie *Freuds* und zum psychoanalytischen Energiebegriff). Dieser Impetus steht hinter all dieser theoretischen und praxeologischen Arbeit (idem 1990b). Er macht schöpferisches Tun als kokreative Aktion (idem 1971k; *Iljine* 1990) möglich – und die Entwicklung eines therapeutischen Verfahrens gründet in *Ko-respondenz* und *Kokreation*.

Die Integrative Therapie, davon zeugen auch ihre reichen Entwicklungen in der Praxeologie etwa zur „prozessualen Diagnostik", zur „Fokaltherapie", zur „narrativen Praxis", zu „intermedialen Ansätzen" usw. (*Petzold, Sieper* 1993; *Petzold* 1988n, 1983a, 1991a, 1992a, 1993a; idem et al. 1991, *Petzold, Schobert* 1991; *Petzold, Ramin* 1987; *Petzold, Bubolz* 1979; *Schreyögg* 1991; *Heinl* 1985; *Frohne-Hagemann* 1990; *Willke et al. 1990; Spiegel-Rösing, Petzold* 1984*; Petzold, Orth* 1985a, 1990a, 1993a), ist mehr als nur eine Weiterführung der Gestalttherapie (*Rahm* et al. 1993). Sie ist etwas Eigenständiges geworden, das sich dennoch in der psychotherapeutischen Landschaft mit der Gestalttherapie in gleicher *Region* befindet und mit ihr – aber eben nicht nur mit ihr – einige wichtige Kontaktflächen hat. Auch als Integrativer Therapeut kann man und soll man den spezifischen Ort der Gestalttherapie immer wieder aufsuchen, ohne sich in ihm einzuschließen. Man wird davon Gewinn haben, genauso, wie es unverzichtbar ist, den Bereich des Psychodramas oder den der Leibtherapien zu betreten, und auch zu den „neuen Kreativitätstherapien" kann sich eine Exkursion lohnen.

4. EINIGE BEMERKUNGEN ZUR PRAXIS DES INTEGRIERENS UND ZUM KONZEPT DER „INTEGRATION".

Natürlich kann man nicht wahllos „Anleihen" machen, ohne zu riskieren, die eigenen Proprien zu verlieren und bei einem „russian salad" zu enden. Es ist vielmehr notwendig, im eigenen erkenntnistheoretischen Paradigma (dem phänomenologisch-hermeneutischen) zu verbleiben und anhand von *Integratoren* (z. B. Intersubjektivität, komplexe Bewußtheit, Lebenslaufperspektive usw.), die Selektionshilfen bieten, Konzepte, Methoden und Techniken auszuwählen, die mit den Positionen der Integrativen Therapie in Theorie und Praxeologie kompatibel, d. h. *konzeptsynton* sind. Ist die *phänomenologisch-hermeneutische Grundlage*, die, „von den Phänomenen zu den Strukturen und zu den Entwürfen" kommend, die Erkenntnisprozesse unterfängt, bei Verfahren oder Methoden gegeben, so können Integrationsprozesse ohne Schwierigkeiten greifen, ansonsten müssen theoretische Angliederungs- oder Transformationsschritte erfolgen (und natürlich ist nicht alles zu integrieren, oder es lohnt der Mühe nicht). Von bewußten und unbewußten leiblichen *Wahrnehmungen* ausgehend, wird dann nämlich ein in mnestischen Prozessen gründendes *Erfassen* und ein an interagierende symbolische Systeme – vornehmlich an sprachliche Ko-respondenz, aber auch an „ikonische Narrationen" (*Petzold, Orth* 1993) – gebundenes *Verstehen* möglich sowie ein *Erklären* in intersubjektiven, verbalen und aktionalen Kommunikationsprozessen, eine „*hermeneutische Spirale*" (*Petzold* 1988b, 1991a, 123 ff.), durch die *Sinn* und *Bedeutung* gewonnen werden können. Damit werden schon einige aus der Metatheorie abgeleitete *Integratoren*, d. h. Leitkonzepte für Kompatibilitäten deutlich:

- Orientierung auf Bewußtseinsprozesse,
- Orientierung auf unbewußte Prozesse,
- Orientierung auf Leiblichkeit,
- Orientierung auf Ganzheitlichkeit,
- Wahrnehmungszentriertheit,
- Orientierung auf symbolische Interaktion,
- Orientierung auf Sinn und Bedeutung,
- Orientierung auf Intersubjektivität und Korespondenz.

Konzepte und Modelle aus dem theoretischen Fundus sowie Praxisstrategien und Behandlungstechniken aus dem Praxisrepertoire verschiedener psychotherapeutischer, psychologischer und sozialwissenschaftlicher Praxeologien sind integrierbar, sofern sie zu den genannten Integratoren keine Inkompatibilität aufweisen, also „*konzeptsynton*" sind. Weitere Integratoren werden aus der Ethiktheorie und aus realexplikativen Theorien der Integrativen Therapie gewonnen. Einige seien genannt:

- Zentrierung auf die Integrität des Subjekts,
- Kontextorientierung (systemische und ökologische Perspektive),
- Kontinuumsorientierung (Vergangenheit, Gegenwart, Zukunft),
- Orientierung am „life span developmental approach",
- Orientierung auf Patogenese und Salutogenese,
- Orientierung auf Heilung und Entwicklung.

Schließlich finden sich auch praxeologische Integratoren:

- Orientierung auf Relationalität (Kontakt, Begegnung, Beziehung, Bindung),
- Orientierung auf die Pathologie von Relationalität (Übertragung, Gegenübertragung, Widerstand, Abwehr),
- Orientierung auf Erlebnisaktivierung,
- Orientierung auf Prozesse des Durcharbeitens
- Orientierung auf Prozesse der Kreativierung.

Die *Integratoren* müssen untereinander einen hohen Grad an *Konnektierung* auf dem Niveau theoretischer Begründungen haben. Ihre *Kompatibilität* und *Kohärenz* müssen beständig unter den Kriterien der „praktischen Bewährung" (*Popper*), konzeptuellen Stimmigkeit und korrektiven Valenz (d. h. der Möglichkeit des Ausgleichs von Eingleisigkeiten) reflektiert werden. Wiederum: Es können Verfahren kombiniert werden, wo die Kompatibilität derartiger Leitkonzepte gegeben ist. Dabei muß darauf geachtet werden, daß es durch die Aufnahme neuer Konzepte und Praktiken zu keinen Unausgewogenheiten im Gesamtverfahren kommt. Dies kann z. B. drohen, wenn in der Praxeologie *zu viele* Methoden und Techniken aufgenommen werden, die eine eher direktive Ausrichtung haben, oder wenn in der Theorie *zu viele* Konzepte assimiliert werden, die eine sozialtechnologische bzw. sozialbehavioristische Konnotation haben (z. B. kontrolltheoretische, ressourcen- und copingtheoretische Überlegungen), ohne daß Korrektive, etwa durch die Betonung der zumeist auch vorhandenen phänomenologischen Konnotationen gesetzt werden oder durch die akzentuierende Parallelstellung anderer *Integratoren*, z. B. dem der „Sinnorientierung". Unter solchen Prämissen kann auf der praxeologischen Ebene durchaus eine verhaltenstherapeutische Technik wie die „*systematische Desensibilisierung*" eingesetzt werden, wenn sie in den Kontext einer „sinnorientierten Behandlung" gestellt wird, die den Patienten für Hintergründe seiner Phobie *sensibilisiert* hat. Mit Blick auf das Psychodrama können wir sagen, es können seine gesamte Praxeologie und der größte Teil seiner Theoriekonzepte beigezogen werden. Von der Psychoanalyse können die praxeologischen Errungenschaften der „elastischen und aktiven Technik" *Ferenczis*, die Kernkonzepte *Freuds* (Unbewußtes, Übertragung, Gegenübertragung, Widerstand, Abwehr) und einige Entwicklungen der Selbstpsychologie, die mit Namen wie *Kohut, Stern, Basch, Emde* verbunden sind, einbezogen werden.

Die Entwicklung der Integrativen Therapie verschenkt nichts von der Gestalttherapie, was bewahrenswert wäre. Sie nutzt seit ihren Anfängen aktiv den Fundus von Psychoanalyse, Psychodrama, kognitiver Therapie, Leibtherapie oder der Kreativen Therapieformen, und dennoch hat die Integrative Therapie ihr spezifisches *„proprium"* und ist sich dieser Eigenheit und Eigenständigkeit gewiß. *Dadurch* gewinnt sie die *Freiheit* zu integrieren, Neuem gegenüber offen zu sein ohne die Angst des Identitätsverlustes. Die Fähigkeit zur Integration gewährleistet *Integrität*, da sich immer wieder neuer Sinn schaffen läßt.

Es sei hier auf einen früheren Text verwiesen (*Petzold* 1970c), der den Integrationsbegriff in dieser Weise bestimmt hat:

*»**Integration** (von lat. integer = ganz, vollständig, unverletzt) bedeutet – allgemein gesehen – das Zusammenfassen unterschiedlicher oder auch gegensätzlicher Elemente zu einem übergeordnetem Ganzen bzw. das Lösen von Aufgaben auf einer höheren Strukturebene durch Prozesse, in denen sinnvolle Verbindungen und konsistente Vernetzungen geschehen.*

***Integration** im zwischenmenschlichen bzw. sozialen Bereich – zwischen Gruppen, in der Familie, zwischen Freunden, in der Therapie usw. – erfordert mehrperspektivisches Wahrnehmen und komplexes Erfassen von Materialien, Ereignissen, Problemen, Aufgaben oder Konzepten aus dem aktualen Lebenskontext oder dem erinnerten oder antizipierten Lebenskontinuum in einer Art und Weise, daß in Ko-respondenz, in intersubjektiver Begegnung und ko-kreativer Auseinandersetzung Einzelfakten sich zu übergeordneten Zusammenhängen verbinden, die oftmals die etablierten Grenzen überschreiten und die Qualität eines Neuen haben. Dieses Neue macht wiederum Akte der **Differenzierung, Integration** und **Kreation** möglich – eine spiralige Fortbewegung, die beständig neue Zusammenfügungen schafft, neue Formen gebiert und genau in diesem Geschehen Sinn und **Freiheit** aufleuchten läßt« (Petzold* 1970c, 2; vgl. 1993a, 1350 ff.).

5. *DIE IDENTITÄT INTEGRATIVER THERAPEUTINNEN UND THERAPEUTEN*

Wie steht es nun mit dem Problem der *Identität* für die Integrative Therapie und für Integrative Therapeuten/innen? – Auf einer metatheoretischen und theoretischen Ebene stellt es sich nicht. Man kann Integrative(r) Therapeut/in (bzw. Integrative(r) Bewegungstherapeut/in usw.) sein und sich durchaus zugleich auch als Gestalttherapeut/in verstehen (wobei man allerdings bestimmte Korrekturen vornehmen und einige zentrale Konzepte, z. B. das unphänomenologische Kontakt-Zyklus-Modell, als Fehlkonzipierungen aufgeben muß). Korrekturen erfolgen ja auch schon innerhalb der Gestalttherapie durch die verschiedenen Gestalt-Richtungen von *Fritz Perls* zu *Lore Perls*, von dort zu *Paul Goodman* und weiter zu *Isador From*, zu *Josef Zinker*, zu den *Polsters* usw. Auch *Hans-Jürgen Walter* (1978) lieferte eine übergreifende Korrekturfolie. Man kann umgekehrt durchaus als Gestalttherapeut sich der Integrativen Therapie zuwenden, wenn man – in dem Bemühen, die „weißen Flächen" im *Tree of Science* der Gestalttherapie zu füllen – auf die Konzepte der Integrativen Therapie rekurriert – etwa im Bereich der brüchigen Persönlichkeitstheorie auf das Konzept des „emergierenden Selbst" (*Petzold* 1992a, 665 ff.), sowie der personalen Identität (ibid. 528 ff., *Kames* 1992) und/oder im Bereich der defizienten Entwicklungstheorie auf das Modell der „life span developmental therapy" (1992a, 732 ff.) oder im Hinblick auf die Gefühle auf die integrative und differentielle Emotionstheorie (ibid. 789 ff.) usw. Es wird dabei allerdings notwendig, die Hier-und-Jetzt-Fixierung, die biologistische Organismustheorie (und das geht schon an die Substanz) und das individualisierende Paradigma des „Ich bin Ich" im „Gestaltgebet" (*Perls* 1969a, 4) und einiges andere zu revidieren. Es gibt dann immer noch genügend an gemeinsamem Grund. Auf praxeologischer Ebene weiterhin kann der Integrative Therapeut durchaus auch Gestalttherapeut sein, wenn er z. B. *Perls'* Traumbearbeitungs- oder Hot-Seat-Technik verwendet. Aber er wird auch auf deren Quelle, das psychodramatische Rollenspiel, nicht verzichten wollen (*Petzold* 1979k, 1982a) oder auf die Arbeit mit „komplexer katathymer Imagination" (*Katz-Bernstein* 1990; *Petzold* 1972e). In gleicher Weise wird der Gestalttherapeut nicht auf die „Arbeit mit *kreativen Medien*" (vgl. idem 1965, 1972e) verzichten wollen mit all den Techniken und Übungen, die von *Johanna Sieper, Kathrin Martin, Ilse Orth*, mir und anderen entwickelt worden sind: z. B. die „Body Charts" und die „relationalen Körperbilder" (*Petzold, Orth* 1991), die allerdings ein „komplexes Leibkonzept" (idem 1988n, 31 ff., 1993a, 1153-1166), ausgerichtet an *Marcel* (1985) und *Merleau-Ponty* (1966), statt eines Organismusbegriffes wie ihn *Perls* (1969a) vertritt, erforderlich machen. Man wird auch die Lebenspanoramatechnik (*Petzold* 1975h; *Heinl, Petzold, Fallenstein* 1983; *Petzold, Orth* 1993) aufgreifen wollen, wobei man allerdings, will man keine gravierenden Fehler begehen, eine differenzierte, forschungsbasierte „Psychologie der Lebensspanne" zugrunde legen muß, was mit der klassischen „Hier-und-Jetzt-Zentriertheit" von *Perls* kaum zu vereinbaren ist. Wir haben derartige theoretische Inkonsistenzien durch die Entwicklung einer „Integrativen Leibtheorie" (*Orth, Petzold* 1991) mit dem Konzept eines „historischen und perspektivischen Hier und Jetzt", (vgl. *Petzold* 1981e) beseitigt.

Kaum jemand wird noch im Ansatz der klassischen Gestalttherapie als *„individual therapy in a group setting"* (*Perls* 1969a, 73) verbleiben, aber es steht kein ausgereiftes Modell für Gruppentherapie zur Verfügung (die Ansätze bei *Ronall* und *Feder* 1984 sind wenig ergiebig und nur skizzenhaft), und unsere Entwicklungen (*Petzold, Schneewind* 1986a; *Frühmann* 1986) stehen auf einem anderen Grund: dem der phänomenologischen Soziologie (*Berger, Luckmann* 1970; *Coenen* 1985) und der dramatistischen Handlungstheorie in der Tradition *Morenos* und *Meads* (*Habermas* 1968; *Joas* 1983; *Petzold* 1979k, 1990o), dem der „social network and social support theory" (idem 1979c, 1985a, 164 ff.; *Keupp, Röhrle* 1987; *Nestmann* 1988; *Schuch* 1990). Die Mehrzahl der Gestalttherapeuten teilt heute *Perls'* (1969a, 73) Statement nicht, daß „Einzeltherapie obsolet" sei, ohne daß indes eine solide Theorie für gestalttherapeutische Einzelbehandlungen geboten würde (*Rosenblatts* [1981] Auslassungen können wohl nicht als solche ernstgenommen werden, vgl. *Petzold, Sieper* 1988a), so daß wir auf die Integrativen Modelle, z. B. der *„parentage"* und *„reparentage"* im „2. Weg der Heilung", auf die „progredierende Analyse", die „narrative Praxis" usw. verweisen müssen (*Petzold* 1988d; *Frühmann, Petzold* 1993). Auch in praxeologischer Hinsicht werden Gestalttherapeuten also auf das, was die Integrative Therapie erarbeitet hat, mit Nutzen zurückgreifen können, und es erübrigen sich Polemiken, die keinen Bezug zu einem ausreichenden, eigenen Fundus herstellen können.

6. BERUFSPOLITISCHE PERSPEKTIVEN

Die Fragen nach der theoretischen und praxeologischen Identität sind, so glauben wir, hinreichend beantwortet worden. Es bleiben noch die Fragen nach der berufspolitischen Identität und die nach der „eklesialen" Identität. Wir haben 20 Jahre für Gestalttherapie Berufspolitik gemacht und werden das auch weiterhin tun. „Gestalttherapie" ist – international gesehen – ein etabliertes, wenn auch nicht unumstrittenes Verfahren, ein Begriff, der sich vertreten läßt, besonders wenn er mit den Konzepten der Integrativen Therapie, der Psychoanalyse oder der Gestalttheorie bzw. -psychologie (so *Walter* 1978) angereichert wird. Die „Integrative Therapie" ist einerseits ein *Metamodell* (*Petzold* 1991a), und dieses kann berufspolitisch nicht auf der gleichen Ebene vertreten werden wie eine „Therapieschule". Sie ist aber in ihrer spezifischen, an FPI und EAG erfolgten Ausarbeitung (*Rahm* et al. 1993) auch ein *Verfahren* der Psychotherapie, und das erfordert durchaus berufspolitische Aktivität und offizielle Anerkennungen. Ihre Position kann berufspolitisch sogar sehr interessant werden, wenn sich (und einiges spricht dafür) die Erkenntnis durchsetzt, daß theoriegeleitete, systematische Integrationen im Bereich der Psychotherapie auf der Grundlage von forschungsbasierten Integrationsmodellen sinnvoll und notwendig sind (*Prochaska, DiClemente* 1984, 1992). Als eigenständiges *Verfahren* ist die „Integrative Therapie" trotz ihrer 25jährigen Geschichte noch recht jung. In einem von Schulendenken und Territoriensicherung (*Gniech* 1983) gekennzeichneten berufspolitischen Feld kann sie deshalb noch keine starke Position haben – *es sei denn, die der* ***Integration*** –, und die Strömungen der klinischen Psychologie weisen in diese Richtung (*Norcross, Goldfried* 1992; *Huber* 1992; *Blaser* et al. 1992), wie auch die Position und Politik des BDP zeigen (*Zillig* 1992). Deshalb betreiben wir Berufspolitik für beide Verfahren: Integrative Therapie und Gestalttherapie und nutzen die Tatsache, daß wir *auch* Gestalttherapie lehren und *auch* Gestalttherapeuten sind. Die „Integrative Bewegungstherapie" – sie ist zwar eine *Methode* der Integrativen Therapie – wird eine eigenständige Berufspolitik zu betreiben haben zusammen mit der Gruppe der körperorientierten, nonverbale Elemente einbeziehenden Psychotherapieverfahren wie der „Konzentrativen Bewegungstherapie" oder der „Pesso-Psychomotor-Therapy", unter denen sie einen guten und eigenständigen Platz hat. Die Bedeutung dieser leiborientierten Ansätze wird zunehmend erkannt.

„Integrative Therapie", „Gestalttherapie" und „Integrative Bewegungstherapie" sollten also, berufspolitisch gesehen, ihre Identität zeigen, sich sehen lassen, um gesehen werden zu können und Anerkennungen zu gewinnen als solide Wege der Psychotherapie, die im Rahmen einer übergreifenden Profession – der des Psychotherapeuten – und eines sich integrierenden berufspolitischen Feldes zunehmend prägnanter werden. Als Therapeut mit mehreren Schulenzugehörigkeiten habe ich mich immer für eine übergreifende Profession engagiert – etwa durch die Initiierung und Mitbegründung der AJEP, später AGPF, oder der DGGK, DGKT und EGGT* – und dies seit bald fünfzehn Jahren (wie so mancher, der z. B. Gesprächstherapeut und Psychodramatiker o. ä. ist). Berufspolitische Identität verbindet sich in der Regel mit Aktivitäten in „Fach- und Berufsverbänden". Sie haben oft nur das Ziel, die Identität eines *Verfahrens* oder einer *Methode* zu fördern. Es gilt aber die Anerkennungen einer Berufsgruppe zu betreiben, übergeordnete Ziele zu vertreten. Dies geschieht um so besser, je deutlicher man sich bewußt ist, daß *berufspolitische* Aktivitäten auf dem Hintergrund einer *gesundheitspolitischen* Konzeption erfolgen müssen, z. B. aus der Überzeugung, daß Psychotherapie für Menschen mit seelischen und psychosomatischen Leiden eine Heilungsmöglichkeit bietet, die für die Betroffenen zugänglich sein muß. Dann betreibe ich Berufspolitik *und* Gesundheitspolitik nicht aus meiner Position als Gestalttherapeut oder Integrativer Therapeut sondern aus meiner Identität als *Psychotherapeut.* Es kommt für mich aber auch die Überzeugung zum Tragen, daß das spezifische *Verfahren* – hier die Gestalttherapie auf dem Hintergrund der Integrativen Therapie oder die Integrative Bewegungstherapie – besonders gute Ansätze der Hilfe sind, nicht zuletzt für Menschen aus benachteiligten Schichten, sogenannten Unterschichtspatienten (vgl. *Thomas* 1986) und vernachlässigte Gruppen, z. B. Alterspatienten (*Petzold, Bubolz* 1979; *Petzold, Stöckler* 1988; *Petzold, Petzold* 1992; idem 1985a) oder Drogenabhängige (*Petzold* 1974b; *Petzold, Vormann* 1980; *Petzold, Hentschel* 1991), die nicht die Mittel haben, Therapien privat zu finanzieren. Unser

---

* AJEP = „Arbeitskreis Interaktionaler und Experienteller Therapieverfahren" 1978, der später umbenannt wurde in AGPF = „Arbeitsgemeinschaft psychotherapeutischer Fachverbände"; 1985 rief ich den Dachverband kunst- und kreativitätstherapeutischer Verfahren DGKT = „Deutsche Gesellschaft für Kunsttherapie und Therapie mit kreativen Medien – Berufsverband der Kunst- und Kreativitätstherapeuten e. V." ins Leben und im gleichen Jahr die „Europäische Gesellschaft für Gestalttherapie" = EGGT. 1972 begündete ich die DGGK = „Deutsche Gesellschaft für Gestalttherapie und Kreativitätsförderung – Berufsverband der Gestalttherapeuten e. V."

Engagement in dieser Sache ist durch Projekte und Veröffentlichungen hinreichend dokumentiert. Es geht nicht an, diese Gruppen ausschließlich auf die Selbsthilfe (*Petzold, Schobert* 1991) zu verweisen, die damit ihres eigentlichen Wertes beraubt wird. Mit solchen Zielsetzungen handele ich berufspolitisch aus einer – im Ansatz der Integrativen Therapie fundierten – berufsethischen Position (*Petzold* 1992a, 515 ff.) als „kritischer Psychotherapeut". Berufspolitik kann für mich also nicht ausschließlich oder überwiegend professionellen Interessen, etwa der Sicherung der Eigenpfründe dienen, denn die Patienten kommen zuerst. Sie sollte auch nicht der Durchsetzung eines einseitigen Macht- und Geltungsanspruches dienen (denn man muß anerkennen: Es gibt noch andere Verfahren, die gleichfalls gut und effizient sind). Sind solche berufsethischen Hintergründe, die in einer therapierelevanten Ethiktheorie gründen müssen (vgl. idem 1992a, 500 ff.) für berufspolitisches Handeln nicht gegeben, so besteht die Gefahr, daß die therapeutische Identität *eklesial* wird, sich durch eine „Kirchenzugehörigkeit" bestimmt – eine Weltanschauung, Ideologie, ein Wirklichkeitsverständnis. Der „gestaltische", der „psychoanalytische" Weg wird dann das einzig Wahre oder zumindest das „Wahrste". Ich halte von einer derartigen *eklesialen Identität*, sei sie nun „gestaltisch" oder „integrativ" oder „analytisch", nichts. Hier ist mir die Gefahr von Dogmatisierung, von Richtig-Falsch-Denken zu groß. Zwischen dem Extrem einer amorphen Identitätsdiffusion durch einen theoretischen und methodischen Sammelsurium-Eklektizismus und dem des Methodenzwangs eines Therapiemonismus bietet, so meine ich, die „Integrative Therapie" als *Verfahren* mit ihrem Metamodell oder bieten die Gestalttherapie bzw. das Psychodrama mit dem Rekurs auf das Metamodell der „Integrativen Therapie" einen guten, „mittleren" Weg, der auch im Hinblick auf den Zusammenschluß von Menschen in einem Fachverband, welcher die Pflege eines gemeinsamen Anliegens im Auge hat, gute Möglichkeiten bereitstellt. DAGG, SGGG, ÖAGG – die deutschsprachigen Gruppentherapieverbände also – oder die „Deutsche Gesellschaft für Kunsttherapie und Therapie mit kreativen Medien" (in der 14 Ausbildungsinstitute/Fachverbände zusammengeschlossen sind) oder die „Kooperationsgemeinschaft der deutschen Gestalttherapieverbände" (DGGK, DVG, GTA) sind gute Beispiele für das Zusammenspiel von Menschen mit spezifischen Identitäten auf dem Hintergrund einer gemeinsamen Identität, nämlich die des/der *„Psychotherapeuten/tin"*. Es gibt Berührungspunkte, gibt Überschneidungen, es gibt verschiedene Seiten *einer* Identität. So steht nichts im Wege, wenn integrativ denkende und arbeitende Menschen mit verschiedenen Orientierungen in *einem* Fachverband zusammengeschlossen sind, sofern dieser nicht zur Fraktion gerät und Fraktionszwang und Ideologieverpflichtung auf seine Fahnen schreibt, sondern die Vertretung legitimer, berufspolitischer Positionen auf dem Hintergrund eines sinnvollen, gesundheitspolitischen Konzeptes betreibt und soweit er sich um die Pflege unterschiedlicher Strömungen im Rahmen der Gestalttherapie oder angrenzender Verfahren bemüht. Mit einer solchen „offenen", „ko-respondierenden" Grundhaltung sehe ich auch die Möglichkeit, in einem Verband mit mehreren Sektionen zu arbeiten, die unterschiedlichen Ausfaltungen der Identität als Psychotherapeut oder Soziotherapeut Raum geben.

Es besteht weiterhin die Möglichkeit, mehr oder weniger enge Kooperationen zwischen Verbänden mit ähnlichen Anliegen (wie sie z. B. auf meine Initiative zwischen den drei deutschen Gestaltverbänden DGGK, GTA und DVG zustande gekommen sind und seit geraumer Zeit formell und berufspolitisch aktiv bestehen oder zwischen den Verbänden im Rahmen der DGKT) herzustellen. Welche Form der berufspolitischen Identitätsfindung nun eine Gruppierung wählt, hängt von den Erfordernissen der berufspolitischen Situation in einem Lande, aber auch von den Bedürfnissen nach der Pflege von gemeinsamem Gedankengut oder eines gemeinsamen Verfahrens oder methodischen Ansatzes ab. Ausgrenzende oder sich abschließende Tendenzen, uniformierende Hegemonialansprüche oder diffuse Zersplitterungen: All das sind keine wünschenswerten Entwicklungen. Nur wenn man zu fruchtbaren Kooperationsformen findet, kann kulturelle Vielfalt fruchtbar werden (*Ruhloff* 1990) und eine „*plurale, ko-respondierende therapeutische Kultur*" entstehen, von der alle Nutzen haben: die Therapieschulen, die Therapeuten und vor allen Dingen die Patienten.

Mir war es stets ein Anliegen, übergreifende Kooperationen anzuregen, Segregation zu überwinden – die „Integrative Therapie" als solche oder die Einrichtung ihrer Bildungsstätte als „Europäische Akademie für psychosoziale Gesundheit" (*Petzold, Sieper* 1988a) und eine europaweite Tätigkeit dieser Institutionen sind hierfür ein Ausdruck. Zwischen kulturellen Strömungen, Traditionen des Denkens, psychotherapeutischen Richtungen Brücken zu schlagen ist allerdings nicht immer leicht. Aber die monolithen Formen zerbrechen allmählich (*Stüwe* 1989), und es wird neues Denken und werden neue Wege aufeinander zu notwendig.

Vereinnahmung oder Zersplitterung drohen nicht, solange ko-respondierende und kooperative Formen gefunden werden und solange man sich bewußt bleibt, daß eine theoretische und praxeologische Identität über Vereinsformen und Berufsverbände (d. h. letztlich natürlich über eine standespolitische Identität) hinausgeht. Sogar unsere Identität in professioneller Hinsicht als Psychotherapeuten oder Soziotherapeuten oder Bewegungstherapeuten muß immer wieder überschritten werden, denn wir haben eine übergeordnete Identität als *helfende Berufe*, im Dienste von Menschen, die Hilfe brauchen, und hierin liegt das wichtigste verbindende – und das heißt immer auch *identitätsstiftende* – Moment für unser Leben und Tun.

LITERATUR

Adorno, Th., Minima Moralia, Suhrkamp, Frankfurt 1964.

Ambühl, H.R., Grawe, K., Psychotherapeutisches Handeln als Verwirklichung therapeutischer Heuristiken. Ein Prozeßvergleich dreier Therapieformen aus einer neuen Perspektive, *Zeitschrift für Psychotherapie, Psychosomatik und Medizinische Psychologie* 39 (1989) 1-10.

Bach, G., Molter, J., Psychoboom, Diederichs, Düsseldorf 1976.

Beaumont, H., Prozesse des Selbst in der Paartherapie. Betrachtungen zu einer Gestalttherapie für Paare mit fragilen Selbstprozessen, *Gestalttherapie* 1 (1987) 38-51.

Berger, P.L., Luckmann, Th., Die gesellschaftliche Konstruktion der Wirklichkeit. Eine Theorie der Wissenssoziologie, Fischer, Frankfurt 1970.

Blankertz, S., Gestaltkritik. Paul Goodmans Sozialpathologie in Therapie und Schule, Edition Humanistische Psychologie, Köln 1990.

Blaser, A., Heim, E., Ringer, Ch., Thommen, M., Problemorientierte Psychotherapie. Ein integratives Konzept, Huber, Bern 1992.

Bernstein, D.A., Borkovec, Th.D., Entspannungstraining, Pfeiffer, München 1975.

Brandtstädter, J., Gräser, H. (Hrsg.), Entwicklungsberatung unter dem Aspekt der Lebensspanne, Hogrefe, Göttingen 1985.

Brooks, Ch., Selver Ch., Sensory Awareness, in: *Petzold, H.*, Psychotherapie & Körperdynamik, Junfermann, Paderborn (1974) 59-78.

Brooks, Ch., Sensory Awareness, Viking Press, New York 1974; dtsch.: Erleben durch die Sinne, Junfermann, Paderborn 1979.

Burow, O.-A., Gestaltpädagogik – Trainingskonzepte und Wirkungen. Ein Handbuch, Junfermann, Paderborn 1993.

Coenen, H., Leiblichkeit und Sozialität. Ein Grundproblem der phänomenologischen Soziologie, in: *Petzold* (1985g) 197-224.

Coenen, H., Diesseits von subjektivem Sinn und kollektivem Zwang. Phänomenologische Soziologie im Feld des zwischenleiblichen Verhaltens, Fink, München 1985.

Cremerius, J., Freud bei der Arbeit über die Schulter geschaut – seine Technik im Spiegel von Schülern und Patienten, in: *Ehebald, U., Eickhoff, F.W.*, Jahrbuch der Psychoanalyse 6, Huber, Bern 1981, 128-158.

Cremerius, J., Vom Handwerk des Psychoanalytikers: Das Werkzeug der psychoanalytischen Technik, 2 Bde, fromman-holzboog, Stuttgart-Bad Cannstadt 1984.

Deleuze, G., Guattari, F., Rhizom, Paris 1976; dtsch. Rhizom. Merve Verlag, Berlin 1977.

Derrida, J.S., Grammatologie, Suhrkamp, Frankfurt 1979.

Diels, H. Kranz, W., Die Fragmente der Vorsokratiker, 3 Bde, de Gruyter, Berlin 1961.

Dreitzel, H.P., Reflexive Sinnlichkeit, Edition Humanistische Psychologie, Köln 1992.

Duala-M'Bedy, M., Xenologie. Die Wissenschaft vom Fremden und die Verdrängung der Humanität in der Anthropologie, Alber, München 1977.

Dunkel, J., Rech, P., Zur Entwicklung und inhaltlichen Bestimmung des Begriffes „Kunsttherapie" und verwandter Begrifflichkeiten, in: *Petzold, Orth* (1990a) 73-92.

Eisler, P., Berührung aus Berührtheit, *Integrative Therapie* 1 (1991) 85-116.

Fagan, J., Shepherd, I., Gestalt Therapy now, Harper & Row, New York 1971[2].

Ferenczi, S., Ein Beitrag zum Verständnis der Psychoneurosen des Rückbildungsalters (1922), Bausteine (1964) III, 180-187.

Feyerabend, P., Wider den Methodenzwang, Suhrkamp, Frankfurt 1976.

Fliegener, B., Bibliographie der Gestalttherapie 1991, Deutsche Vereinigung für Gestalttherapie (DVG), Frankfurt 1991.

Frank, J., Therapeutic factors in psychotherapy, *Am. J. Psychother.* 25 (1971) 350-361.

Frank, J., Die Heiler: Wirkungsweisen psychotherapeutischer Beeinflussung, Klett, Stuttgart 1981.

Freud, S., Ratschläge für den Arzt bei der psychoanalytischen Behandlung (1912c),in: GW, Bd. VIII, Fischer, Frankfurt 1973, 376-387.

Frohne-Hagemann, I., Musik und Gestalt, Junfermann, Paderborn 1990.

Frühmann, R., Das mehrperspektivische Gruppenmodell im „Integrativen Ansatz" der Gestalttherapie, in *Petzold, H.G., Frühmann, R.*, Modelle der Gruppe in der Psychotherapie und psychosozialer Arbeit, Bd. I, Junfermann, Paderborn 1986, 225-283.

Frühmann, R., Petzold, H.G., Lehrjahre der Seele, Junfermann, Paderborn 1993.

Gaines, J., Fritz Perls – Here and now, Celestial Arts, Millbrae 1979.

Gniech, G., Über Reviere in der akademischen Psychologie, *Gestalt Theory* 4 (1983) 293-305.

Goodman, P., Gestalt Therapy, in: *Perls, Hefferline, Goodman* (1951).

Goodman, P., Speaking and language. Defence of poetry, Random House, New York 1971.

Goodman, P., Collected poems, Random House, New York 1972.

Goodman, P., Nature heals, Dutton, New York 1978.

Goodman, P., Einige Bemerkungen zur Kriegsmentalität, in: *Petzold* (1986a) 11-20.

Goulding, R.L., Thinking and feeling in Transactional Analysis, *Voices*, Spring (1974).

Goulding, R.L., Goulding, M., McClure, M., Neuentscheidungstherapie, Klett, Stuttgart 1979.

Grawe, K., Heuristische Psychotherapie. Eine schematheoretisch fundierte Konzeption des Psychotherapieprozesses, *Integrative Therapie* 4 (1988a) 309-325.

Grawe, K., Psychotherapeutische Verfahren im wissenschaftlichen Vergleich, *Praxis der Psychotherapie und Psychosomatik* 33 (1988b) 153-167.

Grawe, K., The myth of outcome equivalence. Vortrag auf der 3rd. European Conference on Psychotherapy Research (SPR), Bern, Schweiz 1989.

Grawe, K., Therapeuten: unprofessionelle Psychospieler? *Psychologie Heute* 6 (1992) 22-28.

Grawe, K., Casper, F., Ambühl, H., Die Berner Therapievergleichsstudie: Fragestellung und Versuchsplan, *Zeitschrift für klinische Psychologie* 19 (1990a) 294-315.

Grawe, K., Casper, F., Ambühl, H., Die Berner Therapievergleichsstudie: Prozeßvergleich, *Zeitschrift für klinische Psychologie* 19 (1990b) 316-337.

Grawe, K., Casper, F., Ambühl, H., Die Berner Therapievergleichsstudie: Wirkungsvergleich und differentielle Indikation, *Zeitschrift für klinische Psychologie* 19 (1990c) 338-361.

Grawe, K., Donati, R., Bernauer, P., Psychotherapie im Wandel. Von der Konfession zur Profession, Hogrefe, Göttingen 1993 (in Vorber.).

Gregory, K.L., Native-view paradigmas, multiple cultures and culture conflicts in organizations, *Administrative Science Quaterly* 28 (1983) 359-376.

Habermas, J., Erkenntnis und Interesse, Suhrkamp, Frankfurt 1968, 1971.

Hall, R.A., A schema of the Gestalt concept of the organismic flow and its disturbance, in: *Smith, E.*, The growing edge of Gestalt therapy, Brunner & Mazel, New York 1976, 53-57.

Heckhausen, H., Motivation und Handeln, 2. völl. überarb. Aufl. Springer, Berlin 1989.

Heimannsberg, B., Schuld und Schuldgefühle in der klassischen Gestalttherapie und in der Integrativen Therapie, *Integrative Therapie* 2-3 (1988) 183-198.

Heinl, H., Körper und Symbolisierung, *Integrative Therapie* 3/4 (1985) 227-232.

Heinl, H., Therapie vom Leibe her in der Praxis, dieses Buch.

Heinl, H., Petzold, H.G., Körper- und Leibtherapie, *Gestalt-Bulletin* 2-3 (1980) 13-18.

Heinl, H., Petzold, H.G., Fallenstein, A., Das Arbeitspanorama, in: *Petzold, Heinl* (1983) 356-408.

Heinl, H., Petzold, H.G., Walch, S., Gestalttherapie mit Patienten aus benachteiligten Schichten, in: *Petzold, Heinl* (1983) 267-309.

Henle, M., Gestalt Psychology and Gestalt Therapy, *J. of the History of the Behavioral Sciences* 1 (1978) 22-32.

Hernegger, R., Der Mensch auf der Suche nach Identität, Habelt, Bonn 1978.

Huber, W., Probleme, Ängste und Depressionen. Beratung und Therapie bei psychischen Störungen, Hans Huber, Bern 1992.

Huf, A., Psychotherapeutische Wirkfaktoren, Psychologie Verlags Union, Weinheim 1992.

Iljine, V.N. mit *Petzold, H.G., Sieper, J.*, Kokreation – die leibliche Dimension des Schöpferischen – Aufzeichnungen aus gemeinsamen Gedankengängen, in: *Petzold, Orth* (1990a) 203-213.

Jacobson, E., Progressive Relaxation, University of Chicago Press, Chicago 1938.

Joas, H., Praktische Intersubjektivität, Suhrkamp, Frankfurt 1983.

Kames, H., Ein Fragebogen zur Erfassung der fünf Säulen der Identität (FESI), *Integrative Therapie* (1992) 363-386.

Katz-Bernstein, N., Phantasie, Symbolisierung und Imagination – „komplexes katathymes Erleben“ als Methode in der Integrativen Therapie mit Vorschulkindern, in: *Petzold, Orth* (1990) Bd. II 883-927

Keupp, H., Röhrle, B., Soziale Netzwerke, Campus, Frankfurt 1987.

Leitner, A., Fokaldiagnostik und -intervention bei psychosomatischen Patienten in der Integrativen Therapie, *Integrative Therapie* 1/2 (1991) 147-155.

Lorenzer, A., Sprachzerstörung und Rekonstruktion, Suhrkamp, Frankfurt 1970.

Luhmann, N., Funktion und Folgen formaler Organisation, Berlin 1964.

Luhmann, N., Zweckbegriff und Systemrationalität. Über die Funktion von Zwecken in sozialen Systemen, Mohr, Tübingen 1968.

Luhmann, N., Sinn als Grundbegriff der Soziologie, in: *Habermas, H., Luhmann, N.*, Theorie der Gesellschaft oder Sozialtechnologie, Suhrkamp, Frankfurt 1971.

Luhmann, N., Vertrauen. Ein Mechanismus der Reduktion sozialer Komplexität, Enke, Stuttgart 1978.

Lyotard, J.-F., Grabmal der Intellektuellen, Passagen Verlag, Wien 1985.

Lyotard, J.-F., Das postmoderne Wissen, Passagen Verlag, Wien 1986.

Lyotard, J.-F., Der Widerstreit, Fink, München 1987.

Marcel, G., Leibliche Begegnung, in: *Kraus, A.* (Hrsg.), Leib, Geist, Geschichte, Hüthig, Heidelberg 1978, 47-73 und in: *Petzold* (1985g) 15-47.

Mead, G.H., Mind, self and society, University of Chicago Press, Chicago 1934; dtsch. Geist Identität, Gesellschaft, Suhrkamp, Frankfurt 1975.

Mentzos, St., Neurotische Konfliktverarbeitung. Einführung in die psychoanalytische Neurosenlehre unter Berücksichtigung neuer Perspektiven, Kindler, München 1982; Fischer, Frankfurt 1984.

Merleau-Ponty, M., Phénoménologie de la perception, Gallimard, Paris 1945; dtsch. Phänomenologie der Warhnehmung, de Gruyter, Berlin 1966.

Meyer, A.E., Richter, R., Grawe, K., Graf, J.M., Schulenburg, D.v., Schulte, B., Gutachten zu einem Psychotherapeuten-Gesetz, Bundesministerium für Gesundheit, Bonn 1991.

Miksch, J., Plädoyer für kulturelle Vielfalt, *Materialien zur Politischen Bildung* 2 (1989).

Moreno, J.L., Psychodrama, Vol. I, Beacon House, Beacon 1946, 1964^2.

Moreno, J.L., Who shall survive? A new approach to the problem of human interrelations, Nervous and Mental Disease Publishing Company, Washington 1934; erw. Ausg. Beacon House, Beacon 1953.

Moscovici, S., The phenomenon of social representations, in: *Farr, R.M., Moscovici, S.* (eds.), Social representations, Cambridge University Press, Cambridge 1984.

Müller, B., Müller, J., Die Bedeutung der Lehrtherapie in der Gestalttherapie, in: *Frühmann, Petzold* (1993).

Nestmann, F., Die alltäglichen Helfer, de Gruyter, Berlin 1988.

Niceley, T., Adam and his works. A bibliography of sources by and about Paul Goodman, Scarecrow Press, Methuen, London 1979.

Norcross, J.C., Goldfried, M.R. (eds.), Handbook of psychotherapy integration, Basic Books, New York 1992.

Orlinsky, D.E., Howard, K.I., Ein allgemeines Psychotherapiemodell, *Integrative Therapie* 4 (1988) 281-309.

Petzold, H.G., Orth, I., Integrative Leib- und Bewegungstherapie mit erwachsenen Patienten, Fritz Perls Institut, Düsseldorf 1991b; als: Zur Theorie und Praxis Integrativer Leib- und Bewegungstherapie, *Energie & Charakter* 1. Teil, 4 (1991) 136-158, 2. Teil, 5 (1992) 100-115; repr. *Petzold* (1993a) 1151-1199.

Orth, I., Petzold, H.G., Zur Anthropologie des schöpferischen Menschen, dieses Buch.

Perls, F.S., Ego, hunger and aggression, Durban 1942; Dell, New York 1969^2.

Perls, F.S., Therapy and technique of personality integration, *American Journal of Psychotherapy* 4 (1948) 565-586; dtsch. in: *Perls* (1980) 27-50.

Perls, F.S., Gestalt Therapy Verbatim, Real People Press, Lafayette, 1969a; dtsch. Gestalttherapie in Aktion, Klett, Stuttgart 1974.

Perls, F.S., In and out the garbage pail, Real People Press, Lafayette 1969b; dtsch. Gestalt-Wahrnehmung. Verworfenes und Wiedergefundenes aus meiner Mülltonne, Verlag für Humanistische Psychologie, W. Flach, Frankfurt 1981.

Perls, F.S., Cowichan lecture on Gestalt Therapy and integration, Lake Cowichan 1969c.

Perls, F.S., Four lectures, in: *Fagan, J., Shepherd, I.L.*, Gestalt therapy now, Science and Behavior Book, Palo Alto 1970, 14-38; dtsch, in: *Perls* (1980) 89-118.

Perls, F.S., The Gestalt approach, eye witness to therapy. Science and Behaviour Books, Ben Lomond 1973; dtsch. Grundlagen der Gestalttherapie, Pfeiffer, München 1976.

Perls, F.S., Gestalt, Wachstum, Integration, Junfermann, Paderborn 1980, 1987[3].

Perls, F.S., Hefferline, R., Goodman, P., Gestalt Therapy, Julian Press, New York 1951

Perotti, A., Europas Zukunft: multikulturell oder interkulturell? *Die Neue Gesellschaft* 6 (1989).

Peters, T.J., Watermann, R.H., Auf der Suche nach Spitzenleistungen, Verlag Moderne Industrie, Landsberg/Lech 1983.

Petzold, H.G., Géragogie – nouvelle approche de l'éducation pour la viellesse et dans la viellesse. *Publications de L'Institut St. Denis* 1 (1965) 1-16 ; dtsch. in: *Petzold* (1985a) 11-30.

Petzold, H.G., L'analyse progressive en psychodrame analytique. Paris, mimeogr. 1969b; auszugsweise dtsch. in: (1988n) 455-491.

Petzold, H.G., Les quatre pas. Concept d'une communauté thérapeutique, Paris 1969c; teilweise dtsch. in: (1974l).

Petzold, H.G., Thérapie du mouvement, training relaxatif, thymopratique et éducation corporelle comme integration, Paris 1970c.

Petzold, H.G., Der Beitrag kreativer Therapieverfahren zu einer erlebnisaktivierenden Erwachsenenbildung, Vortrag auf der Arbeitstagung „Kreativitätstraining, kreative Medien, Kunst- und Kreative Therapie", VHS Dormagen und Büderich 1.6.1971, VHS Büderich 1971k.

Petzold, H.G., Komplexes Kreativitätstraining mit Vorschulkindern, *Schule und Psychologie* 3 (1972e) 146-157.

Petzold, H.G., Gestalttherapie und Psychodrama, Nicol, Kassel 1973a.

Petzold, H.G. (Hrsg.), Drogentherapie – Methoden, Modelle, Erfahrungen, Junfermann/Hoheneck, Paderborn 1974b; 2. Aufl. Klotz, Frankfurt 1980.

Petzold, H.G. (Hrsg.), Psychotherapie und Körperdynamik, Junfermann, Paderborn 1974j, 3. Aufl. 1979.

Petzold, H.G., Integrative Bewegungstherapie, 1974k, in: *Petzold* (1974j) 285-404; revid. in: *Petzold* (1988n) 59-172.

Petzold, H.G., Integrative Therapie. Zeitschrift für Verfahren Humanistischer Psychologie und Pädagogik. Begründet von *Charlotte Bühler* und *Hilarion Petzold* 1975 ff.

Petzold, H.G., Integrative Therapie ist kreative Therapie, MS Fritz Perls Institut, Düsseldorf 1975h.

Petzold, H.G., Die Rolle der Medien in der integrativen Pädagogik 1977c, in: *Petzold, Brown* (1977) 101-123.

Petzold, H.G. (Hrsg.), Die neuen Körpertherapien, Junfermann, Paderborn 1977n.

Petzold, H.G., Theorie und Praxis der Traumarbeit in der integrativen Therapie, *Integrative Therapie* 3-4 (1977m) 147-175.

Petzold, H.G., Das Ko-respondenzmodell in der Integrativen Agogik, *Integrative Therapie* 1 (1978c) 21-58; repr. in (1991a) 19-90.

Petzold, H.G., Zur Veränderung der sozialen Mikrostruktur im Alter – eine Untersuchung von 40 „sozialen Atomen" alter Menschen, *Integrative Therapie* 1/2 (1979c) 51-78.

Petzold, H.G., Psychodrama-Therapie. Dissertation. Philosophische Fakultät Universität Frankfurt. Institut für Heil- und Sonderpädagogik, „Beihefte zur Integrativen Therapie" 3, Junfermann, Paderborn 1979k, 2. Aufl. 1985.

Petzold, H.G., Integrative Arbeit mit einem Sterbenden, *Integrative Therapie* 2/3 (1980a) 181-193; engl. Gestalt Therapy with the dying patient, *Death Education* 6 (1982) 246-264.

Petzold, H.G., Modelle und Konzepte zu integrativen Ansätzen der Therapie, *Integrative Therapie* 4 (1980b) 323-350; auch in *Petzold* (1982g) 83-112.

Petzold, H.G., Die Rolle des Therapeuten und die therapeutische Beziehung, Junfermann, Paderborn 1980f.

Petzold, H.G., Die Rolle des Therapeuten und die therapeutische Beziehung in der Integrativen Therapie, 1980g, in: *Petzold* (1980f) 223-290.

Petzold, H.G., Das Hier-und-Jetzt-Prinzip in der psychologischen Gruppenarbeit, in: *Bachmann, C.*, Kritik der Gruppendynamik, Fischer, Frankfurt 1981e, 214-299

Petzold, H.G., Leibzeit, *Integrative Therapie* 2-3 (1981h) 167-178; auch in: *Kamper, D., Wulf, Ch.*, Die Wiederkehr des Körpers, Suhrkamp, Frankfurt 1982, 68-81.

Petzold, H.G., Dramatische Therapie. Neue Wege der Behandlung durch Psychodrama, Rollenspiel, therapeutisches Theater, Hippokrates, Stuttgart 1982a.

Petzold, H.G., Der Mensch ist ein soziales Atom, *Integrative Therapie* 3 (1982b) 161-165.

Petzold, H.G., Theater – oder das Spiel des Lebens, Verlag für Humanistische Psychologie, W. Flach, Frankfurt 1982g.

Petzold, H.G., Zur Geschichte des Rollenspiels als Methode der Verhaltensmodifikation, *Schwalbacher Blätter* 4 (1982w) 155-164.

Petzold, H.G. (Hrsg.), Puppen und Puppenspiel in der Psychotherapie, Pfeiffer, München 1983a.

Petzold, H.G. (Hrsg.), Psychotherapie, Meditation, Gestalt, Junfermann, Paderborn 1983d.

Petzold, H.G., Nootherapie und „säkulare Mystik" in der Integrativen Therapie, in: *Petzold* (1983e) 53-100.

Petzold, H.G., Die Gestalttherapie von Fritz Perls, Lore Perls und Paul Goodman, *Integrative Therapie* 1/2 (1984h) 5-72.

Petzold, H.G., Vorüberlegungen und Konzepte zu einer integrativen Persönlichkeitstheorie, *Integrative Therapie* 1/2 (1984i) 73-115.

Petzold, H.G., Mit alten Menschen arbeiten, Pfeiffer, München 1985a.

Petzold, H.G. (Hrsg.), Leiblichkeit, philosophische, gesellschaftliche und therapeutische Perspektiven, Junfermann, Paderborn 1985g.

Petzold, H.G., Autobiographisches Postscriptum, 1985t, in: *Petzold* (1985a) 573-580.

Petzold, H.G. (Hrsg.), Psychotherapie und Friedensarbeit, Junfermann, Paderborn 1986a.

Petzold, H.G., Konfluenz, Kontakt, Begegnung und Beziehung im Ko-respondenzprozeß der Integrativen Therapie, *Integrative Therapie* 4 (1986e) 320-341.

Petzold, H.G., Zur Psychodynamik der Devolution, *Gestalt-Bulletin* 1 (1986h) 75-101.

Petzold, H.G., Zu Paul Goodmanns Ausstieg aus der Gestalttherapie und der „Psychoszene", *Gestalt-Bulletin* 1 (1987f) 102-105.

Petzold, H.G., Rückschritte der Gestalttherapie, *Integrative Therapie* 4 (1987h) 440-446.

Petzold, H.G., Integrative Therapie als intersubjektive Hermeneutik bewußter und unbewußter Lebenswirklichkeit, Fritz Perls Institut, Düsseldorf 1988a; erw. in: *Petzold* (1991a) 153-332.

Petzold, H.G., Zur Hermeneutik des sprachlichen und nichtsprachlichen Ausdrucks in der Integrativen Therapie, Fritz Perls Institut, Düsseldorf 1988b; erw. in: *Petzold* (1991a) 91-152.

Petzold, H.G., Die „vier Wege der Heilung" in der Integrativen Therapie und ihre anthropologischen und konzeptuellen Grundlagen – dargestellt an Beispielen aus der „Integrativen Bewegungstherapie", Teil I, *Integrative Therapie* 4 (1988d) 325-364; Teil II, *Integrative Therapie* 1 (1989) 42-96; revid. in (1988n) 173-283.

Petzold, H.G., „Organismuskonzept und Anthropologie, *Integrative Therapie* 4 (1988l) 360-364; auch in: *Petzold* (1988n) 276-283.

Petzold, H.G., Integrative Bewegungs- und Leibtherapie. Ausgewählte Werke Bd. I, 1 und I, 2, Junfermann, Paderborn 1988n.

Petzold, H.G., Progredierende Analyse – Kinderanalyse mit psychodramatischen und bewegungstherapeutischen Mitteln, 1988o (auszugsweise übers. von 1969b), in: *Petzold* (1988n) 455-491.

Petzold, H.G., Beziehung und Deutung in der Integrativen Bewegungstherapie, 1988p, in: *Petzold* (1988n) 285-340.

Petzold, H.G., Gestalt und Rhizom – Marginalien zu Einheit und Vielfalt in der Integrativen Therapie, *Gestalt & Integration*, Gestalt-Bulletin 1 (1989a) 34-50; revid. in: *Petzold* (1991a) 397-412.

Petzold, H.G., Die „Brille von vorgestern" – Vergangenheitsprojektion und Zeitreisen in der Erinnerungs- und Antizipationsarbeit der Integrativen Therapie, *Gestalt & Integration* 2 (1989d) 44-52.

Petzold, H.G., Zeitgeist als Sozialisationsklima – zu übergreifenden Einflüssen auf die individuelle Biographie, *Gestalt und Integration* 2 (1989f) 140-150.

Petzold, H.G., „Form und Metamorphose" als fundierende Konzepte für die Integrative Therapie mit kreativen Medien – Wege intermedialer Kunstpsychotherapie, 1990b, in: *Petzold, Orth* (1990a) II, 639-720.

Petzold, H.G., „Der Tree of Science" als metahermeneutische Folie für Theorie und Praxis in der Integrativen Therapie, bearbeitet von *Bernd Heinermann*, Fritz Perls Institut, Düsseldorf 1990h, erw. in: *Petzold* (1992a) 457-648.

Petzold, H.G., Kindliche Entwicklung, kreative Leiblichkeit und Identität. Basiskonzepte für die Arbeit mit Kindern im Vorschulbereich, in: *Kerschbaumer, F.X.*, Mit Kindern auf dem Weg. Gedanken, Referate, Zusammenfassung, NÖ Kindergartensymposion 1987-1989, NÖ Schriften, Wien 1990m, 50-69.

Petzold, H.G., Ethische Konzepte für die Psychotherapie – Die diskursive und situationsbezogene Ethik der Integrativen Therapie, *Gestalt* 9 (1990n) Zürich 6-12; erw. in: *Petzold* (1992a) 500-515.

Petzold, H.G., Das Konzept der Mehrperspektivität in der Supervision, *Gestalt und Integration* 2 (1990o) 7-37; repr. in: *Petzold* (1993a) 1291-1336.

Petzold, H. G., Integrative Dramatherapie und Szenentheorie – Überlegungen und Konzepte zur Verwendung dramatherapeutischer Methoden in der Integrativen Therapie, 1990p, in: *Petzold, Orth* (1990a) II, 849-880; völlig überarb. von (1981), repr. in: *Petzold* (1992a) 897-925.

Petzold, H.G., Integrative Therapie. Ausgewählte Werke Bd. II, 1: Klinische Philosophie, Junfermann, Paderborn 1991a.

Petzold, H.G., Die Chance der Begegnung, Dapo, Wiesbaden 1991b; repr. in: *Petzold* (1993a) 1047-1088.

Petzold, H.G., Das Ko-respondenzmodell als Grundlage der Integrativen Therapie und Agogik, 1991e, überarbeitet von (1978c); repr. in: *Petzold* (1991a) 19-90.

Petzold, H.G., Integrative Therapie. Ausgewählte Werke Bd. II, 2: Klinische Theorie, Junfermann, Paderborn 1992a.

Petzold, H.G., Das „neue" Integrationsparadigma in Psychotherapie und klinischer Psychologie und die „Schulen des Integrierens" in einer pluralen therapeutischen Kultur", 1992g, in: *Petzold* (1992a) 927-1040.

Petzold, H.G., Integrative Therapie. Ausgewählte Werke Bd. II, 3: Klinische Praxeologie, Junfermann, Paderborn 1993a.

Petzold, H.G., Die Wiederentdeckung des Gefühls. Emotionen in der Psychotherapie und der menschlichen Entwicklung, Junfermann, Paderborn 1993b.

Petzold, H.G., Identität und Entfremdung, Fritz Perls Institut, Düsseldorf 1993d.

Petzold, H.G., Grundorientierungen, Verfahren, Methoden – berufspolitische, konzeptuelle und terminologische Anmerkungen zu Strukturfragen des psychotherapeutischen Feldes, *Integrative Therapie* 4 (1993h).

Petzold, H.G., Dramatische Therapie – Herkunft, Entwicklung, Konzepte, in: *Klosterkötter-Prisor, B.*, Grenzüberschreitungen – Theater, Theaterpädagogik, Therapie, RAT, Remscheid 1993k.

Petzold, H.G. Brown, G., Gestaltpädagogik, Pfeiffer, München 1977.

Petzold, H.G., Bubolz, E., Psychotherapie mit alten Menschen, Junfermann, Paderborn 1979.

Petzold, H.G., Frühmann, R., Modelle der Gruppe in der Psychotherapie und psychosozialen Arbeit, 2 Bde., Junfermann, Paderborn 1986.

Petzold, H.G., Frühmann, R., Melchart, E., Schreyögg, A., Editorial, Schwerpunktheft Integrative Supervision in Institutionen und Teams, *Gestalt und Integration* 1 (1991) 5-6.

Petzold, H.G., Frühmann, R., Lehrjahre der Seele, Junfermann, Paderborn 1993.

Petzold, H.G., Goffin, J.J.M., Oudhof, J., Protektive Faktoren und Prozesse – die „positive" Perspektive in der longitudinalen, „klinischen Entwicklungspsychologie" und ihre Umsetzung in die Praxis der Integrativen Therapie, dieses Buch.

Petzold, H.G., Heinl, H., Gestalttherapeutische Fokaldiagnose und Fokalintervention bei Störungen aus der Arbeitswelt, *Integrative Therapie* 1 (1980) 20-57; auch in: *Petzold, Heinl* (1983) 178-219.

Petzold, H.G., Heinl, H., Psychotherapie und Arbeitswelt, Junfermann, Paderborn 1983.

Petzold, H.G., Hentschel, U., Niedrigschwellige und karrierebegleitende Drogenarbeit als Elemente einer Gesamtstrategie der Drogenhilfe, *Wiener Zeitschrift für Suchtforschung* 1 (1991) 11-19

Petzold, H.G., Kühn, R., Psychotherapie und Philosophie, Junfermann, Paderborn 1991.

Petzold, H.G., Lückel, K., Die Methode der Lebensbilanz und des Lebenspanoramas in der Arbeit mit alten Menschen, Kranken und Sterbenden, in: *Petzold* (1985a) 467-499.

Petzold, H.G., Mathias, U., Rollenentwicklung und Identität, Junfermann, Paderborn 1983.

Petzold, H.G., Maurer, Y., Integrative Gestaltpsychotherapie, in: *Maurer, Y.*, Bedeutende Psychotherapieformen der Gegenwart, Hippokrates, Stuttgart 1985, 61-86.

Petzold, H.G., Orth, I. (Hrsg.), Poesie und Therapie. Über die Heilkraft der Sprache. Poesietherapie, Bibliotherapie, Literarische Werkstätten, Junfermann, Paderborn 1985a.

Petzold, H.G., Orth, I., Die neuen Kreativitätstherapien, 2 Bde., Junfermann, Paderborn 1990.

Petzold, H.G., Orth, I., Körperbilder in der Integrativen Therapie – Darstellungen des phantasmatischen Leibes durch „Body Charts" als Technik projektiver Diagnostik und kreativer Therapeutik, *Integrative Therapie* 1 (1991a) 117-146; repr. in: *Petzold* (1993a) 1201-1230.

Petzold, H.G., Orth, I., Therapietagebücher, Lebenspanorama, Gesundheits-/Krankheitspanorama als Instrumente der Symbolisierung, karrierebezogenen Patientenarbeit und Lehranalyse in der Integrativen Therapie, *Integrative Therapie* 1-2 (1993a); auch in: *Petzold, Frühmann* (1993).

Petzold, H.G., Ramin, G., Schulen der Kindertherapie, Junfermann, Paderborn 1987.

Petzold, H.G, Schneewind, U., Konzepte zur Gruppe und Formen der Gruppenarbeit in der Integrativen Therapie und Gestalttherapie, 1986a, in: *Petzold, Frühmann* (1986) Bd. I, 109-254.

Petzold, H.G., Schobert, R., Empirische Studien über die Effizienz gestalttherapeutischer Interventionen, *Gestalt-Bulletin* 1 (1987) 55-79.

Petzold, H.G., Schobert, R., Selbsthilfe und Psychosomatik, Junfermann, Paderborn 1991.

Petzold, H.G., Schuch, W., Der Krankheitsbegriff im Entwurf der Integrativen Therapie, in: *Pritz, Petzold* (1991) 371-486.

Petzold, H.G., Sieper, J., Integrative Therapie und Gestaltherapie am Fritz Perls Institut – Begriffliche, persönliche und konzeptuelle Hintergründe und Entwicklungen, *Gestalttherapie* & *Integration*, Gestalt-Bulletin 1 (1988a) 22-96.

Petzold, H.G., Sieper, J., Die FPI-Spirale – Symbol des „heraklitischen Weges“, *Gestalttherapie & Integration*, Gestalt-Bulletin 2 (1988b) 5-33; repr. in: *Petzold* (1991a) 413-444.

Petzold, H.G., Sieper, J., Integration und Kreation, Junfermann, Paderborn 1993a.

Petzold, H.G., Spiegel-Rösing, I. (Hrsg.), Die Begleitung Sterbender – Theorie und Praxis der Thanatotherapie. Ein Handbuch. Junfermann, Paderborn 1984.

Petzold, H.G., Stöckler, M. (Hrsg.), Aktivierung und Lebenshilfen für alte Menschen. Aufgaben und Möglichkeiten des Helfers, Integrative Therapie, Beiheft 13, Junfermann, Paderborn 1988.

Petzold, H.G., Vormann, G. (Hrsg.), Therapeutische Wohngemeinschaften, Erfahrungen – Modelle – Supervision, Pfeiffer, München 1980.

Petzold, H.G., Petzold-Heinz, I., Mutter und Sohn – Poesie und Therapie, in: *Frühmann, R.*, Frauen und Therapie, Junfermann, Paderborn 1985, 339-359.

Petzold, H.G., Petzold, Ch., Lebenswelten alter Menschen, Vincentz Verlag, Hannover 1991.

Picker, R., Pluriformes Christentum, Herder, Wien 1970.

Polster, E., Polster, M., Gestalttherapie. Theorie und Praxis der integrativen Gestalttherapie, Kindler, München 1975.

Polster, E., Jedes Menschenleben ist einen Roman wert, Edition Humanistische Psychologie, Köln 1983.

Portele, G., Gestalttheorie, Theorie der Autopoiese und Gestalttherapie, *Gestalt Theory* 4 (1985) 245-258.

Portele, G., Gestalt-Theorie, Gestalt-Therapie und Theorien der Selbstorganisation, *Gestalttherapie* 1 (1987) 25-29.

Pritz, A., Petzold, H.G., Der Krankheitsbegriff in der Psychotherapie, Junfermann, Paderborn 1991.

Prochaska, J.O., Systems of psychotherapy. A transtheoretical analysis, Dorsey, Homewood, IL. 1984, 2. Aufl.

Prochaska, J.O., DiClemente, C.C., The transtheoretical approach, Crossing the traditional boundaries of therapy, Dow Jones-Irwin, Homewood, IL 1984.

Prochaska, J.O., DiClemente, C.C., Theoretical Integration. The Transtheoretical Approach, in: *Norcross, Goldfried* (1992) 292-325.

Rahm, D., Otte, H., Bosse, S., Ruhe-Hollenbach, H., Einführung in die Integrative Therapie. Grundlagen und Praxis, Junfermann, Paderborn 1993, 2. revid. Aufl.

Ricoeur, P., De l'interprétation. Essai sur Freud, Paris 1965; dtsch. Die Interpretation. Versuch über Freud, Suhrkamp, Frankfurt 1969.

Rosenblatt, D., Türen öffnen, Edition Humanistische Psychologie, Köln 1986.

Rosenzweig, S., Some implicite common factors in diverse methods of psychotherapy, *Am. J. Orthopsychiatry* 6 (1936) 412-415.

Ruhloff, J., Harmonisierung oder Widerstreit? Über die Bildungsaufgabe in der Kulturenvielfalt, Materialien zur politischen Bildung, Themenheft: *„Multikulturelle Gesellschaft“* 2 (1990).

Russelmann, G.H.E., Van James Watt tot Sigmund Freud, Van Loghum Slaterus, Deventer 1983.

Rutter, M., Rutter, M., Developing minds. Challenge and continuity across the life span, Penguin Books, London 1992.

Sackmann, S., Organisationskultur – Die unsichtbare Einflußgröße, *Gruppendynamik* 4 (1983) 393-406.

Sandner, D., Empirische Forschung und psychoanalytische Praxis, *Forum der Psychoanalyse 2* (1989) 168-175.

Schmitz, H., Der unerschöpfliche Gegenstand, Bouvier, Bonn 1990.

Schuch, B., Zum gegenwärtigen Stand der Social-Support-Forschung, *Gruppendynamik* 2 (1990) 221-234.

Schreyögg, A., Integrative Supervision – ein Lehrbuch, Junfermann, Paderborn 1991.

Sen, F., Europa: Ein Grundstein für die multikulturelle Gesellschaft, *Materialien zur Politischen Bildung* 2 (1989).

Spence, D.P., Narrative truth and historical truth, Norton, New York 1982.

Spinner, H.F., Pluralismus als Erkenntnismodell, Suhrkamp, Frankfurt 1974.

Staemmler, F., Bock, R., Neuentwurf der Gestalttherapie, Pfeiffer, München 1987.

Stern, D., The interpersonal world of infant, Basic Books, New York 1985; dtsch. Die Lebenserfahrung des Säuglings, Klett-Cotta, Stuttgart 1992.

Stevens, B., Gestalt-Körperarbeit, in: *Petzold* (1977n) 218-243.

Stevens, J.O., Die Kunst der Wahrnehmung, Kaiser, München 1975.

Stoehr, T., Einleitung, in: *Goodman* (1978).

Strauss, A.L., A social world perspective, in: *Denzin, M.K.*, Studies in symbolic interaction, Vol. I, JAI Press, Greenwich 1978, 119-128.

Stüwe, G., Der Mythos einer monolithischen Gesellschaft zerbricht, *Materialien zur Politischen Bildung* 2 (1989).

Sulloway, F.J., Freud – Biologe der Seele. Jenseits der psychoanalytischen Legende, Hohenheim, Köln 1979.

Tholey, P., Gestalt Therapy made-in-USA and made elsewhere, *Gestalt Theory* 2 (1984) 171-174.

Thomas, G., Unterschicht, Psychosomatik & Psychotherapie, Junfermann, Paderborn 1986.

Thomas, G., Evaluationsforschung in der Psychotherapie. Ein Überblick für Gestalttherapeuten, *Integrative Therapie* 4 (1987) 304-336.

Thomas, G., Thomas, C., Integrative Therapie bei Arbeiterehepaaren mit einem psychosomatisch erkrankten Partner, *Integrative Therapie* 1/2 (1986) 21-38.

Thomas, R.M., Counseling and life span-development, Sage Publications, Newbury Park 1990.

Tobin, St., Self-disorders, Gestalt Therapy and self-psychology, *Gestalt Journal* 2 (1982) 3-44.

Walch, S., Einige Überlegungen zur Phänomenologie und Psychotherapie, *Gestalt und Integration* 1 (1990) 123-137.

Walter, H.J., Gestalttheorie und Psychotherapie, Diss. TH Darmstadt 1977, Steinkopff, Darmstadt 1978, 2. erw. Aufl. Westdeutscher Verlag, Wiesbaden 1985.

Walter, H.J., Sind Gestalttheorie und Theorie der Autopoiese miteinander vereinbar? Eine polemische Erörterung am Beispiel des Stadler/Kruseschen Kompilierungsversuchs, *Gestalt Theory* 1 (1988) 57-69.

Walter, R. (Hrsg.), Aufbrüche. Arbeit an seelischer Reife, Bock + Herchen, Bad Honnef 1987.

Walter, R., Psychoanalytische Gestalttherapie, in: idem (1987) 25-56.

Welsch, W., Unsere postmoderne Moderne, Acta Humaniora, Weinheim 1987.

Wheeler, G., Kontakt und Widerstand. Neue Aspekte der Gestalttherapie, Edition Humanistische Psychologie, Köln 1993.

Willke, E., Hölter, G., Petzold, H.G., Klinische Tanztherapie, Junfermann, Paderborn 1990.

Wolff, W., Die Medien, das sind wir selbst, Rowohlt, Reinbek 1989.

Zillig, W., Integrative Psychotherapie: Fiktion oder Fakt? Überarbeitete Fassung einer Podiumsdiskussion, *Report Psychologie* 46 (1992) 34-48.

Zinker, J., Das phänomenologische Hier und Jetzt als Grundlage der Gestalttherapie, *Integrative Therapie* 1 (1975) 13-22.

Zinker, J., Gestalttherapie als kreativer Prozeß, Junfermann, Paderborn 1983.

Zitzlaff, D., Multikulturelle Gesellschaft und politisches Lernen. Eine Auswahlbibliographie 1984-1989, *Materialien zur politischen Bildung* 2 (1989).

Zundel, R., Hilarion Petzold – Integrative Therapie, in: *Zundel, E., Zundel, R.*, Leitfiguren der Psychotherapie, Kösel, München 1987, 191-214.

Zur „Anthropologie des schöpferischen Menschen"

Ilse Orth, Erkrath
Hilarion G. Petzold, Düsseldorf/Amsterdam

Die kunsttherapeutischen Methoden, kreativen Medien, das Gestaltungserleben und die Gestaltungsmöglichkeiten des Menschen, die Verwendung künstlerischer Elemente in der Psychotherapie erfahren heute ein Interesse, das wir in den sechziger Jahren, als wir mit künstlerischen Formen zu experimentieren begannen, und auch noch in den siebziger Jahren, als wir mit *Johanna Sieper* und anderen FPI-Kollegen am Aufbau einer ersten kunsttherapeutischen Ausbildung im deutschsprachigen Raum zusammenarbeiteten, nicht erwartet hatten. Die künstlerischen Therapieformen haben über lange Zeit den Status „anzillarischer Verfahren" gehabt, von Hilfsmethoden, die neben der Psychotherapie in rekreativer Absicht oder als Form der Beschäftigungstherapie Patienten „verordnet" wurden. In der Psychiatrie fanden die „Bildnereien Geisteskranker" (*Prinzhorn*) zwar einige Beachtung – man denke an die *Prinzhorn*-Sammlung in Heidelberg oder die Arbeiten *Navratils* –, aber bis zur systematischen Nutzung der Möglichkeiten, die die künstlerischen Methoden und kreativen Medien für Patienten bieten können, war es noch ein langer Weg. Das Paradigma medikamentöser Behandlung Psychiatrie einerseits und die Sprachzentriertheit der Psychotherapie – insbesondere der Psychoanalyse – andererseits werteten „künstlerische Therapieformen" oder die Verwendung „kreativer Medien" in der Psychotherapie eher als eine exotische Randerscheinung oder ordneten sie dem Bereich des Magischen und Mythischen zu. Eine gewisse Offenheit fand sich zunächst nur in zwei therapeutischen Richtungen: dem Psychodrama *Morenos*, das selbst als künstlerische Therapieform verstanden werden kann, und der komplexen Tiefenpsychologie *C.G. Jungs*. Das gegenwärtige Interesse an den „neuen Kreativitätstherapien" (*Petzold, Orth* 1990) muß also Hintergründe haben, und es ist zu vermuten, daß diese nicht allein im Bereich der Psychotherapie, der Weiterentwicklung von Methoden psychologischer Behandlung und Beratung zu suchen sind, sondern als Ausdruck einer kulturellen Entwicklung begriffen werden können, ähnlich dem Aufkommen der „neuen Körpertherapien" in den siebziger Jahren.

KREATIVE KULTURARBEIT GEGEN MULTIPLE ENTFREMDUNG

Norbert Elias hat in seiner Theorie des Zivilisationsprozesses herausgearbeitet, daß es in der kulturellen Entwicklung des Abendlandes zu einer zunehmenden Verinnerlichung äußerer Kontrollen kam: Kontrollen über die spontanen Regungen des Leibes, den Ausdruck seiner Emotionen – Aggressivität, Sexualität, Trauer ... aller „großen Gefühle". Es wurde damit eine Affektkontrolle erreicht, die ein gesichertes Zusammenleben ermöglichte. Die willkürliche Gewalt von einzelnen wurde durch das staatliche Gewaltmonopol ersetzt. An die Stelle des ungehemmten Auslebens von Bedürfnissen traten geregelte Formen der Bedürfnisbefriedigung – man denke an die Ausbildung der „Tischsitten". Dies alles war mit einer *Verknappung der sinnlichen Erfahrung* und der *Expressivität* verbunden und einer zunehmenden Verinnerlichung von außen verordneter Normen und ritualisierter Formen des sozialen Umgangs, wie sie die höfische Kultur kennzeichneten. Man kann auch sagen, die Menschen haben in diesem „Prozeß der Zivilisation" zunehmend innere Strukturen aufgebaut, die mit dem *Freud*schen Begriff des „Über-Ich" gekennzeichnet werden können. Die expressiven Regungen des Leibes wurden nun nicht mehr von außen unterdrückt, sondern durch eine „Selbstzwangsapparatur" – um diesen Begriff von *Elias* zu verwenden –, die es ermöglicht, spontanes Handeln durch strategisches zu ersetzen. Der

Mensch wurde zunehmend „innengeleitet". Die äußeren Kontrollen in den Prozessen der Sozialisation – man denke an die Sauberkeitserziehung oder das frühe Abstillen – wurden immer früher durch innere normative Leitsysteme ersetzt, in denen Regulationsmechanismen wie Peinlichkeit, Scham, Schuldgefühle, Verlegenheit, aber auch Pflicht, Verantwortung, Vernunft, Rationalität eine immer größere Bedeutung erhielten.

Wir leben heute in einer Zeit, in der dieser Zivilisationsprozeß einen Kulminationspunkt erreicht hat, wo der „innengeleitete Sozialcharakter" – so beschreibt ihn *David Riesmann* – zum Menschentypus europäischer Modernität wurde. Der „pazifizierte Mensch", der in „affektiver Neutralität" (*Talcott Parsons*) die ihm gestellten Aufgaben zweckrational, kostengünstig und problemlos erfüllt, ist für das Leben im technischen Zeitalter, in einer Zivilisation mechanisierter Abläufe offenbar besonders gut ausgestattet. Dieses ganze Geschehen war mit einer zunehmenden Instrumentalisierung des Leibes verbunden, der in die Produktionsmittel eingereiht wurde zum Ding unter Dingen. Er wurde damit seiner eigenen leiblich-sinnlichen Natur und der Welt des Lebendigen, der Lebenswelt, der er angehörte, immer fremder. *Verdinglichung* bedeutet *Entfremdung* vom Leben. Die entfremdungstheoretischen Analysen von *Hegel* und *Marx*, aber auch von *Kropotkin* oder von *Nietzsche*, der die „Verächter des Leibes" attackierte und das Dionysische pries, die Entfremdungsanalysen, die wir im Werk von Soziologen wie *Simmel, Weber, Mead* und in den Schriften großer Psychotherapeuten (*Freud, Adler, Reich, Moreno, Goodman, Perls*) finden (*Petzold* 1993d), machen deutlich, daß ein Prozeß der Zivilisation, wie ihn *Elias* beschrieben hat, eine gefährliche, eine destruktive Komponente enthält, die mit der Unterdrückung der Triebe – so *Freud* –, mit der Erstickung der Spontaneität – so *Moreno* –, mit der Verpanzerung des Körpers – so *Reich* –, mit der Verödung der „awareness" – so *Perls* –, mit der Zerstörung des „Gemeinschaftsgefühls" – so *Adler* und *Goodman* –, auf eine Zerstörung der menschlichen Natur und des ökologischen Gefüges dieser Welt hintendiert.

Gesellschaftliche Arbeit, die idealiter dazu bestimmt ist, *Natur* und *Kultur* aneinander zu vermitteln, einen Prozeß der Zivilisation zu vollziehen, wie er sich als „Kulturarbeit" verstehen läßt – und Kultur kommt von lateinischen „*colere*" = dienen, pflegen, bebauen, fördern, heilen, entsprechend dem griechischen „*therapeuein*" –, dieser Prozeß der Zivilisation also steht nun in der Gefahr, in einem Prozeß der Kolonialisierung zu verkommen. *Kolonialisierung* bedeuten immer Verdinglichung, Ausbeutung, und die Konsequenzen sind Verelendung, Verödung, Versteppung (*Petzold* 1987d).

Es mag die Leser verwundern, warum wir einen Text zur „Anthropologie des schöpferischen Menschen" mit einer entfremdungstheoretischen Analyse beginnen. Aber Therapie, Beratung, pädagogisches Handeln sind gesellschaftliche Phänomene, eingebunden in gesellschaftliche Prozesse. Sie sind, wie *Gehlen* formuliert, Institutionen mit „Entlastungsfunktion", und wir müssen wissen, wovon wir Gesellschaft entlasten. Bei genauer Betrachtung kann man sogar sagen, daß Psychotherapie, psychosoziale Beratung, Prävention, in vieler Hinsicht Ausdruck von Entfremdung sind. Sie haben Symptomcharakter, denn hinter den persönlichen Ursachen für eine neurotische Erkrankung, etwa aufgrund destruktiver Familienverhältnisse, liegen kollektive Ursachen, nach denen zu fragen ist, nämlich: Was hat diese Familie so destruktiv gemacht? oder: Was ist ihr an Destruktivem widerfahren, daß sich in ihr Atmosphären der Zerstörung ausbreiten konnten, deren Niederschlag wir in psychischer, psychosomatischer und sozialer Symptomatik finden? Weiterhin haben therapeutische Maßnahmen oft genug den Charakter der Anpassung, ja der Disziplinierung, wie *Berger* und *Luckmann* (1970) in ihren berühmten Analysen zur „gesellschaftlichen Konstruktion der Wirklichkeit" gezeigt haben.

Aber die *Natur* bleibt offenbar nicht nur in der „Opferrolle". Sie meldet sich zu Wort. Dies gilt nicht nur im Bereich der Ökologie. Die

„menschliche Natur“ spürt ihre Bedrohtheit, die Gefahren der Destruktion des Lebendigen, und so entstehen „kreative Lösungen“, Versuche, Entfremdung und Verdinglichung zu begegnen. Die Menschheit muß für sich selbst Sorge tragen, denn sie hat niemanden, „der sie unter Artenschutz stellt“. Das Aufkommen der neuen Körpertherapien oder der neuen Kreativitätstherapien, das gegenwärtige Interesse an Leiblichkeit und kreativer Gestaltung, kann als eine solche „protektive Strategie“ gesehen werden. Wir könnten dieses Interesse also freudig begrüßen, wenn dahinter nicht die Bedrohung stände, vor der es sich zu schützen gilt. Wird diese Perspektive ausgeblendet, so wird die Verwendung künstlerischer Methoden und kreativer Medien zu einem Mechanismus der Verblendung, einer Strategie der Verschleierung der „*Ursachen hinter den Ursachen*“ (*Petzold* 1991c). Der Wiedergewinn leiblicher Wahrnehmungsfähigkeit und schöpferischer Ausdrucksmöglichkeiten darf deshalb nicht zum Selbstzweck werden oder in der Individualisierung verharren, sondern muß verstanden werden als Beitrag zu humaneren, lebensgerechteren Formen der Weltgestaltung. Diese ist nämlich nicht nur Gestaltung auf der Makroebene, sondern beginnt mit einer leiblich-konkreten Sensibilität für Lebenszusammenhänge, für die Mikroökologie des eigenen Lebensraumes, für die Beziehungsqualität im eigenen sozialen Netzwerk. Therapeutische und beratende Arbeit, die leibliche Sensibilisierung und kreativen Ausdruck verwendet, also Qualitäten des Lebendigen, schafft damit eine Empfindsamkeit, ja Empfindlichkeit gegenüber Entfremdungs- und Verdinglichungstendenzen. Die Konsequenz ist, daß damit Menschen in einer entfremdenden Welt auch verletzlicher werden, daß sie, wenn sie die *Härte* der Dingwelt verlassen und sich der *Weichheit* der Lebenswelt überlassen, in einer gewissen Weise auch gefährdeter sind.

Beratung und Therapie fördern in diesem Sinne keineswegs Robustheit, das schnelle „Erledigen“ von Problemen. Wenn die neuen Therapieformen eine „neue Sensibilität“ schaffen – und diese tut dringend not –, so müssen wir uns in helfenden Berufen auch darüber Gedanken machen, wie wir Kontexte schaffen können – über die spezifische therapeutische Situation hinaus –, in denen Menschen die neugewonnenen Erfahrungen umsetzen können. Andernfalls sind erneute Verhärtungen vorprogrammiert. Es wird notwendig werden, daß wir mit unserer Arbeit Beiträge leisten zu alternativen Qualitäten im „Prozeß der Zivilisation“, damit dieser in seiner Tendenz zur *Kolonialisierung* des Leibes und der Lebenswelt, d. h. seiner Tendenz zur „Devolution“ (*Petzold* 1986h) aufgehalten wird und sich in Richtung einer „Kulturarbeit“ entwickeln kann (idem 1987d). *Kulturarbeit* aber heißt das Pflegen und Fördern von Lebensprozessen, des Lebendigen auf allen Ebenen. Die Arbeit der helfenden, sozialen, pädagogischen und künstlerischen Berufe ist dabei vielleicht ein nur kleiner, aber nichtsdestotrotz bedeutsamer Beitrag.

VOM WESEN DES SCHÖPFERISCHEN

Es kann an dieser Stelle nicht darum gehen, einen Überblick über die kaum noch zu überschauende Literatur zur Kreativität, zum schöpferischen Prozeß, zu den Bedingungen schöpferischen Handelns zu geben. Seitdem man sich im 19. Jahrhundert mit dem Wesen des „Genies“ zu befassen begann, seitdem Künstler die Bedingungen ihrer eigenen Produktivität zu reflektieren versuchten, seitdem Wissenschaftler ihre Prozesse kreativer Problemlösung untersuchten – *Henri Poincaré* ist hier wohl das berühmteste Beispiel –, sind zahllose Definitionen, Umschreibungen, Konzepte hervorgebracht worden, deren Vielfalt, Divergenz, ja Widersprüchlichkeit zeigen, daß das „Wesen des Schöpferischen“ sich nicht eindimensional fassen läßt. Es ist offenbar in sich komplex und gewinnt noch an Vielschichtigkeit durch die unterschiedlichen Standorte, von denen her man sich dem Phänomen des Schöpferischen und dem Konzept der Kreativität nähern kann, und mit den Begriffen „Phänomen“ und „Konzept“ sind denn auch zwei wesentliche Zugangsweisen gekennzeichnet: das Wahrnehmen und Erleben schöpferischer Prozesse und das gedankliche Bestimmen dessen, was schöpferisch ist. Andere Zugänge zentrieren auf das „*Produkt*" schöpferischen Handelns, wieder andere auf den „*Prozeß*" der Herstellung eines Produktes. Es gibt Autoren, die sehen in der Kreativität einen „göttlichen Funken" (*A. Koestler*), eine Gestaltung der Grundkraft „Spontaneität" (*J.L. Moreno*), andere sehen sie als „Ausdruck des kollektiven Unbewußten oder Manifestation individueller unbewußter Prozesse" (*E. Kries*). Autoren aus dem Bereich der Humanistischen Psychologie sehen Kreativität als Aktivität des Selbst, das darauf gerichtet ist, seine Potentiale zu aktualisieren (*A. Maslow, C. Rogers*), sich selbst zu verwirklichen. Werden tiefenpsychologische und experientielle Perspektiven verbunden, so kann man das Schöpferische als Manifestation bewußter und unbewußter Aktivitäten des Menschen auffassen (*D.W. Winnicott, F.S. Perls*). Diese lose Aufzählung macht deutlich, daß in die Überlegungen zum Konstrukt der Kreativität weltanschauliche, anthropologische und persönlichkeitstheoretische Modelle einfließen. Was Kreativität ist, welchen Ort sie im Rahmen von therapeutischen und beraterischen Modellen hat, wie sie in der Handlungspraxis von Therapeuten und Beratern eingesetzt werden kann, wird wesentlich von dem jeweiligen theoretischen Bezugsrahmen abhängen, an dem sich die Therapie- und Beratungspraxis ausrichtet.

Es ist also kaum möglich, *Kreativität* „als solche" zu definieren, das „*Wesen*" des Schöpferischen allgemeinverbindlich fassen zu wollen. Man kann sich ihm allenfalls in „Umkreisung" nähern und wird von jedem Standort aus andere Facetten aufleuchten sehen. Einige Positionen aus dem Bereich der Psychotherapie und Beratung seien kurz vorgestellt: Im System *Freuds* wird das Konzept der Kreativität noch am ehesten mit dem Begriff der „Sublimation" zu verbinden sein. Im Spannungsfeld von Trieb und Triebabwehr, der Dynamik von *Es, Ich* und *Über-Ich*, dient Kreativität der Lösung dieses Konfliktes und zeigt sich in Formen geglückter Triebabwehr. Die damit verbundene Spannungsreduktion führt zu einem „Lustgewinn", einer Freude am schöpferischen Prozeß, in dem unbewußtes Material aus dem *Es* aufsteigt und vom *Ich* gestaltet wird. Diese Fähigkeit zur „Sublimation" wird in der Kreativitätstheorie des Psychoanalytikers *Kris* gebunden an die Fähigkeit des *Ich*, zu regredieren und sich die archaischen Quellen zu erschließen durch eine „Regression im Dienste des *Ich*", in der primärprozeßhaftes Denken genutzt und durch die synthetische Kraft des aus der Regression wiederauftauchenden *Ich* schöpferisch gestaltet werden kann. In diesem Ansatz wird das Schöpferische rückgebunden an die Kraft des Archaischen, des „ES", die bei *Freud* im wesentlichen eine bedrohliche Qualität hat und vom *Ich* gemeistert werden muß. Analytiker wie *Georg Groddeck, Michael Balint* und *Donald W. Winnicott* hingegen sehen Kreativität als eine positive Qualität des Lebendigen, eine „Grundkraft", die sich in einer „fördernden Umwelt" entfalten kann. Damit wird das Schöpferische neben dem Trieb als anthropologische Konstituente eingeführt, ein Konzept, das nahe bei der schon weitaus früher formulierten Position *Morenos* liegt, der im Menschen eine impulsgebende Grundkraft annimmt, die Spontaneität, eine Art „act hunger" des Organismus, der sich in beständiger Bewegung befindet, um die Welt zu gestalten. Kreativität wird von *Moreno* als die Möglichkeit betrachtet, den Impuls der Spontaneität in konstruktiver, formgebender Weise zu benutzen. Mißlingt dies, so spricht er von pathologischer Kreativität, wie sie sich z. B. in den Halluzinationen des Psychotikers zeigt. Durch kreativ geformte Spontaneität vermag sich der Mensch in der Welt so zu verhalten, daß er „auf eine alte Situation in neuer Weise und auf eine neue Situation adäquat" zu reagieren vermag – so die Kreativitätsdefinition *Morenos* (1990). Adäquanz bedeutet hier, daß die individuellen Bedürfnisse unter Berücksichtigung des sozialen Zusammenhanges lustvoll befriedigt werden können, ohne daß dies zu Lasten anderer Menschen und ökologischer Lebensverhältnisse geht, wie er schon in den vierziger Jahren weitsichtig in seinem Essay „The future of man's world" ausgeführt hat (*Moreno* 1947a).

Einen ganz anderen Weg, sich dem Thema Kreativität zu nähern, hat die Gestaltpsychologie beschritten. *Max Wertheimer* sieht im „produktiven Denken" den Prozeß, den Zusammenhang zwischen *Form* und *Inhalt* zu erfassen und in einer ganzheitlichen Struktur zu verbinden. Wenn die Inhalte, die zu eine Ehekrise führen, zu einer guten Form der Auseinandersetzung finden, wachsen die Chancen zu einer Lösung. Die gestaltpsychologischen Arbeiten zur schöpferischen Problemlösung sind nicht allein im Bereich des Kognitiven verblieben. *Wolfgang Metzger* bezeichnet schöpferische Arbeit als „Arbeit am Lebendigen", die die inneren Kräfte des Gegenstandes aufnimmt, die in Prozesse der Wechselseitigkeit eintritt – ein Moment, das für Therapie und Beratungsarbeit von zentraler Bedeutung ist –, die Umwege duldet und die auf eine „gute Gestalt" gerichtet ist. Es ist nicht beliebig, zu welcher „Form" (*Petzold* 1990b) man findet. Die Gestaltpsychologie knüpft hier an eine sehr alte Tradition von Überlegungen zum Schöpferischen an, an die Theorie der *Morphogenese* und *Metamorphose* (ibid. und *Petzold, Orth* 1990b), die Überlegungen zu „Gestalt und Wandel", Form und Verwandlung, wie wir sie in unterschiedlicher Form bei *Pythagoras, Heraklit, Aristoteles, Plato* finden. Mit *Heraklit* kann man sagen, daß das Leben beständiger Wandlung unterworfen ist. *Es fließt*, und seine lebendige Kraft drängt zur Form. Leben will Lebens*form*, und Lebensformen wandeln sich so lange, wie in ihnen Leben vorhanden ist. An diese heraklitische Philosophie schließen sich die Überlegungen der „Integrativen Therapie" an, die den Versuch unternommen hat, verschiedene Strömungen im Felde der Psychotherapie in einer Art und Weise zu verbinden, daß das dadurch entstehende Gesamte etwas Neues und anderes ist als die Summe der Teile – und dieses genau kennzeichnet eine schöpferische Leistung: Vorhandenes wird zu Neuem verbunden. Der Mensch schafft nicht „ex nihilo", aus dem Nichts, er muß auf den „Stoff der Welt" zurückgreifen und die vorhandenen Elemente in neuer Weise miteinander in Verbindung bringen. So wird Kreativität definiert als *„Neukonfigurierung aus korrespondierender Interaktion"* oder als das *„synergetische Verbinden von Vorhandenem"*. Damit wird jeder Voraussetzungslosigkeit eine Absage erteilt und erweist sich Kreativität in ihrem Wesen als **„Kokreativität"**. Sie wird gesehen „als eine kosmologische und anthropologische Konstante, ein Impetus, der für die Generativität der Evolution und für die Dynamik kultureller Prozesse charakteristisch ist und sich darauf richtet, neue Konfigurationen herzustellen, synergetische Effekte zu bewirken". Unter „Kreativität kann man deshalb alle Aktivitäten verstehen, die neue Entwicklungen – und das sind zumeist Beziehungskonfigurationen – vorantreiben" (*Petzold* 1990b). Eine solche „Neukonfigurierung aus Interaktionen" ist kennzeichnend für die natürliche, synergetische Generativität der Kosmogonie und der biologischen Evolution, und so liegen die Konzepte etwa der evolutionären Erkenntnistheoretiker (*K. Lorenz, R. Riedl* u. a.) sehr nahe bei der hier vorgetragenen Definition.

Sicherlich entfließt die intentionale Kreativität von Menschen und Kulturen evolutionärer Generativität, und dennoch gilt es hier, einen qualitativen Unterschied zu machen, denn *Natur* ist nicht *Kultur*. Kosmogonie und Anthropogonie sind nicht in eins zu setzen. Das Schöpferische, Generative in der Evolution „vollzieht sich", die schöpferische Aktivität des Menschen ist absichtsvoll und unterliegt der Bewertung und Entscheidung. Selbst wo er seiner „Spontaneität freien Lauf läßt", aus „ungebremster Kreativität handelt", bleibt die Möglichkeit der inneren Distanzierung, des Momentes der „Exzentrizität", durch die wir die Chance haben, uns vor „malignen Schöpfungen" zu bewahren – auch wenn wir diese Chance im Verlauf der Menscheitsgeschichte oft nicht wahrgenommen haben, wie Kriege und Verwüstung zeigen. Das Moment der Distanznahme ist nun nicht etwas, das der schöpferischen Impulsivität als fremd gegenüberstände, im Gegenteil, genau dies ist das Charakteristikum der Humankreativität. In ihr kommt es zu einer Konvergenz von Gefühl und Vernunft, Phantasie und Rationalität. *Spontaneität* (Impetus, Impuls, Trieb) und *Kreativität* (Formgebung, Gestaltung, Strukturierung) wirken zusammen, genauso wie in den neueren Kreativitätstheorien nicht mehr nur auf das „divergente Denken" abgestellt wird, das schöpferische Prozesse kennzeichnet, im Unterschied zu „konvergentem Denken", das für konventionelle Lösungen charakteristisch sei, sondern divergentes *und* konvergentes Denken bilden in ihrem Zusammenspiel optimale Voraussetzungen für Kreativität, die sich nicht nur über *Novität*, sondern auch über *Angemessenheit* bestimmt.

In dem Moment, wo der Begriff *Angemessenheit* ins Spiel kommt, wird deutlich, daß Kreativität stets in Kontexten geschieht. Sie ist nicht situationsenthoben, und wo sie es ist, oder wo sich Humankreativität ohne Berücksichtigung von Zusammenhängen verwirklicht, ist die Gefahr von Destruktivität gegeben. Das faszinierende Kennzeichen evolutionärer Generativität besteht genau darin, daß sie beständig „aus dem Kontext", aus der Textur dieser Welt heraus schafft. Jede Schöpfung der Evolution ist organisch eingebettet in das übergeordnete Ganze. Veränderungen geschehen also „im Gefüge", so daß sich bei der Labilisierung alter Strukturen neue Konfigurationen bilden können und man nicht vor einem Scherbenhaufen steht, wenn das Experiment mißglückt. Ökologische Veränderungen, die sich aus der evolutionären Dynamik auf diesem Planeten ergaben, konnten stets von den vorhandenen ökologischen Systemen aufgefangen werden. Ganz anders steht es mit der Humankreativität, die die Möglichkeit hat, kontextenthobene Experimente zu beginnen, deren Folgen vom Gesamtsystem nicht mehr getragen werden können. Die Probleme der Makrotechnologien – Atomkraft, Genmanipulation, atmosphärische Chemie – zeigen dies nur allzu deutlich.

In der *Konvergenz von Novität und Angemessenheit* können wir zu lebensfreundlichen Formen der Kreativität kommen. Wo immer wir mit Impuls und Form, Spontaneität und Kreativität befaßt sind, gilt es, sich darüber klar zu sein, daß Figur Hintergrund hat, daß Form kontextgebunden ist, daß Kreativität also in jedem Moment „**Kokreativität**" ist.

ZUR ANTHROPOLOGIE DES SCHÖPFERISCHEN MENSCHEN

Wenn man mit kreativen Prozessen in Therapie, Beratung und Pädagogik arbeiten will, so heißt das nicht nur, sie gesellschaftstheoretisch rückzubinden, wie wir dies im ersten Abschnitt versucht haben, oder eine kosmologische Perspektive zu eröffnen, wie dies im zweiten Abschnitt über das Wesen des Schöpferischen angeklungen ist, sondern es wird notwendig – weil es um die Arbeit mit Menschen geht –, das Konzept der Kreativität auch anthropologisch zu reflektieren. Anknüpfungspunkte bieten Konzepte, die den Menschen als *„zoon politikon"*, als Gesellschaftswesen sehen. Dieser Gedanke des *Aristoteles* besagt, daß der Mensch sich in kollektiven schöpferischen Prozessen, in Formen der Vergesellschaftung als einzelner verwirklicht und kollektiv an der Realisierung gemeinschaftlicher Ziele arbeitet. Gesellschaft, Zivilisation, Kultur sind das Ergebnis kollektiver kreativer Prozesse, die nicht nur bewußtlos nach einem inneren biologischen Plan ablaufen, wie die Wachstumsprozesse einer Zellkolonie, sondern die bewußt und zielgerichtet sind oder zumindest die Potentialität bewußten, zielgerichteten Schaffens haben. So war denn das Ziel des Zivilisationsprozesses in der griechischen Kultur der *„eubios"*, das gute Leben. Dieses Ziel scheint uns heutzutage oftmals aus dem Blick zu geraten. Wenn also der Mensch schöpferisch, wenn Menschen kokreativ miteinander schöpferisch werden, dürfen sie das Ziel des „guten Lebens für alle" nicht aus dem Auge verlieren. Wahrscheinlich wird sogar die größte schöpferische Leistung der Menschheit darin bestehen, ein solches allgemeines „gutes Leben" zu verwirklichen. Im Moment sind wir von einem derartigen Ziel noch sehr weit entfernt. Klar aber ist, daß hier die Kreativität von jedem einzelnen gefordert ist. Klar ist auch, daß sich diese Arbeit nicht nur auf der Makroebene vollziehen kann, in geo-politischen Dimensionen, sondern daß sie die Sensibilität für das, was lebensfördernd ist, gerade in den alltäglichen Interaktionen, im Umgang mit den Mitmenschen und mit den Ressourcen der Welt notwendig macht. Der schöpferische Mensch wird in seinen Bemühungen um Selbstverwirklichung, in seinen kokreativen Aktionen, in seinem Streben nach Novität und Innovation nur mit einer *hohen Sensibilität für die „Angemessenheit"* – und diese muß wiederum kokreativ ausgehandelt werden mit den an einer Situation Beteiligten – konstruktiv wirken können. Kreativität ist damit prinzipiell konstruktiv, aufbauend angelegt, wird sie in *Kontexte* gestellt. Da der Mensch weltoffen und entscheidungsfrei ist und nicht mehr umweltgebunden und instinktgesichert (*Gehlen*), da wir also nicht mehr die Sicherheit evolutionärer Pläne auf unserer Seite haben, müssen wir unsere Kreationen bewerten, und damit kommen ethische Fragen ins Spiel. Humankreativität ist, weil sie sich in gesellschaftlichen und in Lebenszusammenhängen manifestiert, nicht wertfrei. Bewertung aber muß nichts Einengendes sein, sondern kann selbst wiederum ein kreatives, kokreatives Geschehen werden. Die „Anthropologie des schöpferischen Menschen" wird mit diesen Überlegungen freigemacht von biologistischen Kreativitätskonzepten, und das wird wichtig, wenn wir jetzt versuchen, die schöpferischen Möglichkeiten des Menschen „vom Leibe her" zu entwickeln, vom Wahrnehmungs-, Gedächtnis- und Ausdruckspotential des Leib-Subjektes.

LEIBHAFTIGE KREATIVITÄT

In der Realisierung des biologischen Entwicklungsplans, in dem sich ein Mensch von der Zygote zum Fötus zum Baby zum Kleinkind zum Jugendlichen zum Erwachsenen ausbildet, partizipiert er an der evolutionären Generativität. Er wird hervorgebracht, steht am Ende einer unendlichen Entwicklungsreihe von Lebewesen. *Wie* er sich aber aus dieser biologischen Grundlage zu einem einmaligen, unverwechselbaren *Subjekt* herausbildet, wie er seine Persönlichkeit gestaltet, ist Ausdruck seiner höchst individualisierten, persönlichen Kreativität. *Generare* und *creare* sind eben nicht dasselbe. Der Mensch nimmt die Welt durch die Sinne auf, weil sie von seinem Umfeld, von seinen sozialen Bezugspersonen an ihn herangetragen wird. Er verbindet die einzelnen Wahrnehmungen zu Ganzheiten, und dies schon ist ein kreativer Akt. Er legt sie im Gedächtnis nieder, verarbeitet sie, besetzt sie mit Bewertungen, stellt Verbindungen zu anderen Erfahrungen her – wiederum ein höchst kreatives Geschehen. Er vernetzt seine Wahrnehmungen mit denen anderer in der Kommunikation, seine Gedanken mit den Überlegungen anderer Menschen in Gesprächen. So wird aus dem sinnenhaft Wahrgenommenen *Sinn* geboren, erhält das Gesehene *Bedeutung*, entsteht aus Wahrnehmung *und* Handlung, aus Sinn *und* Bedeutung *Zusammenhang*. Das Leben des Menschen in der Welt ist, weil es nicht durch Programme gesteuert wird, eine kreative Auseinandersetzung mit der Welt. Es ist gekennzeichnet von „creative adjustment and creative change", Anpassungsleistungen und gestaltender Veränderung. Dabei ist die Sinnesausstattung von eminenter Bedeutung. Durch unsere Sinne, mit denen wir spezifische „Wahrnehmungsfenster zur Welt" haben, nehmen wir unseren Kontext wahr und auf, und da Sensorik und Motorik unlösbar miteinander verschränkt sind, führt uns Wahrnehmung immer auch in Handlung, wobei Handlung reaktiv oder aktiv-kreativ sein kann. Das Wahrnehmungspotential des Körpers bezeichnen wir als den *„perzeptiven Leib"*, das Handlungspotential des Körpers als den *„expressiven Leib"*. Wahrgenommenes und Ausgedrücktes wird im *„memorativen Leib"*, (vgl. dieses Buch, S. 566), im Leibgedächtnis niedergelegt, das die *Chronik* eines Lebens enthält. Wenn unsere Sinne unsere Möglichkeit sind, „eine Welt zu haben", ist die Entwicklung des Potentials an sinnenhafter Wahrnehmung im Verlauf der Sozialisation eine wichtige Aufgabe. Die Einengung und Beschneidung unserer Wahrnehmungsfähigkeit hingegen wird für uns bedrohlich, ja schädigend, denn ohne Wahrnehmung können wir uns in der Welt nicht orientieren, wird unsere Möglichkeit eingeschränkt, mit ihr zu kommunizieren, können wir unseren Lebensunterhalt nicht gewährleisten, unsere Lebensbedingungen nicht so gestalten, daß wir in ihnen sicher und gesund leben können. Bei der Mehrzahl unserer Patienten können wir feststellen, daß ihre Wahrnehmungsfähigkeit eingeschränkt ist oder besser: Sie wurde in repressiven Sozialisationsbedingungen unzureichend entfaltet oder zurückgedrängt, gedämpft, stumpf gemacht. Wir sprechen dann von der *„Anästhesierung"* des perzeptiven Leibes. Sind unsere Sinne stumpf geworden oder dürfen sie nicht gebraucht werden, so ist damit auch unser kreatives Potential in gravierender Weise eingeschränkt. Die Verknüpfung der Wahrnehmungen, die Überprüfung des Wahrgenommenen durch erneute Wahrnehmung – ein zweites Hinschauen, ein nochmaliges Hinhören –, die Verbindung aktualer Wahrnehmung mit vorausgegangenen, archivierten Wahrnehmungen, all dies sind Voraussetzungen für eine kreative Lebensbewältigung, für Handlungen, die in neuer oder angemessener Weise auf „die Erfordernisse der Lage" (*Lewin*), „den Aufforderungscharakter der Situation" (*Koffka*), die *„affordance of an ecology"* (*Gibson*) antworten können, so daß der angemessene Ausdruck in Mimik, Gestik, Haltung und Bewegung, die richtige Handlung zur Strukturierung von Situationen erfolgen kann, die passende Form der Kommunikation gewählt wird. Die Dämpfung oder Anästhesierung der sinnenhaften Wahrnehmung, wie sie uns bei vielen Psychosomatikern, aber auch bei Patienten mit Depressionen, Angstneurosen oder Zwangserkrankungen begegnet, kann sicher nicht allein mit verbalen Mitteln beseitigt werden. Hier kommt die Sprache an ihre Grenze, wenn es darum geht, verlorene Erfahrungsfelder zu erschließen.

Die Grenze zeigt sich aber nicht nur im Kontakt mit Phänomenen der Pathologie, sondern auch dort, wo es darum geht, den Menschen in seinem „Wesen" zu erfassen. Der Diskurs der Verbalsprache ist nicht immer ausreichend, wenngleich er prinzipiell unverzichtbar ist. Der Leib und die Lebenswelt, die die Sprache hervorbringen, liegen *vor* der Rede, vor den Worten, vor den Begriffen, mit denen das zu Begreifende eine Signatur erhält, „auf den Begriff“ gebracht wird. Das Leib-Subjekt wird in einem Milieu des Vorsprachlichen geboren, das mit dem Gewinn der Sprache keineswegs verlorengeht und von den erfassenden Möglichkeiten der „Be-zeichnung“ keineswegs gänzlich beschreibbar ist (auch hier trifft die Schrift auf Vorlagen: die Geste, das Mündliche, vgl. *Petzold* 1969a II), sondern dessen „stummer Sinn“ (*Merleau-Ponty*) die Sprache überragt in einem *Überschuß* (eine „unbeschreiblich“ großartige Landschaft) oder mit einem *Urgrund* die Sprache unterfängt: ein Text von „unerhörter“ Gedankentiefe, eine Musik von „unfaßbarer“ Gefühlstiefe, ein Bild, das die ursprüngliche, „unaussprechliche“ Schönheit einer Landschaft eingefangen hat. Es sind Menschen, die dies alles sagen! Diese Sätze werden ausgesprochen von einem *personalen Selbst*, das von der Schönheit, Vielfalt, Komplexität der Welt berührt wird und das versucht, dieses alles zu fassen, sein Erleben für sich und andere faßbar zu machen, ihm eine Form zu geben, sei es im Wort, in Metaphern, in Bildern oder in einem gestalteten Klang in der Musik.

DAS „SCHÖPFERISCHE SELBST“

Das Selbst bewegt sich in „sprachlosen Räumen“ und im „Raum der Sprache“. In beiden ist es schöpferisch, sich im Erleben selbst erfassend, selbst erschaffend, wobei das Erlebte jeweils präsent und deshalb mitursächlich für die neue Form wird, die entsteht. Es geschieht im Sinne des Wortes Kon-stitution. Selbst-konstitution erfolgt nicht monologisch, schon gar nicht in abgeschlossener Idiosynkrasie. Sie erfolgt im Dialog, in Ko-respondenz, und dies ist nicht nur eine anthropologische Aussage, sondern wird untermauert von den Ergebnissen der Embryologie (*Larssen* 1992) – man denke an die Mitbewegungen des Kindes im Uterus, an die *Kommotilität* – weiterhin von den Erkenntnissen der Säuglings- und der Kleinkindforschung (*Stern* 1985; *Petzold* 1992c; *Dornes* 1993) – man denke an die Blickdialoge, die zwischenleibliche Interaktion. Es handelt sich um ein äußerst kreatives Geschehen zwischen dem Säugling und seiner Umgebung, indem sich allmählich die archaischen Selbstvorläufer zu einem „personalen und reifen Selbst“ entfalten durch den Aufbau einer Innenwelt (durch Internalisierungen und Repräsentationen), aber auch durch den Aufbau einer sinn-vollen Außenwelt, derer sich das Kind „inne“ wird und die ihm zunehmend zum Bewußtsein kommt. So ist die Selbst-verwirklichung niemals eine solipsistische, sondern Ausdruck der Verflochtenheit von Leib-Kontext-Kontinuum. Wenn wir in der Integrativen Therapie *das Selbst als Synergem von sensumotorischen, emotionalen, kognitiven und sozial-kommunikativen Schemata bzw. Stilen sehen,* so darf nie vergessen werden, daß Schemata oder Stile der Niederschlag von *Interaktionen eines Subjekts mit der Welt* sind. Es gibt also niemals ein völlig isoliertes „Innen“, ein unverbundenes „Jemeiniges“. Das Auge kann die Sonne über mir erschauen, weil es „sonnenhaft“ ist, weil es – wie *Goethe* mit diesem Ausspruch richtig erkannt hat – im Dialog des Organismus mit der Welt sich als biologische Struktur so ausgebildet hat, daß es die Realität der Sonne als kosmischer Größe in optimaler Weise nutzen kann. In der Auseinandersetzung mit der Welt entsteht ein „weltverbundenes Eigenes“, eine „verflochtene Besonderheit“, die in ihrer Spezifität so weit gehen kann, daß das Moment des Verbunden*seins* verlorengeht, in den Hintergrund tritt. Dann wird aus dem Besonderen ein Abgesondertes. Spezifität gerät dann zum Partikularismus, zur abschneidenden Ent-fremdung. Der schöpferische, ko-kreative Mensch entfaltet sich in Kontakt, Begegnung, Beziehung, Bindung (*Petzold* 1992b). Das in diesen Prozessen angeeignete, als ein „Eigenes aus Gemeinschaftlichem“, führt zur Ausbildung der „personalen Subjektivität“ eines Selbst, das sich aus der Lebenswelt herausgelöst hat, ohne diesen Grund jemals zu verlieren. Das unentfremdete Subjekt weiß um seine intersubjektive Verfaßtheit. Das mit sich vertraute, seiner selbst gewisse Selbst weiß um die Grundqualitäten der „Bezogenheit". Wo die „selbstreferentiellen Gefühle und Kognitionen" die Dimensionen der Bezogenheit verloren haben, droht die Gefahr der Verdinglichung und der Erkrankung.

Wir haben im Rahmen unserer Entwicklungstheorie, Emotionstheorie und Krankheitslehre (*Petzold* 1992a) diese hier eher in der Terminologie einer personalistischen und intersubjektivitätszentrierten Philosophie vorgetragenen Überlegungen durch Ergebnisse entwicklungspsychologischer Forschung abgesichert und untermauert.

In unserer kunst- und kreativitätstherapeutischen Arbeit, dem „intermedialen Ansatz" der Integrativen Therapie (*Petzold* 1987c; *Orth, Petzold* 1990), verwenden wir häufig projektive, kreative Instrumente, um das schöpferische Selbst Menschen besser zu erschließen, das „Selbstgefühl" und die „Selbstgewißheit", „Selbstwertgefühle", Selbstzweifel, Selbsterkenntnis und Selbstverständlichkeit zu fördern. Es werden also selbstreferentielle Emotionen *und* Kognitionen angesprochen. Ansetzend bei der Selbstwahrnehmung durch Übungen zum „eigenleiblichen Spüren" – das Gesicht abtasten, die Arme, Hände, Beine, den Leib berühren, um in der Selbstberührung sich selbst zu spüren ... auf dieser Grundlage also werden die Klienten z. B. aufgefordert, ein *„Bild ihres Selbst"*, ein *„Selbstbild"* zu malen bzw. zu zeichnen: *„Versuche all das aufs Papier zu bringen, was in deinem Selbstgespür, deinem Selbstempfinden, deinem Selbstgefühl, deiner Selbsterkenntnis dein Selbst ausmacht, alles was zu ihm gehört, was es einschließt. Du kannst dafür Formen, Farben, Symbole verwenden, ganz wie du möchtest. Versuche, aus dem Kontakt mit dir selbst, mit deinem Selbst heraus zu gestalten. Überlaß' dich dir selbst, und es werden sich die rechten Ausdrucksformen schon einstellen!"*

Die Bilder, die in solchen Darstellungsprozessen entstehen, nutzen die Möglichkeit des *Symbolischen*, das komplexe Wirklichkeiten zusammenballt, verdichtet, das vielfältige Szenen aus der persönlichen Biographie – und diese ist immer auch Entwicklungsgeschichte –, schwer faßbare Atmosphären, Stimmungen, Selbstempfindungen, Tönungen des Selbstgefühls, Lebensgefühle zusammenfaßt in einem Sinn-bild, in dem sich das Selbst präsentiert. Präsentative Symbole (*Langer* 1942) eignen sich denn auch besonders dafür, wichtige Qualitäten des Selbst zu fassen. In unserer Symboltheorie (*Petzold* 1988t; *Petzold, Orth* 1993, 132 ff.) wird immer wieder der Verweisungscharakter von Symbolen hervorgehoben: Sie sind Mitteilungen an eine Symbolgemeinschaft, an Menschen, die über einen ähnlichen Zeichenvorrat verfügen und das Symbol „entschlüsseln" können. Für uns ist in *präsentativen Symbolen* nicht weniger als in *diskursiven* (sie greifen auf die gemeinsame Sprache zurück) das Moment der Bezogenheit und Verbundenheit immer mitgegeben. In den *Selbstbildern* kommt dies oft genug klar zum Ausdruck. So wird das *Selbst* oft nicht als geschlossene Größe, sondern als in die Welt ausgreifendes dargestellt, vielfach verbunden mit Kontext und Kontinuum (Abb. 1 + 2). Von einem Kern ausgehend, der aber nicht in sich geschlossen, abgeschlossen ist, greift das im Bild dargestellte Selbst in die Welt aus, steht mit ihr im Kontakt, ist in sie eingewoben. Es ist mit seiner Farbigkeit Teil der Farbigkeit der Welt. Das Selbst ist nicht monolith, zeigt Helles und Dunkles, offene und geschlossen Aspekte. Die Eingewobenheit in die Textur der Welt kann – die Abbildung zeigt dies – eine solche Intensität annehmen, daß die Frage der Abgrenzung des Eigenen vom anderen aufkommen kann. Konfluenztendenzen werden erkennbar, Zer-streuungen, Zerrissenheiten. Andere Darstellungen zeigen ein höheres Maß an Geschlossenheit. Wie von Zwiebelschalen wird ein „innerer Kern" umschlossen (Abb. 3), oder es bleiben die Ausgriffe in die Welt von einer schützenden Membran umhüllt (Abb. 4), in der die vielfältigen und vielfarbigen Seiten des Selbst aufgehoben sind, im Kontakt mit der Welt, doch nicht sich in ihr verlierend.

Die Selbstbilder – Ausdruck des schöpferischen Menschen – sind nicht invariant, in starrer

Weise überdauernd. Sie verändern sich über die Jahre, wie sich das Selbst verändert. Und dennoch bleiben wesentliche Charakteristika: all das, was in den Archiven des Leibes aufgehoben wurde, verarbeitet wurde, durch Prozesse der *Integration* und *Assimilation* zu „Eigenem" wurde und durch Prozesse der *Invention* und *Kreation* in neuer Weise Gestalt fand. Prozesse der Sozialisation als „Aneignung von sozialen Welten", durch die sich das *Selbst* in zunehmender Prägnanz ausbildet und eine stabile *Identität* gewinnt, sind durch eine doppelte Dialektik gekennzeichnet: die Dialektik von „Differenzierung und Integration" (integriert kann nur Vielfältiges, Verschiedenartiges, Gegensätzliches werden) und die Dialektik von „Integration und Kreation", durch die eine schlechte Selbigkeit verhindert wird und das Aufgenommene umgesetzt wird in Eigenes, in Neues. Das *Selbst* muß damit prozeßhaft gesehen werden. In einem ständigen Fluß von Wahrnehmen, Differenzieren, Integrieren und Kreieren konstituiert das *Ich* als Dimension eines *reifen Selbst* (*Petzold* 1992a, 528 ff.) ständig neue Synthesen. Es stabilisiert die *Identität* (eine weitere Dimension des Selbst) und trägt zu ihrer je spezifischen Ausformung bei. Das *Ich* sammelt die Gegebenheiten persönlichen Schicksals und formt sie zu einer „Biographie" als kreativen Gestaltung einer einmaligen, persönlichen Geschichte. Es verdichtet die Vielfalt der Lebensereignisse und Lebenserfahrungen in Symbolen, die dazu beitragen, daß ein Mensch ein „Gefühl für sich selbst" gewinnen kann, daß er durch sein *Selbstgefühl* (ibid. 658 f, 823 ff.), sein *Identitätserleben* (ibid. 688 f) weiß, *wer er ist*, und dies nicht nur in einer oberflächlichen Art und Weise, etwa als Gesamt der persönlichen, biographischen Daten, sondern in einer existentiellen, essentiellen Form. Der Mensch bildet ein „persönliches Wesen" aus. Die Prozesse von Integration und Kreation ermöglichen eine *„übersummative* Qualität des Selbst". In die Welt eingewoben, schattet es sich doch ab von ihm durch eine je spezifische Lebens*form*. Im Lebensstrom mitfließend, gliedert es sich doch aus aus ihm in einer je spezifischen Lebens*gestalt* und bleibt dennoch jeweils dem Milieu der Lebenswelt verbunden. Der schöpferische Mensch isoliert sich nicht in seiner Besonderheit, und er verliert sich nicht in seiner Generalität. Er verdichtet sich nicht nur in einem *Kern* und verstreut sich nicht nur auf einer *Oberfläche*.

In den Selbstbildern finden wir immer wieder zwei weitere Dialektiken, die von *„Exzentrizität und Zentriertheit"* und die des *„Für-sich und Mit-anderen"*. Diese beiden Dialektiken sind die bedeutendste kreative Leistung des schöpferischen Menschen. Abbildung 5 zeigt ein Selbst in intimer Partnerschaft, etwa einer Ehe oder Lebensgemeinschaft oder einer Freundschaft, von der *Aristoteles* sagt, Freunde seien „zwei Körper, aber ein Geist". Die „Zwei-Einigkeit", in der sich zwei Menschen verbinden können, führt zu einer neuen Identität. Jeder steht auf seinem Hintergrund, hat seine Wurzeln, seine eigene Charakteristik, und dennoch entsteht eine Verbundenheit mit der Qualität einer Einheit. Sie bringt Neues hervor, wie die Abbildung 5 sehr schön deutlich macht. Der kreative Vollzug der Dialektik „Für-sich" und „Mit-anderen" führt gleichfalls durch seine prozessuale Qualität immer wieder zu neuen Formen des Miteinanders, zu neuen Qualitäten in Partnerschaften: von größerer Nähe, größerer Entfernung. So werden unterschiedliche Tönungen und Farbigkeiten möglich. Das Selbstbild in Abb. 6 zeigt deutlich die Vielfalt: die Zentrierung im Herzen, das einem anderen Herzen verbunden ist; die Zentrierung im Auge, das Glück und Traurigkeit sieht und ausdrückt; die Ausrichtung auf die Welt mit aller Vielfalt, Schönem und Bedrohlichem. Klienten und Patienten, die derartige Bilder „aus sich heraus" erschaffen, erfahren dabei die *Exzentrizität des Auges* und die *Zentriertheit im Herzen*, erleben dabei ihre Verbundenheit mit der Welt, mit der Sonne und mit dem Bäumen, mit den Dingen, mit den Pflanzen und Tieren und mit den Menschen. Sie begreifen, erfassen dabei ganz *existentiell* etwas von ihrem *Wesen* oder – vielleicht in Sternstunden – *ihr Wesen in Fülle*.

Das Selbstbild in Abb. 7 verbindet in sehr schöner Weise die Aspekte, die bis jetzt ausgeleuchtet wurden. Die Dialektik von Exzentrizität und Zentriertheit wird deutlich. Nicht nur der Kern ist wichtig, sondern auch das, was ihn umgibt, ja sogar die Randbereiche. Das Selbst ist gleichsam *im Zentrum und auf der Peripherie zugleich* (vgl. *Petzold* 1983e, 78 f). Es öffnet sich in alle Richtungen der Welt und ist dennoch umschlossen, ja umschließend, denn es bezieht Erde und Luft, Sonne und Mond, Wasser und Feuer ein. In dem sehr symbolträchtigen Bild, in dem sich *retrospektiv* eine Fülle biographischer Materialien niedergeschlagen hat, *aspektiv* komplexe Lebenskonstellationen der Gegenwart verdichten konnten und *prospektiv* Wünsche, Sehnsüchte, Hoffnungen Form gewinnen konnten, haben wir das Selbst-bild in seiner temporalen Qualität, Vergangenheit, Gegenwart und Zukunft einschließend, die Strukturen der Geschichte, wie sie sich im phänomenalen „Hier und Jetzt" zeigen und wie sie sich in Entwürfen artikulieren, einbeziehend. Der Lebensbaum wächst, das Lebenswasser strömt, und das Licht leuchtet und sucht, den Lebensweg zu erhellen.

In der Bearbeitung solcher Selbstbilder „aus der inneren Resonanz" werden die Symbole „desymbolisiert", sie werden ausgefaltet, und konkrete Lebensszenen, Beziehungskonstellationen, erfahrene Situationen und benennbare Zielformulierungen, Wünsche an das Leben lassen sich versprachlichen ... Es bleibt ein Rest – Transverbales, das spürbar ist, aber die Sprache übersteigt und im Bereich des Ikonischen, des Figuralen, des Symbolischen nistet. Wenn der Mensch in seine *Tiefe* hinabtaucht, in seinen „endothymen Grund", kommt er – die Symbolik macht dies deutlich – mit dem Faktum in Kontakt, daß seine Wurzeln in der Lebenswelt gründen, aus der er Kraft bezieht. Der *homo absconditus* (*Brunner* 1937) kommt hier mit den Tiefen von Raum und Zeit in Kontakt, eine „arché", die seine Person unterfängt, mit ihr verbunden ist und die von ihm *persönlich* erlebt wird – anders ist es nicht möglich (weshalb wir von Konzepten wie „*transpersonaler* Psychologie" Abstand nehmen). Durch das Erleben dieses *synontischen Grundes* erhält er die Möglichkeit einer Verbundenheit mit den anderen Menschen und der Welt (*Petzold* 1992a, 491 ff.). In diesem Sinne kann man bei in den Selbstbildern verwendeten Symbolen eine gewisse *Archetypik* sehen, verstanden als eine grundsätzliche, existentielle Qualität und nicht im *Jung*schen Sinne einer universellen Gültigkeit aufgefaßt. Wäre das Bild in Abb. 7 von einem Kandidaten aus unserer Ausbildungsgruppe in Barcelona, so würde *der* Mond zu Frau Luna (*la luna, la lune*), *die* Sonne würde zum südländischen Feuerball (*el sol, le soleil*). Nichtsdestotrotz behalten die Himmelskörper eine grundsätzliche Qualität. Sie sind Lichtspender, und *das* Licht liegt jenseits des Männlichen und Weiblichen.

Das schöpferische Selbst, wie es sich in Selbstbildnissen zeigt, vermittelt einen Eindruck davon, wie ein Mensch sich mit seinem Leben, seiner Lebensgeschichte, seinem Lebenszusammenhang kreativ auseinandersetzt, indem er das, was er differenzierend wahrgenommen hat, was er integrierend aufgenommen hat, an die Welt zurückgibt: In der Gestaltung seiner eigenen Person, die in dieser Welt anwesend ist, wirkt und die den „Stoff der Welt" formt. Der wahrhaft schöpferische Mensch schmiegt sich in die Welt ein, läßt sich von ihr zuweilen *autoplastisch* formen und gibt an sie zuweilen *alloplastische*, die Umwelt gestaltende Impulse. In beiden Möglichkeiten bleibt er sich treu. In der *Ideoplasie*, der Selbst*kon*stitution, ist er Berührender und Berührter, Schaffender und Geschaffener zugleich, sich überlassend, lassend (das ist keine Passivität) und zugleich mit anderem und anderen um Form ringend, wenn er die Welt (deren Teil er ist) zu „seiner" macht, ohne daß ihm dies zur zerstörerischen Dominanz oder Kolonialisierung gerät. Das wird um so besser gelingen, je deutlicher dem Menschen die Dialektik seiner Existenz zwischen *Exzentrizität und Zentrierung* bewußt wird und je besser er diese handhaben kann, je klarer es ihm ist, daß er nicht nur in der Welt der Gedanken, der Bedeutungen, der Konstrukte lebt, der Welt, die er sich geschaffen hat (etwa in der Technik), sondern daß er diese Welt aus den Gegebenheiten, Materialien, Ressourcen der Lebenswelt erschaffen konnte, daß das, was über die Sprache verfügbar wurde, in einem „stummen Sinn" gründet, in der Lebenswelt als Grundlage unserer Schöpfungen, weil das *schöpferische Selbst* – es sei noch einmal betont – an der Generativität der Lebenswelt partizipiert. Die *künstlerischen Therapieformen* vermögen hier im Bereich unserer Kultur einen wichtigen Beitrag zum Selbstverständnis des Menschen zu leisten, nicht nur, indem sie die Heilung seiner persönlichen Krankheiten fördern, sondern auch, indem sie über die „Heilung des Selbst" hinausgehen. Sie tragen zur Gesundung des Milieus bei, in welchem das Selbst lebt, wenn sie dafür sensibilisieren, welche Grenzen die Prozesse der *Alloplasie*, der Weltgestaltung haben, sensibilisieren für den Raum der *Ideoplasie*, den Raum, den der Mensch in dieser Welt einnimmt und einnehmen kann, ohne sie zu gefährden, indem sie weiterhin dem Menschen die „stumme Welt" unmittelbarer Erfahrung, den „sprachlosen Raum" wieder besser zugänglich machen und ihm das Land der Kinder und die Schönheit der Dinge wieder oder in vertiefender Weise erschließen. Wir wollen uns deshalb in den folgenden Ausführungen mit Fragen der *Praxeologie*, der Umsetzung der anthropologischen und persönlichkeitstheoretischen Konzepte zum „schöpferischen Menschen" befassen.

THERAPIE IM SPRACHLOSEN RAUM

Der Begriff scheint auf den ersten Blick ein Widerspruch zu sein, wird doch Psychotherapie immer mit Versprachlichung seelischer Inhalte verbunden. *Merleau-Ponty* (1960, 1964, 1969) und *Hellmut Plessner* (1967, 1968), wichtige „Referenzphilosophen" der Integrativen Therapie, haben sich intensiv mit dem „stummen Sinn" und mit „sprachlosen Räumen" auseinandergesetzt, und schon *Freud* und *Jung* haben sich – jeder auf seine Weise – mit dem „Bilderreich der Seele" und seinen prozeßhaften Repräsentationen befaßt. Für die Integrative Therapie ist – nicht zuletzt durch ihren Bezug auf die „Phänomenologie des sprachlichen und nichtsprachlichen Ausdrucks" (*Petzold* 1970c, 1988a), auf die empirische Babyforschung (idem 1990e, 1992c), durch die Arbeit mit „kreativen Medien" (idem 1965, 1972e; *Sieper* 1971) und durch leibtherapeutische Praxis (*Heinl* 1985; *Petzold* 1975e) oder die Behandlung von „Frühgeschädigten" – die therapeutische Arbeit im „sprachlosen Raum" mit seinen Phänomenen (*Petzold* 1983g) immer ein genuines Anliegen, wenngleich es auch von anderen Autoren (*P. Heinl* 1991; *Cavallo, Robbins* 1980) zu diesem Konzept interessante und beachtenswerte Ansätze gibt. Betreten wir das Reich der Träume – die *via regia* zum Unbewußten –, begegnet uns eine andere Sprache, die der Bilder und Symbole (*Petzold, Orth* 1993, 132 ff.). Bilderzählungen finden sich auch im Bereich der Kunst, ja in den narrativen Zeichnungen der Kinder. Es gibt offenbar noch einen „anderen *Sinn*" neben dem, der in verbalen Diskursen eingefangen ist. „Lieder ohne Worte", „symphonische Dichtungen", die stumme Sprache der Pantomime oder des Tanzes, die Interpretation von Außenwelten durch den Pinselstrich des Landschaftsmalers, des Impressionisten, und die Interpretation von Innenwelten durch Formen und Farben des Surrealisten ... all das verweist uns auf eine ganze Welt von Sinn, der nicht-sprachlich gefaßt ist und der nur zum Teil in die Rede überführt werden kann. Für Erfahrungen der Sprachlosigkeit, in der die Worte fehlen, nicht mehr ausreichen, bleibt allenfalls die Umschreibung.

In den Lebensgeschichten unserer Patienten, die im eigentlichen ja „Ereignisgeschichten" sind, findet sich Sprachlosigkeit als *Präverbales* in der biographischen Frühzeit und Sprachlosigkeit als *Transverbales* – im guten wie im bösen –, wenn man „stumm vor Glück", „sprachlos vor Staunen" ist, aber auch, wenn namenloses Entsetzen uns erfüllt oder unvorstellbare Aggressionen, für die wir „keine Worte" finden, die uns die „Sprache verschlagen". Die Metaphorik der Sprache selbst belehrt uns darüber, daß es einen *sprachlosen Raum* gibt, aus dem mächtige Atmosphären, starke Bilder, gewaltige Klänge, die Wucht der Ereignisse die Worte verdrängt haben, in dem die Rede an den Rand der existentiellen Erfahrung verwiesen wurde und nur noch „die reine Geste“, der emotional geladene Laut, das Seufzen, der Schrei, das Lachen das zum Ausdruck bringt, was anwesend ist, aber keiner Worte bedarf – Sinnevidenz als solche.

Natürlich kann versucht werden – und oft genug ist es unerläßlich –, dies alles durch die Sprache einzuholen. Doch werden genau bei diesem Versuch die Grenzen des begrifflich Faßbaren deutlich. Nicht alles kann „auf den Begriff gebracht“, „in Worte gekleidet“, in „wohlgesetzte Rede“ gefaßt werden. Es bleibt oft genug ein Mangel an Aussagbarkeit oder auch ein Überschuß des noch zu Sagenden. Insbesondere die Sprache der Dichtung spannt hier einen Raum aus, evoziert *Atmosphären*, die ihn füllen, gebiert *Sinn* als Verweisung „zwischen den Zeilen“.

Die hier knapp umrissenen Dimensionen einer Welt „stummen Sinnes“, der zur Sprache gebracht werden kann (*Husserl, Merleau-Ponty*), ohne daß diese ihn jedoch je ganz auszuschöpfen vermöchte, begegnen uns in beeindruckender Weise in der kunst- und kreativitätstherapeutischen Arbeit, in den Bildnereien der Geisteskranken, die *Réja, Prinzhorn, Navratil* und andere gesammelt haben, in den Zeichnungen gesunder wie kranker Kinder, in den Farbkompositionen und Collagen, die Patienten in einer Kunsttherapiegruppe „aus sich“ erschaffen, in den Melodien und Klängen, die durch musiktherapeutische Arbeit in Menschen aufklingen, im konkreten leiblichen Ausdruck des pantomimischen Gestus, in der Dramatherapie oder einer tanztherapeutischen Improvisation.

Der besondere Beitrag der künstlerischen Therapieformen zum Felde der Therapie somatischer, psychosomatischer und psychischer Erkrankungen liegt in der Erschließung dieser Möglichkeiten, die als fundamental menschliche anzusprechen sind und die durch den „Logozentrismus“ – um diesen Ausdruck von *Derrida* aufzugreifen – der verbalen Therapieformen bislang zu wenig Beachtung gefunden haben. Wenn wir mit früh- und schwerstgestörten Patienten arbeiten wollen, können wir auf die angesprochenen Bereiche nicht verzichten.

Der „sprachlose Raum“ ist nicht nur ein Bereich von Schädigungen, in ihm ruht auch das Potential des Schöpferischen (*Balint* 1990). Über die Dimension der Heilung hinaus eröffnet deshalb die intermediale kunsttherapeutische Arbeit eine Dimension der Entfaltung und des persönlichen Wachstums – für Patienten und für Therapeuten.

EINDRUCK UND AUSDRUCK

„Sprachlose Räume“ müssen – wollen wir sie der Bewußtheit zugänglich machen, der bewußten Erfahrung erschließen – betreten werden, „erfahren werden“, gleichsam erwandert werden, und dabei muß jeder *Eindruck*, muß alles, was sinnenhaft aufgenommen wird, auch als Resonanz im Form von leiblichen *Regungen* gespürt werden können. Das von den Sinnen Aufgefundene *und* seine Resonanz müssen in die *Empfindung* treten. Das Gespürte, Empfundene wiederum kann uns affizieren, berühren, bewegen, so daß *Affekt*, innere Berührtheit und Bewegtheit, ja ein Aufgewühlt- und Erschüttert-Sein entsteht, als Resonanz auf die wahrgenommene Welt, und diese Resonanz will an die Welt zurückgegeben werden. Sie drängt als *emotio* nach außen, in die *Expression* als Herausbewegung, die sich über Mimik, Gestik, Haltung, Bewegung, Handlung, Gestaltung an die Welt vermittelt (*Petzold* 1992a, 856). Genau hier ist der Ort, wo in Beratungs- und Therapieprozessen kreative Medien, künstlerische Ausdrucksformen ins Spiel kommen müssen, und wenn wir nur in der Sprache verbleiben – und dies war bislang für die Mehrzahl der psychotherapeutischen und beraterischen Verfahren der Fall –, schreiben wir die Strategien der „Selbstzwangsapparatur“ fest und bekräftigen den „innengeleiteten Sozialcharakter“, deren entfremdende Momente wir im Einleitungsteil dargestellt haben. Es wird hier deutlich: Psychotherapie und Beratung sind nicht kontextenthoben. In ihnen reproduzieren sich, wie *Berger* und *Luckmann* gezeigt haben, die Konstruktionsprinzipien gesellschaftlicher Wirklichkeit. Was das bedeutet, zeigt sich in beeindruckender Klarheit, wenn *Freud*, der angetreten war, den Trieb zu befreien, seine Psychoanalyse in dem Satz zusammenfaßt: „Wo *Es* war, muß *Ich* werden". Hier wird wiederum der vitale *Ausdruck* des „sündigen Fleisches" unter die Disziplin der Vernunft gestellt. Es ist eben äußerst schwierig, dem Gesetz der „repressiven Sublimierung" (*Marcuse*) zu entkommen, und insofern ist das Aufkommen kreativitätstherapeutischer, leibtherapeutischer, expressiver und kunsttherapeutischer Methoden und Medien im Bereich von Psychotherapie und Beratung eine höchst beachtenswerte Entwicklung, deren Bedeutung man erst richtig einzuschätzen vermag, wenn man die aufgezeigten Hintergrunddimensionen mitberücksichtigt. Es ist hier nämlich die Chance gegeben, den Primat der Rationalität, Reflexivität und nachdenklichen Zurück-haltung zu überwinden, ohne in das gegenteilige Extrem eines Primates der Sinnlichkeit, Expressivität, Exzentrik umzuschlagen, wie er von der klassischen Gestalttherapie vertreten wurde: „Loose your mind and come to your senses!", formulierte *Perls*, „Keep your mind and come to your senses!", wäre eine bessere Alternative. Kreativität ist ja genau von der schöpferischen Synthese zwischen Vernunft und Gefühl gekennzeichnet, von „reflexiver Sinnlichkeit" (*Dreitzel* 1992) und „sinnlicher Reflexivität" (*Petzold* 1970c). Für die Praxis von Beratung und Therapie bedeutet dies, daß neue Wege beschritten werden müssen, daß neue methodische Zugänge, Formen, Stile zu entwickeln sind, und dies „am Leitfaden des Leibes", um einen Begriff *Nietzsches* zu verwenden.

Die „Anthropologie des schöpferischen Menschen", die ihr Fundament in der leiblichen Verfaßtheit des Subjektes sieht, bietet hierfür eine gute Ausgangslage. Wenn wir das Konzept des „perzeptiven Leibes" praxeologisch auswerten, so folgt daraus, daß es darum geht, Menschen zu helfen, „mit allen Sinnen wahrzunehmen", ihre Wahrnehmungsfülle zu fördern, die Differenziertheit ihrer Perzeptivität – und dabei darf kein Sinnesvermögen ausgelassen werden. Wenn wir das Konzept des *expressiven Leibes* ernst nehmen, so gilt es, alle Ausdrucksmöglichkeiten zu fördern und dort, wo durch repressive Sozialisationsbedingungen Ausdruck verhindert, eingeengt, beschnitten wurde, Räume, soziale Situationen, Atmosphären bereitzustellen, in denen sich ein Mensch so ausdrücken kann, wie ihm zumute ist, wie es seiner Persönlichkeit entspricht, unter Regeln der Angemessenheit, die verhandelbar sind, ohne daß es notwendig wird, in unverrückbarer Restriktivität Lebensimpulse zu unterdrücken. Für Therapeuten und Berater bedeutet dies, daß sie ihre eigene Perzeptivität und Expressivität zur Verfügung haben, daß sie „mit allen Sinnen" bei der Welt sein können und als Resonanz auf die wahrgenommene Welt Gefühle und leiblich konkreten Ausdruck in ihren Interaktionen und Kommunikationen zeigen können – in angemessener Weise, versteht sich, und Angemessenheit heißt nicht verschlossene Abstinenz, die dem Gegenüber seine Reaktionen „undurchsichtig wie ein Spiegel" zurückspiegelt –, so die Ratschläge, die *Freud* dem Arzt für die Behandlung auf den Weg gab.

„INTERMEDIALE QUERGÄNGE"

Jedes Wahrnehmungsvermögen des Leibes hat eine Entsprechung in den expressiven Fähigkeiten des Menschen: Der Gesichtssinn ermöglicht bildnerischen Ausdruck, Malerei; das Gehör musikalischen Ausdruck, Gesang und Instrumentalspiel; die vestibulären Sinne machen Bewegungsausdruck möglich, Tanz, Mime, Pantomime; die taktilen Sinne führen im Verein mit dem Sehen zu plastischem Gestalten. Im Zusammenspiel vielfältiger Sinnes- und Ausdrucksvermögen kommen wir zu komplexen Formen wie Theaterspiel, Puppenspiel, musikalischen Gruppen- und Tanzimprovisationen). Kleine Kinder und Menschen in originären Kulturen haben all diese Wahrnehmungs- und Ausdrucksmöglichkeiten zu ihrer Verfügung, bis diese auf kollektiver Ebene im Prozeß der Zivilisation und auf individueller Ebene in den

Prozessen der Sozialisation verlorengehen. Das Ausdrucks- und Gestaltungsvermögen, von dem hier die Rede ist, ist also nicht gleichbedeutend mit „großer Kunst". Es sind Kulminationspunkte eines genuinen, natürlichen Wahrnehmungs- und Ausdruckspotentials, über das jeder unentfremdete Mensch, der seinen Körper nicht instrumentalisieren mußte, verfügt, und zwar in der *Gesamtheit* von Perzeptivität und Expressivität, die Einzelvermögen nicht ausgliedert. Eine einseitige Ausprägung des optischen Sinnes und der bildnerischen Gestaltungsformen führt zu einer Verarmung, eine selektive Förderung des Gehörs und der vokalen Ausdrucksmöglichkeiten desgleichen. Die nonverbalen Möglichkeiten von Tanz und Pantomime führen uns in die Einseitigkeit, wenn die verbalen Möglichkeiten sprachlichen Ausdrucks und poetischen Sagens dabei ausgeblendet werden. Die Fragmentierung der perzeptiv-expressiven Vermögen des Menschen durch Spezialisierungen muß selbst als Ausdruck von Entfremdung gesehen werden. Dies wiederum gilt nicht mit Blick auf die Formen „großer Kunst", sondern mit Blick auf das allgemeinmenschliche kreative Potential, das für die persönliche Gesundheit und das persönliche Lebensglück wesentlich ist, obgleich auch viele große Künstler in einem Gestaltungsbereich – z. B. der Dichtung – bemüht waren, sich andere Gestaltungsbereiche – etwa die Malerei oder die Musik – zu erschließen und sie zu pflegen (*Böttcher, Mittenzwei* 1982).

Als sich im Verlaufe des 19. Jahrhunderts die verschiedenen künstlerischen Therapieformen zu entwickeln begannen – Musiktherapie, Maltherapie, Bewegungs- und Tanztherapie, Poesietherapie, Dramatherapie –, gab es einige wenige Psychiater, die die verschiedenen Möglichkeiten „synthetisch" einsetzten, wie z. B. *Johann Christoph Reil* (1803). Aber die Gesamtentwicklung führte über lange Zeit zu separaten Behandlungsformen. Schaut man aber in die Geschichte der Heilkunde, so sieht man, daß in den schamanistischen Heilungsritualen, aber auch in den Tempelkrankenhäusern der Antike alle Sinnes- und Ausdrucksvermögen angesprochen wurden. In jedem Tempel des Asklepios und seiner Schwester Hygieia finden wir ein Theater, ein Odeon für die Musiktherapie, ein Gymnastikon bzw. Stadion für die Bewegungsarbeit, Räucherschalen für die Aromatherapie (*Petzold, Sieper* 1990). *Hildegard von Bingen, Paracelsus, Johann Christoph Reil* wußten offenbar noch, was ganzheitliche Behandlung war. Mitte der sechziger Jahre wurde im Bereich der anthroposophischen Kunsttherapie und der Bemühungen um die Integration therapeutischer Wege im Bereich der Humanistischen Psychologie versucht, die unterschiedlichen Möglichkeiten sensorischer Stimulierung und leiblichen Ausdrucks *differentiell* und *integrierend* zu nutzen. So haben wir entdeckt (*Petzold* 1971k, 1977c), daß die einzelnen künstlerischen Ausdrucksformen und kreativen Medien – Musik, Farben, Tonerde, Bewegung, Poesie – auch über spezifische Ausdrucksqualitäten verfügten, die einzeln für sich oder in *„intermedialen Quergängen"* genutzt werden können, je nach Indikation und Situation im therapeutischen Prozeß. Probleme, die ihren Ursprung in frühen, vorsprachlichen Defizit- oder Traumaerfahrungen haben, sogenannte „frühe Störungen", werden durch rein sprachliche Zugangsformen nicht wirklich erreicht. Nonverbaler Ausdruck, Arbeit mit Ton oder mit Fingerfarben können hier verschlossene Erfahrungsbereiche öffnen und Möglichkeiten der Bearbeitung, ja des Durcharbeitens bieten. Andererseits wird man mit einem Patienten, der während der „sprachsensiblen Phase" keine Ansprache erhalten hat, der „wundgeschwiegen" wurde, mit Formen „nichtsprachlichen Ausdruck", z. B. Malen, Tonarbeit oder Bewegungsimprovisation, nicht die angemessenen Mittel der Behandlung wählen. Er bedarf der Ansprache, des Gespräches, der Möglichkeit, sich sprachlich auszudrücken, Worte zu finden, *seine* Sprache zu gewinnen. Arbeit auf dem präverbalen Niveau wiederum bedeutet nicht, daß wir in der Sprachlosigkeit verbleiben. Können verdrängte frühe Ängste z. B. in Farbkompositionen mit Fingerfarben oder Wachsmalstiften Ausdruck finden, können „ungreifbare Atmosphären" der

Angst oder des Entsetzens bildnerisch eine Form erhalten, so wird es im Verlaufe therapeutischer Prozesse auch notwendig werden, das Ungreifbare – ist es einmal greifbar geworden – auch „auf den Begriff" zu bringen. Namenlose Schrecken erhalten dann einen Namen, und mit der Benennung erfolgt auch – ähnlich wie in magischen Beschwörungen – ein Rückgewinn von Macht, eine Überwindung von Ohnmacht und Ausgeliefertsein. Das *Ich* erhält die Kontrolle über die verdrängten Situationen und die in ihnen wirkenden Gefühle. Es wird nicht weiter von Emotionswallungen – Depressionsgefühlen, Panikattacken, Aggressionsdurchbrüchen – überschwemmt, die den Lebensvollzug stören, sondern es kann die emotionalen Intensitäten dosieren – eine Voraussetzung für soziales Zusammenleben. Hier das Moment der *Angemessenheit* zu finden wird eine wichtige Aufgabe der Therapie werden. Die Fähigkeit zur Selbstregulation ist ja nicht gleichbedeutend mit einer „Selbstzwangsapparatur". Letztere beschneidet das Spektrum von Wahrnehmung und Ausdruck, *Selbstregulation* hingegen hat das gesamte Spektrum zur Verfügung und weiß es situationsadäquat zu nutzen.

Wenn wir künstlerische Ausdrucksformen und kreative Medien in „intermedialer Weise" in der Therapie und Beratungssituation einsetzen (*Orth, Petzold* 1990), so geht es keinesfalls um einen Medienaktionismus, ein multimediales Allerlei nach der Maxime: „Vielfalt ist gut". Wir brauchen vielmehr eine gründliche Kenntnis der Möglichkeiten der einzelnen Medien, ihrer stimulierenden Qualität, ihres Aufforderungscharakters, ihrer positiven Wirkungen, aber auch ihrer Gefahren. Tonarbeit z. B. kann in sehr plötzliche, tiefe Regressionen führen, die manchmal nur schwer aufzufangen sind. Wir müssen weiterhin gute entwicklungspsychologische Kenntnisse haben, um zu wissen, welche Gestaltungs- und Ausdrucksmöglichkeiten bestimmten entwicklungspsychologischen Perioden zuzuordnen sind. Rollenspiel aus der Zeit der „rollenspiel-sensiblen Phase" (*Flavell* 1975) zwischen vier und sechs Jahren ist sicher nicht der optimale Weg, pathogene Erfahrungen aus einer repressiven Sauberkeitserziehung zu bearbeiten. Hier sind Fingerfarben, das Matschen mit Ton die Mittel der Wahl. Derartige Indikationen, die mit Blick auf Grundprobleme gestellt werden, dürfen aber keinesfalls stereotyp im Sinne einer „Medienapotheke" eingesetzt werden. Vielmehr ist auf der Grundlage klinischen Wissens der Gesamtzusammenhang zu berücksichtigen. Selbst wenn sich die Probleme eines zwanghaften Patienten vielleicht von einer zu strengen Sauberkeitserziehung herleiten lassen, heißt das nicht, daß diese biographische Geschichte auch unmittelbar über Medienarbeit angegangen werden kann. Übertragungssituationen, Widerstand und Abwehrgeschehen müssen berücksichtigt werden. Das, was etwa durch die Tonarbeit ausgelöst werden kann, muß vom Patienten ja auch verarbeitet werden. Durch das hohe stimulierende Potential kreativer Medien besteht immer auch die Gefahr, daß Widerstände „überspielt" werden und eine Fülle biographischen Materials mit den dazugehörigen Emotionen freigesetzt wird, was nur schwer zu handhaben ist. Weiß man aber um die „evokative Kraft" der einzelnen Medien und um die Möglichkeiten, in „intermedialen Quergängen", d. h. durch den Wechsel von einem Medium ins andere, therapeutische Prozesse zu kanalisieren, so kann man zu Formen therapeutischer und beratender Arbeit finden, in den in wahrhaft kreativer Weise Vernunft, Gefühl und Handeln verbunden werden.

Binden wir die Arbeit mit künstlerischen Formen und kreativen Medien zurück an die „Anthropologie des schöpferischen Menschen", an den Menschen, der über all diese Fähigkeiten verfügt – seien sie auch noch so verschüttet –, so müssen die Therapeuten, die Berater nicht mit dem Gefühl der Insuffizienz vor den Medien stehen und sich sagen: Aber ich bin kein Psychodramatiker und kein Poesietherapeut, ich verstehe nichts von Musiktherapie oder Tanztherapie. Intermediale Arbeit vertritt keineswegs den Anspruch eines „kreativen Allround-Therapeuten". Genauso, wie die einzelnen Sinnesvermögen in besonderer Weise entwickelt werden können, ist es durchaus sinnvoll, die Kunst der Musik und die Methode der Musiktherapie differenziert und vertieft zu pflegen und auszuarbeiten, und ähnlich steht es mit der Tanzkunst und der Tanztherapie oder der Theaterkunst und der Dramatherapie. Der intermediale Ansatz profitiert von solchen Spezialisierungen, die sich ja auch an FPI und EAG in den verschiedenen Ausbildungszweigen finden. Er kann von ihnen Anregungen erhalten, aber er strebt sie nicht an. Er zielt auf ein breiteres, allgemeines Niveau kreativer Ausdrucksformen ab, die jedem Menschen zugänglich sind, die geradezu zum natürlichen Potential eines gesunden Menschen gehören. Deshalb wird z. B. ein „Integrativer Musiktherapeut" auch ein gutes Basiswissen über Bewegungsarbeit oder bildnerische Medien haben, wenngleich sein „Hauptfach" die Behandlung mit Formen des musikalischen Ausdrucks und mit Instrumenten als Medien ist.

Es geht eigentlich um einen bescheidenen Anspruch, bei dem wir unsere eigenen kreativen Grundvermögen und Möglichkeiten nutzen und einsetzen können. Und wenn wir dann dennoch vor der Aufgabe erschrecken, mit „so vielen" Medien arbeiten zu müssen, wenn Unsicherheiten und Ängste vor dieser Aufgabe aufsteigen, so ist dies auch eine Konfrontation mit unserer eigenen Entfremdung, mit dem Verlust von Möglichkeiten, über die wir alle als Kinder verfügten, ehe unsere vielfältigen Ausdrucksmöglichkeiten domestiziert und dem „Logozentrismus" (*Derrida*) der abendländischen Kultur geopfert wurden. Gerade für verbal-orientierte Therapeuten und Berater ist der intermediale Ansatz oftmals eine Herausforderung. Er bedarf der Selbsterfahrung, der Experimentation, des Erlebens in der Kommunikation über das Medium, und genauso wie die verbalen Selbsterfahrungsprozesse zunächst einen „Schritt über Schwellen" erfordern, verlangen die medialen Selbsterfahrungsprozesse wieder eine neues „Sich-Einlassen". Wird dieser Schritt aber vollzogen, so kommt es zu einem Wiederentdecken alter Fähigkeiten und Möglichkeiten, kann eine Faszination erfahren werden, die Therapeuten kennen müssen, wollen sie bei ihren Patienten und Klienten verschüttete Kreativität wachrufen und schöpferische Potentiale fördern und entwickeln. Sie werden selbst ein personales „kreatives Medium" (*Wolff* 1987). Die Wiederaneignung von Wahrnehmungs- und Ausdrucksmöglichkeiten führt insgesamt zu einer Bereicherung des persönlichen Erlebens, der intersubjektiven Beziehungen, der gruppalen Formen des Ausdrucks.

Natürlich wird man in einem medialen Selbsterfahrungsprozeß auch auf Defizite stoßen, auf Erfahrungen der Versagung und Beschneidung, auf mangelnde Förderung oder auf Verbote. Zumeist ist dies für die Pathogenese äußerst relevantes Material, werden doch nonverbale Botschaften, unterdrückende Atmosphären, situative Zwänge auf diese Weise zugänglich, die – eben weil sie jenseits der Sprache angesiedelt waren – von den Prozessen rein verbaler therapeutischer Arbeit nicht erfaßt wurden. Es wird damit das *Verstehen* und *Erklären* sprachzentrierter Therapie keineswegs geringgeschätzt. Im Gegenteil, es bleibt unverzichtbar, nur wird eine solche Behandlung unterfangen von Prozessen des Wahrnehmens und *Erfassens*, die noch andere Dimensionen erschließen. Biographie und positive wie negative biographische Einwirkungen sind niemals nur auf Worte begrenzt. Biographie ist die Archivierung „ganzer Szenen mit ihren Atmosphären" im Leibe, mit allem also, was an Sprache, Geräuschen, Gerüchen, an Mimik und Gestik, an Enge und Weite, an Helligkeit und Dunkelheit, Traurigkeit und Öde in dieser Szene vorhanden war.

Derartige Szenen sind oftmals dem Bewußtsein nicht zugänglich. Sie liegen unter dem Schatten der Verdrängung, und dennoch wirken sie, sind sie doch in den „Archiven des Leibes" abgespeichert. Atmosphären der Angst prägen den Leib, und der verängstigte Körper trägt die Szenen nicht nur in sich, sondern mit sich. Sie werden in Mimik, Gestik, Körperhaltung, Stimmführung spürbar. Differenzierende Arbeit mit den verschiedenen kreativen Medien, mit Wachsmalstiften, Bewegungsimprovisation, Schreiben von Texten entfalten hier ein hohes projektives

Potential. Verdrängtes kann sich artikulieren, wird für den betrachtenden Therapeuten, für Mitglieder einer Gruppe plötzlich sichtbar – auch wenn der Protagonist selbst noch nicht klar erfaßt, was er im Medium ausgedrückt hat. Das projektiv-diagnostische Potential muß deshalb mit Sorgfalt eingesetzt und ausgewertet werden. Damit wird ein übergreifender theoretischer Interpretationsrahmen, ein klinisches Konzept, eine Theorie der Psychotherapie erforderlich.

KÜNSTERLISCHE METHODEN UND KREATIVE MEDIEN IN THERAPIE- UND BERATUNGSPROZESSEN

Da die Arbeit mit künstlerischen Methoden und kreativen Medien uns immer wieder an Sozialisationsgeschichte heranführt, an die Formung durch Familie und Umfeld, an positive und negative biographische Erfahrungen und ihren prägenden Einfluß, wird ein theoretischer Rahmen für die praktische Arbeit erforderlich, in den solche Materialien eingeordnet werden können. Einen solchen Rahmen bietet in der Psychotherapie das tiefenpsychologische Paradigma mit seinen verschiedenen Ausprägungen, wie z. B. die Psychoanalyse *Freuds*, die komplexe Psychologie *Jungs*, die Individualpsychologie *Adlers*, aber auch Humanistische Therapiemethoden wie die klientzentrierte Gesprächstherapie, die Gestalttherapie und das Psychodrama. Wo immer das Konzept des *Unbewußten*, der Verdrängung, wo immer die Bestimmung von Lebensvollzügen durch Wiederholungszwänge, Lebensstile, Skripts und die zumindest teilweise „Bestimmung von Gegenwart durch Vergangenheit" zum Behandlungskonzept gehören, und wo – von diesen Prämissen abgeleitet – Übertragung, Gegenübertragung, Widerstand und Abwehrvorgänge die Handhabung von therapeutischen Beziehungen in Einzel- und Gruppenbehandlungen wichtig sind, kann die Arbeit mit kreativen Medien für Beratungs- und Therapieprozesse fruchtbar gemacht werden. Sie hat mit solchen Rahmenkonzepten einen soliden Hintergrund, der je nach Ausrichtung stärker konfliktpsychologisch, *Ich*-psychologisch, objektbeziehungstheoretisch orientiert sein kann oder Erkenntnisse der Selbstpsychologie einbezieht. Aber auch die mehr phänomenologisch ausgerichteten Gestalttherapeuten oder klientzentrierten Berater, die von den wahrgenommenen Phänomenen im Hier und Jetzt zu „unerledigten Situationen" (*Perls* 1969) aus der Vergangenheit kommen, die sich in der Gegenwart der therapeutischen Beziehung zeigen, stehen letztlich im Paradigma biographisch formierter Persönlichkeitsentwicklung. Wenn man von „Wachstum" spricht, wie die verschiedenen Formen von Humanistischer Psychotherapie, so impliziert das Geschichte und Zukunftsentwurf, und das, was sich in den kreativen Medien ausdrückt, sei es im Schreiben eines Märchens, im Malen seines Lebensbildes, im Tanzen seines Zorns, im Formen seiner Ängste in Ton ..., immer werden wir auf Entwicklungsprozesse verwiesen, gelungene und mißlungene.

Wenn wir mediale Arbeit in Therapie- und Beratungssituationen einbringen wollen, so geht es um nichts anderes als für die biographische Erfahrung und das dialogische Geschehen in der therapeutischen Situation neue Formen des Ausdrucks und der Mitteilung zur Verfügung zu stellen. Der *therapeutische Prozeß* mit seiner Dynamik wird damit insgesamt kein anderer: Mit oder ohne Medien, hinter ihm stehen stets biographische oder aktuale Situationen, aber diese Situationen finden reichere, fülligere Möglichkeiten, zum Ausdruck zu kommen. Die Geschichte des Patienten wird als „leibhaftige Geschichte in Situationen" für den Therapeuten zugänglich. Er kann damit die Szenen der Biographie seines Patienten in einer neuen, umfassenderen Weise betreten, und er vermag im therapeutischen Geschehen in anderer Weise *„korrigierende emotionale Erfahrungen"* (*F. Alexander*) zu vermitteln oder *„alternative Erfahrungen"* (*Petzold* 1970c) durch Atmosphären und Szenen mit neuen Erlebnisqualitäten bereitzustellen – z. B. durch intermediale Arbeit in Gruppen (*Orth, Petzold* 1990). Versteht man Therapie und Beratung als Prozesse einer „neuen

Sozialisation", so gewährleistet das Einbeziehen kreativer Medien, daß sich keine sinnlich verknappte Sozialisation fortsetzt.
Weil viele Patienten und Klienten, die gezwungen sind, Therapie- und Beratungssituationen aufzusuchen, von Entfremdungserfahrungen geprägt sind, ist es keineswegs immer einfach, sie für mediale Arbeit zu gewinnen, ihnen die Möglichkeiten des Ausdrucks in kreativen Medien zu erschließen. Ein sorgsames Hinführen wird erforderlich, zuweilen ein Erklären. Kleine, experimentierende Angebote, Formen dialogischen Zeichnens, können ein Einstieg sein.

Oft fordern wir einen Patienten in der Initialphase der Therapie oder Beratung auf, mit Farbstiften sein „soziales Netzwerk" auf einen großen Papierbogen zu zeichnen, für die einzelnen Personen Symbole zu wählen oder die Namen farbig hinzuschreiben und auch die Beziehungsqualitäten zwischen den Menschen im Netzwerk durch Farben zu kennzeichnen. Es wird auf diese Weise anhand des konkreten sozialen Bezugssystems für den Patienten deutlich, wie er emotionale Beziehungen durch Farben ausdrücken kann, wie sich durch Formen Bewertungen, Gewichtigkeit oder Unbedeutendes kennzeichnen lassen. Eine solche „Propädeutik" beseitigt Barrieren. Sich mit Farben auszudrücken macht die Möglichkeiten der Symbolisierung konkret erfahrbar, erschließt dem Patienten neue Ausdrucksmöglichkeiten. Ist der Beratungsprozeß weiter fortgeschritten, kann man durch das Zeichnen einer „Lebenslinie" oder des „Lebenspanoramas" (*Petzold, Orth* 1993) einen Zugang zur Biographie des Klienten gewinnen oder besser: Der Klient gewinnt einen Zugang zu seiner Biographie in einer sinnfälligen, direkten Form, die über den verbalen Bericht hinausgeht. Farben und Formen vermitteln Atmosphären, Stimmungen, den emotionalen Gehalt von Situationen. „Kritische Lebensereignisse" „springen ins Auge" und können, sind sie erst „aufs Papier gebracht", in der Regel auch besprochen werden. Hat der Klient erst einmal die Möglichkeit kreativen Gestaltens entdeckt, erfährt er, daß Bilder immer wieder auch „Botschaften des Unbewußten" enthalten. Ist ihm erlebbar geworden, daß er sich in Texten, Collagen, in der Tonarbeit in einer neuen, intensiven Art und Weise ausdrücken und vermitteln kann, so stellt die Integration medialer Arbeit in therapeutische Prozesse keine große Schwierigkeit mehr dar. Es wird damit ein Zweifaches gewonnen: Einerseits wird in diagnostischer Hinsicht verdrängtes Material leichter und unmittelbarer zugänglich, zum anderen wird in therapeutischer Hinsicht ein aktives Gestalten von Problemen möglich. Sie finden eine bildnerische, mimische, gestische, sprachliche, musikalische Form, und derartige Formgebungsprozesse bereiten einen Transfer in den Alltag vor, in dem es zumeist ja auch darum geht, emotional schwierigen Situationen eine „neue Form" zu geben.
Mediales Gestalten findet immer in sozialen Kontexten statt, im Rahmen einer Therapie oder Beratung im Kontext der Beziehung zwischen Therapeut und Klient. Für dialogische Gestaltungsprozesse, gemeinsame Bewegungsarbeit oder dialogisches Malen, Dialoge an Instrumenten ist dies sinnfällig. Aber auch, wenn der Patient „für sich" am Tonfeld arbeitet, geschieht dies doch in der Präsenz des Therapeuten (unter seinem wohlwollenden Blick) oder im Kontext der Gruppe, in der kreativen Atmosphäre einer Gemeinschaft, und damit ist oft genug eine „alternative Erfahrung" zu biographischen Situationen gegeben, in denen das Kind niemanden zum Spielen hatte, allein spielen mußte, mit seinem Spiel störte, strafende, bewertende Augen und Worte erfahren hat statt liebevoller Blicke und ermutigenden Zuspruchs. Das, was in der Arbeit „für sich" geschaffen wird, steht immer im Kontext von Übertragung und Gegenübertragung. Die „Produkte" solch schöpferischer Prozesse werden gemacht, *um sie zu zeigen*, so wie ein Kind etwas, was es gebastelt hat, der Mutter bringt. Zumindest werden sie so gefertigt, daß sie gesehen werden können. Kreative Gestaltungen erhalten damit einen Ort in zwischenmenschlichen Beziehungen. Sie sind Botschaft, Ausdruck emoti-

Abb.1

Abb. 2

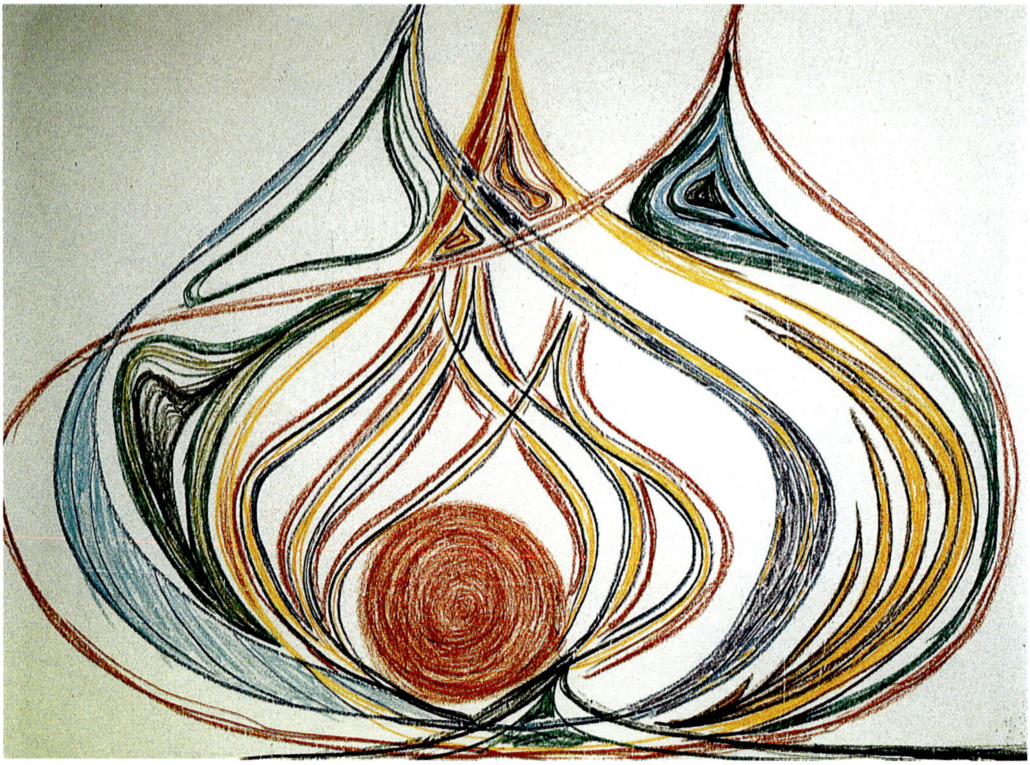
Abb. 3

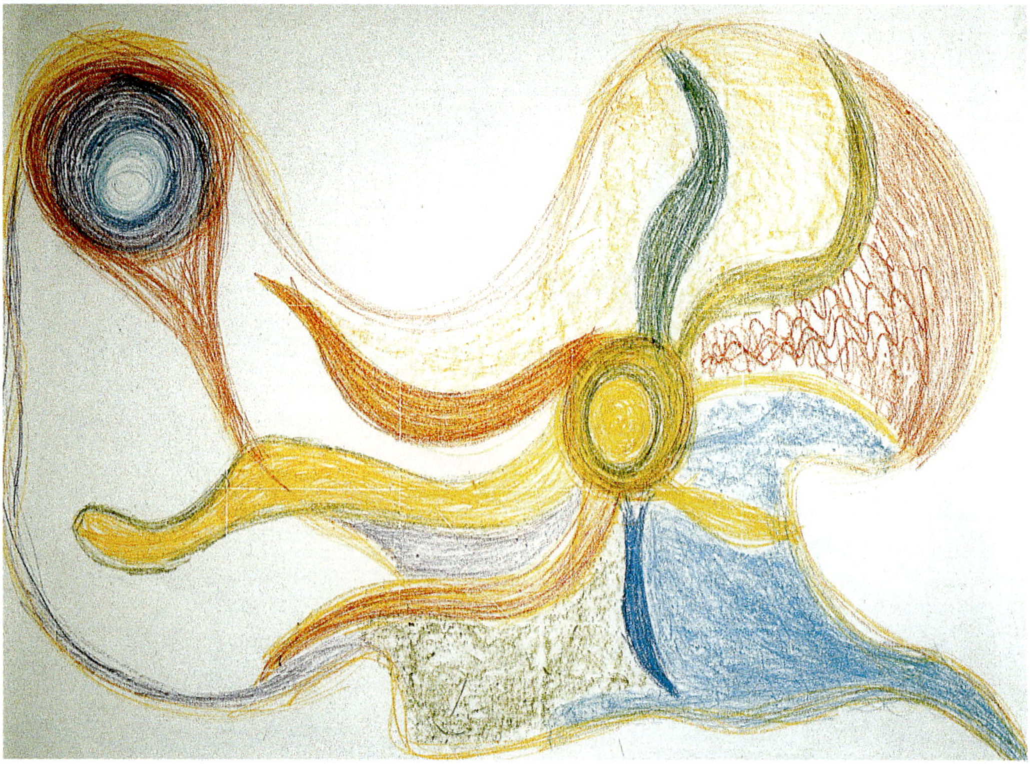
Abb.4

Abb. 5

Abb.6

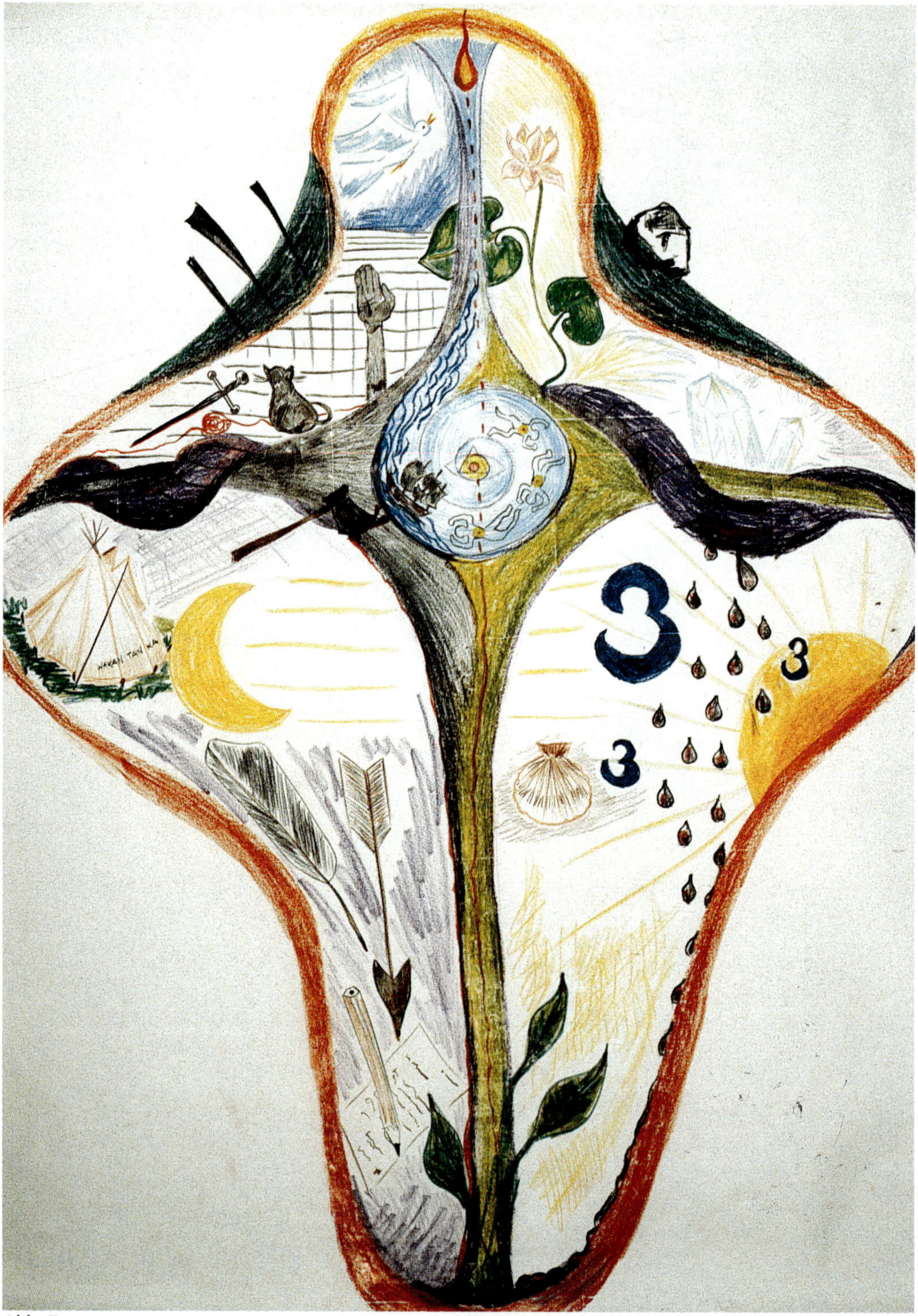

Abb. 7

onsgeladener Geschichte, die geteilt werden will, sei sie nun leidvoll oder freudig.
Die Arbeit mit kreativen Medien ist – und dies verdient hervorgehoben zu werden – nicht allein auf die Bearbeitung von Pathologie gerichtet. Sie will nicht nur zu pathogenen Szenen korrigierende oder alternative Erfahrungen bieten, sondern sie will auch Menschen helfen, zu den salutogenen Erfahrungen ihrer Geschichte, zu den heilenden und beglückenden Erlebnissen wieder Zugang zu finden. Positive Lebensereignisse sind ja oft genug verschüttet oder überschattet von negativen. Haben wir einen 40jährigen suizidalen Patienten im Erstgespräch, so ist immer eines evident: Er hat so viel an Nahrung, Schutz, Stütze und Hilfe bekommen, daß er vierzig Jahre alt werden konnte. Neben allen Belastungen, Verletzungen und Schäden müssen auch positive Kräfte in seiner Lebensgeschichte vorhanden sein. Jeder, der einmal eine depressive Erkrankung in seinem Leben hatte – und die Mehrzahl der Menschen hat solche Erfahrungen –, weiß, daß eine verdüsterte Gegenwart auch positive Vergangenheit überschattet. Es werden damit Quellen unzugänglich, die für die Bewältigung des Lebens notwendig und hilfreich wären. Die Arbeit mit kreativen Medien kann solche Quellen in einer unmittelbaren Erlebnisdichte erschließen. Es kann damit über die Bearbeitung von Problemen hinaus ein neuer Zugang zum Leben gewonnen werden. Und hier liegt einer der wichtigsten Beiträge kreativ-therapeutischer Methoden: Patienten, die sich das Malen, das Schreiben von Gedichten, das Tanzen, die vokale Improvisation als Möglichkeiten des Selbstausdruckes erschlossen haben, haben die Chance, diese neu- oder wiedergewonnenen Fähigkeiten auch in ihrem Alltag zu praktizieren, jenseits der Not biographischen Durcharbeitens. Sie werden auf diese Weise in ihrer Persönlichkeit reicher, reicher auch in ihren Möglichkeiten, sich auszudrücken und sich anderen Menschen zu vermitteln. Sie können das Klima, das sie in der therapeutischen Dyade oder in einer Gruppe, die mit kreativen Medien zu arbeiten gelernt hat, in der es möglich wurde, konstruktive schöpferische Atmosphären zu schaffen, mit in ihren Alltag nehmen. Hier wird die Arbeit mit kreativen Medien zu einem interpersonalen Ereignis. Kommt es zu gemeinschaftlichen kreativen Gestaltungen, so wird in besonderer Weise evident, was wir unter dem Begriff „Kokreativität“ verstehen: Schöpferische Prozesse werden zu einem liebevollen Engagement für eine gemeinsame Sache, für das „gute Leben“ eines Patienten, eines Gruppenmitgliedes, das gute Leben von Menschen. Ein Gedicht, das eine Patientin in einer Gruppe schrieb, die mit intermedialen Erfahrungen arbeitete, mag dies verdeutlichen:

Noch einmal
beginnen können
mit dem Schreiben
der eigenen Geschichte
und gleich anfangen
mit dem Märchen,
in dem alle Figuren sich begegnen
und gemeinsam
an dem großen Teppich weben,
dessen Muster
die Liebe ist.

LITERATUR

Alexander, F., French, T.M., Psychoanalytic therapy. Principles and application, Ronald Press, New York 1946.

Balint, M., Der Bereich des Schöpferischen, in: *Petzold, Orth* (1990a) 223-226.

Berger, P.L., Luckmann, T., Die gesellschaftliche Konstruktion der Wirklichkeit. Eine Theorie der Wissenssoziologie, Fischer, Frankfurt 1970, 1980.

Böttger, K., Mittenzwei, J., Dichter als Maler, Exlibris, Zürich 1982.

Brunner, E., Der Mensch im Widerspruch, Furche, Hamburg 1937.

Cavallo, M.A., Robbins, A., Understanding an object relations theory through a psychodynamically oriented expressive theory approach, *Arts in Psychotherapy* 7 (1980) 113-123.

Derrida, J., Grammatologie, Suhrkamp, Frankfurt 1979.

Dornes, M., Der kompetente Säugling. Die präverbale Entwicklung des Menschen, Fischer, Frankfurt 1993.

Dreitzel, H.P., Reflexive Sinnlichkeit, Edition Humanistische Psychologie, Köln 1992.

Elias, N., Über den Prozeß der Zivilisation, Basel 1939; 2 Bde. Suhrkamp, Frankfurt 1969, 1976, 1986.

Flavell, J.H., Rollenübernahme und Kommunikation bei Kindern, Beltz, Weinheim 1975.

Gehlen, A., Der Mensch. Seine Natur und Stellung in der Welt, Athenäum, Frankfurt 1962[7].

Gibson, J., The ecological approach to visual perception, Houghton Mifflin, Boston 1979; dtsch. Der ökologische Ansatz in der visuellen Wahrnehmung, Urban & Schwarzenberg, München 1982.

Heinl, H., Körper und Symbolisierung, *Integrative Therapie* 3/4 (1985) 227-232.

Heinl, P., Therapie im sprachlosen Raum: HWS-Trauma in der Kindheit, *Praxis der Psychotherapie und Psychosomatik* 6 (1991) 324-330.

Koffka, K., Principles of gestalt psychology, Kegan, Paul French, London 1935.

Koestler, A., The act of creation, Pan Books, London 1970; dtsch. Der göttliche Funke, Scherz, Bern 1966.

Kries, E., Psychoanalytic exploration in art, Univ. Press, New York 1927.

Kries, E., Phänomene der Kunst in der Psychoanalyse, Suhrkamp, Frankfurt 1977.

Langer, S.K., Philosophy in a new key, Cambridge, Mass. 1942; dtsch. Philosophie auf neuem Wege. Das Symbol im Denken, im Ritus und in der Kunst, Frankfurt 1965.

Larssen, W.J., Human embryology, Ch. Livingstone 1992.

Lewin, K., Feldtheorie in den Sozialwissenschaften, Huber, Bern 1963.

Lorenz, K., Wuketits, F.M., Die Evolution des Denkens, Piper, München 1983.

Marcuse, H., Der eindimensionale Mensch, Luchterhand, Neuwied 1967.

Maslow, A., Creativity in self-actualizing people, in: *Anderson, H.* (ed.), Creativity and its cultivation, Harper & Row, New York 1959.

Maslow, A., Psychologie des Seins, Kindler, München 1968, 1973.

Merleau-Ponty, M., Phénomenologie de la perception, Gallimard, Paris 1945; dtsch. von *Boehm, R.*, Phänomenologie der Wahrnehmung, de Gruyter, Berlin 1966.

Merleau-Ponty, M., Préface à l'ouvrage de Hesnard: L'oeuvre de Freud et son importance dans le monde moderne, Payot, Paris 1960.

Merleau-Ponty, M., L'oeil et l'esprit, Gallimard, Paris 1964; dtsch. Das Auge und der Geist, Rowohlt, Reinbek 1967; Felix Meiner, Hamburg 1984.

Merleau-Ponty, M., La prose du monde, Gallimard, Paris 1969; dtsch. v. *Guiliani, R.*, Die Prosa der Welt, Fink, München 1983.

Moreno, J.L., The future of man's world, *Psychodrama Monographs* 21, Beacon House, Beacon 1947a.

Moreno, J.L., Theorie der Spontanität-Kreativität, in: *Petzold, Orth* (1990a) 189-202.

Orth, I., Petzold, H.G., Metamorphosen – Prozesse der Wandlung in der intermedialen Arbeit der Integrativen Therapie, in: *Petzold, Orth* (1990a) II, 721-774; auch in: *Integrative Therapie* 1/2 (1990) 53-93 und *Forum für Kunsttherapie* (1989) 9-31.

Parsons, T., The social system, Free Press, Glencoe 1951.

Perls, F.S., Cowichan lecture on Gestalt Therapy and integration, Lake Cowichan 1969a.

Perls, F.S., Gestalt Therapy Verbatim, Real People Press, Lafayette 1969b; dtsch. Gestalttherapie in Aktion, Klett, Stuttgart 1974.

Petzold, H.G., Géragogie – nouvelle approche de l'éducation pour la viellesse et dans la viellesse. *Publications de L'Institut St. Denis* 1 (1965) 1-16 ; dtsch. in: *Petzold* (1985a) 11-30.

Petzold, H.G., Thérapie du mouvement, training rélaxatif, thymopratique et éducation corporelle comme integration, Paris 1970c.

Petzold, H.G., Der Beitrag kreativer Therapieverfahren zu einer erlebnisaktivierenden Erwachsenenbildung, Vortrag auf der Arbeitstagung „Kreativitätstraining, kreative Medien, Kunst- und Kreative Therapie", VHS Dormagen und Büderich 1.6.1971; VHS Büderich 1971k.

Petzold, H.G., Komplexes Kreativitätstraining mit Vorschulkindern, *Schule und Psychologie* 3 (1972e) 146-157.

Petzold, H.G., Thymopraktik als körperbezogene Arbeit in der Integrativen Therapie, *Integrative Therapie* 2/3 (1975e) 115-145; erweitert in: *Petzold* 1977n; revid. in: 1988n, 341-406.

Petzold, H.G., Die Rolle der Medien in der integrativen Pädagogik 1977c, in: *Petzold, Brown* (1977) 101-123.

Petzold, H.G. (Hrsg.), Die neuen Körpertherapien, Junfermann, Paderborn 1977n; Taschenbuchausgabe dtv, München 1992.

Petzold, H.G., Nootherapie und „säkulare Mystik" in der Integrativen Therapie, 1983e in: *Petzold* (1983d) 53-100.

Petzold, H.G., Der Schrei in der Psychotherapie, in: Schreien. *Trans. Magazin für therapeutische Kultur*, Kaiser, München 1983g; erw. in: (1985g) 547-572.

Petzold, H.G., Mit alten Menschen arbeiten, Pfeiffer, München 1985a.

Petzold, H.G. (Hrsg.), Leiblichkeit, philosophische, gesellschaftliche und therapeutische Perspektiven, Junfermann, Paderborn 1985g.

Petzold, H.G., Zur Psychodynamik der Devolution, *Gestalt-Bulletin* 1 (1986h) 75-101.

Petzold, H.G., Überlegungen und Konzepte zur Integrativen Therapie mit kreativen Medien und einer intermedialen Kunstpsychotherapie, *Integrative Therapie* 2/3 (1987c) 104-141.

Petzold, H.G., Kunsttherapie und Arbeit mit kreativen Medien – Wege gegen die „multiple Entfremdung" in einer verdinglichenden Welt, 1987d; in: *Richter, K.* (Hrsg.), Psychotherapie und soziale Kulturarbeit – eine unheilige Allianz? *Schriftenreihe des Instituts f. Bildung und Kultur*, Bd. 9, Remscheid, 38-95; repr. in: *Matthies, K.*, Sinnliche Erfahrung, Kunst, Therapie, Bremer Hochschulschriften, Univ. Druckerei, Bremen 1988.

Petzold, H.G., Integrative Therapie als intersubjektive Hermeneutik bewußter und unbewußter Lebenswirklichkeit, Fritz Perls Institut, Düsseldorf 1988a (erw. in: 1991a).

Petzold, H.G., „Multiple Stimulierung" und „Erlebnisaktivierung", 1988f, in: *Petzold, Stöckler* (1988) 65-86.

Petzold, H.G., Integrative Bewegungs- und Leibtherapie. Ausgewählte Werke Bd. I/1 und I/2, Junfermann, Paderborn 1988n.

Petzold, H.G., Die Behandlung und Aktivierung alter Menschen durch Integrative Tanz- und Bewegungstherapie, Vortrag auf der Fachtagung „Arbeiten und Leben mit verwirrten alten Menschen und Hochbetagten", 8.-9. Oktober 1990, Düsseldorf, Praxis der *Psychotherapie und Psychosomatik* 36 (1990a) 195-206; auch in: *Petzold* (1993a) 1231-1263.

Petzold, H.G., „Form und Metamorphose" als fundierende Konzepte für die Integrative Therapie mit kreativen Medien – Wege intermedialer Kunstpsychotherapie 1990b, in: *Petzold, Orth* (1990a) II, 639-720.

Petzold, H.G., „Entwicklung in der Lebensspanne" und Pathogenese, Vortragsfolge auf der Tagung „Bewegungstherapie und Psychosomatik", 22. – 23.11.1990 an der Freien Universität Amsterdam, 1990e; erw. in: *Petzold* (1992a) 649-775.

Petzold, H.G., Integrative Therapie. Ausgewählte Werke, Bd. II/1: Klinische Philosophie, Junfermann, Paderborn 1991a.

Petzold, H.G., Die Ursachen hinter den Ursachen, 1991c, in: Festschrift zum 50jährigen Geburtstag von *Rolf Schwendter*, Wien.

Petzold, H.G., Integrative Therapie. Ausgewählte Werke, Bd. II/2: Klinische Theorie, Junfermann, Paderborn 1992a.

Petzold, H.G., Konzepte zu einer integrativen Emotionstheorie und zur emotionalen Differenzierungsarbeit als Thymopraktik, 1992b; in: *Petzold* (1992a) 789-870.

Petzold, H.G., Bemerkungen zur Bedeutung frühkindlicher Gedächtnisentwicklung für die Theorie der Pathogenese und die Praxis regressionsorientierter Leib- und Psychotherapie, *Gestalt und Integration* 1 (1992c) 100-109.

Petzold, H.G., Integrative Therapie. Gesammelte Werke, Bd. II/3: Klinische Praxeologie, Junfermann, Paderborn 1993a.

Petzold, H.G., Identität und Entfremdung, Fritz Perls Institut, Düsseldorf 1993d.

Petzold, H.G., Brown, G. (Hrsg.), Gestaltpädagogik, Pfeiffer, München 1977.

Petzold, H.G., Orth, I., Die neuen Kreativitätstherapien, 2 Bde., Junfermann, Paderborn 1990a.

Petzold, H.G., Orth, I., Die neuen Kreativitätstherapien – Formen klinischer Kunsttherapie und Psychotherapie mit kreativen Medien, 1990b, in: *Petzold, Orth* (1990a) 15-30.

Petzold, H.G., Orth, I., Therapietagebücher, Lebenspanorama, Gesundheits-/Krankheitspanorama als Instrumente der Symbolisierung, karrierebezogenen Patientenarbeit und Lehranalyse in der Integrativen Therapie, *Integrative Therapie* 1/2 (1993a) 95-153.

Petzold, H.G., Orth, I. (*Orth, Petzold*), Beziehungsmodalitäten – ein integrativer Ansatz für Therapie, Beratung, Pädagogik, 1993b, in: *Petzold, Sieper* (1993a).

Petzold, H.G., Sieper, J., Integration und Kreation, Junfermann, Paderborn 1993a.

Petzold, H.G., Stöckler, M. (Hrsg.), Aktivierung und Lebenshilfen für alte Menschen. Aufgaben und Möglichkeiten des Helfers, Integrative Therapie, Beiheft 13, Junfermann, Paderborn 1988.

Plessner, H., Zur Hermeneutik nichtsprachlichen Ausdrucks, in: *Gadamer, H.G.*, Das Problem der Sprache (8. Dt. Kongreß für Philosophie 1966), München 1967, 555-566.

Plessner, H., Sprachlose Räume, *Neue Rundschau* 29 (1968) 64-75.

Prinzhorn, H., Bildnerei der Geisteskranken, Springer, Berlin 1922.

Reil, J.Ch., Rhapsodien über die Anwendung der psychichen Curmethode auf Geisteszerrüttung, Halle 1803.

Reja, M., L'art chez les fous, Paris 1907.

Riedl, R., Biologie der Erkenntnis. Die stammesgeschichtlichen Grundlagen der Vernunft, Parey, Hamburg 1981.

Riesmann, D., Die einsame Masse, Rowohlt, Reinbek 1960.

Rogers, C., Die Entwicklung der Persönlichkeit, Klett, Stuttgart 1973.

Sieper, J., Kreativitätstraining in der Erwachsenenbildung, *Volkshochschule im Westen* 4 (1971) 220-221.

Stern, D.N., The interpersonal world of the infant, Basic Books, New York 1985; dtsch. Die Lebenserfahrung des Säuglings, Klett-Cotta, Stuttgart 1992.

Winnicott, D.W., Vom Spiel zur Kreativität, Klett-Cotta, Stuttgart 1983.

Wolff, W., Die Medien, das sind wir selbst, Rowohlt, Reibek 1989.

Beziehungsmodalitäten – ein integrativer Ansatz für Therapie, Beratung, Pädagogik

Ilse Orth, Hilarion Petzold

Die pädagogische, beraterische und therapeutische „Beziehung" kann nur als fruchtbares Konzept Bestand haben, wenn man sie als einen *„Sonderfall" der zwischenmenschlichen Beziehung* auffaßt. Menschen werden in Beziehungen krank, wenn sie destruktiv sind, und sie entwickeln sich zu reichen, resonanzfähigen Persönlichkeiten, wenn sie aufbauende, nährende Beziehungserfahrungen in ihrem primären Sozialisationsfeld machen können. Mit *Marcel, Mead* und *Buber*, mit *Moreno, Ferenczi, Balint, Perls, Rogers* muß man affirmieren: Mensch wird man nur durch den Mitmenschen, durch Dialog, durch Ko-respondenz, durch „wechselseitige Empathie" (*Petzold* 1986e, 1991a) – hier liegt also ein Konsens der großen „Beziehungsphilosophen" und führenden Psychotherapeuten dieses Jahrhunderts.

In der Psychotherapie haben wir es mit den *Folgen* pathogener Beziehungserfahrungen zu tun, und deshalb muß „Heilung aus der Begegnung" (*Trüb* 1949), „Gesundung in der Beziehung" (*Iljine* 1942) geschehen durch *„korrigierende emotionale Erfahrungen"*, wie der *Ferenczi*-Schüler *Franz Alexander* (1948) betonte, um in der Biographie fehlende Qualitäten nachzusozialisieren („zweiter Weg der Heilung") oder, wie *Petzold* (1970c) ausführt, durch *„alternative Erfahrungen"* im „Hier und Jetzt", etwa kreative Gruppenarbeit („dritter Weg der Heilung", idem 1988n, 250 ff.) oder zwischenmenschliches Engagement („vierter Weg der Heilung", ibid. 260 ff.). Letztlich ist *hier* die große Entdeckung neuzeitlicher Psychotherapie zu sehen, die auf den Franzosen *Pierre Janet* in den achtziger Jahren des 19. Jahrhunderts zurückgeht: Die Beziehung (rapport) zum Therapeuten als Ort, in dem eine alte Beziehungsgeschichte wiederholt und aktualisiert wird, wird zum Mittel der Heilung. *Freud* hat diese Erkenntnis während seines Aufenthaltes in Paris von dem *Charcot*-Mitarbeiter *Janet* übernommen und populär gemacht, ohne ihren Ursprung ausreichend offenzulegen.

1. *DIE MODALITÄTEN DER RELATIONALITÄT IM INTEGRATIVEN ANSATZ*

In jeder Alltagsbeziehung sind frühere Beziehungserfahrungen präsent. Wo sie aber so stark werden, daß die Wahrnehmung der Gegenwart verstellt wird – ein Vorgang der unbewußt bleibt –, bekommen Beziehungen eine pathologische Qualität, weil eine Fixierung (*Janet*) stattgefunden hat. Die Psychoanalyse spricht hier von Übertragung. Gestalttherapeuten sprechen von einer Unterbrechung des Kontaktes. Die Konsequenz dieser Situation war für *Freud* die Deutung des unbewußten Beziehungsmusters, für *Perls* das Erlebbarmachen des gestörten Kontaktes durch Awareness-Experimente, für *Moreno* die Reinszenierung der „alten Szene", in der sich das Muster der Beziehungsstörung formierte und die Inszenierung einer „alternativen Szene", in der die Vergangenheit gleichsam umgestaltet wurde. Aber ist dies möglich? Auf jeden Fall bilden diese drei Ansätze kein Entweder-Oder – sie können indikationsspezifisch in unterschiedlichen Phasen des Beratungs- oder Therapieprozesses eingesetzt werden, und sie müssen *integriert* werden: *„Wo Übertragung war, muß Beziehung werden"*, schreibt *Petzold* – *Freuds* berühmtes Diktum paraphrasierend: „Wo Es war, muß Ich werden." Die Frage ist nur, wie dies zu geschehen hat. Mit Techniken allein, wie in manchen Formen der Encountertherapie sicher nicht, mit der therapeutischen Beziehung als Technik, wie in der klassischen Psychoanalyse, ebenfalls nicht. Es ist eine klinisch fundierte „Handhabung" der *Beziehungsqualitäten* im therapeutischen Geschehen in einer Weise erforderlich, die mitmenschlich „authentisch" ist und die dennoch das Wissen psychotherapeutischer

Theorie und Methodik einbezieht. Wir sprechen hier von „selektiver Offenheit" und „partiellem Engagement" (*Petzold* 1980g), Haltungen, die zwischen dem Extremen der Abstinenz (*Freud* 1912c) und dem „selfdisclosure" (*Weiner* 1978) angesiedelt werden und das Konzept der „*Mutualität*" auf diese Weise praktikabel machen, das *Ferenczi* (1932/1988) in seinen „mutuellen Analysen" in vorläufiger Form entwickelt hatte. Hier wird deutlich: Beziehung bewegt sich auf einem *Spektrum* an Qualitäten und Intensitäten, abhängig von dem, was der Patient braucht, was der Therapeut zu geben vermag, abhängig auch vom Prozeß und vom „setting", in dem er tätig ist. In ähnlicher Weise können diese Überlegungen auch auf pädagogische und Beratungskontexte zugepaßt werden.

Therapeutische Beziehungen unterscheiden sich von Alltagsbeziehungen, aber auch von pädagogischen wesentlich dadurch, daß sie es spezifisch immer *auch* mit pathologischen Beziehungsphänomenen zu tun haben. Therapeutische, pädagogische und Beratungsbeziehungen, Relationen in professionellen Kontexten also, sind dadurch gekennzeichnet, daß sie *auch* theoriegeleitet sind und daß sie immer wieder metareflektiert werden – vom Therapeuten/Berater/Pädagogen für sich, mit seinem Supervisor oder in Intervision und vor allem zusammen mit dem Patienten, Klienten oder Schüler, wo immer er dazu in der Lage ist.

Therapeutische und pädagogische Beziehung gründet in einer „Phänomenologie zwischenmenschlichen Miteinanders" von „*interpersonal relational events*". Wir differenzieren:

a) *Konfluenz ist die unabgegrenzte Daseinsform des Menschen in totaler Koexistenz, wie sie die Embryonalzeit kennzeichnet, in der die Flut der Propriozeptionen und Exterozeptionen noch nicht durch differenzierende Wahrnehmung strukturiert wird, die das eigene vom anderen scheidet.*

   Es lassen sich begrifflich unterscheiden: die *originäre Konfluenz* der frühen Entwicklungsphase einerseits von ihrer Fixierung, der *pathologischen Konfluenz*, durch die ein Mensch in späteren Entwicklungsstadien von „innen" oder „außen" überflutet wird (z. B. in den depressiven Reaktionen) und seine identitätsbewahrenden Abgrenzungen nicht zu stabilisieren vermag, und andererseits von der *positiven Konfluenz*, in der ein Mensch temporär und für ihn steuerbar sich auf Ganzheitserfahrungen (z. B. in der Zärtlichkeit) einzulassen vermag.

b) *Kontakt ist im wesentlichen ein Prozeß leiblich konkreter, differenzierender Wahrnehmung, der das Eigene von Fremdem scheidet, die Dinge der Welt unterscheidet und durch die Stabilisierung einer Innen-Außen-Differenz die Grundlage der Identität schafft.*

c) *Begegnung ist ein wechselseitiges empathisches Erfassen im Hier und Jetzt geteilter Gegenwart, bei dem die Begegnenden im frei entschiedenen Aufeinanderzugehen ganzheitlich und zeitübergreifend ein Stück ihrer Geschichte und ihrer Zukunft aufnehmen und in einen leiblichen (d. h. körperlich-seelisch-geistigen) Austausch treten, eine Berührtheit, die ihre ganze Subjekthaftigkeit einbezieht. Begegnung ist ein Vorgang, in dem sich Intersubjektivität lebendig und leibhaftig realisiert.*

d) *Beziehung ist in die Dauer getragene Begegnung, eine Kette von Begegnungen, die neben gemeinsamer Geschichte und geteilter Gegenwart eine Zukunftsperspektive einschließt, weil die frei entschiedene Bereitschaft vorhanden ist, Lebenszeit miteinander in verläßlicher Bezogenheit zu leben.*

e) *Bindung entsteht durch die Entscheidung, seine Freiheit zugunsten einer freigewählten Gebundenheit einzuschränken und eine bestehende Beziehung durch Treue, Hingabe und Leidensbereitschaft mit der Qualität der Unverbrüchlichkeit auszustatten.*

Es ist damit auch eine entwicklungspsychologische Dimension eingeführt: Von intrauteriner *Konfluenz* differenziert sich durch *Kontakt* das kleine Kind (infant) von der Mutter, wodurch der Boden für das „attachment" (*Bowlby*) gelegt wird. Es wird gegen Ende des zweiten Lebensjahres begegnungsfähig und entwickelt im Verlauf der Adoleszenz autonome intersubjektive *Beziehungs*fähigkeit. Ein Prozeß, der im Sinne der *life-span-developmental psychology* über das ganze Leben hin anhält und ein Finden zu guten Formen der *Bindung* einschließt sowie die Auseinandersetzung mit negativen Beziehungs- und Bindungsformen wie *Übertragungen, Kollusionen, negative Konfluenz*. Da die „relational qualities" über Sozialisation ausdifferenziert werden, werden therapeutische und pädagogische Beziehungen mit „Kontakt-Arbeit" allein nicht auskommen.

2. *KLINISCH-THERAPEUTISCHE DIMENSIONEN DER RELATIONALITÄT*

Übertragungen „geschehen". Sie sind die Reproduktion alter Atmosphären und Szenen und der in ihnen vorherrschenden Beziehungsmuster. Diese nur bewußt zu machen oder zu konfrontieren genügt nicht, wenn man es mit Patienten zu tun hat, die an „frühen Defiziten" leiden, die nicht genügend gute und nährende Beziehungserfahrungen (attachment, bonding) hatten: Psychosen, Borderline-Patienten, schwere Persönlichkeitsstörungen (severe personality disorders). Hier reicht das Instrumentarium der klassischen Gestalttherapie nicht aus. *Ferenczis* Konzept der „Kinderanalysen mit Erwachsenen" hat indes Wege gewiesen. In regressiver Arbeit müssen Therapeuten ihre Patienten „emotional adoptieren", sie durch schwere Zeiten in der Therapie, in der sie ihre frühe Bedürftigkeit und Verlassenheit spüren, durchtragen und sie „nachnähren". In der *Ferenczi*-Schule hat man von *parentage* und *reparentage* (*Iljine* 1942) gesprochen. Regression wird dabei definiert:

»*Regression ist eine Aktivierung kognitiver-emotionaler-sensumotorischer Erinnerungen, wie sie im Leib-Gedächtnis abgespeichert sind, die aufgrund ihrer emotionalen Komponenten Ich und Selbst des Menschen überfluten: Seine Wahrnehmung, sein Denken und sein Verhalten werden temporär so beeinflußt, daß sie von Beobachtern (und auch von Resten des sich selbst beobachtenden Ich) nicht als altersangemessen erlebt werden. Dabei ist die Regression – phänomenologisch betrachtet – keine zeitliche, sie geschieht ja in einem gegebenen Hier und Jetzt, sondern sie ist zu sehen als ein generelles oder sektorielles Außerkrafttreten oder Zusammenbrechen des aktualen kognitiven, emotionalen und behavioralen Differenzierungsniveaus von Kompetenz und Performanz über einen kürzeren oder längeren Zeitraum (situative bzw. Fokalregression, Dauerregression). Dies erfolgt auf eine Weise, daß frühere bzw. archaischere Formen kognitiven, affektiven und behavioralen Funktionierens in der Gegenwart wirksam werden.*« (*Petzold* 1970c, 38).

Petzold (1991h) hat für körpertherapeutische Arbeit nachgewiesen, daß in Regressionen bzw. in regressiven Therapeut-Patient-Interaktionen ähnliche und teilweise die gleichen Muster auftreten, wie sie von *Papousek* (1981) in der Interaktion zwischen Eltern und ihren Babys beobachtet wurden und die er als „intuitive parenting" bezeichnete oder die *Vyt* (1989) für das zweite Lebensjahr als *„sensitive caregiving"* herausgearbeitet hat. Diese Ergebnisse des *„infant research"* (*Petzold* 1992a, c) können für die Arbeit in der „therapeutischen Beziehung", aber auch für pädagogische und beratende Kontexte fruchtbar gemacht werden, und so gestaltet sich das Beziehungsgeschehen in unseren Behandlungen höchst differentiell – eine Hermeneutik des Zwischenmenschlichen –, in der ein sinnstiftendes, heilendes Miteinander sich vollziehen kann.

Aus den im vorausstehenden gemachten Ausführungen ergibt sich, daß die verschiedenen Relationsformen nicht nur eine entwicklungspsychologische Folge darstellen, sondern daß es sich hier auch um „Niveaus" der Relationalität in therapeutischen Beziehungen handelt. Auf welchem Boden die verschiedenen Relationsformen im therapeutischen Prozeß entstehen und wie sie von seiten eines Therapeuten oder einer Therapeutin – die Unterschiede können sehr wesentlich sein – gehandhabt werden müssen, darüber findet sich in der psychotherapeutischen Literatur wenig Konkretes. Bedauerlicher noch ist, daß uns auch die kinderpsychotherapeutische Literatur nicht weiterhilft, denn es gibt nirgends systematische und differenzierende, entwicklungspsychologisch fundierte Darstellungen über die Beziehungsgestaltungen in den verschiedenen Entwicklungsstufen des Kindes- und Jugendalters. Eine Sichtung der kinderanalytischen Literatur weist in vieler Hinsicht „adultomorphe" Interventionsstrategien und schematische Modalitäten der Beziehungsgestaltung auf. Kindzentrierte Ansätze in der nondirektiven Tradition von *Axline* zeigen gleichfalls häufig schematisierte Kommunikationsformen. Immer wieder aber begegnet man auch Kindertherapeuten, die „intuitiv" sehr variabel auf unterschiedliche Altersstufen, Sozialschichten und Kontexte reagieren, und ähnliches ist auch für die Arbeit von Erwachsenentherapeuten in regressiven Sequenzen von Behandlungen zu sehen. Eines der frühesten Beispiele ist hier die berühmte „Großvaterszene" von *Ferenczi* (1964, Bausteine III, 494). Der Nestor der „aktiven Psychoanalyse" kommuniziert hier mit einem erwachsenen Patienten in akuter Regression so, wie man mit einem Kind umgeht. *Ferenczi* (1931) hat das Konzept der „Kinderanalysen mit Erwachsenen" hier sehr konkret umgesetzt, denn es geht dabei keineswegs nur um spielerische Momente im analytischen Prozeß, sondern darum, *„e i n inneres* Kind" (*Petzold* 1969c), das in einem regredierten Patienten jeweils innerlich aktualisiert ist, empathisch richtig zu erfassen, um mit diesem in einen adäquaten *Kontakt* zu treten, ihm *begegnen* zu können, zu ihm eine *Beziehung* aufzubauen. Will ein Therapeut, will eine Therapeutin einem Patienten in seiner aktualen inneren Befindlichkeit, d. h. in solchen regressiven Zuständen wirklich „begegnen", so müßten sie in der Lage sein, das jeweilige „Kinderland" zu betreten, und dies ist für den Vierjährigen anders als für den Achtjährigen. Nach unseren klinischen Beobachtungen bei Patienten und Patientinnen in unterschiedlichen Regressionstiefen und Regressionszuständen sowie in Auswertung eigener Regressionserfahrungen sind wir der Auffassung, daß in jedem Menschen – mehr oder weniger prägnant – die *„inner states"* aller wichtigen Altersstufen abgespeichert sind. Sie werden in regressiven Prozessen – etwa positiven Regressionen im Spiel mit den eigenen Kindern oder in pathologischen Regressionen, wie sie z. B. bei massiven Aktualregressionen bei psychotischen Dekompensationen oder bei chronifizierten Regressionszuständen in schweren depressiven Erkrankungen bzw. bei regressiver Fixierung auftreten – aktualisiert, und zwar in mehr oder weniger prägnanter Form. Dabei spielen externale Stimulierungskonstellationen, etwa die Qualität von Beziehungsangeboten, eine große Rolle, da sie – aus gedächtnispsychologischer Sicht – als *„reminder"* fungieren, die ein Wiedererinnern (*retrieval*) auslösen (*Petzold* 1992c; *Rovee-Collier* 1993). Dies wirkt nach beiden Seiten, nach der des „Patienten-Kindes" und nach der der „Therapeuten-Eltern". Übertragung als „aktualisierte Atmosphäre und Szene mit den in beiden relevanten Beziehungskonstellationen" (*Petzold* 1970c) löst in der Bezugsperson, dem Adressaten der Übertragungsreaktion entweder eine unbewußte, korrespondierende Eigenübertragung aus oder bewußte Resonanzen, d. h. Gegenübertragungen, also gleichfalls eine Aktualisierung von Atmosphäre, Szenen, Interaktionsmustern aus den Gedächtnisarchiven des Therapeuten. Je nachdem, wie nun der/die Therapeut/Therapeutin auf das Übertragungsangebot reagiert, kommt es dann zu mehr oder weniger exakten „Näherungen" (idem 1992c) an alte Szenen, zu *„Reinszenierungen"*. Diese Vorgänge vollziehen sich natürlich nicht nur in therapeutischen Situationen, sondern auch im Alltagsleben – zwischen Paaren, zu Vorgesetzten, Teammitgliedern usw., und das zum Teil mit einer großen Schwankungsbreite und Variation über mehrere Altersstufen hin, so daß wir es keineswegs immer nur mit *einem* aktualisierten „inneren Kind" zu tun haben, das den Patienten in einem „prävalent pathogenen" (oder auch salutogenen) Milieu seiner Kindheit „psychisch präsent" sein läßt. Deshalb haben wir uns stets gegen Hypostasierungen wie *„das* innere Kind" gewandt, denn wir haben es in der Praxis regressionszentrierter Therapie in der Regel mit einer Reihe von *„inneren Kindern"* zu tun, wenn der Patient zwischen verschiedenen prävalent pathogenen Altersmilieus alterniert – ein Zustandsbild, das wir insbesondere bei „multiple personality disorders" beobachten können. Bei jedem dieser aktualisierten Milieus sind Therapeuten gefordert, in altersadäquater Weise auf den Patienten zu reagieren, sofern sie diese Inszenierungen nutzen wollen, um sie „von innen" zu modifizieren, wie dies bei Parenting/Reparenting-Analysen der Fall ist, wenn sie „korrigierende emotionale Erfahrungen" (*Alexander*) oder „alternative Erlebnismöglichkeiten" (*Petzold*) bereitstellen wollen, also nach der therapeutischen Strategie der „emotionalen Nachsozialisation" und/oder „emotionalen Differenzierungsarbeit" im *zweiten Weg der Heilung* vorgehen (*Petzold* 1988n, 236; 1992b).

In der Mehrzahl der psychotherapeutischen Schulen wird hier in der Regel abgrenzend, die Übertragung konfrontierend, erklärend oder deutend gearbeitet, so daß der Therapeut in der Ebene von Erwachsenenrelationen bleibt und damit die Übertragung als aktualisierte kindliche Beziehungsform durchkreuzt (so *Freud, Adler, Berne, Perls, Rogers, Ellis* u. a.). Die Reinszenierung wird dann verunmöglicht oder doch zumindest behindert. Das unbewußte Beziehungsmuster kann dem Patienten „einsichtig" werden (erster Weg der Heilung). Aber wird es dadurch auch geändert? Einsicht ist der „erste Weg zur Besserung" (*Freud*), aber ist sie schon die Heilung? Übertragung muß – das ist die Auffassung der Integrativen Therapie – nicht nur bewußt, erkannt und „gemeistert" werden, sondern ihre Quellen, die motivationalen Kräfte, die hinter ihr stehen (fortwirkende Defizite, unerledigte Konflikte, noch virulente Traumatisierungen, fixierte Störungsmuster), müssen zur Ruhe kommen, aufhören zu strömen. Die Antriebe, Impulse, Motivationen, die hinter der Übertragung stehen, müssen „erlöschen", indem die pathogene Valenz der alten Szenen in korrigierender Neuinszenierung verändert wird, soweit dies möglich ist – und es ist häufig möglich, indes nicht immer. Es bleibt dann neben dem „zweiten Weg der Heilung" des Nachnährens und emotionalen Korrigierens, dem Weg *Ferenczis* (1931, 1932, 1988), auch noch genügend Arbeit auf dem „ersten Weg der Heilung", dem Weg *Freuds*, zu leisten: Einsicht, Trauerarbeit, Abschied, Verzicht, Selbstbescheidung, Selbstdisziplin. Beide Wege ergänzen sich. Wenn Therapeuten den Weg der „korrigierenden emotionalen Erfahrung", des Reparenting, der Beeinflussung von Grundstimmungen, ja des *Lebensgefühls* (*Petzold* 1992b) wählen, dann müssen sie in der Lage sein, emotionale Beziehungsqualitäten auf den unterschiedlichen Altersstufen des regredierten Patienten aufnehmen und „beantworten" zu können. Er muß seine eigenen „Kinderländer" zur Verfügung haben, zu seinen verschiedenen „*inner states*", seinen „inneren Kindern" Kontakt haben und natürlich zu den verschiedenen Möglichkeiten von „Elternschaft", denn als Vater oder Mutter gestaltet man „*Konfluenz, Kontakt, Begegnung, Beziehung* und *Bindung*" mit dem Zweijährigen anders als mit dem Vierjährigen, Siebenjährigen, Zwölfjährigen usw. Eine fixierte Interaktion nur aus der Erwachsenenebene wird hier nicht weiterführen. Sieht man Übertragung positiv als eine Reinszenierung alter Relationsmuster, eine Art und Weise, wie ein drei-, sieben- oder achtjähriges Kind „*Konfluenz, Kontakt, Begegnung, Beziehung, Bindung*" gelebt hat, wird man sich bewußt, daß es sich hier also um einstmals nicht-pathologische Relationsmodalitäten handelt, so verhindert eine ideologisierende therapeutische Haltung („Übertragungen sind unerwünscht, schlecht!") nicht das Zustandekommen von therapeutisch wichtigen *Relationskonfigurationen*. Begegnung oder Beziehung ist immer *konfigurativ*. Beide implizieren ein Gegenüber. „Heilung aus Begegnung und Beziehung" wird nur möglich, wenn der Begegnende, der Sich-Beziehende heilsam wirken kann und die Begegnung, die Beziehung, heilende Qualitäten freisetzt, wenn also eine gemeinsame Ebene gefunden wird, in der *Konflikte* gelöst, *Störungen* geklärt, *Defizite* behoben oder substituiert werden können und *Traumata* mit Tröstung und Versicherung aufgefangen werden können. Therapeuten, die in dieser Form des „zweiten Weges der Heilung" arbeiten, handeln in der Regel „intuitiv" und „empathisch", d. h. sie greifen auf das durch aktuale

Stimulierungen in Situationen bei ihnen ausgelöste Material aus ihrem „Erinnerungsspeicher" zurück, und das geht nur, wenn diese Speicher geöffnet sind und nicht durch Verdrängungen und Fixierungen, durch Widerstands- und Abwehrphänomene blockiert werden, denn Intuition/Empathie definieren wir wie folgt: „*Empathie vollzieht sich ja im Zusammenwirken von subliminalem und supraliminalem Wahrnehmungsmaterial mit der mnestischen Resonanz aus vorgängigen Erfahrungen (persönlichen und professionellen) sowie im persönlichen Engagement an der empathierten Person*" (vgl. *Petzold* 1992a, 296, 1080, 1181). Der eigenen Lehranalyse, an der mit szenischen und atmosphärischen Aktualisierungen, erlebnisaktivierenden Ansätzen gearbeitet wurde, kommt in diesem Zusammenhang große Bedeutung zu. Für den Frühbereich, für Patienten also, deren „prävalente Übertragungsquelle" in den ersten beiden Lebensjahren situiert ist, können Therapeuten sich dabei auf die genetisch programmierten Muster des „intuitive parenting" (*Papousek, Papousek* 1981; *Petzold* et al. 1993) verlassen. Für die Kleinkindzeit müssen ihnen die Muster des „sensitive caregiving" (idem 1992a, 767, 805; *Vyt* 1989) zur Verfügung stehen, also höchst individualisierte Formen alterspezifischer Beziehungsgestaltung. Will man sich aber nicht nur auf das Funktionieren seiner *Intuition* verlassen, so wird mehr *Wissen* um die verschiedenen Relationsmodalitäten in unterschiedlichen Altersstufen notwendig. Außerdem ist Intuition so gut oder so schlecht, wie der Erfahrungsvorrat in den Gedächtnisspeichern, der sie mit erlebten Szenen, Beziehungen, Beziehungsqualitäten unterfängt. Ein Therapeut, der in seiner eigenen Biographie als Kind ein reiches Beziehungsspektrum mit kontakt-, begegnungs-, beziehungs- und bindungsfähigen Menschen hatte, Menschen, die auch fähig zu „positiver Konfluenz" (im Spiel, in der Zärtlichkeit) waren, wird „gut ausgestattet" sein. Wenn er darüber hinaus noch viel mit Kindern gespielt oder gearbeitet hat, wird er über ein breites Erlebnis- und Erfahrungswissen bei zwischenmenschlichen Beziehungen verfügen. Ist dies alles aber in der Eigenbiographie eher defizitär, so sind die Chancen, daß wir hier einen „guten Therapeuten" bekommen, recht gering, denn worauf sollte seine Intuition sich gründen können? Rein kognitiv, durch informativen Wissenserwerb wird man diese Erfahrungslücken nicht schließen können. Wir haben immer wieder vertreten, daß es äußerst wünschenswert sei, wenn Psychotherapeuten während ihrer Ausbildung kindertherapeutische Erfahrungen sammeln (es müßte dies geradezu obligatorisch sein, denn hier sieht man die Neurose in „statu nascendi"). Derartige Ausbildungselemente würden es ermöglichen, sich die eigenen „Archive" noch einmal genauer anzusehen, mit „aktualisierten Atmosphären und Szenen" zu arbeiten oder – wo kein Erfahrungshintergrund vorhanden ist – in den Interaktionen mit den Kinder-Atmosphären und Szenen aufzunehmen und zu verinnerlichen, um sie dann später in therapeutischen Situationen nutzen zu können. Intuitives Wissen, d. h. „Erfahrungswissen", und entwicklungspsychologisches Faktenwissen können und müssen sich ergänzen, wenn man die Intuition *klinisch* nutzen will. Die Bearbeitung von Übertragungskonstellationen in Supervision und Kontrollanalyse (*Petzold* 1993m), d. h. ihre Betrachtung aus „Exzentrizität", bietet hierzu Möglichkeiten und führt zu „*reflektierter Intuition*", die therapeutisches Handeln kennzeichnen sollte und die sich von der Intuition gutnachbarschaftlicher Alltagshilfe in ähnlicher Weise unterscheidet wie das Gestalten naiver Maler von den schöpferischen Prozessen in der großen Kunst (*Petzold* 1969 II h).

Das Thema der Gestaltung therapeutischer Beziehungen – *retrospektiv* mit Blick auf Beziehungsmodalitäten in Kindheit und Jugend, *aspektiv* mit Ausrichtung auf Beziehungsformen im Erwachsenenleben, *prospektiv* auf Beziehungsqualitäten im Alter und im Senium – wird Therapeuten ihr ganzes Leben lang beschäftigen. Je flexibler und offener sie sich auf *Konfluenz, Kontakte, Begegnungen, Beziehungen* einlassen können, ja sich auch in den Bereich der *Bindung*, z. B. in „therapeutische Wahlverwandtschaften" (*Petzold*) und „emotionale Adoptionen" (*Ferenczi*) vorwagen, desto größer ist die Chance, daß sie ihren Patienten gerecht werden und zu der Wechselseitigkeit (mutualité) finden, die heilsam ist. *Gabriel Marcel* hat die *intersubjektive Beziehung* als „Mysterium" bezeichnet, als ein zwischenleibliches Ereignis, das in seiner ganzen Tiefe, Fülle und Vielfalt, nicht bis ins letzte rational aufgehellt werden kann (*Marcel* 1985), und er hat damit sicher recht. Aber gerade deshalb wird es für Therapeuten und Therapeutinnen darum gehen, ihre Intuition für Beziehungen zu schulen, ihre Beziehungsfähigkeit zu reflektieren, in die Ko-respondenz zu tragen und in Begegnungen zu „eichen", denn sie stehen in der außergewöhnlichen Situation, den Umgang mit den Modalitäten von Relationalität „Konfluenz, Kontakt, Begegnung, Beziehung, Bindung" und den dazugehörigen spezifischen relationalen Qualitäten zum Beruf gewählt zu haben.

LITERATUR

Alexander, F., French, Th., Studies in psychosomatic medicine, Ronald Press, New York 1948.

Ferenczi, S., Kinderanalysen mit Erwachsenen (1931), Bausteine III, 490-510; in: Schriften III (1972) 274-289.

Ferenczi, S., Sprachverwirrungen zwischen den Erwachsenen und dem Kinde (1932), in: Schriften II (1972) 303-316.

Ferenczi, S., Bausteine der Psychoanalyse, 4 Bde., Huber, Bern 1964.

Ferenczi, S., Schriften zur Psychoanalyse, hrsg. v. *Balint, M.*, Fischer, Frankfurt 1972.

Ferenczi, S., Journal clinique, Payot, Paris 1985; dtsch. Ohne Sympathie keine Heilung. Das klinische Tagebuch von 1932, Fischer, Frankfurt/M. 1988.

Freud, S., Ratschläge für den Arzt bei der psychoanalytischen Behandlung (1912c), in: Gesammelte Werke, Bd. VIII, Fischer, Frankfurt 1973, 376-387.

Iljine, V.N., Das therapeutische Theater, Sobor, Paris 1942.

Marcel, G., Leibliche Begegung, in: *Kraus, A.* (Hrsg.), Leib, Geist, Geschichte, Hüthing, Heidelberg 1978, 47-73 und in: *Petzold* (1985g) 15-46.

Papousek, H., Papousek, M., Intuitives elterliches Verhalten im Zwiegespräch mit dem Neugeborenen, *Sozialpäd. Prax. Klin.* 3 (1981) 229-238.

Petzold, H.G., Die Kunst der Naiven. Adalbert Trillhaase (1858-1936). Ein Maler des einfältigen Herzens, *Das Tor* 4 (1969 II h) 65-70.

Petzold, H.G., Les quatre pas. Concept d'une communauté thérapeutique. Paris 1969c.; teilweise dtsch. in: (1974l).

Petzold, H.G., Thérapie du mouvement, training rélaxatif, thymopratique et éducation corporelle comme integration, Paris 1970c.

Petzold, H.G., Die Rolle des Therapeuten und die therapeutische Beziehung Junfermann, Paderborn 1980f.

Petzold, H.G., Die Rolle des Therapeuten und die therapeutische Beziehung in der Integrativen Therapie, 1980g, in: *Petzold* (1980f) 223-290.

Petzold, H.G., (Hrsg.) Drogentherapie – Methoden, Modelle, Erfahrungen, Junfermann/Hoheneck, Paderborn 1974b; 2. Aufl. Klotz, Frankfurt 1980.

Petzold, H.G., Konzepte zur Drogentherapie, 1974l, in: *Petzold* (1974b) 524-529.

Petzold, H.G. (Hrsg.), Leiblichkeit, philosophische, gesellschaftliche und therapeutische Perspektiven, Junfermann, Paderborn 1985g.

Petzold, H.G., Konfluenz, Kontakt, Begegnung und Beziehung im Ko-respondenzprozeß der Integrativen Therapie, *Integrative Therapie* 4 (1986e) 320-341.

Petzold, H.G., Integrative Therapie. Ausgewählte Werke, Bd. II/1: Klinische Philosophie, Junfermann, Paderborn 1991a.

Petzold, H.G., Die Behandlung alter Menschen durch Integrative Tanz- und Bewegungstherapie in der Arbeit mit alten Menschen, 1991h, in: *Willke, Hölter, Petzold* (1991) 413-446.

Petzold, H.G., Integrative Therapie. Ausgewählte Werke, Bd. II/2: Klinische Theorie, Junfermann, Paderborn 1992a.

Petzold, H.G., Bemerkungen zur Bedeutung frühkindlicher Gedächtnisentwicklung für die Theorie der Pathogenese und die Praxis regressionsorientierter Leib- und Psychotherapie, *Gestalt und Integration* 1 (1992c) 100-109.

Petzold, H.G., Psychotherapie und Babyforschung, Junfermann, Paderborn 1993c (im Druck).

Petzold, H.G., Kontrollanalyse und Supervisionsgruppe – zwei unverzichtbare, aber unterschiedliche Methoden in der Weiterbildung von Psychotherapeuten (erw. von 1991n), 1993m, in: *Petzold, Frühmann* (1993a).

Petzold, H.G., Goffin, J.J.M., Oudhof, J., Protektive Faktoren und Prozesse – die „positive" Perspektive in der longitudinalen, „klinischen Entwicklungspsychologie" und ihre Umsetzung in die Praxis der Integrativen Therapie, in: *Petzold* (1993c).

Rovee-Collier, C., Bhatt, R., Langzeitgedächtnis im Säuglingsalter, in: *Petzold* (1993c).

Weiner, M., Therapist disclosure. The use of the self in psychotherapy, Butterworth, Boston 1978.

Willke, E., Hölter, G., Petzold, H.G. (Hrsg.), Tanztherapie – Theorie und Praxis. Ein Handuch, Junfermann, Paderborn 1991.

Trüb, H., Heilung aus der Begegnung, Klett, Stuttgart 1949.

Vyt, A., The second year of life as a developmental turning point: Implications for sensitive caretaking, *European Journal of Psychology of Education* 2 (1989) 145-158.

Therapietagebücher, Lebenspanorama, Gesundheits-/Krankheitspanorama als Instrumente der Symbolisierung und karrierebezogenen Arbeit in der Integrativen Therapie

Hilarion Petzold, Düsseldorf/Amsterdam
Ilse Orth, Erkrath

A: *AUTOBIOGRAPHISCHES MEMORIEREN UND THERAPEUTISCHE ARBEIT MIT TAGEBÜCHERN*

0. *Integrative Therapie als „karrierebezogene Behandlung in der Lebensspanne"*

Integrative Therapie ist eine an der „life span developmental psychology" (*Baltes* et al. 1980; *Petzold* 1979k), an einer „Sozialisation im Lebensverlauf" (*Petzold, Bubolz* 1976; *Kohli* 1978), an einer „éducation permanente" (*Petzold* 1973c) orientierte Form der Psychotherapie und Agogik, die sich auf longitudinale Pathologie-, Therapie- und Bildungsforschung stützt und die die „power of longitudinal data" (*Rutter* 1988) erkannt hat. Deshalb muß sich diese lebenslaufbezogene Perspektive auch in der Diagnostik und der therapeutischen Praxis niederschlagen, zumal auch das Menschenbild des Integrativen Ansatzes den Menschen in der Zeit als „Zeitleib" (*Petzold* 1981e) sieht und die Integrative Persönlichkeitstheorie die Persönlichkeit als „Persönlichkeit im Wandel über die Zeit hin" auffaßt, Identitätsarbeit als Stabilisierung von Fremd- und Selbstbildern im Zeitkontinuum versteht (*Petzold* 1984i, 1992a). Die Gesundheits- und Krankheitstheorie des Integrativen Ansatzes stellt auf das Zusammenwirken positiver und negativer Ereignisketten in *Lebenskarrieren* ab (*Petzold, Schuch* 1991) und untersucht „zeitextendierte Belastungen".

Das alles verweist auf die konsequente Temporalisierung der Lebenswirklichkeit in Theorienbildung und Praxis der Integrativen Therapie. Die von ihr entfaltete „chronosophische Perspektive" zeigt sich sowohl im Begriffsapparat (Kontext/Kontinuum, Viationen/Narrationen, Drama, Biosodie, Zeitperspektive usw.) als auch im methodisch-technischen Instrumentarium, etwa in den Vergangenheits- und Zukunftsprojektionen (*Petzold* 1979k), dem Lebenspanorama (idem 1970c) mit seinen verschiedenen Ausfaltungen: Gesundheits/-Krankheitspanorama (idem 1975h, 1981f), Arbeitspanorama (*Heinl, Petzold, Fallenstein* 1983), Familienpanorama (*Petzold* 1975h) oder das Panorama der Paarbeziehungen (*Matthies* 1981), weiterhin in Techniken wie dem „bebilderten Lebenslauf", der „Lebensgeschichte" (*Toth* 1991; *Salvesberger* 1992), dem „Tagebuch" bzw. Therapie- oder Analysetagebüchern.
Wenn wir den Menschen als „Reisenden in der Zeit" sehen (ibid. 1989), bei dem beständige Memorations- und Antizipationsarbeit zentrales Moment der „Identitätsarbeit" ist (*Petzold* 1992a) – die balancierende Aktivität des Ich in der Konstituierung von Identität bezieht sich ja auch auf das Verarbeiten von Einflüssen aus der Vergangenheit, der Gegenwart und von Zukunftsantizipationen –, so muß es Zugänge geben, die Kontinuumsdimension im Therapiegeschehen diagnostisch zu erfassen und interventiv zu beeinflussen, und dies mit Blick auf die verschiedenen Qualitäten von Zeit, Zeitatmosphären, Zeitmodalitäten, Zeitmatritzen (vgl. *Petzold* 1981e, 1992a). Es gibt kaum ein anderes psychotherapeutisches Verfahren, das der Dimension der Zeit in Theorie und Praxis so viel Beachtung geschenkt hat wie die Integrative Therapie. Eine karrierebezogene Diagnostik und Therapeutik (*Petzold, Hentschel* 1990) hat mit der von *Petzold* (1965, 1975h, 1981g) entwickelten Technik des *„Lebenspanoramas"* und seinen verschiedenen themenspezifischen Mög-

lichkeiten der Zupassung (Panorama der Freundschaften, Trennungen, Erfolgserlebnisse usw.) oder mit der Lebenslauf- oder der Tagebuchanalyse ideale Instrumente, Menschen zu helfen, sich im „Lebensganzen verstehen zu lernen“ (ibid.), negative Karriereverläufe aufzufinden, positive Entwicklungstendenzen und Risikofaktoren festzustellen (idem et al. 1991), und zwar *retrospektiv* auf die Vergangenheit bezogen, *aspektiv* die Gegenwart ausleuchtend und *prospektiv* die Zukunft antizipatorisch vorwegnehmend (in der Tagebucharbeit, etwa durch das regelmäßige Niederschreiben von „Reflexionen über die Zukunft“ oder von „antizipatorischen Geschichten“). Im Lebenspanorama greift der mit Wachsmalkreiden aufgezeichnete Lebenslauf von der Empfängnis über die Geburt bis zum gegenwärtigen Tag und in die Zukunft aus bis ins Alter, ja bis zu Visionen des Lebensendes. So wird der Niederschlag der *Biosodie*, der Lebenserzählung mit ihren Narrationen und Narrativen, des Lebensdramas mit seinen Skripts (idem 1990p, 1991o) zugänglich, nicht nur als in Worte gefaßte Biographie, sondern als bildhafte, atmosphäregeladene Szenenfolge, die emotionale Tönungen, Wertungen, bewußte und unbewußte Bedeutungszuweisungen in figuralen und symbolischen Gestaltungsmomenten erschließbar werden läßt.
Dabei wird unmittelbar einsichtig: Die Lebenskarriere ist keine einsame, sondern eine *Geschichte von Beziehungen* (*Sameroff, Emde* 1989), ein lebenslang andauernder Prozeß von Kommunikation in vielfältigen Beziehungsnetzen (*Petzold* 1981f). In diesem Prozeß bildet sich Subjekthaftigkeit und Persönlichkeit – gesunde wie kranke – aus durch das Entstehen einer „Biographie“ im Sinne einer „Lebenschronik“, die memorable Teile, aber auch in geheimen Archiven verschlossene Passagen enthält. Die Kenntnis über die Formierungsprozesse einer solchen „Chronik“ ist für die Psychotherapie von hervorragender Bedeutung. Die Psychoanalyse hat hier ihre ganze Kraft investiert – leider ohne die empirische Gedächtnis- und Entwicklungspsychologie, die Biographieforschung und den „*longitudinal research*“ und die dort geleistete Arbeit zur Kenntnis zu nehmen, so daß sie zu erheblichen Einseitigkeiten der Ergebnisse gekommen ist, die allerdings durchaus Bedeutung haben, wenn sie Korrektive erhalten. Neben dem theoretischen, durch Forschung abgesicherten Verständnis der Persönlichkeitsbildung im Lebensverlauf werden weiterhin diagnostische und therapeutische Instrumente notwendig, um Lebenskarrieren mit ihren pathogenen und salutogenen Einflüssen für den Patienten und den Therapeuten transparent und über das kognitive „Verstehen und Erklären“ hinaus emotional zugänglich zu machen.

Die „Integrative Therapie“ hat sich mit diesen Fragen in theoretischer und praktischer Hinsicht intensiv befaßt (*Petzold* 1991o, 1992a, 1993a). In diesem Beitrag sollen einige wichtige Konzepte zum theoretischen Verständnis intersubjektiver, biographischer und entwicklungsorientierter Therapie vorgestellt werden, und das im Bezug auf zwei zentrale diagnostische und zugleich therapeutische Ansätze, die von den Autoren im Rahmen der Integrativen Therapie entwickelt bzw. in besonderer Weise gepflegt wurden: das „*Lebenspanorama*“ und das „*Therapie- bzw. Analysetagebuch*“.
Die vorliegende Arbeit will sich in drei Abschnitten mit Theoriekonzepten (*1*), mit der therapeutischen Tagebucharbeit (*2*) und mit der Panoramatechnik (*3*) befassen.

1. Theorie: Konzepte zur karrierebezogenen Arbeit in der Integrativen Therapie

Interventionen, Methoden, Techniken, Medien sollten in der Psychotherapie theoriegeleitet zum Einsatz kommen. Nur so ist eine rational begründbare Behandlung möglich. Gerade kreativitätstherapeutische Methoden – und die Tagebuch- und Panoramaarbeit der Integrativen Therapie zählen zu ihnen – können durch ein theoretisches Fundament nur gewinnen, macht es doch deutlich, daß diese Wege der Behandlung den traditionellen Formen der Psychotherapie durchaus ebenbürtig, in manchen Aspekten auch überlegen sind.

1.1 *Biographie, Memoration, Identitätsarbeit*

In der frühkindlichen Entwicklung beginnt sich mit dem Eintritt in die *„world of stories“* (*Stern* 1990) eine Biographie zu formieren, eine Niederschrift des Lebens, die gleichzeitig auch zu einem Drehbuch werden kann, einem „Skript“, das den Lebensweg weiterhin bestimmt (*Nelson* 1986, 1990). Im Unterschied zum selbstverfaßten Tagebuch (*Abbott* 1984) *widerfahren* derartige Lebensdrehbücher dem Menschen weitgehend, denn sie werden von den wichtigen Bezugspersonen der frühen Sozialisation – in der Regel Vater und Mutter – geschrieben. Zwar nimmt das Kind aktiv an der Formierung seines Skripts teil, indem es die Erzählungen der Eltern aufnimmt, z. B. wenn es in „Wiegenmonologen“ (*Nelson* 1989) vor sich hin erzählt (*Weir* 1962), und natürlich sind auch in solchen *„narratives from the crib“* die Sozialisationseinflüsse bestimmend; dennoch läßt sich etwa bei den Materialien der kleinen *Emily* (Einschlafmonologe, die *Katherine Nelson* aufzeichnen ließ und auswertete) erkennen, wie im zweiten Lebensjahr, in dem die *„self awareness“* erwacht (*Kagan* 1981) und sich eine komplexere Innenwelt aufbaut, Kinder aktiv daran mitarbeiten, aus der *Biosodie*, der lebendigen Lebenserzählung, eine „Geschichte über sich selbst“, eine *Biographie* herauszubilden. Es entsteht so ein „narratives Selbst“ (*Fitzgerald* 1988), in dem Lebensszenen verbunden werden. Durch die Erzählungen in der Familie lernen Kinder, intentional zu erinnern (*Edwards, Middleton* 1988), ein Prozeß, der mit dem zweiten Lebensjahr beginnt, wenn sich erste Vergangenheits- oder besser Vorher-Nachher-Bezüge auszubilden beginnen (*Fivush* et al. 1987) und damit aufgrund komplexerer Memorationsfähigkeit (*Forbes* 1988) „autobiographisches Memorieren“ (*Conway* 1990) möglich wird (*Nelson* 1993).

Biographietheoretische und identitätstheoretische Überlegungen, wie sie hinter jeder biographisch vorgehenden Psychotherapie stehen müssen, sind damit unlösbar an gedächtnistheoretische gebunden, wie wir immer wieder betont haben (*Petzold* 1991o, 1992a). Die „ersten Innerungen“ (*Kihlstrom, Harackiewicz* 1982) aus dem Frühbereich bewußter menschlicher Erfahrungen stehen auch an den Anfängen der Entwicklung von Selbstbildern, Selbstschemata, Fremdbildern, aus denen sich zunächst eine archaische, zunehmend an Prägnanz gewinnende *Identität* formiert als Gesamtheit „möglicher Selbstbilder“ (*Markus* 1977; *Markus, Nurius* 1986), aber auch verinnerlichter Fremdbilder (*Rowan* 1990; *Casey* 1992; *Samuels* 1989), vor denen sich das Eigene abschattet und das Selbst sich in einer Art „inneren Grenzziehung“ artikulieren kann. Wenn Ereignisse, Situationen, Szenen in autobiographischer Erinnerung zu zeitextendierten Episoden, Skripts, Narrativen (*Tulving* 1983, 1985; *Schank, Abelson* 19977; *Schank* 1982, 1986) verbunden werden und damit zugleich die Möglichkeiten des Memorierens erweitern (*Nelson* et al. 1983), entsteht aus der Konstruktion persönlicher Geschichten (*Ross, Conway* 1986; *Ross* 1989) eine *Biographie* als Niederschlag von *Biosodien*, lebendigen Lebenserzählungen, die in eine sequentielle Ordnung gebracht wurden (*O'Connell, Gerard* 1985) und damit Grundlage für ein *sinn*-volles *Selbst*verständnis bieten. Das über das autobiographische Gedächtnis entstehende *„innere Tagebuch“* als „Lebenschronik“ hat keineswegs nur eine kognitive Qualität (*Reason, Lucas* 1993), sondern in ihm sind auch *„emotional events“*, Gefühle, Stimmungen, Atmosphären archiviert, die für das Erinnern, die Erinnerungsarbeit, für Gedächtnisphänomene eine erhebliche Bedeutung haben (*Meltzer* 1937; *Robinson* 1980; *Conway* 1989). Gefühle – Niedergeschlagenheit und Hochgefühl – beeinflussen das Erinnern (*Snyder, White* 1982), seine Lebendigkeit (*Rubin, Kozin* 1984; *Harvey* et al. 1986), Farbigkeit, Zugänglichkeit (*Lloyd, Lishman* 1975). Da Emotionen zumeist in sozialen Kontexten aufkommen, ist Erinnerung in der Regel auch Erinnerung an Beziehungserfahrungen, soziale Ereignisse (*Keenan, Baillet* 1980; *Neisser, Winograd* 1988; *Nelson* 1986). Die frühesten Dialoge bestimmen die Erinnerungen, und die **Autobiographie** erweist sich als Aufzeichnung von Beziehungsgeschichten – in allen Phasen des Lebens (*Fivush* et al. 1987; *Harvey* et al. 1986) – als **Polybiographie**. Dabei wird deutlich, daß *der Dialog älter ist als der Monolog*, ja daß das Selbstgespräch aus dem Dialog „geboren" wird (*Petzold* 1982g), denn den Wiegen*monologen* gehen *Dialoge* mit bedeutsamen Bezugspersonen voraus und reflektieren diese Dialoge. Sie setzen „erzählte Welt" voraus, lebendige *Narration*, weil Sprechen durch Ansprache erlernt wird.

Es ist also festzuhalten, daß derartige Entwicklungen immer in einem interaktionalen Kontext gesehen werden müssen (*Sameroff*, *Emde* 1989), als Geschehen in Handlungs-, Gesprächs- und Erzählgemeinschaften, in denen sich eine Interaktions- und Gesprächskultur entwickelt hat. Selbstinitiierte Impulse, respondente Aktionen, ko-respondente Interaktionen wirken über die Lebensspanne hin – von ihren frühesten Anfängen an. Dies sei anhand des begrifflichen Rahmens, den die Integrative Therapie zu diesen Konzepten erarbeitet hat (*Petzold* 1991o), kurz umrissen.

Kommotilität: die Wechselbewegungen, Mitbewegungen des Föten im Leibe der Mutter bzw. mit dem mütterlichen Leib, eine Bewegungssynchronisierung, die als Möglichkeit über das ganze Leben bestehen bleibt in zwischenmenschlichen Bewegungsdialogen, z. B. im Tanz oder in der begleitenden Mimik und Gestik in der Kommunikation. Kommotilität wechselt mit *selbstinitiierten Bewegungen* des Föten (*Petzold* 1990e).

Blickdialoge: *Gazing dialogues* sind affektive Kommunikationen Aug' in Auge, Engungen und Weitungen der Pupille, die der mimischen Reaktion, dem *face-to-face-dialogue* zwischen Mutter und Kind vorausgehen bzw. sich in einem *mimisch-gestischen* Dialog der Ko-affektivität entfalten. Dieser wechselt mit *selbstinitiiertem Schauen* ohne Gegenüber.

Prosodische Dialoge: Es geht um gemeinsames Vokalisieren, das sich abstimmt, spielerisch, ein „*vocal tennis*" (*Uzgiris, Hunt* 1975), wo Affekte sich in Lauten aufeinander einspielen. In Blickdialogen und prosodischer Interaktion bilden sich *kommunikative Schemata* aus, die späteres Kommunikationsverhalten mitbestimmen. Prosodisches, präverbales Miteinander-„Erzählen" wechselt mit *selbstinitiierten Prosodien*, Lallmonologen.

Dialogische Narrationen: *Narrationen* sind spontane, aktionale Erzählungen, die Verbales und Nonverbales verschränken, Rede und Gegenrede als Handlungssprache in Ereigniskontexten. Sie bieten das Material für „*event memories*" (*Nelson* 1986) des Kleinkindes, das durch eigene Strukturierungsarbeit und Strukturierungshilfen der Eltern oder anderer Erzählpartner Erzählfolien bzw. *Skripts* als Organisationsprinzipien ausbildet, die auch thematisch festgelegt sein können. Wir sprechen dann von *Narrativen*, Mustern, die den Erzählfluß, die *Narration* strukturieren, ohne sie dabei so zu determinieren, daß Invarianz die Folge ist. Geschieht dies – z. B. durch mißlingende Dialoge, Drohung, Strafe –, so sprechen wir von *fixierenden*, ja, *malignen Narrativen*, die Entwicklung beeinträchtigen. *Skripts* und *Narrative* ermöglichen die Ausbildung von komplexere Memorationen aufgrund von Ordnungsstrukturen, Annalen gleich. Sie schaffen eine *Chronik* der Ereignisse (*Mink* 1981; *White* 1981) und damit die Grundlage für „autobiographisches Memorieren" (*Conway* 1990; *Nelson* 1993a) und für die Ausbildung einer Biographie, wobei in all diesen Prozessen dem „gemeinsamen Memorieren" von Eltern und Kindern große Bedeutung zukommt (*Engel* 1986; *Nelson* 1990b). *Dialogische Narrationen* wechseln mit Wiegenmonologen (*Weir* 1962; *Nelson* 1989), mit *selbstinitiierter* „*innerer Zwiesprache*".

Biosodie, Biographie: *Biosodie* ist die sich frei entfaltende, ungehindert fließende Lebenserzählung, eine Kette von Rede, Gesprächen und Handlungen, d. h. von *Narrationen*, die zu einem Strom zusammenfließen, ein lebendiger Lebensgesang (vgl. griech. *odos*, Ode), in dem viele Stimmen, Dialoge, Selbstgespräche zusammenklingen. Die *Biosodie* wird im autobiographischen Gedächtnis archiviert, besonders die bedeutsamen Episoden, Ereignisse (events), Geschichten (stories) – erzählte, berichtete, erfun-

regelmäßige Wechsel zwischen angepaßten Lebensumständen und Phasen exzentrischer Ausbruchsversuche.
Am Montagabend war ich zum ersten Mal beim Treffen des [redacted]. Dort gefiel es mir atmosphärisch gut – Zucht und Ordnung herrschen dort aber nicht gerade.
Traumfragmente: ① aus der vorletzten Nacht: ich sitze sicher in meinem Haus. Es ist Nacht und ich schaue aus meinem Fenster. Das Haus gegenüber brennt lichterloh. Flammenbündel schießen aus dem Dach. Die Kraft der Flammen zu betrachten bereitet mir ein Gefühl starker Befriedigung.
② diese Nacht: Ich bin mit in der Wohnung in der Str. Wir sprechen über etwas (meine Mutter?). Nach einiger Zeit gehen wir hinunter auf die Straße. geht voraus Richtung Straßenbahnhaltestelle. Ich folge ihr, und als ich nach ihr rufe, bleibt sie stehen und dreht sich um. Wir reden über „richtig oder falsch". Es geht um Bettlaken, Kopfkissenbezüge. Beim Schreiben fällt mir ein, daß ich ein starkes Bedürfnis nach Berührung habe.
Nachdem ich den ersten Traum gemalt habe, ist mir klar, daß ich mein eigenes Feuer nach außen projiziere – sowohl mit dem aggressiv-verzehrenden Anteil als auch mit der Schönheit. Mir fällt das Stufi-Herz ein! Ich muß es malen.

8.9.88 Traumfragmente: Ich gehe mit an einer Kapelle vorbei, die schon ziemlich ausgeschlachtet worden ist, da sie zum Abriß vorgesehen ist. Aber die Wände der Kapelle sind noch mit dunklem Holz (Eiche) vertäfelt, fein geschnitzt, filigran, wertvoll. Auch einige Bänke und Stühle sind da. [redacted] holt den Küster um zu erfragen, was wir mitnehmen dürfen. Er gibt uns freie Hand.
Habe gestern zum ersten Mal seit langem einen normalen Tag in meiner Praxis gehabt: 5 Patienten.
Es fällt mir schwer, nicht in Ersatzhandlungen zu verfallen, die mich nicht befriedigen (Essen, Fernsehen ...).

16.9. Übers Wochenende fuhren wir nach Soltau mit Verwandten zum wiederholten (und letzten Male) unsere Hochzeit feiern. Genußvoll fühle ich mich von sicherer Familie umgeben. Etwas, was ich nie hatte. Am Sonntagnachmittag fuhren wir auf dem Rückweg bei & vorbei, ihren 35. Geburtstag feiern. Montag erzählte [redacted] wieder der Schwester: sie muß wieder operiert werden. Diesmal am rechten Eierstock; wieder eine Zyste. Bin froh, daß neben der Trauer in mir viel Liebe wach wird.

Abb. 1: Auszug aus einem Lehranalyse-Tagebuch

Abb. 2: Traumbild. Illustration im Lehranalyse-Tagebuch (vgl. Abb. 1)

Abb. 3: Glühendes Herz

Abb. 4: Mein Herz – Licht und Schatten

Abb. 6: „Wie aus heiterem Himmel" – Gesundheits-/Krankheitspanorama von Werner

Abb. 5: Vergrößerung aus dem Panorama von Werner

Abb. 7: Dreizügiges Lebenspanorama von Gerd

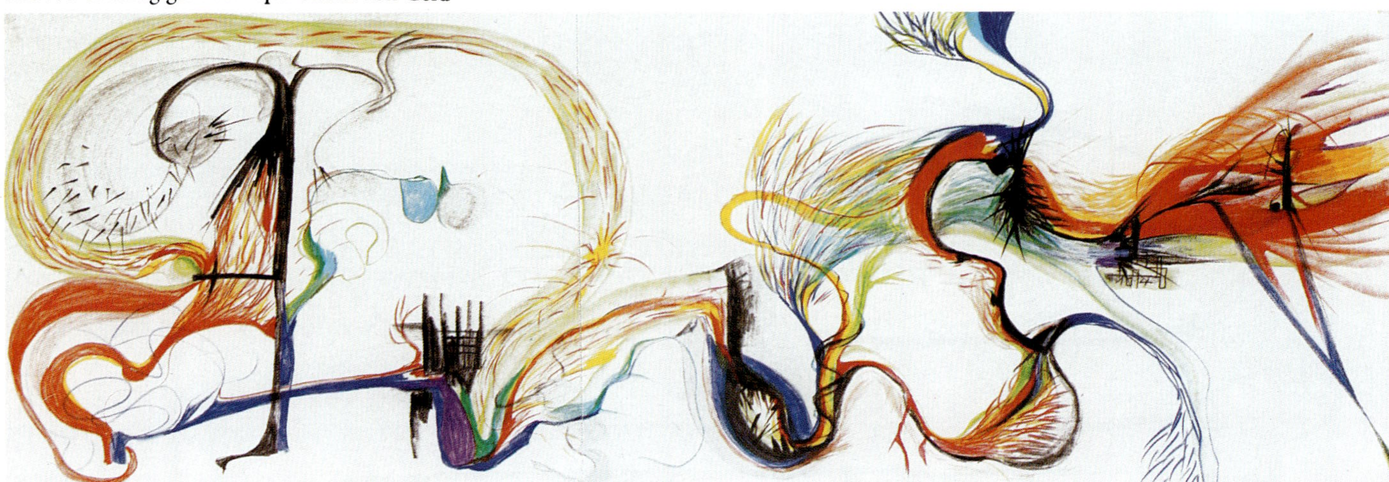

Abb. 9: Dreizügiges Karrierepanorama von Marga

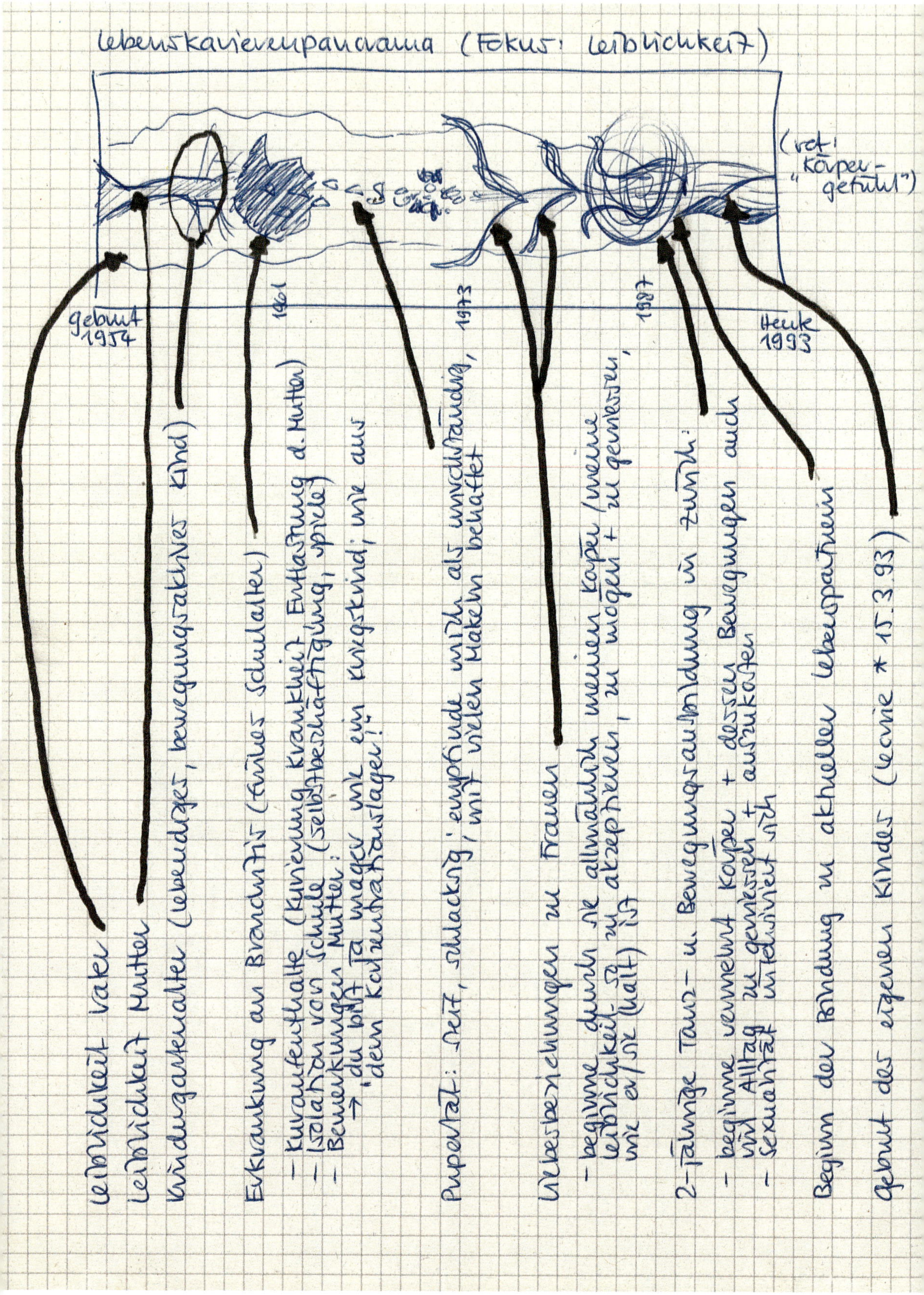

Abb. 8: Schematische Kommentierung des „dreizügigen Karrierepanoramas" von Gerd (Abb. 7.)

dene –, und so entsteht *Biographie*, memorable und nicht memorable (weil verdrängte oder vergessene) *Lebensgeschichte*, niedergeschrieben, engrammiert im zerebralen Gedächtnis, im Leib, in dem der Strom der *Biosodie* seine Spuren, Prägungen, Falten, Narben hinterlassen hat. In der *Biographie* zeigen sich wiederum Strukturen: Lebensstile (*Adler*), Meso- und Makroskripts, Narrative von mittlerer oder großer Einflußtiefe und -breite. Auch diese vermögen natürlich die *Biosodie* zu prägen: in benigner, verhaltenssichernder Weise, die Freiräume für Entwicklungen, Variationen, Kokreativität läßt oder in dysfunktionaler, maligner Weise im Sinne eines negativen oder destruktiven Lebensstils. *Biographie* ermöglicht dem Menschen auch, sich zu entwerfen, *Lebensentwürfe* zu wagen als „vorgreifende Lebenserzählung", die ihre eigene Gestaltung in die Hand nimmt. Bei genauerer Betrachtung indes wird deutlich, daß sich – wie in den *Phänomenen* der Gegenwart – auch in den Prospektionen und *Entwürfen* die *Strukturen* der Vergangenheit reproduzieren – mit mehr oder weniger determinierender Kraft. Weiterhin handelt es sich auch hier um *gemeinsames* Entwerfen und Planen, genauso, wie man sich gemeinsam erinnert, denn die *Biosodie* ist verflochten mit den Lebenserzählungen all der Menschen, mit denen man ein gemeinsames Leben lebt, den Lebensweg gemeinsam geht.

Sozialisation als der Prozeß, in dem ein Mensch „sich selbst zum Gefährten wird" durch die Internalisierung des *„generalized other"* (*Mead* 1934), Sozialisation als Aneignung von sozialen Welten (*Petzold, Petzold* 1991), erfordert – das dürfte aus den erzähl- und gedächtnistheoretischen Ausführungen deutlich geworden sein – umfassende Archivierungen und komplexe und differenzierte Gedächtnisleistungen (*Petzold* 1989d, 1992c), verlangt „Niederschriften", Eingrabungen in das Gedächtnis des Leibes, Archivalien, die die Materialien einer „Chronik" (idem 1991o) bilden. Die „Erinnerungsarbeit", die das Kleinkind leistet, schafft *Zukunft* und ist damit lebensbestimmend. Sie konstituiert die Grundlage für alle künftigen Lebensentwürfe. *Antizipation erfordert Memoration.* Entwurf erfordert Geschichtsbewußtsein. *Erinnerungsarbeit* und *Antizipation* als Fähigkeiten, *sich in der Zeit zu bewegen* (idem 1989e), als Grundlagen für die Ausbildung von „Selbstschemata" (*Barclay* 1987) und einer „hinlänglich stabilen Identität" (*Petzold* 1992a), führen zur Formierung eines „inneren Tagebuches", das wiederum Rückgriff und Vorgriff erlaubt. Diese Erkenntnis mag der Hintergrund für die hohe Bedeutung sein, die die Erinnerungsarbeit schon in der pythagoräischen Lebens- und Heilkunst hatte (*Petzold, Sieper* 1990).

Mit dem Schwinden der frühkindlichen Amnesie (*Freud* 1963; *Pillemer, White* 1989; *White, Pillemer* 1979; *Wetzler, Sweeney* 1986; *Schachtel* 1947), die sich als das Fehlen intentionaler Memorationsfähigkeit für spezifische Gedächtnismodalitäten erweist und nicht als totale „Speicherblockade", Vorherrschen von Rekognizierung als „retrieval"-abhängigem Gedächtnismodus (*Rovee-Collier* 1992), wird episodisches Gedächtnis (*Nelson* 1993) und weiterhin selbstreferentielles Gedächtnis (*Rogers* et al. 1977) aufgebaut durch den sozialen Kontext und in ihm (*White, Pillemer* 1979), denn er ermöglicht das *Eigene* und *Persönliche* (*White* 1982) über das *andere* zu bestimmen, so daß in der *Polybiographie* die *Autobiographie* entsteht und sich diese ohne jene nicht entwickeln kann. Damit erfolgt auch ein Brückenschlag hin zum *gemeinsamen Erinnern* in der Familie, im Freundeskreis, der Schulklasse, in der Hausgemeinschaft, im Quartier. Das *„innere Tagebuch"*, die „persönliche Chronik" greift darum nicht nur auf „private Archive" zurück, sondern auch auf kollektive, z. B. das persönliche Gedächtnis anderer wichtiger Menschen und auf kollektive *„représentations sociales"* (*Jodelet* 1989), *„mémoires collectives"* (*Halbwachs* 1968, 1985). Auch das „äußere Tagebuch" – insbesondere Kindertagebücher, die von Eltern für Kinder geführt werden – trägt ein kollektives Moment (z. B. in der Auswahl der Ereignisse, die Eltern dokumentieren in Abhängigkeit von kulturellen Wertungen, die festgehalten werden sollen), ja selbst die eigenständig geschriebenen

Tagebücher sind über internalisierte Bewertungsmuster vom gesellschaftlichen Kontext imprägniert.

1.2 Das Tagebuch als Beitrag zur Lebenschronik

Erinnern heißt auch immer erzählen, *„oral history“* (*Niethammer* 1980), Tradierung von individueller und kollektiver Lebenswirklichkeit (*Assmann, Hölscher* 1988). Die Selbst-erzählung des Kindes, seine beginnende Lebensgeschichte ist deshalb auch von den Geschichten anderer abhängig, von der **„narrativen Kultur“** (*Petzold* 1991o; *Salvesberger* 1992), in der es aufwächst, an der es teilnimmt, zu der es auf Dauer beitragen kann und in der allein es sich letztlich zu finden vermag.
Um diese Prozesse festzuhalten, eine *„Lebenschronik“* aufzubauen, die in einem komplex funktionierenden Gedächtnis gründet (*Barsalou* 1988) und auf die das Gedächtnis zugleich als autobiographisches Gedächtnis (*Rubin* 1986; *Conway* 1990) zurückgreifen kann, werden Hilfsmittel nötig, um persönlich bedeutsame Ereignisse und Momente (*White* 1982; *Salaman* 1970, 1982; *Thompson* 1982) festzuhalten: das Sammeln „bedeutungsvoller Besitztümer“ als „Erinnerungsstücke“ und „Monumente“, die *„retrievals“* auslösen (*Williams, Hollan* 1981), Photos, Photoalben, Kindertagebücher, Poesiealben, die von Eltern angelegt und geführt werden und die oftmals auch mit den Kindern gemeinsam gestaltet werden (*Petzold-Heinz, Petzold* 1985), sind hierhin zu rechnen. Das Betrachten von Bildern aus der frühen Kindheit hat für Kinder und Erwachsene eine starke *identitätsstiftende* Wirkung. Menschen werden nicht müde, solche Alben immer wieder anzusehen. Für ältere Menschen finden sich hier identiätssichernde Erinnerungshilfen für Gedächtniseinbußen (*Burke* et al. 1988; *Brown* et al. 1985) oder Möglichkeiten, die Richtigkeit von Erinnerungen zu überprüfen; denn da sich autobiographische Gedächtnisinhalte verändern (*Cohen, Faulkner* 1987; *Rubin* et al. 1986; *Fitzgerald, Lawrence* 1984) durch wachsende *Sinnerfassungskapazität*, wechselnde Bewertungsparameter, Einflüsse der aktualen Lebenssituation, hirnphysiologische Veränderungen usw. (*Linton* 1982; *Butters, Cermak* 1986), ist auch die Genauigkeit biographischer Erinnerungen gefährdet (*Barclay, Wellman* 1986) und führt zu vermehrtem Rückgriff auf „Dokumente“ der Biographie bei fortschreitendem Altern des Gedächtnisses (*Coleman* 1986).
Wird im Alter auf Tagebücher, Aufzeichnungen usw. als Erinnerungshilfen (*Williams, Santos-Williams* 1980) zurückgegriffen, um dem *Abbau* personaler Identität, die an autobiographische Erinnerungen gebunden ist, zu begegnen, so haben Alben und Tagebücher für Kinder die Funktion, zum *Aufbau* von **Identität** beizutragen. Kinder wollen immer wieder erzählt bekommen, wie es war, „als sie noch ganz klein waren“ (*Hudson* 1990; *Engel* 1986). Sie verarbeiten die aufgenommenen Materialien in ihrer Lebensgeschichte als Informationen über eine Zeit, die *vor* der Erinnerung liegt, verschlossen durch die „frühkindliche Amnesie“ im Bezug auf Geschichten, Szenen, Skripts (*Wetzler, Sweeny* 1986; *Nelson* 1993; *Petzold* 1992c). Die Kindertagebücher und Photoalben (*Crovitz* et al. 1979, 1980) sind „vikarielle Autobiographien“, stellvertretend geschrieben von Eltern. Sie sind Vorläufer eigener Aufzeichnungen des Lebens in Tagebüchern, die die Unmittelbarkeit von Ereignissen, Szenen, Dialogen „konservieren“ (*Moreno* 1939) und deren narrative Struktur (*Kronsbein* 1984) zum Verständnis der Lebensnarrationen von größtem Interesse ist, denn aus ihnen, der Gesamtheit der „Biosodie“, des vollzogenen Lebens, konstituiert sich die *Biographie* als deren Niederschlag: Eingrabungen in den Leib, Eingrabungen in das Gedächtnis, gewichtet nach Wesentlichem und Unwesentlichem, Memorierbarem und Verdrängtem.
Dies ist der Grund, in dem die Persönlichkeit (d. h. „Selbst, Ich und Identität“) wurzelt. Aus diesem Archiv wählt das Ich Materialien, die in einer Art *„blending“* mit den aktualen Umweltattributionen – diese sind z. T. Ausdruck kollektiver Erinnerungen – zur *Identität* syntheti-

siert werden, welche wiederum Bestandteil eines „reifen", *integrierten Selbst* (*Petzold* 1990e) ist: „Ein integriertes Selbst besteht aus einem dichten Geflecht von Vergessenem und selektivem Erinnern. Das Vergessen ermöglicht uns ein zeitweiliges Aussetzen des Wissens um unseren Tod und gewährt uns damit Zeit, an das Leben zu glauben" (*Ignatieff* 1991, 16). Tagebücher, Photoalben, Erinnerungsstücke helfen diesem selektierten Erinnern – denn »*Memoration ist niemals die Vergegenwärtigung einer historischen Realität in Sinne eines objektiven Dokumentes, das die Dinge wiedergibt, wie sie „wirklich" waren, sie ist vielmehr ein Verarbeitungsvorgang, in dem sich mit jedem Erinnerungs-, Vergessens- und Verdrängungsvorgang fortschreitend Biographie formiert [die – wiederum erinnert – „narrative Wahrheit" (Petzold* 1991o*), konstituiert, sc.]. Erinnerungsstücke können somit eine Aktualisierungsfunktion haben, zuweilen aber auch zu einer unangenehmen Konfrontation werden. Die „persönliche Geschichte" als memorierbare und in unterschiedlichen, aktualen biosodischen Kontexten (mit ihrer jeweils „einfärbenden Kraft") memorierte Biographie ist daher beständig im Wandel. Ja, selbst der in einer gegebenen sozialen und ökologischen Situation erfolgende antizipatorische Vorgriff auf zu erwartende Erfolge oder Katastrophen hat eine verändernde Wirkung auf die Biographie, indem er die Form und Qualität des Memorierens und damit die Inhalte des Memorierten bestimmt*» (*Petzold* 1970c).

Autobiographische Aufzeichnungen, Photographien, Filme „unterstützen nicht immer den Prozeß des Vergessens und Erinnerns, durch den wir ein überdauerndes, integriertes und stabiles Selbst entwickeln. Nicht immer beschwört das Familienalbum den Strom heilender Erinnerungen herauf, der das gegenwärtige Selbst mit seiner Vergangenheit verbindet. Häufiger zerstören Photographien die Kontinuität, die das Gedächtnis aus der Erfahrung webt. Sie halten die Zeit an und bringen sie in zusammenhanglosen Fragmenten zurück. Erinnerung integriert das Sichtbare in ein mythologisches Gewebe. Diese Verknüpfung von Vergangenheit und Gegenwart durch die Erinnerung ist mythologisch, weil das Selbst sich immer wieder aus dem phantasiert, gestaltet und erfindet, was es erinnern will... Die Kamera registriert, was wir vergessen, und verstärkt so die charakteristische Skepsis unserer Zeit den Selbsttäuschungsmechanismen unseres Bewußtseins gegenüber. Erinnerung heilt die Wunden der Zeit, Photographien dokumentieren sie" (*Ignatieff* 1991, 16 f).

Was *Michael Prinz Ignatieff* hier dem „integrierten Selbst" – spezifisch ist damit die Aktivität des Ich als Teil eines solchen Selbst angesprochen – zuschreibt, nämlich die Konstituierung einer Persönlichkeit durch Erinnern *und* Vergessen, wird im therapeutischen Prozeß oder im biographischen Gespräch mit Menschen des gleichen Lebensfeldes noch mit einer anderen Qualität ausgestattet, der des „durcharbeitenden Erinnerns". Denn wenn auch die Formation des Selbst ein Gestaltungsprozeß ist, der an „narrative Wahrheit", zuweilen an „ästhetische Wahrheit" gebunden ist (*Spence* 1982; *Petzold* 1991o), dem durchaus eine mythologische Qualität anhaftet, so kann Grad der mythologisierenden Qualität dysfunktional werden, besonders wenn sich Erinnerungsstücke fortschreiben und die Gegenwart in einer Art und Weise bestimmen, daß das Leben durch „fixierende Narrative", „maligne Skripts", „Wiederholungszwänge" beeinträchtigt wird. Hier ist die schmerzliche Konfrontation mit Erinnerungsstücken (die Erinnerungslücken füllen und das Geschehen der Gegenwart „ins rechte Licht rücken") oftmals unverzichtbar, und deshalb wird es notwendig, zuweilen Vergangenheitsereignisse aus der Dunkelheit des Vergessens ins Licht zu stellen, sie auszuleuchten, damit ihre gegenwartsbestimmende Qualität sichtbar wird.

Tagebuchaufzeichnungen, Photoalben, Poesiebücher ... Erinnerungsstücke als „persönliche Monumente" erfüllen im therapeutischen Prozeß diese Aufgabe. Sie erlauben eine „breite Selektion" von Erinnerungsmaterialien aus den Archiven. Die Erinnerungen schränken das Vergessen und die Verdrängung ein, ohne sie jedoch gänzlich aufheben zu wollen, denn beides hat eine wesentliche Funktion. Als Therapeuten wissen wir darum, daß vergessen und verdrängen eine „Gnade" sein kann, und wir wissen auch um die Gefahren der Konfrontation mit der eigenen Geschichte, die zuweilen destabilisierend sein kann bis hin zur Dekompensation und alles andere als heilend. Deshalb ist die Arbeit mit Tagebüchern, mit Photoalben, mit Lebenspanoramen aus lang zurückliegenden Perioden des Lebens eine delikate Arbeit, die Feingefühl und hohes therapeutisches Können verlangt. Die Sensibilisierung für die eigene Geschichte geht einher mit dem Aufbau und der Integrationsfähigkeit des Ich, mit der Stärkung seiner Fähigkeit, lebensgeschichtliche Fakten in einer stabilen Identität zu synthetisieren. Besondere Sorgfalt wird demnach bei Patienten wesentlich, die sehr unbewußt sind, die in Bedingungen aufwachsen mußten, in denen sie nur „durch Verdrängung überleben" konnten, die in keinen Gesprächs- und Erzählgemeinschaften großgeworden sind, in welchen die Bearbeitung und Verarbeitung des vollzogenen Lebens Bestandteil der „Gesprächs- und Erzählkultur" war.

Das Erzählen aus „Kindertagen", das Betrachten von Kinderbildern und -alben, das gemeinsame Gestalten von Kindertagebüchern führt zu einer *Sensibilisierung für die eigene Geschichte*, und das mag dazu beitragen, daß in der Kindheit Kinder – zumeist Mädchen – anfangen, Poesiebücher anzulegen, sich Identitätsattributionen und wichtige „Wünsche für das Leben" von bedeutungsvollen Bezugspersonen „ins Poesiealbum schreiben zu lassen", daß im Jugendalter Menschen beginnen, Texte zu schreiben (*Bernfeld* 1924), Tagebücher zu führen (*Soff* 1989) und im Alter Autobiographien zu schreiben (*Toth* 1992; *Salvesberger* 1992) als Möglichkeit der Auseinandersetzung mit sich selbst, als Weg der Selbstfindung über ein „Übergangsobjekt" (*Winnicott* 1953), durch das sich ein Mensch an sich selbst vermittelt:

„Liebes Tagebuch! Heute muß ich dir unbedingt schreiben, wie das mit Jörg weitergegangen ist ...!" – so eine häufige Form in Tagebüchern Jugendlicher. Aber wer ist das „Liebe Tagebuch"? Eine imaginierte Vertrauensperson? Substitution für einen Freund, eine Freundin? Externalisierung des „inneren Gefährten", der im Dialog zwischen *Ich* und *Selbst* das *Selbst* repräsentiert? Diese und andere Möglichkeiten wird es je für sich genommen oder in Kombinationen geben (*Jungeren* 1979). Wichtig scheint vor allem zu sein, daß komplexe Lebenszusammenhänge oder *persönlich bedeutsame Lebensereignisse* „externalisiert" werden, aufs Papier gebracht werden – „schwarz auf weiß" –, und das ermöglicht eine direktere, unmittelbarere „Auseinandersetzung durch eine *Distanznahme*", die über die Niederschrift erfolgt, eine starke Selbstreferenz ermöglicht und damit die „Lebenschronik" festigt (*Rogers* et al. 1977). Das Tagebuch gewinnt so eine psychohygienische Funktion. Es bekräftigt „self-supportiveness" durch Festigung von „Kohärenzsinn" (sense of coherence, *Antonovsky* 1987, 16 ff.) und „self-efficacy" (*Bandura* 1977; *Prochaska, DiClemente* 1984), und es ermöglicht emotionale Entlastungen dadurch, daß man sich die Dinge „von der Seele schreibt" und sie dann mit „kühlerem Kopf betrachten kann". Es werden auf diese Weise Differenzierungsprozesse möglich, die neue Integrationsleistungen vorbereiten über „*Bilanzierungen*", „*Fazitsequenzen*", denen wir in Tagebüchern oft begegnen: „Wenn ich mir das alles so überlege und mir jetzt noch einmal alles durchlese, dann glaube ich ...., ich werde Jörg besser doch nicht mehr treffen!" Solche Tagebücher aus dem frühen Jugendalter unterscheiden sich deutlich von Tagebüchern, wie wir sie häufig in der späteren Adoleszenz oder bei Erwachsenen finden (*Soff* 1989). Hier begegnet uns das Tagebuch als „Logbuch", als Dokumentation von Ereignissen, „*keeping the records*" (*Pepys* 1980), als Hilfe, *sequentielle Ordnungen* (*O'Connell, Gerard* 1985) herzustellen, als Selbstdarstellung gegenüber imaginären Lesern (*Mummendey* 1989; 1990), oder es findet sich als Aufzeichnung komplexer Gedanken, Überlegungen, Introspektionsvorgänge, Dokumentation gedanklicher Arbeitsprozesse, Prozesse der Selbstsuche und Selbstexplikation (*Sommer* 1979; *Fuhr-*

mann 1979). Man denke an das berühmte „*Journal métaphysique*" von *Gabriel Marcel* (1935) und seine Vorlage bei *Maine de Brian* (*Berning* 1972).

Es kann hier nicht darum gehen, ausführlicher über Typologien von Tagebüchern und autobiographischen Texten nachzudenken und ihre jeweiligen Funktionen zu thematisieren. Dies sind Aufgaben der Autobiographie- und Tagebuchforschung (*Abbott* 1984; *Jungeren* 1979; *Zech* 1988). Die Bedeutung, die ein Tagebuch oder autobiographische Texte für den jeweiligen Schreiber haben, die Funktion, die sie neben der Stützung der „Lebenschronik" erfüllen – entlasten, verarbeiten, bekennen, erzählen, berichten usw. (*Lehmann* 1988) –, ist überdies nicht konstant. Sie wechselt über die Zeit des Tagebuchschreibens. Dabei sind jeweils *bewußte* und *unbewußte Motivationen* (*Mummendey* 1990) zu betrachten, und gerade die letztgenannte Dimension wird sich bei einer bloßen Analyse von Dokumenten nicht erschließen, sondern nur *im Diskurs mit einem Schreiber* über das, *was* er geschrieben hat, *wie* er sein Tagebuch sieht, *wo*, in welchem Kontext er *was wie* festhält oder vergißt, ausläßt, verdrängt. Ein solcher Diskurs über den Text, die Auseinandersetzung mit ihm unter Nutzung erlebnisaktivierender – und d. h. auch gedächtnisaktivierender – Methoden der Therapie (*Robinson* 1980) sowie unter Beiziehung des „Zeugenbewußtseins" (*Ricoeur* 1969) des Therapeuten ermöglicht letztlich erst, Verdrängungsprozesse aufzufinden, implizite „subjektive Theorien" (*Flick* 1991; *Faltermaier* et al. 1992) zugänglich und in ihrer Bedeutung für die Ausbildung von *Narrativen* einsichtig zu machen (*Ross* 1989).

2. *Praxeologie: Therapie- und Analysetagebücher*

Theoretische Konzepte fundieren Praxis, Praxis fundiert Theorie (*Knobel, Mankwald, Petzold, Sombrowsky* 1992). Die Vorüberlegungen zum autobiographischen Memorieren, zur Formierung von Biographie, zur persönlichkeitsfördernden Funktion von Tagebüchern lassen nun einsichtig werden, warum und wie Tagebucharbeit in der praktischen Behandlung eingesetzt werden kann und daß es sich hier nicht nur um eine „nützliche Technik" handelt, sondern um eine wirkliche *Praxeologie*, d. h. eine theoretisch abgesicherte und in der Praxis bewährte systematische Form des (therapeutischen und persönlichkeitsbildenden) Handelns.

2.1 *Psychotherapie, Tagebuchkultur und therapeutische Tagebucharbeit*

Im Rahmen von Therapien bzw. therapeutischen Analysen und von Lehranalysen kommt dem Schreiben von Therapietagebüchern eine hervorragende Bedeutung zu. Es wird damit einerseits auf eine traditionsreiche „*literarische Gebrauchsform*" (*Belke* 1973) der Selbstexploration und Lebensdokumentation zurückgegriffen, andererseits auf ein spezifisches Instrument der „Poesie- und Bibliotherapie" (*Leedy* 1969; *Petzold, Orth* 1985; *von Werder* 1988, 1990), das als methodische Möglichkeit im Rahmen der Integrativen Therapie neben anderen poesietherapeutischen Instrumenten, den „*literarischen Kunstformen*" (z. B. Gedichte, Märchen, Kurzgeschichten) oder als Kombination von Gebrauchs- und Kunstformen eingesetzt wird. Das Tagebuch enthält Briefe, Gedichte, Märchen, Bildgeschichten, ganz wie es der Gestaltungswille, die emotionale Lage und die Kreativität des Tagebuchautors hervorbringt und möglich macht.

In der „Integrativen Therapie" (*Petzold* 1965, 1970c, 1974k, 1988n, 1991k) wird der Tagebucharbeit in der Behandlung von Patienten eine wichtige Stelle im Therapieprozeß zugemessen, und in der Ausbildung am „Fritz Perls Institut" ist das Führen eines Analysetagebuchs ein verpflichtender Bestandteil von Lehranalysen, der von *Petzold* in die erste Ausbildungsordnung des FPIs eingebracht wurde (*Petzold, Sieper* 1972). Die Autoren dieses Beitrages haben seit Anfang der siebziger Jahre die Tagebucharbeit systematisch in der Behandlung von Patienten eingesetzt und die besonderen Möglichkeiten dieses Instruments entwickelt. Zu Beginn einer Patientenanalyse (und ähnliches gilt für Lehranalysen) bemüht sich der Therapeut um eine „Hinführung“ des Patienten bzw. Analysanden zur Tagebucharbeit. Es wird damit an eine Tradition angeknüpft: die der einstmals blühenden Tagebuchkultur vergangener Generationen (*Hocke* 1978; *De Litto* 1975; *Boerner* 1969), welche in unserer schnellebigen Zeit leider nicht mehr sonderlich lebendig ist. Die belastete Zeitökonomie und ein der Selbstreflexion abträgliches Sozialisationsklima sind Gründe, warum relativ wenig Menschen *mit sich* in „Ko-respondenz“ eintreten, denn nichts anderes ist die „innere Zwiesprache“ mit sich selbst über das „*Medium* Tagebuch“. Insofern sind Tagebücher und autobiographische Texte wichtige Instrumente der „Selbstanalyse“ (*v. Werder* 1988) und der „Identitätsarbeit“ (*Petzold* 1991o). Sie gewinnen für Therapeuten darüber hinaus auch im Hinblick auf theoretische Perspektiven – anthropologische und persönlichkeitstheoretische Reflexionen (*Neumann* 1970; *Pilling* 1981; *Pfotenhauer* 1987) – Bedeutung, so etwa für das Verständnis männlicher und weiblicher Selbstäußerungen (*Benstock* 1988; *Stanton* 1987; *Salzmann* 1988), schicht- und berufsspezifischer Äußerungsformen, altersabhängiger Ausdrucksweisen etc.

All das findet sich natürlich auch in Tagebüchern und Autobiographien der Weltliteratur, in biographischen Zeitdokumenten (*Toth* 1992), autobiographischen Erzählungen und Romanen usw. Für den psychotherapeutischen Kontext sind literaturwissenschaftliche Analysen solcher Dokumente (*Niggl* 1989; *Kuczynski* 1983) deshalb nicht uninteressant, aber doch von sekundärer Bedeutung, weil ein lebendiger Diskurs mit dem Autor, zwischen dem Autor und einem „*Mentor*“ fehlt. Tagebücher und Autobiographien (*Marquard* 1979) – diese beiden literarischen Gattungen sind sorgfältig zu unterscheiden (*May* 1974; *Grimm* 1982) und liegen doch in vieler Hinsicht nah beieinander (z. B. basieren viele Autobiographien auf Tagebuchaufzeichnungen) – sind für das Verständnis von Persönlichkeiten, über deren Lebensumstände noch weitere Informationen vorliegen, für ein Begreifen ihrer Identität (*Fuhrmann* 1979; *Marquard, Stierle* 1979) von größtem Interesse. Eine psychoanalytische Biographieforschung wäre ohne derartige Materialien nicht möglich. Doch bleiben solche Forschungen Sekundäranalysen mit eingeschränkter Aussagekraft, weil über das Unbewußte eines Menschen spekuliert werden muß, weil (oft fragwürdige und mit Hilfe hinterfragungsbedürftiger, spekulativer Theoreme, z. B. Penisneid, Ödipuskomplex, Todestrieb etc.) „Indizienbeweise“ geführt werden müssen, ohne daß die lebendige Begegnung mit den Manifestationen des Unbewußten einbezogen werden kann und ohne daß die Möglichkeit des „vertieften Erinnerns“ durch multiple Stimulierung und Erlebnisaktivierung (*Petzold* 1988f) im Sinne von Schlüsselreizen zu nutzen wäre, was gerade mit Blick auf die frühen Erfahrungen wichtig wird (*Nelson* 1988; *Petzold* 1982b), ohne daß es also zu einer gemeinschaftlichen „hermeneutischen Suchbewegung“ kommt (idem 1988a, b, p).

Tagebücher in therapeutischen Prozessen bieten durch das diskursive Moment gegenüber der Analyse von schriftlich niedergelegten Biographien ganz andere Möglichkeiten und haben auch eine andere Funktion, und das gilt natürlich auch für Tagebücher in Lehranalysen. Im Schreiben eines Tagebuches oder autobiographischer Texte vollzieht sich die „*persönliche Hermeneutik des Subjekts*“ (ibid.) in einer Weise, daß die „innere Gefährtenschaft“ aufgebaut und gestärkt wird: Jedoch die Ko-respondenz „mit sich selbst“, mit seinem Selbst verarmt, wenn die Dialoge mit den anderen karg werden. Das Tagebuch lebt ja im wesentlichen aus der Reflexion dialogischer Erfahrungen, sozialkommunikativer Ereignisse, und so ist es durchaus naheliegend, daß die „Intimität“ der *inneren Zwiesprache* auch wieder in dialogische Intimitätsräume getragen wird, etwa in das Gespräch mit einem Mentor, einem Intimus, einem Freund, einer Freundin, zu denen eine tiefe Bindung, ein wirkliches Vertrauensverhältnis, eine Herzensbeziehung besteht, eine Beziehung, in der man sich wirklichen Verständnisses gewiß ist, wie z. B. in einer guten therapeutischen Beziehung. Wird das Tagebuch, werden Tagebuchmaterialien in einen solchen intersubjektiven Kontext eingebracht, kann eine gemeinschaftliche hermeneutische Suchbewegung entstehen. Die *Hermeneutik des Subjekts* bleibt nicht im Bereich des „self-monitoring", in der introspektiven Selbstbeobachtung persönlicher Realität (*Johnson* 1988; idem et al. 1988); es wird ein intersubjektives Unterfangen.

Tagebücher in Therapie- und Selbsterfahrungsprozessen gewährleisten einen Intimitätsraum noch jenseits des *„selfdisclosure"* (*Weiner* 1978) und der psychoanalytischen Regel der aufrichtigen Mitteilung innerer Zustände im therapeutischen Diskurs. Sie ermöglichen eine Offenheit und ein Verbergen zugleich, allerdings ein Verbergen, das seiner toxischen, pathogenen Qualität beraubt ist. *„Concealment"* macht krank (*Mowrer* 1970; *Jourard* 1971), wie jede chronische Zurücknahme, jeder Zwang, sich nicht zeigen zu dürfen. Die fehlende Möglichkeit eines selbstbestimmten *„selfdisclosure"*, in dem man sich *ausdrücken, zeigen* kann, „so wie man ist", bewirkt *Repression,* die in seelische oder körperliche *Depressionen* führt (*Petzold* 1992a, 856). *Expression,* die all das nach außen bringt, was sich aus innerem Impuls oder als Resonanz auf äußere Eindrücke zeigen will, ein solches *„selfdisclosure"* hingegen ist in seiner *„salutogenen Funktion"* vielfach herausgestellt worden, z. B. in der für die wesentlichen Psychotherapieformen nachgewiesenen Bedeutung des Emotionalen, der *E-motio,* der Herausbewegung (*Petzold* 1993b; *Schelp, Kemmler* 1988; *Kemmler, Schelp, Mecheril* 1991).

Das „Analysetagebuch" ermöglicht dem Patienten oder Lehranalysanden, Dinge, die er noch nicht zeigen bzw. offenbaren kann, die er noch verschließen, zurücknehmen, zurückhalten muß, *nach außen zu bringen,* im Text, im Buch niederzulegen, zu deponieren. *Retroflexive Mechanismen* (*Perls* 1980) werden auf diese Weise umgangen oder zumindest doch sehr gemildert. Das, was dem Therapeuten bzw. Analytiker vorenthalten werden mußte, kann auf diese Weise „zwischengelagert" werden bis zu einem Moment, wo es möglich wird, diese Materialien zu aktualisieren, sie in die therapeutische Interaktion zu tragen, sie zum Gegenstand gemeinsamer Hermeneutik zu machen. Besonders die Gefühle und Regungen über den Analytiker, die Analytikerin, die vor und während oder nach Analysestunden auftauchen und noch nicht kommuniziert werden können, erhalten so einen Ort, und es entsteht kein *„Zwang zur Offenbarung"*, wie sie das von *Freud* inaugurierte Regelwerk suggeriert, denn ein solcher Druck kann genauso fatal wirken wie der *„Zwang zur Zurücknahme"*.

Der Patient oder Lehranalysand kann durch das Analysetagebuch seine Regungen vor der Verdrängung bewahren. Sie sind ja festgehalten, können nachgelesen werden, sofern nicht ein Verlegen oder Verlieren des Analysetagebuches dieses Archiv beseitigt. Der Patient kann weiterhin auswählen, was er in den Diskurs bringen will. Er hat die Möglichkeit, sich seines Prozesses und – wichtiger noch – des *gemeinsamen Prozesses* in der therapeutischen Beziehung zu vergewissern. Das Analysetagebuch bietet auf diese Weise auch einen gewissen Schutz vor überstülpenden Interpretationen oder dem Herstellen nicht-stimmiger Zusammenhänge durch den Therapeuten, denn der Patient kann auch noch länger zurückliegende Vorgänge „nachlesen", um sich seiner Wahrnehmung zu vergewissern, ihre Genauigkeit zu prüfen (*Barclay, Wellman* 1986), ihre Veränderungen zur Kenntnis zu nehmen (*Linton* 1982), ja sich der Einflußgrößen für solche Umformungen bewußt zu werden (*Rubin, Wetzler* 1986) und zu sehen, wie sich Lebensthemen herausbilden und wandeln (*Csikszentmihalyi, Beattie* 1979).

Wenn immer Materialien aus einem solchen Tagebuch oder das Tagebuch insgesamt in den therapeutischen Prozeß eingebracht werden, zeigt dies in der Regel die hohe Qualität des Vertrauensklimas in der Therapie, sofern das Erschließen dieses übergreifenden Intimitätsraumes nicht abgenötigt wurde oder Ausdruck einer Anpassungsproblematik ist oder die Funktionen der Verführung hat usw. Es ist also wichtig zu beachten, zu welchem Zeitpunkt, in welcher Übertragungs-/Gegenübertragungsdynamik das Analysetagebuch im Prozeß auftaucht. Prinzipiell hat ein solches Tagebuch die Funktion eines „späten Übergangsobjektes". Ähnlich wie die frühen „*transitional objects*" (*Winnicott* 1953) hilft es einem Menschen, „in der Trennung zu leben" und die Abwesenheit „geliebter Objekte" (d. h. wichtiger Subjekte bzw. Bezugspersonen) auszuhalten, indem es für eine Übergangszeit eine *substitutive Realität* ermöglicht. Für das Tagebuch findet sich diese Funktion deutlich ausgeprägt. Es substituiert Gesprächspartner, die nicht vorhanden sind oder die, wenn sie vorhanden sind, eine notwendig gebrauchte, spezifische Gesprächsqualität nicht gewährleisten können. Wird aber das Tagebuch in die intersubjektive Ko-respondenz getragen, so ändert es seinen Charakter. Es wird zum „*Intermediärobjekt*" (*Petzold* 1987a), das in kommunikativen Prozessen vermittelt, zum Medium wird, welches zu einer vertieften Verständigung führen kann.

In diesem Sinne ist es förderlich, das Tagebuch in therapeutische Prozesse so einzuführen, daß die Chance besteht, daß es vom Patienten/Klienten/Lehranalysanden irgendwann – und möglichst mit einer gewissen Regelmäßigkeit – in den therapeutischen Prozeß eingebracht wird. Ein „*journal process*" erfordert eine gewisse Propädeutik, wie dies der strukturierte Ansatz von *Ira Progroff* (1975), der die „Tagebuchmethode *als* Psychotherapie" systematisch benutzte, zeigt. Für die Tagebuchmethode *in der* Psychotherapie ist eine systematisierte „Lebensbuchführung" nicht erforderlich. Im Gegenteil, die individualisierte Gestaltung der Aufzeichnung ist eine wichtige Quelle *projektiven Materials*. In ihr und durch sie manifestiert sich das Unbewußte. Weiterhin bietet das Tagebuch eine wichtige Möglichkeit persönlicher, kreativer Gestaltung für den Schreiber. Das Analysetagebuch wird in den ersten Behandlungsstunden als Teil der Behandlung eingeführt und thematisiert, indem dem Patienten oder dem Lehranalysanden kurz dargestellt wird, welche Funktion und Bedeutung das Führen eines Tagebuches im therapeutischen Prozeß hat.

2.2 Tagebucharbeit im Übertragungskontext

Eine Therapie oder eine Selbsterfahrungsanalyse stellt einen äußerst wichtigen Abschnitt eines persönlichen Lebens dar, eine *verdichtete Zeit*, in der aufgrund der Bearbeitung von Vergangenheit, aber auch durch Ausgriffe in die Zukunft (Wünsche, Pläne, Hoffnungen, Befürchtungen) sich das Leben gleichsam „verdoppelt", weil im Hier und Jetzt der therapeutischen Situation sich in der Übertragung alte Szenen reinszenieren, weil Lebensgeschichte Gegenwartsqualität gewinnt und das Leben dennoch weitergeht, weil *retrospektive* Erinnerungsarbeit, *aspektives* Durcharbeiten der Gegenwart und *prospektive* Antizipationsarbeit geleistet wird – „Reisen in der Zeit" (*Petzold* 1989d). Dies alles geschieht mit dem Ziel, die Kenntnis des eigenen Selbst und der mitmenschlichen Bezüge zu vertiefen, die Persönlichkeit und das eigene Heil-werden zu entwickeln, zu gesunden, wo biographische Distorsionen und Turbulenzen die Formierungsprozesse der Persönlichkeit beeinträchtigt haben ... bis hin zur Deformation (*Petzold* 1990b), wo sich maligne Geschichten eingeschrieben haben ins Fleisch, „unter die Haut gegangen sind", „in den Knochen sitzen", wo Erzählungen abgebrochen sind, die gerundet werden sollten, Geschichten, die zu einem Ende kommen müssen. Die Komplexität dieser Situation erfordert „Aufzeichnungen", ein Logbuch, ein Fahrtenbuch für die zu durchmessende Lebensstrecke, in dem das, was *erfahren* (gleichsam erwandert) wurde, niedergelegt werden kann, um Rückgriffe und Vorgriffe zu erleichtern, die *Erinnerungs- und Antizipationsarbeit* zu unterstützen (*Baddeley* 1986; *Rubin* 1986) und Menschen zu helfen, zu „Erfahrenen" zu werden (*Gadamer* 1990).

Es ist in der Regel problemlos, Patienten und Analysanden die Wichtigkeit und Nützlichkeit eines Analysetagebuches zu vermitteln als Dokumentation über einen sehr wesentlichen Prozeß, auf die man auch im späteren Leben, in der Zeit nach Beendigung der Analyse, für die Zeit des eigenständigen Durchdringens des Lebensprozesses ohne die Begleitung des Therapeuten zurückgreifen kann. Es wird in einer solchen Propädeutik zur Einführung der Tagebucharbeit gemeinsam zwischen Therapeut und Analysand/Patient thematisiert – und hier haben zunächst die Vorstellungen des Analysanden Priorität –, was im Analysetagebuch aufgezeichnet werden soll. Sofern es vom Analysanden/Patienten nicht erwähnt wird, werden von seiten des Therapeuten als Vorschläge eingebracht: Träume, „Nachgedanken", Dinge, die man in der Analyse nicht thematisieren konnte oder wollte, insbesondere Überlegungen und Gefühle über die therapeutische Beziehung selbst oder zu wichtigen Bezugspersonen, die vom analytischen Prozeß mittangiert werden. Es wird auf die Möglichkeit verwiesen, während der Therapie oder Lehranalyse auf diese Materialien zurückzugreifen, immer wieder frühere Stunden nachzulesen, um die *Resonanz* auf wichtige Sitzungen noch einmal aufnehmen zu können. Gerade für das Festhalten von Träumen, die dann in der Therapie bearbeitet werden können, hat das Analysetagebuch eine zentrale Funktion und wird in dieser regelhaft in die Therapiestunde mitgebracht. Es bleibt von vornherein nicht nur „im stillen Kämmerlein", versteckt oder verschlossen, wie die Tagebücher von Kindern oder Jugendlichen, die sich der Integrität ihrer Eltern nicht sicher sind und ihre „innersten" Geheimnisse vor Übergriffen unbefugter Augen verbergen müssen. Sie verstecken die Aufzeichnung von Geheimnissen, die sie ihrer Mutter, ihrem Vater nicht mehr anvertrauen können oder auch nicht mehr anvertrauen wollen, weil sie sie „für sich" meistern müssen.

Für das Analysetagebuch wird von vornherein deutlich gemacht, daß es keinen „Zwang zur Offenbarung" gibt, daß dies eine höchst persönliche Niederschrift ist, über die frei verfügt werden kann und die natürlich *auch* in Prozesse eingebracht werden kann, wenn dies für den Analysanden erforderlich und nützlich erscheint. Wird es offengelegt, ist der Zeitpunkt und der Kontext sorgfältig zu betrachten: Handelt es sich um einen Appell (*Bergmann* 1991), eine indirekte Anschuldigung, eine Geste der Anpassung usw.? Es können also unterschiedliche „Klimata" und „szenische Kontexte" aufkommen, denen Aufmerksamkeit geschenkt werden muß: Beichtstuhlatmosphäre, Lehrer-Schüler-Dependenz oder kollegiales Klima, ein freundschaftliches oder ein familiäres Erzählklima (*Edwards, Middleton* 1988), wobei die letztgenannten für die Arbeit eine gute Voraussetzung bilden, die erstgenannten aber bearbeitet werden müssen, weil sie keinen tragfähigen Hintergrund bieten (vgl. Abb. 1 + 2).

2.3 *Multiple Stimulierung und kreative Medien in der therapeutischen Tagebucharbeit*

Die im Tagebuch aufgezeichneten Ereignisse sind in der Regel komplexer als der „manifeste Inhalt". Dieser hat *Hintergrundsdimensionen*, die dem Bewußtsein durchaus zugänglich sind, umfaßt Implikate: Mitbewußtes, Vorbewußtes, aber auch Unbewußtes, Ausgeblendetes, Verleugnetes, Verdrängtes, also *Untergrundsdimensionen. Breite* und *Tiefe* (*Petzold* 1988b), *Offenes* und *Verdecktes* soll – wo immer möglich – zugänglich, wahrnehmbar, faßbar, verstehbar, erklärbar (idem 1988a) gemacht werden.

Die gemeinsame Arbeit am „Analysetagebuch" im Rahmen einer Therapie oder Lehranalyse macht die im Tagebuch archivierten und vom Patienten für die Bearbeitung „freigegebenen" offenen und verdeckten, differentiell und konkret dargestellten oder abstrakt repräsentierten oder symbolisch verdichteten Materialien zugänglich für eine gemeinsame, tiefenhermeneutische Analyse im Rahmen der Dynamik des Therapieprozesses, wo der *Blick* des Therapeuten und der *Blick* des Patienten die Texte und Bilder betrachten und auszuloten suchen. Dabei wird die größere „Exzentrizität" des Therapeuten oftmals unbewußtes Material erblicken können, das dem Patienten oder Analysanden aufgrund von Widerstand oder Abwehrvorgängen verborgen bleiben mußte, denn Analysetagebücher sind ja häufig Berichte aus „beschädigtem Leben" (*Turkis* 1990; *Sill* 1991). Das „Zeugenbewußtsein" (*Ricoeur* 1969) des Analytikers wird hier unverzichtbar, ist es ja oftmals für das Erkennen von Manifestationen des Unbewußten konstitutiv.

Dies gilt besonders, wenn im Analysetagebuch mit „kreativen Medien" (*Petzold* 1977c) gearbeitet wurde bzw. mediale Produktionen im Bilde festgehalten werden. Wenn man seine Patienten entsprechend instruiert und ihnen für das Tagebuch ein Din A-4-Format empfiehlt, sie weiterhin ermutigt, auf Zeichenblöcken im gleichen Format Gefühle, Anmutungen, Erinnerungen usw. bildnerisch auszudrücken, sie in eine konkret-figurale oder eine symbolische Form zu gießen oder ganz einfach, sich den Ausdrucksimpulsen überlassend, zu warten, welche Formen auftauchen, so wird ein solches Analysetagebuch ein reichhaltiges, projektives Material enthalten, denn *jede kreative Produktion ist „eine Botschaft von mir, über mich, für mich und an andere"* (*Orth, Petzold* 1990b). Wird in der Analyse mit Ton gearbeitet oder mit Collagen und kommt es hier zu wichtigen „Produktionen", so ist es durchaus nützlich, sie z. B. mit einer Polaroidkamera festzuhalten, um auch diese „Dokumente" zur Verfügung zu haben. Selbstverständlich werden, wie schon erwähnt, Gedichte, Parabeln, Märchen oder andere *literarische Kunst-* bzw. *literarische Gebrauchsformen* (Berichte, Briefe, Glossen usw.) „ins Tagebuch geschrieben".

Da z. B. Lehranalysanden bzw. Ausbildungskandidaten der Psychotherapie in diesem Tagebuch nicht nur ihre Analyse, sondern ihren gesamten Prozeß der Arbeit an sich selbst, ihre Gedanken, ihre Phantasien, Gefühle festhalten – „erkaltete Herzschrift" (*Schneider* 1986) –, finden sich oftmals auch persönlich bedeutsame Materialien aus Selbsterfahrungs- bzw. Ausbildungsgruppen und Ausbildungsseminaren. Hier ergeben sich immer wieder fruchtbare Querverbindungen, z. B. dergestalt, daß Erfahrungen aus der Lehranalyse Jahre später in einem Ausbildungsseminar in neuer oder anderer Weise erschlossen werden können, daß dann plötzlich Zusammenhänge oder Themen „klar" werden, für die man schon lange eine Lösung gesucht hatte. So erinnerte sich ein Ausbildungskandidat plötzlich in einem Seminar über „Herzenserfahrungen", das sich mit psychologischen, psychosomatischen und spirituellen Dimensionen des Herzens befaßte (*Petzold* 1983e; *Eggert* 1989), an eine mehrere Jahre zurückliegende Sitzung in seiner Lehranalyse über Fragen des Herzens. Er hatte in diesem Seminar – wie alle Teilnehmer – ein „projektives Bild" seines Herzens gemalt, das wesentliche „Herzensangelegenheiten" darstellen sollte, wichtige Ereignisse, die dem Herzen widerfahren waren. In der Nachbesprechung kam dann plötzlich die Erinnerung auf: „In meinem Analysetagebuch habe ich ja auch schon einmal mein Herz gemalt!" Natürlich wird in solchen Momenten die Frage aufgeworfen: Was ist anders geworden, was wird neu gesehen, was wurde damals noch nicht gesehen usw.? Das Tagebuch wurde herbeigeholt, die Zeichnung betrachtet, und die Bilder sprechen für sich selbst. Differenzierungen werden deutlich, die in der zurückliegenden Sitzung noch nicht auftauchen konnten. Es kann Schmerzliches angesehen werden, eine „fehlende Ecke" wird bewußt, die in der idealisierenden, gerundeten Darstellung des ersten Bildes noch unerkannt geblieben war.

Ein Analysetagebuch im Sinne unseres Ansatzes der *„intermedialen Therapie"* (*Petzold* 1987b; *Petzold, Orth* 1990a) wird zum Element der Arbeit mit unterschiedlichen Medien. Diese ermöglichen u. a., das Gedächtnis in unterschiedlichen *Modulen* zu stimulieren (*Engelkamp* 1990; *Johnson* 1983). Multiple Stimulierung (*Petzold* 1988f) führt zu multipler Memorierung. Texte und ihre Illustrationen bewirken emotionale Anregung, und diese führt zur Aktivierung des Gedächtnisses, um z. B. Hintergrundsdimensionen von im Tagebuch aufgezeichneten Ereignissen in den Erlebnisvordergrund zu bringen, noch mehr Material aus der Fülle der Lebenschronik für den therapeutischen Prozeß und eine emotionale Differenzierungsarbeit zugänglich zu machen (*Gilligan, Bower* 1984; *Teasdale, Fogarty* 1979; *Robinson*

Legende zu Abb. 1 – 4:
Die Abbildung 1 stellt einen typischen Auszug aus einem Analysetagebuch dar – hier Aufzeichnungen eines Lehranalysanden. Träume bzw. Traumfragmente werden festgehalten. Die „diskursive Symbolik" der sprachlichen Aufzeichnung wird durch „präsentative Symbole" (*Langer* 1942), hier durch Aquarellbilder ergänzt. Traumsymbolik und Aufzeichnung führen zu Eigeninterpretationen des Schreibers. Ihm klären sich Gefühle („Ich habe ein starkes Bedürfnis nach Berührung") und Zusammenhänge, letzteres durch den intermedialen Quergang im Bild: „Nachdem ich den ersten Traum gemalt habe, ist mir klar ...". Das eigene Feuer – nach außen projeziert – im Bild des „gegenüberliegenden brennenden Hauses" (Abb. 2) muß wieder gesammelt werden: im Herzen (Abb. 3). Über die Bilder ordnen sich die Traumfragmente zu einer sinn-vollen Sequenz und eröffnen Perspektiven auf die Vergangenheit: Bei der Auseinandersetzung über „richtig oder falsch" im Kontext der „Bettlaken und Kissenbezüge" im Traum steht die „Mutter im Hintergrund", und eine übergeordnete, normative Instanz folgt: die Kapelle. Zwar zum Abriß vorgesehen, wird Freiheit erst gewonnen, als eine Wächterinstanz (Küster) „freie Hand" gibt. Und dies hat Wirkung: „Zum ersten Mal seit langem ein normaler Tag". – Das Suffi-Herz (Abb. 3), in glühender Geschlossenheit gemalt, betont den Aspekt der Schönheit. Die „verzehrende Aggression" – obwohl in der Selbstdeutung benannt – findet keinen Ausdruck in der Darstellung. Sie geht in der Idealisierung unter. Jahre später in dem Seminar über „Herzenserfahrungen" kann das Herz differenzierter dargestellt werden mit seinen Licht- und Schattenregionen (Abb. 4). Bei der Darstellung in Abb. 4 wurde die Größe des Blattes nicht richtig eingeschätzt. Das Bild des Herzens wird unvollständig, und es muß ein Blatt angeklebt werden, um die fehlende Seite zu vervollständigen.

1980). Multipler sensorischer und mnestischer Stimulierung kommt demnach in Therapiegruppen mit dem Tagebuch eine wichtige Aufgabe zu, und dies besonders, wenn es selbst in die *„intermedialen Quergänge"* einbezogen wird – z. B. Transfers vom Bild zum Text zum Tanz (*Orth, Petzold* 1990c), denen oft *inter-* bzw. *transmodale Wahrnehmungs-* und *Gedächtnisprozesse* (idem 1990o) zugrunde liegen. Hier erfolgen auch die interessanten Phänomene *„transmedialer Konstanz"* (etwa eines sich in den verschiedenen Medien konstant fortschreibenden Themas) und die bedeutungsvollen Prozesse der *„intermedialen Transformation"* (d. h. das Aufkommen anderer Aspekte im anderen Medium) oder der „Auslegung einer medialen Darstellung durch eine andere" (z. B. eines Bildes durch ein Gedicht, einen Text, durch einen Tanz usw.): Der Text gebiert ein Bild, ein Bild gebiert einen Text. Genau in diesem Zusammenspiel scheinen Wahrheiten auf, die in anderer Weise oftmals verborgen bleiben oder selten eine solche Prägnanz gewinnen. Das Tagebuch erschließt Strebungen des Unbewußten – *Untergrund* (*Freuds* „Unbewußtes"), *Hintergrund* (*Perls'* „Not yet awareness") und *Horizont* (*Blochs* „Noch-nicht-Bewußtes"), indem es den Raum des *retrospektiv* Memorierbaren, die Breite des *aspektiv* Erfahrbaren und den Vorgriff des *prospektiv* Erahnbaren und damit das Spektrum der Möglichkeiten der Selbsterkenntnis (*Neisser* 1989) ausdehnt. Als Niederschrift von aktuellen Ereignissen, Report über Szenen des Lebensspiels hält es nicht nur die *Phänomene*, d. h. die lebendigen „Narrationen" und „dramatischen Aktionen" fest (die damit zu Vergangenheit werden), es dokumentiert auch die in diesen vorfindlichen *Strukturen* – wir sprechen von „Narrativen" und „Skripts" –, und diese sind, besonders wenn es sich um fixierende oder gar maligne Muster handelt, für das therapeutische Geschehen von großer Bedeutung, lassen sie doch auch prospektiv *Entwürfe* für das Leben erkennen.

2.4 Viationen und Narrative in Tagebüchern

In Text und Bild können bei Tagebüchern, illustrierten Lebensläufen, Lebenspanoramen Materialien aufgefunden werden, die eine Schlüsselfunktion für den Lebensvollzug des Patienten haben, und sie können – sind sie an einer Stelle des Tagebuchs prägnant geworden – über das gesamte Material der Aufzeichnungen verfolgt werden. Es wird ihre *serielle Charakteristik* deutlich, die kontinuierlich und diskontinuierlich, linear, häufig aber auch nicht-linear sein kann, oder eine spezifische Typik wird faßbar, sofern pathologische Formen des Erinnerns nicht das Geschehen stören (*Talland, Waugh* 1969). Speziell mit Blick auf den analytischen Prozeß lassen sich Pfade (*viations*) erkennen, die aus der Dynamik des Patienten/der Patientin heraus das therapeutische Geschehen bestimmt haben, und hier ergibt sich eine große Chance für die gemeinsame Durchdringung der „historischen Dimension" dieser Therapie bzw. Analyse, besonders wenn der Therapeut seine Therapieaufzeichnungen zur Hand hat. Letztere sollten drei Aspekte dokumentiert haben:

1. die Sicht des Therapeuten über die „Pfade" (*viations*) des Patienten, seine innere Resonanz darauf (Gegenübertragung), um
2. seine eigenen Pfade (*viations*), die selbstverständlich von seiner Lebensgeschichte und jeweiligen aktualen Lebenssituation mitbestimmt werden, zu fassen; und schließlich
3. seine Überlegungen zur Behandlungsstrategie (*trajectory*), zu Zielen, Aspekten, methodischer Handhabung etc. (vgl. *Petzold* 1988n).

Der therapeutische Prozeß formiert sich ja als eine *Synergie* der „Viation des Patienten, der Viation des Therapeuten und seiner therapeutischen Linie (*trajectory*)", die er mit diesem Patienten zu verfolgen gedenkt (*Petzold* 1988n, 231) und in der Ko-respondenz mit ihm im Verlauf des Therapieprozesses auch immer wieder modulieren oder auch korrigieren muß.

In den *Viationen* des therapeutischen Prozesses bilden sich in der Regel die wesentlichen *Narrative* ab, die bestimmenden Muster, welche den Lebensprozeß des Patienten (und natürlich auch des Therapeuten) ohnehin prägen, seien sie nun benigner oder maligner Natur. *Viationen* werden wie folgt definiert:

»Viationen (franz. viations) sind höchst individualisierte, biographisch bestimmte und kontextabhängige Verlaufsbahnen intra- und interpersonaler Prozesse (z. B. Gestaltungs-, Problemlösungs-, Therapie-, Krisen-, Trauer-, Sterbeprozesse u. ä.), deren Verläufe gewisse Grade von Variabilität haben, jedoch nach dem Gesetz der „guten Kontinuität" auch eine gewisse Bestimmbarkeit aufweisen, besonders wenn schon größere Verlaufsabschnitte bekannt sind, die eine 'Prägnanztendenz' erkennen lassen. Ihre Verlaufsgestalt ist „transponierbar" und verändert sich unter Kontexteinwirkungen in Richtung von Prägnanz (durch Nivellierung oder Akzentuierung) oder Diffusität« (*Petzold* 1988n, 231).

Die hier umrissene Charakteristik läßt sich – von der im folgenden Abschnitt (*3*) dargestellten Technik des *Lebenspanoramas* oder des *Krankheitspanoramas* einmal abgesehen – in wenigen Dokumenten besser fassen als im Therapietagebuch des Patienten oder Analysanden im Verein mit den Therapieaufzeichnungen des Therapeuten. Es handelt sich hier um die einzigartige Kombination zweier Diskurse, die – unabhängig voneinander und dennoch in engstem Miteinander verbunden – aufweisen, was in Therapien veränderungswirksam ist, was *salutogen*, d. h. gesundheitsfördernd wirkt (*Antonovsky* 1979, 1987), was Krankheit heilt oder mindert oder was Persönlichkeitsentwicklung voranbringt, aber auch was hemmt, verletzt, ja *pathogen* wirkt (*Wirbel* 1987). Im Prozeß „gemeinsamer Hermeneutik" (*Petzold* 1988a,b) – und Therapie muß als solche gekennzeichnet werden – kann das Therapie- bzw. Analysetagebuch einen Beitrag leisten, die verschwindende „Tagebuchkultur" zu beleben, nicht als ein Zwang oder als Pflicht zur minutiösen Registration des Lebens (vgl. das berühmte Tagebuch von *Samuel Pepys* 1663-1705) oder als „Buchhaltung des Begehrens" (vgl. das späte Tagebuch von *de Sade* 1810/1981), sondern als eine Möglichkeit, sich die „Lebenschronik" über einen komplexen Memorationsprozeß einer „gut dokumentierten Strecke" zugänglich zu machen, „um sich selbst im Lebensganzen verstehen zu lernen" (*Petzold* 1981g), um sich zu finden, insbesondere in seinen Beziehungen zum anderen. Natürlich ist damit auch die Chance gegeben, die anderen zu finden, von denen das Tagebuch handelt. Therapietagebücher sind

Lebens-tage-bücher, denn *Therapie ist eine begleitete Strecke Leben.* Es ist gut, vom Lebensvollzug Zeugnisse zu haben. Sie künden von persönlichem Wirken in der Welt, und die Bewußtheit für dieses Wirken stiftet Identität.

B: LEBENSPANORAMA GESUNDHEITS-/ KRANKHEITSPANORAMA UND PROZESSE DER SYMBOLISIERUNG

Nachdem im ersten Teil (**A**) dieser Arbeit nach Entfaltung eines identitäts-, biographie- und gedächtnistheoretischen Zusammenhanges auf die Tagebucharbeit im Rahmen der Psychotherapie und Psychotherapieausbildung zentriert wurde als Beitrag eines kreativitätstherapeutischen – spezifisch *poesie-* und bibliotherapeutischen (*Petzold, Orth* 1985) – Ansatzes, richtet sich dieser zweite Teil (**B**) auf die Panoramatechnik, wiederum in der Patientenbehandlung wie auch in der Ausbildung von Psychotherapeuten. An FPI und EAG wird in jedem Zulassungsseminar für die Psychotherapieausbildung ein „Lebenspanorama" von den Teilnehmern gemalt. Seine Auswertung mit den KandidatInnen bietet neben der Evaluation des Verhaltens im Gruppenkontext und neben den beiden Tiefeninterviews im Zulassungsverfahren (*Petzold, Sieper* 1972; *Petzold* 1983i) wichtige diagnostische Informationen. Das Panorama wird z. T. im Rahmen der Lehranalyse weiter bearbeitet. Weiterhin werden im Verlauf der Ausbildung hin und wieder spezifische Panoramen eingesetzt. Im Abschlußteil wird häufig ein „Panorama meiner Psychotherapieausbildung und meiner Tätigkeit als TherapeutIn" angefertigt, um – retrospektiv – eine Auswertung der Ausbildung zu ermöglichen und – prospektiv – die Perspektive der beruflichen Karriere zu reflektieren. Die vorliegende Darstellung der Panoramaarbeit wird mit symboltheoretischen Überlegungen abgeschlossen sowie mit metakritischen Reflexionen zur „Identitätsarbeit", um einen Brückenschlag zu den identitätstheoretischen Ausführungen des Eingangsteils herzustellen.

3. Praxeologie: Lebenspanoramen, Gesundheits-/ Krankheitspanorama in der Integrativen Therapie

Praxis gebiert Theorie – oder besser: Die Beobachtung und Reflexion vollzogener Lebenswirklichkeit und des in dieser Realität stattfindenden Handelns schafft theoretische Konzepte. Von den „*Phänomenen* zu den *Strukturen*, die sich in *Entwürfen* fortschreiben, zu kommen, d. h. das Ringen um das Erfassen der Strukturen der Alltagswelt und des alltäglichen Tuns, stiftet Theorie, die im Boden der Praxis verwurzelt bleibt" (*Petzold* 1970c). Dies gilt in besonderem Maße für Psychotherapie, Soziotherapie, Kunsttherapie oder ähnliche Ansätze. Weil sie mit dem Leben von Menschen theoretisch und praktisch befaßt sind, müssen sie *diesem Leben nahe sein.* Wo klinische Theorien und Alltagstheorien eine große „*strukturelle Homologie*" (Gleichförmigkeit) oder zumindest „*Homoiologie*" (Ähnlichkeit) aufweisen, schaffen sie zu bestehenden „subjektiven Theorien" (*Flick* 1991) keine „*kognitiven Dissonanzen*" und haben für Patienten einen hohen Erklärungswert. Sie sind zu ihren Lebenskonzepten „kognitiv konsonant" bzw. „*konzeptsynton*". Wo weiterhin Methoden und Techniken von Therapie und Beratung „dem Leben abgelauscht oder abgeschaut" sind, greifen sie in der Arbeit mit Patienten besonders gut und vermeiden unnötige, weil in „*konzeptdystonen*" Vorgehensweisen gegründete Widerstände (*Schneider* 1981). *Morenos* Techniken des „Spiegels", des „Rollentausches", des „Doppels" (*Moreno* 1959; *Petzold* 1979k) oder *Perls'* „Dialog- und Identifikationstechnik" (*Perls* 1969; *Petzold* 1977m) sind hierfür eindrucksvolle Beispiele. „*Therapeutische Tagebuch-* und *Panoramaarbeit*", wie sie von uns begründet wurden, sind gleichfalls Prozessen entlehnt, die im natürlichen Lebenszusammenhang im Alltag von Menschen gründen. Ihre praktische Anwendung hat Alltagstheorien im Hintergrund, aus denen wissenschaftliche Theorien über Formierungsprozesse von Lebensverläufen durch prägende „*events*" gewonnen werden konnten, womit Panorama- und

Tagebucharbeit nunmehr *gezielt* und *systematisch* in Behandlungen von Patienten eingesetzt werden und im Rahmen einer fundierten klinischen Praxeologie Verwendung finden können.

3.1 Das Lebenspanorama – Herkunft und Konzepte

Die Panoramatechnik hat verschiedene Quellen – persönliche und fachliche: Zunächst ist eine Jugenderfahrung zu nennen: Einer der Autoren (*Petzold*) wäre als jugendlicher DLRG-Schwimmer im Rhein-Rettungsdienst bei einem Unfall fast ertrunken und erlebte dabei eine „Lebensbilderschau", ein „Lebenspanorama". Er kam dadurch mit einem Phänomen in Kontakt, mit dem sich schon sein Vater gedanklich auseinandergesetzt hatte – der Gesamtschau des Lebens in Extremsituationen (vgl. *Hugo Petzold* 1935). Hinzu kam dann die Arbeit mit alten Menschen und Sterbenden seit der Mitte der 60er Jahre (*Petzold* 1965, 1977g, 1985a, 1985u), bei denen das *„dwelling on the past"*, das bildhafte, „autobiographische Memorieren", die Lebensbilanz (*Petzold, Lückel* 1985; *Petzold* 1986d), die *„life review"* (*Butler* 1971) eindrücklich beobachtet werden konnte. Schließlich geht die Panoramatechnik als Methode in der klinischen Behandlung (*Petzold* 1965, 1970c, 1975h, 1981g; *Eilenberger* 1979; *Matthies* 1981; *Heinl* et al. 1983) auf eine Erfahrung zurück, die *Petzold* 1967 in Paris machen konnte, als er mit einer Gruppe von Journalisten und Kunstexperten *Pablo Picasso* an einem Abend vor der Eröffnung seiner großen Ausstellung beim Gang durch die Räume des Grand Palais begleiten konnte. Von ersten Kinderzeichnungen bis zu späten Bildern und Keramiken war das ganze Lebenswerk des Meisters repräsentiert in all seinen verschiedenen Perioden und Phasen. Der Künstler wurde mit seinem gesamten Leben konfrontiert, und die überwältigende Erfahrung dieses Ganges durch die eigene Lebensgeschichte, diese Überschau über „sein Lebenspanorama" zeichnete sich deutlich in seinem Gesicht und seiner Haltung ab. Dieses Erlebnis war die Inspiration dafür, im psychotherapeutischen Kontext Patienten anzuregen, ihren Lebensverlauf von Geburt bzw. Empfängnis bis zum gegenwärtigen Zeitpunkt und darüber hinaus bis in die Zukunft und an ihr Lebensende bildnerisch zu gestalten. Später haben wir dazu auch Collagetechniken (idem 1977e) verwandt, oder wenn man den bildnerischen Weg nicht wählen will, das Aufschreiben der Lebensgeschichte als „narratives Lebenspanorama" (*Petzold, Orth* 1985).

In diese Verfahren sind wiederum die *aspektive* Betrachtung der Jetzt-Situation, der *retrospektive* Blick und die *prospektive* Vorausschau einbezogen. Das Leben wird als „Ganzes in der Überschau" erfahrbar mit seinen vielfältigen Aspekten, Verwicklungen, Erlebnissen von Glück und Leid, von Erfolg und Mißerfolg, von Verfehltem und Gelungenem. Dabei bleibt die Form (idem 1990b) offen. Die Teilnehmer können figürlich arbeiten, Beschriftungen verwenden oder sich nur in Form und Farbe ausdrücken. So entstehen Bildserien von Ereignisketten, *„chains of adversive and protective events"* (*Petzold* et al. 1991); nicht einzelne „offene Situationen", wie in der klassischen Gestalttherapie, sondern ihre Einbettung in *Ereignisfolgen* wird wichtig. So kann der *Sinn* „zwischen den *events*" aufscheinen, ein übergeordneter Sinn, der Verbindungen „über die Zeit hin" ermöglicht und *Synopsen* entstehen läßt. Das Synopse-Prinzip besagt, daß das „Gesamt von Eindrücken und Informationen [mehr] und etwas anderes ist als die Summe von Teilinformationen" (*Petzold* 1974k, 303 ff.). So werden *Kontext* und *Kontinuum* des persönlichen Lebens plastisch. Der *„Lebensweg"* stellt sich nicht als Aufreihung unverbundener Einzelerlebnisse (*events*) dar, sondern seine *Iterationen* werden als *Textur* erlebt, deren Muster und Regelhaftigkeiten ins Auge springen und deren Sinn sich dem Betrachtenden ganzheitlich enthüllt. Das Lebenspanorama ist selbstexplikativ, weil es in den ursprünglichen Gegebenheiten des Lebens selbst wurzelt. Die Gestalt des Lebenspanoramas tritt ein in die immanente Reflexivität des Lebens. Der Mensch schaut hin, und „das Wissen ist da, es ist ohne Besinnen mit dem Leben verbunden" (*Dilthey* VII, 18; vgl. *Misch* 1930). Das Lebenspanorama eröffnet einen hermeneutischen Zugang zur eigenen Biographie (*Flach* 1970; *Petzold* 1988a, b). Diese wird als eigene, als „ganze" erfahren, eingebettet in den historischen und sozialen bzw. sozio-ökonomischen Rahmen. Die „Struktur des Lebens" wird zugänglich wie ein *Text*, der durchdrungen und als ganzer erfaßbar wird, auch in den Teilen, die an der „Einheit der Bedeutung" partizipieren (*Petzold, Orth* 1985).

Dilthey hat das, was im Prozeß des Tagebuchs, der Lebensbilanz, des Lebenspanoramas geschieht, ein Prozeß, der ja auch in die Zukunft ausgreift über das individuelle Leben in das epochale, treffend beschrieben:

„Wir erfassen die Bedeutung eines Momentes der Vergangenheit. Er ist bedeutsam, sofern in ihm eine Bindung für die Zukunft durch die Tat oder durch ein äußeres Ereignis sich vollzog ... Der einzelne Moment (hat) Bedeutung durch seinen Zusammenhang mit dem Ganzen, durch die Beziehung von Vergangenheit und Zukunft, von Einzeldasein und Menschheit. Aber worin besteht nun die eigene Art dieser Beziehung vom Teil zum Ganzen innerhalb des Lebens? Es ist eine Beziehung, die niemals ganz vollzogen wird. Man müßte das Ende des Lebenslaufes abwarten und könnte in der Todesstunde erst das Ganze überschauen, von dem aus die Beziehung seiner Teile feststellbar wäre. Man müßte das Ende der Geschichte erst abwarten, um für die Bestimmung ihrer Bedeutung das vollständige Material zu besitzen. Andererseits ist das Ganze doch nur für uns da, sofern es aus den Teilen verständlich wird. Immer schwebt das Verstehen zwischen beiden Betrachtungsweisen. Beständig wechselt unsere Auffassung von der Bedeutung des Lebens. Jeder Lebensplan ist der Ausdruck einer Erfassung der Lebensbedeutung. Was wir unserer Zukunft als Zweck setzen, ist bedingt durch die Bestimmung der Bedeutung des Vergangenen" (*Dilthey*, Bd. VII, 233).

Die „Lebensbilderschau" in der Todesstunde ist in der Tat ein letzter Versuch eines solchen Verstehens (*Hugo Petzold* 1935). Im Lebenspanorama ist der Vorentwurf konkretisiert, in dem die Wünsche, Befürchtungen, Hoffnungen, soweit sie bewußt sind, gestaltet werden und – soweit sie unbewußt sind – miteinfließen. Das Konzept des Unbewußten und das gestaltpsychologische Konstrukt der „guten Kontinuität", d. h. der Narrative, Skripts, Lebensstile, Wiederholungszwänge, Handlungsmuster, fügen der Betrachtungsweise *Diltheys* neue Dimensionen hinzu, und noch etwas: Der Betrachter steht in seinem hermeneutischen Prozeß nicht allein. Das Lebenspanorama ist nicht nur Autobiographie, die von anonymen Lesern gelesen wird, es wird in den therapeutischen Diskurs gestellt, Gegenstand von *Ko-respondenzprozessen* in der therapeutischen Beziehung (*Petzold* 1980g), die den Prozeß der individuellen Sinnfindung bereichern, vertiefen und zu transzendieren vermögen. „Nicht nur gelegentlich, sondern immer übertrifft der Sinn eines Textes seinen Autor. Daher ist Verstehen kein nur reproduktives, sondern stets auch ein produktives Verhalten" (*Gadamer* 1975, 208).

Das Lebenspanorama und damit das Leben selbst wird also als *Text* aufgefaßt, bei dem Autor, Leser, Interpret und Kritiker koinzidieren; aber es ist ein Text, der weder allein geschrieben noch allein gelesen wird. Die Vielzahl der gegebenen Horizonte kann nur gemeinsam verstanden werden. Ihr *Sinn* ist nur im *Konsens* greifbar.

Versucht das „*Lebenspanorama*", das Leben einer Person in breiter Weise „als Ganzes" in den Blick zu bekommen, ihre Lebensgestaltung, ihr *Lebensgefühl* (*Petzold* 1993b), wie es sich aufgrund der jeweils gegebenen, gegenwärtigen Befindlichkeit, der Komplexität der vom Subjekt erreichten Bewußtheit und Sinnerfassungskapazität, der jeweils aktuellen Dynamik des Unbewußten und der therapeutischen Beziehung erschließen läßt, so versuchen die „*spezifischen Panoramen*", den Blick einzuengen, Komplexität zu reduzieren, durch die Themenwahl Foci zu setzen, ausgerichtet daran, was diagnostisch erfaßt werden soll oder fokaltherapeutisch (*Petzold, Heinl* 1980) angestrebt wird. In beiden Fällen, in allgemeiner und spezieller Ausrichtung, wird eine Fülle von Material erschlossen, das sorgfältiger Bearbeitung bedarf. Diese kann fokaltherapeutisch-konfliktzentriert, in aufdeckender Absicht vorgenommen werden, etwa durch Identifikations- oder Dialogtechniken, wie sie Gestalttherapie und Integrative Therapie entwickelt haben (*Petzold* 1977m; *Perls* 1980), weiterhin durch Formen der Dramatisierung von Szenen aus den Lebenspanoramen im Sinne psychodramatischer Konkretisierung (*Moreno* 1959; *Leutz* 1974) oder durch die Erstellung von Szenarien, Dramen, Stücken im Sinne des „Therapeutischen Theaters" von *Iljine* (*Iljine* 1972; *Petzold* 1973b), schließlich auch durch freie Assoziationen und Deutungen im Sinne des psychoanalytischen Weges. Ermöglicht eine *Fokalsitzung* das Auffinden von Defiziten, von traumatischen oder belastenden Ereignissen in bestimmten, sich für die gegenwärtige Lebenssituation als „prävalent pathogen" (*Petzold* 1988n) erweisenden biographischen Schichten (eigene Elternschaft kann Ereignisse „aktivieren", die bislang wenig wirksam und lebensbestimmend waren, sie kann aber auch bislang negativ getönte Einflüsse mildern und neutralisieren, etwa die Strenge den eigenen Eltern gegenüber), so stellt die *Panoramatechnik* einen anderen Zugang bereit. Es wird nicht in *vertikaler* Ausrichtung – wie in einer Gestaltsitzung – eine „Bohrung niedergebracht", um *eine* „offene Gestalt", „unfinished business" zu finden, und es wird nicht – wie in einer Psychodramasequenz – über zwei oder drei Zwischenszenen *die* „relevante Szene" herausgearbeitet oder wie in einer psychoanalytischen Bearbeitung eines Traumes nach der Artikulation eines „Prototraumas", der „Urszene" gesucht, sondern in einer *horizontalen* Ausrichtung geht es im Lebenspanorama um eine differenzierende „Überschau" und – daraus folgend – um *Synopsen.*

Das Panorama entfaltet oftmals einen „ersten atmosphärischen Eindruck", der uns in den ersten Momenten einer Begegnung mit einem Patienten anweht, manchmal anspringt – eine Fünf-Zehntel-Sekunden-Diagnostik (idem 1977j), die unsere nächsten Äußerungen und Interaktionen bestimmt. Es rollt die „ersten fünf Minuten" (*Pitteneger* et al. 1960) aus und macht das in ihnen Verdichtete szenisch evident als Folge vielfältiger Geschehnisse, aber es erlaubt nach solcher Differenzierung auch wieder Zusammenschau. Ereignisse werden in ihren Wiederholungen erkennbar, die durch Formen, Farben, figurative Gestaltungen imponieren. So können z. B. an allen Stellen eines Panoramas immer wieder Augen auftauchen als Ausdruck eines strengen, beobachtenden Über-Ichs oder Familienrunden als Ausdruck eines Wunsches nach familiärem Zusammenhalt usw. Es werden „homologe Strukturen" erkennbar als sich im Zeitkontinuum fortschreibende, identifizierbare, „typische" Konfigurationen in der Kette der Ereignisse. Für das Individuum selbst werden positive wie negative Ereignisketten, werden Tendenzen in der Lebenskarriere insgesamt oder in spezifischen Karriereströmungen (Beruf, Beziehung, Gesundheit/Krankheit) in beeindruckender Art und Weise evident.

Eine solche „Aufsicht auf das Leben" aus „distanter Involviertheit" bzw. „berührter Distanz" (denn in der Regel wird auf einer „Ebene mittlerer Tiefung" gearbeitet, um eine „synoptische Qualität" zu erhalten und sie nicht durch eine überflutende Vertiefung, z. B. in ein traumatisches Einzelereignis, zu verlieren) hat therapeutisch eine hohe, veränderungswirksame Kraft. Deshalb erweist sich der Panoramaansatz als ein sehr potentes Instrument lebenslaufbezogener Psychotherapie, der einen Bogen zu schlagen vermag und Gesamtansichten präsentieren kann, die sich ansonsten in einer Therapie allenfalls über einen langen Zeitraum allmählich von Sitzung zu Sitzung erschließen. Oft genug wird eine solche Überschau durch die lange Zeitstrecke einer Behandlung und die Unterschiedlichkeit der in ihr zur Sprache kommenden Thematiken nicht genug prägnant, weil eine intensive Erfahrung in der Therapie die andere überdeckt und größere Lebensstrecken sich nicht in ihrer Qualität von *Ereignisketten* darstellen.

3.2 Themenspezifische und fokalisierende Panoramen – das „dreizügige Karrierepanorama"

In der therapeutischen Arbeit gibt es immer wieder Situationen, in denen es notwendig wird oder nützlich ist, bestimmte Bereiche der Biographie und spezifische Themen besonders intensiv zu explorieren oder zu bearbeiten. Hier lassen sich – wie schon erwähnt – mittels der Panoramatechnik „thematische Linien" in ihrer Kontinuität und/oder Diskontinuität untersuchen. Durch thematische Spezifizierung wird es möglich, einen Fokus, der für das Leben oder das Krankheitsgeschehen des Patienten besonders wichtig ist, „im Längsschnitt" herauszunehmen und zu explorieren.

Abbildung 7 zeigt zum Beispiel ein themenspezifisches Panorama von *Gerd*, 38 Jahre, das den Fokus „Leiblichkeit" hat. Der Klient gestaltet die ihm bewußt zugängliche Erfahrung mit seiner Leiblichkeit, und natürlich fließen in die Gestaltung vielfältige „peri-intentionale" Informationen ein (*Petzold* 1977c, 104). Er erläutert sein Panorama, indem er chronologisch in eine Skizze (Abb. 8) wichtige Entwicklungsphasen einzeichnet und benennt. Eine *„Fragmentierungsphase"* (Bildmitte), die nicht nur mit der berichteten Bronchitiserkrankung zusammenhängt, bleibt ihm weitgehend unzugänglich, wenngleich er eine Bemerkung der Mutter (in Abb. 8) mitteilt, die in der Exploration unbedingt vertieft werden müßte, um die „Qualität der Zwischenleiblichkeit" zwischen Mutter und Sohn besser zu erfassen. (Wurde das Kind nur als lebendiges und bewegungsaktives angenommen?). Das Bild macht im übrigen das Leiberleben der Pubertätsphase anschaulich deutlich. Es zeigt auch, wie „brüchig" diese Phase sein kann und wie wesentlich es ist, versichernde Stützen zu erhalten, die offensichtlich nicht vorhanden waren.

Eine klinisch besonders relevante Form der Panoramatechnik ist das „dreizügige Karrierepanorama", welches auf die Erkenntnis der Longitudinalforschung abstellt, daß die menschliche Persönlichkeit in ihren gesunden und kranken Dimensionen aus der Interaktion von *„pathogenen Erfahrungsströmen"*, *„salutogenen Erlebnissen"* und *„prolongierten Mangelerfahrungen"* verstanden werden muß (*Petzold, Goffin, Oudhof* 1993). Dieser Zusammenhang ist Patienten und Patientinnen gut einsichtig zu machen, indem wir ihnen in der Einstimmungsphase für die Panoramaarbeit folgendes erklären: *„Menschliches Verhalten und menschliche Persönlichkeit, die gesunde wie die kranke, werden durch drei Erfahrungsformen bestimmt. 1. die guten Erfahrungen, die uns aufgebaut und unsere Entwicklung gefördert haben, 2. die negativen Erfahrungen, die uns belastet und geschadet haben, 3. die Mangelerfahrungen, bei denen uns etwas gefehlt hat, was wir für unsere Entwicklung not-wendig gebraucht hätten!"*

Die Patienten werden nun aufgefordert, diese drei Erfahrungsströme aufzuzeichnen und die Art und Weise, wie sie sich vielleicht wechselseitig beeinflußt haben. Die entstehenden Bilder werden dann im Gespräch mit dem Klienten aufgearbeitet. Es ist aber auch eine schriftliche Bearbeitung möglich, etwa mit der Instruktion:

„Versuchen sie jetzt einmal, zu diesen drei Erfahrungsströmen das aufzuschreiben, was ihnen wichtig ist und was in ihrem Bild dargestellt wurde. Schauen sie, ob sie einen 'Kommentar' zu ihrem Bild schreiben können."

Beide Vorgehensweisen, die der unmittelbaren Verbalexploration oder die einer Besprechung vorausgehenden schriftlichen Kommentierung, haben Vor- und Nachteile. Die schriftliche Auswertung macht die bewußten und mitteilbaren Inhalte deutlich. Damit kann bei der verbalen Bearbeitung des Bildes *und* des Kommentares direkt auf unbewußte oder vorbewußte Konstellationen abgezielt werden. Anderseits ist die Arbeit aus der „spontanen Resonanz" ohne das Dazwischenschalten der schriflichen Auswertung von starken szenischen Evokationen im Übertragungs-/Gegenübertragungsgeschehen zwischen Therapeut und Klient gekennzeichnet, womit andere, diagnostisch wertvolle Informationen zugänglich werden. Im Ausbildungskontext lassen wir immer wieder auch

„dreizügige Karrierepanoramen“ mit Kommentaren anfertigen, damit Ausbildungskandidaten sich dieser Dimensionen bewußt werden und sie in ihrer therapeutischen Praxis gezielter einsetzen. Als Beispiel sei ein solches kommentiertes Panorama der Ausbildungskandidatin *Marga* (3. Ausbildungsjahr) in Abb. 9 wiedergegeben. Es wurde von der Kandidatin mit folgendem Kommentar erläutert:

Allgemeine Anmerkungen zur Lebenskarriere

In meinem Bild sind belastende Erlebnisse, supportive Erfahrungen und prolongierte Mangelerfahrungen/Defizite eng miteinander verbunden. Um diese Verknüpfung/Gleichzeitigkeiten deutlich zu machen, habe ich mich dazu entschieden, die Lebenskarriere tabellarisch darzustellen und die zeitliche Abfolge weitgehend einzuhalten. Insgesamt hat die Phase meiner Kindheit und Jugend ein größeres Gewicht in meinem Bild bekommen. Das hängt zum einen sicher damit zusammen, daß ich in dieser Zeit wichtige Erfahrungen gemacht habe, die sich im weiteren Verlauf meines Lebens wiederholt haben, und zum anderen damit, daß ich mich in meiner Lehranalyse entsprechend damit auseinandersetze.

Belastende Erlebnisse

Die senkrechte, schwarze Linie, die nach oben hin ausladender wird und die sie berührenden, gestrichelten, roten Linien stellen die Beziehung zu meinem 7 Jahre älteren Bruder dar (etwa zwischen meinem 5. und 11. Lebensjahr). Die dunkle Form soll die Aggressivität und den Jähzorn meines Bruders mir gegenüber verkörpern. Die gestrichelten Linien zeigen mein Kontaktbedürfnis zu ihm. Gegenüber seiner Aggressivität fühlte ich mich klein, eingeschränkt und ohnmächtig. Die dunklen Spitzen symbolisieren seine Grenzüberschreitungen durch körperliche Gewalt, die er auch sich selbst zugefügt hat (Unfälle). Die blaue Linie, die durch die schwarze hindurchführt, verdeutlicht meinen Versuch, mich durch Worte zur Wehr zu setzen.

Die breiten, schwarzen Längs- und Querformen stellen ein für mich damals undurchschaubares, starres Gerüst dar. Ich habe mich während der jeweils 14tägigen Aufnahmeprüfungen zum Gymnasium und zur Realschule den Prüfern und Prüfungssituationen gegenüber wie in ein kontrollierendes System gezwängt gefühlt. Dabei kämpfte ich darum, die eigene Kontrolle nicht zu verlieren, fühlte mich klein und abhängig und reagierte immer wieder mit einem Blackout. Ich fiel durch beide Prüfungen durch (mit 9 und 11) und fühlte viel Scham und Abwertung. (Prüfungen sind für mich immer noch belastend).

Das plötzliche Ende des hellgrünen Stroms, der durch eine schwarze Form abgelöst wird, stellt den plötzlichen Tod meiner Mutter und das Ende des Schutzraumes dar. Ich war knapp 16, als mein Bruder und ich einen Tag vor ihrem Tode von meinem Vater erfuhren, daß sie Krebs hatte und sterben würde. Die ovale „Tränenform“ (eigener Schutzraum) symbolisiert den inneren Raum, in dem ich nach und nach meine Trauer, Einsamkeit, Leere und auch Angst verkapselte. Ich konnte die Hilflosigkeit meines Vaters nur schwer aushalten und übernahm weitgehend die Rolle, ihn zu trösten. Hinzu kam meine Sorge um ihn wegen seiner Herzkrankheit (als ich 10 Jahre alt war, hatte er seinen 1. Herzinfarkt) (unbewußt verschloß ich auch meine Wut und Enttäuschung, die ich ihm gegenüber empfand). Als er 2 Jahre später heiratete, empfand ich es eher als entlastend. Zu meinem Bruder hatte ich in dieser Zeit wenig Kontakt – er studierte auswärts.

Die breiter werdende, rote Linie zeigt ein Wachsen meiner Lebenskraft und Sexualität. Das Bild verdeutlicht im Verlauf dieser Linie die Begegnung mit 2 für mich wichtigen Männern. (Die Grundstrukturen dieser Beziehungen haben sich in anderen Begegnungen in ähnlicher Weise wiederholt.) Beide Beziehungen waren Fernbeziehungen (verdeutlicht auch durch die nach außen führenden, blau gezeichneten Verzweigungen), wobei die oben dargestellte Begegnung (mit einem verheirateten Mann) besonders intensiv war.

Supportive Erfahrungen/Schutzerfahrungen

Die bewegten, roten und blauen Linien sollen meine Lebendigkeit und Freude darstellen (Kinderfotos ca. 2 Jahre). Die breite, geschwungene Form stellt das stark beschützende Verhalten meiner Mutter dar (gleiche Farbigkeit – enge körperliche Verbindung?).
Der breite, hellgrüne Strom zeigt den Schutzraum, den mir meine Mutter durch viel Liebe und Wärme gegeben hat. Sie versuchte mich abzuschirmen (Weg um den dunklen Bereich im Bild). In diesem Schutzraum fühlte ich mich weitgehend geborgen – aber auch eingeengt (überbehütet). Die roten Striche bewegen sich in dem grünen Strom – grenzen sich aber nur selten ab.
Die hell- und dunkelgrüne Farbigkeit (Mutter und Vater) befindet sich neben der lilafarbenen Form (Traurigkeit). Damals trösteten sie mich (ich erinnere die warmen, schützenden Hände meines Vaters), akzeptierten das Ergebnis nicht und sorgten dafür, daß ich auf die Realschule kam.
Die zart rosa/orange gestrichelten Linein neben der rot-schwarz-gelb-grün verschlungenen Linie stellen die Unterstützung einer guten Freundin und ihrer Eltern dar (Erstfamilie) sowie einer anderen Familie, zu der ich nach der Schule ging.
Die Liebe zur Natur (vermittelt durch meine Mutter – hellgrüne Formen), mein Interesse und die Freude am künstlerischen Arbeiten (bestandene Prüfung in diesem Bereich), das Aufschreiben von Gedanken und Gefühlen und die Entscheidung, mit 20 nach Italien zu gehen, um dort zu leben, habe ich mit vielen farbigen – breiter werdenden Strichen dargestellt. Es war eine Zeit des Ausbrechens, Aufbrechens, Ausprobierens, der vielen neuen Erfahrungen und Begegnungen – der Selbstfindung ...

Prolongierte Mangelerfahrungen/Defizite

Konflikte wurden in unserer Familie kaum angesprochen – wurden weitgehend ausgeklammert (starke Harmonisierungsbemühungen durch Mutter und Vater) Der hellgrüne Strom steht auch für Bemühungen meiner Mutter um Harmonie. Selbst als sie schon schwer krank war, hat man ihr kaum etwas davon angemerkt. Mein Vater neigte demgegenüber dazu, die Vermeidung von Konflikten mit seiner Krankheit zu „rechtfertigen".
Defizite im nahen Kontakt: Abgrenzungsunfähigkeit, leiblicher Ausdruck von Wut, Bedürftigkeit.
Die dünne, gelbe Linie, die über dem farbigen Strom liegt – vielleicht auch Spaltung zwischen dieser Linie und dem breiteren, roten Strom –, soll eine Phase darstellen, in der ich mich nach außen hin reduziert fühlte (im Kontakt) und Schwierigkeiten hatte, meine Gefühle auszudrücken – obwohl ich innerlich oft explodierte und nicht wußte, wie ich meine Spannungen ausdrücken sollte. Eine innere Zerrissenheit (auch Poligkeit) zwischen Gedanken und Gefühlen lähmte mich.
Ich habe immer wieder über längere Zeiträume ohne Partner und Sexualität gelebt.

II. Belastende Erlebnisse

In der breiten, roten Linie und den gestrichelten Linien zeigt sich meine Sehnsucht nach Nähe und Verschmelzung – in der schwarz-blauen Begrenzung/Abwehr – die eigene Negierung meiner Sehnsüchte („Wenn ich sie zeige, zeige ich mich abhängig – werde unattraktiv") (Fernbeziehungen als Schutz vor Abhängigkeit). Beide Beziehungen endeten mit Verletzungen (Selbstwertgefühl) und viel Trauer (dunkel gezeichnete Begrenzung der Lebenskraft). Das anschließende Bündel von schwarzen Spitzen zeigt meine Wut, die ich für mich allein und durch den Abbruch der Beziehung ausgedrückt habe.
Die schwarzen Zahlen – eingebaut in ein Gerüst aus geometrischen Formen – verdeutlichen meine Auseinandersetzung mit der Schulbehörde – bzw. den Ärger, die Enttäuschung und Verletzung darüber, in diesem System nur als Nummer (faktisch war die Behörde im Recht) gesehen zu werden und nicht als Mensch, dessen Fähigkeiten und Engagement berücksichtigt werden. Es ging um die Versetzung an eine Schule, an die ich nicht wollte (wenig Entfaltungsmöglichkeiten) – nach einer Beurlaubungszeit. (Inzwischen habe ich mich durchgesetzt).

Supportive Erfahrungen/Schutzerfahrungen

Die breiter werdenden, gestrichelten Linien (rosa/orange) bedeuten gute Freundschaften, vor allem mit Frauen, einem älteren Ehepaar, Gefühle von Zugehörigkeit im Rahmen meiner Mitarbeit bei Amnesty, im Lehrerkollegium und später zu einer internationalen Landgemeinschaft in Schottland (1) ... Von Zeit zu Zeit spürte ich immer wieder die warmen, schützenden Hände meines Vaters, der 1980 starb. Zwischen meinem Bruder und mir entwickelte sich Nähe und Austausch. (Zwischendurch auch Abgrenzung von meiner Seite)
(1) Selbsterfahrungsgruppen – Theaterarbeit – auch in der Schule – Reisen

Gegenwart

Der Strom der roten Linie ist breiter, kräftiger geworden – begleitet von dichter werdenden orangefarbenen Formen (verbindliche Freundschaften) und einem hellgrünen Strom (künstlerisches Arbeiten und Natur). Ich fühle Lebenskraft – mehr Lebendigkeit im leiblichen Ausruck (auch im Frausein) und befinde mich in einem Prozeß, belastende und supportive Erfahrungen zu integrieren (die dunklen Formen im roten Teil), mich den Defiziten anzunähern (weiße, lila umrandete, fast ovale Formen). Ein spitzer Pfeil geht nach außen – bedeutet ein Sich-Zeigen – in Kontakt-Gehen –, beim Malen habe ich an die Begegnung zwischen Mann und Frau gedacht. Die geschlossenen Spitzen zeigen gleichzeitig Vorsicht und Eindeutigkeit.

3.3 Das Gesundheits-/Krankheitspanorama

Das Gesundheits-/Krankheitspanorama ist eine spezifische Panoramatechnik, die ursprünglich in der Weiterbildung von Ärzten, Schwestern und Krankenhausseelsorgern in Seminaren zum Thema „Arbeit mit Alten, Kranken, Sterbenden als persönliche Erfahrung" (*Petzold* 1985u), also im Kontext sozialgerontologischer und geragogischer Weiterbildung, Mitte der 70er Jahre vom Autor entwickelt wurde (idem 1975h, 1981g, 1982m, n, 1986d, g; *Petzold, Bubolz* 1976; *Petzold, Huck* 1984). Diese Angehörigen helfender Berufe sollten in der Reflexion ihrer eigenen biographischen Erfahrung mit Krankheit und Tod (z. B. der Eltern) ein besseres Verständnis ihres beruflichen Handelns gewinnen, erkennen, warum sie einen helfenden Beruf gewählt hatten, sehen, wo es Situationen besonderer Betroffenheit gegeben hat. Überidentifikationen oder Abwehrhaltungen sollten so aufgefunden werden. Die Erfahrungen mit dem *Gesundheits-/Krankheitspanorama* waren so eindrücklich, daß es auch unmittelbar im diagnostisch-therapeutischen Kontext eingesetzt wurde: in der Arbeit mit Alterspatienten, Neurosekranken und Psychosomatikern (*Petzold, Lückel* 1985). Gerade für die letztgenannte Population wurde die Panoramatechnik spezifisch als „Krankheitspanorama" besonders von *Hildegund Heinl* geflegt und in diagnostisch-therapeutischer Hinsicht ausgearbeitet (*Heinl* 1993). Beim Krankheitspanorama wird davon ausgegangen, daß „der Leib die Geschichte des Menschen ist", wie *Gabriel Marcel* (1985) vielfach ausgeführt hat: Er ist eine „*Chronik*" (*Petzold* 1970c, 1981h, 1992c), in der die Ereignisse des Lebens, je nach Entwicklung des Leibgedächtnisses, spezifisch aufgezeichnet werden, ein *Archiv*, in dem Geschehnisse, „*events*", Erfahrungen niedergelegt und abgespeichert werden. Diese Abspeicherungen von Atmosphären und Szenen erfolgen nicht nur im Sinne „kognitiver Repräsentationen", sondern als „sensumotorische, emotionale *und* kognitive Deposita, die *Synergeme* bilden" (*Petzold* 1968a, b), welche aktivierbar oder nicht aktivierbar, memorierbar oder immemorabel, bewußt oder unbewußt sind. Daß Lebensereignisse „Einschreibungen" hinterlassen, zeigen die Prägungen auf den Gesichtern von Menschen, nur sind diese „Gravuren" dem Subjekt in ihrer Ursächlichkeit nicht immer voll zugänglich. Das Gesundheits-/Krankheitspanorama ist ein Instrument, leibhaftige Geschichte, die Geschichte des Leibes zu rekonstruieren, indem in der bildnerischen Gestaltung das „Medium“ (hier das bemalte Papier) mit bewußten Informationen aus den Erinnerungsspeichern des Subjekts *intentional* „geladen“ wird („Diese Szene will ich hinmalen!“), aber auch unbewußte Impulse in den Gestaltungsprozeß einfließen und es dadurch zu *„periintentionalen Ladungen“* (*Petzold* 1977c) des Mediums kommt („Das war mir gar nicht bewußt, daß ich da meine Mutter ausgelassen habe!“). Auf diese Weise erhalten die Darstellungen des Panoramas ein sehr hohes „projektives Potential“. So wird es möglich, in der Fülle des freigesetzten Materials *„Monumente“* aus belastenden biographischen Situationen, wie sie sich in Fehlhaltungen, Verspannungen, Symptomen zeigen, zu entdecken und mit ihren Ursprungsszenen zu verbinden. Das Panorama kann in die Formationsprozesse der Persönlichkeit, zu Ort und Zeit des Entstehens „biographischer Lagen“ mit vorherrschend negativen Einflüssen, also zu „prävalent pathogenen Milieus“ hinführen, aber genauso führt es zu benignen Ereignissen, salutogenen Erfahrungen (*Antonovsky* 1979, 1987). Memorierbare Erkrankungen und Krankheiten, Risiko- und Schutzfaktoren, „critical and nourishing life events“ werden so in ihrer Sequenz, Häufigkeit, Schwere „im Überblick“ erkennbar. Nicht memorable Erkrankungen tauchen als „periintentionale Manifestationen“ (idem 1977c) *zwischen* den erinnerbaren Geschehnissen auf als Signifikate unbewußt freigesetzter Informationen über pathogene Zusammenhänge. Gesundheits-/Krankheitspanoramen haben damit diagnostische *und* therapeutische Ausrichtungen. Sie öffnen die „Archive des Leibes“, ermöglichen kognitive Einsicht, emotionale Erfahrung, körperliches Nacherleben im sozialen Bezug, d. h. in der Präsenz eines Zeugen, eines stützenden, beteiligten Therapeuten, so daß *„korrigierende Erfahrungen“* – und diese sind (*Alexanders* Konzept überschreitend) kognitiver, emotionaler, körperlicher und sozialer Art, *„Erfahrungen von vitaler Evidenz“* – stattfinden können.

Legende zu Abb. 5 und 6:
Gesundheits-/Krankheitspanorama: „Wie aus heiterem Himmel“
Das Panorama, im Rahmen einer Weiterbildung für Pflegekräfte (*Petzold* 1985u) von *Werner*, einem achtunddreißigjährigen Krankenpfleger, angefertigt, zeigt eine deutliche Zweiteilung in einen *pathogenen*, krankheitsorientierten und einen *salutogenen*, gesundheitsbezogenen Strang, wobei die „Kette der widrigen Ereignisse“ deutlich dominiert. Dies ist vornehmlich dem Faktum zuzuschreiben, daß *Werner* ein halbes Jahr zuvor wegen Magenkrebs operiert wurde. – „Erfolgreich, hat man gesagt, aber ich komme gar nicht mehr hoch!“ so *Werner*, der wieder eine Teilzeittätigkeit mit leichter Pflegearbeit aufgenommen hat. Das Panorama zeigt folgende Geschichte: Als er acht Jahre ist, trifft die Familie „ein Schicksalsschlag aus heiterem Himmel“: Der Vater, Arbeiter bei der Bahn, erkrankt an Prostatakrebs. „Wie mit einer Spitzhacke hat der Himmel zugeschlagen!“ Für die psychisch nicht sehr stabile Mutter und für *Werner* als dem Ältesten von drei Geschwistern beginnt eine lange und belastende Zeit mit all den Problemen, mit denen sich eine „Fatum-Familie“ (*von Schlippe, Petzold* 1990) konfrontiert sieht: Wiederholte Operationen des Vaters, der schließlich „rund um die Uhr“ der Pflege bedarf, wirtschaftliche Not, Spannungen bis zum „family burnout“. Hier wird die Motivation für die spätere Ausbildung als Krankenpfleger gelegt. Das Panorama beginnt mit dem Einbruch in die – wie die Exploration ergibt – gute Familienatmosphäre und unbelastete Kindheit in ländlicher Umgebung. Natur, Blumen, Felder, der Bach, die Spiele mit Geschwistern, das Baden und Angeln – all das waren „protektive Erfahrungen“ (*Petzold* et al. 1991). Die terminale Phase und schließlich der Tod des Vaters, als *Werner* zwölf Jahre alt ist, wiegen indes schwer. Schatten sind über dem Haus aufgezogen. Der Junge ist mit dem Vater offenbar sehr identifiziert, erhält er doch von ihm „auf dem Totenbett die Verantwortung für die Mutter und die Geschwister übertragen“. Die Mutter stützt sich in der Krankheitszeit auf ihren Sohn und sucht überdies Trost bei einem früheren Freund, einem Arbeitskollegen des Vaters, wie aus der *„Vergrößerung“* (Abb. 6) eines Details (des zweiten

Hauses im Panorama) deutlich wird. *Werner* sitzt in der Küche mit der Mutter bis in den späten Abend und erledigt mit ihr die Haushaltsführung, während oben die Geschwister schon schlafen und der Vater im Zimmer daneben mit dem Tode ringt – der Knochenmann steht mit dem Stundenglas neben ihm. Spät kommt zuweilen der Arbeitskollege, und dann geschehen im Wohnzimmer, in das die Mutter gezogen ist, befremdliche Dinge. Unter dem Dach, auf dem Söller sind die freudigen Erfahrungen der Familie (gelb/orange) dargestellt – sie sind zusammengeschmolzen –, weiterhin die schmerzlichen (rot) und die bösen und traurigen (schwarz) und viele verschlossene Kisten mit Familiengeheimnissen und unzugänglichen, biographischen Materialien.

Die hohe Identifikation mit dem Vater zeigt sich im Panorama darin, daß *Werner* die rote Krankheitslinie seines Vaters (sein Tod ist durch ein Kreuz markiert) als seine eigene fortzeichnet. Mit neunzehn Jahren schlägt das Schicksal wieder zu. Er verschuldet einen Autounfall, bei dem er sich erhebliche Verletzungen zuzieht. Bald danach beginnen – angedeutet durch schwarze Striche im roten Strom – immer wieder rezidivierende Magenschleimhautentzündungen: Streß im Krankenhaus und Streß zu Hause, wo *Werner* sich um die inzwischen depressive Mutter und um seinen schwierigen jüngeren Bruder (die Schwester ist inzwischen ausgezogen) kümmert. Er raucht viel, hat wenig Kontakt zu Kollegen, keine Freundin, allerdings zwei gute Freunde, mit denen er manchmal „was unternimmt", und er hat seinen Hund. Das Elternhaus wird für ihn immer düsterer und bedrückender. Dann kommt der Einbruch: Magenblutungen und „der nächste Schicksalsschlag mit der Spitzhacke" (dem Arbeitsgerät seines Vaters): die Diagnose Magenkrebs, der Krankenhausaufenthalt, die Operation (der Krebs wird als schwarz/violetter Klumpen gemalt, wie das Wohnschlafzimmer der Mutter in der Vergrößerung). *Werner* ist hoffnungslos und depressiv. Er wartet auf den nächsten, den ultimativen Schlag des Schicksals, den Schlag des Todes. Auch der *salutogene* Strang des Panoramas ist (wie der Himmel) verdunkelt. Das Elternhaus wirkt wie ein Totenschädel. Die Panoramaarbeit hat *Werner* motiviert, eine Psychotherapie zu beginnen. Seine Ziele: aus dem elterlichen Haus auszuziehen und seine Geschichte mit seinem Vater einmal anzuschauen. Eine „Vergrößerung" des grünen Streifens hinter dem Bild seines Grabes wäre ein nächster Schritt. Er konnte in dem fünftägigen Weiterbildungsseminar nicht getan werden. Ein halbes Jahr später meldet sich *Werner* mit einer kurzen Nachricht – seine Therapie laufe gut. Es gehe ihm viel besser. Er bedankt sich für die Arbeit mit dem Gesundheits-/Krankheitspanorama. Sie habe ihm in einer Talsohle eine neue Perspektive eröffnet.

3.4 Induktion

Die Einstimmung für das Gesundheits-/Krankheitspanorama muß die leibliche Dimension besonders einbeziehen, will sie Informationen aus dem „Leibgedächtnis" abrufen. Sie muß Atmosphären anregen, die einstimmen und Resonanzen bewirken, muß Empfindungen, Propriozeptives ansprechen, die Dimensionen „leibhaftiger Widerfahrnis" und „eigenleiblicher Betroffenheit" (*Schmitz* 1989, 1990) aufnehmen. Die leib- und emotionstheoretischen Studien von *Hermann Schmitz* sind für die Arbeit mit dem Gesundheits-/Krankheitspanorama in der Integrativen Therapie ein unverzichtbarer Fundus. Der Leib, der Atmosphären generiert und zugleich von ihnen ergriffen wird, muß *eingestimmt* werden, damit er seine Geheimnisse freigibt.

In der Regel wird für die Induktion durch Relaxationsmethoden, z. B. „progressive Relaxation" nach *Jacobson* (*Bernstein, Borkovec* 1975) oder „relaxative Organgymnastik" nach *Petzold*, die muskuläre, respiratorische und imaginative Entspannung verbindet (vgl. *Berger* 1971; *Petzold, Berger* 1974), ein tiefer Entspannungszustand hergestellt, ein leichtes Hypnoid, das die Widerstände reduziert, die „Archive des Leibes" öffnet, so daß die „*Chronik* positiver, negativer und defizitärer Erfahrungen" (*Petzold* 1970c) durch Resonanzen aufscheinen kann.

Einstimmung:

„Setzen (legen) sie sich entspannt hin und suchen sie eine bequeme Haltung. Und jetzt alle Muskeln einmal kräftig anspannen ... ... und loslassen, entspannen, sich dem Fluß des Atems überlassen ... . und noch einmal anspannen, halten ... ... und lösen, sich in die Entspannung hineinfallen lassen ... Spüren sie jetzt Ihren Leib ..., seine inneren Regungen ..., seine Rhythmen ..., lassen sie Empfindungen, Gefühle, eventuelle Bilder, die aufkommen, einfach an sich vorüberziehen. Der Leib ist ihre Geschichte ..., er hat alle ihre Lebenserfahrungen aufgenommen – gute, schlechte, ... angenehme, schmerzliche ... von Babyzeiten an.

Versuchen sie nun, die Lebensstraße zurückzuwandern ..., vom heutigen Tag in die Vergangenheit zurück. Schauen sie nach links und rechts auf diesen Weg, wie auf eine Landschaft. Wenn wir jetzt das Panorama unserer Lebenserfahrungen an uns vorbeiziehen lassen, richten wir unsere besondere Aufmerksamkeit auf Erfahrungen mit Krankheit, aber auch auf Heilendes, ... auf Erkranken ... und auf Gesunden ... Gehen sie nun zurück, Jahr um Jahr in ihrer Geschichte, mit dem Blick auf das, was schmerzlich war, kränkend ..., krankmachend. Auf Erfahrungen des Krankseins ..., auf das Durchleben von Krankheiten ..., aber auch auf das Überwinden, Bewältigen ..., auf das Genesen, auf Gesundwerden ..., Sich-Erholen ....

Lassen sie dabei ihre Gefühle fließen ... spüren sie den Regungen ihres Leibes nach ..., geben sie ihren Leibempfindungen Raum ... Wenn etwas zu schmerzlich, zu bedrohlich wird, gehen sie weiter, an einen anderen Ort ihrer Geschichte ..., einen Ort der Gesundheit, des Wohlbefindens ..., verweilen sie dort ein wenig, bevor sie weiter auf Ihrer Lebensstraße zurückgehen ... ...

Es werden ihnen Menschen begegnen, Situationen werden aufkommen ... Den Lebensweg geht man nicht alleine. Schauen sie, mit wem sie durchs Leben gingen, gehen, gehen werden. Spüren sie die Einflüsse dieser Menschen auf ihren Leib ... Achten sie auf Worte und Berührungen – gute und ungute – ... Spüren sie die Reaktionen ihres Leibes auf dieses alles, wenn sie auf der Lebensstraße zurückwandern ... Wird etwas zu bedrückend, gehen sie einfach weiter zu einer anderen Station ihres Lebens ... Gehen sie jetzt ihren Weg, soweit sie ihn zurückgehen können ..., möglichst bis in die Babyzeit, ja bis zu Situationen der Schwangerschaft, die sie vielleicht aus Erzählungen kennen ... Sind sie in dieser frühen Zeit angekommen, so sagen sie laut Ihr Geburtsdatum und ihr Alter in den Raum!"

Die Gruppenteilnehmer imaginieren jetzt in ihrem eigenen Rhythmus. Der Therapeut beobachtet die einzelnen Teilnehmer. Wird eine emotionale Reaktion zu heftig, geht er zu dem Gruppenmitglied und fördert durch stützende Interventionen das Weitergehen zu anderen Orten des Lebensweges. Wenn dann die Altersangaben in größerer Häufigkeit in den Raum gesagt werden, wird in der Instruktion fortgefahren:

„Kommen sie allmählich zurück in die Gegenwart ... Setzen sie sich nun langsam wieder auf. Ihr Papierbogen [Din-A-1] ist ja schon vorbereitet. Ihre Wachsmal- oder Pastellkreiden liegen schon bereit. Geben sie sich Zeit. Lassen sie sich von einer Farbe ihrer Wahl ansprechen und beginnen sie dann, das Panorama ihrer Erfahrung mit körperlichen und seelischen Erkrankungen, Kränkungen, krankmachenden Belastungen zu zeichnen, aber auch ihre Erfahrungen mit Bewältigung von Streß, Niedergeschlagenheit, Erfahrungen von Gesundheit, Heilung, Genesung. Benutzen sie alle Farben, die sie ansprechen. Nutzen sie den Raum des Blattes. Sie sind in der Gestaltung ganz frei. Versuchen sie das, was im eigenleiblichen Spüren, im Empfinden, im Gefühl als Stimmung auftaucht, in Formen und Farben abstrakt oder konkret, figural oder symbolisch auszudrücken. Lassen sie ihrer Phantasie freien Lauf, wenn sie die Ereignisse auf ihrem Lebensweg gestalten in Kindheit ... Jugend, ... Erwachsenenzeiten bis in die Gegenwart ... ihre Situation mit Gesundheit und Krankheit jetzt ... Stellen sie sich auch Situationen in der Zukunft vor, Weiterentwicklungen: Werde ich noch häufig krank sein? Festigt sich meine Gesundheit? Sehe ich mich im Alter vital oder kränklich? ... Folgen sie auch hier ihrer Imaginationskraft, und greifen sie soweit in die Zukunft aus, wie es ihnen möglich ist ... Beginnen sie jetzt mit der Darstellung: sie haben anderthalb Stunden Zeit."

Die Einstimmung will die archivierte *Biosodie*, wie sie ins „Lebenstagebuch des Gedächtnisses" eingeschrieben, in der persönlichen „Chronik" niedergelegt wurde, zugänglich machen, die *Ketten* von pathogenen und salutogenen Einflüssen, denn der Mensch wird als Persönlichkeit und in seinem Verhalten, als Gesunder und als Kranker geformt „aus der Gesamtheit der positiven, negativen und defizitären Erfahrungen" (*Petzold*, *Schuch* 1991), wobei „*chronisch* wirkenden Faktoren" besondere Bedeutung für die Pathogenese zukommt: „zeitextendierten, multiplen Belastungen bzw. Überlastungen" bei gleichzeitiger Abwesenheit von „protektiven Faktoren". Die differenzierte Gesundheits-/Krankheitslehre der Integrativen Therapie (*Petzold* 1992a), in der diese Konzepte mit Bezug auf die longitudinale Pathogenese- und Salutogeneseforschung (*Rutter, Robins* 1989; *Antonovsky* 1987) ausformuliert sind, wird in dieser spezifischen Panoramatechnik zugrunde gelegt und umgesetzt. Sie wird zu einem Instrument der aktionalen Exploration von „subjektiven Theorien“ zu Gesundheit und Krankheit (*Flick* 1991), zu einem Weg der Biographieforschung (*Jüttemann* 1990). Im Panorama werden Ressourcen und Ressourcenmangel, Coping- und Abwehrstrategien deutlich, sich wiederholende Muster, fixierende Narrative, „Traumata, Defizite, Störungen und Konflikte“ als die wesentlichen pathogenen Stimulierungskonstellationen (*Petzold* 1975e), aber auch Entlastungserfahrungen, konstante, tragende Beziehungen – sie müssen als die wichtigsten „*protektiven Faktoren*“ betrachtet werden (*Rolf* et al. 1990; *Petzold* et al. 1991). Außerdem werden die verschiedenen Krankheits- und Genesungsprozesse „im Überblick“ zugänglich und mit ihnen kränkende Faktoren und solche, die Gesundung fördern. Hilfreich ist hier die „Vergrößerungstechnik“ (*Orth, Petzold* 1990b, 752), bei der ein Abschnitt (eine Szene, ein Symbol) aus einem Panorama auf einem separaten Blatt erneut und detailliert, gleichsam unter einem Vergrößerungsglas ausgearbeitet wird (vgl. Abb. 6).

Das Gesundheits-/Krankheitspanorama wird auf diese Weise ein Instrument, *Karrieretypiken* zu erfassen, und das wird – wir haben dies an anderer Stelle ausgeführt (*Petzold* 1990e, 1992a) – das neue Paradigma ätiologisch ausgerichteter Diagnostik werden, das die deskriptiv-klassifikatorische Diagnostik des ICD 10 oder des DSM III R mit seinem komplexen, multiaxialen Zugang im Hinblick auf die *Ursächlichkeiten*, d. h. *Pathogenese* und *Salutogenese*, ergänzt. Strukturierte Anamnesen bzw. Fragebogen zu *Karrieretypen*, wie sie aufgrund der durch Longitudinalforschung gestützten neueren Pathogenesetheorien erarbeitet werden, „life event questionnaires“ usw. (*Filipp* 1990), werden durch die Panoramatechnik wesentlich ergänzt, weil sie durch das projektive Moment verdrängte „*critical life events*“ zugänglich macht oder bei memorablen „*adversive events*“ deren emotionale Besetzung erkennbar werden läßt.

3.5 Das spezifische Krankheitspanorama

Das Gesundheits-/Krankheitspanorama stellt gezielt auf das Erfassen beider Dimensionen menschlichen Lebens ab, weil Gesundheit und Krankheit nicht voneinander losgelöst betrachtet werden können. In themenspezifischen Lebenspanoramen wird dies häufig evident, wenn – z. T. in Parallelführung – eine „positive“ und eine „negative“ Lebenslinie spontan gezeichnet wird. Auch in der neueren Theorienbildung der „*klinischen Entwicklungspsychologie*“ (*Petzold* 1992d) bzw. „*developmental psychopathology*“ (*Achenbach* 1982, 1990) werden die Risiko- und Schutzfaktoren im Zusammenwirken betrachtet (*Rolf* et al. 1990, *Petzold* et al. 1991). *Antonovsky* (1979) zentriert in seiner einflußreichen Theorie zur *Salutogenese* auf gesundheits- *und* krankheitsfördernde Momente (*Becker* 1982; *Abele, Becker* 1991). In der *Integrativen Therapie* wurden beide Aspekte stets betont (*Petzold* 1970c, 1974k). Das Gesundheits-/Krankheitspanorama ist Ausdruck dieser Position, eine bebilderte Chronik beider Erfahrungsräume, für die Patienten durch dieses Instrument auch sensibilisiert werden. Der medizinalisierte Blick pathogenesezentrierter Therapeuten und Institutionen wird von Patienten allzu oft übernommen. Zu gesellschaftlichen Stigmatisierungen kommen Stigmatisierungen durch Institutionen (*Belardi* 1991) und Selbststigmatisierungen hinzu, die die gesunden Anteile und Potentiale von Menschen zudecken können. Ein „*Krankheitspanorama*“, das nur auf die Dimension *Kranksein* zentriert, muß stets die Diagnostik der salutogenen Entwicklung durch andere Erhebungen ergänzend zu erfassen suchen, damit es nicht zu einer verknappten Diagnostik kommt. Krankheitspanoramen werden mit spezifischen Zielsetzungen eingesetzt – wie erwähnt – oder in der Ausbildung von Angehörigen psychosozialer und helfender Berufe, um ihnen Möglichkeiten zur Reflexion ihrer Motivationen und Abwehrstrukturen zu bieten.

Bei Patienten kann ein spezifisches „Krankheitspanorama" ein hervorragendes Instrument sein, den Verlauf einer längeren Erkrankung zu bearbeiten – eine „bebilderte Krankengeschichte", die sich wiederum den Symbolreichtum und die projektiven Momente der Panoramatechnik zunutze machen kann und äußerst aufschlußreiches Material bietet, wie besonders *Hildegund Heinl* (1993) in ihren Arbeiten mit dem „Krankheitspanorama" zum chronischen Wirbelsäulensyndrom zeigen konnte oder wir in der Diagnose und Therapie von Patienten mit „major depressions" (*Petzold* 1993). Das Panorama über einen mehrmonatigen Krankenhausaufenthalt als Folge eines Unfalls ist allerdings anders zu werten als das über den „chronischen" Verlauf *einer* spezifischen Erkrankung oder gar einer Karriere der Multimorbidität oder auch der Dokumentation aller bisherigen Erkrankungen im Lebensverlauf. Eine solche Differenzierung ist wichtig, weil das freigesetzte Material auch vom Patienten „bewältigt" und „verdaut" werden muß. Die *Synopse* kann auch zu einer Konfrontation werden (z. B. bei Depressionen oder Borderline-Patienten, aber auch bei schweren Psychosomatosen), die nicht verkraftet werden kann und zu einer Verschlechterung des Befindens, Labilisierungen und – bei mangelnder Kompetenz, mit derartigen Situationen umzugehen – zu Dekompensationen zu führen vermag. Das Gesundheits-/Krankheitspanorama ist hier in der Regel weniger belastend. Bei Patienten mit nur schwachem Integrationsvermögen kann es deshalb empfehlenswert sein, einen kleineren Zeitabschnitt aus der Biographie zu wählen, als dies mit der hier vorgestellten *Induktion* (3.3) angeregt wurde. Diese stellt ja aufgrund ihres theoretischen Bezuges auf die Gesundheits-/Krankheitslehre der Integrativen Therapie (*Petzold, Schuch* 1992) auch auf das Faktum ab, *daß Lebenskarriere immer auch Beziehungsgeschichte heißt* (*Sameroff, Emde* 1989) und diese sich im Panorama zeigt. Dieses dokumentiert deshalb immer auch die Entwicklungen von sozialen Netzwerken (*Keupp, Röhrle* 1987) – im Krankheitspanorama die Entwicklung von kranken bzw. krankmachenden Netzwerken. Auch diese *Synopse* ist höchst aufschlußreich, muß aber wiederum auch ausgehalten werden und bebzw. verarbeitbar bleiben. Die Panoramatechnik erweist sich damit als ein Instrument, das in einen therapeutischen Prozeß eingebettet sein muß wie jede Form „prozessualer Diagnostik" (*Petzold* 1977j; *Rahm* et al. 1993). Erst in der therapeutischen Exploration durch Techniken der Integrativen Therapie, die sie z. T. aus der Gestalttherapie übernommen, teils eigenständig entwickelt hat, etwa durch *Identifikation* mit Darstellungen, durch *Dialoge* mit und zwischen ihnen, *Assoziationen* zu ihnen (idem 1977m), weiterhin durch „*Vergrößerungen*", „*intermediale Quergänge*", „*Desymbolisationen*" (*Orth, Petzold* 1990b), erschließt sich das gesamte Potential der Panoramatechnik, ganz ähnlich wie bei der Tagebucharbeit.

3.6 *Prospektion und Symbolisierung – chronosophische und symboltheoretische Überlegungen*

In der therapeutischen Tagebucharbeit (wie in „ganz normalen" Tagebüchern) und in der Panoramatechnik kommen immer wieder auch Ausgriffe auf die Zukunft vor, wenn Hoffnungen, Pläne, Träume, Befürchtungen niedergeschrieben oder bildnerisch dargestellt werden. Darüber hinaus kann man „antizipatorische Geschichten" und „Zukunftsbilder" anregen, um Zugang zu Zukunftsvisionen zu gewinnen, denn diese gehören – wie schon ausgeführt – zur menschlichen Persönlichkeit, zur Identität des Subjekts, das sich auf dem Hintergrund seiner Vergangenheit, von der jeweils gegebenen Gegenwartswirklichkeit ausgehend, zu entwerfen vermag. Menschen ohne Entwürfe, Pläne, Ziele, Hoffnungen, Sehnsüchte sind in der Regel schwerwiegend beeinträchtigt. Für viele führt der Verlust des Zukunftshorizontes in die Krise und die Krankheit. Außer *Adler* und *Moreno* haben das die Pioniere der traditionellen Psychotherapie kaum beachtet.

In der Integrativen Therapie werden die Zukunftsentwürfe als prospektive Dimension der menschlichen Persönlichkeit in Diagnostik und Therapie miteinbezogen, denn in ihr schreiben sich die Strukturen der Vergangenheit fort, so daß aus der Analyse der *Prospektionen* (genauso wie aus der der Gegenwarts*aspekte*) im Rückschluß biographische Determinierungen erkennbar werden, diese also nicht nur über den *retrospektiven* Weg, wie im Ansatz *Freuds*, erschlossen werden. Tagebucharbeit und Panoramatechnik bieten in diesem Zusammenhang die Möglichkeit, alle *Zeitmodalitäten* (*Petzold* 1991o) in Diagnostik und Therapeutik zu berücksichtigen und damit zu einer konsequenten *Temporalisierung* therapeutischer Praxis beizutragen.

Durch die in diesen Ansätzen zum Tragen kommenden Gestaltungsmöglichkeiten können wiederum bewußte und unbewußte Strebungen aufgegriffen werden. Die „Zukunftsprojektionen" (*Petzold* 1979f) sind dabei zum Teil klarsichtig ausgeführt – im Sinne rationaler Planung –, wenn sie auf dem Panorama minutiös aufgezeichnet oder im Tagebuch detailliert beschrieben werden. Sie können aber auch die Qualität emotionsgeprägter Visionen haben, in Bilder, Metaphern, Symbole gekleidet, die man zum Teil leicht zu entschlüsseln vermag, die oftmals aber auch so verschlüsselt sind, daß sie unzugänglich bleiben. Die Zukunft ist ja – trotz aller Determiniertheit durch Wiederholungszwänge, trotz Vorstrukturierungen durch Planungen – in vieler Hinsicht unbestimmt. Sie entzieht sich unserer „unmittelbaren Wirkzone" (*Schütz, Luckmann* 1979, 64 ff.), obwohl wir immer wieder in einer Gegenwart Fakten setzen, die „Zukunft machen" (Partner- und Berufswahl, Beginn eines Projektes, Bau eines Hauses oder eines AKWs – um einmal die Makroebene anzusprechen). Die *Mehrdeutigkeit*, die Ereignissen in der Vergangenheit und Gegenwart ohnehin eignet und die Deutung verlangt (*Soeffner* 1989), nimmt im Antizipationsraum für *Prospektionen – das sind „Versuche, Künftiges suchend zu erfassen und gleichzeitig visionär zu gestalten*" (*Petzold* 1988t) – an Intensität und Mannigfaltigkeit zu. Die „*Prospektionen* versuchen weitgehend bewußt, die Zukunft zumindest in eine 'Welt potentieller Reichweite' zu transformieren, um von der Gegenwart durch 'antizipierendes Handeln' Vorstrukturierungen zu ermöglichen. Darin unterscheiden sie sich von *Projektionen*, die die Bedürfnislagen einer Gegenwart oder einer einstmaligen Gegenwart bzw. Vergangenheit unbewußt in die Zukunft transportieren wollen" (ibid.). In „antizipatorischen Geschichten" von Tagebüchern und Zukunftssequenzen in Panoramen findet sich indes beides: *Projektionen* als Fortschreibung von Selbigkeit und *Prospektionen* als Explorationen mit Entwurfs- und Entdeckungscharakter.

Aus einer gegebenen Gegenwart geschriebene, zukunftsgerichtete Passagen von Tagebüchern mit ihren ausgewählten Metaphern, die im prospektiven Teil eines Panoramas „hier und jetzt" gemalten bzw. gezeichneten Symbole versuchen, das „noch Ungreifbare", Erahnte und Gewähnte zu fassen und damit ein „Noch-nicht-Anwesendes" zu repräsentieren. Symbole aus dem Bereich der Vergangenheit hingegen wollen ein einstmals Anwesendes, nun aber Schon-Abwesendes *gegenwärtigsetzen*. Zumeist ist das *Symbol* eine *»Repräsentation komplexer, vielschichtiger, manchmal auch widersprüchlicher Wirklichkeit, die* Verdichtung *vielfältiger szenischer Elemente (Gefühle, Atmosphären, Stimmungen, Wertungen, Bilder, Bedeutungen, Fakten usw.) in einem sinntragenden Zeichen, das von denjenigen, die die gleiche Sinnprovinz bewohnen, erschlossen und „gelesen" werden kann, und dies um so besser, je mehr das Symbol ihren Erfahrungshintergrund anspricht und aktiviert und auf diese Weise Wirkungen entfaltet«* (*Petzold* 1988t).

Symbole erhalten so eine „Brückenfunktion" (*Oelkers, Wegenast* 1991). In der Panorama- und Tagebucharbeit überbrücken sie *Zeitspannen*: zwischen den Vergangenheiten und der Gegenwart, zwischen Gegenwärtigem und Zukünftigem. Sie überbrücken weiterhin *Sinnsprünge* zwischen disparaten Erfahrungen, zwischen Ereignissen und Einzelfakten in Ereignissen. Sie markieren zuweilen aber auch Grenzen, die unüberbrückbar sind; Symbole ermöglichen auch einen Brückenschlag zwischen dem Bereich des Bewußten und des Unbewußten – dieses alles aber nur, wenn sie in einem Prozeß persönlicher und gemeinschaftlicher Hermeneutik (*Petzold* 1988a, b) ihren *Sinn* und ihre *Bedeutungsfülle* freisetzen können. Analysetagebücher und Panoramen müssen in derartige hermeneutische Prozesse gestellt werden, denn sie sind als solche selbst *Symbole* – verdichtete *Biosodie*, gerafftes Lebensgeschehen –, und sie können es nur sein, weil sie durch „Ketten von Symbolen" ganze Lebensabschnitte, Hunderte von *„events"*, von Szenen mit ihren Atmosphären in Metaphern gefaßt, „in Bilder gepackt" haben, in Farben und Formen mit jeweils komplexen Verweisungen, weil diese Szenen und Stücke der *Biosodie* in sich schon vieldeutig waren und über die Zeit hin durch nachfolgende *Episoden* noch vieldeutiger wurden. Dieser Zuwachs an Deutungs- und Interpretationsmöglichkeiten sowie an Komplexität erfolgt unter anderem auch dadurch, daß die *Sinnerfassungskapazität* (ibid.) von Subjekten und von Interpretationsgemeinschaften über die Zeit gemeinhin wächst. Und da in jeder Szene „mehr" an *Sinn* liegt, als von den erlebenden Subjekten im Moment erschlossen werden kann – und das gilt dann auch für *Symbole*, die die Geschehnisse solcher Szenen und Szenenfolgen verdichten –, so liegt in einem Symbol mehr an Gehalt, als dem Betrachter und Ausleger gegenwärtig je zugänglich werden kann.

Das bedeutet, daß mit jeder Symbolisierung, in jedem Symbol als *„appräsentativem Zeichen"* eine *Prospektion* liegt, ein Zukunftsverweis auf weiteren *Sinn* und sich noch erschließende Bedeutungen, wann immer wir uns vom Symbol und dem in ihm Repräsentierten affizieren lassen. Die von Symbolen ausgehenden – weil in ihnen verdichtet enthaltenen – Atmosphären stimmen die Betrachter in spezifischer Weise ein. So gesehen werden Symbole „Erinnerungsmarken für die von ihnen repräsentierten Bilder, Erfahrungen und Empfindungen. Sie 'appräsentieren', schaffen etwas (wieder herbei), was sie nicht sind" (*Soeffner* 1991, 67).

Diese Vergegenwärtigung, Gegenwärtigsetzung kennzeichnet die Arbeit mit Tagebüchern, Alben, Panoramen, eine Arbeit, in der das *Konnotierte* eine *Denotation*, das *Kon-strukt* eine *Dekonstruktion*, das *Sym-bol* als Ganzes eine *Desymbolisierung* auf die Teile hin durchlaufen muß, um an die *„facts of life"* zu kommen, die Einzelszenen und ihre Details. So wichtig derartige Vorgänge in der Tagebuch- und der Panoramaarbeit sind, es darf darüber die *synoptische* Qualität nicht verlorengehen, dieses „Mehr", das dem Symbol eignet, dieser Verweisungscharakter in die Netzwerke der Vergangenheit und der Gegenwart, diese prospektive Eröffnung auf die Horizonte hin, die ein Gesamttagebuch, ein Gesamtpanorama als *„Symbol* für ein ganzes Menschenleben im Geflecht seiner Beziehungen" ausmacht.

Analysetagebücher sind zwar gefüllt mit „diskursiven Symbolen", Worten, Sätzen in einem Nacheinander, das Nach-denken erfordert und ermöglicht, Details zu gewichten. Ein solches Tagebuch verwendet aber auch „präsentative Symbole" (*Langer* 1942/1984), nicht-diskursive Symbole (Bilder, Ornamente, Vignetten, vgl. Abb. 1 – 4). Es benutzt Analogien, Metaphern, Parabeln, die als Ganzheit „alle zu einer simultanen, integralen Präsentation" (ibid. 103) zusammengeschlossen sind und dabei die diskursive Symbolik im Gesamtsymbol „Tagebuch" einbeziehen. Es ist als solches – genauso wie das Lebenspanorama – als ein „repräsentatives Symbol" (im Sinne von *Tillich* 1961) für das Selbst des Gestalters zu sehen. Das Symbol verweist auf die Fülle der *biographisch* gewordenen, *biosodisch* sich verwirklichenden und *biothetisch* sich entwerfenden Subjektivität, und diese ist „leibhaftiges Dasein mit anderen in der Zeit". Derartige Überlegungen, in denen die Begriffe Subjekt, Identität, Biographie, Geschichtlichkeit, Biosodie, Prospektion, Bewußtsein zentral stehen, gründen natürlich in einem theoretischen Rahmen, der selbst offengelegt und kritisch hinterfragt werden muß, denn Begrifflichkeiten sind – gerade wenn sie, wie oftmals in der Integrativen Therapie, in kritischer Auseinandersetzung mit anderen therapeutischen

Konzeptionen gewonnen wurden – nicht voraussetzungslos. In unseren abschließenden Überlegungen sollen deshalb noch einige Probleme zumindest angedeutet werden.

3.7 *Metakritische Reflexionen zur identitätskonstituierenden Tagebuch- und Panoramaarbeit*

Die therapeutische Tagebucharbeit bzw. die Arbeit mit Panoramen steht natürlich in übergeordneten Kontexten. Will sie dazu beitragen, *beschädigte Identität* zu heilen oder Identität als solche zu fördern, muß natürlich auch die Frage nach dem Identitätskonzept und seiner Problematik gestellt werden (*Petzold* 1993d; *Stross* 1991). Die persönlichkeitstheoretische Dimension, die hier angesprochen wird, greift auf einen anthropologischen Hintergrund zurück, denn Identitätstheorie verlangt nach einer „Subjekttheorie", und auch diese müßte in den metakritischen Diskurs gestellt werden in einer Zeit, wo die Zwangsstrukturen von Identität von verschiedener Seite aufgezeigt werden (*Adorno, Derrida*) und wo über den „Tod des Subjekts" (*Foucault*) nachgedacht wird. Identität und Subjektivität sind fundamental an ein Verständnis von Biographie und von Geschichte gebunden und lassen sich deshalb mit einer Philosophie vom „Ende der Geschichte" nicht einfach verbinden, es sei denn, man gestaltet diese zu einer Philosophie des Endes einer bestimmten Form der Geschichtlichkeit, und die Zeit des *post-histoire* – sofern es eine solche gibt – bietet die Chance dazu, was immer auch gleichbedeutend wäre mit der Chance zu einer „neuen Geschichtlichkeit" – vielleicht einer friedfertigeren, in der Identität nicht mehr durch zerstörende Abgrenzung, Subjektivität nicht mehr durch Objektivierung anderer gewonnen wird und an die Stelle des Raubbaus und der Kolonialisierung ein „ökosophischer" (*Petzold* 1961b II, 1992a) Umgang mit der Natur tritt. Dies aber würde die radikale Verschränkung von Individualität und Kollektivität, persönlicher und gemeinschaftlicher Perspektiven und Prospektionen erforderlich machen.

Diese hier angetönten Diskurse können im Rahmen des vorliegenden Textes natürlich nicht geführt werden. Die praxeologischen Ansätze der Integrativen Therapie, für die die therapeutische Tagebuch- bzw. Panoramaarbeit und ihre theoretische Begründung beispielhaft stehen können, lassen natürlich unsere Position erkennen: Sie ist ganz eindeutig keine individualisierende, weil wir in den durch diese Methoden gewonnenen „Dokumenten" immer wieder mit unseren Patienten nach Imprägnierungen persönlicher Biographie durch Zeitgeist, kollektive Geschichte, ökologische Situation, ökonomische Bedingtheiten suchen (und sie oft auch finden) und weil uns die *„Ursachen hinter den Ursachen"* (*Petzold* 1993d) beständig begegnen, denn wir haben uns für sie sensibilisiert. Da wir derartige Arbeit der Durchdringung, Auslotung, Reflexion nicht allein und isoliert in den Räumen unserer Praxis tun, weil wir sie vielmehr gemeinsam mit vielen Therapeuten unserer „scientific and professional community" tun, mit Kollegen, die ein ähnliches Konzept vertreten und mit denen wir Austausch pflegen, stehen wir in keiner Vereinzelung. Weiterhin „produzieren" wir keine „autarken", selbstsupportiven Individuen (wie Perls es zum Ideal erklärt hatte), sondern wir rüsten Menschen mit der Fähigkeit zur Ko-respondenz, zur gemeinsamen Hermeneutik und zum „exchange learning/exchange helping" (*Petzold, Schobert, Schulz* 1991) aus.

All dies zentriert nicht nur auf die persönliche, sondern auch auf die kollektive Geschichte, nicht nur auf die Bewältigung privaten Lebensalltags, sondern auch auf die Gestaltung gemeinschaftlicher Lebenswirklichkeit, *weil eine solche Therapie politisiert!* Schließlich entwickeln wir nicht nur persönliche Zukunftsperspektiven, sondern sensibilisieren für das Faktum, daß die eigene Zukunft davon abhängen wird, ob und *wie* es uns gelingt, aufgrund gemeinsamer *Prospektionen* miteinander Zukunft zu gestalten. Panorama- und Tagebucharbeit werden – so verstanden und eingesetzt – für eine Gemeinschaft von Therapeuten und Patienten zu einem *Symbol*, das (wie fast alle Symbole) eine verbindende, integrierende Kraft hat und dazu beiträgt, Vereinzelung zu überwinden. Selbsterfahrungsprozesse, Psychotherapie, alle Maßnahmen, die daran mitwirken, Subjektivität *und* Gemeinsinn zu entwickeln, Gemeinschaft als Matrix für Subjekte und Subjekte als Konstituenten von Gemeinschaft zu fördern, partizipieren an einem Unterfangen, das stets auf *übergreifende Sinnbilder*, auf *Megasymbole* verwiesen war: dem Unterfangen von Menschen, *sich selbst in der Welt und damit die Welt zu verstehen*. Symbole werden von „Interpretationsgemeinschaften" gestiftet und begründen sie zugleich, halten sie zusammen. Eingedenk dieser konstitutiven, integrierenden Aufgabe der Symbole (vgl. *symbolon* in der Bedeutung von „Glaubensbekenntnis") waren Gemeinschaften stets darauf gerichtet, daß ihre bedeutsamen Symbole auch allumfassende Geltung gewinnen konnten, was bis zur Zerstörung anderer Symbolgemeinschaften führte. Die mythologische Symbolik bzw. die *Megasymbole* der großen Religionen hinterließen in der Geschichte eine blutige Spur, und legitimiert wurde dies mit einer „Prospektion", einer großen Verheißung: der Befreiung von Leiden und Tod, des „ewigen Lebens" im Himmel oder – bei politischen Symbolen – dem Versprechen des „guten Lebens" für alle. Die Megasymbole dienten dazu, vielfältige Gruppen, ja jedes Einzelsubjekt auf die zugrundeliegende *Metaerzählung* (religiöser, politischer, weltanschaulicher Art) zu synchronisieren.

Die Zeit solcher „Metaerzählungen" (*Lyotard*) ist vorbei oder nähert sich dem Ende und damit auch die Zeit ihrer Mythen, Megasymbole und Riten, selbst wenn säkularisierte Ersatzformen – und Psychotherapie mit ihren Techniken und Methoden ist in mancher Hinsicht als solche zu betrachten – noch weiterwirken (dies z. T. sogar mit kryptoreligiösen Inhalten, d. h. im Sinne der ursprünglichen Zielsetzungen), was Psychotherapeuten oft an grundsätzlichen Neuorientierungen, neuen Ausrichtungen gehindert hat und behindert, etwa die Psychoanalyse im Verständnis von Weiblichkeit. Auch wenn die alten Symbolgemeinschaften noch vor sich hinkümmern oder – wie in der islamischen Welt – sich noch einmal aufbäumen, ihre *Metaerzählungen* verlieren unter den Einwirkungen der Diskurse der Moderne an Kraft und Geltungs- bzw. Wirkweite.

Tagebucharbeit und Lebenspanorama, Gesundheits- und Krankheitspanorama sind Ausdruck der Suche des Menschen nach einem *Lebenssinn*, der Suche nach seinem „*Wesen*", nach den Ursachen seiner Beschädigung und nach den Möglichkeiten und Chancen seiner Entwicklung. Das Ende eines Lebenspanoramas, die letzte Tagebuchseite, wirft die alte Frage nach dem „Danach" auf. Eine solche Frage muß persönlich beantwortet werden, doch sie kann Anworten nicht losgelöst von Gemeinschaften finden, die sich ähnliche Fragen stellen und nach ähnlichen Antworten suchen. Vor allen Dingen erwachsen aber genügende und hinlänglich enttäuschungsfeste Antworten nicht aus „*Projektionen*", d. h. aus unverarbeiteten individuellen und kollektiven Geschichten, die sich in die Zukunft hinein weiter perpetuieren und – wo sie zerstörerisch sind – Zerstörung weiter fortschreiben: „Machet euch die Erde untertan!", ein Beispiel für die Projektion früher, an eine gewaltige, unkontrollierbare Natur ausgelieferter Völkerschaften in Form eines „Auftrages Gottes", der, als kryptoreligiöser Impuls säkularisiert, in der Idee des „unendlichen Fortschritts" und „unbegrenzten Wachstums" weiterwirkt und die Zerstörung des Ökosystems vorantreibt (aber es wurden ja „ein neuer Himmel" und „eine neue Erde" verheißen, vgl. 2. Petr. 3, 13). Unsere Zeit läßt erkennen, daß wir mit den projektiven Metaerzählungen der Vergangenheit an ein Ende kommen. Die Projektion eines „zweiten Paradieses" oder eines „himmlischen Jerusalems" nach dem „Ende der Zeit" wird sich wohl nicht erfüllen – zumindest nicht der Intuition der alten Schreiber, Verkünder und ihrer Sukzessoren entsprechend –, weil die „Geschichte der Zeit" (*Hawking* 1988) anders bzw. neu geschrieben werden muß, auch wenn wir noch nicht genau wissen, *wie* sie zu schreiben ist. Die Integrationskraft der alten Symbole neigt sich dem Ende zu, und der *Sym-*

bolvorrat der traditionellen Metaerzählungen ist – jedenfalls in den Arealen der hochtechnisierten Informatationsgesellschaft auf diesem Planeten – weitgehend verbraucht. Daß dies auch in breiter Weise so erlebt wird, signalisiert der Run auf Surrogatprodukte, sichtbar etwa an der Popularität von Mythenfilmen wie „Excalibur", „Legende", „Highlander" bis *Coppolas* „Dracula"; oder er zeigt sich an den Themen symbolischer Filme mit eschatologischer Thematik wie *van Dammes* „Cyborg", *Stanley Kubriks* „2001" oder – besonders deutlich – im Opus von *Carl Schultz* „Das siebte Zeichen" [Das „Lamm" kommt als „Löwe" zurück, denn die Barmherzigkeit Gottes ist durch die Grausamkeit, die Kriege, den Ökofrevel der Menschen verbraucht. Die apokalyptischen Zeichen und Plagen beginnen, immer wenn der „Löwe", von *Jürgen Prochnow* gespielt, ein Siegel zerbricht. Die letzte Katastrophe: der Ort, an dem die Seelen wohnen, ist leer. Es droht das erste Kind „ohne Seele" geboren zu werden. Da naht Rettung durch ein Opfer ...].

Aber Surrogate sind Behelf, und mit „Rettern" in „Deus-ex-machina-Manier" ist nichts gewonnen. Auf das „zufällige" Entstehen neuer Symbole kann indes nicht gewartet werden, sondern es wird notwendig, sie aktiv zu erarbeiten, an ihrer Formierung mitzuarbeiten, insbesondere auch, um die Reichweite ihres Wirkraumes abzustecken. Das heißt immer auch, den Adressatenkreis in den Blick zu nehmen, an den sich die Symbole richten sollen, für den sie Wirkungen entfalten sollen, denn *„Symbole sind ja Zeichen mit Inhalt und Wirkung, der verdichtete Niederschlag und Ausdruck einer komplexen atmosphärischen und szenischen Realität, ihres Sinngefüges, Bedeutungs- und Handlungszusammenhanges sowie Wirkungsfeldes"* (*Petzold* 1988t), wobei dieses Wirkungsfeld *„die Angehörigen einer symbolmächtigen ‚Konsensgemeinschaft' sind, in denen durch die ‚affizierende Kraft' des Symbols ein gemeinsamer Erfahrungshintergrund wachgerufen wird, das, was das Symbol verdichtet hat und wozu es ggf. motivieren soll"* (ibid.). Damit werden neben symbolisierenden Gemeinschaften, den Symboladressaten, auch diejenigen zu betrachten sein, die Symbole verwenden, ja sogar strategisch einsetzen, nicht zuletzt, um über Symbole zu wirken und Macht und Herrschaft auszuüben.

Die traditionellen, Symbole schaffenden und gebrauchenden Institutionen (Kirchen, politische Gruppierungen usw.) waren leicht zu identifizieren. Bei den säkularisierten Symbolen ist es schwierig geworden, die hinter ihnen stehenden Kräfte zu erkennen. Der „Verfall der Symbolkultur" heutzutage bezieht sich im wesentlichen auf „mythologisierende Symbole", die supponierte Transzendenz an Immanenz vermitteln wollen, die zu erklären versuchen, was dem Diskurs der *Vernunft* (noch) unerklärlich war. In einer rationalen Welt, in der die Geschehnisse zunehmend berechenbar und computergesteuert oder zumindest weitgehend erklärbar geworden sind, ist der Bedarf der Repräsentation inkommensurabler Möglichkeiten erheblich geschwunden. „Mythologisierende Symbole" werden ersetzt durch „Explikationssymbole", die in einem intersubjektiv nachprüfbaren, wissenschaftlich explizierbaren Bereich des Lebens gründen. Eine derartige Entmythologisierung des Symbolischen steht in der Gefahr positivistischer Verkürzung, aber sie ermöglicht auch einen weiten Schritt nach vorn, *wenn sie Symbole zur Repräsentation konsensueller Wertsetzungen verwendet.* Ansonsten muß man dem Symbol aus der Perspektive postmoderner Philosophie einen „Schwächezustand" (*Mainberger* 1991) bescheinigen.

Die Reflexion eines Symbols vor dem Hintergrund des Zustandes der Konsensgemeinschaft, die es trägt, von den Intentionen der Symbolverwender her und mit Blick auf den Zustand seiner Adressaten (*Lyotard* 1987, 18), eine solche Reflexion zentriert auf die „gesellschaftliche Produktion von Symbolen", macht analysierbar, was Symbolproduktion motiviert und wie in unserer Gegenwart mit Symbolvorräten umgegangen wird (*Baudrillard* 1982), warum und wo ein Rückgang an *Symbolbedarf* auf der kollektiven Ebene festzustellen ist – und ein solcher Rückgang läßt sich ja durchaus bemerken, zumindest was mythologisierende Symbole anbelangt. Phänomene wie die New-Age-, Astro-, Magie- und Tattoo-Szene (*Sanders* 1993) – minime Subkulturen also, schaut man auf die Gesamtbevölkerung – widerlegen diese Thesen nicht, sie bestätigen sie, denn häufig leuchtet Verschwindendes in Marginalbereichen noch einmal in grellen Farben auf. Die schon erwähnten Symbolisierungsfilme oder andere symbolisierende Massenware (etwa die Marvel-Comics, z. B. der „mächtige Hulk", die „Phantastischen Vier", „Captain Amerika", aber auch Magazine wie „Mad", „Heavy Metal" usw.) dokumentieren die Verflachung des Bereiches mythologisierender Symbole bis zum „fading out".

Bei der Bearbeitung von Symbolisierungsprozessen oder Produkten derselben aus dem Bereich psychologischer Gruppenarbeit, Psycho- und Kreativitätstherapie, kunsttherapeutischer Praxis usw. ist es von erheblicher Bedeutung, darauf zu schauen, in welchem Diskurs die Symbolgenerierung steht. Reproduziert sie *Freud*sche oder *Jung*sche Mythologeme, oder ist sie z. B. Ausdruck bestimmter Richtungen der christlichen Traditionen in säkularen Formen, oder ist sie dem Neomystizismus „transpersonaler" Psychologie verpflichtet? Welche Funktionen haben Symbolisierungen für den Patienten, für seine Bezugsgruppe, für die therapeutische Subkultur, die derartige Produktionen anregt? Postmoderne Reflexionen, insbesondere die *Diskursanalyse* von *Foucault* oder die Überlegungen *Derridas* zur *De-konstruktion*, eröffnen hier interessante Perspektiven, besonders wenn man diese Gedanken selbst wiederum auf ihren Hintergrund befragt; denn treiben wir auch, wie diese Autoren aufzuzeigen versuchen, in einer gewissen Weise auf eine geschichtslose und subjektlose Welt zu – und das wäre dann eine Welt ohne Symbole –, so haben wir eine solche Welt doch nicht erreicht, und wir werden sie wahrscheinlich nie erreichen, es sei denn am „Ende der Geschichte". Dieses stellt die *„posthistoire"* nun nicht dar, sondern sie repräsentiert eine andere Form des Geschichtsbewußtseins.

Postmoderne Reflexionen lösen den Symbolbegriff genausowenig auf, wie sie das Subjekt verschwinden lassen können, aber sie künden Verschiebungen und Umschichtungen an, einen Kampf, von dem man noch nicht sagen kann, ob er zu einer „Agonie des Realen" (*Baudrillard* 1978) oder zu einer „Agonie des Symbolischen" führen wird oder zu einer gemeinsamen Auferstehung von beidem. Vieles verweist derzeit auf einen „Verlust von Öffentlichkeit" (*Sennett* 1988), was mit einem Verlust von *Megasymbolen* einhergeht, auf eine Vereinzelung, die allerdings nur vor dem Hintergrund der Vorstellung, ja der Realität eines Gesamten möglich ist, eines Ganzen, dem es an zusammenführenden Symbolen mangelt, um sich übergreifend zu vermitteln. Die damit einhergehende radikale Subjektivierung von Symbolisierungsvorgängen, die nur noch an kleine Kollektive gebunden werden und damit einen kleinen „Wirkraum" für die produzierten Symbole bereitstellen, könnte auch als ein „Moratorium" gewertet werden, eine Zeit, bevor wir uns endgültig entscheiden können, ob wir auf neue Megasymbole und auf die hinter ihnen stehenden *Metaerzählungen* (mit den Herrschaftsansprüchen ihrer Protagonisten, Paladine, Herolde und Priester) verzichten können – und das hieße letztlich Verzicht auf die Produktion solcher Metanarrative mit ihrer fixierenden Macht, die Differenzen nicht erlaubt, bzw. die Abweisung von Interessengruppen, die solche Metanarrative installieren wollen ... oder ob wir uns mit Symbolen von kleiner oder mittlerer Reichweite zufriedengeben wollen zugunsten einer dichten Kommunikation zwischen den verschiedenen und verschiedenartigen Konsens- und Symbolgemeinschaften, verbunden mit einer Intensivierung der Ko-respondenzen um einen *„pluriformen Sinn"*, was immer auch eine Absage an *Sinnmonopole* bedeutet?

Eine sich in den Prozessen beständiger, kollektiver Hermeneutik suchende und konstituierende Gemeinschaft/Gesellschaft, die kollektive Geschichten, Gegenwartsgeschehnisse und Prospektionen selektiert und auslegt, braucht Subjekte, die sich in ebensolche Prozesse der Selbstkonstitution begeben. Selbsterfahrungsprozesse, tiefenhermeneutisch arbeitende Therapien und in dieser Orientierung eingesetzte Methoden, Techniken und Medien, wie z. B. die Lebenspanoramen und Therapietagebücher, sind Ausdruck solcher Suchbewegungen. In ihnen stellt sich das eigene Leben (das immer auch ein Leben mit anderen ist) als Reihung von Szenen, als Kette von Ereignissen, als Sequenz von Vernetzungen dar, die – in sich Regelhaftigkeiten und Zufälligkeiten, Kontinuität und Diskontinuität einschließend – sich zu Systemen formieren, die Informationsträger und Handlungseinheiten zugleich sind und das „System Welt" als Gefüge pluriformen Sinnes konstituieren. Wir Menschen können nicht anders, als *„sowohl unser Handeln als auch unsere Reflexionen in strukturierter und systematischer Form an ihnen* [solchen Systemen, sc.] *zu orientieren: die von uns* [als Subjekten und Subjektgemeinschaften, sc.] *konstruierten Zeichen-, Symbol- und Verweisungssysteme repräsentieren die Strukturen unserer Sinnorientierung. Ihre Systematik ist unser Produkt"* (*Soeffner* 1991, 66).

Derartige Prozesse sind also konstitutiv sowohl für das Subjekt wie für die Gemeinschaft und für die Prozesse der Identitätsfindung beider. Damit wird jedes Subjekt zum *Symbol*, das sich durch die Arbeit persönlicher und gemeinschaftlicher Hermeneutik als identisches gefunden hat, jeder Mensch zum *Symbol*, der sich in der Durchdringung der bewußten und verdrängten Materialien seiner Biographie als *Polybiographie*, in der Bearbeitung seiner aktualen, gemeinschaftlich vollzogenen Lebenswirklichkeit und in der Reflexion seiner Prospektionen bewußt verwirklicht. Er wird Symbol einer *Emanzipation* von „Sozialisation als Widerfahrnis", der Befreiung von „Selbstzwangsapparaturen" (*Elias* 1968), Symbol der Aufhebung von Unbewußtheit, die durch persönliche und kollektive Prozesse der Verdrängung entstand (*Erdheim* 1983), Symbol des Abwerfens der Fesseln fixierender Narrative. Das *emanzipierte Subjekt* selbst wird also zum Zeichen der Möglichkeit, sich von Zwangsstrukturen in der eigenen „Chronik", ja, in der sich prospektiv fortschreibenden Chronologie schicksalshafter Unabänderlichkeiten zu befreien und das Leben mit den wichtigen Menschen des Lebenszusammenhangs bewußt und kokreativ zu gestalten. Menschen, die in dieser Weise zu sich – und das bedeutet auch immer zu anderen – gefunden und wahre Hominität und Humanität verwirklicht haben, werden zu *Symbolen der Hoffnung*, daß im „Haus der Welt" eine Entwicklung zu einem „guten Leben" miteinander und mit der Natur möglich wird und die starken, sich allenthalben zeigenden Tendenzen zu einer *Devolution* (*Petzold* 1986h), d. h. sich generalisierenden Prozessen individueller, gesellschaftlicher und ökologischer Zerstörung, aufgehalten werden können – und gelingt dies nicht, wird uns die Evolution „aus der Serie" ziehen.

LITERATUR

Abbott, H.P., Diary fiction, writing as action, Cornell University Press, Ithaca 1984.

Abele, A., Becker, P. (Hrsg.), Wohlbefinden – Theorie – Empirie – Diagnostik, Juventa, Weinheim 1991.

Achenbach, T.M., Developmental psychopathology, Wiley, New York 1982[2].

Achenbach, T.M., What is „developmental" about developmental psychopathology?, in: *Rolf* et al. (1990) 29-48.

Antonovsky, A., Health, stress and coping, Jossey Bass, London 1979.

Antonovsky, A., Unraveling the mystery of health, Jossey Bass, London 1987.

Assmann, J., Hölscher, T., Kultur und Gedächtnis, Suhrkamp, Frankfurt/M. 1988.

Baddeley, A.D., Wilson B., Amnesia, autobiographical memory, confabulation, in: *Rubin* (1986) 225-252.

Baltes, P.B., Reese, H.W., Lipsitt, L.P., Life-span developmental psychology, *Annual Review of Psychology* 31 (1980) 65-110.

Bandura, A., Self-efficacy: Towards an unifying theory of behavioral change, *Psychological Revue* 8 (1977) 191-215.

Barclay, C.R., Subramaniam, G., Autobiographical memories and self-schemata, *Applied Cognitive Psychology* 1 (1987) 169-182.

Barclay, C.R., Wellman, H.M., Accuracies and inaccuracies in autobiographical memories, *Journal of Memory and Language* 25 (1986) 93-103.

Barsalou, L.W., The content and organization of autobiographical memories, in: *Neisser, Winograd* (1988) 193-243.

Baudrillard, J., Die Agonie des Realen, Berlin 1978.

Baudrillard, J., Der symbolische Tausch und der Tod, Matthes & Seitz, München 1982.

Becker, P., Psychologie der seelischen Gesundheit, Bd. 1, Hogrefe, Göttingen 1982.

Belardi, N., Die Stigmatisierung der Institution – Stigmatisierung durch die Institution, *Gestalt und Integration* 1 (1991) 72-77.

Belke, H., Literarische Gebrauchsformen, Bertelsmann Universitätsverlag, Düsseldorf 1973.

Benstock, S. (Hrsg.), The private self. Theory and practice of women's autobiographical writings, Routledge, London 1988.

Berger, A., Relaxative Organgymnastik und psychologische Gruppenarbeit im System einer totalen Gymnastik nach H. Petzold, *Atem und Mensch* 3/4 (1971) 8-13.

Bergmann, K., Lebensgeschichte als Appell! „Autobiographische Schriften kleiner Leute" und Außenseiter, Westdeutscher Verlag, Opladen 1991.

Bernfeld, S., Vom dichterischen Schaffen der Jugend, Internationaler Psychoanalytischer Verlag, Wien 1924.

Berning, V., Gabriel Marcel und Maine de Biran. Ein Vergleich, *Theologie und Philosophie* 47 (1972) 402-408.

Bernstein, D.A., Borkovec, Th.D., Entspannungstraining, Pfeiffer, München 1975.

Boerner, P., Tagebuch, Metzler, Stuttgart 1969.

Brown, N.R., Rips, L.J., Shevell, S.K., The subjective dates of natural events in very-long-term memory, *Cognitive Psychology* 17 (1985) 139-177.

Burke, D., Worthley, J., Martin, J., I'll never forget what's-her-name: Ageing and tip of the tongue experiences in everyday life, in: *Gruneberg, M.M., Morris, P.E., Sykes, R.N.* (eds.), Practical aspect of memory: Current research and issues, Vol. 2, Wiley, Chichester 1988, 113-118.)

Butler, R.N., The life review: An interpretation of reminiscence in the aged, *Psychiatry* 26 (1963) 65-76; dtsch. *Integrative Therapie* 2/3 (1980) 141-156..

Butters, N., Cermak, L.S., A case study of the forgetting of autobiographical knowledge: Implications for the study of retrograde amnesia, in: *Rubin* (1986) 253-272.

Casey, J.F., Ich bin viele – Eine ungewöhnliche Heilungsgeschichte, Rowohlt, Reinbek 1992.

Cohen, G., Faulkner, D., Life span changes in autobiographical memory, *Human Cognition Research Laboratory, Tech. Report* 24 (1987).

Coleman, P.G., Ageing and reminiscence processes: Social and clinical implications, Wiley, Chichester 1986.

Conway, M.A., Conceptual representation of emotions: The role of autobiographical memories, in: *Gilhooly, K.J., Keane, M.T.G., Logie, R.H., Erdos, G.* (eds.), Lines of thinking, Vol. 2, Wiley, Chichester 1989, 133-143.

Conway, M.A., Autobiographical memory. An introduction, Open University Press, Philadelphia 1990.

Crovitz, H.F., Harvey, M.T., Early childhood amnesia: A quantitative study with implications for the study of retrograde amnesia after brain injury, *Cortex* 15 (1979) 331-335.

Crovitz, H.F., Harvey, M.T., McKee, D.C., Selecting retrieval cues for early-childhood amnesia: Implications for the study of shrinking retrograde amnesia, *Cortex* 16 (1980) 305-310.

Csikszentmihalyi, M., Beattie, O.V., Life themes: A theoretical and empirical exploration of their origins and effects, *Journal of Humanistic Psychology* 19 (1979) 45-63.

De Litto, V. (Hrsg.), Le journal intime et ses formes litteraires, Actes du colloque de sept, P.U.F., Paris 1975.

Eakin, P.J., Fictions in autobiography. Studies in the art of self-invention, Princeton University Press, Princeton 1985.

Edwards, D., Middleton, D., Conversational remembering and family relationships: How children learn to remember, *Journal of Social and Personal Relationships* 5 (1988) 3-26.

Egger, J., Das Herz als Symbol – die Bedeutung des Herzens in unserer Kultur, *Ärztliche Praxis und Psychotherapie* 3 (1988) 5-14.

Eilenberger, M., Das Lebenspanorama als diagnostische und therapeutische Methode in der integrativen Therapie, Diplomarbeit am Psychologischen Institut der Universität Hamburg, Hamburg 1979.

Engel, S., Learning to reminisce: A developmental study of how young children talk about the past. Unveröffentliche Dissertation, City University of New York, New York 1986.

Engelkamp, J., Das menschliche Gedächtnis, Hogrefe, Göttingen 1990.

Faltermaier, T., Mayring, Ph., Saup, W., Strehmel, P., Entwicklungspsychologie des Erwachsenenalters, Kohlhammer, Stuttgart 1992.

Filipp, S., Kritische Lebensereignisse, Urban & Schwarzenberg, München 1981, 2. erw. Aufl. 1990.

Fitzgerald, J.M., Vivid memories and the reminiscence phenomenon: The role of a self narrative, *Human Development* 31 (1988) 261-273.

Fitzgerald, J.M., Lawrence, R., Autobiographical memory across the life-span, *Journal of Gerontology* 39 (1984) 692-698.

Fivush, R., Scripts and categories: Interrelationships in development, in: *Neisser* (1987) 234-254.

Fivush, R., Gray, J.T., Fromhoff, F.A., Two year olds talk about the past, Cognitive Development 2 (1987) 393-410.

Flach, W., Die biographische Methode bei Wilhelm Dilthey, *Archiv für die Geschichte der Philosophie* 52 (1970) 172-186.

Flick, U. (Hrsg.), Alltagswissen über Gesundheit und Krankheit, Asanger, Heidelberg 1991.

Forbes, D.D.S., A two-year-old's memory observed, *The Psychologist: Bulletin of the British Psychological Society* 1 (1988) 27-31.

Freud, S., Three essays on the theory of sexuality, in: *Strachey* (ed.), The standard edition of the complete works of Freud, Bd. 7, Hogarth Press, London 1963.

Fuhrmann, M., Rechtfertigung durch Identität. Über eine Wurzel des Autobiographischen, in: *Marquard, Stierle* (1979) 685-689.

Gadamer, H.-G., Wahrheit und Methode, Mohr, Tübingen 1960, 1975.

Gadamer, H.-G., Gedicht und Gespräch, Insel, Frankfurt 1990.

Gilligan, S.G., Bower, G.H., Cognitive consequences of emotional arousal, in: *Izard, Kagan, Zajonc* (1984).

Grimm, R. (Hrsg.), Vom Anderen und vom Selbst. Beiträge zu Fragen der Biographie und Autobiographie, Athenaeum, Königstein 1982.

Gruneberg, M.M., Morris, P.E., Sykes, R.N. (eds.), Practical aspects of memory, Academic Press, London 1978.

Halbwachs, M., La mémoire collective, Paris 1968, 1985.

Harvey, J.H., Flannary, R., Morgan, M., Vivid memories of vivid loves gone by, *Journal of Social and Personal Relationships* 3 (1986) 359-373.

Hawking, S.W., Eine kurze Geschichte der Zeit, Rowohlt, Reinbek 1988.

Heinl, H., Körpertherapie in der Praxis, dieses Buch.

Heinl, H., Das Krankheitspanorama in Diagnostik und Therapie von Patienten mit Wirbelsäulenbeschwerden, (in Vorbereitung) 1993.

Heinl, H., Petzold, H.G., Fallenstein, A., Das Arbeitspanorama, in: *Petzold, Heinl* (1983) 356-408.

Hinz, E.J. (Hrsg.), Data and acta, aspects of life-writing, University of Manitoba, Winnipeg 1987.

Hocke, G. R., Das europäische Tagebuch. Beiträge zur vergleichenden Literaturgeschichte, Limes, Wiesbaden 1978.

Ignatieff, M. Prinz von, Das russische Album: Geschichte einer Familie, Heyne, München 1991.

Iljine, V.N., Therapeutisches Theater, in: *Petzold* (1972a) 168-172.

Izard, C., Kagan, J., Zajonc, R. (eds.), Emotions, cognitions, and behavior, Cambridge University Press, New York 1984.

Jodelet, D. (Hrsg.), Les représentations sociales, P.U.F., Paris 1989a.

Jodelet, D., Folies et représentations sociales, P.U.F., Paris 1989b.

Johnson, M.K., A multiple entry, modular memory system, in: *Bower, G.H.* (ed.), The psychology of learning and motivation: Advances in research theory, Academic Press, New York 1983, 81-123.

Johnson, M.K., Reality monitoring: An experimental phenomenological approach, *Journal of Experimental Psychology: General* 117 (1988) 390-394.

Johnson, M.K., Foley, M.A., Suengas, A.G., Raye, C.L., Phenomenal characteristics of memories for perceived and imagined autobiographical events, *Journal of Experimental Psychology: General* 117 (1988) 371-376.

Jourard, S., The transparent self, New York 1971.

Jourard, S., Self-disclosure. An experimental analysis of the transparent self, New York 1971.

Jungeren, M., Das fiktionale Ich. Untersuchungen zum Tagebuch, Francke, Bern 1979.

Jüttemann, G., Komparative Kasuistik, Asanger, Heidelberg 1990.

Keenan, J.M., Baillet, S.D., Memory for personality and socially significant events, in: *Nickerson, R.S.* (ed.), Attention and performance, VIII, Erlbaum, Hillsdale 1980, 651-670.

Kemmler, L., Schelp, Th., Mecheril, P., Sprachgebrauch der Psychotherapie. Emotionales Geschehen in den Therapieschulen, Huber, Bern 1991.

Keupp, H., Röhrle, B., Soziale Netzwerke, Campus, Frankfurt 1987.

Kihlstrom, J.F., Harackiewicz, J.M., The earliest recollection: A new survey, *Journal of Personality* 50 (1982) 134-148.

Knobel, R., Mankwald, B., Petzold, H.G., Sombrowsky, C., Qualitative Forschung als Grundlage therapeutischer Intervention in den Neuen Bundesländern – ein interdisziplinärer Ansatz, *Integrative Therapie* 4 (1992) 429-454.

Kohli, M., Soziologie des Lebenslaufs, Luchterhand, Neuwied 1978.

Kronsbein, J., Autobiographisches Erzählen. Die narrativen Strukturen der Autobiographie, Minerva-Publikationen, München 1984.

Kuczynski, J., Probleme der Autobiographie. Erfahrungen im Umgang mit dem eigenen Ich und Ansichten über die Kunst der Erinnerung, Aufbau Verlag, Berlin 1983.

Langer, S.K., Philosophy in a new key, Cambridge, Mass. 1942; dtsch. Philosophie auf neuem Wege. Das Symbol im Denken, im Ritus und in der Kunst, Frankfurt 1965.

Lehmann, J., Bekennen, Erzählen, Berichten. Studien zur Theorie und Geschichte der Autobiographie, Niemeyer, Tübingen 1988.

Leedy, J., Poetry therapy, Lippincott, Philadelphia 1969.

Leedy, J., Poetry the healer, Lippincott, Philadelphia 1973.

Leutz, G.A., Psychodrama. Theorie und Praxis, Bd. 1, Springer, Berlin 1974.

Linton, M., Transformations of memory in everyday life, in: *Neisser* (1982) 77-81.

Lloyd, G.G., Lishman, W.A., Effect of depression on the speed of recall of pleasant and unpleasant experiences, *Psychological Medicine* 5 (1975) 173-180-

Lyotard, J.-F., Le nom et l'exception, in: *Nagl-Docekal, Vetter* (1987) 43-53.

Mainberger, G.K., Postlinguistischer Schwächezustand des Symbols, in: *Oelkers, Wegenast* (1991) 55-62.

Marcel, G., Etre et avoir, Alcan, Paris 1935.

Marcel, G., Homo Viator, Alcan, Paris 1945; dtsch.: Bastion 1949.

Marcel, G., Philosophie der Hoffnung, Kösel, München 1957.

Marcel, G., Leibliche Begegung, in: *Kraus, A.* (Hrsg.), Leib, Geist, Geschichte, Hüthing, Heidelberg 1978, 47-73; und in: *Petzold* (1985g) 15-46.

Marcel, G., Reflexion und Intuition, Knecht, Frankfurt 1987.

Markus, H., Self-schemata and processing information about the self, *Journal of Personality and Social Psychology* 35 (1977) 63-78.

Markus, H., Nurius, P., Possible selves, *American Psychologist* 41 (1986) 954-969.

Marquard, O., Identität. Autobiographie – Verantwortung (ein Annäherungsversuch), in: *Marquard, Stierle* (1979) 690-698.

Marquard, O., Stierle, K., Identität, Fink, München 1979.

Matthies, F., Das Beziehungspanorama. Die Panoramatechnik in der Arbeit mit Paaren, Diplomarbeit, Psychologisches Institut der Universität Hamburg , Hamburg 1981.

May, G., L'autobiographie, Presses Universitaires de France, Paris 1974.

Mead, G.H., Mind, self and society, University of Chicago Press, Chicago 1934; dtsch: Geist, Identität, Gesellschaft, Suhrkamp, Frankfurt/M. 1968, 1973, 1975, 1988.

Meltzer, H., The present status of experimental studies on the relationship of feeling to memory, *Psychological Review* 37 (1937) 124-139.

Mink, L.O., Everyman his or her own annalist, in: *Mitchell* (1981) 233-239.

Misch, G., Lebensphilosophie und Phänomenologie, Berlin 1930.

Misch, G., Vom Lebens- und Gedankenkreis W. Diltheys, Frankfurt 1947.

Mitchell, W.J.T., On narrative, University of Chicago Press, Chicago 1981.

Moreno, J.L., Creativity and cultural conserves, *Sociometry* 2 (1939b) 1-36.

Moreno, J.L., Gruppenpsychotherapie und Psychodrama, Thieme, Stuttgart 1959, 1973^2.

Mowrer, H.O., Learning theory and behavior, Wiley, New York 1960.

Mummendey, H. D., Selbstdarstellungsverhalten. Autobiographie, Tagebuch, Theater, Selbstportrait, *Bielefelder Arbeiten zur Sozialpsychologie* Bd. 1, Universität Bielefeld, Bielefeld 1989.

Mummendey, H. D., Psychologie der Selbstdarstellung, Hogrefe, Göttingen 1990.

Nagl-Docekal, H., Vetter, H., Tod des Subjekts, Oldenbourg, Wien 1987.

Neisser, U. (ed.), Memory observed: Remembering in natural contexts, Freeman, San Francisco 1982.

Neisser, U. (ed.), Concepts and conceptual development: Ecological and intellectual factors in categorization, Cambridge University Press, New York 1987.

Neisser, U., Five kinds of self-knowledge, *Philosophical Psychology* 1 (1989).

Neisser, U., Winograd, E. (eds.), Remembering reconsidered: Ecological and traditional approaches to the study of memory, Cambridge University Press, New York 1988.

Nelson, K., Event knowledge: Structure and function in development, Erlbaum, Hillsdale 1986.

Nelson, K., The ontogeny of memory for real events, in: *Neisser, Winograd* (1988).

Nelson, K., Narratives from the crib, Harvard University Press, Cambridge, Mass., London 1989a.

Nelson, K., Remembering: A functional developmental perspective, in: *Solomon, P.R., Goethals, G.R., Kelley, C.M., Stephens, B.R.* (eds.), Memory: An interdisciplinary approach, Springer, New York 1990.

Nelson, K., Erinnern und Erzählen. Eine Entwicklungsgeschichte, *Integrative Therapie* 1 (1993b) 73-94.

Nelson, K., Ereignisse, Narrationen, Gedächtnis: Was entwickelt sich? in: *Petzold* (1993c).

Nelson, K., Fivush, R., Hudson, J., Lucariello, J., Scripts and the development of memory, in: *Chi, M.T.H.* (ed.), Contributions to human development: Trends in memory development research, Kargar, New York 1983.

Neumann, B., Identität und Rollenzwang – zur Theorie der Autobiographie, Athenaeum, Frankfurt 1970.

Niethammer, L. (Hrsg.), Lebenserfahrung und kollektives Gedächtnis. Der Prozeß der „Oral History", Suhrkamp, Frankfurt/M. 1985.

Niggl, G. (Hrsg.), Die Autobiographie. Zur Form und Geschichte einer literarischen Gattung, Wiss. Buchgesellschaft, Darmstadt 1989.

O'Connell, R., Gerard, A.B., Scripts and scraps: The development of sequential understanding, *Child Development* 56 (1985) 671-681.

Oelkers, J., Wegenast, K. (Hrsg.), Das Symbol – Brücke des Verstehens, Kohlhammer, Stuttgart 1991.

Olney, J. (Hrsg.), Autobiography. Essays theoretical and critical, Princeton University Press, Princeton 1980.

Orth, I., Petzold, H.G., Die neuen Kreativitätstherapien – Formen klinischer Kunsttherapie und Psychotherapie mit kreativen Medien, 1990b, in: *Petzold, Orth* (1990a) 15-30.

Orth, I., Petzold, H.G., Metamorphosen – Prozesse der Wandlung in der intermedialen Arbeit der Integrativen Therapie, in: *Petzold, Orth* (1990a) II, 721-774; auch in: *Integrative Therapie* 1/2 (1990) 53-93 und *Forum für Kunsttherapie* (1989) 9-31.

Pascal, R., Die Autobiographie. Gestalt und Gehalt. Design and truth in autobiography (Dt.), Kohlhammer, Stuttgart 1965.

Pepys, S., Tagebuch, Reclam, Ditzingen 1980.

Perls, F.S., Gestalt Therapy Verbatim, Real People Press, Lafayette 1969b.

Perls, F.S., Gestalt, Wachstum und Integration, Junfermann, Paderborn 1980, 1987^2.

Petzold, Hugo, Das Erleben des Lebenspanoramas, *Rosenkreuzers Zeitschrift* 6 (1935) 176-178.

Petzold, H.G., Zur Pflege des Dauergrünlandes. Landwirtschaftschule Neuss, Dezember 1961b mimeogr.

Petzold, H.G., Géragogie – nouvelle approche de l'éducation pour la viellesse et dans la viellesse. *Publications de L'Institut St. Denis* 1 (1965) 1-16 ; dtsch. in: *Petzold* (1985a) 11-30.

Petzold, H.G., Überforderungserlebnis und nostalgische Reaktion bei ausländischen Arbeitern in der BRD, Genese, Diagnose, Therapie, Paris 1968a.

Petzold, H.G., Arbeitspsychologische und soziologische Bemerkungen zum Gastarbeiterproblem in der BRD, *Zeitschrift f. Prakt. Psychol.* 7 (1968b) 331-360

Petzold, H.G., Thérapie du mouvement, training rélaxatif, thymopratique et éducation corporelle comme integration, Paris 1970c, mimeogr.

Petzold, H.G., (Hrsg.) Angewandtes Psychodrama in Therapie, Pädagogik, Junfermann, Paderborn 1972a.

Petzold, H.G., Gestalttherapie und Psychodrama, Nicol, Kassel 1973a.

Petzold, H.G., Das „Therapeutische Theater" als Form dramatischer Therapie, 1973b, in: *Petzold* (1973a) 97-133; und in (1982a) 88-109.

Petzold, H.G., (Hrsg.) Kreativität und Konflikte, Junfermann, Paderborn 1973c.

Petzold, H.G., (Hrsg.) Psychotherapie und Körperdynamik, Junfermann, Paderborn 1974j, 3. Aufl. 1979.

Petzold, H.G., Integrative Bewegungstherapie, 1974k, in: *Petzold* (1974j), 285-404; revid. in: 1988n, 59-172.

Petzold, H.G., Thymopraktik als körperbezogene Arbeit in der Integrativen Therapie, *Integrative Therapie* 2/3 (1975e) 115-145; erweitert in: *Petzold* 1977n; revid. in: 1988n, 341-406.

Petzold, H.G., Integrative Therapie ist kreative Therapie. Fritz Perls Institut, Düsseldorf 1975h.

Petzold, H.G., Die Rolle der Medien in der integrativen Pädagogik 1977c, in: *Petzold, Brown* (1977) 101-123.

Petzold, H.G., Integrative Geragogik – Gestaltmethoden in der Bildungsarbeit mit alten Menschen, 1977e, in: *Petzold, Brown* (1977) 214-246; repr. (1985a) 31-68.

Petzold, H.G., Der Gestaltansatz in der psychotherapeutischen, soziotherapeutischen und pädagogischen Arbeit mit alten Menschen, *Gruppendynamik* 8 (1977g) 32-48.

Petzold, H.G., Prozessuale Diagnostik und Erstinterview. Seminarnachschrift von *A. Rauber*, Schule f. soziale Arbeit, Bern 1977j.

Petzold, H.G., Theorie und Praxis der Traumarbeit in der Integrativen Therapie, *Integrative Therapie* 3/4 (1977m) 147-175.

Petzold, H.G., Die Technik der Zukunftsprojektion – Zur Zeitstrukturierung im Psychodrama, 1979f, in: *Petzold* (1979k) 198-250.

Petzold, H.G., Psychodrama-Therapie. Theorie, Methoden, Anwendung in der Arbeit mit alten Menschen, Junfermann, Paderborn 1979k, 2. Aufl. 1985.

Petzold, H.G. (Hrsg.), Widerstand – ein strittiges Konzept der Psychotherapie, Junfermann, Paderborn 1981b.

Petzold, H.G., Das Hier-und-Jetzt-Prinzip in der psychologischen Gruppenarbeit, 1981e, in: *C. Bachmann*, Kritik der Gruppendynamik, Fischer, Frankfurt 1981, 214-299.

Petzold, H.G., Grundfragen der menschlichen Kommunikation im Lebensverlauf, *Gestalt-Bulletin* (1981f) 54-69; repr. in: *Petzold, Stöckler* (1988) 47-64.

Petzold, H.G., Sich selbst im Lebensganzen verstehen lernen, 1981g, in: *Pro Senectute, Schneider, H.G.* (Hrsg.), Vorbereitung auf das Alter, Schönigh, Paderborn 1981, 89-112; repr. (1985a) 93-122.

Petzold, H.G., Leibzeit, *Integrative Therapie* 2/3 (1981h) 167-178; auch in: *Kamper, Wulf*, Die Wiederkehr des Körpers, Suhrkamp, Frankfurt 1982, 68-81.

Petzold, H.G., Dramatische Therapie. Neue Wege der Behandlung durch Psychodrama, Rollenspiel, therapeutisches Theater, Hippokrates, Stuttgart 1982a.

Petzold, H.G., Der Mensch ist ein soziales Atom, *Integrative Therapie* 3 (1982b) 161-165.

Petzold, H.G., Theater – oder das Spiel des Lebens, Verlag für Humanistische Psychologie, W. Flach, Frankfurt 1982g.

Petzold, H.G., Sterben – ein Lebensprozeß, *Sensus-Kommunikation* 2 (1982m) 3-9.

Petzold, H.G., Gestalttherapeutische Perspektiven zu einer „engagierten Thanatotherapie", 1. Tagungsbericht für Thanatopsychologie, 1982n, Univ. Oldenburg, Abt. Vechta, 4.-6. Nov. 1982, Proceedings, Klotz, Frankfurt 1983; repr. (1985a) 538-552.

Petzold, H.G. (Hrsg.), Psychotherapie, Meditation, Gestalt, Junfermann, Paderborn 1983d.

Petzold, H.G., Nootherapie und „säkulare Mystik" in der Integrativen Therapie, 1983e in: *Petzold* (1983d) 53-100.

Petzold, H.G., Vorüberlegungen und Konzepte zu einer integrativen Persönlichkeitstheorie, *Integrative Therapie* 1/2 (1984i) 73-115.

Petzold, H.G., Mit alten Menschen arbeiten, Pfeiffer, München 1985a.

Petzold, H.G. (Hrsg.), Leiblichkeit, Philosophische, gesellschaftliche und therapeutische Perspektiven, Junfermann, Paderborn 1985g.

Petzold, H.G., Arbeit mit alten Menschen, Schwerkranken und Sterbenden als persönliche Erfahrung. Ein Interview, *Jahrbuch der Zeitschr. f. Humanistische Psychologie*, Friedensinitiativen und Friedensarbeit, DGHP, Eschweiler, Jg. 8 (1985u) 35-50.

Petzold, H.G., Umgang mit Sterbenden. Die Bedeutung der Lebensbilanz, *Altenpflege* 10 (1986d) 593-596.

Petzold, H.G., Zeit und Psychotherapie, *Integrative Therapie* 3 (1986g) 155-162.

Petzold, H.G., Zur Psychodynamik der Devolution, *Gestalt-Bulletin* 1 (1986h) 75-101.

Petzold, H.G., Puppen und Puppenspiel in der Integrativen Therapie mit Kindern, 1987a, in: *Petzold, Ramin* (1987) 427-490.

Petzold, H.G., Gong-Singen, Gong-Bilder und Resonanzbewegung als „Sound Healing". Intermediale Prozesse in der Integrativen Therapie, *Integrative Therapie* 2/3 (1987b) 194-234.

Petzold, H.G., Integrative Therapie als intersubjektive Hermeneutik bewußter und unbewußter Lebenswirklichkeit, Fritz Perls Institut, Düsseldorf 1988a (erw. in: 1991a).

Petzold, H.G., Zur Hermeneutik des sprachlichen und nichtsprachlichen Ausdrucks in der Integrativen Therapie, Fritz Perls Institut, Düsseldorf 1988b (erw. in 1991a).

Petzold, H.G., „Multiple Stimulierung" und „Erlebnisaktivierung", 1988f, in: *Petzold, Stöckler* (1988) 65-86.

Petzold, H.G., Integrative Bewegungs- und Leibtherapie. Ausgewählte Werke Bd. I/1 und I/2, Junfermann, Paderborn 1988n.

Petzold, H.G., Progredierende Analyse – Kinderanalyse mit psychodramatischen und bewegungstherapeutischen Mitteln, 1988o (auszugsweise übers. von 1969b) in: 1988n, 455-491.

Petzold, H.G., Beziehung und Deutung in der Integrativen Bewegungstherapie 1988p, in: *Petzold* (1988n) 285-340.

Petzold, H.G.. „Die Brille von vorgestern" – „Vergangenheitsprojektion und Zeitreisen in der Erinnerungs- und Antizipationsarbeit der Integrativen Therapie, *Gestalt & Integration* 2 (1989d) 44-52.

Petzold, H.G., „Form und Metamorphose" als fundierende Konzepte für die Integrative Therapie mit kreativen Medien – Wege intermedialer Kunstpsychotherapie 1990b, in: *Petzold, Orth* (1990a) II, 639-720.

Petzold, H.G., „Entwicklung in der Lebensspanne" und Pathogenese, Vortragsfolge auf der Tagung „Bewegungstherapie und Psychosomatik", 22. – 23.11.1990 an der Freien Universität Amsterdam, 1990e; erw. in: *Petzold* (1992a) 649-775.

Petzold, H.G., Integrative Therapie – Methoden und Modelle zu einer schulenübergreifenden Psychotherapie, Bd. II/1: Klinische Philosophie, Junfermann, Paderborn 1991a.

Petzold, H.G., Chronosophische Überlegungen zu Zeit, Identitätsarbeit und biographischer Narration, 1991o, in: *Petzold* (1991a) 333-396.

Petzold, H.G., Integrative Therapie – Methoden und Modelle zu einer schulenübergreifenden Psychotherapie, Bd. II/2: Klinische Theorie, Junfermann, Paderborn 1992a.

Petzold, H.G., Gedichte, *Gestalt und Integration* 1 (1992c) 210-213.

Petzold, H.G., Empirische Baby- und Kleinkindforschung und der Paradigmenwechsel von psychoanalytischer Entwicklungsmythologie und humanistisch-psychologischer Unbekümmertheit zu einer „mehrperspektivischen, klinischen Entwicklungspsychologie", *Integrative Therapie* 1/2 (1992d) 1-10.

Petzold, H.G., Integrative Therapie – Methoden und Modelle zu einer schulenübergreifenden Psychotherapie, Bd. II/3: Klinische Praxeologie, Junfermann, Paderborn 1993a.

Petzold, H.G., Die Wiederentdeckung des Gefühls, Junfermann, Paderborn 1993b.

Petzold, H.G., Psychotherapie und Babyforschung, Junfermann, Paderborn 1993c.

Petzold, H.G., Identität und Entfremdung, 1993d, Fritz Perls Institut, Düsseldorf 1993d.

Petzold, H.G., Integrative Therapie mit depressiven Patienten, Fritz Perls Institut, Düsseldorf 1993e.

Petzold, H.G., Berger, A., Integrative Bewegungserziehung, in: *Petzold* (1974j) 403-431.

Petzold, H.G., Brown, G. (Hrsg.), Gestaltpädagogik, Pfeiffer, München 1977.

Petzold, H.G., Bubolz, E., Bildungsarbeit mit alten Menschen, Klett, Stuttgart 1976.

Petzold, H.G., Goffin, J.J.M., Oudhof, J., Protektive Faktoren und Prozesse – die „positive" Perspektive in der longitudinalen, „klinischen Entwicklungspsychologie" und ihre Umsetzung in die Praxis der Integrativen Therapie, dieses Buch.

Petzold, H.G., Heinl, H., Gestalttherapeutische Fokaldiagnose und Fokalintervention bei Störungen aus der Arbeitswelt, *Integrative Therapie* 1 (1980) 20-57; auch in: *Petzold, Heinl* (1983).

Petzold, H.G., Heinl, H., Psychotherapie und Arbeitswelt, Junfermann Verlag, Paderborn 1983.

Petzold, H.G., Hentschel, U., Niedrigschwellige und karrierebegleitende Drogenarbeit als Elemente einer Gesamtstrategie der Drogenhilfe, *Wiener Zeitschrift f. Suchtforschung* 3/4 (1991) 11-19.

Petzold, H.G., Huck, K., Death education, Thanatagogik – Modelle und Konzepte, in: *Petzold, Spiegel, Rösing* (1984) 501-576.

Petzold, h.G., Orth, I., (Hrsg.) Poesie und Therapie. Über die Heilkraft der Sprache. Poesietherapie, Bibliotherapie, Literatische Werkstätten, Junfermann, Paderborn 1985a.

Petzold, H.G., Orth, *I.*, Die neuen Kreativitätstherapien, 2 Bde., Junfermann, Paderborn 1990a.

Petzold, H.G., Orth, I., Die neuen Kreativitätstherapien – Formen klinischer Kunsttherapie und Psychotherapie mit kreativen Medien, 1990b, in: *Petzold, Orth* (1990a) 15-30.

Petzold, H.G., Petzold, Ch., Lebenswelten alter Menschen, Vincentz Verlag, Hannover 1991a.

Petzold, H.G., Petzold-Heinz, I., Mutter und Sohn – Poesie und Therapie, in: *Frühmann, R.*, Frauen und Therapie, Junfermann, Paderborn 1985, 339-359.

Petzold, H.G., Schobert, R., Selbsthilfe und Psychosomatik, Junfermann, Paderborn 1991.

Petzold, H.G., Schobert, R., Schulz, A., Anleitung zu „wechselseitiger Hilfe" – Die Initiierung und Begleitung von Selbsthilfegruppen durch professionelle Helfer – Konzepte und Erfahrungen, in: *Petzold, Schobert* (1991) 207-259.

Petzold, H.G., Schuch, W., Grundzüge des Krankheitsbegriffes im Entwurf der Integrativen Therapie, in: *Pritz, Petzold* (1992) 371-486.

Petzold, H.G., Sieper, J., Ausbildungsrichtlinien des Fritz Perls Instituts, Basel, Würzburg, Düsseldorf 1972b.

Petzold, H.G., Sieper, J., Kunst und Therapie, Kunsttherapie, Therapie und Kunst – Überlegungen zu den Begriffen, Tätigkeiten und Berufsbildern, in: *Petzold, Orth* (1990a) 169-186.

Petzold, H.G., Sieper, J., Integration und Kreation, Junfermann, Paderborn 1993a.

Petzold, H.G., Spiegel-Rösing, I. (Hrsg.), Die Begleitung Sterbender – Theorie und Praxis der Thanatotherapie. Ein Handbuch, Junfermann, Paderborn 1984.

Petzold, H.G., Stöckler, M. (Hrsg.), Aktivierung und Lebenshilfen für alte Menschen. Aufgaben und Möglichkeiten des Helfers, Integrative Therapie, Beiheft 13, Junfermann, Paderborn 1988.

Pfotenhauer, H., Literarische Anthropologie. Selbstbiographien und ihre Geschichte, am Leitfaden des Leibes, Metzler, Stuttgart 1987.

Pillemer, D.B., White, S.H., Childhood events recalled by children and adults, in: *Reese, H.W.* (ed.), Advances in child development and behavior, Bd. 21, Academic Press, New York 1989, 297-340.

Pilling, J., Autobiography and imagination, studies in selfscrutiny, Routledge & Kegan, London 1981.

Pitteneger, R.E., Hockett, C.F., Danehy, J.J., The first five minutes. A sample of microscopic interview analysis, Paul Martineau, New York 1960.

Prochaska, J.O., DiClemente, C.C., The transtheoretical approach: Crossing the traditional boundaries of therapy, Dow Jones-Irvin, Homewood IL 1984.

Progroff, I., The symbolic and the real, Dialogue House Library, New York 1963.

Progroff, I., The practice of process meditation, Dialogue House Library, New York 1971.

Progroff, I., At a journal workshop: The basic text and guide for using the *Intensive Journal* Process, Dialogue House Library, New York 1975.

Rahm, D., Otte, H., Bosse, S., Ruhe-Hollenbach, H., Gestalt und Beziehung. Einführung in die Integrative Therapie, Junfermann, Paderborn 1992.

Rech, P.W., Schütz, S., Selbstlaut. Autobiographische Aspekte in der Kunst von Frauen, Richter, Köln 1993.

Ricoeur, P., De 'interpretation. Essai sur Freud, Paris 1965; dtsch.: Die Interpretation. Versuch über Freud, Suhrkamp, Frankfurt/M. 1969.

Robinson, J.A., Affect and retrieval of personal memories, *Motivation and Emotion* 4 (1980) 149-174.

Rogers, T.B., Kuiper, N.A., Kirker, W.S., Self-reference and the encoding of personal information, *Journal of Personality and Social Psychology* 35 (1977) 667-688.

Rolf, J., Masten, A.S., Cichetti, D., Nuechterlein, K.H., Weintraub, S. (eds.), Risk and protective factors in the development of psychopathology, Cambridge University Press, Cambridge 1990.

Ross, M., Relation of implicit theories to the construction of personal histories, *Psychological Review* 96 (1989) 341-357.

Ross, M., Conway, M., Remembering one's own past: The construction of personal histories, in: *Sorrentino, R.M., Higgins E.T.* (eds.), The handbook of motivation and cognition: Foundations of social behavior, Guilford Press, New York 1986, 122-144.

Rovee-Collier, C.K., Infant learning and memory, Ablex, Norwood 1992.

Rovee-Collier, C.K., Lernprozesse im ersten Lebensjahr, in: *Petzold* (1993c).

Rowan, J., Subpersonalities: The people inside, Routledge, London 1990.

Rubin, D. (Hrsg.), Autobiographical memory, Cambridge University Press, Cambridge 1986.

Rubin, D.C., Kozin, M., Vivid memories, *Cognition* 16 (1984) 81-95.

Rubin, D.C., Wetzler, S.E., Nebes, R.D., Autobiographical across the lifespan, in: *Rubin* (1986) 202-221.

Rutter, M., Robins, L., Straight and devious pathways from childhood to adulthood, Cambridge University Press, Cambridge 1990.

Sade, Marquis d., Der Greis in Charenton. Letzte Aufzeichnungen und Kalkulationen, Hanser, München 1981.

Salaman, E., A collection of moments: A study of involuntary memories, Longman, London 1970.

Salaman, E., A collection of moments, in: *Neisser* (1982) 49-63.

Salvesberger, M., Nachwort, in: *Toth* (1992).

Salzmann, M., Die Kommunikationsstruktur der Autobiographie, mit kommunikationsorientierten Analysen der Autobiographien von Max Frisch, Helge M. Novack und Elias Canetti, Lang, Bern 1988.

Sameroff, A.J., Emde, R.N., Relationship disturbances in early childhood, Basic Books, New York 1989.

Samuels, A., The plural psyche. Personality, morality & the father, Routledge, London 1989.

Sanders, C.R., Customizing the body. The art and culture of tattooing, Temple University Press, Broad and Oxford Streets 1993.

Schachtel, E., On memory and childhood amnesia, Psychiatry 10 (1947) 1-26.

Schank, R.C., Dynamic memory, Cambridge University Press, New York 1982.

Schank, R.C., Explanation patterns: Understanding mechanically and creatively, Erlbaum, Hillsdale 1986.

Schank, R.C., Abelson, R.P., Scripts, plans, goals and understanding, Erlbaum, Hillsdale N.J. 1977.

Schelp, T., Kemmler L., Emotion und Psychotherapie, Huber, Bern 1988.

Schlippe, A.v., Petzold, H.G., Editorial. Die Familie und das schwerkranke Mitglied. Therapeutische Hilfen für Fatum-Familien, *Integrative Therapie* 4 (1990) 271-275.

Schneider, K., Widerstand in der Gestalttherapie, in: *Petzold* (1981b) 227-255.

Schneider, M., Die erkaltete Herzensschrift. Der autobiographische Text im 20. Jahrhundert, Hanser, München 1986.

Schütz, A., Luckmann, Th., Strukturen der Lebenswelt, Luchterhand, Neuwied 1973.

Sennett, R., Verfall und Ende des öffentlichen Lebens. Die Tyrannei der Intimität, Fischer, Frankfurt/M. 1987[3]; orig.: The fall of public man, Alfred Knopf, New York 1974.

Sill, O., Zerbrochene Spiegel. Studien zur Theorie und Praxis modernen autobiographischen Erzählens, de Gruyter, Berlin 1991.

Snyder, M., White, P., Moods and memories: Relation depression, and the remembering of the events of one's life, *Journal of Personality* 50 (1982) 149-167.

Soeffner, H.G., Auslegung des Alltags – der Alltag der Auslegung. Zur wissenssoziologischen Konzeption einer sozialwissenschaftlichen Hermeneutik, Campus, Frankfurt/M. 1989.

Soeffner, H.G., Zur Soziologie des Symbols und des Rituals, in: *Oelkers, Wegenast* (1991) 63-81.

Soff, M., Jugend im Tagebuch. Analysen zur Ich-Entwicklung in Jugendtagebüchern verschiedener Generationen, Juventa, Weinheim 1989.

Sommer, M., Zur Formierung der Autobiographie aus Selbstverteidigung und Selbstsuche (Stoa und Augustinus), in: *Marquard, Stierle* (1979) 699-701.

Spence, D.P., Narrative truth and historical truth, Norton, New York 1982a.

Spence, D.P., Narrative truth and theoretical truth, *Psychoanalytic Quaterly* LI (1982b) 43-67.

Stern, D.N., The interpersonal world of the infant, Basic Books, New York 1985.

Stern, D.N., Diary of a baby, Basic Books, New York 1990.

Stanton, D. (Hrsg.), The female autograph. Theory and practice of autobiographery from the tenth to the twenthieth century, University of Chicago, Chicago 1987.

Stempel, W.-D., Historisch und pragmatisch konstituierte Identität, in: *Marquard, Stierle* (1979) 669-773.

Stross, A.M., Ich-Identität. Zwischen Fiktion und Konstruktion, Reimer, Berlin 1991.

Talland, G.A., Waugh, N.C. (eds.), The pathology of memory, Academic Press, London 1969.

Teasdale, J.D., Fogarty, S.J., Differential effects of induced mood on retrieval of pleasant and unpleasant events from episodic memory, *Journal of Abnormal Psychology* 88 (1988) 248-257.

Thompson, C.P., Memory for unique personal events: the roommate study, *Memory and Cognition* 10 (1982) 324-332.

Thompson, C.P., Cowan, T., Flashbulb memories: a nicer interpretation of a *Neisser* recollection, *Cognition* 22 (1986) 199-200.

Tillich, P., Existenzphilosophie, in: idem, Gesammelte Werke, Bd. 4, Evang. Verlagswerk Stuttgart 1961.

Toth, M., Schwere Zeiten. Aus dem Leben einer Ziegelarbeiterin, Bd. 22, Reihe „Damit es nicht verlorengeht ...“, Hrsg. *Mitterauer, M., Kloß, P.*, Böhlau Verlag, Wien, Köln 1992.

Traue, H., Gefühlsausdruck, Hemmung und Muskelspannung unter sozialem Streß, Hogrefe, Göttingen 1989.

Tulving, E., Elements of episodic memory, Oxford University Press, New York 1983.

Tulving, E., How many memory systems are there? *American Psychologist* 40 (1985) 385-398.

Turkis, W., Beschädigtes Leben, autobiographische Texte der Gegenwart, Metzler, Stuttgart 1990.

Uzgiris, I.C., Hunt, J.McV., Assessment in infancy: Ordinary scales of psychological development, University of Illinois Press, Urbana 1975.

Warneken, B. J., Populare Autobiographie – empirische Studien zu einer Quellengattung der Alltagsgeschichtsforschung, Tübinger Vereinigung der Volkskunde, Tübingen 1985.

Weiner, M., Therapist disclosure. The use of the self in psychotherapy, Butterworth, Boston 1978.

Weinrich, H., Rechtfertigung durch Geschichten, in: *Marquard, Stierle* (1979) 681-683.

Weir, R., Language in the crib, Mouton, The Hague 1962.

Werder, L.v., Schreiben als Therapie, Pfeiffer, München 1988.

Werder, L.v., Lehrbuch des kreativen Schreibens, ifk, Berlin 1990.

Wetzler, S.E., Sweeney, J.A., Childhood amnesia: An empirical demonstration, in: *Rubin* (1986) 191-201.

White, H., The value of narrativity in the representation of reality, in: *Mitchell* (1981) 1-24.

White, R.T., Memory for personal events, *Human Learning* 1 (1982) 171-183.

White, S.H., Pillemer, D.B., Childhood amnesia and the development of a socially accessible memory system, in: *Kihlstrom, J.F., Evans, F.J.* (eds.), Functional disorders of memory, Erlbaum, Hilldale 1979, 29-73.

Williams, D.M., Hollan, J.D., The process of retrieval from very long-term memory, *Cognitive Science* 5 (1981) 87-119.

Williams, D.M., Santos-Williams, S.M., A method for exploring retrieval processes using verbal protocols. Attention and performance VIII, Erlbaum, Hillsdale 1980.

Willke, E., Hölter, G., Petzold, H.G. (Hrsg.), Tanztherapie – Theorie und Praxis. Ein Handuch, Junfermann, Paderborn 1991.

Winnicott, D.W., Transitional objects and transitional phenomena: a study of first not-me possession, *International Journal Psychoanalysis* 3 (1953) 89-97; dtsch. Übergangsobjekte und Übergangsphänomene, *Psyche* 23 (1969) 666-682.

Wirbel, U., Verletzungen in der Therapie, *Integrative Therapie* 4 (1987) 407-423.

Zech, R., Kollektive Autobiographieforschung. Begründung einer Methode zur Erforschung von Prozessen individueller Persönlichkeitsentwicklung, Expressum, Hannover 1988.

Protektive Faktoren und Prozesse – die „positive" Perspektive in der longitudinalen, „klinischen Entwicklungspsychologie" und ihre Umsetzung in die Praxis der Integrativen Therapie

Hilarion G. Petzold, Joy J. M. Goffin, Jolanda Oudhof/Amsterdam

1. *EINFÜHRUNG – DIE BEDINGUNGEN DES ENTSTEHENS VON GESUNDHEIT UND KRANKHEIT*

Die klassische Orientierung der psychiatrischen und psychotherapeutischen Psychopathologien war im wesentlichen damit befaßt, negative Lebenseinflüsse, Risikofaktoren, traumatische Situationen herauszufinden und zu untersuchen, um auf diese Weise Pathogenese, das Entstehen von psychischen und psychosomatischen Erkrankungen aufklären zu können. Diese „medizinalisierte" Perspektive ist Ausdruck einer fragmentierenden Betrachtung menschlicher Entwicklung und der des Menschen insgesamt. Der pathologiezentrierte Diskurs der Psychoanalyse und die aus ihr hervorgegangenen Psychotherapieverfahren haben es versäumt, ein Modell der „gesunden" Persönlichkeit und der „gesunden" Entwicklung zu erarbeiten in Verkennung des grundlegenden Faktums, daß die menschliche Persönlichkeit – die gesunde wie die kranke –, daß menschliches Verhalten – pathologisches wie solches im Sinne eines „healthy functioning" (*Latner* 1973) – durch die „Gesamtheit aller positiven, negativen und defizitären Einflüsse des Lebensverlaufes" (*Petzold* 1970c, 1988n) bedingt ist. Auch in der traditionellen, klinischen Psychologie, der es über lange Zeit nicht gelungen war, eine Brücke zur Entwicklungspsychologie zu schlagen, um damit eine „klinische Entwicklungspsychologie" auf den Weg zu bringen, war man vorwiegend mit Fragen der *Pathogenese* befaßt, so daß ein Hiatus zwischen unserem Wissen über negative Entwicklungseinflüsse und unserer Kenntnis von gesundheitsfördernden Faktoren entstand. Außerdem wurde aufgrund des Fehlens von aussagekräftigen Longitudinalstudien der Blick eher auf die Untersuchung von Aktualstressoren gerichtet. Es wurde allenfalls noch auf eine Kritik des Krankheitsmodells der Psychoanalyse abgestellt, die aus retrospektiver Betrachtung subjektiver, unter nicht-standardisierten Bedingungen erhobener Daten versucht hatte, die Ursachen von Pathogenese aufzuklären – ein Unterfangen, das aus Sicht empirischer Psychologie (mit klinischer und erst recht mit entwicklungspsychologischer Orientierung) keine Akzeptanz finden konnte.

Die psychotherapeutischen Schulen – ganz gleich welcher Orientierung – sind natürlich zunächst einmal mit dem Leiden, dem kranken Menschen und seiner Symptomatik konfrontiert. Hier liegt ihr Interesse, und aus der Behandlung solcher Patienten haben sie ihre Erkenntnisse gewonnen. Das aus solchen Therapien – etwa aus der „Geschichte einer infantilen Neurose" (*Freud* 1918b) oder von einigen Borderline-Patienten (*Kernberg* 1981) – stammende Material wurde dann in der älteren psychoanalytischen Theorienbildung in der Regel in unzulässiger Weise generalisiert. Aufgefundene und als potentiell pathogen bewertete Konstellationen wurden „typisiert", ohne daß dabei in Betracht gezogen wurde, daß die Population von Patienten, aus deren Lebenskarrieren die Daten arbiträr bzw. unter dem Selektionskriterium eines spezifischen Psychopathologieverständnisses extrahiert wurden (wodurch man fand, was man finden wollte), ja schon eine „negative Auswahl" darstellte. Untersuchungen an größeren, einigermaßen repräsentativen Populationen unter Einbeziehung von Vergleichsgruppen wurden von den psychoanalytischen Pathogenesetheoretikern nicht angestellt, und es wurde auch nicht der naheliegenden Überlegung nachgegangen, was z. B. mit all den Menschen sei, die unter widrigsten Umständen – Hunger, Kälte, Bombenangriffen, Flucht und

Vertreibung – in den letzten drei Kriegsjahren und in den unmittelbaren Nachkriegsjahren sicher massiven „frühen Störungen" bzw. Schädigungen ausgesetzt waren, aber offensichtlich keine Borderline-Erkrankung, keine Psychose, keine schwere Psychosomatose oder narzißtische Neurose oder anderweitige Psycho- und Soziopathologie ausgebildet hatten. Ein Heer schwerstkranker Patienten hätte die Folge sein müssen, würde man die Theoreme von *Freud, Spitz, Bowlby, Kernberg* und anderer Vertreter des Pathogeneseparadigmas „früher Störungen" auf die Kriegs- und Nachkriegsgenerationen der mittel- und osteuropäischen Länder anwenden. Die Frage nach „unterstützenden Faktoren", die Schutz (*protection*) oder Dämpfung (*buffering*) von Negativeinflüssen gewährleisten können, wurde in der Psychoanalyse genausowenig gestellt, wie die nach den Bedingungen von Gesundheit, ja selbst ein halbwegs ausgearbeitetes Konzept von Gesundheit findet sich nicht. Dies ist zumindest eine Einseitigkeit, die Ergänzungen erfordert. *Anna Freuds* Arbeiten „Psychopathology seen against the background of normal development" (1976) und ihre Arbeit über „Normality and pathology in childhood" (*A. Freud* 1965) haben keine Bewegung im psychoanalytischen Feld angestoßen, sich über die „*developmental psychopathology*" (eadem 1974) hinaus mit einer „*developmental salutogenesis*" zu befassen oder die Entwicklungspsychopathologie auf solide, empirische Füße zu stellen, wie dies durch Longitudinalstudien (*Rutter* 1988) gewährleistet werden könnte.

Bei den aus dem Bereich der humanistischen Psychologie hervorgegangenen Psychotherapieformen, insbesondere der wachstumsorientierten Familientherapie nach *Virginia Satir* (1975), der Gestalttherapie von *Fritz Perls* (1980), der klientenzentrierten Gesprächstherapie von *Carl Rogers* (1976) wurden die Schwächen des pathologiefixierten Paradigmas, sowohl das der klassischen Psychoanalyse wie auch das des traditionellen Behaviorismus und der von ihm beeinflußten psychologischen und therapeutischen Orientierungen, gesehen. Es wurden von Autoren wie *A. Maslow* (1962) und *M. Jahoda* (1958) wichtige Beiträge zu einem Konzept von „Gesundheit" geleistet, die die genannten humanistisch-psychologischen Therapieformen stark beeinflußten, etwa über das Wachstumskonzept oder die Vorstellung der „self-actualization". Das „human potential movement" (*Otto* 1970), die „Growth-" und „Enrichment"-Bewegung sind Ausfluß dieser Konzeptualisierungen – nur, eine differenzierte, forschungsbasierte Betrachtung von Gesundheit und gesunder Entwicklung wurde auch hier nicht geleistet. Es ist keine Frage, daß die Untersuchung der Pathologie Aufschluß über die Entwicklung normalen Verhaltens geben kann (*Weiss* 1961, 50, 1969b; *Goldstein* 1940; *Shakow* 1968). Aber gerade die aufgeführten Autoren haben auch die umgekehrte Perspektive in den Blick genommen: vom Wissen um das „gesunde Funktionieren des Organismus" zu einer Aufklärung von Psychopathologie zu kommen, indem man die Gesamtorganisation betrachtet (*Cicchetti, Schneider-Rosen* 1984, 1986; *Sroufe, Rutter* 1984). Die Arbeiten der humanistischen Psychologen und die Praxis der auf ihren Überlegungen gründenden humanistischen Psychotherapieverfahren – z. B. von *Rogers* oder *Perls* – blieben, bei aller Rede von „Wachstum" und „Entwicklung", ohne solide entwicklungspsychologische Fundamente, verhaftet an eine zeittheoretisch oberflächliche oder klinisch unsinnige „Hier-und-Jetzt-Konzeption" (vgl. *Petzold* 1981e) – bis in die jüngste Zeit (*Rosenblatt* 1986). Gestalttherapeuten oder klientenzentrierte Gesprächstherapeuten haben weder einen Blick auf die Entwicklungspsychologie des Kindes- und Jugendalters, geschweige denn einen Blick auf die Entwicklungspsychologie des Erwachsenenalters (*Faltermaier* et al. 1992) geworfen, obwohl die reiche Literatur zur Lebenslaufforschung – man denke an die Arbeiten von *Charlotte Bühler* – oder gestaltpsychologischer Entwicklungstheorie – man denke an die Arbeiten von *Kurt Koffka* und *Kurt Lewin* – eine solche Perspektive nahegelegt hätte.

Brücken zwischen Entwicklungspsychologie und dem klinischen Feld wurden einerseits von

Entwicklungspsychologen selbst geschlagen – wir denken hier an die Arbeiten von *Bärbel Inhelder* (1943/1968, 1966, 1976a, b), der Mitarbeiterin von *Piaget*, zur Entwicklung geistig Behinderter – und andererseits von seiten der Psychiatrie bzw. Kinderpsychiatrie, die Konzepte von *Piaget* aufnahmen (*Anthony* 1956). Wichtig wurden hier auch die Arbeiten von *Heinz Werner* (1948, 1957; *Werner, Kaplan* 1963), wie das einflußreiche Werk von *S. Arieti* (1967, „The intrapsychic self") zeigt. Mit *Adolf Meyer* (1957) und *Lee Robins* (1966) kam dann eine longitudinale Betrachtungsweise für die Aufklärung pathologischen Verhaltens auf, die zunehmend die *„pathways"* zu krankem *und* gesundem Verhalten untersuchten (*Garmezy* 1974b, 1981, 1983; *Sroufe* 1979a; *Rutter* 1983, *Achenbach* 1982). Das Feld der „developmental psychopathology" (idem 1982; *Sroufe, Rutter* 1984) begann sich zu etablieren mit einer zunehmenden Beachtung protektiver Faktoren (*Garmezy* 1985; *Rutter* 1979a, 1985a, z. B. „Spannkraft, Widerstandsfähigkeit, Resilienzen") und einer Betonung der Interaktion von Risiko- und Schutzfaktoren (*Rolf* et al. 1990). Ein anderer Schwerpunkt, der sich herausbildete, war die Betrachtung von *Netzwerkbeziehungen* und der in ihnen wirkenden Kräfte unter longitudinaler Perspektive mit einem Interesse an *Ressourcen, supportiven Faktoren* und entlastenden Einflüssen (*Keupp, Röhrle* 1987; *Sameroff, Emde* 1989). Eine solche umfassende Verschränkung von Entwicklungspsychologie, klinischer Psychologie und psychiatrischer Psychopathologieforschung unter longitudinaler Perspektive beginnt allmählich einiges Licht auf die komplexen „straight and devious pathways from childhood to adulthood" (*Robins, Rutter* 1990) zu werfen.

Für die Psychotherapie wurden diese Entwicklungen bisher noch nicht fruchtbar gemacht, ja, sie wurden in der Regel noch nicht einmal zur Kenntnis genommen. Der schulenimmanente Diskurs spekulativer Pathogenesetheorie geht weiter an den Erkenntnissen der klinischen Entwicklungspsychologie – etwa der Emotions- (*Kruse* 1991) oder der Temperamentforschung (*Thomas, Chess* 1977; *Zentner* 1993; *Kagan* et al. 1990) oder der Forschung zu sozioökologischen Faktoren (*Richters, Weintraub* 1990) – vorbei und natürlich auch an den Ergebnissen der *„developmental psychopathology"* (*Achenbach* 1990; *Garmezy* 1974c).

Mit der *developmental psychopathology*, wie sie *Achenbach, Garmezy, Sameroff, Sroufe, Anthony, Rutter* u. a. inauguriert haben, wurde in den vergangenen zwanzig Jahren eine Disziplin geschaffen, die an der Schnittstelle von Entwicklungspsychologie, Sozialpsychologie und Psychopathologie sich auf „the study of the origins and causes of individual patterns of behavior adaption" (*Sroufe, Rutter* 1984, 18) richtete und die in umfangreichen und methodisch differenzierten Untersuchungen sich auf Kontinuitäten und Diskontinuitäten in der Entwicklung des Verhaltens richtete. „Developmental psychopathologists make no prior assumptions about either continuity or discontinuity. They are concerned centrally with both, the connection and lack of connections between normality and disorder" (*Sameroff, Seifer* 1990, 52). Dabei wurde vielfach von Krankheitsmodellen abgegangen und auf *„models of competence"* abgestellt (ibid. 53; *Garmezy, Devine* 1984), in denen das *interplay* zwischen individuellen und sozialen Einflüssen untersucht wurde, um das „competent and sufficient functioning" von Kindern und Erwachsenen in der Lebensspanne zu erklären. Damit kamen Fragen nach der *„problem-solving ability"*, nach *„mastery motivation"* oder nach *„effectiv coping"* in den Blick (*Matas* et al. 1978; *Messer* et al. 1986; *Seifer* et al. 1992). Weiterhin wurde auf die Störung von Beziehungen zentriert, ausgehend von der an sich trivialen Feststellung, daß Menschen in gesunden, sozialen Netzwerken mit positiven Beziehungen und einer hohen supportiven Valenz sich gesund entwickeln, in defizienten Netzwerken indes erkranken (*Petzold* 1979c). Mit Untersuchungen von *„At risk-"* oder *„High risk"*-Gruppen in ihren Beziehungsgeflechten (*Sameroff, Emde* 1989) und in ihren „environments" (high risk environments, *Richters, Weintraub* 1990) unter longitudinaler Perspektive, die genetische, kognitive, emotionale, soziale, ökonomische und ökologische Einflußgrößen in ihrer protektiven und adversiven Wirkung bzw. die Interaktion solcher Wirkungen betrachtet, um Entwicklungs*prozesse* des Individuums und seines Kontextes verstehbar zu machen, mit derartigen Untersuchungen also wurde ein *neues Paradigma eingeführt, das für Diagnostik und Psychotherapie als das Paradigma der Zukunft anzusehen ist.* Im Unterschied zum traditionellen psychoanalytischen Ansatz der Rekonstruktion eines Krankheitsgeschehens und einer Krankheitsentwicklung aus der Retrospektive wurde ein prospektiver Weg eingeschlagen, der allein in der Lage ist, nach den Kriterien empirischer Wissenschaft über die Entwicklung komplexer Störungen und Erkrankungen einigermaßen gesicherte Aussagen zu machen. Die Untersuchung von Kindern aus Risikogruppen (etwa die Kinder von schizophrenen Patienten) im Vergleich mit unbelasteten Populationen (*Mednick* 1967; *Mednick, Schulsinger* 1968; *Watt* et al. 1984) stellten hier einen Meilenstein dar, die Identifizierung von *„risk reducers"*, *„protektiven Faktoren"*, *„stressful life events"* in Entwicklungsverläufen (*Murphy, Moriatry* 1976; *Werner, Smith* 1982) einen anderen Markierungspunkt. Die Identifizierung von singulären Traumata oder Defiziten als bedeutsamen Einflußgrößen in Karriereverläufen stellt sich dabei als Alternative zur Identifizierung monokausal wirkender Traumatisierung heraus, und Begriffe wie *causal path, chains, strands, convoys, Karrieren, Viationen, trajectories (Brown* 1988; *Rutter* 1988; *Petzold* 1988n; *Petzold, Hentschel* 1991) erhalten dabei herausragende Bedeutung. *Achenbach* (1990, 31) bezeichnet deshalb zu Recht *„developmental psychpathology as a macro paradigma"*, und er macht deutlich, daß es sich hier um einen „integrativen" Ansatz zur Erklärung komplexen Entwicklungsgeschehens handelt, der biomedizinische, behaviorale, psychodynamische, soziologische, familiendynamische, kognitive und interaktionale Dimensionen einbezieht (Abb. 1).

Da in dieser neuen Disziplin schon in ihren Anfängen mit der Zentrierung auf das *„Kompetenz-Konzept"* nicht nur der Fokus bei der Aufklärung von Psychopathologie lag, sondern gesundes wie krankes Verhalten gleichermaßen in den Blick genommen wurde, weil hier ein *„life span developmental approach"* (*Baltes* et al. 1980) konsequent verfolgt wurde, und zwar mit klinisch relevanten Populationen und Normalpopulationen als Vergleichsgruppen, weil sie sozialpsychologische Parameter genauso einbezieht wie ökologische Perspektiven der Entwicklungspsychologie, bleibt sie nicht nur bei „labeled environments" (*Wachs, Gruen* 1982) und „high risk environments" (*Richters, Weintraub* 1990) stehen, sondern arbeitet auch entwicklungsfördernde Mikroökologien heraus (*Werner, Smith* 1982, *Bronfenbrenner* 1978). Bei einer solchen Perspektive scheint die Zentrierung auf den Begriff „Psychopathologie" eine unnötige Begrenzung einzuführen, die im Konzept einer „klinischen Entwicklungspsychologie" (*Petzold* 1990e, 1992d) überschritten werden kann, weil hier alle „klinisch relevanten", entwicklungsbezogenen Phänomene und Erkenntnisse – und zu diesen gehört ein gutes Verständnis von Gesundheit und gesunder Entwicklung – besser untergebracht werden können. Aus der psychiatrischen bzw. kinder- und jugendpsychiatrischen Epidemiologie- und Pathologieforschung hervorgegangen, wurde diese neue Disziplin von ihren Protagonisten von Anfang an so konzipiert, daß eine einseitige Zentrierung auf das medizinische Paradigma der Krankheitserklärung überschritten wurde, ohne dieses Modell auszugrenzen. „Umbrella-Konzepte" wie „developmental psychopathology" oder „klinische Entwicklungspsychologie" bieten aufgrund ihres weiten differenzierenden und integrierenden Rahmens die wertvolle Möglichkeit „of studying psychopathology in relation to the major changes that typically occur across the life cycle. It does not dictate a specific theoretical explanation for disorders, their causes, or their outcomes. Instead, it suggests a conceptual framework for organizing the study of psychopathology around milestones

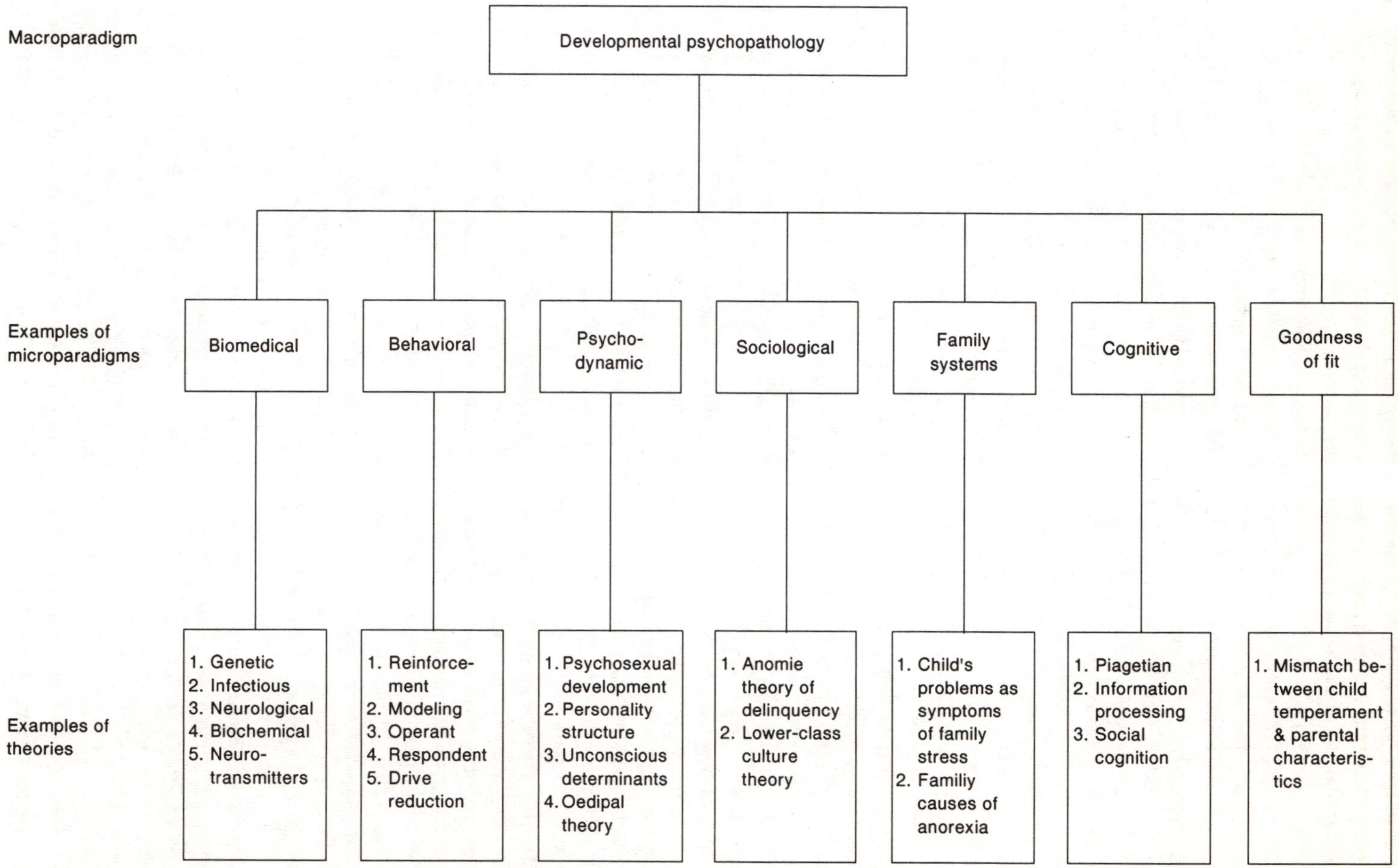

Abb. 1: Schematische Übersicht über Entwicklungspsychopathologie als Makroparadigma in seiner Beziehung zu anderen konzeptuellen Ebenen; aus *Achenbach* 1990, 32.

and sequences in areas such as physical, cognitive, social-emotional and educational development. Its heuristic value is analogous to that of terms such as ‚learning', ‚cognition', ‚genetic', and ‚biological'. The utility of such terms does not stem from prescriptive definitions of a field, but from focussing attention on connections among phenomena that otherwise seem haphazard and unrelated" (*Achenbach* 1990, 30).

Ein weiterer Bereich ist bislang für die Psychotherapie noch wenig fruchtbar gemacht worden: der der Gesundheitspsychologie, wo man sich bemüht, die Bedingungen zur Entwicklung von Gesundheit und Wohlbefinden zu erforschen (*Haisch, Zeitler* 1991; *Schröder, Reschke* 1992; *Abele, Becker* 1991; *Becker* 1982; *Becker, Minsel* 1986). Eine positive Bestimmung von *Gesundheit* ist für Psychotherapie von grundsätzlicher Bedeutung, weil sie doch Gesundheit wiederherstellen will, und diese ist durch „Arbeits- und Liebesfähigkeit" (*Freud*), „das ungestörte Funktionieren des Organismus" (*Perls*) genausowenig bestimmt wie durch eine Negativdefinition („Abwesenheit von Krankheit", *Rogers*). Die Bestimmungen der WHO: „Gesundheit ist ein Zustand vollkommenen, körperlichen, psychischen und sozialen Wohlbefindens, nicht nur definiert durch die Abwesenheit von Krankheit und Behinderung" (zitiert nach *Becker* 1982, 42) greift so weit, daß hier ein Ideal beschrieben wird, dem höchstens 20 % der Bevölkerung entsprechen können (ibid.). Über lange Zeit wurde versucht, Gesundheit (wie auch Krankheit) vom Kontext abstrahiert zu fassen. Sie wurde bestimmt als Auflistung von Qualitäten und Kompetenzen, die sehr stark vom jeweiligen Zeitgeist und den Strömungen der psychologischen Theorienbildung bestimmt war. *Jahoda* (1958) orientiert sich deutlich an der humanistischen Psychologie mit seinen sechs Komponenten von Gesundheit:

- positive Einstellung zu sich selbst,
- Selbstverwirklichung,
- Integration,
- Autonomie,
- korrekte Wahrnehmung der Realität,
- Meistern von Anforderungen.

Becker hat in seiner Übersicht über die verschiedenen Ansätze drei Hauptorientierungen herausgearbeitetet:

1. Regulationskompetenzmodelle,
2. Selbstaktualisierungsmodelle,
3. Sinnfindungsmodelle.

Hier zeigen sich Ansätze, die Psychotherapeuten Hilfen geben könnten zu verstehen, wie denn im Entwicklungsprozeß Gesundheit entsteht und wie diese schließlich in therapeutischen Prozessen gezielt gefördert werden könnte. *Antonovsky* (1979, 1987) hat mit seiner einflußreichen, forschungsbasierten Theorie beabsichtigt, komplementäre Fragen nach den Bedingungen von Krankheit und den Bedingungen von Gesundheit zu beantworten. Es wird der Versuch unternommen zu erklären, warum manche Menschen trotz belastender Lebensumstände gesund bleiben und andere nicht. Die komplexe Interaktion zwischen Risiko- und Schutzfaktoren, internalen und externalen Einflüsse über die persönliche Geschichte hin führt in einem „Gesundheits-Krankheits-Kontinuum" zu jeweils spezifischen Ausprägungen von Persönlichkeiten mit Verhaltensaspekten und subjektivem Selbsterleben, das als gesund und krank gekennzeichnet werden kann. *Antonovsky* sieht in seinem Modell zur Untersuchung von *„Pathogenese"* und *„Salutogenese"* die Einstellungen, Überzeugungen, Kompetenzen als wichtig an, die das Gesundwerden und Gesundbleiben unter belastenden Lebensumständen ermöglichen. Hier kommt sein Konstrukt des „Kohärenzsinnes" (*Antonovsky* 1979, 123) zum Tragen, unter dem er eine „globale Orientierung" versteht, „die zum Ausdruck bringt, in welchem Umfang man ein generalisiertes, stabiles und dynamisches Gefühl der Gewißheit besitzt, daß die eigene innere und äußere Umwelt vorhersagbar ist und mit großer Wahrscheinlichkeit sich alles so entwickeln wird, wie es man logischerweise erwarten kann". Die Faktoren, die die Ausbildung eines hohen Kohärenzsinnes fördern, wären demnach als „salutogen" zu sehen. Die hier zur Wirkung kommenden Einflußgrößen allerdings sind äußerst komplex (vgl. Abb. 1). Im wesentlichen ist von einer

Interaktion von Vulnerabilität und Stressoren einerseits und Kompetenz und fördernden Umweltbedingungen andererseits auszugehen. *Becker* faßt dies in einer Formel zusammen, die die „Wahrscheinlichkeit einer Psychischen Erkrankung" bestimmbar machen soll (*Becker* 1982, 283):

$$\text{WPE} = f\,\frac{\text{Risikofaktor}}{\text{Schutzfaktoren}}$$

Nach dieser Formel kann sowohl eine Verminderung protektiver Faktoren (Verlust von Ressourcen, Verlust sozialer Wertschätzung, Verlust von Kompetenzen und Performanzen, von körperlicher Gesundheit etc.) als auch ein Vermehrung von Risikofaktoren (Zunahme von Stressoren, kritischen Lebensereignissen, Verlusterfahrungen etc.) die Wahrscheinlichkeit für eine psychische Erkrankung erhöhen. In einem solchen Modell wie auch in dem Zwei-Komponenten-Modell der Gesundheit von *Becker* (1982, 262), das psychisches Wohlbefinden und psychische Kompetenz als *salutogen* herausstellt, kommt letztlich protektiven Faktoren eine erhebliche Bedeutung zu. Auf der Grundlage von *Antonovsky* kommt *Becker* (1982, 282) zur Bestimmung von seelischer Gesundheit als „Muster all jener psychischen Eigenschaften (relativ stabilen Kennzeichen des Verhaltens und Erlebens)..., die bei vorgegebenem Ausmaß der konstitutionellen Vulnerabilitäten, bei vorgegebener Intensität und Dauer der Stressoren und bei vorgegebenem Ausmaß der förderlichen Umweltbedingungen, die Wahrscheinlichkeit des Auftretens einer psychischen Krankheit verringern".

Was aber ist in einer „förderlichen Umwelt" förderlich? Was sind die „psychischen Eigenschaften", die psychische Krankheit verringern? Ist mit einer solchen funktionalen Definition Gesundheit ausreichend gekennzeichnet? Wo kommen „subjektive Theorien", „soziale Repräsentationen" (*Flick* 1991; *Moscovici* 1984) und gesellschaftliche Bewertung zum Tragen? Legt man umfassende Betrachtungsperspektiven zugrunde, so wird sich Gesundheit und Krankheit nicht nur auf die Interaktion von Schutz- und Risikofaktoren begrenzen lassen (*Pritz, Petzold* 1991). Man wird wahrscheinlich zu einem „erweiterten Gesundheits- und Krankheitsbegriff" (*Petzold* 1990i, 1991a; *Petzold, Schuch* 1991) vorstoßen müssen, um ein Gesundheits- und Krankheitsverständnis von einer Komplexität zu gewinnen, wie es zur Grundlegung psychotherapeutischer Interventionen notwendig ist, und dabei dürfen gesellschaftliche Perspektiven nicht ausgeblendet werden, sondern es müssen – über die Erklärung von Symptomatiken hinausgehend – die „Ursachen hinter den Ursachen" (*Petzold* 1991b) angeschaut werden, will man nicht nur an „Symptomen kurieren" oder „salutogene Faktoren" in kompensatorischen Programmen anbieten, die – „der Unfug mit der kompensatorischen Erziehung" (*Bernstein* 1971) hat dies gezeigt – zum Scheitern verurteilt sind. Gesundheit kann bestimmt werden:
Gesundheit wird als „eine subjektiv erlebte und bewertete sowie external wahrnehmbare, genuine Qualität der Lebensprozesse im Entwicklungsgeschehen des Leib-Subjektes und seiner Lebenswelt gesehen. Sie ist dadurch gekennzeichnet, daß der Mensch sich selbst, ganzheitlich und differentiell, in leiblich-konkreter Verbundenheit mit dem Lebenszusammenhang (Kontext und Kontinuum) wahrnimmt und im Wechselspiel von protektiven und Risikofaktoren entsprechend seiner Vitalität/Vulnerabilität, Bewältigungspotentiale, Kompetenzen und Ressourcenlage imstande ist, kritische Lebensereignisse bzw. Probleme zu handhaben, sich zu regulieren und zu erhalten, schließlich, daß er auf dieser Grundlage seine körperlichen, seelischen, geistigen, sozialen und ökologischen Potentiale ko-kreativ und konstruktiv entfalten und gestalten kann und so ein Gefühl von Kohärenz, Sinnhaftigkeit, Integrität und Wohlbefinden entwickelt" (*Petzold* 1992a, 553).

Durch eine solche komplexe Definition von Gesundheit, die mit ähnlich komplexen Bestimmungen von Krankheit in einen dialektischen Bezug gestellt werden muß (*Petzold* 1992a, 531 ff.), wird ein breiter Rahmen gesteckt, dessen Einzeldimensionen sorgfältiger

Untersuchungen bedürfen. Der komplexe Blick auf übergeordnete Zusammenhänge darf aber nicht zu einer Vernachlässigung der Betrachtung einzelner Faktoren und ihrer Interaktion führen. Es soll in diesem Kontext deshalb der Frage nach den „protektiven Faktoren" näher nachgegangen werden, weil diese für die Psychotherapie insgesamt und für spezifische Interventionen doch erhebliche Bedeutung gewinnen können, besonders wenn man Psychotherapie, die in der Regel als Hilfsmaßnahme in belastenden Lebenssituationen eingesetzt wird, selbst als einen „protektiven Megafaktor" beschreiben will.

2. PROTEKTIVE FAKTOREN UND PROZESSE – DIMENSIONEN EINES KONZEPTES

> *„We have not studied the individual's ressources for coping, for helping himself, as thoroughly as we studied areas of anxiety and conflict"*
> *Barker, Dembo, Lewin* (1943)

Insbesondere im Bereich der Untersuchungen zu Problemen der kindlichen Entwicklung hat sich die Forschung im wesentlichen darauf zentriert, Risiken aufzufinden und zu beschreiben, durch die eine gesunde Entwicklung gefährdet wird. Ein Schwerpunkt dabei waren die medizinisch-biologischen Risiken. Wie *Kopp* und *Krakow* (1983) in ihrem historischen Überblick über die Forschung zeigen, wurden die Entwicklungsrisiken im wesentlichen als biologische gesehen. Als Risikokinder werden solche gefaßt, die einem oder mehreren organismischen Streßfaktoren (*organismic stresses*) in der pränatalen, perinatalen und postnatalen Periode ausgesetzt waren, oder bei denen *„diagnosed handicaping or clinical condition"* festgestellt wurde. *Kopp* und *Krakow* kommen zu dem Schluß, daß sechzig Jahre biologischer Risikoforschung nicht zu einem *„cohesive and definitive body of information"* über den Einfluß biologischer Risiken geführt haben. Fehlentwicklungen von Kindern können also nicht allein am Einwirken biologischer Risikofaktoren festgemacht werden. Es wurde deshalb auch zunehmend psychosozialen Faktoren Aufmerksamkeit geschenkt, und sie wurden in Untersuchungen einbezogen. Durch die unterschiedlichen Disziplinen mit sehr heterogenen erkenntnisleitenden Interessen, divergierenden, theoretischen Bezugssystemen und jeweils spezifischen Forschungsstrategien ist eine sehr unklare Situation im Hinblick auf die vorhandenen Ergebnisse entstanden, die zahlreiche Quergänge notwendig macht, um Erkenntnisse zu vernetzen. Dies wurde schon in unseren Ausführungen zur Verbindung entwicklungspsychologischer, gesundheitspsychologischer und klinisch-psychologischer Konzepte deutlich.

Ausgangspunkt der Suche nach „protektiven Faktoren" war die Beobachtung, daß es in Risikopopulationen immer wieder größere Gruppen gibt, die belastende Einflüsse offenbar unbeschadet überstehen. Schon *Barker, Dembo, Lewin* (1943) stellen dies für 33 % ihrer Untersuchungsgruppe fest, *Werner, Smith* (1982) für 25 %, *Rutter* (1981) für fast 50 %. Bei solchen, doch beachtlichen Zahlen, erscheint die einseitige „pre-occupation" mit Risikofaktoren verwunderlich. *Garmezy* (1981, 2, 114) sieht sie als Folge des *„law of the hammer"*: „Give a kid a hammer and everything he/she runs into will need pounding. Our hammer is psychopathology and everything we turn to we see disorder or dynamic substitutes for disorder" (ibid.). Forscher, die im Bereich des *high-risk-research* engagiert sind, haben mit ihrer Entdeckung, daß es offenbar *„survivers"* gibt, Kinder, die sogar bei äußerst belastenden oder toxischen Erfahrungen gesund bleiben und sich situationsangemessen verhalten (*Despert* 1942; *Moskovitz* 1983; *Murphy, Moriarty* 1976; *Werner, Smith* 1982; *Garmezy, Rutter* 1985), Beobachtungen von Praktikern im Feld psychosozialer Hilfeleistung bestätigt. Offenbar gibt es also in desolaten Situationen noch die Chance, eine gesunde, stabile Persönlichkeit zu entwickeln (*Anthony* 1974; *Rutter* et al. 1979; *Garmezy* 1981). In der Risikoforschung tauchen Begriffe wie „Widerstandsfähigkeit, Elastizität, Unverwundbarkeit, Robustheit" auf (*invulnerability*, *resilience* etc.). Aber nur allmählich begann man, sich der Erforschung dieses Phänomens zuzuwenden (*Lilienfeld* et al. 1955; *Ainsworth* 1962; *Gottfried* 1973; *Quinton, Rutter* 1984a, b) und insbesondere in Longitudinalstudien, die die Spanne von der Babyzeit bis zum Erwachsenenalter umgreifen, nach solchen Faktoren zu suchen (*Block, Block* 1980; *Garmezy, Devine* 1984; *Garmezy, Masten, Tellegen* 1984; *Werner* 1986; *Zimrin* 1986). Insbesondere *Garmezy* und seine Mitarbeiter und Schüler haben ihre Aufmerksamkeit auf konstruktive Entwicklungsprozesse, Schutzfaktoren, Streßresistenz, Spannkraft gerichtet. Die Longitudinaluntersuchungen setzen dabei,

1. prospektiv an bei Kindern, die
2. schweren Belastungen (*stressors*) ausgesetzt sind und die
3. durch bestimmte biologische Prädispositionen, familiäre und/oder mikroökologische Mangelsituationen gekennzeichnet sind, was
4. in der Regel mit einer erhöhten Wahrscheinlichkeit für parallele oder künftige Fehlentwicklung und Fehlanpassung verbunden ist, welche sich indes
5. bei einigen Kinder *nicht* einstellen, nämlich bei denen, deren Verhalten durch Kompetenz statt durch Anpassung gekennzeichnet ist (*Garmezy* 1983).

Diese Aufstellung zeigt, es geht keineswegs nur um das Auffinden und Isolieren von Einzelfaktoren, sondern um das Identifizieren von komplexen, Entwicklungen beeinflussenden protektiven und aversiven *Prozessen.*

Die Frage, wie es möglich ist, daß manche Kindern sich in unglücklichen Lebensituationen so elastisch verhalten, so „kompetent" handeln, so effektiv „copen", daß sie – im Unterschied zu ihren weniger erfolgreichen Schicksalsgenossen, denen es nicht gelungen ist, unbeschädigt erwachsen zu werden – selbst traumatischen Streß, Naturkatastrophen, Krieg unbeschadet überstanden haben (*Garmezy, Rutter* 1985), diese Frage ist also im Hinblick auf die Erklärung von **Pathogenese** und **Salutogenese** von sehr großer Wichtigkeit. *„Protektive Faktoren"* oder *„risk reducer"* (*Richters, Weintraub* 1990, 79) und *„coping capacity"* kommen hier als Konstrukte ins Spiel, die aufgrund der unterschiedlichen Disziplinen und Orientierungen z. T. sehr verschiedenartig gefaßt werden. *Garmezy* (1983) spricht hier zu Recht von „research, that may pass under many banners". Eine der wichtigsten Untersuchungen in diesem Kontext ist die Studie von *Murphy* und *Moriarty* (1976) „Vulnerability, coping and growth". Die Forscherinnen versuchten herauszufinden, mit welchen Strategien Kinder Überforderungen, Anforderungen und Belastungen bewältigten und welche Langzeitfolgen diese Strategien haben. Sie fanden zwei Hauptrichtungen der Bewältigung:

1. die Kompetenz, routinemäßige Lösungswege, die in der Belastungssituation nicht mehr greifen, zugunsten anderer Strategien zu überschreiten,
2. die Kompetenz, das innere Gleichgewicht zu regulieren, um starken Spannungen, negativen Emotionen und Störungen kognitiver Funktionen zu entgehen (*Murphy, Moriarty* 1976, 116 ff.).

Kinder, die dabei auch unter Streßbedingungen mit der Umwelt noch interagieren, Hilfe und Unterstützung suchten, erwiesen sich dabei als die besten „Bewältiger" (ibid. 120). Strategien wie Rückzug, Aufschub, Abschirmung, Regression waren im Bewältigungsverhalten wichtig, um die „Möglichkeit der Integration" als wichtige Bewältigungskompetenz zu nutzen. So müssen auch Phasen zeitweiliger Desintegration (ibid. 116 ff.) neu bewertet werden (ibid. 198), da auf gelegentlichen, regressiven Rückzug unter longitudinaler Perspektive erstaunliche Möglichkeiten zur Regeneration und Wiederherstellung der Handlungsfähigkeit festgestellt werden konnten (ibid. 263f). Von Säuglingszeiten an zeigt sich der Mensch als „problems solver" (*Rovee-Collier* 1983). „Bewältigungsanstrengungen wurden bereits bei den Säuglingen beobachtet, wenn sie die Nahrungsaufnahme gezielt beendeten, zu starke Reizeinwirkungen verringerten oder gegen das Weggehen der Betreuungsperson protestierten. Der Erfolg hierbei korrelierte positiv mit der Effektivität der Bewältigungsanstrengungen im Vorschulalter und diese wiederum mit vorpubertärem entsprechendem Verhalten" (*Gräser, Reinhardt* 1980). Nun ist keineswegs davon auszugehen, daß die „Bewältigungskompetenz" nur an *internale Faktoren* gebunden ist, wie die Untersuchungen von *Murphy* und *Moriarty* nahezulegen scheinen oder andere Untersuchungen, die genetisch disponierte Vulnerabilität oder Vitalität (*Gottesmann, Shields* 1972; *Gershon* 1984; *Cloninger* et al. 1981) annehmen bzw. Temperamentfaktoren einführten (*Buss, Plomin* 1984; *Kagan* et al. 1990; *Kagan, Moss* 1962; *Plomin* 1986; *Goldsmith, Gottesmann* 1981; *Thomas, Chess, Birch* 1968). Die Mehrzahl der Studien läßt eine Unterscheidung zu in *„internale* Faktoren im Sinne einer individuumsspezifischen Bewältigungskompetenz" und *„externale* Faktoren im Sinne mikroökologischer, familiendynamischer, sozialer Einflüsse". Diese äußeren Faktoren beeinflussen natürlich aufgrund ihrer Intensität oder jeweils gegebenen Vielfalt internale Bewältigungskompetenz. Die grundlegenden Arbeiten von *Elder* und Mitarbeitern, die die Daten der „Oakland-Growth-Study" und der „Berkeley-Guidance-Study", Longitudinalstudien, die Anfang der 20er Jahre begonnen wurden, in Sekundäranalysen auswerteten (*Elder* 1974; *Elder, Caspi, Nguyen* 1986), zeigen differenziert Einflüsse der Umwelt und der Familiendynamik auf die spezifischen Eigenschaften und Verhaltensweisen des Kindes auf. Folgende wichtige Einflußgrößen wurden deutlich:

1. *Alter* und *Geschlecht* der Kinder (es war nicht unerheblich, in welchem Alter die Belastungen für Jungen oder Mädchen eintraten),
2. *Körperliche Attraktivität* (attraktiven Kindern werden eher positive Eigenschaften zugemessen, Väter verhielten sich attraktiven Töchtern gegenüber positiver).
3. Es zeigt sich ein wechselseitiger Einfluß zwischen problematischen Vätern und problematischen Babys und Kleinkindern.
4. Die Rolle der Mütter ist bedeutsam, weil sie Negativität von Vätern abpuffern können und in einer guten Mutter-Kind-Beziehung auch Probleme der Kinder aufgefangen werden können.

Die Vielfalt der Ergebnisse dieser Studien kann hier nicht referiert werden, obgleich sie für psychotherapeutische Pathogenesetheorien große Relevanz haben, nicht zuletzt, weil sie die Bedeutung der Familiendynamik so klar erkennbar machen, insbesondere die Gewichtigkeit der *Vater-Mutter-Interaktion*, ein Aspekt, der etwa in der „Mütter-zentrierten" psychoanalytischen Pathogenesetheorie kaum Beachtung gefunden hat. Ökonomische Belastungen wirken durch eine Destabilisierung der Familienbeziehungen (*Elder* et al. 1986, 183), wobei Kinder, die zumindest zu einem Elternteil eine gute Beziehung haben und bewahren konnten, auch schwierigste Probleme bewältigen können, ohne Schaden zu nehmen (ibid. 1985), ein Faktor, der von zahlreichen anderen Studien bestätigt wurde. Von besonderem Interesse ist in *Elders* Untersuchungen das Faktum, daß eine Kohorte *vor* Beginn der „großen Depression" in einer Zeit relativen Wohlstandes angelegt wurde, die Kinder also erst im Jugendalter durch den wirtschaftlichen Zusammenbruch betroffen wurden, die 214 Kinder der Berkeley-Studie hingegen kurz vor dem Zusammenbruch geboren wurden und ihre ersten Kindheitsjahre unter den Einwirkungen der „Great Depression" verbrachten. Diese zeitliche Verschiebung ließ erkennbar werden, daß Bewältigungskompetenzen, die Lösung von Entwicklungsaufgaben, Verhaltensstabilitäten, die *vor der Krise* entwickelt wurden, für die Krisenzeit als „protektive Faktoren" wirkten (bzw. wo sie fehlten als *Risikofaktoren*). Gelungene Problemlösungen sind für ein Kind, aber auch für ein Familiensystem als ganzes ein „protektives Kapital".

Die referierten Studien, die exemplarisch aufgegriffen wurden, zeigen, daß den Konzepten der *Belastung* und *Überforderung*, „Streß" also, und solchen Konzepten wie *Bewältigung* und *Adaptierung* bei der Betrachtung von „protektiven

Faktoren", von *stress-resistence* oder *„invulnerability"* große Bedeutung zukommt; denn durch sie ergibt sich eine „greater likeleyhood of successful adaptation despite exposure to stressful life events of unusual severity" (*Masten, Garmezy* 1985). Sind es nun die Coping-Stile, die optimalen Formen der Streßbewältigung, die das Wesen protektiver Faktoren und Prozesse ausmachen (*Murphy, Moriarty* 1976, 1981; *Zimrin* 1986)? Oder ist eine „Ego-Elastizität" anzunehmen, wie *Block* und *Block* (1980) auf dem Hintergrund psychoanalytischer Überlegungen konzeptualisieren? Die Fragen machen deutlich, daß der theoretische Bezugsrahmen für die Interpretation der Daten nicht unerheblich ist. *Block* und *Block* überschreiten den behavioralen Rahmen, indem sie die Coping-Fähigkeiten, das Coping-Verhalten einem „Ich" zuordnen, das elastisch ist, ein inneres Gleichgewicht herzustellen vermag und Anpassungsleistungen an die Anforderungen der Umgebung erbringen kann. Ganz gleich aber, ob der theoretische Bezugsrahmen ein sozialpsychologischer, behavioraler oder tiefenpsychologischer ist, Kinder, die als *„psychologically invulnerable"* (*Anthony* 1974), als *„survivers"* (*Radke-Yarrow, Sherman* 1990) bezeichnet werden, sind durch eine hohe Verhaltenselastizität, d. h. Kreativität, Originalität, Durchsetzungskraft und *„resourcefullness"* gekennzeichnet. Die bekannte Longitudinaluntersuchung von *Werner* und *Smith* (1982; *Werner* 1985), die 698 Kinder der Geburtskohorte 1955 auf der Insel Kauai des Hawaii-Archipels untersuchte, Kinder, die zumeist den unteren Sozialschichten angehörten, stellt dieses Moment der „Elastizität" besonders heraus. Der plakative Titel der Veröffentlichung „Vulnerable but invincible" suggeriert eine Robustheit und Widerstandsfähigkeit, eine Unverwüstlichkeit, die bei einer differenzierteren Betrachtung von „hard growing children" (*Radke-Yarrow, Sherman* 1990) so nicht standhält. Einzelfallstudien zeigen, daß auch „survivers" einen Preis zahlen: „There exists a group of children who have not been devastated by adversity, but even within that group, the story of each child, in its way, shows that children cannot ‚walk between the raindrops', that environmental and genetic risks are costly" (ibid. 101). Wie in der Studie von *Elder* (1974) zeigt die Untersuchung von *Werner* und *Smith* für die Entstehung von Pathogenese und Salutogenese vielfältige Wechselwirkungen zwischen unterschiedlichen Einflußgrößen. Überzeugend ist, daß Risikokinder mit Risikokindern verglichen wurden, eine Vergleichbarkeit widriger Umstände gegeben war und daß die so ermittelten „unverwundbaren" Kinder mit perinatalen Belastungen, Frühgeburt, chronischer Armut, niedrigem Bildungsniveau der Mutter selbst bei vorübergehenden Verhaltensproblemen während der ersten 10 Lebensjahre fertigwerden konnten. Deutlich wird in dieser Studie das sozioökonomische Moment erkennbar. In Familien, die intakt und ökonomisch gesichert waren und wo eine gebildete Mutter die Erziehungsarbeit leistete, führten perinatale Komplikationen und Probleme im ersten Lebensjahr zu keiner anhaltenden physischen und psychischen Beeinträchtigung der Entwicklung. Wiederum sind die Ergebnisse differenziert zu sehen. Alter und Geschlecht spielen eine wichtige Rolle. Jungen waren in der Kindheit, Mädchen in der Adoleszenz verletzbarer (*Werner* 1985, 343 f). „Trotz der biologischen und sozialen Pressionen, die die beiden Geschlechter in dieser Kultur zu unterschiedlichen Zeiten verletzbarer machen, wurden mehr Risiko-Mädchen als Risiko-Jungen zu widerstandsfähigen Erwachsenen" (*Werner, Smith* 1982, 154). *Werner* und *Smith* konnten aufgrund ihrer Untersuchung als Faktoren, die zu „Elastizität" und „Unverwüstlichkeit" (*resilience*) beitrugen, folgende Momente herausstellen:

1. das Alter des gegengeschlechtlichen Elternteils (jüngere Mütter für Jungen, ältere Väter für Mädchen),
2. die Zahl der Kinder in der Familie und der Altersabstand zwischen den Kindern,
3. Hilfskräfte für die Mutter im Haushalt (ältere Geschwister, Großeltern, etc.)
4. Arbeitsmöglichkeiten der Mutter außerhalb des Haushalts,

5. Aufmerksamkeit und Zuwendung in der frühen Kindheit durch eine kontinuierliche Versorgungsperson,
6. intakte Familienstrukturen während der Adoleszenz,
7. das Vorhandensein eines intakten, sozialen Netzwerks (Verwandte, Freunde, Nachbarn etc.),
8. Support und Rat in Krisenzeiten (*Werner* 1985, 345 f).

Mit derartigen „protektiven Faktoren" können Kindern *positive Selbstkonzepte* aufbauen und wird das *internale „protektive Potential"* durch Internalisierung salutogener Einflüsse gefördert. Im Bezug auf *externale* Faktoren kann man hier die Definition von *Rutter* (1979) anführen, der protektive Faktoren umschreibt als: „Factors or circumstances that provide a support, protection or amelioration for the children reared in deprivation". Diese Faktoren wirken wie Katalysatoren: Sie vermindern die Einflüsse widriger Umstände, wie in chemischen Reaktionen der Katalysator die Wirkung anderer Stoffe verändert. *Garmezy* (1983) faßt protektive Faktoren wie folgt: „Those attributes of persons, environments, situations and events, that appeared to temper prediction of psychopathology based upon an individual's at risk status". Später differenziert er das Konzept durch drei Variablengruppen:

1. Persönlichkeitsfaktoren wie „autonomy, self esteem" und eine positive soziale Orientierung,
2. family cohesion, Familien-Wärme, Abwesenheit von „discord",
3. die Anwesenheit von externen „support systems that encourage and reinforce a child's coping efforts" (*Garmezy* 1987; *Masten, Garmezy* 1985).

Protektive Faktoren führen damit zu einer Elastizität und Anpassungsfähigkeit in widrigen und bedrohlichen Situationen. Eine solche Kompetenz für Bewältigung und Problemlösung ergibt sich – blickt man in die Literatur – also durch vielfältige Faktoren und Prozesse, die im Lebensvollzug zum Tragen kommen. *Garmezy* und *Nuechterlein* (1972; *Garmezy* 1983, 74 ff.) stellen aus ihrer Literaturübersicht folgende Schutzfaktoren heraus:

1. Die Kinder verfügten über gute soziale Fertigkeiten (kontaktfreundlich und beliebt, ausgeglichen, sensibel, kooperativ, wenig defensiv und aggressiv).
2. Sie hatten mehr Selbstvertrauen, positive Selbsteinschätzungen.
3. Sie hatten positive Kontrollüberzeugungen.
4. Sie waren kognitiv kompetent, reflektierend, impulskontrolliert.
5. Eine intakte Familie war *keine* unabdingbare Voraussetzung. Abwesenheit des Vaters hatte, wo die Mutter in der Lage war, diese voll auszugleichen, keine negativen Folgen.
6. Es war eine ordentliche, häusliche Umwelt vorhanden.
7. Die Eltern waren am schulischen Fortkommen und der Bildung ihrer Kinder interessiert und unterstützten sie in dieser Hinsicht.
8. Die Rollenbeziehungen waren in der Familie klar strukturiert.
9. Selbständigkeit wurde unterstützt, die Interessen der Kinder werden gefördert.
10. Die Kinder hatten wenigstens *eine*, für sie positive Bezugs- und Identifikationsfigur unter den Erwachsenen ihres Kontextes. Sie waren durch eine positivere Einstellung gegenüber Erwachsenen und Autoritären gekennzeichnet als andere Kinder.

Wenngleich es sich hier um Untersuchungen handelt, die bei Ghetto-Kindern und ihren Familien durchgeführt wurden, so daß die Ergebnisse nicht unbedingt generalisierbar sind, werden doch Trends deutlich, die auch durch Untersuchungen bei anderen Populationen bestätigt werden. Auf jeden Fall lassen sich *externale* und *internale* Faktoren unterscheiden oder eine Dreigliederung in Faktoren, die 1. dem Bereich individueller Eigenschaften zuzuordnen sind, die 2. dem Bereich der Familie zuzuordnen sind und die 3. dem übergeordneten, sozialen Netzwerk und seiner „supportiven Valenz" (*Petzold* 1979c) zuzuordnen sind.

Hier besteht nun die Möglichkeit, eine Querverbindung zum *„social support research"* herzustellen (*Nestmann* 1988; *Schuch* 1990), das, von anderen Fragestellungen ausgehend, protektive Momente sozialer Netzwerke und Felder herausgearbeitet hat. Die Zusammenführung dieser bisher kaum vernetzten Forschungsströmungen erweist sich in interventiver Hinsicht, nämlich zur Strukturierung supportiver und protektiver Maßnahmen der Hilfeleistung – etwa durch Psychotherapie, Soziotherapie, Sozialarbeit, Sozialpädagogik, Community-Projekte –, als äußerst fruchtbar. Blickt man auf die mittlerweile schon beachtliche Literatur zu „protektiven Faktoren" und verwandten Konzepten in der ganzen Breite, so sieht man, daß hier eine große Vielfalt von Begrifflichkeiten und Konzepten, von empirischen Daten mit ihren (aufgrund von z. T. sehr divergierenden theoretischen Annahmen) recht unterschiedlichen Interpretationen zusammenkommen, die bislang noch wenig Kohärenz aufweisen. Übergreifende Definitionen müssen in dieser Situation sehr generell bleiben. *Masten* und *Garmezy* (1985) formulieren sehr pragmatisch: „Protective factors are associated with a lower than expected incidence of illness or maladaptation". Wir haben das Konzept der „protektiven Faktoren" wie folgt zu bestimmen versucht:

»Protektive Faktoren sind einerseits – internal – Persönlichkeitsmerkmale und verinnerlichte positive Erfahrungen, andererseits – external – spezifische und unspezifische Einflußgrößen des sozioökologischen Mikrokontextes (Familie, Freunde, significant caring adults, Wohnung), Mesokontextes (Subkultur, Schicht, Quartier, Region) und Makrokontextes (übergreifende politische und sozioökonomische Situation, Zeitgeist, Armuts- bzw. Krisenregion), die im ***Prozeß ihrer Interaktion*** *miteinander und mit vorhandenen Risikofaktoren Entwicklungsrisiken für das Individuum und sein soziales Netzwerk weitgehend vermindern. Sie verringern Gefühle der Ohnmacht und Wertlosigkeit und gleichen den Einfluß adversiver Ereignisse und Ereignisketten aus bzw. kompensieren ihn. Sie fördern und verstärken aber auch als salutogene Einflußgrößen die Selbstwert- und Kompetenzgefühle und -kognitionen sowie die Ressourcenlage und „supportive Valenz" sozioökologischer Kontexte (Familie, Schule, Nachbarschaft, Arbeitssituation), so daß persönliche Gesundheit, Wohlbefinden und Entwicklungschancen über einen bloßes Überleben hinaus gewährleistet werden« (Petzold).*

Eine solche breite Bestimmung des Konzeptes hat den Vorteil, Überlebensfähigkeiten nicht individualisierend als „internale Faktoren" zu fixieren. Es betont die Interaktion protektiver Faktoren untereinander bzw. von protektiven *und* Risikofaktoren (vgl. *Sameroff, Seifer* 1990, 62). Es stellt auf den Prozeßcharakter dieser Interaktion ab, so daß es besser ist, von *„protektiven Prozessen"* zu sprechen als von Einzelfaktoren oder Faktorenclustern. Weiterhin wird neben den *sozialen Faktoren* der *ökologischen Dimension* (z. B. Wohnsituation, Quartierverhältnisse) Aufmerksamkeit geschenkt, deren spezifischer und unspezifischer Einfluß in vielen Studien immer wieder benannt wird (*Vaughn, Gove, Egeland* 1980; *Sameroff, Bakow* et al. 1978; *Richters, Weintraub* 1990), insbesondere in Arbeiten zum *„labeled environment"* (*Wachs, Gruen* 1982), leider ohne daß eine Rückbindung an die ökologische Entwicklungspsychologie oder die Setting-Theorie (*Bronfenbrenner, Barker*) erfolgt. Schließlich wird über das bloße *„survival"* hinausgehend der selbständige salutogene Einfluß protektiver Faktoren auf die Ermöglichung von Entwicklungschancen ausgedehnt. Ein solches multifaktorielles und transaktionales Modell, das nicht nur auf Verminderung von Risiken und Verhinderung von Schäden, sondern auch auf Entwicklungsförderung abstellt, eröffnet über diagnostische Zielsetzungen hinaus *interventive* Perspektiven, die Möglichkeiten bieten, über das Bereitstellen protektiver Beziehungen, supportiver Netzwerke und fördernder Umwelten nachzudenken und reparative Perspektiven überschreitend, Entwicklungsziele in den Blick zu nehmen.

Aber es wird um mehr gehen als darum, überlebenssichernde Stützsysteme bereitzustellen. *Garmezy* (1983, 76 ff.) weist darauf hin, daß das bloße *Überleben*, etwa in einer Bürgerkriegssituation, bei Ausbildung aller notwendigen Handlungskompetenzen doch nicht gewährleistet, daß Zukunftsperspektiven, Bindungsfähigkeit, Hoffnung oder Zielorientierung in ausreichendem Maße entstehen können. Die Gefahren soziobiologischer Verkürzungen oder einer Glorifizierung der „Survivors", wie sie in manchen amerikanischen Untersuchungen zum Ausdruck kommt, könnte in interventiver Hinsicht die verhängnisvolle Folge haben: daß man nämlich im wesentlichen protektive Faktoren bereitstellt, gerade genug, daß sie ausreichen, das Überleben zu sichern, eine optimale Anpassung an widrige Umstände zu ermöglichen, ohne daß dabei die Umstände selbst nachhaltig verändert werden (weil dies zunächst – wenngleich nicht auf lange Sicht – kostenaufwendiger ist). Im Bereich der „niedrigschwelligen Drogenarbeit" (Methadonprogramm, Fixerräume, Notschlafräume etc.) zeigen sich derartige Gefahren überdeutlich (*Petzold, Hentschel* 1991; *Hentschel* 1993). Wir haben in unserer Definition deshalb auf das weitgehende Vermindern oder Kompensieren von „Entwicklungsrisiken" abgestellt, auf das Ausgleichen von Negativeinflüssen *und* auf die Förderung positiver oder alternativer Möglichkeiten, um gar nicht erst der Illusion Vorschub zu leisten, daß protektive Faktoren alle negativen und adversiven Einflüsse „abpuffern" könnten und in der Lage wären, einen umfassenden Schutz (*protection*) zu gewährleisten. Protektive Faktoren sollten uneingeschränkt der Salutogenese zugute kommen, statt zur Kompensation oder beim „buffering" pathogener Einflüsse verbraucht zu werden, womit sie für das Entwicklungspotential des Individuums verloren sind.

Was das Konzept insgesamt bieten kann, sind diagnostische Raster für das Erkennen und Einschätzen von Situationen und Strategeme für die interventive Bereitstellung von schützenden und kompensatorischen Einflußmöglichkeiten, die die Entwicklung von Kindern – aber auch von Erwachsenen und alten Menschen (*Brown, Harris* 1978, *Saup* 1991) – in konstruktiver Weise zu fördern vermögen.

Betrachten wir die Forschungslage zu Risiko- und protektiven Faktoren, so zeigt sich, daß wir in der Regel Studien mit großen Untersuchungspopulationen haben, die in einem „true experimental control group research design" durchgeführt wurden. Wir wissen deshalb in recht allgemeiner Weise, welche protektiven Faktoren in „Multi-Problem-Haushalten", schwerwiegendem Umgebungsstreß als „challengers" Kindern das Überleben zu sichern helfen. „The data from developmental psychopathology (*Garmezy* 1983; *Rutter* 1983) indicate that factors such as intelligence, sex of child, age of child, and familiy socioeconomic status have value as predictors of how well children *on the average* will weather stresses. The challenge is to understand how and when these and other factors can deflect risks and reflect processes that mediate the experiences of the individual child" (*Radke-Yarrow, Sherman* 1990, 101). Diese Aufgabe kann durch „single case studies" im Rahmen solcher umfassender Untersuchungsprojekte bewältigt werden. Die Untersuchungen von *Masten* (et al. 1990) und *Radke-Yarrow, Sherman* (1990) sind Beispiele für derartige kombinierte Forschungsstrategien, die auch zeigen, *wie* Schutz und *vor was* Schutz gegeben wird, *wie* „Unverwundbarkeit" und *gegenüber welchen* Einflüssen Unverwundbarkeit gewonnen werden kann oder ob es überhaupt so etwas wie „Unverwundbarkeit" oder eine prinzipielle Robustheit gibt. Auch wird sich das Problem der Beeinflussung späterer Lebensphasen durch frühere nur durch eine große Zahl von Feinanalysen aufklären lassen, denn die Beziehungen zwischen Kindheitsschädigungen und -problemen und späteren Fehlentwicklungen sind außerordentlich komplex (*Sroufe, Rutter* 1984, 17), so daß sich keine linearen oder eindimensionalen Ursache-Wirkungszusammenhänge herstellen lassen, eine Auffassung, die schon *Anna Freud* (1965, 151) vertrat: „There is not certainty that a particular type of infantile neurosis will prove to be the forrunner of the same type of adult neurosis."

Eine differenzierte Betrachtung familiendynamischer Konstellationen und der in ihnen wirkenden protektiven Faktoren bzw. Prozesse macht auch deutlich, daß die überlebenssichernden Strategien, die Kindern vorübergehend weiterhelfen, nicht unbedingt funktional für spätere Lebensbewältigung sind. *Radke-Yarrow, Sherman* (1990) fanden heraus, daß „each surviver-child has been found to fullfill a need of one or both ill parents that also serves the child positively, at least for the present" (ibid. 118). Aber eine solche Anpassung „harbors the seeds of possible future serious problems"... „these children will be able to satisfy their parents' needs and their own needs only at increasing costs to the children themselves" (ibid.). Hier wird man an *Ferenczis* Überlegungen zu „malignen Progressionen" (*Ferenczi* 1932; *Petzold* 1969c) erinnert. Eine differentielle und kontextuelle Betrachtung des Konstruktes „protektiver Faktoren" wird deshalb unerläßlich. Der derzeitige Forschungsstand hat zwar dargestellt, „daß" protektive Faktoren wirken. Die Frage nach dem „Wie", insbesondere nach der Interaktion der verschiedenen Einflußgrößen, bleibt nach wie vor ungeklärt bzw. muß in der Betrachtung jedes einzelnen Schicksals exploriert werden. *Kalverboer* (1988) faßt die derzeitige Situation wie folgt zusammen: „Tatsächlich kommt man heute noch nicht weiter als zu einer Zusammenstellung umfassender Tabellen von Faktoren, die Risiken bieten oder mindern, ohne daß man ein genaueres Wissen über wechselseitige Beziehungen hat oder über die Art und Weise, wie sie die Entwicklung des Verhaltens beeinflussen". Es geht also um die *Gewichtung* von Faktoren, und eine solche wird wiederum im Hinblick auf Zielsetzungen erfolgen müssen: Ist man mehr auf diagnostische Erkenntnisse gerichtet oder auf interventive Ziele? Für die Psychotherapie sind beide Dimensionen wesentlich!

Wir wollen im folgenden eine Zusammenstellung von Aspekten geben, die uns sowohl für die Praxis der Kindertherapie wesentlich erscheinen als auch für die rekonstruktive Arbeit in der Therapie Erwachsener, welche im Sinne eines „hermeneutischen Durchdringens der Lebensgeschichte" dazu beitragen will, an Verständnis für die Entwicklung der eigenen Persönlichkeit zu gewinnen. Da das eigene Identitätserleben ein Verstehen der persönlichen Geschichte erfordert, wird es wichtig werden, auf die Gesamtheit biographischer Formierungsprozesse zu schauen (*Petzold, Schuch* 1991) und nicht nur auf die traumatischen Erfahrungen. Unter einer solchen psychotherapeutischen Perspektive wird also protektiven Faktoren, benignen Vergangensheiterfahrungen in einer Therapie von Jugendlichen, Erwachsenen und alten Menschen eine nicht zu unterschätzende Bedeutung zukommen. Es wird dabei *retrospektiv* vielleicht deutlich werden können, welche wesentlichen Bezugspersonen durch welche Supportleistungen überlebenssichernde und salutogene Funktionen in einer Biographie hatten (*Garmezy* 1983, 76f; *Tress* 1986) und welche Copingstrategien in Kinderzeiten probat waren (*Honig* 1986), welche gegenwärtig (*aspektiv*) noch nützlich sind oder aber im Sinne einer dysfunktionalen Fixierung als überholt betrachtet werden müssen und schließlich welche unter *prospektiver* Optik für die Zukunft noch Bedeutung haben könnten. Letztlich wird der Stellenwert deutlich, den Großeltern, Geschwister und Freunde gehabt haben – die Longitudinalforschung weist klar ihre protektive Bedeutung aus (*Werner* 1985, 350) – und welche Personen als „innere Beistände" (*Petzold* 1985l) internalisiert wurden. Das Bewußtmachen solcher „Beistände" erschließt persönliche *Ressourcen* und stabilisiert die Persönlichkeit, besonders, wenn man eine persönlichkeitstheoretische Perspektive zugrunde legt, in der „personality" nicht nur als die Gesamtheit der Selbstrepräsentanzen bzw. Selbstkonzepte gesehen wird, sondern diesen auch noch die Repräsentanzen wichtiger Bezugspersonen zugeordnet werden. Auch die verinnerlichten Bilder bzw. Fremdbilder, *Imagines* von Menschen, die ich „in mir trage", bestimmen die Persönlichkeit (*Petzold* 1992a). Durch eine biographische Betrachtung der positiven, negativen und Defiziterfahrung wird der *„sense of coherence"* gefördert, den *Antonovsky* (1979, 123) als so bedeutsam für seelische Gesundheit ansieht. Eine solche Erfahrung des Integrierens und positiven Antizipierens wird durch gegenwartsbezogene biographische *und* prospektiv orientierte Therapie mit umfassenden Perspektiven (*Petzold, Orth* 1993) konstituiert, denn sie stellt „Zusammenhänge“ her. „Sinn“ aber scheint nur in Zusammenhängen auf und schafft als gemeinschaftlich getragenes Unterfangen einen Vertrauenshintergrund (*confidentia*), der es ermöglicht, negative soziale Komplexität zu reduzieren (*Luhmann* 1971, 1978). Die nachstehende Zusammenstellung zum Konstrukt „*protektiver Faktoren*“ bzw. „*protektiver Prozesse*“ ist auf dem Hintergrund der soeben umrissenen therapeutisch-interventiven Interessenlage zu sehen.

2.1 Die Wichtigkeit eines guten Anfangs

In den traditionellen Anamneseschemata tiefenpsychologisch ausgerichteter Psychotherapeuten, aber auch theoretisch anders orientierter klinischer Psychologen findet sich in der Regel die Frage nach pränatalen, perinatalen oder postnatalen Komplikationen. Frühgeburt, ein zu niedriges Geburtsgewicht, ein Oxygendefizit zur Zeit der Geburt werden als Entwicklungsrisiken betrachtet und mehr noch: als bedeutsame Ursachen oder Teilursachen späterer Fehlentwicklungen und seelischer Erkrankungen. Bei Kindern mit perinatalen Komplikationen wird versucht, durch ein sorgfältiges, neurologisches *Assessment* (z. B. *Apgar*-Test) festzustellen, ob Schädigungen vorliegen, um diese so früh wie möglich zu entdecken und behandeln zu können. Die Auswirkungen derartiger „früher Entwicklungsrisiken“ von Neugeborenen sind vielfach unter longitudinaler Perspektive untersucht worden, und es besteht kein Zweifel, daß postnatal objektivierbare Schädigungen, wie z. B. Hirnläsionen, ein erhebliches Risiko für die weitere Entwicklung des Kindes bieten (*van Engeland* 1988; *Rauh* 1989). Bei einer differentiellen Betrachtung wird aber deutlich, daß die Auswirkung von prä-, peri- und postnatalen Belastungen oder Schädigungen im Einzelfall sehr stark variieren. Die stereotype anamnestische Frage nach den Bedingungen der Geburt („schwer“ oder „leicht“, lange Dauer, Kaiserschnitt etc.) steht indes im psychoanalytischen Paradigma auf einem anderen Boden als die Frage nach medizinisch objektivierbaren, somatischen bzw. zerebralen Schädigungen. Für *Freud* (1920, 385) war die Geburt „Quelle und Vorbild für den Angstaffekt“, eine *Urangst*, die durch die traumatische Erfahrung des Geburtsaktes gesetzt wurde. Seine Schüler *Otto Rank* (1924) und *Siegfried Bernfeld* (1925) entwickelten auf diesem Boden die Theorie vom „Geburtstrauma“. Dieser Gedanke, in denen die jüdisch-christliche Erbsündenlehre im säkularisierten Gewand der Tiefenpsychologie Urstände feiert (wie Eva, durch die „alle Sünde“ in die Welt kam, wird jede Frau an ihrem Kind schuldig, durch das Faktum des Gebärens, indem sie ihm eine Urangst, ein Trauma mit auf den Lebensweg gibt), hat zahlreiche Anhänger gefunden. Bis heute findet sie sich mehr oder weniger deutlich in der „psychoanalytic community“, aber auch Autoren wie *Laing* (1976, 30-68), *Janov* (1970), *Freundlich* (1981), *Grof* (1978), *Orr* (1977) und auch Bioenergetiker wie *Reich, Lowen, Boadella* vertreten diese Auffassung. Zweifelsohne gibt es traumatische Geburten, pränatale Schädigungen. Auch ist es auf dem Hintergrund dieses kryptoreligiösen Diskurses verstehbar, wenn viele Menschen das Geburtsereignis als pathogenes, traumatisches Widerfahrnis in ihre subjektiven Krankheitstheorien (*Flick* 1991) einbauen, die aus „sozialen Repräsentationen“ (*Moscovici* 1984), kollektiven „Glaubenssystemen“ (believe systems) gespeist werden. Aber klinisch arbeitende Psychologen und Psychotherapeuten sollten derartige Annahmen anhand von Forschungsergebnissen überprüfen. Leider geschieht dies in der Regel nicht, wie die Unausrottbarkeit mehr oder weniger prägnant formulierter Konzepte über die pathogene Wirkung der Geburt in der Vorstellung von Patienten und mehr noch, von Therapeuten zeigt. Für normal verlaufende Geburten von „*full-term babies*“ kann ausgesagt werden, daß sie *nicht* traumatisiert erscheinen (*MacFarlane* 1978), vergleicht man diese Säuglinge mit denen, die eine schwere, komplizierte Geburt (das sind in den westlichen Industrienationen zwischen 2,4 – 4 %) durchlaufen haben oder die durch Unfall und Mißhandlung traumatisiert wurden und die dann durch ein spezifisches, klinisches Bild imponieren.

In der klinischen Praxis ist es vielfach üblich, bei älteren Kindern mit Verhaltensauffälligkeiten und Problemlagen unter retrospektiver Perspektive Kausalitäten in „frühen Schädigungen" zu sehen. Therapeuten und Eltern, unter *Erklärungszwang* stehend, suchen nach *Ursachen* und „finden" sie oft genug in einer schweren Geburt, die natürlich Eltern von anderen, möglicherweise problematischeren Ursachen freistellt und Therapeuten davon entbindet, weiter nach solchen zu forschen. Kaum jemals wird überdies bei biographischen Anamnesen in der Psychotherapie geklärt, was denn eine „schwere" oder eine „komplizierte" Geburt sei, geschweige denn, daß Krankenhausakten beigezogen würden. Wir haben als Stichprobe aus einer Population von 14 Kindern aus der kinderpsychotherapeutischen Ambulanz (Alter zwischen vier und sechs Jahren mit verschiedenen Verhaltensauffälligkeiten und Störungen), bei denen die Mütter in der Anamnese eine „schwere Geburt" angaben, die Angaben anhand der obstetrischen Dokumentation zu objektivieren versucht. In den neun Fällen, wo dies gelang, bestätigt sich diese Aussage nur einmal. Die übrigen Angaben müssen auf das Konto subjektiven Erlebens, des Erklärungsbedürfnisses oder der Suggestivität der Exploration von seiten der Therapeuten gebucht werden. Unter einer derartigen pathologisierenden Perspektive leitet die Geburt ein *„continuum of reproductive wastage"* (*Lilienfeld, Parkhurst* 1951) bzw. ein *„continuum of reproductive casualty"* (*Pasamanick, Knobloch* 1966) ein. Prospektive Studien allerdings demonstrieren, daß andere Faktoren gleichgewichtig oder sogar gewichtiger sein können (*Garmezy* 1981; *Werner* 1985). Ja, es konnte schon sehr früh bei einer Population von einigen hundert Neugeborenen gezeigt werden, daß perinatale Anoxie, obgleich sie in der unmittelbaren postnatalen Phase eine Beeinträchtigung des neurologischen und des Entwicklungsstatus bewirkt, bei der Nachuntersuchung mit drei Jahren und mit sieben Jahren sich *nicht* als signifikanter Prädikator für Fehlentwicklungen erwies (*Graham* et al. 1956, 1962; *Corah* et al. 1965). Die bekannte Untersuchung von *Broman* (et al. 1975) in der 53.000 amerikanische Kinder im „Perinatal Project of the National Institute of Neurological Deseases and Stroke" über sechs Jahre (1959-1965) in einem prospektiven Design untersucht wurden, konnte zeigen, daß verläßliche Prädikatoren im Hinblick auf spätere kognitive Kompetenz *sozioökonomische Faktoren* waren, insbesondere der Bildungsstand der Mutter, daß also Armut und negative Umwelteinflüsse für Kindersterblichkeit, Erkrankungen und problematische Entwicklungsverläufe ausschlaggebend waren, obgleich natürlich objektivierbare hirnorganische Schädigungen und pränatale Entwicklungsrückstände gleichfalls signifikanten Einfluß hatten (*Niswander, Gordon* 1972). Die schon mehrfach zitierte, 1954 begonnene Studie von *Werner* (et al. 1971, 1977, 1982) bei einer Kohorte von 857 Geburten, kommt zu einem ähnlichen Ergebnis. *Sameroff, Chandler* (1975) ersetzten deshalb den Begriff *„continuum of reproductive casualty"* durch den eines *„continuum of caretaking casualty"*. In ihrer Übersichtsarbeit kommen sie zu dem Schluß, daß die ökonomische, soziale und familiäre Situation Entwicklungsrisiken in hohem Maße bestimmt und ein „schlechter Anfang" nicht unbedingt wegen des Anfangs zu einem „schlechen Ende" gerät, sondern wegen der Fortsetzung von Negativeinflüssen (*adversive events*) und dem Fehlen protektiver und supportiver Einflüsse (*Rutter* 1989; *Robins, Rutter* 1990).

Es ist aber nicht nur der soziale Kontext, der über den Verlauf von Entwicklungen entscheidet. Es gibt auch andere spezifische Einflüsse, durch die sich Gruppen von Risikokindern differenzieren lassen. *Sameroff* (1975) zeigt, daß Kindesvernachlässigung und Kindesmißhandlungen bei Kindern mit einem niedrigen Geburtsgewicht häufiger vorkommen als bei normalgewichtigen Kindern. 10 % aller Neugeborenen haben ein zu niedriges Geburtsgewicht. *Klein* und *Stern* (1971) konnten in ihrer Untersuchung feststellen, daß 40 % der mißhandelten und vernachlässigten Kinder ein zu niedriges Geburtsgewicht hatten, also offensichtlich der Schwierigkeitsgrad dieser Kinder, ihr „a-typisches Verhalten" zu keinem positiven *„paren-*

ting" führte, sondern über Verunsicherung und Frustration das Mißhandlungsrisiko erhöhte. *Rheingold* (1966) konnte in einer Untersuchung zeigen, daß die äußerliche Erscheinung eines Kindes das Ernährungsverhalten der Eltern bestimmte. Diese und ähnliche Befunde haben *Sameroff* (1975) zu seinem „transaktionalen Modell der Erforschung von Mutter-Kind-Interaktionen" geführt, das den Akzent von einer „monadistischen" Betrachtung des Säuglings zu einer Betrachtung gesunder *und* pathologischer *Beziehungen* verschob (*Sameroff, Emde* 1989). Beispielhaft sei für diesen Ansatz das „Mother-Child-Interaction-Research-Project" an der Universität von Minnesota genannt, das sich unter anderem mit dem Einfluß persönlicher Streßfaktoren der Mutter auf die Mutter-Kind-Interaktion befaßt. Hoher, *zeitextendierter Streß* der Mutter beeinflußte die Interaktion negativ und dies stärker bei Müttern von Mädchen als bei Müttern von Jungen. Bei Müttern mit Mädchen im Alter von etwa sechs Monaten begann sich in signifikanter Abhängigkeit von ihrem Streß ein unempathisches Parenting-Verhalten auszubilden. Bis zum dritten Lebenssjahr wurden die Unterschiede zwischen der Gruppe von Müttern und Mädchen und Müttern und Jungen immer größer (*Pianta, Egeland* 1990). Die Autoren stellten auch eine Änderung im Verhalten der Mädchen ihren Müttern gegenüber fest: „By 42 months it appeared that the girls had adopted a strategy of disengaging from or resisting their mothers" (ibid.). Unter transaktionaler Perspektive liegt der Schluß nahe, daß hier ein Interaktionsprozeß von zunehmender Negativität entstanden ist.

Forschungen scheinen nahezulegen, daß die Untersuchung derartiger Interaktionen und der sie determinierenden Bedingungen Prädikatoren für Kindesmißhandlungen hergeben (*Egeland* et al. 1980; *Pianta* et al. 1986, 1989; *Cicchetti, Carlson* 1989). In eine ähnliche Richtung weist das „scoop-model" (*Kopp, McCall* 1982). Die Autoren gehen davon aus, daß Kinder in den ersten beiden Lebensjahren biologisch gut gegen negative Umwelteinflüsse und adversive Erfahrungen – bewirkt etwa durch Unerfahrenheit und Ungeschicktheit der Eltern – abgeschirmt (*buffered*) sind. Die Untersuchung verweist darauf, daß bei Kindern mit einem Handikap oder bei Risikokindern dieser „Puffer" reduziert ist und daß unter transaktionaler Perspektive auch mit einem größeren Maß an Negativeinflüssen zu rechnen ist, da sie an ihre Umgebung höhere Anforderungen stellen, die durch die damit gegebenen höheren Belastungen negativ zu Buche schlagen. Eine Studie von *Escalona* (1982) unterstützt diese Auffassung. Sie untersuchte prospektiv 114 Couveuse-Kinder (hauptsächlich Frühgeborene) über einen Zeitraum von 3,5 Jahren. Die meisten Säuglinge stammten aus farbigen Armutspopulationen. Bis zum Alter von 15 Monaten zeigte sich eine weitgehend normale kognitive Entwicklung. Beim Meßzeitpunkt von 28 Monaten fand sich ein Abfallen des kognitiven Niveaus (was für die These einer erhöhten Vulnerabilität im zweiten Lebensjahr spricht, vgl. *Vyt* 1989) und zwar in direkter Abhängigkeit vom sozioökonomischen Status der Familie. Die Negativentwicklung hielt auch weiterhin an. Die Untersuchung von *Escalona* weist darauf hin, daß auch bei „fulltermbabies" negative Kontextbedingungen Wirkung zeigen, Frühgeborene aber eine erhöhte Sensibilität bzw. Vulnerabilität aufweisen.

Konzepte wie das der „biologischen Abschirmung", des „Puffers", der „relativen Robustheit" oder das der hohen Kompensationsfähigkeit wurden aufgrund der Untersuchungen von Kindern mit verschiedenen medizinischen Risiken (*O'Dougherty, Wright* 1990) entwickelt. Sie betonen die „Kompetenz" von Säuglingen, seine Fähigkeit, auf die Umwelt einzuwirken (*Rauh* 1989), so daß sie – wie *Bronfenbrenner* (1988 zitiert bei *Rauh* 1989) hervorhob – auf diese Weise selbst ihre Entwicklung beeinflussen. Eine solche Sicht setzt einen gewichtigen Kontrapunkt gegen die pathologisierende Darstellung des Säuglings durch *Freud* und in seiner Folge durch *Spitz, Mahler* und in Sonderheit durch *Melanie Klein* und die in ihrem Einfluß stehenden Analytiker, z. B. *Bion, Kernberg* u. a. sowie gegen die auf diesen einseitigen und zum Teil falschen Annahmen aufbauenden Pathogenesetheorien dieser Autoren. Wir haben an anderer Stelle diesen Aspekt psychoanalytischer Theorienbildung als „unbewußten Ausdruck protektiver Impulse gegenüber dem Säugling" gedeutet (*Petzold* 1991c): Indem man ihn als extrem hilflos und krank hinstellt, wird damit einem (genetisch vorgegebenen) *„parenting-programme"* (*Papoušek, Papoušek* 1981) der Fürsorge und des Schutzes entsprochen. Es liegt nach dieser Darstellung wichtiger Befunde klinischer Entwicklungspsychologie die Konklusion nahe: Theoreme über offenbar monokausal wirkende „frühe Störungen" sollten nicht zur Grundlage weitreichender Schlußfolgerungen für die Krankheitslehre gemacht werden, etwa für die Pathogenese der Borderline-Erkrankung (*Rhode-Dachser* 1979; vgl. aber die halbherzigen Infragestellungen ihrer Position im Vorwort zur neuesten Auflage aufgrund einer selektiven Rezeption der neueren Babyforschung, ohne daß von der Autorin die angedeutete, notwendige Revision – und sie müßte eine sehr grundsätzliche werden – der Theorie in Angriff genommen worden wäre, eadem 1989).

Die Vorstellung vom „kompetenten Säugling" (vgl. *Stone* et al. 1973 und jetzt *Dornes* 1993), der aufgrund protektiver Faktoren Entwicklungsrisiken meistern und Entwicklungsrückstände aufholen kann, eröffnet eine positive Perspektive, nicht zuletzt in interventiver Hinsicht, wenn es nämlich gelingt, das *„continuum of casualty and caretaking"* zu beeinflussen und zu verändern, „Ketten adversiver Ereignisse" durch das Heranführen von Ressourcen und Zur-Verfügungstellen supportiver Faktoren, d. h. durch das Initiieren „protektiver Prozesse" zu beeinflussen. Es wäre aber verfehlt, aufgrund der Forschungslage von einem „robusten" oder gar „unverwüstlichen" Säugling zu sprechen, nur weil salutogene Einflußgrößen Risiken vermindern und protektive Faktoren eine gewisse Widerstandsfähigkeit fördern und weil offenbar in der Säuglingszeit eine gute Elastizität gegeben ist.

Als Folgerung der in diesem Abschnitt referierten Studien kann man durchaus festhalten: Ein guter Anfang ist wichtig – und eine normal verlaufende Geburt ist ein guter Anfang –, aber sie ist nicht die uneingeschränkte und bedeutendste Einflußgröße für den Verlauf der weiteren Entwicklung. Die Eigenschaften des Kindes sind ein bestimmendes Moment. Seine Interaktion mit den relevanten *„caretakers"* und deren Interaktion mit dem Säugling über die Zeit hin sind ein ausschlaggebendes Moment, und Babys, die in dieser Interaktion *kompetent* sind und eine aktive Rolle spielen, haben besonders gute Entwicklungschancen. Säuglinge mit einem Handikap oder massiven Entwicklungsrisiken sind auch für ihre weitere Entwicklung mehr *„at risk"*, nicht zuletzt, weil sie im Zusammenspiel mit ihren relevanten Bezugspersonen weniger zu „stimmigen" Interaktionen kommen, zu einem guten *„fit"*, guten *„matches"*, gutem *„affect attunement"* (*Stern* 1985), einer optimalen *„Kommotibilität"* (*Petzold* 1991e) oder *„Kontingenz"* (*DeCasper, Carstens* 1981). So kann *kommunikative Kompetenz* und *Performanz* sowohl von seiten des Säuglinges als von seiten der Mutter bzw. anderer *„relevant caregivers"* als ein bedeutsamer protektiver Faktor gesehen werden, der gelingende Interaktion ermöglicht. Beeinträchtigungen bei einem oder beiden der Interaktionspartner „Kind und Erwachsener" erhöhen das Risiko mißlingender Kommunikation und damit gesunder Entwicklung erheblich.

2.2 Situations- und Selbstbewertungen

Schon im pränatalen Bereich reagiert der Föte im letzten Gestationstertial auf Schmerzreize mit einem „agitiert-motorischen Muster". Säuglinge versuchen, motorisch adversiver Stimulierung zu entgehen. Von diesen einfachen Reaktionsweisen bis zu einer negativen Situationsbewertung ist es ein langer Weg. Eine solche beginnt sich im zweiten Lebensjahr mit dem Erwachen der persönlichen „awareness" (*Kagan* 1981) zu entwickeln (*Vyt* 1989). Die Bedingungen, die zu archaischen Situationsbewertungen führen, hat *Katherine Nelson* (1989) aufgrund von Einschlafmonologen und Eltern-Kind-Dialogen aus diesem Zeitraum dokumentiert. In dieser *„world of stories"* (*Stern*

1989a, 1990), in der sich eine Biographie zu formieren beginnt, werden *Identifizierungen*, d. h. Attributionen aus dem Außenfeld allmählich einfachen und in der Folge immer komplexer werdenden Bewertungsprozessen (*appraisal, valuation*) unterzogen. Die Ermöglichung solcher Bewertungsprozesse ist ein äußerst wichtiges Moment in der Eltern-Kind-Interaktion des zweiten Lebensjahres. Diese Interaktion ist nicht mehr nur durch Muster des *„intuitive parenting"* als „mitgegebenen Handlungskompetenzen" gesichert, sondern erfordert von den Eltern empathische Leistungen, ein *„sensitive caregiving"* (*Vyt* 1989; *Petzold* 1991e), das gewährleistet, daß das Kind in einer Art „psychologischer Atempause" eine *Resonanz* auf die eingehenden Attributionen finden kann, sie mit vorgängigen Erfahrungen – insbesondere seinen rudimentären Identitätsfolien und Selbstkonzepten – abgleicht, um sie innerlich abzulehnen oder sie mit *Identifikationen* zu belegen (vgl. *Petzold* 1992a, 530 f). Dieses Moment des *„appraisal"* ist in der Regel als *kognitives* herausgestellt worden. Eine solche Zuordnung greift sicher zu kurz, es sei denn, man faßt den Kognitionsbegriff so weit (und dann wahrscheinlich unzulässig weit), daß man das Moment der Emotionalität unter ihm subsumiert.

Die neuere Emotionsforschung und komplexere Emotionstheorien geben zu einer solchen Annahme keinen Anlaß (*Izard* 1977; *Leventhal* 1979; vgl. *Petzold* 1991b). In Bewertungsprozesse gehen kognitive *und* emotionale Schemata ein, ja, blickt man auf Mimik, Gestik, Haltung, so wird deutlich: Die *appraisals* oder *valuations* werden auch von *somato-motorischen Schemata* begleitet. In den Prozessen der Identitätsbildung, die im zweiten Lebensjahr mit Ausbildung einer „archaischen Identität" (*Petzold* 1991e) beginnen und im vierten Lebensjahr einen Kulminationspunkt erfahren, spielen Bewertungsparameter, d. h. kognitive Einschätzungen *und* ihre emotionalen Konnotationen eine große Rolle, denn sind sie positiv, so stellen sie einen gewichtigen protektiven Faktor dar, sind sie negativ, so führen sie zu negativen „subjektiven Theorien" (*Flick* 1991) über das Selbst, d. h. sie konstituieren Risikofaktoren. Dem Aufbau positiver „selbstreferentieller Gefühle" (*Petzold* 1992a, 823 ff.) als Grundlage der Ausbildung positiver Selbstkonzepte und eines positiven Identitätserlebens ist deshalb größte Bedeutung zuzumessen. Nur Menschen, die ein klares *Selbstgefühl* haben, eine *Selbstgewißheit*, die sich zum *Selbstwertgefühl* verdichtet und dann zu einem positiven *Selbstbewußtsein* führt (ibid., 677 ff.), Menschen, die nicht von Minderwertigkeitsgefühlen und Selbstzweifeln gequält werden, die sich nicht abwerten, sondern sich für wertvoll halten (weil sie Wertschätzung erfahren haben), haben gute Chancen in der Bewältigung ihrer „Entwicklungsaufgaben" (*Havinghurst*). Feinanalysen des Aufbaus von Selbstkonzepten zeigen, daß diese wesentlich durch die Internalisierung positiver Attributionen aus dem sozialen Kontext erfolgen. Dabei spielen die Bezugspersonen oder zumindest *eine* wichtige, positive Bezugsperson eine wesentliche Rolle, wie aus verschiedenen Longitudinalstudien ersichtlich wird (siehe unter 2.5). Das *„appraisal"* gewinnt, ist es einmal ausgebildet, eine bestimmende Qualität für unsere Situationswahrnehmung. *Zimrin* (1986) hat in seinen Longitudinaluntersuchungen zu „Überlebensstrategien" eine Reihe instruktiver Beispiele für das Moment des *„appraisal"* gebracht, die zeigen, daß es sich hier keineswegs nur um eine kognitive, sondern auch um emotionale Bewertungen handelt (wir ziehen daher den Begriff der *„valuation"* vor, vgl. *Petzold* 1992a, 532 ff.). Ein Junge der Untersuchungsgruppe *Zimrins* berichtet, daß seine Mutter ihn mit dem Satz vorstellte: „Haben Sie jemals etwas so Dummes gesehen?" Der Junge erzählte dann den Forschern: „Ich blieb dazu stumm, aber in meinem Herzen sagte ich mir: ‚Ich bin nicht blöde. Sie selbst ist blöde.'!" Dieser Junge hatte durch protektive Umwelteinflüsse (die es unter Forschungsperspektive, aber auch in therapeutischen Prozessen jeweils zu lokalisieren gilt), die Möglichkeit entwickelt, *Identifizierungen* aus der Außenwelt, positive und negative Attributionen mit einem relativ stabilen Selbstkonzept abzugleichen *und* kognitiv sowie emotional zu gewichten. Die Prägnanz des vorhandenen Selbstkonzeptes und die Fähigkeit zu solchen Bewertungen müssen als protektive Faktoren gesehen werden, denn fehlt es an Prägnanz des Selbstbildes oder ist dieses einseitig negativ, so daß eventuelle positive Attributionen gar nicht zum Tragen kommen können – was häufig bei negativen Selbstreferenzen, z. B. Minderwertigkeitsgefühlen der Fall ist –, so findet die Fähigkeit zu *appraisal/valuation* keinen Bezugspunkt oder zumindest keinen adäquaten, so daß es beständig zu Fehlwertungen kommt. Aus dem gleichen Forschungssample berichtet ein anderer Junge: „Zu Hause ist alles Scheiße, aber woanders lernte ich, daß ich etwas wert bin. Die Kinder in Schule haßten mich, aber mein Zeugnis war hervorragend, und die Lehrer schätzten meine Leistung" (ibid). Hier wird deutlich, wie externaler Support ein positives Selbstbild aufbauen und soweit stärken kann, daß dieses zum „protektiven Faktor" gegenüber feindseligen (*adversive*) Einflüssen und externalen Negativattributionen wird. Die positive Selbstattribution bzw. die Bewertung der eigenen Möglichkeiten, des eigenen Wertes, ist stärker. Noch ein anderer Junge berichtet über seine Mutter: „She beats me because she is disturbed... and.... I just happened to fall into her hands." Hier ist offensichtlich die Möglichkeit gewachsen, das eigene, gesunde und normale Funktionieren gegenüber einem kranken, verwirrten, pathologischen Verhalten abzuwägen (she ist disturbed). Diese Bewertung gewinnt einen protektiven Charakter. Sie hat einen Erklärungswert. Das Kind sieht die Schicksalhaftigkeit seiner Situation und auch, daß seine Mutter nicht bösartig ist, „just disturbed". Eine derartige „innere Distanzierung" von der Situation wird natürlich als Schutzfaktor allein nicht genügen, weil die auftretenden, emotionalen Defizite – hier etwa Vernachlässigung und Mißhandlung – kompensiert werden müssen. Unter Forschungsperspektive (und natürlich auch unter klinisch-therapeutischer) müßte gefragt werden, wo diese protektiven Faktoren anzusiedeln sind, denn ein Mädchen des gleichen Forschungssamples kommt zu einer ganz anderen Bewertung: „It is impossible that they beat me like that if I don't deserve it" (*Zimrin* 1986, 140). Es geht aus diesen Beispielen aus der Untersuchung von *Zimrin* – und jeder praktizierende Kinderpsychotherapeut würde zahlreiche ähnlich gelagerte Beispiele aufführen können – hervor, daß Kinder für vergleichbare Negativsituationen völlig verschiedene *Valuationen* haben und daß sie über unterschiedliche Kompetenzen verfügen, mit derartigen Situationen umzugehen. Es wird damit deutlich, daß negative *„events"* allein keine hinreichende Erklärungsgrundlage für Fehlentwicklungen bieten, sondern daß eine *transaktionale* Beziehung zwischen *externalen*, situativen Aspekten und *internalen*, individuumsspezifischen Dimensionen in den Blick genommen werden müssen bzw. die psychobiologische Konstitution, das Temperament, die kognitive und emotionale Bewertung von Situationen, das Selbstbild, wobei diese Größen natürlich in ihrer Ausprägung nicht ganz unabhängig von Situationseinflüssen sind. Die Untersuchung früher Formierungsprozesse (*Dunn* 1987, 16; *Nelson* 1990; *Stern* 1985; *Bischof-Köhler* 1989) zeigt dabei, daß die Beziehung von Kindern zu ihrer Umgebung aktiver ist und stärker von Momenten kognitiver Kompetenz und emotionaler Bewertung bestimmt wird, als dies bislang angenommen wurde (*Hopkins* 1989; *Rutter* 1990), wobei allerdings kulturspezifische Einflußgrößen mit in Betracht gezogen werden müssen (*Barrat* 1993).

Der von der Longitudinalforschung herausgearbeitete Stellenwert des positiven Selbstbildes als protektiver Faktor hat für biographische, therapeutische Arbeit in diagnostischer und interventiver Hinsicht eine hervorragende Bedeutung. In anamnestisch-explorativer Arbeit müssen die Bedingungen des Entstehens von *selbstreferentiellen Gefühle* (*Petzold* 1992b), von *Selbstbildern* und *Identitätsfolien* angeschaut werden, und es muß versucht werden, aufgefundene Defizite oder Schädigungen durch therapeutische Maßnahmen zu kompensieren, d. h. neue Möglichkeiten der kognitiven und emotionalen Selbstbewertung durch die Verinnerlichung externaler Fremdbewertungen (wiederum auf kognitiver und emotionaler Ebene) zu korrigieren (vgl. 4).

Garmezy (1981) nennt unter den Faktoren, die „kompetente Kinder" in benachteiligten Familiensituationen auszeichnen, Kinder also, die trotz Armut und familiärer Probleme überleben und eine positive Persönlichkeitsentwicklung nehmen können, als bedeutende, persönliche Eigenschaft den *„positive sense of self"*. *Werner* (1986) findet den gleichen Faktor, den er *„positive self-concept"* nennt, und *Murphy* und *Moriarty* (1976) umschreiben die Zusammenhänge einfach: *„the child likes himself"*. Die Studie von *Zimrin* (1986) stellt denn auch im *„survival profile"* für Kinder mit der besten Bewältigungsleistung *ein hohes Maß positiver Selbstwertung* als wichtigsten Faktor heraus.

Diese longitudinalen Untersuchungen verwenden den Begriff des *„self"* ohne explizite theoretische Anbindung. Im Hintergrund stehen in der Regel die Annahme kognitiver Schemata oder psychodynamische Gleichgewichtsmodelle (bei *Murphy, Moriarty* 1976). Es wird hier der Bedarf an persönlichkeitstheoretischer Konzeptualisierung deutlich, die Aufgabe, Entwicklungspsychologie und Persönlichkeitstheorie zu verbinden, zumindest wenn man in klinisch interventiver Hinsicht therapeutisch tätig werden will. Es wird aufgrund der vorliegenden Forschung, insbesondere bei komplexeren Designs (*Werner, Smith* 1982) ersichtlich, daß es sich bei Bewertungsprozessen nicht nur um *kognitive Stile* handelt, sondern daß vielmehr *kommunikativ-interaktive* Momente als *Verhaltensstile* oder -schemata ins Spiel kommen, daß *emotionale Stile* oder Schemata (*Ulich* 1992; *Petzold* 1991e) einbezogen werden müssen und – unter neuromotorischer Perspektive – auch *sensumotorische Stile* oder Schemata, wie sie sich in Mimik, Gestik, Bewegung, Koordination, Tonus, endokrinem und immunologischem Geschehen – psychosomatischen Reaktionsbildungen also – zeigen (*de Groot* et al. 1992; *Kalverboer* et al. 1993; *Salvesbergh* 1993; *Hopkins, Vermeer* 1992). Daß die konzeptuelle Basis breiter gefaßt werden muß, als dies mit einem ausschließlich kognitivistischen Ansatz geschieht, mag exemplarisch an einer Arbeit von *Dunn* (1987) demonstriert werden, die nach einer Erklärung für das Faktum sucht, daß die Wirkung von *zwei* Krankenhausaufnahmen für Kinder belastender ist als der Streß *einer* Hospitalisierung (dabei müßte allerdings berücksichtigt werden, welche Erfahrungen diese Kinder mit dem Krankenhausaufenthalt gemacht haben). Die Autorin erklärt den nachhaltigen Einfluß der zweiten Krankenhausaufnahme durch eine „sensitivisierende", kognitive Bewertung aufgrund der Reflexion der ersten Hospitalisierung (ibid. 20). Die auf diese Weise entstehende „Empfindlichkeit" in der Erinnerung an die Erstaufnahme und ihre *kognitive Bewertung* führen nach *Dunn* zu den ängstlichen und abwehrenden Reaktionen bei der zweiten Aufnahme. Hier geht es aber doch eindeutig – sowohl beim ersten wie beim zweiten Aufenthalt – auch um *emotionale Erfahrungen* und Reaktionen, und da diese Kinder aufgrund somatischer Krisensituationen hospitalisiert wurden, um ein eminent *leibliches* Geschehen. Wer mit Kindern bei Erst- und Mehrfachaufenthalten im Krankenhaus gearbeitet hat (wo Blut entnommen wird, Spritzen gesetzt werden, Bronchoscopien oder andere invasive, diagnostische Untersuchungen oder chirurgische Eingriffe vorgenommen werden müssen), weiß um das *leibliche* Abwehrverhalten in Form von Mimik, Gestik, Verspannungsmustern, Kreislaufreaktionen etc. Die Vernachlässigung dieser Parameter in der Forschung kann eigentlich nur mit einer Abwehr dieses „hautnahen Geschehens" durch die Kliniker und Forscher erklärt werden. Insgesamt tut also hier eine „ganzheitlichere Betrachtung" not.

2.3 Die Bedeutung persönlicher Eigenschaften als protektive Faktoren

Es wurde schon verschiedentlich erwähnt, daß bestimmte persönliche Eigenschaften die Qualität „protektiver Faktoren" haben können. Bei der Durchsicht der Literatur imponieren genetische Ausstattung, Temperament, Geschlecht, Selbstbild, soziale Fertigkeiten.

Grundsätzlich gehört zu den persönlichen (*internalen*) protektiven Faktoren die basale Ausstattung und Vitalität des Organismus. Beim Säugling ist dies ein uneingeschränktes, optimales Funktionieren seiner sensumotorischen Fähigkeiten, seiner emotionalen und seiner sozialkommunikativen Möglichkeiten sowie seines *kognitiven* Potentials. Dabei ist folgendes zu beachten: Die neuere Forschung zeigt, daß sich kognitive Funktionen nicht wie in der Theorie *Piagets* (und auch bei *Freud*) auf der Grundlage von sensumotorischen Fähigkeiten entwickeln, sondern daß kognitive Strukturen sich schon intrauterin ausbilden, so daß sie bei der Geburt da sind und sich folglich bei Kindern in den ersten Lebenswochen und -monaten erstaunliche kognitive Leistungen feststellen lassen (vgl. z. B. *Baillargeon* et al. 1992; *Diamond* 1990). Diese formieren sich zur Sensumotorik nicht synchron, sondern diachron. Wenn auch wechselseitige Einflüsse vorhanden sind, so sind sie doch eher schwach ausgeprägt, wie fehlende Signifikanzen in der Evaluation etwa des Ansatzes von *J. Ayres* zeigen (*Netelenbos* 1988). Es ist demnach von einer Non-Equivalenz des kognitiven und motorischen Bereiches auszugehen. Neben die Frage nach der Interaktion von kognitiven, emotionalen und motorischen Kompetenzen und Performanzen muß die Frage der *„domain specifity"* gestellt werden, aus der sich die Frage nach der *„mediation"* zwischen den *„domains"* dann weiter (ibid. 292) aufklären läßt, was wiederum erhebliche interventive Konsequenzen haben könnte.

Es wäre also falsch, kognitiven Momenten und ihrer Förderung für den Frühbereich geringe Bedeutung zuzumessen. Das Maß an kognitiver Stimulierung in den Interaktionen von Müttern und Säuglingen ist beträchtlich, und das Faktum, daß der Bildungsstand der Mutter zu den protektiven Faktoren bei Risikokindern gehört, ist sicher nicht allein dem Umstand beizumessen, daß sich diese Mütter im Pflegeverhalten intelligenter verhalten oder sie bei Interventionsmaßnahmen besser kooperieren, sondern auch darin, daß sie in der Regel mehr kognitive Stimulierung bereitstellen und dieses Potential des Kindes besser zu nutzen verstehen. Gelingt es Bezugspersonen, die verschiedenen *Potentiale* und *„domains"* des Säuglings und Kleinkindes (und dies gilt prinzipiell für jedes Lebensstadium) optimal anzusprechen, zu vernetzen und zu fördern, dürfte darin ein wesentlicher salutogener Einfluß zu sehen sein.

Ein weiteres, bedeutsames Konzept, das bei Überlegungen zu protektiven Faktoren und Prozessen in den Blick genommen werden muß, ist das *„Temperament"*. Die Temperamentforschung (vgl. *Zentner* 1993a, b) hat in der US-amerikanischen Literatur zunehmend Beachtung gefunden und wird im deutschsprachigen Bereich erst in jüngster Zeit zur Kenntnis genommen – sie trägt am Erbe des Temperamentbegriffes, der in der deutschen Psychologie sehr zwiespältige Resonanzen auslöst. Da die Absicherung des Temperamentkonzeptes indes durch fundierte Longitudinalforschung gegeben ist, bietet es für das Verständnis von Entwicklungsprozessen und für die Therapie mit Kindern, Jugendlichen, aber auch mit Erwachsenen beachtenswerte Perspektiven.

„Unter *Temperament* ist der Verhaltensstil bzw. die Art und Weise zu verstehen, in der ein Kind Handlungen ausführt". Definitionen dieser Art, wie man sie in der Literatur in dieser oder ähnlicher Form findet, haben keine hohe Eindeutigkeit. Deshalb hat man zur Umschreibung von Temperamenten beobachtbare Qualitäten verwendet, z. B. das Aktivitätsniveau, Stimmungsänderung, Neugierverhalten, Annäherung oder Rückzug „bei ungewohnten Situationen", spezifische emotionale Reaktionen usw. Dies führte zu einer biopsychologischen bzw. ethologischen Theorie des Temperaments, die davon ausgeht, daß individuelle Reaktionen in psychophysiologischen Dispositionen gründen (*Kagan, Gibbons, Johnson, Reznick, Snidman* 1990). Temperamente sind Einflußgrößen im Umgang mit Umweltanforderungen, insbesondere mit „stressfull life events". *Swets-Gronert* (1988) gibt hier folgendes Beispiel: Zwei Jungen wechseln auf die Hauptschule und finden dort eine schwierige Situation auf dem Schulhof vor. Der erste Junge sagt: „Wenn sie mich verprügeln wollen, dann gehe ich einfach weiter, und dann denken sie, daß ich keine Angst habe!" Der andere Junge: „Wenn sie sich mit mir schlagen wollen, dann baue ich mich vor ihnen auf und mache einen Schritt nach vorne, und dann machen die einen Schritt nach hinten!" Die Feinanalyse solcher Verhaltensweisen zeigt (und dies nicht nur in sorgfältigen retrospektiven Explorationen, sondern durch prospektive Forschung), daß es sich hier um *Verhaltensstile* im Sinne des Temperamentkonzeptes handelt. Im Kontext unserer Arbeit ist nun die Frage zu stellen, ob Temperament eine protektive Wirkung mit Blick auf widrige Umstände hat und haben kann. *Thomas, Chess* und *Birch* (1968), Protagonisten der Temperamentforschung, führten die Begriffe „einfaches" und „schwieriges" Temperament ein. Kinder mit einem „schwierigen Temperament" haben einen Verhaltensstil, der für die Eltern und die Umgebung erhebliche Schwierigkeiten aufwirft durch negative Launen, heftige Reaktionen, Unausgeglichenheit, unregelmäßige Wach-, Schlaf- und Essensrhythmen, ein schlechtes Anpassungsvermögen, ein hohes Rückzugsverhalten. Kinder mit „einfachem Temperament" zeigen die entgegengesetzten Eigenschaften. *Rutter* (1985) konnte aufgrund seiner Untersuchungen zeigen, daß Kinder mit einem einfachen Temperament gegenüber Disharmonien in der Familie weniger empfindlich sind, was durch die Forschungen von *Swets-Gronert* (1988) bestätigt wird: Kinder mit einfachem Temperament zeigen weniger negative Folgen bei leichten oder ernsteren Formen von Familienstreß. Hier aber tut eine differenzierende Betrachtung not. Es kann nicht ohne weiteres davon ausgegangen werden, daß ein Persönlichkeitsfaktor wie „einfaches oder schwieriges Temperament" unbesehen als risikofördernder oder protektiver Faktor eingestuft werden kann. *Kalverboer* (1988) verweist auf Forschungen von *De Vries* (1984), aus denen sich ergibt, daß bei den Masai, einem afrikanischen Völkerstamm, gerade ein „schwieriges Temperament" (im Sinne von *Thomas* und *Chess*) die Überlebensaussichten von Kindern erhöhte. Die Mortalität bei Kindern mit einem einfachen Temperament lag höher. *De Vries* argumentiert, daß die einfach zu handhabenden Kinder nicht so gut imstande waren, das Versorgungsverhalten der Mütter abzurufen, wie die schwierigen. Es wird also der jeweilige soziokulturelle Kontext zu betrachten sein, um Aussagen darüber zu treffen, ob ein einfaches Temperament ein protektiver Faktor ist oder nicht. Auch im Hinblick auf das Geschlecht zeigt sich die Wichtigkeit der Kontextvariablen. In zahlreichen Forschungsarbeiten wurde deutlich, daß in der Gruppe der Kleinkinder und Kinder Mädchen gegenüber Risikofaktoren widerstandsfähiger sind als Jungen (*Garmezy* 1981; *Rutter* 1981; *Dunn* 1987). Die schon erwähnte Studie von *Pianta* und *Egeland* (1990) zeigt aber ein anderes Ergebnis. Man wird also, ähnlich wie im Hinblick auf die *„labeled environments"* (*Wachs, Gruen* 1982; *Richters, Weintraub* 1990), jeweils in Feinanalysen situationsspezifische Bewertungsparameter zu erheben haben, weil Verhaltensbewertungen, kultur-, schicht-, ja familienspezifisch variieren können („Mein Sohn hat einen Dickschädel wie ich, der läßt sich nichts sagen!" – schwieriges Temperament positiv bewertet; „Mein Sohn ist absolut schwierig. Er läßt sich nichts sagen. Es ist schlimm!" – schwieriges Temperament negativ bewertet usw.).

Einfaches Temperament, ansprechendes Äußeres, Kontaktfähigkeit, kommunikative Kompetenz... all diese Eigenschaften als „individuelle Qualitäten" einer Person erweisen sich nicht nur bei Kleinkindern, Kindern und Jugendlichen als wichtige Einflußgrößen. Sie zeigen sich auch im Erwachsenenalter als protektive Einflußgrößen, nicht zuletzt auch als prognostische Indikatoren bei Patienten. Neurose-, Sucht- und Psychiatriepatienten, die die genannten Merkmale nicht aufweisen, sind genau die Gruppe, die immer wieder durch das *Netz* „der helfenden Agenturen" fallen, nicht zuletzt, weil sie auch bei den Helfern schlechtere Karten haben als „sympathische" Patienten. Die Frage, was in Patientenkarrieren Risiko- und protektive Faktoren sind, wird für die klinische Psychologie und für die Psychotherapie noch von großem Interesse sein.

2.4 *Lebensstandard und psychosoziale Situation als Schutz- und Risikofaktoren*

„Im Klassenzimmer konnten sie gähnen wie keine sonst. Wieder zu spät ins Bett gegangen! Pausenbrot oder etwas Obst hatten sie nicht dabei. Dafür hatte man zu Hause nicht gesorgt. Während der Pause schauten die Jungen aus jener marokkanischen Familie immer zu ihren Klassenkameraden, die reichliche Lunchpakete dabei hatten. Auf dem Schulhof machten sie sich dann über die Brotreste ihrer Freunde her.“ De Volkskrant 9.4.1991. Hier lag der Ansatz für ein Modellprojekt in Den Haag zur Hilfe für deprivierte Schulkinder, initiiert von Lehrern, die mit den Schulproblemen konfrontiert waren, und Ärzten und Sozialarbeitern, die sahen, wie schwierig es diese Kinder zu Hause hatten: viel zu kleine Wohnung, kein Platz für die Hausaufgaben, ein Schlafraum für alle, Gesundheitsprobleme – das sind eine Menge Risikofaktoren auf einmal. Die Eltern nahmen die Hilfe des Projektes gerne an. Jetzt bekommen die Kinder z. B. jeden Tag ihr Pausenbrot. „Was in Klassenzimmern eindeutig hilft, ist ein gefüllter Magen“, so folgerte die Projektleitung, und sie behielt recht, denn die Kinder folgten dem Unterricht besser als vorher. Man sagt zwar: „Voller Bauch studiert nicht gern!“ Ein leerer Bauch aber kann nicht richtig studieren! Mit Blick auf die internationale Forschungsliteratur kann man sagen, in der Welt sind Armut und Notsituationen der wesentlichste und verbreitetste Risikofaktor für Entwicklung von Kindern (und nicht nur bei ihnen). Von Not, Armut und Katastrophen sind besonders Kinder in den Dritte-Welt-Ländern betroffen (*Baldinger* 1993; *Schwarz* 1993), aber nicht nur dort. „In den Fabriken Portugals schuften 35 000 Kinder“ (*Salzburger Nachrichten*, 14.06.1993, 3). „1,5 bis 2 Millionen Niederländer sind arm. Sie gehören zu 800 000 Familien, die, so hat man festgestellt, permanent in Notverhältnissen leben“ (*Het Parool* 18.3.1993). Das Gutachten des nationalen Kirchenrates „Die Armutsseite der Niederlande“ stellt heraus, daß ein Zehntel der Holländer Armut leidet. Das ist eine Verdopplung der Erwachsenen und Kinder, die unter der Armutsgrenze leben gegenüber der Zeit vor dem „ökonomischen Sanierungsprogramm der Niederlande“, das in den vergangen Jahren installiert wurde. In den Vereinigten Staaten ist eines von fünf Kindern von Armut betroffen (*Werner* 1986), in Großbritannien eines von sechs. Der sozioökonomische Status (SES) bestimmt, wenn auch in sehr unspezifischer Weise, die kindliche Entwicklung und die Häufigkeit und Intensität von fast allen anderen Risikofaktoren (*Kopp, Krakow* 1983). *Wilson* (1985) untersuchte in einer Longitudinalstudie Zwillinge mit einem Geburtsgewicht von weniger als 1750 Gramm. Diese „At-risk“-Zwillinge zeigten signifikante Unterschiede im Hinblick auf die Intelligenzwerte einer Kontrollgruppe von normalgewichtigen Zwillingen über den gesamten Untersuchungszeitraum hin. Die Feinanalyse des „Catch-up-Wachstums“ dieser Kinder, d. h. ihres „Beiwachsens“ ergab, daß Zwillinge aus Familien mit einem hohen sozioökonomischen Status ihren Rückstand völlig aufholten, während Zwillinge aus Familien mit niedrigem SES entwicklungsverzögert blieben. Außerdem korrellierte das Ausbildungsniveau der Eltern signifikant mit dem Intelligenzquotienten der Kinder (gemessen im Alter von 24 Monaten). Die direkte Koppelung des Bildungsstandes der Eltern mit dem SES ist in dieser amerikanischen Untersuchung dem weitgehenden Fehlen von Arbeitslosenunterstützung zuzuschreiben. Der Einfluß des SES ist besonders in den ersten vier Lebensjahren bedeutsam. Bei älteren Kindern scheint dieser Faktor nicht immer so schwer zu wiegen. *Sameroff* und *Seifer* (1983) fanden, daß der Unterschied zwischen Kindern von Müttern ohne finanzielle Probleme und von Müttern mit niedrigem SES nach dem vierten Lebensjahr weniger ausgeprägt ist. Auch hier sind also differenzierende Betrachtungen notwendig. Nicht alle als negativ gelabelten, sozialen Kontexte und nicht jede sozioökonomisch benachteiligte Situation muß zum Risiko werden. Eindeutig aber ist, daß ein guter sozioökonomischer Status ein „protektiver Faktor“ ist, der die vorhandene Elastizität und

Spannkraft, die Kleinkindern eigen ist, ihre natürliche Fähigkeit zur Restitution und Kompensation in sensumotorischer, emotionaler, kognitiver und soziokommunikativer Hinsicht wesentlich fördert und zu einer Wiederherstellung von Schädigungen und zum Ausgleich von Defiziten entscheidend beiträgt.

2.5 *„Significant caring adults"*

> *„It... (is) surprising how a single good relationship within an otherwise disorganized family can help a child to overcome severe difficulties"* (*Koupernik* 1974, 193).

Diese Feststellung wird durch die Mehrzahl der Longitudinalstudien vollauf bestätigt (*Werner, Smith* 1982; *Werner* 1985; *Rutter* 1990). Sie dokumentieren damit auch einen Wandel der entwicklungspsychologischen Perspektive, die nicht mehr einseitig auf Konzepten wie „oraler oder analer" Phase zentrieren, sondern auf andere Grundfakten im Leben des Säuglings und Kleinkindes: Kommunikation, Attachment, Bindung, die eine „secure base" (*Bowlby* 1988) bereitstellen. Dabei wird nun nicht eine primäre „Symbiose", ein undifferenzierter Zustand der Verschmelzung von Mutter und Kind unterstellt, aus dem sich dann durch Differenzierungsleistungen post partum das Baby erst allmählich von der Mutter als abgegrenztes, eigenständiges Wesen erlebt, sondern wir gehen allenfalls von einer frühen, intrauterinen „Konfluenz" aus, bei der sich von dem letzten Schwangerschaftstertial Erfahrungen von Unterschiedenheit ausbilden, die für die frühe nachgeburtliche Zeit als sicher festzustellen sind. Die sozialen, zwischenmenschlichen Beziehungen bilden damit den Schwerpunkt der Betrachtung (*Stern* 1985; *Lewis, Miller* 1988). Sichernde, stützende, soziale Beziehungen sind deshalb von Babyzeiten an als zentraler, protektiver Faktor zu sehen (*Bowlby* 1988). Es kommen hier attachment-theoretische Konzepte ins Spiel. Als Grundlage des Attachements werden biologische Programme angesehen, die kommunikatives Verhalten vom Säugling zu den Eltern und von den Eltern zum Säugling organisieren. In den ersten Lebenstagen schon bevorzugen Babys menschliche Gesichter anderen visuellen Stimulierungen, und es erfolgen einfache Imitationen der Gesichtsmimik (*Meltzoff, Moore* 1977, 1983, 1989). Sie suchen in den ersten Lebenswochen sozialen Kontakt. Mit zwei oder drei Monaten beginnen sie, ihre Eltern spezifisch zu erkennen und gegenüber anderen Kontaktpersonen zu bevorzugen. Sie zeigen sogar – und das steht den Annahmen der Attachment-Theorie entgegen – schon im Alter zwischen 2 – 3 Monaten, wenn sie von der Mutter getrennt werden, Streß, wie teletermographische Messungen zeigen. Es sinkt dann nämlich die Stirntemperatur dieser Babys (*Kobayashi* et al 1991), was allerdings nur von kurzfristiger Dauer ist. Säuglinge dieses Alters sind für Ablenkung und „Umstimmung" gut ansprechbar. Sie reagieren auf alle „babygerechten", sozialen Interaktionsangebote, die „shared action" (*Meltzoff* 1993) ermöglichen, im Sinne einer „multiplen Responsivität" gegenüber Angeboten des „intuitive parenting" (*Papousek, Papousek* 1981). Derartige Angebote sind demnach ein wichtiger, protektiver Faktor, weil sich in ihnen das Baby in seinen sozialen Fertigkeiten üben und diese entwickeln kann. In der Zeit zwischen sechs und acht Monaten beginnen sich dann *„multiple selective attachment-Beziehungen"* auszubilden, Zugehörigkeitsgefühle mit einer *„relationship quality"*, die dazu führen, daß der Säugling irritiert wird, wenn die Hauptbezugsperson – in der Regel die Mutter – oder eine der anderen wichtigen Bezugspersonen aus seinem sozialen Netz weggeht. Wir finden also keine totale Bindung (*total attachment*), sondern *„selective attachments"* (*Rutter, Rutter* 1992, 111 f) zu verschiedenen Personen (zwischen drei und sechs, z. B. Großmutter, ältere Schwester, Kindermädchen, Babysitter, Vater etc.) mit unterschiedlicher Gewichtigkeit. Angst gegenüber Fremden besteht aber nicht, so daß zwischenmenschliche Situationen insgesamt als sichernd und protektiv erlebt werden und liebevoll-spielerische *Interaktionen* auch mit Unbekannten die Regel sind. Erst zwischen dem zehnten und zwölften Monat und dann auch überwiegend bei plötzlicheren Annäherungen ohne „Anwärmphase" kommt Fremdenangst auf. Verbunden ist dies mit der beginnenden „aktiven" Memorations- und Antizipationsfähigkeit. Mit dem dritten Lebensjahr dünnt sich das *„multiple, selektive Attachment"* dann wieder aus, und Kinder können auch von fremden Erwachsenen, die einen „stimmigen Kontakt" anbieten, Zuwendung annehmen. „There is every reason to consider attachment as a crucially important feature of young childrens' social relationships, however is it *not* equivalent to the whole of their relationships" (*Rutter, Rutter* 1992, 114). *Michael Rutter* betont deshalb die Unterscheidung zwischen „attachment *interactions*" und *„selective* attachment *relationships*" (ibid. 116), die die Folge sich wiederholender naher Interaktionen sind. Zweifellos sind also sichere Attachment-Beziehungen ein protektiver Faktor für Kinder (*Sroufe* 1983; *Belsky, Nezworski* 1988), wobei *„insecure attachment"* einen gewissen Risikofaktor für spätere Verhaltensauffälligkeiten darstellt (ibid., vgl. aber *Ellis* 1982). Eine differentielle Betrachtung ist hier wichtig, da Attachement sich auch bei Mißhandlungen entwickeln wird und solche Kinder sich auch in Gefahrensituationen an die sie so negativ behandelnden Erwachsenen, klammern (*Bretherton, Waters* 1985; *Ainsworth* et al. 1978). Daß derartige positive Beziehungserfahrungen insgesamt eine schützende und stützende Funktion gewinnen, ergibt sich aus ihrer *Internalisierung. Bowlby* (1988) nimmt an, daß „internal working models" von Beziehungen entstehen. *Stern* (1985) spricht von R.I.G.s (Representations of Interactions that have been Generalized). Ich habe von „inneren Beiständen" gesprochen (*Petzold* 1969c, 1985l), verinnerlichte *„Personen in Interaktionen"* und ihre Atmosphären als Niederschlag von *Interaktionserfahrungen*, die für den Menschen einen positiven emotionalen Hintergrund bilden, sein Selbstwertgefühl bestärken und im Sinne des *Mead*schen Konzeptes vom *„generalized other"* (*Mead* 1934) z. T. eingeschmolzen werden in das eigene Selbst (vgl. 4).

Für die frühe Entwicklung in der Zeit vor der Ausbildung stärkerer „selektiver Attachments" sind die wohl genetisch disponierten Kommunikationsmuster zwischen Erwachsenen und Babys, die *Papousek* und *Papousek* (1987) als *„intuitive parenting"* bezeichnet haben, ein mächtiger protektiver Faktor, sofern dieses *„early interactional signalling"* (dieselben 1993) funktioniert und nicht etwa durch psychische Störungen der *caretaker* gestört ist. Bei depressiven Müttern finden sich bei den Babys weniger motorische Aktivitäten, insbesondere in der Gesichtsmimik (*Field* et al. 1985), und bei „gespieltem" depressiven Gesichtsausdruck von seiten der Mütter – wie in einem Experiment von *Cohn* und *Tronik* (1983) – reagierten die Babys irritiert. Weil aber das „Intuitive parenting"-Verhalten transkulturell auffindbar ist – bei Männern, Frauen und Kindern (ältere Geschwister, Babysitter) – und als artspezifischer, kollektiv verankerter Schutzfaktor zum Tragen kommt, besteht für die Bonding-Doktrin von *Bowlby, Klaus, Kennell* u. a. eigentlich keine Notwendigkeit, zumal das Parenting-Muster sich im kommunikativen Vollzug durch den sich in ihm vollziehenden, wechselseitigen „emotionalen Ansteckungseffekt" noch verstärkt. Dabei kommt dem Auslösen und Austauschen positiver Affekte besondere Schutzfunktion zu, die bei Risikokindern (*Goldberg* 1979; *Kagan* et al. 1990) oft fortfällt, wenn sie ihre Umgebung nicht „triggern" wie gesunde Babys, die schon in den ersten Lebenswochen ein umfangreiches, emotionales Repertoire in differenzierter Gesichtsmimik aufweisen, welches überwiegend dem Muster diskreter Emotionen bei Erwachsenen entspricht (*Oster* 1978). Schon bei Frühgeborenen finden sich diskriminierbare mimische Muster (ibid.), ja, solche sind schon im letzten Gestationstertial feststellbar (*Birnholz* 1986). Das Wechselspiel der Emotionen, das in den ersten beiden Lebensjahren und darüber hinaus zu einer „emotionalen Differenzierungsarbeit" (*Petzold* 1969c) zwischen Erwachsenen und Babys bzw. Kleinkindern führt (*Malatesta* et al. 1989), wobei Mimik, Gestik, Berührung, Blicke, Hände spielerisch eingesetzt werden (*Papousek, Papousek* 1993; *Hopkins* 1993), ist ein transkulturell wirksames, protektives Parenting-Muster (*Bornstein* 1991). Es bildet eine Grundlage für Beruhigung, Tröstung, Spielaktionen, die Spannungen abbauen und für beide, den Säugling und den *Caregiver*, einen „pleasurable state" aufbauen. *Papousek, Papousek* und *Haeckel* (1987) stellen folgende supportive und stimulierende Aktionen heraus:

1. *Erhöhung der Stimmlage, um sich der des Babys anzunähern;*
2. *Gebrauch einfacher, sich wiederholender Laute;*
3. *Abgehen von der Erwachsenenprosodie zu repetitiven, melodischen Mustern einer Babyprosodie;*
4. *Adaptierung dieser Prosodie an die Interaktion mit dem Kind, um Imitationsvorlagen zu bieten;*
5. *Imitation der Laute des Babys mit begleitender imitierender Mimik, um den Kommunikationsprozeß zu fördern;*
6. *Modulation vokaler Kommunikation mit begleitender, emotional getönter Expression von spielerischer, freudiger Charakteristik, was zu wechselseitiger Bekräftigung intrinsischer Motivationen führt;*
7. *Förderung kommunikativer Feinstrukturen, die letztlich den Spracherwerb vorbereiten und ermöglichen.*

Wie für die Frühphase derartige Kommunikations*muster* des *„intuitiven parentings"*, die in **Intuition** *(Bastik* 1982) gründen, als protektiv bzw. salutogen anzusprechen sind, scheinen sie auch in *Parenting*-Sequenzen regressionszentrierter Erwachsenentherapien mit leiborientierten Methoden zu wirken (*Petzold, Orth* 1993). Auch für die mit dem zweiten Lebensjahr einsetzenden Kommunikations*formen* des *„sensitive caregiving"*, die in **Empathie** (*Katz* 1963) gründen und weniger den Charakter prädisponierter *Muster* haben, haben eine solche protektive Qualität. Sie schließen als kulturspezifische, individuell zugepaßte, kommunikative *Formen* zwar durchaus an die frühen Parentagemuster an, nuancieren sie aber mit Blick auf die sich zeigende Persönlichkeit des Kindes.

»Differentielle Parentage-/Reparentageprozesse im Bereich des Entwicklungsniveaus des Kleinkindes vom zweiten bis zum vierten Lebensjahr erfordern:

1. *Einstimmen auf die emotionale Lage des Kleinkindes.*
2. *Austausch mimischer und vokaler affektiver Botschaften.*
3. *Differenzierende Benennung von Gefühlen und inneren Zuständen mit affektiver Intonation in altersspezifischer, kindgemäßer Weise.*
4. *Umstimmen von Affekten des Unwohlseins, der Irritation, des Schmerzes usw. in Richtung positiver Gefühlslagen.*
5. *Fördern von Kommunikationsvielfalt in komplexeren sozialen Situationen.*
6. *Vermitteln von Sicherheit, Reduktion von Fremdheitsgefühlen durch Gewährleisten von „schützenden Insel-Erfahrungen".*
7. *Bereitstellen von stimulierenden Angeboten durch Spiel, Experimentieren, Wahrnehmungs-, Erfahrungs- und Erlebnismöglichkeiten „mit allen Sinnen" (Merleau-Ponty).*
8. *Hilfen bei der kognitiven Strukturierung von Situationen.*
9. *Ermöglichen empathischer Verhaltensweisen von seiten des Kindes zum Erwachsenen im Sinne „mutueller Empathie".*
10. *Aushandeln von Grenzen in der Kommunikation, damit der „potential space" (Winnicott) zugleich Freiraum und Struktur, Explorationsmöglichkeiten und Sicherheit bietet.*

Diese Verhaltensformen kommen dann auch in der regressionsorientierten leib- und bewegungstherapeutischen Arbeit mit jugendlichen und erwachsenen Patienten zum Tragen, insbesondere in der TGW« (Petzold 1969c).

Menschen brauchen also aktual greifbare und internalisierbare, positive Bezugspersonen und dies nicht nur in der Baby- und Kleinkindzeit. Bei allen „Statuspassagen" (Kindergarten Schule, Schule Berufsleben usw.) und dem damit verbundenen „normalen Streß" während der Veränderungen und Wachstumsübergänge (*transitions*) in der Jugendzeit und bei allen tiefgreifenderen Umstellungen im Erwachsenenleben, ja bei Lebenskrisen, sind verläßliche „Beistände" als Einzelbeziehungen und als stützende Netzwerke zur Existenzsicherung und Stärkung *personaler Identität* (*Petzold* 1984i; *Kames* 1992) erforderlich. Für die Kinder ist die Familie das primäre Netz, sind die Familienbeziehungen das durchtragende Moment und die Voraussetzung für eine gesunde Entwicklung. Stellt man hier aber mit *Dunn* (1987) die hohe Arbeitstätigkeit von Müttern mit kleinen Kindern in Rechnung, die Vielzahl der Ehescheidungen, die große und ständig wachsende Anzahl von Alleinerziehenden, so wird damit ersichtlich, daß immer mehr Kinder in die Situation kommen, über nur schwache soziale Netzwerke zu verfügen, in denen es schwierig ist, zuverlässige Bezugspersonen zu finden, die ausreichend Zeit haben und über das erforderliche Maß an Wertschätzung und Akzeptanz verfügen. Belastungssituationen wie Umzüge, Einschulung, die Geburt von Geschwistern, Trennungen und Streit mit Freundinnen und Freunden, Schulstreß, all das, was sich ohnehin in normalen Entwicklungsverläufen findet, erhalten dann nicht den flankierenden Schutz und Support, der oftmals notwendig wäre. Die notwendige Vertrauensbeziehung, positive „selektive Attachement-Beziehungen" zu mindestens einem Elternteil oder einer anderen „signifikanten" erwachsenen Person (Großmutter, Großvater, Patentante, Nachbarin) ist dann oft nicht gegeben. Damit fällt weg, was *Rutter* (1979) als wichtigsten, protektiven Faktor für das Kind kennzeichnet: eine Beziehung mit einem Elternteil, die durch „high warmth and the absence of the severe criticism" gekennzeichnet ist. Daß das protektive Moment einer liebevollen Beziehung auch für „Wahlverwandschaften", z. B. gelungene Adoptionen gilt oder für Beziehungen zu Kindermädchen und Pflegepersonen, „hired hands" (*Werner* 1984), haben zahlreiche Studien gezeigt (*Hodges, Tizard* 1989 a, b; *Capron, Duyme* 1989). In Problemfamilien unter benachteiligten sozialen Bedingungen, charakterisiert durch Armut, schlechte Wohnsituation und Beziehungsproblematiken, sind es 25 % der Kinder, die trotz guter Beziehung zu den Eltern, Verhaltensstörungen (*conduct disorders*) entwickeln, während 75 % der Kinder aus solchen Familien *ohne* eine solche „bewahrende Beziehung" Verhaltensstörungen aufweisen. Nach *Zimrin* (1986) unterstellt das Kind einem solchen „umsorgenden Erwachsenen" als positiver Bezugsperson gute Absichten. Er bildet einen verläßlichen Hintergrund und stellt die Möglichkeiten für eine positive *„selektive Attachement*-Beziehung" (*Rutter, Rutter* 1992) bereit (vgl. auch 3.2). Deshalb ist es sogar nicht nötig, daß eine solche Beziehung eine hohe Frequenz von Kontakten haben muß. Wichtig ist, daß sie im Hintergrund „zur Verfügung steht", stabil ist, über eine längere Zeit dauert und immer wieder „schützende Insel-Erfahrungen" ermöglicht. Was für Kinder lebensnotwendig, ja, überlebensnotwendig ist, ist für den erwachsenen, älteren Menschen zumindest wesentlich. Gute Beziehungen helfen Belastungssituationen und Streß zu bewältigen (*Brown, Harris* 1989; *Quinton, Rutter* 1988). *Levitt* et al. (1987) konnten in ihrer Untersuchung feststellen, daß das Vorhandensein einer *„close support figure"* bei ihrer Untersuchungsgruppe von 87 Menschen im Alter von 60 Jahren und mehr ein wichtiger Faktor für das persönliche Wohlbefinden und die Handhabung von Problemsituationen war, ein Faktum das von den Befunden moderner Sozialgerontologie (*Saup* 1991) bestätigt wird und sich auch in der Bedeutung „multipler selektiver Attachment-Beziehungen" in sozialen Netzwerken und funktionierenden sozioökologischen Settings im Alter zeigt (*Petzold* 1979c; *Saup* 1993).

2.6 *„Innere Beistände" als schützende und „innere Feinde" als belastende Repräsentanzen*

Die Frage, wie lange eine solche *„support figure"* präsent sein muß, um eine protektive Wirkung zu entfalten, läßt sich nur individualisiert beantworten, da die *Bewertung* (*valuation*) dieser Präsenz sehr stark variiert und abhängig ist einerseits von der Bedürftigkeit des Kindes, zum anderen vom Gesamtkontext, besonders von der Qualität des sozialen Netzwerks, zum dritten von den Bewertungen des Kontextes und Netzwerks. Hier kommen Erlebnisintensitäten ins Spiel, die höchst individualisiert sind. Das Erleben einer liebevollen Erzieherin, die eine harte und kalte Kollegin für ein paar Wochen vertritt, mag „aus der Kontrasterfahrung" das eine Kind in eine noch tiefere Verzweiflung stürzen, dem anderen Kind aber einen Hoffnungshorizont eröffnen, weil es – wenn auch nur für kurze Zeit – sich liebevoll angenommen und gemeint fühlte. Derartige – von uns so genannten – *„schützenden Insel-Erfahrungen"* (*Petzold* 1969b, c) können also, auch wenn sie nur über einige Monate dauern, wie z. B. bei Aufenthalten in der Kinder- und Jugendlichenpsychiatrie, Kinderhäusern, therapeutischen Wohngemeinschaften (*Witt* 1980; *Petzold, Vormann* 1980), offenbar eine nicht zu unterschätzende *protektive Valenz* durch Verinnerlichung eines *temporären „facilitating environment"* bzw. *„potential space"* (vgl. *Winnicott* 1972; *Neubaur* 1987) gewinnen, auf die bei späteren Krisensituationen zurückgegriffen wird oder an die bei späteren Therapien im Erwachsenenalter angeknüpft werden kann, wie der Seniorautor bei einigen Behandlungen von Patienten, die in ihrer Kindheit und Jugend psychotherapeutische Erfahrungen gemacht hatten, feststellen konnte. Systematische, prospektive Untersuchung von Kindertherapiepatienten, aber auch Studien, die „long term follow ups" unternehmen, wären hier sicher wünschenswert.

In einer eigenen Follow-up-Untersuchung von vier Kinderpsychotherapiegruppen (N 17), die wir in den Jahren 1970 bis 1973 im Rahmen der von uns an den Volkshochschulen Büderich und Büttgen eingerichteten Frühförderungs-, Kindertherapie- und Eltern-Kind-Programme (*Hindel* 1971; *Petzold* 1973f) durchgeführt hatten (*Petzold, Geibel* 1972) und von denen wir 1992, also nach ca. 20 Jahren, neun (6 w, 3 m) in fünf Kurz- und vier Tiefeninterviews nachbefragen konnten, bezeichneten sieben die Teilnahme an der mit *kreativen Medien* und *Puppen* (*Petzold* 1972e, 1987a) durchgeführten ein- bis zweijährigen Behandlung als eine wichtige Hilfe für ihre damalige Lebenssituation – die Kinder waren zwischen vier und sieben Jahre alt und stammten aus sozial benachteiligten Schichten (vgl. Abb. 2).

Keiner der derzeit Befragten zeigte im übrigen irgendwelche psychischen Auffälligkeiten oder schwerwiegende Lebensprobleme, obgleich alle als Kinder Verhaltensstörungen und einschlägige Symptomatiken (Enkopresis, Enuresis, Paror nocturnus, Aggressivität, Kontaktstörungen usw.) hatten. Zwei (1 m, 1 w) hatten keine genauere Erinnerung mehr an die Therapiegruppe und konnten sich zu irgendwelchen weiterführenden Einflüssen nicht äußern. Von den übrigen sieben sahen vier der weiblichen und einer der männlichen einstmaligen Gruppenteilnehmer in dieser Erfahrung eine wichtige Schutzfunktion für ihr späteres Leben. „Ich habe oft an die Spielgruppe gedacht." – „Wenn es mir schlecht ging, kamen mir Bilder von den Therapeuten, weil die so nett waren. Die haben mich verstanden!" – „Irgendwie hat es mein Leben positiv beeinflußt. Ich hab' noch als Erwachsener manchmal daran gedacht." – „Ich hab' an was Gutes im Leben glauben gelernt. Ja, das war es wohl!" Aus der retrospektiven Betrachtung der Interviews wurde eines jedenfalls deutlich: Die kinderpsychotherapeutische Gruppenerfahrung war ein wichtiger „protektiver Faktor", der nicht nur im Hinblick auf das häusliche Milieu Stütze und Entlastung brachte, sondern der auch durch die Verinnerlichung der Erfahrung, „gemeint zu sein", ja durch das bloße Erleben, daß es auch andere Formen des zwischenmenschlichen Umgangs und der Beziehung geben kann („Ich habe gemerkt, die sind so nett *zu mir*, zu mir, wo ich doch immer das freche Miststück war... zu Hause!"), offenbar eine schützende Qualität im Sinne einer Verinnerlichung eines guten *„inneren" Beistandes* (*Petzold* 1969c, 1985l) hatte. („An die C. [Name der Therapeutin] hab ich noch oft gedacht, auch noch später als Jugendliche, wenn es mir mal schlecht ging. Einmal hab ich sie sogar angerufen, aber nicht gesagt, daß ich früher mal in Therapie war bei ihr.").

Angeregt und ermöglicht wurde diese Nachuntersuchung durch den Umstand, daß im Jahre 1991 eine junge Sozialpädagogin, *Petra*, zum Seniorautor dieses Artikels zum Aufnahmeinterview für die Kinder- und Jugendlichenpsychotherapieausbildung kam, um an dem von ihm geleiteten Institut eine Weiterbildung zu beginnen. Sie hatte in ihrem sechsten und siebten Lebensjahr an einer der erwähnten Kindertherapiegruppen teilgenommen, bei denen für jedes Kind ein Dossier angelegt wurde, „in dem die Zeichnungen, Sitzungsprotokolle und Beurteilungen aufbewahrt wurden. Material aus den parallellaufenden Elterngruppen bzw. Einzelgesprächen mit Eltern wird gleichfalls hier festgehalten" (*Petzold, Geibel* 1972, 332) Dieses Material – es wurde glücklicherweise aufbewahrt – kam uns nun sehr zugute. *Petras* Geschichte soll hier als Beispiel dienen.

Beispiel 1: Petra
Als Kind zeigte *Petra* seinerzeit erhebliche Verhaltensauffälligkeiten (Verschlossenheit, Aggressivität, Enkopresis) und lebte in sehr schwierigen Verhältnissen. Der Vater war oft aggressiv, Gelegenheitsarbeiter und Alkoholiker. Die Mutter war instabil, häufig krank und zur Vernachlässigung ihrer drei Kinder tendierend. *Petra* war sehr verschlossen und im Spiel sehr randständig. Gelang es, Petra in das Spiel einzubeziehen, so versteckte sie sich stets hinter den Stabpuppen. Über die Situation zu Hause sprach das Kind nicht. Dafür sprachen seine Buntstiftzeichnungen (Abb. 3) eine beredete Sprache.
Die Mutter wendet Petra den Rücken zu, während der Vater das Kind an den Haaren zerrt und mit einen Gegenstand schlägt (von der erwachsenen Petra erfahren wir, es war ein Handfeger). Im Hintergrund ist ein großer Kopf gezeichnet, dessen Bedeutung uns seinerzeit nicht klar war. Petra teilt uns heute mit, daß es sich um das Gesicht der Therapeutin handelt. Sie habe sich gewünscht, die könne das alles sehen, was mit ihr gemacht wurde. Die Therapeutin hatte offenbar hier die Funktion des *„significant caring adults"* bzw. des *„inneren Beistandes"*. Weiterhin hat das Kind eine Puppe in der Hand, eine „Großmutter-Puppe", die sie aus der Therapiegruppe mit nach Hause nehmen durfte – es gehörte zu unserem Konzept *„protektive Puppen"* (ibid. 333) Kindern nach Hause mitzugeben, zuweilen fertigten wir sie mit ihnen an (*Petzold, Kirchmann* 1990, 952). Als *Petra* allmählich etwas zugänglicher und offener wurde, brachte die Mutter das Kind nicht mehr zur Therapie. Unsere prognostische Einschätzung war damals nicht sehr günstig. Auch in der Grundschule des gleichen Dorfes, wo dieses Kind in der Folge noch von einer von uns ausgebildeten, psychodramatisch arbeitenden Lehrerin in der Klasse besonders betreut wurde (*Petzold, Schulwitz* 1972), zeigte sich die Situation als äußerst problematisch. *Petra* gehörte zum Typus der „gehemmten Schülerinnen" (ibid. 319). Im soziometrischen Zonenprofil ist und bleibt sie „randständig" (ibid. 326). Heute macht die 27jährige Sozialpädagogin indes einen gut integrierten, gefestigten Eindruck. Auf der standardmäßig in jedem Auswahlseminar durchgeführten „Zeichnung des Lebenspanoramas" (*Petzold, Orth* 1993), war die Kindertherapiegruppe als „protektive Erfahrung" eingezeichnet (Abb. 4).
Das Panorama hatte eine rein farbsymbolische Qualität, wobei gelb und grün schützende Personen und Gruppen darstellten (wie schon in den Kinderzeichnungen!), braun und schwarz hingegen bedrohliche Ereignisse und Menschen. Die Bedeutung der einzelnen Farbkomplexe und Formen im Panorama wurde in der „Bearbeitung aus der Resonanz" erschlossen. Die Farben hatten die Funktion, die „Atmosphären" von Szenen und Ereignissen aufs Papier zu bringen. In der Bearbeitung konnte dann von der Protagonistin das jeweilige Geschehen mit seinem affektivem Gehalt berichtet werden.
Für *Petra* war die Erfahrung mit dem Lebenspanorama im Auswahlseminar und im nachfolgenden, auswertenden Interview, weiterhin die Einsichtnahme in ihr kindertherapeutisches Dossier so eindrücklich, daß sie dann auch daran mitwirkte, weitere Teilnehmer aus den damaligen Kindertherapiegruppen aufzufinden.

Legende zum Lebenspanorama von Petra (Abb. 4):

»Meine Geburt muß ja gut gewesen sein, sonst wäre ich jetzt nicht da. Die guten Farben in meinem Leben sind grün, gelb und orange. Mein Vater ist braun und schwarz. Er ist ein schwerer Eisenklöppel über meiner Kindheit. Meine Mutter ist schwarz, niedergebrochen, voller Depressionen. Das Spielen draußen in der Natur mit den Geschwistern, das war alles grün, wie das Leben. Mein Vater war manchmal rührselig nett (violett). Gewalt und depressive Düsternis haben mir das Grün des Lebensweges eingeschwärzt und eingezwängt. Dann bin ich in das Kinderprogramm gekommen. Da war es lebendig (gelbe und orange Farben), viele Spiele, nette Leiter. Das waren gelbe Jahre. Aber dann durfte ich nicht mehr hin. Die Schule war wichtiger, sagte meine Mutter. Sie wurde immer verbitterter. Alle guten Impulse von der Kindergruppe wurden verschmutzt. Aber es blieb was, und die Felder in Büttgen. Die Lehrerin in Fliederfarben war ernst und gut. Sonst war die Schule furchtbar. Als ich 12 war, brach alles zusammen. Meine Eltern trennten sich, aber nicht richtig. Mein Vater zog aus, kam aber oft betrunken zurück. Mit Hilfe meiner Lehrerin fand ich eine Möglichkeit, die Aufbaustufe zu machen. Mein Vater wollte das torpedieren. Von meiner Mutter fühlte ich mich runtergezogen, aber von anderen Menschen kam immer wieder Ermutigung, und eines Tages spürte ich in mir etwas wie eine Quelle, das blaue Lebenswasser in meinem Bild. Ein Junge hatte mir gesagt, ich sei schön. Die Schule und die Sozialpädagogikschule läßt wieder alles leuchten. Gelb und orange, eine geballte Kugel. Ich fühle soviel Lebensenergie wie nie zuvor. Mein Vater wird für mich zum „Fall". Ich kann jetzt als „Fachfrau" sehen, was da läuft. Sein Einfluß wird schwächer. Der meiner Mutter bricht ab. Als ich einundzwanzig bin, stirbt sie plötzlich an einer Embolie. Mein grüner Lebensfluß kann sich nun frei entfalten. Ich reise und arbeite an verschiedenen Stellen, um Erfahrungen zu sammeln. Mein Freundeskreis und meine Kollegen (orange und gelbe Kreise) bilden ein lebendiges Gewusel. Das ist die Gegenwart. Der Impuls geht in die Zukunft, auf die ich neugierig bin.«

Dieses Beispiel macht sehr eindrücklich klar, daß die positiven „inneren Beistände" (und natürlich auch „innere Feinde", vgl. *Petzold* 1979b, 1985l; *Bach, Torbet* 1985) eine zentrale Bedeutung haben, sind doch nach der Persönlichkeitstheorie der „Integrativen Therapie" die verinnerlichten Personenrepräsentanzen („Imagines") neben den Selbstbildern *Teil der Persönlichkeit* (idem 1992a, 531 ff.), die die „personale Identität" (idem 1993d) und die „selbstreferentiellen Emotionen" (idem 1992b, 823 ff.) – etwa Selbstwertgefühl, Minderwertigkeits- oder Wertlosigkeitsgefühle – nachhaltig beeinflussen. „Innere Beistände" und die mit ihnen erlebten „positiven Narrationen", die als heilsame persönliche Geschichten Niederschlag in der *Biographie* gefunden haben, sind damit als *internale* Schutzfaktoren zu sehen, die sich offenbar auch aufgrund von vorübergehenden oder intermittierenden guten Beziehungserfahrungen (z. B. bei Aufenthalt in einer Pflegefamilie, einem Heim) auszubilden vermögen.

Damit wird es aber erforderlich, über die *Qualität* von „inneren Beiständen" mehr zu wissen, um sie für die Kindertherapie, für die Psychotherapie mit Erwachsenen, aber auch in der Prävention gezielt einsetzen und nutzen zu können. Deshalb darf das Konzept der *Ereignisketten*, in denen adversive, defizitäre und protektive Faktoren zum Tragen kommen, auch nun nicht „summativ" verkürzt werden, also ob die Akkumulation von Plus- und Minusmengen das Ausschlaggebende sei. Wesentlich ist

1. die *Qualität* von „events",
2. die *Interaktion* von Negativerfahrungen und Positiverfahrungen und Defiziterleben, schließlich
3. ihre *mnestische Archivierung*,
4. ihre *Repräsentanz* und
5. ihre *lebensbestimmende Wirksamkeit.*

Es wird deshalb eine differentielle und integrierende Sicht erforderlich, die auf Gesamtwirkungen ausgerichtet sein muß und nicht nur auf Einzelfaktoren, Einzelereignisse und isolierte „innere Beistände oder Feinde" zentrieren darf, denn all dieses steht in einem *übersummativen* Kontext. Einzelfaktoren sind als solche folglich immer *überdeterminiert.* Besonders deutlich wird dies, wenn man „komplexe" protektive Faktoren in unterschiedlicher, theoretischer Optik in den Blick nimmt. Beim Konzept des *„significant caring adult"* oder dem der *„schützenden Insel-Erfahrung"* z. B. ist der erstgenannte Faktor weitgehend mit dem der „positiven Elternimago" in der psychoanalytischen Theorie gleichbedeutend, der zweitgenannte mit dem Erleben von „potential space" bzw. von „facilitating environment" bei *Winnicott* (vgl. *Neubaur* 1987). Derartige Konzepte haben, wenngleich sie in sehr unterschiedlichen Traditionen und vor sehr divergierendem Hintergrund formuliert wurden, erstaunliche Gemeinsamkeiten, und eine integrative Sicht kann von beiden Traditionen – der sozialwissenschaftlichen und der psychoanalytischen – gewinnen. Spezifiziert die sozialpsychologische Forschung die Schutzpersonen mit Blick auf ihre faktische, protektive Wirksamkeit im jeweils gesondert zu betrachtenden – weil so verschieden – „settings", so richtet sich die tiefenpsychologische Sicht auf die Generalisierung, die Gesamtwirkung einer „Imago", wie sie sich als „Repräsentanz" formiert hat, niedergeschlagen hat und wirksam wird.

Um Aufschluß zu erhalten über die Frage der „Qualität" von *„significant caring adults"* und ihrer „Archivierung" als „innereren Beiständen" – denn die reale Hilfeleistung in Kindertagen, die memorierte Hilfe und die Ausbildung einer positiven Repräsentanz und einer guten Geschichte (*benignes Narrativ*) sind durchaus zu unterscheiden – haben wir mit der Hilfe von Studenten eine kleine *pilot study* durchgeführt, die indes interessant genug ist, um eine methodisch aufwendigere Untersuchung anzuregen und deren Materialien für unsere Fragestellung nützliche Hinweise bietet.

In karriere-explorierenden Interviews bzw. in fokussierenden Explorationen von Karrierepanoramen bei vier verschiedenen Patienten und Klientenpopulationen – verhaltensgestörten Kindern, Drogenabhängigen, erwachsenen Psychotherapiepatienten (Depressionen, Psychosomatikern) und Ausbildungskandidaten – haben wir Eigenschaften von „significant caring adults" zu erheben versucht. Dabei konnten wir feststellen, daß es „unspezifische" Eigenschaften gab, die sich durchgängig fanden, aber auch „spezifische" Qualitäten, die in starkem Maße vom Alter und von den Situationen abhingen, in denen Unterstützung und Schutz benötigt wurden. Die milieuspezifischen Unterschiede waren dabei erheblich. (Wie schon erwähnt, stellt dabei ein interessantes Moment die Differenz zwischen faktisch erhaltenen und memorierten protektiven Zuwendungen und Qualitäten dar). In der Exploration von fünf- bis achtjährigen Kindern aus Kindertherapiegruppe (N 8/ w 5, m 3) mit Kindern aus sozial benachteiligten Schichten wurden die Qualitäten von „significant caring adults" (Tanten, Großmütter, Großväter, Nachbarsleute) z. B. wie folgt umschrieben: „Die ist immer lieb!", „Die hilft mir bei den Schularbeiten!", „Die schenkt mir immer was Schönes!", „Bei der kann ich immer so schön spielen!", „Der spielt immer ganz lange mit mir!", „Der hat immer ganz viel Zeit für mich!", „Die erzählt mir so schöne Geschichten!" usw. Es handelt sich also im wesentlichen um handlungsbezogene, emotional-getönte Eigenschaften.

Bei der Befragung von jugendlichen Drogenabhängigen (N 12/ w 3, m 9) aus ähnlichem Herkunftsmilieu zu protektiven Bezugspersonen ihrer Kinderzeit tönt es recht anders: „Der war echt Spitze, immer gut drauf!", „Bei der war das total anders als bei uns, da war der Eisschrank immer voll!", „Die hat echt Verständnis jehabt für einen, und immer hat se einen was zujesteckt!", „Da wurd man wenigstens nich geschlagen!", „Die hat auch immer ein gutes Wort für einen eingelegt!" usw. Deutlich hat sich die Perspektive verändert. Die Personen (es handelt sich wiederum um den obengenannten Kreis) und die mit ihnen erlebten Situationen werden aus der Sicht des Jugendlichen beurteilt. Andere Qualitäten und Handlungen werden hervorgehoben. Die Bewertung emotionaler Zusammenhänge tritt zurück. Bei der Frage nach Schutzpersonen in der gegenwärtigen Lebenssituation (der Personenkreis beinhaltet nun Freunde, Verwandte, Berater) findet sich für diese wiederum eine andere Charakteristik: Aussprache, Entlastungsmöglichkeiten, und vor allen Dingen das Zur-Verfügung-Stellen von Ressourcen dominierte. Geschlechterspezifische Differenzen konnten wir wegen der kleinen Zahl der Klienten nicht ausmachen.

Schließlich die Befragung von erwachsenen Patienten (Depressionen, Psychosomatosen, N 12/ w 9, m 4): Wiederum ursprünglich aus benachteiligten Schichten kommend, finden wir bei dieser Gruppe für die Schutzpersonen der Kindheit (Großeltern etc. siehe oben) komplexe Eigenschaftslisten, eingebettet in

ausführlichere Schilderungen: „Die war immer freundlich und gut gelaunt!“, „Die hat gesehen, was los war, hat zugepackt und Verständnis gehabt!“, „Die hat mich wirklich geliebt!“, „Bei der konnte ich sein, so wie ich bin!“, „Der hat mich immer verteidigt!“, „Der hat meinem Vater mal die Meinung gesagt!“, „Bei dem mußte ich nicht immer was tun, um was Wert zu sein!“, „Die hat mich wirklich gesehen!“, „Die hatte immer etwas für uns!“, „Die strahlte soviel Güte aus!“, „Die hat geholfen, wo sie konnte!“ usw. Auffallend ist, daß hier aus der Erwachsenenperspektive auf die Schutzpersonen geschaut wird und ihre besonderen Eigenschaften in den Vordergrund treten: Tapferkeit, Mut, Wärme, Freundlichkeit, Nichtbewertung, Engagement, praktische Hilfeleistung. Es wird im übrigen immer wieder berichtet, daß diese Eigenschaften sich nicht nur auf das Kind gerichtet haben, sondern daß sie für das gesamte Sozialverhalten der Schutzpersonen bestimmend waren. Ihr „Vorbildcharakter“ wird also betont: „Die war mir ein echtes Vorbild!“, „Von der kann man sich was abschneiden!“, „So würde ich auch gerne werden!“. Eigenschaften können in den Vergleich zu Verhaltensweisen anderer Menschen gesetzt werden: „Das war ein wirklicher Mensch. Der hatte echt Zivilcourage!“, „Die hat es in ihrem Leben auch nicht leicht gehabt, und dennoch hat sie nie den Mut verloren!“. Von den protektiven Handlungen werden hervorgehoben: Trost spenden, praktische Hilfe geben, Mut machen, Beruhigen, Wertschätzung, Akzeptanz, Verständnis geben, ernst und wichtig nehmen, Nähe, Wärme, Schutz und Geborgenheit vermitteln. Wiederum war eine geschlechtsspezifische Differenzierung nicht möglich, und auch hinsichtlich des Altersrange (26 bis 51) ergaben sich aufgrund der kleinen Befragungsgruppe keine auffälligen Differenzen. Als Persönlichkeitseigenschaften überwogen bei den Darstellungen empathische Qualitäten in der Interaktion, Ruhe, Ausgeglichenheit und Wärme.
Bei den Aussagen von Ausbildungskandidaten der Psychotherapie aus der Mittelschicht (N 12/ w 7, m 5) über Schutzpersonen ihrer Kindheit tritt das Moment der praktischen Hilfeleistung gegenüber der Patientenpopulation deutlich zurück. Emotionale Qualitäten werden noch präziser formuliert und interaktionale Eigenschaften offenbar noch höher bewertet: „Die hat mich wirklich verstanden!“, „Mit der konnte man reden!“, „Die hat einem zugehört!“, „Der hat sich an mir gefreut!“, „Sie hat mich immer wieder bestätigt!“, „Da gab es keine Ambivalenzen!“, „Der hat mir eindeutige körperliche Nähe gegegen!“, „Die hat mein Selbstwertgefühl aufgebaut!“ usw. Die psychologische Perspektive der Ausbildungskandidaten der Psychotherapie schlägt hier offenbar zu Buche.

Diese kursorische Zusammenstellung von typischen Aussagen bietet für die praktische psychotherapeutische Arbeit sehr interessante Perspektiven, vergleicht man die psycho-*logische* Übereinstimmung der Qualitäten der „significant caring adults“, ihre supportiven und protektiven Eigenschaften mit den Eigenschaften, die „gute Therapeuten“ und „gute therapeutische Beziehungen“ kennzeichnen, wie sie in der empirischen Psychotherapie-Effektforschung und der Psychotherapie-Prozeßforschung herausgearbeitet wurden (*Huf* 1992). Auch hier werden Empathie, emotionale Wärme, Wertschätzung, Versicherung, Entlastung, Verständnis, Humor, Akzeptanz, die Fähigkeit, den anderen ernst zu nehmen und in seiner Besonderheit zu sehen, sein Selbstwertgefühl aufzubauen, Freude an ihm zu zeigen, Hoffnung und Ermutigung zu vermitteln als Eigenschaften guter Therapeuten und guter therapeutischer Beziehungen herausgestellt (*Orlinsky, Howard* 1986b, 1987; *Strupp* 1993; *Butler, Strupp* 1986; *Frank, Frank* 1991; *Hartley, Strupp* 1983; *Marziali* et al. 1981; *Huf* 1992). *Psychotherapie wirkt also u. a., weil sie Qualitäten von „significant caring adults“ im Verhalten von Therapeuten aktualisiert und weil sie insgesamt u n s p e z i f i s c h e und s p e z i f i s c h e Faktoren bereitstellt (Butler, Strupp* 1986*; Petzold* 1992g*; Enke, Czogalik* 1993*), die in hoher Übereinstimmung mit unspezifischen und spezifischen Faktoren bei salutogenen bzw. protektiven Einflüssen sind.* Wo Therapien mißlingen oder eine negative Wirkung haben, ist – wiederum im Vergleich mit der Charakteristik von „adversive events“ und „negative psychotherapy effects“ – anzunehmen, daß sich in ihr pathogene Einflußgrößen, maligne Beziehungsqualitäten und Persönlichkeitseigenschaften reproduzieren (*Strupp, Hadley* 1977; *Strupp* 1977).
Dem Zusammenhang von *protective factor research* bzw. *Salutogeneseforschung* unter longitudinaler Perspektive und der Wirkungsforschung in der Kinder- und Jugendlichenpsychotherapie (*Heekerens* 1992) einerseits sowie wirksamer,

pädagogischer Einflußfaktoren andererseits, schließlich der Wirkungsforschung in der Psychotherapie mit erwachsenen Patienten wird in Zukunft große Bedeutung zuzumessen sein, nicht zuletzt mit Blick auf die Entwicklung effektiverer Behandlungsstrategien. Die Schulung von Psychotherapeuten im Bereich der „Integrativen Therapie" richtet sich dezidiert an diesen Forschungsergebnissen aus, um bei dem angehenden Therapeuten Wissen und Erfahrung über sein Verhaltensrepertoire, seine Emotionalität und seine Einstellung zum Patienten (dessen jeweilige Erkrankungen und belastenden Lebenssituationen) zu entwickeln. Untersucht man mit den projektiven, lebenslaufbezogenen Diagnosetechniken der Integrativen Therapie die Feinstruktur protektiver Szenen (sie beinhalten schützende Atmosphären und hilfreiche Interaktionen mit Schutzpersonen), so wird deutlich, daß in ihnen Grundmotive erkennbar werden, die in einer frühen Arbeit zur Kinderpsychotherapie (*Petzold* 1969c) für die Erziehungsarbeit und für die Therapie mit Kindern (aber auch für die regressionsbezogene Arbeit mit dem „inneren Kind" bzw. den „inneren Kindern" in der Behandlung von Erwachsenen) wie folgt umrissen wurden:

»... so können wir denn feststellen, daß gute Erziehung in Schule und Elternhaus und effektive Therapie bei Kindern und Jugendlichen, ja bei Erwachsenen, deren ‚inneres Kind' bzw. ‚innere Kindzustände' wir in der benignen Regression zu erreichen suchen, um ihm *„korrektive emotionale Erfahrungen"* zu vermitteln, ganz spezifischen Mustern und Handlungsstrategien folgen. Diese kommen im übrigen auch in der Arbeit mit Jugendlichen und Erwachsenen zum Tragen, denen man *ohne* aufdeckenden biographischen Bezug in kreativtherapeutischer Weise *„alternative emotionale Erfahrungen"* zu vermitteln sucht. Herausgestellt werden können folgende:

In Erziehung und Therapie geht es darum,

– einem Kind (Menschen) vermitteln, daß es (er) wertvoll ist, daß man es (ihn) in seiner Einzigartigkeit erkennt und bestätigt,
– einem Kind die Welt zu zeigen und erklären,
– einem Kind einen verläßlichen, emotionalen Boden und Vertrauenshintergrund zu schaffen,
– einem Kind eine positive Zukunftsperspektive zu eröffnen,
– einem Kind zu zeigen, wie man Beziehungsnetze aufbaut und pflegt;
– es geht um ein Aushandeln von Grenzen,
– das Akzeptieren der eigenen Gefühle und die Freude an der eigenen Leiblichkeit;
– es geht um das Differenzieren von Emotionen im Austausch von Gefühlen.

All dieses wird in intersubjektiven Beziehungen, gemeinsam durchlebten Geschichten erlebt, und diese Erfahrungen werden in den Archiven des Gedächtnisses gespeichert und aufgehoben. Die beschädigenden, demütigenden, entwertenden, feindseligen Beziehungserfahrungen formieren „innere Feinde". Die beschützenden, ermutigenden, vertrauenschaffenden, wertschätzenden Beziehungserfahrungen führen zur Ausbildung „innerer Beistände" – beide Gruppen von Repräsentanzen sind Teil der Persönlichkeit des Menschen, die in sich vielfältig strukturiert ist (*Ichheiser* 1929). Eine wichtige Aufgabe der Psychotherapie besteht darin, den Einfluß der „inneren Feinde", eines „malignen Über-Ich" abzubauen, indes ein „benignes Über-Ich", d. h. die Wirkmächtigkeit von „inneren Beiständen" und „guten Geschichten" zu bekräftigen. Bei gelingender Therapie wird der Therapeut selbst in die Reihe der Beistände eingefügt werden, denn das Entstehen und die Bekräftigung, aber auch das Verblassen, ja Vergehen der Repräsentationen von Beziehungserfahrungen als „inneren Beiständen" und „inneren Feinden" vollzieht sich über die Gesamtheit des Lebens« (*Petzold* 1969c).

In diesem frühen Text sind schon die Grundlagen „Integrativer Kinder- und Jugendlichentherapie" umrissen, die heute in nachstehender Weise auf den Punkt gebracht werden:

»Integrative Kinder- und Jugendlichentherapie ist ein ganzheitlicher und differentieller Ansatz der Behandlung und Förderung von Kindern und Jugendlichen in Einzel- und Gruppensitzungen unter Einbeziehung ihrer Familien bzw. Bezugspersonen in Berücksichtigung der pathogenen und salutogenen

Einflüsse des jeweiligen mikroökologischen und sozialen Kontextes. Auf eine „kindgemäße Weise" wird mit den „heilenden Kräften des kindlichen Spiels" (*Zulliger*), mit Spielmitteln, kreativen Medien gearbeitet, die auf die jeweilige Altersstufe und Spielkultur zugepaßt werden, so daß ein „Raum des Möglichen", eine „fördernde Umwelt" (*Winnicott*) entstehen kann. Die Integrative Kindertherapie gründet sich dabei auf tiefenpsychologische Denkmodelle und Konzepte, die Ergebnisse moderner Longitudinalforschung und auf eine „integrative Entwicklungspsychologie", die richtungsübergreifend die Erträge psychomotorischer, emotionaler, kognitiver, sozialer und ökologischer Entwicklungsforschung einbezieht, um sie mit einem reichen Repertoire an Methoden, Techniken, Medien, Formen auf kreative Weise interventiv umzusetzen. Dies geschieht „im Prozeß" eines „Handelns um Grenzen", in gemeinsamem Gestalten, in liebevoller Bezogenheit und Respekt vor der sich in der Ko-respondenz entwickelnden, einzigartigen Persönlichkeit des Kindes oder Jugendlichen. In der Integrativen Kindertherapie wird versucht, für Kinder in schwierigen Lebenslagen „schützende Insel-Erfahrungen" bereitzustellen. Der Kindertherapeut bemüht sich dabei, zum wichtigsten protektiven Faktor zu werden, den es für Kinder geben kann: ein „significant caring adult" (*Rutter*), der als „innerer Beistand" internalisiert werden kann und der das bereitzustellen und zu ermöglichen sucht, was das Kind braucht.«

In dieser Definition und dem, was sie beinhaltet (vgl. *Petzold, Ramin* 1986/1993a, 1089-1150), wird genau wie in dem zitierten Text von 1969 die „Lebenslaufperspektive" von Pathogenese und Salutogenese affirmiert, die an die repräsentationale Realität *schützender und schädigender Personen, an protektive und adversive Ereignisse und Einflüsse* gebunden ist. Das „Über-Ich" wird in diesem Zusammenhang als Archiv toxischer oder benigner Beziehungserfahrungen aufgefaßt, in dem Werte und Normen rückgebunden sind an normsetzende Interaktionen mit „significant others", Menschen, die positive oder negative Werte verkörpern bzw. durch ihr Handeln zeigen. Werte sind deshalb, wenn sie an überzeugende Leitfiguren gebunden sind, recht „enttäuschungsfest".

Für die psychotherapeutische Praxis ist es von größtem Interesse, Aufschluß über die narrativen und dramatisch-aktionalen Formierungsprozesse (*Petzold* 1990p) von Repräsentanzen, schützenden oder bedrohlichen, sicherheitsgebenden oder verunsichernden, wertschätzenden oder abwertenden, sorgenden oder vernachlässigenden „significant others" und „significant events", bzw. die Verschränkung von beidem zu erhalten. Mit der Betonung von „*Ereignisrepräsentanzen*" (*event representations*) wird das psychoanalytische Konzept der „*Objektrepräsentanzen*", das im Prinzip unserem Konzept der „inneren Beistände" und „inneren Feinde" als „*Subjektrepräsentanzen in Interaktion*" entspricht, überschritten und szenisch erweitert. (Wir rücken überdies vom psychoanalytischen „Objekt-Begriff" wegen seiner anthropologischen und sprachlogischen Problematik dezidiert ab). Ereignisse als solche – *benigne* (z. B. die beglückende Erfahrung einer schönen Landschaft) und *maligne* (z. B. das Erleben einer Naturkatastrophe) – erhalten damit nicht nur einen Stellenwert als „*event*" in einer Ereigniskette, sie werden auch als Repräsentanz entsprechend gewichtet, und das gilt natürlich auch für die *Subjektrepräsentanzen*, da es sich, genauer betrachtet, immer um „Subjekte in Situationen" handelt, die repräsentiert werden. Bei der Herausarbeitung von „*significant caring adults*" in der therapeutischen Arbeit müssen deshalb immer auch die *Situationen* des „carings" mitangeschaut werden, weil Personen nicht von den Szenen und Stücken (*scripts*), in denen sie agieren, losgelöst betrachtet werden können (*Petzold* 1990i).

Um diesen repräsentationalen Niederschlag pathogener und salutogener Einflüsse diagnostisch zu erfassen, bedienen wir uns in der Integrativen Therapie neben dem *Karrierepanorama* und oft auch in Ergänzung zu ihm einer bildnerischen Darstellung der „*Über-Ich-Bänke*", indem wir die Metapher einer „Richtbank" (negative Repräsentanzen) und einer „Festbank" (positive Repräsentanzen) verwenden, auf denen sich die „inneren Feinde" und „inneren Beistände", die das Lebensgefühl eines Menschen so wesentlich mitbestimmen, finden (vgl. Abb. 9 + 10). In symbolischer Form oder figurativ oder in der

Durchmischung beider Möglichkeiten stellen die Patienten mit Farbstiften oder in Kollagen Personen dar, von denen sie meinen, daß sie ihre Lebenshaltung und ihre Grundstimmungen wesentlich beeinflußt haben, ja noch gegenwärtig bestimmen. In Formen und Farben kommen dann Atmosphären zum Ausdruck, in denen *Szenen* eingefangen sind, welche einen z. T. lebensbestimmenden Charakter gewonnen hatten. Durch die Methoden der „Erlebnisaktivierung" und der „szenischen Evokation" können sie dann noch präziser ins Bewußtsein gehoben werden bzw. lassen sie sich mit „events" aus den gleichfalls vorhandenen Karrierepanoramen verbinden (vgl. Abschnitt 4, Beispiel 8). Als Beispiel sei auf das in Abb. 10 wiedergegebene Bild der „Über-Ich-Bänke" von Frederike, einer 35jährigen Psychosomatikpatientin, hingewiesen

Das Bild ist selbstexplikativ. Die *toxische Über-Ich-Bank* wird symbolisiert durch den geöffneten Rachen eines Krokodils, mit bösen, reißenden Zähnen bewehrt. Die bösen Botschaften: „Faul/Du willst nicht, Schlampe, disziplinlos, vergnügungssüchtig, gleichgültig, egoistisch, interessenlos, verspielt, kindlich, zu nichts zu gebrauchen, lebensuntüchtig". Gleichsam in einem Mittelfeld steht: „Zäh, nicht klein zu kriegen". Die Botschaften, die von der *benignen Über-Ich-Bank* kommen, von stützenden, positiven Bezugspersonen – symbolisiert von leuchtenden Farben, Gräsern, gelben Blüten – lauten anders: „Gutes Mädchen, treu, anhänglich, hat Charakter, grundehrlich, lebenslustig, voller Energie, sensibel, kraftvoll, mutig, sinnlich, kreativ". Wie das „Zäh und nicht klein zu kriegen" sind einige dieser Botschaften durchaus „doppelbödig" (z. B. anhänglich, hat Charakter). Beim Betrachten der „inneren Beistände" sind sie doch insgesamt für die Klientin lebenssichernd, wenngleich sie schwerwiegende, biographische Negativbotschaften zu kompensieren bzw. auszubalancieren haben.

3. *WIRKUNGSBEDINGUNGEN PROTEKTIVER FAKTOREN*

Aus den voranstehenden Fakten und Überlegungen zu protektiven Faktoren ergeben sich zahlreiche Fragestellungen mit dem Blick auf Gewichtung, Interaktion mit Risikofaktoren, Kontextbedingungen. Viele dieser Fragen müssen beim derzeitigen Forschungsstand noch offenbleiben. So wäre es z. B. von Interesse zu wissen, wie Eltern in Problemfamilien die protektiven Bezugspersonen oder protektive Angebote für ihre Kinder sehen. In der obengenannten Nachuntersuchung unserer Kindertherapiegruppen wurde diese Frage überwiegend positiv beantwortet. Dies ging auch aus unseren eigenen Aufzeichnungen hervor, daß nämlich die Eltern (im wesentlichen die Mütter) froh waren, für ihre Kinder ein Hilfsangebot und für sich Entlastung gefunden zu haben („Herr Doktor, was haben sie bloß mit unserem Kind gemacht, das kommt so gerne zur Therapie. Das freut sich die ganze Woche drauf!" – „Ich bin so froh, daß das Kind in die Spielgruppe kommen kann!"). In zwei Fällen aber reagierte die Mutter sehr negativ auf die Therapeuten, und die Situation der Kinder verschärfte sich zu Hause („Seitdem du dahin gehst, bist du noch unausstehlicher!" – „Sie machen mir das Kind ganz durcheinander. Das ist überhaupt gar nicht mehr zu bändigen!"). Trotz dieser Belastung wurde in der Aktualsituation und aus der Retrospektive die therapeutische Spielgruppe als wichtig und hilfreich erlebt („Heute sehe ich, die mußte doch eifersüchtig sein, wie unfähig die als Mutter war. Aber ich hab' gesehen, daß das auch anders geht. Wie die Therapeuten miteinander umgegangen sind... die sind eben wie richtige Eltern miteinander umgegangen, so wie... wie man sich das vorstellt!").

Auf zwei Fragen mit Blick auf die protektiven Faktoren sei noch näher nachgegangen, nämlich, ob *„protective factors"* das Vorhandensein von positiven, salutogenen Einflüssen oder das Fehlen negativer Einflußgrößen (*adversive events*) sind. Die zweite Frage ist, ob der Effekt protektiver Einflüsse vom Alter des Kindes abhängt.

3.1 „Gewinnen" oder „verlieren" – ein Definitionsproblem

Wird das Verhältnis zwischen protektiven Faktoren und Risikofaktoren thematisiert, so wird häufig das sogenannte „Münz-Bild" ins Spiel gebracht. Risiko- und Schutzfaktoren sind die beiden Seiten der Medaille, d. h. ein und desselben Phänomens. Liegt im Lebensspiel „die Zahl oben", heißt das ‚protection', also „Gewinnen". Die andere Seite würde dann bedeuten: *risk*, das ins „Verlieren" führen kann. Ein protektiver Faktor wäre in diesem Bild also das Fehlen von Risikofaktoren. Man hat damit kein „auf eigenen Füßen stehendes" Konzept. Wenn Armut der wesentlichste Risikofaktor in der Entwicklung von Kindern ist, so hat nach dem Münz-Bild die Mehrzahl der holländischen Kinder und Jugendlichen dieses Risiko nicht, vielmehr ist bei ihnen der „protektive Faktor" der ausreichenden finanziellen Absicherung des sozialen Kontextes (der Eltern, der Erziehungsberechtigten, der Familie) gegeben. Sie sind damit nicht den vielfältigen „*risk factors*" oder „*adversive events*" ausgesetzt, die man bei Kindern in Familien mit einem niedrigen SES finden kann (*Masten, Garmezy* 1985). Bei einem schlechten SES kommt es häufig zu einem *kumulativen Deprivationsprozeß* (den Haushalten, den Eltern, den Kindern fehlt es „an allen Ecken und Enden"), der zu einer Bremse für die Entwicklung der Kinder wird („es ist für nichts Geld da", „alle Kraft geht fürs bloße Überleben drauf"). Ein hoher SES kann Risikofaktoren kompensieren (*Wilson* 1985; *Werner* 1986). Das Münz-Bild ist also auch auf den SES anwendbar: Risikofaktor = Armut mit all ihren Konsequenzen/protektiver Faktor = ausreichende finanzielle Tragkraft der Familie. Auch der protektive Faktor des „emotional bedeutungsvollen, verläßlichen Erwachsenen", auf den man immer wieder zurückgreifen kann (*Rutter* 1971), ist unter der Perspektive des Münz-Bildes zu sehen. Dieser Erwachsene ist nämlich ein beschützender „Puffer" gegenüber den Einflüssen, die die Entwicklung des Kindes bedrohen. Er bietet „... the umbrella of security and protection raised over development by the significant caring figures in the environment" (*Masten, Garmezy* 1985). Risikofaktoren wären demnach die „Abwesenheit von Unterstützung durch signifikante Erwachsene". Das Kind hat niemanden, auf den es zurückgreifen kann, wenn es Probleme hat, bei dem es Schutz suchen kann, wenn es bedroht wird. Abschließend sei noch auf den protektiven Faktor der „adäquaten, kognitiven Einschätzung von Streßsituationen" verwiesen, der – wie gezeigt (2.2) – Entwicklungsrisiken bei Kindern stark verringert. Auch hier kann man formulieren: „Eine nicht angemessene, kognitive Einschätzung von Streßsituationen" ist ein Risikofaktor. Sind also die Konzepte „risk factor" und „protective factor" unabhängig voneinander zu definieren und zu verwenden? Sind sie Zwillinge, oder sind sie theoretisch und praxeologisch voneinander zu unterscheiden? In forschungsgeschichtlicher Hinsicht sind sie auf jeden Fall miteinander verbunden, und in interventiver Hinsicht stehen sie nicht weit voneinander. Dennoch kann man sagen, daß unter dem Einfluß einer pathologiezentrierten, medizinalisierten Optik die Konzepte der „protektiven Faktoren", der „salutogenen Einflüsse" dem Konzept der „Risikofaktoren" und der Zentrierung auf „pathogene Einflüsse" nachgeordnet ist. Im Bereich der Psychotherapie von Kindern, Jugendlichen und Erwachsenen haben – sieht man von den Arbeiten zur Integrativen Therapie einmal ab (*Petzold* 1969b, c, 1974j, 1985a, 1988n) – die Salutogenesetheorie und die Forschungen und Theoreme zu „protective factors", „positive events", „easy temperaments" bislang noch kaum Beachtung gefunden, geschweige zu konsistenten Praxisstrategien geführt, und dies nicht, weil sie im Bereich der entwicklungspsychologischen Forschung noch nicht gut genug definierte und abgesicherte Konstrukte sind. Die Vielzahl der Forschungsrichtungen und Disziplinen, die zu diesen Konstrukten beigetragen haben – oft, ohne daß sie voneinander wußten –, hat zwar die konzeptuelle Klarheit nicht gefördert, aber den *heuristischen Wert* der „Schutzfaktoren" durchaus bekräftigt.

Nunmehr aber wäre es an der Zeit, in Zusammenführung der verschiedenen Forschungstraditionen und durch die Entwicklung übergreifender Forschungsdesigns das Konzept der „Schutzfaktoren" besser abzusichern, so daß es nicht nur zusammen mit Risikofaktoren wie eine „Zwei-Einheit“ benutzt wird. Von der dialektischen Bezogenheit dieser beiden Seiten wird man nicht absehen können, jedoch kann nur eine von der Definition von Risikofaktoren unabhängige Bestimmung und wissenschaftliche Untermauerung der „protective factors“ zur fundierten Entwicklung von brauchbaren Interventionsmodellen für die Praxis – insbesondere in der Arbeit mit Kindern, die Überlastungen bzw. „zeitextendierten Belastungen“ (*Petzold, Schuch* 1992) in risikoreichen Lebenszusammenhängen ausgesetzt sind – führen (*Rutter* 1990). Eine differenziertere Untersuchung der Zusammenhänge würde auch bestimmte Widersprüchlichkeiten aufklären, daß nämlich in manchen Situationen Risikofaktoren und adversive Erfahrungen auch eine protektive Qualität gewinnen können. „Hard growing children“ sind oftmals durch den „rauhen Wind“, in dem sie aufwuchsen, für härtere Zeiten besser ausgerüstet als Kinder, die wohlbehütet aufwuchsen (wir denken hier keineswegs an ein Aufwachsen in einem überprotektiven Milieu) und die damit auf schwierige Lebenssituationen, plötzliche Verarmung, Katastrophenereignisse u. ä. schlecht vorbereitet sind. In einer eigenen Longitudinalstudie (1972 – 1978) bei Drogenabhängigen zu ihrem Gebrauch von Hilfsagenturen (Beratungsstellen, Entgiftungseinrichtungen etc.) zeigte sich, daß „lebenserfahrene Unterschichtspatienten“ eher in der Lage waren, bei Fehlen oder Versagen von Hilfsagenturen sich eigene Stützsysteme aufzubauen (*Petzold* 1980c). In der Untersuchung von *Robins, Davis, Wish* (1977) über den Einfluß sozio-demographischer Faktoren auf die Heroinabhängigkeit amerikanischer Soldaten im Vietnam-Krieg gab es zunächst keine Verbindung zwischen dem Herkunftsmilieu und dem Rauschgiftkonsum. Offenbar war der kriegsbedingte Aktualstreß der prävalente Risikofaktor. Die Feinanalyse der Longitudinaldaten jedoch zeigte, daß farbige Soldaten aus Slums mit größerer Wahrscheinlichkeit mit dem Heroingebrauch begannen als weiße Soldaten aus wohlsituierten Stadtteilen. Es war aber die Gruppe der in Slums aufgewachsenen Farbigen, die nach der Heimkehr aus Vietnam am leichtesten aus der Sucht aussteigen konnten. Als Erklärung wurde aufgeführt, daß das Aufwachsen in Slums und in Armut schon früh mit den Bedingungen und Folgen des Heroinkonsums vertraut gemacht hatte, das Risiko einer dauerhaften Abhängigkeit besser eingeschätzt werden konnte und auch bessere Bewältigungsmuster für dieses Problem vorhanden waren als bei den weißen Männern aus den reicheren Stadtteilen, die über all diese Erfahrungen nicht verfügten. Gerade für Rand- und Risikogruppen wären hier Überlegungen für die psychotherapeutische, soziotherapeutische und sozialarbeiterische Betreuung anzustellen, nämlich wie man belastende Erfahrungen nutzen könnte, um erworbene Bewältigungsfähigkeiten und Lebenstechniken bei der Rekonstruierung einer negativen Lebenssituation und bei Neuorientierung einer Lebenskarriere konstruktiv einzusetzen. *Rutter* (1990) hat mit seiner Forschergruppe herausgefunden, daß junge Frauen, die eine Devianzkarriere hatten und überwiegend in Erziehungsheimen aufgewachsen waren, durch die Ehe mit einem „non-deviant-spouse“, mit dem eine positive Beziehung aufgebaut werden konnte, zu einer guten Qualität von Elternschaft finden konnte, weil hier mit der Beziehung als positives *adult attachment* ein mächtiger protektiver Faktor zum Tragen kam, der eben nicht nur ein „Nicht-Risikofaktor“ ist.

Will man also zu einer Trennschärfe der Konzepte finden, so kann man sagen, daß ein *Risikofaktor* einen *direkten negativen* Einfluß auf das Kind und sein Verhalten ausübt, wohingegen ein *protektiver Faktor*, obwohl gleichfalls konkret und unmittelbar erfahren – wie z. B. körperliche, emotionale, verbale, materielle Zuwendung – mit Blick auf die Risiken eher einen *indirekten Einfluß* hat: Negative Einwirkungen können durch ihn besser ausgehalten oder abgewehrt werden, so daß sich sozial konstruktives Verhalten entwickeln kann. Auch unterscheiden sich die Formen der Einwirkung deutlich. Protektive Faktoren kommen nicht in der massiven, plötzlich einbrechenden Art und Weise zum Tragen, wie manche *„adversive*

events", z. B. Mißhandlung, Vergewaltigung usw.
Risikofaktoren „verbrauchen" Entwicklungspotentiale, indem sie z. B. positve, salutogene Einflüsse abschwächen, weil diese etwa zum *Abpuffern* von Traumata, Defiziten, Störungen und Konflikten – pathogenen Stimulierungskonstellationen also (*Petzold, Schuch* 1991) – eingesetzt werden müssen, wohingegen protektive und salutogene Einflüsse unmittelbar Entwicklungs- und Wachstumsprozessen zugute kommen. Das positive, entwicklungs- und gesundheitsfördernde Moment protektiver, stützender und salutogener Elemente in menschlichen Lebensverläufen muß also – und hier liegt wohl die Lösung des Problems – in seiner Charakteristik als *„chain of positive and nourishing events"* gesehen werden. Dies sind salutogene Einflußgrößen in eigenem Recht, die zunächst *keine Schutzfunktionen* haben, sondern als konstitutive Bestandteile positiver Sozialisationsverläufe betrachtet werden müssen, welche erst, wenn Risiken und adversive Ereignisse eintreten, eine Schutzfunktion erhalten, wobei einige dieser positiven Momente eine besondere „protektive Valenz" gewinnen können, wie die Forschung zeigt. Wir möchten sie damit gegenüber *allgemeinen förderlichen und salutogenen Entwicklungsbedingungen* (*„unspecific protective factors"*) als *„specific protective factors"* bezeichnen. Die Spezifität wird aber stets auch von den sozialen Bewertungsparametern, d. h. vom jeweiligen sozioökologischen Kontext abhängen, wie schon ausgeführt wurde. Die *„social worlds"* (*Strauss* 1978; *Petzold, Petzold* 1991), d. h. kollektive valuierende Perspektiven auf Lebenssituationen, die *„représentations sociales"* (*Moscovici* 1984; *Jodelet* 1989), die gleichfalls kollektive Bewertungsmuster einschließen, spielen hier eine wichtige Rolle, denn ein Kind wird sich überwiegend an solchen *„shared perspectives"* (*Unruh* 1983) orientieren, weil sie ihm in seiner Lebenswelt vermittelt worden sind. Eine weitere Spezifität protektiver Faktoren ergibt sich aus den schon erwähnten biologischen Parametern (Geschlecht, Aussehen, Temperament, genetisch disponierte Vulnerabilität oder Vitalität).

3.2 Entwicklungsniveau und protektive Faktoren

Es liegt der Gedanke nahe, daß der Einfluß von „stressful life events" und „prolongierten Mangelerfahrungen", „critical or adversive events" im Bezug auf das Alter des Kindes gesehen werden muß. In der Tat wird in der entwicklungspsychologischen Forschungsliteratur immer wieder Stadien verweisen, in denen Übergänge (*transitions*) stattfinden, sogenannte „sensible Phasen" (ein durchaus kontrovers diskutiertes Konzept), die auch zu Phasen besonderer *Vulnerabilität* geraten können, wenn in ihnen die altersspezifischen Copingmöglichkeiten und Ressourcen durch „zeitextendierte Belastungen" (*Petzold, Schuch* 1991) oder gar durch Überlastungen, „traumatischen Streß" bzw. durch „Disstreß" überfordert werden (*Malt* 1993). Es ist aber auch möglich, daß in „Entwicklungsstadien mit besonderer Empfänglichkeit" (wie wir sie bezeichnen möchten) notwendige, positive Stimulierungen bzw. Umweltangebote nicht vorhanden sind, so daß Defizite entstehen: etwa in der *„sprachsensiblen Phase"* durch fehlende Ansprache (*Bruner* 1987). Die Frage nach den „sensiblen Phasen" ist durch die Forschung noch nicht eindeutig geklärt und auch noch nicht theoretisch in einer übergreifenden systematischen Darstellung entfaltet worden, was mit Blick auf die Praxis der Kleinkind- und Kinderpsychotherapie unbedingt notwendig wäre, aber auch für Therapieansätze, die beanspruchen, mit Erwachsenen über regressive Arbeit eine Art *„reparenting"* (*Petzold* 1969b, c, 1988n, 238 ff.), eine *Nachsozialisation* zu betreiben, von hoher Bedeutung ist. Schließlich muß unter der Perspektive eines *„life span developmental approachs"* gesehen werden, daß es offenbar auch im weiteren Lebensverlauf: in der Adoleszenz, im Erwachsenenalter, im Senium Zeiten besonderer Sensibilität, ja Vulnerabilität gibt (Partnerverlust, Menopause, *empty-nest-situation*, Pensionierung, Relokationen usw. vgl. *Saup* 1993, 141 ff.). Derartige Sensibilitäten haben unterschiedliche Hintergründe. Im Frühbereich sind sie z. T. genetisch disponiert, im Erwachsenenalter sind sie zumeist psychosozial bestimmt, d. h. sie sind durch gesellschaftliche Lebensformen an die Diskontinuitäten in Karrieren und an Statuspassagen (Schuleintritt, Eintritt ins Berufsleben, Pensionierung) gebunden. In der Pubertät und den Wechseljahren sind sie mit biologischen *und* sozialen Faktoren verbunden.

Bei sich normal entwickelnden Babys finden wir im Alter von drei Monaten z. B. vielfältige Verhaltensänderungen, die *Prechtl* (1990) als Kennzeichen einer neurologischen Reorganisation sieht, durch die der Säugling in der Folge fähig zu flexibleren und komplexeren Verhaltensweisen wird. Risikofaktoren somatischer wie auch psychosozialer Art können derartige Entwicklungen gravierend beeinträchtigen, aber auch, wenn die zerebrale Neuorientierung stattfinden konnte, werden deprivierende Situationen für den Säugling erhöhte Risiken bergen bzw. ihn auch sensibler machen für das Fehlen von entwicklungsfördernden Umweltangeboten, weil seine neuerworbenen Fähigkeiten nicht genutzt werden können. Neurologische, emotionale und soziale Entwicklungsschritte, die einen Übergang von einem Kompetenzniveau zu einem anderen bewirken, können dann auch zu „kritischen Perioden", zu Phasen „besonderer Vulnerabilität" geraten. *Bowlby* (1969) nahm an, daß im Hinblick auf den kindlichen Bindungsprozeß das neurologische System über eine bestimmte Zeit besonders „geöffnet" ist, um ein Band mit der Mutter aufzubauen (*bonding*), das eine „primäre Vertrautheit" (*Bishof* 1991, 199f, 205 f) herstellt. *Bowlbys* Überlegung wurde von Vertretern der Attachment-Theorien aufgenommen und ausgebaut. Sei eine solche „kritische Periode" vorübergegangen, ohne daß in ihr die erforderlichen Erfahrungen gemacht werden konnten, so sollten diese Prozesse nie mehr in der gleichen Effektivität ablaufen können. Es entstände demnach ein wirkliches Defizit. Besonders durch die sehr populär gewordenen Arbeiten von *Klaus* und *Kennell* (1976, vgl. *Kennell, Voos, Klaus* 1979), die eine problematische Verquickung von *primärer Vertrautheit* (der des Kindes zur Mutter) und *tertiärer Vertrautheit* (die der Mutter zum Kind) – um auf *Bishofs* (1991, 148) Konzeptualisierungen zurückzugreifen – vornehmen, fand diese Doktrin große Verbreitung, traf sie doch auf Ideen, die *Dick-Read* (1942), *Spock* (1945) und *Leboyer* (1975) auf breiter Basis vorbereitet hatten. Diese und andere Autoren vertraten mit dem – z. T. auch als reziproken, zwischen Mutter und Kind sich vollziehendem Geschehen aufgefaßten – *Bonding*-Konzept, daß die Mutter durch Haut-zu-Haut-Kontakt in einer sensiblen oder kritischen Phase unmittelbar nach der Geburt ein festes Band aufbaut durch „Kosen, Küssen, Knuddeln und langes Anschauen" (*Klaus, Kennell* 1976) und, wo diese Erfahrungen nicht möglich waren, sollten sich – so die Autoren – negative Entwicklungen einstellen (*Klaus* et al. 1972; *Kennell* et al. 1974; *Ringler* et al. 1975). Die Konsequenzen, die z. T. aus dieser Doktrin gezogen wurden, waren fatal. Zahlreiche Autoren vertraten die Auffassung, daß Kindesmißhandlung und Vernachlässigung das Resultat fehlender *Bonding*-Prozesse seien, ja daß ein solcher fehlender Intensivkontakt in der „kritischen, sensitiven Phase" unmittelbar post partum die Ursache von Autismus sei (*Wing* 1971; *Lynch, Roberts* 1977; *Argles* 1980; *Gaines* et al. 1978; *Carter, Easton* 1980). Hier wurde eine Linie aufgenommen, die *Bettelheim* (1967) schon vertreten hatte und die durch seine Popularität erhebliche Resonanz fand. Einer empirischen Überprüfung unter longitudinaler Perspektive hielt die *Bonding*-Doktrin nicht stand. Der angenommene protektive Faktor des frühen *Bondings*, dessen Fehlen dann zu einem Risikofaktor werden sollte, konnte in den longitudinalen Untersuchungen von *Dunn* und *Richards* (1977) bei 77 Mutter-Kind-Paaren nicht gefunden werden. Nachfolgende Forschung (*Carlsson* et al. 1979; *Schaller* et al. 1979; *Jones* et al. 1980; *Sluckin* et al. 1983) bestätigt die Existenz einer solchen sensiblen Phase nicht, und inzwischen liegt eine Fülle von Forschungen vor, die in einem Übersichtsreferat von *Lamb* (1983, 492) wie folgt zusammengefaßt werden:

„In sum, it is clear that claims regarding the effects of early contact on mother-infant bonding are not well supported by the empirical evidence. Most charitably, one could say that the advocates of mother-infant bonding have yet to prove their case. More critically, one could say that early contact has no enduring effects on maternal attachment, but may sometimes have modest short-term effects on *some* mothers in *some* circumstances" (vgl. auch *Lamb, Hwang* 1982; *Sluckin, Herbert* 1986).

Gegen die Annahme determinierender, früher „sensibler" Phasen beim Säugling – sie wären dann zugleich als Risikofaktoren zu betrachten – und von prädisponierten Bondingprozessen bei Müttern haben sich zahlreiche renommierte Entwicklungsforscher gewandt (*Chess, Thomas* 1982; *Herbert* et al. 1982; *Leidermann* 1981; *Redshaw, Rosenblatt* 1982; *Sluckin* et al. 1983, 1986; *Rutter* 1980). *Hinde* (1983), *Rutter* (1987) und andere sehen eine derartige Position als viel zu radikal, und ziehen es deshalb vor, von „sensiblen Perioden" zu sprechen. In die Argumentation von *Bowlby* einerseits und von *Klaus* und *Kennell* andererseits sind in zu starkem Maße ethologische Konzepte eingegangen, wie z. B. eine „primäre Prägung" – aber Säuglinge funktionieren nicht wie die Gössel, bei denen *Konrad Lorenz* (1965) das Prägungsphänomen untersucht hatte, und Mütter funktionieren nicht wie die Geißen, deren *„maternal imprinting"* *Klopfer* und Mitarbeiter (1966, 1968) studierten (zum primären Bindungsverhalten aus ethologischer Sicht vgl. *Bateson* 1983, 1990; *Bishof* 1991). Ein Kind kann in bestimmten Perioden für spezifische Erfahrungen besonders empfänglich bzw. *sensitiv* sein, weil sein Nervensystem ein höheres Reifungsniveau erreicht hat und ein aktiviertes genetisches Programm für Erfahrungen in besonderer Weise disponiert (z. B. bei der Organisation des visuellen Cortex). Aber das Nervensystem hat genügend Flexibilität, um auch – fand in sensiblen Phasen eine Unterstimulierung statt – in späteren Situationen die entsprechenden Umweltangebote aufnehmen und verarbeiten zu können, so daß Lernerfahrungen nachgeholt werden können (*Kohnstamm* 1987). Die „harten" Positionen der frühen Deprivationstheoretiker, wie z. B. *Bowlby* oder *Spitz*, mit der Annahme irreversibler Schäden aufgrund „früher Störungen" (worin ihnen Kliniker z. B. *Bion, Kernberg*, z. T. *Kohut* gefolgt sind) können mit Blick auf die Ergebnisse der Longitudinalforschung heute so apodiktisch nicht mehr vertreten werden (*Ernst, Luckner* 1987; *Rutter* 1988; *Rolf* et al. 1990). Die *Möglichkeit* von besonderen Vulnerabilitäten, ja, Folgeschäden aufgrund „sensibler Perioden" wird damit keineswegs in Abrede gestellt. Sie ist ja durchaus belegt (*Bock, Whelan* 1991; *Rutter* 1987). Deshalb wird Forschungen und Überlegungen zu sensiblen Perioden in präventiver wie auch in kurativer Hinsicht (*Papousek, Papousek* 1993), aber auch für die Bewertung sogenannter „Kausalitäten" in psychotherapeutischen Prozessen oder für das Formulieren von erklärenden Hypothesen in Therapien großes Interesse zukommen.

Kinder in den ersten Lebensmonaten sind im Sinne „evolutionärer Logik" zur Erhöhung ihrer Überlebensmöglichkeiten nicht fest auf bestimmte Personen geprägt (*Chasiotis, Keller* 1992), sondern sie können mit unterschiedlichen, „kompetenten" Pflege- und Bezugspersonen gut gedeihen. Die Fähigkeiten solcher *caregiver*, die genetisch disponierten Muster des *„intuitive parenting"* (*Papousek, Papousek* 1981, 1987) in der Interaktion mit dem Kind zu realisieren (vgl. 4.2.1), müssen als zentraler salutogener Einfluß bzw. als protektiver Megafaktor für diese Altersstufe angesehen werden, denn Säuglinge benötigen diese Kommunikationsmuster. Sie sind „primär sozial" (*Rutter, Rutter* 1992, 110) und oft so kommunikationsfreudig, daß man sogar von einer „Beziehungspromiskuität des Säuglings" in dieser Phase sprechen kann. Kleinkinder hingegen haben sich an ihre Bezugspersonen gewöhnt und zu ihnen spezifische Bindungen aufgebaut (*Bishof* 1991, 431 ff.) – nicht zuletzt weil auch die Caregiver nun nicht mehr typisierten Parentingmustern folgen, sondern sich in differenzierten Formen des *„sensitive caregiving"* (*Vyt* 1989) auf die sich entwickelnde Persönlichkeit des Kindes eingestellt haben, und dies ist wiederum ein salutogener und schützender Einfluß. Deshalb sind Kleinkinder Trennungen gegenüber viel sensibler als Säuglinge. Wenn im zweiten Lebensjahr das Erwachen der „self-awareness" (*Kagan* 1981) erfolgt, ist offenbar eine besondere Vulnerabilität (*Vyt* 1989) gegeben. *Rutter* (1981) hat die Empfindlichkeit gegenüber Trennungserfahrungen anhand der Reaktion auf Krankenhausaufnahmen bei Kindern zwischen dem sechsten Monat und dem vierten Lebensjahr untersucht. Dabei kam er zu der Auffassung, daß aufgrund der beobachteten Reaktionen Kinder, die jünger als sechs Monate sind, mit der Situation gut fertig wurden, weil sie noch keine starken selektiven Bindungen entwickelt hatten, und Kinder, die älter waren als vier Jahre, über genügend kognitive Fähigkeiten verfügten, um zu wissen, daß der Krankenhausaufenthalt nur vorübergehend ist und keine vollständige Trennung von den Eltern oder gar ihren Verlust bedeutet, gleichfalls ein gutes Bewältigungsverhalten zeigen. Außerdem verstehen sie besser, *warum* sie im Krankenhaus sind, eine Möglichkeit, über die das Zweijährige nicht verfügt, das damit in ganz anderer Weise an eine Situation ausgeliefert ist. Das Entwicklungsalter ist also eine wichtige Variable für die Verarbeitung von „stressfull life events".

Masten und *Garmezy* (1985) verweisen auf die unterschiedlichen Reaktionsformen bei Kindern verschiedenen Alters, bezogen auf den Tod eines Elternteils. Ein auffälliger Unterschied ist, daß sich Trauerreaktionen bei jüngeren Kindern als flacher und von kürzer Dauer erweisen, als bei älteren Kindern oder gar bei Adoleszenten und Erwachsenen. Wir neigen dazu, bei Kleinkindern gar nicht von *Trauer*, sondern von Reaktionen des *Schmerzes*, der Verunsicherung, des *Distreß* zu sprechen, weil Trauer ein „komplexes Gefühl" bzw. ein *emotionaler Prozeß* mit unterschiedlichen Gefühlskomponenten ist, der ein relativ hohes, kognitives *und* emotionales Differenzierungsniveau, d. h. ein ausreichend „reifes Ich" voraussetzt (*Petzold* 1993a, 1164). *Rutter* (1966, 1981) bringt die Trauer mit dem Grad der kognitiven Entwicklung in Zusammenhang, den Möglichkeiten, Vergangenheit zu bewerten und Zukunft antizipierend in ihrer Tragweite zu erfassen und damit die Bedeutung des Todes als eines endgültigen, auch für die Zukunft geltenden Verlustes zu begreifen. Trauer, in vollem Sinne setzt als Ich-Leistung ein bestimmtes Organisationsniveau der Persönlichkeit voraus (*Rutter, Rutter* 1992, 132 f) und kann deshalb erst nach einer längeren Phase emotionaler Sozialisation, d. h. emotionaler Differenzierungsarbeit vollzogen werden, nämlich um das vierte Lebensjahr. Wenn auch die Distreß-Reaktion kleiner Kinder, wird eine wichtige Bezugsperson verloren, kurz und nicht sehr tiefgreifend zu sein scheint, so sind unter longitudinaler Perspektive bei ihnen nachfolgende, psychische Störungen gegenüber den Kindern, die solche Erfahrungen nicht machen mußten, größer (*Rutter* 1981; *Rutter, Izard, Read* 1986). Für diesen Befund ist jedoch nicht unbedingt die unmittelbare Verlusterfahrung ausschlaggebend oder allein ursächlich, sondern es sind die vielfältigen, in der Regel negativen Folgewirkungen eines solchen Verlustes in Rechnung zu stellen: Die Pflege und Erziehungsarbeit wird vielleicht nicht mehr so gut geleistet, Verhaltenskontinuitäten werden unterbrochen, die Familienrollen verändern sich. Bei dem verbleibenden Elternteil kommt es zudem häufig zu Überlastungsreaktionen, die wirtschaftliche Situation verschlechtert sich usw. Es kommen also protektive Faktoren und salutogene Einflüsse zum Fortfall, oder sie werden ausgedünnt, und andererseits nehmen Risikofaktoren und *„adversive events"* zu.

Den hier aufgezeigten, komplexen Zusammenhängen wird in der Longitudinalforschung in Zukunft noch weitere Aufmerksamkeit zu schenken sein, ja sie müssen einen Schwerpunkt in der empirischen „klinischen Entwicklungspsychologie" bilden, da in einer solchen spezifischen *„developmental psychopathology"* Antworten auf Fragen nach der Pathogenese im allgemeinen und nach dem Entstehen spezifischer Krankheitsbilder im besonderen zu finden sind, Antworten, die bessere Begründungen und Zusammenhänge bereitstellen als etwa die Konstrukte von *Freuds* klassischer psychoanalytischer Phasenlehren, aber auch die Phasenkonzepte von *Melanie Klein* oder *Margret Mahler* und ihren Schulen. Die Vielfalt der Einflußgrößen und interagierenden Wirkfaktoren familienspezifischer (*Schneewind* 1991) oder z. B. kultureller Art, die große Zahl der die frühe Entwicklung beeinflussenden Besonderheiten (vgl. *Barrat* 1993; *Hopkins, Westra* 1988, 1990) werden es allerdings nicht mehr möglich machen, daß man zu monokausalen Erklärungsmodellen kommt, indem man jetzt etwa mit Bezug auf – in der Regel sehr selektiv rezipierte – Ergebnisse der Säuglingsforschung (die Kleinkindforschung wird dabei noch kaum zur Kenntnis genommen) wiederum von Ereignissen im „frühen Milieu" auf spätere Pathologien schließt. Immer noch wird bei psychischen und psychosomatischen Erkrankungen im Erwachsenenalter zunächst nach potentiellen Problemen in der Babyzeit gefahndet, und man unterstellt den vermuteten (weil durch Fremdanamnestik in der Regel kaum zu objektivierenden) Einflüssen eine monokausale und zugleich linear-kausale Bedeutung für die Erklärung etwa einer Borderline-Erkrankung. Die Arbeiten von *Daniel Stern* (1985) in dieser Weise zu gebrauchen hieße, sie mißbrauchen, denn es wird damit der ganze Zwischenbereich der späteren Kindheit, Adoleszenz, des jungen Erwachsenenleben mit seinen salutogenen und pathogenen Einflüssen ausgeblendet, obgleich *Stern* (1991) eine lebenslange Entwicklung des Selbst affirmiert und sich gegen die determinierende Wirkung früher Erfahrungen wendet. Höchst problematisch ist es auch, die von *Stern* beim derzeitigen Forschungsstand eher im Sinne einer *entwicklungspsychologischen Heuristik* konzipierten, frühen Entwicklungsstufen des Selbst als einen gesicherten Phasenablauf zu betrachten, der in der Psychotherapie bei frühgestörten, erwachsenen Patienten nachvollzogen werden müsse, etwa der Schritt vom „Kernselbst" zum „subjektiven Selbst" (*Basch* 1991). Hier allerdings von „applied developmental psychology" zu sprechen (ibid.) zeugt eher von einem verkürzten Entwicklungsverständnis, das lineare Folgen annimmt und die Entwicklungspsychologie des Erwachsenenalters (*Faltermaier* et al. 1992) und die sich in späteren Lebensphasen bei im Senium vollziehenden Kompensations- und Adaptierungsprozesse (*Saup* 1991, 1993) unberücksichtigt läßt. Auch in einem „nachsozialisierenden Ansatz", wie dem von uns vertretenen „parenting/reparenting Modell" (*Ramin, Petzold* 1987; idem 1991e, vgl. 4.2.1) werden keine „Stufen" nachgeholt, sondern es wird versucht, phänomenologisch „hier und jetzt" objektivierbare Persönlichkeitsdefizite (die ihren Hintergrund natürlich in vielfältigen Entwicklungsdefiziten bzw. -störungen und unterschiedlichen Altersstufen haben) durch das Ermöglichen „*korrigierender* bzw. *alternativer*" somatomotorischer, emotionaler, kognitiver und sozialkommunikativer Erfahrungen in der therapeutischen Beziehung hier und heute auszugleichen, denn: „*Research findings suggest, that to an important extend, close relationships later may compensate for earlier lacks*" (*Rutter, Rutter* 1992, 125). Dies erfordert natürlich Kenntnisse über frühe Konstellationen (*Basch* 1977, 1988a, b), die interventive Konsequenzen haben müssen, z. B. eine flexible, elastische Behandlungstechnik (*Ferenczi* 1927/28; *Petzold* 1969c, 1974j; *Gedo* 1973, 1979; *Basch* 1991), die über sprachliche Interventionen hinausgehend – und hier liegen die Grenzen der psychoanalytischen Behandlungsmethodik – nonverbale Elemente einbeziehen müssen, wie heute von analytischer Seite mit Bezug auf die Säuglingsforschung durchaus gesehen wird (*McLaughlin* 1987, 1989; *Scharfman* 1989; *Jacobs* 1973, 1986; *Mahl* 1977; *Lilleskov* 1977 und schon *F. Deutsch* 1949, 1951, 1959).

Hier ist nun der Ort, wo die Ergebnisse von *Longitudinalstudien* mit komplexen Designs beigezogen werden müssen, und zwar Studien, die möglichst aus unterschiedlichen theoretischen Schulen kommen sollten. Die dadurch zunächst entstehende Komplexität, ja manchmal Unübersichtlichkeit erweist sich insgesamt als fruchtbar, weil unterschiedliche Ergebnisse neue Forschungsfragen generieren können und weil sie – bringt man sie in Ko-respondenz – füreinander Korrektive zu setzen vermögen. Die einseitige Abstützung der psychoanalytischen Entwicklungs- und Pathogenesetheorie auf die Konzepte *M. Kleins* oder *M. Mahlers*, die nicht in den kritischen Diskurs mit den Ergebnissen anderer entwicklungspsychologischer und sozialisationstheoretischer Schulen (z. B. *Ch. Bühler, J. Piaget, G.H. Mead*) gestellt wurden, zeigt, wie problematisch Schulenverhaftetheit werden kann. Nicht nur, daß konzeptuelle Schwächen und Einseitigkeiten verborgen bleiben und sich perpetuieren, es ist auch damit zu rechnen, daß schon in der Forschungsfragestellung und in der Hypothesenbildung die Weichen so gestellt werden – wie bei den Arbeiten von *Mahler* der Fall –, daß die Ergebnisse herauskommen, die man haben will, die also das eigene Konzept abstützen, weil der Outcome schon in den theoretischen Vorannahmen impliziert wird. Auch differenzierte Untersuchungen wie die von *Massie* et al. (1988) führen durch ihre einseitige Orientierung an psychoanalytischen Konzeptbildungen – für sich genommen – zu einer verengten Perspektive, im Zusammendenken aber mit anderen longitudinalen Forschungsergebnissen zu einer bereichernden Sichtweise. *Massie* und seine Mitarbeiter haben „innere Themen" der *Mütter* (!) – *Lambs* (1981) „The role of the father in child development" z. B. wurde nicht beachtet – und der Familie über Jahre hin untersucht, um zu sehen, wie diese sich in Handlungsstrategien umsetzten. Dabei wurde hauptsächlich die mütterliche Persönlichkeit mit ihren bewußten Wünschen und unbewußten Konflikten untersucht (1.) und die Art und Weise, wie diese sich im Interaktionsstil der Mutter manifestierten (2.), schließlich welche Auswirkungen sich daraus für die kindliche Persönlichkeit ergeben (3.). Von den zwanzig untersuchten Familien werden zwei ausführlich dokumentiert (die Auswahlkriterien, warum gerade diese zwei, werden nicht offengelegt, aber dennoch evident, weil sie die Hypothesen der Forscher stützen). Die einseitige Zentrierung auf die Mutter steht in guter, analytischer Tradition. Der Vater (*M. Papousek* 1987; *Lamb* 1981; *Fthenakis* 1988) wird unzureichend berücksichtigt. Von *Massie* et al. wird ein prototypisches *familiäres Konfliktthema* zur generellen Explikationsfolie komplexer Familiendynamik gemacht und im wesentlichen nach pathogenen Faktoren geschaut, nicht aber nach protektiven oder salutogenen. Exemplarisch polarisierend stellen die beiden Fallbeispiele eine „gute Mutter" und eine „unzureichende Mutter" dar. Ohne die eigenen Erziehungsideologien – sie kommen massiv zum Tragen – reflektierend offenzulegen, werden von den Autoren Interaktionsstile aufgeteilt in „angemessen" und „unangemessen", wobei Verhaltensweisen und ihre Wirkungen ständig auf unbewußte Motivationen hin interpretiert werden, ohne daß wiederum Selektions- und Interpretationskriterien klar werden.

Dennoch hat eine solche Untersuchung mit Blick auf die gesamte Forschungslage einen hohen wissenschaftlichen und klinischen Wert, weil sie rein ethologisch ausgelegte Longitudinaluntersuchungen ergänzen kann, ja eine einseitig verhaltensorientierte Sicht zu korrigieren vermag. Auch in der Arbeit von *Massie* könnte eine differenzierte Betrachtung der einzelnen Altersstufen unter dem Aspekt besonderer Sensibilitäten – sprachsensible Periode (*Bruner* 1987), rollensensible Periode (*Flavell* 1975) – und des Sozialisationsprozesses zum Verständnis der beobachteten Phänomene Wesentliches beitragen, genauso wie eine attributionstheoretische und identitätstheoretische Folie (Erwartungsstrukturen der Eltern, Verhaltensattributionen) oder das Einbeziehen von Ergebnissen der emotionalen Entwicklungspsychologie (*Kruse* 1991) – etwa von Stilen in der emotionalen Differenzierungsarbeit (*Petzold* 1992b) – oder des *developmental memory research* (*Rovee-Collier* 1987, 1993; *Nelson* 1986, 1993). All das aber unterbleibt, und so entstehen sehr einseitige Ergebnisse, die komplettiert werden müssen.

4. *THERAPEUTISCHE KONSEQUENZEN AUS DER LONGITUDINALEN ENTWICKLUNGSFORSCHUNG ZU PROTEKTIVEN UND RISIKOFAKTOREN*

Entwicklungsforschung steht in der Gefahr, zur *„l'art pour l'art"* zu geraten, werden ihre Ergebnisse nicht in präventiver und kurativer Hinsicht interventiv umgesetzt. Dafür muß eine Vernetzung mit anderen Forschungsergebnissen der *„clinical developmental psychology"* – etwa zum frühen Interaktionsverhalten vom Kind und Bezugspersonen – erfolgen, um eine Zupassung von Konzepten für die Praxis zu erreichen. Für die Psychotherapie von Kindern und Erwachsenen wird es unverzichtbar, eine derartige Arbeit zu leisten. Bislang wurden hierzu noch kaum Schritte unternommen. Es sollen deshalb zumindest einige Hinweise aus dem praktischen, in diese Richtung gehenden Bemühungen der Integrativen Therapie mit Kindern und Erwachsenen mitgeteilt werden.

4.1 *Perspektiven für die Praxis helfender und therapeutischer Arbeit mit Kindern*

> *„Delevopment is fluid and it is never too late for changes to take place" (Rutter* 1987, 57).

Nur von einigen wenigen genetischen, pränatalen oder perinatalen Risikofaktoren kann man mit Sicherheit sagen, daß sie zu einem eindeutig negativen Entwicklungsverlauf bzw. Entwicklungsresultat führen – z. B. zu einem frühen Tod oder einer geistigen Behinderung. Zu diesen Risikofaktoren gehören die Tay-Sachs-Krankheit, das Hurler-Syndrom, die Anencephalie und verschiedene Chromosomenanomalien (Trisomie 13, 18, Cri-du-Chat-Syndrom). Alle anderen Risikofaktoren können mit Hilfe protektiver Faktoren beeinflußt werden, so daß es zu Modifikationen im Entwicklungsergebnis kommen kann. Wie kompensatorische Interventionen im einzelnen verlaufen müssen, wann und in welchem Maße protektive Einflüsse gezielt eingesetzt werden müssen, bedarf noch weiterer Forschung. Man ist bislang im wesentlichen auf klinische Heuristiken verwiesen, die man aus dem *„protective factor research"*, das die vorliegende Arbeit darstellen wollte, ableiten kann.

Sieht man die vielfach beschriebene „Kompetenz", „Elastizität", „Spannkraft" und „Kompensationsfähigkeit" von Babys und Kleinkindern (*Stone* et al. 1973; *Dornes* 1993), Faktoren, die als Grundeigenschaft der frühen, menschlichen Entwicklung gesehen werden müssen, als evolutionsbiologisch bestimmte Überlebensprogramme, die der Arterhaltung dienen, so können wir mit Blick auf eine solche Grundausstattung in theoretischer wie in praxeologischer Hinsicht uns durchaus auf eine „positive Perspektive" in der Entwicklungspsychologie ausrichten, statt unsere (gleichfalls evolutionsbiologisch disponierten) protektiven „Parenting-Impulse" dergestalt auszuleben, daß wir uns auf vermutete pränatale Schädigungen, das Geburtstrauma sowie ausschließlich auf den „vulnerablen" und gefährdeten Säugling zentrieren, wobei wir von allen belastenden Einflüssen annehmen, sie hätten unabdingbar schlimme, das gesamte weitere Leben bestimmende Folgen. Die schlimmsten sind dabei gerade gut genug (Autismus, Psychosen, Rauschmittelabhängigkeit, Borderline-Erkrankungen usw.). Die auf Problem- und Konfliktlösung (*Rovee-Collier* 1983), auf Bewältigungsfähigkeit und auf Restitution bzw. Kompensation angelegte Grundausstattung des Menschen kann im Verein mit hinreichenden protektiven Einflüssen über kürzere oder längere Zeit wirksam gewordende Deprivationen und Schädigungen ganz oder teilweise ausgleichen (*Tizard* 1977; *Hodges, Tizard* 1989). Bei Bereitstellung „hinlänglich guter Bezugspersonen" und einer „fördernden Umwelt" (*Winnicott*), um zu verhindern, daß sich einzelne Negativeinwirkungen zu *„chains of adversive events"* ausweiten, und durch Gewährleistung von *„chains of protective and nourishing events"*, werden für die Mehrzahl von Risikokindern keine bleibenden Schäden eintreten. Dafür sprechen die Ergebnisse zahlreicher Longitudinalstudien (*Rutter, Rutter* 1992). Selbst von ihrer Mutter ernsthaft vernachlässigte und gequälte Kinder konnten, als ihre Versorgung verbessert wurde, wieder Elastizität und Kommunikationsfähigkeit aufbauen (*Crittenden* 1985), ähnlich wie schwer deprivierte rumänische Heimkinder nach Berichten von *Stern* und *Buschweiler-Stern* (*Stern* 1991) nach kurzer Zeit therapeutischer Arbeit aus ihrer Apathie zu einer „emotional responsiveness" finden konnten.

Aus all diesem muß man allerdings Konsequenzen ziehen, nämlich die, daß Kinder mit Entwicklungsrisiken besonders gute Betreuung und Eltern mit solchen Kinder besonders effektiv Unterstützung brauchen. *Rauh* (1989) führt hierzu aus: „Parents of infants most in need of educational advise and help are those with deviant or sick infants. These infants need ‚optimal' parents from early on. These children offer little help to their parents to develop their parental skills. At the same time these infants seem to be more vulnerable to even minor educational deficiencies in their parents." Alles in allem ergeben sich damit bei Kindern, die frühe Handikaps haben, hohe Anforderungen für die Eltern, weil sie von Geburt an protektive Faktoren bereitstellen müssen, eine optimale Versorgung zu gewährleisten haben, um die Verletzlichkeit ihres Kindes zu kompensieren bzw. ihm dabei zu helfen, seine restitutiven Fähigkeiten auf die bestmögliche Art und Weise zu entfalten. Deshalb empfiehlt es sich, Eltern mit Risikokindern so früh wie möglich Hilfen zu geben und ihnen Kenntnisse und Fähigkeiten für die Versorgung ihres Kindes zu vermitteln, wie es in verschiedenen Modellen aus dem Bereich der „infant psychiatry" unternommen wurde (*Brazelton, Cramer* 1989; *Cramer* 1989). Ein Beispiel für eine solche Intervention ist das niederländische interuniversitäre ELO-Projekt, das auf die experimentelle, longitudinale Erforschung der Eltern-Kind-Interaktion gerichtet ist (*Koops, Kalverboer* 1987). Hier wird versucht, bei Risikogruppen verschiedener Art die Sensibilität der Betreuungspersonen für die Signale des Kindes zu erhöhen, um so optimale Voraussetzungen für die emotionale, kognitive und soziale Entwicklung zu schaffen. Auch in dem an unserer Abteilung durchgeführten, longitudinalen Forschungsprojekt zu Risiken von Frühgeborenen (*Hopkins, Vermeer* 1992; *Beek* et al. 1992; *Hoeksma, Koomen* 1992; *Beek* 1993; *Geerding* 1993; *Kalverboer, Hopkins, Geuze* 1993) werden neben neuromotorischen und physiotherapeutischen Frühinterventionen (*de Groot* 1991; *de Groot* et al. 1992) Hilfen für die Eltern bereitgestellt, um mit ihren Kindern in optimaler Weise umgehen zu können. Insbesondere werden ihre Fähigkeiten, auf ihr „intuitives Beelterungsverhalten" (vgl. 4.2.1) zu trauen und ihre Impulse zu Pflegehandlungen optimal zu nutzen, bestärkt. Bei Unsicherheiten werden beratend Hilfen gegeben.

Bei all diesen Maßnahmen – dies sei vermerkt – muß im Auge behalten werden, daß *professionelle*, präventive und supportive Hilfeleistung auch einen iatrogenen Einfluß haben kann, wenn dadurch die Bewältigungsfähigkeit des Familiensystems entweder beschnitten oder auch überlastet wird, z. B. dadurch, daß Eltern ohne Expertenhilfe sich kaum noch als handlungsfähig erweisen oder einen Verhaltensstil der Übervorsichtigkeit annehmen, der – wenn er sich habitualisiert – die Entwicklungschancen des Kindes beeinträchtigt. Haben wir es mit älteren Kindern zu tun, so werden sich im Rahmen soziotherapeutischer Projekte oder in der Integrativen Kindertherapie (*Petzold, Ramin* 1987; *Metzmacher, Zaepfel* 1994) stützende oder therapeutische Maßnahmen nicht nur auf das Familiensystem und den ökologischen Zusammenhang beziehen (Familienberatung, Familientherapie, Netzwerkarbeit, *environmental-modelling*), sondern auch auf das Kind selbst. Es gilt, seine Coping-Möglichkeiten zu fördern oder ihm dabei zu helfen, spezifische Bewältigungsformen zu entwickeln. Es wird notwendig, ihm emotionale Entlastungsmöglichkeiten bereitzustellen. Schließlich wird es wichtig, wenn es keine Möglichkeiten gibt, Situationen zu ändern oder man mit den Auswirkungen schädigender Situationen konfrontiert ist (körperliche Behinderung, Unfallfolgen, Tod eines Elternteils, körperliche Mißhandlung etc.), Verarbeitungshilfen zu geben, etwa durch Förderung zurückgehaltenen, emotionalen Ausdrucks oder durch das Anbieten von Möglichkeiten symbolisierender Gestaltung, wenn das Ereignis noch zu besetzt ist, als daß es offen angesprochen werden kann, schließlich durch Hilfen zur emotionalen und kognitiven Einordnung oder gegebenenfalls Umbewertung von Situationen.

Eingedenk der hohen Bedeutung, die aufgrund der Forschungsbefunde zu den „protektiven Faktoren" einem „wichtigen, stützenden Erwachsenen" zukommt, der kontinuierlich, d. h. über die Kindheit, ja über die Jugendzeit hin als Ansprechpartner und Entlastungsperson zur Verfügung steht, ist der Gewährleistung dieser potenten Schutzmöglichkeit besondere Beachtung zu schenken. Im Jahr 1986 hat der holländische „Rat für Angelegenheiten der Jugendverwaltung" deshalb einen Plan ausgearbeitet, wieder „aktiv vollzogene" Patenschaften einzuführen – bei den hohen Scheidungsraten in den westlichen, hochtechnisierten Gesellschaften ein durchaus sinnvolles Projekt. Beabsichtigt wird damit, daß die Paten mit den Kindern einen aktiven Kontakt pflegen und auch noch im Kontakt bleiben, wenn es zu Ehescheidungen kommt, damit sie dem Kind in Problemsituationen oder problematischen Lebensphasen Hilfen bieten und als Vertrauenspersonen fungieren können. Familienbezogene Interventionen durch professionelle Helfer sollten stets darum bemüht sein, die gesunden Seiten von Eltern und Familien zu stützen und protektive Momente zu fördern (*Prazar* 1990). Das setzt voraus, daß man in der Diagnostik protektive Aspekte bei Kindern mit Entwicklungsrisiken und -störungen stärker berücksichtigt und zu eruieren sucht (*Couturier* 1987). Beratungs- und Behandlungsstrategien sollten also nicht nur auf Risikofaktoren und „adversive influences" gerichtet sein, sondern auch darauf, salutogene Einflüsse in die Familie (wieder) einzuführen, protektive Faktoren gleichsam zu „implantieren", und sei es nur mit dem Effekt, ein Gegengleichgewicht zu Risikofaktoren herzustellen oder *„schützende Insel-Erfahrungen"* (*Petzold* 1969c) zu ermöglichen, wenn schon keine Beseitigung aller pathogenen Einflußgrößen erreicht werden kann. Dazu wird es erforderlich, daß Sozialarbeiter, Kindertherapeuten, Krankenschwestern, Psychologen und Ärzte selbst ein Gefühl für die Bedeutung protektiver Faktoren sowie eine angemessene, kognitive Einschätzung und Bewertung salutogener Einflüsse für die Entwicklung von Kindern, Jugendlichen, Erwachsenen und alten Menschen gewinnen und über Beziehungskompetenzen verfügen, in denen „Parenting-Muster" oder die Qualitäten von „significant caring adults" bzw. „persönlich bedeutsamer Bezugs- und Schutzpersonen" zum Tragen kommen können. Es wird damit auch, wie *Pyck* (1984) in seiner breiten Übersicht über natürliche Supportsysteme gezeigt hat, wichtig werden, die naturwüchsigen Ressourcen von Familien und ihrer Umgebung (Freunde, Nachbarschaften etc.) zu mobilisieren und Selbsthilfefähigkeit besser zu nutzen (*Petzold, Schobert* 1991).

4.2 *Einige Perspektiven für die diagnostische und therapeutische Praxis der Integrativen Therapie mit Erwachsenen*

Um in diagnostischer und behandlungspraktischer Hinsicht Ergebnisse klinischer Entwicklungspsychologie, z. B. die Konzepte der *„chains of adversive and protective events"* und „prolongierten Mangelerfahrungen", der pathogenen und salutogenen Einflußlinien der „significant caring adult", praktisch handhabbar zu machen, haben wir verschiedene Interventionsinstrumente und Behandlungsstrategien entwickelt.

4.2.1 *Parenting-Interventionen in der Integrativen Therapie*

Stimmige Interaktionen mit „emotional bedeutsamen Bezugspersonen" bzw. „significant caring adults" als zentraler salutogener Einfluß und protektiver Faktor geben für therapeutische Praxis, die sich auf entwicklungspsychologischen Überlegungen und Forschungsergebnisse abstützt, ein wichtiges konzeptuelles Rahmenwerk ab. Für die Baby- und Kleinkindphase sind wir durch die Forschungen zum Bindungsverhalten und zu Eltern-Kind-Interaktionen gut darüber informiert, wie protektive Interaktionsqualitäten beschaffen sein müssen. Wir haben diesem Themenkomplex unter Punkt 2.5 schon einmal berührt. Es wurde gezeigt, daß sich im Umgang von Eltern mit ihren Säuglingen und Kleinkindern zwei Konzepte zu spezifischen Interaktionsstilen in der entwicklungspsychologischen Literatur finden lassen, die beide Relevanz für psychotherapeutisches und insbesondere thymopraktisches bzw. leibtherapeutisches Vorgehen besitzen. Es handelt sich um die Konzepte des *„intuitive parenting“* (*Papousek, Papousek* 1981) und des *„sensitive caregiving“* (*Vyt* 1989). Das erstgenannte Konzept zentriert auf die Pflegehandlungen von Müttern und Vätern oder von anderen relevanten Pflegepersonen des Säuglings im ersten Lebensjahr. Das zweite auf das Pflegeverhalten von Eltern und anderen Caregivern im zweiten Lebensjahr und später. Beide Stile haben eine grundsätzliche salutogene bzw. protektive Qualität. Ihr Fehlen oder ihr beeinträchtigter Vollzug ist als ein massiver Risikofaktor zu sehen. Die psychobiologische Entwicklungsforschung verweist auf das Vorhandensein von Verhaltensprogrammen, nach denen Eltern auf ihre Kinder „intuitiv *richtig*“ reagieren. Das Baby löst durch seine Signale (*Papousek, Papousek* 1993) spezifische Verhaltenssequenzen aus (Blickdialoge, nonverbale Interaktionen), und auch der Erwachsene kann durch sein Verhalten (z. B. „play-face“) solche Verhaltensprogramme beim Säugling „triggern“, aus denen sich wiederum nach weitgehend vorgegebenen Mustern „coaction“ entwickelt (vgl. 2.5). In diesen Formen des Zusammenspiels und dem damit einhergehenden, affektiven Austausch finden sich die Grundlagen der Ausbildung von *Empathie* in vielfältigen Zwischenschritten wie z. B. das „affective attunement“ (*Stern* 1985) bis hin zur „mutuellen Empathie“ (*Petzold* 1986e, 1991b). Für die Kinderpsychotherapie und eine Pathogenesetheorie unter einer Beziehungsperspektive (*Sameroff, Emde* 1989) haben solche Entwicklungen große Bedeutung mit Konsequenzen für bestimmte Formen der Erwachsenentherapie.

Die Eltern-Kind-Interaktion entwickelt sich im zweiten Lebensjahr zum *„sensitive caregiving“* weiter, das sich als eine Transformation des *„intuitive parenting“* und der durch dieses begründeten, kindspezifischen interaktiven bzw. kommunikativen Kompetenzen sehen läßt (vgl. 2.5). Es ist nicht mehr oder allenfalls nur noch rudimentär von festgelegten Verhaltensprogrammen bestimmt (deren individuelle Variationsbreite und Ausgestaltung ohnehin breit streut). Vielmehr kommen kulturell determinierte „child rearing practices“ (*Hopkins, Westra* 1984; *Barrat* 1993) ins Spiel und die jeweils spezifische Sensibilität und *„empathische Kompetenz“* der Bezugsperson (*caregiver*). Die *Koaktionen* sind komplex, in variable, soziale Kontexte eingebettet, und – dies ist von entscheidender Bedeutung – sie beziehen mit *Bedeutungssinn* versehene, verbale Kommunikation ein. Die Sprachentwicklung führt zu einem Interaktionsverhalten, das es weniger erforderlich macht, typisierte „intuitive“ Hilfen bereitzustellen, durch welche in der frühen Entwicklung die fehlende, sprachliche Kommunikationsmöglichkeit mit dem Säugling gleichsam kompensiert wird und die Pflegepersonen Verhaltenssicherheit gewinnen. Die Empathie für die inneren, seelischen Zustände des Kindes wird nunmehr dadurch erleichtert, daß das Kleinkind sich auch sprachlich verständlich machen kann. Typische Interaktionsschemata würden in diesem Zeitraum zu „kalibrierten“ Persönlichkeiten führen, was die überlebensnotwendige „kulturelle Evolution“, die vielfältige Talente braucht, verhindern würde. Durch die sprachliche Verständigung nähern sich die Empathieleistungen der Erwachsenen dem Kinde gegenüber dem Bereich an, in dem sich Erwachsenenempathie in der Regel bewegt. Das empathisch Empfundene wird bei „kompetenten“ *sensitive caregivers* differenziert versprachlicht. Die „emotionale Differenzierungsarbeit“ verläuft also nicht mehr nur über Mimik, Gestik, Berührungsqualitäten, Prosodik und ihre Intonation, sondern durch *sprachliche Benennungen* *affektiver Zustände.* „Och, du bist ja ganz schläfrig. Du bist ja todmüde... Ja, das macht dir riesig Spaß. Da freust du dich. Da lachst du!" Hier wird durch Adjektive, Adverbien und Verben der jeweilige „*affective state*" gekennzeichnet, und zwar in einer Weise, daß das Kind zunehmend die Differenzierungen *wahrnimmt, erfaßt, versteht,* und sich auf diese Weise später selbst anderen gegenüber in differenzierten Sprachformen erklären (*Petzold* 1988a) kann. Natürlich finden sich solche nuancierenden Versprachlichungen auch schon in der Zeit des „*intuitive parenting*", nur, sie können vom Kind allenfalls als *Lautikonen* mit einer bestimmten Färbung wahrgenommen werden, ohne daß der sprachliche Bedeutungsgehalt einbezogen werden kann. In der Zeit des „*sensitive caregiving*" ist dies anders. Es wird damit an die empathischen Fähigkeiten der Eltern einerseits und ihre Fähigkeit, das Erfaßte in der Interaktion zu vermitteln, große Anforderungen gestellt. Zwar stehen diese Vorgänge näher an der Erwachsenenkommunikation, aber es sind doch immer noch „Kinderseelen", auf die sich die Einfühlung richtet. Das erfordert von den Bezugspersonen, daß sie in der Lage sind, ihre eigenen *Kinderwelten* zu aktivieren, um das jeweilige „*Kinderland*" (des Zweijährigen, der Vierjährigen etc. oder des in dieses Alter regredierten Erwachsenen betreten zu können), um den kleinen Erdenbürgern oder regressiv fixierten Patienten zu helfen, ihre emotionalen Zustände zu erfassen und zu benennen, d. h. sich selbst „besser verstehen zu lernen", *Selbstverständnis* (kognitiv), Selbst-verständlichkeit zu erlangen. Das Kind entwickelt durch *Selbstempathie* „selbstreferentielle Gefühle" (*Petzold* 1992a, 823 ff.), z. B. Selbstwertgefühl, Selbstsicherheit, weil es wieder und wieder „stimmig" empathiert worden ist. Es gewinnt in diesem Prozeß überdies die Fähigkeit, auch zunehmend den Erwachsenen empathisch zu erfassen und dessen „innere Zustände" immer besser zu benennen. Dabei werden diejenigen „*affective states*" am besten identifiziert und gehandhabt, die Erwachsene und Kinder gemeinsam haben. Diejenigen aber, die für die Erwachsenenwelt spezifisch sind (Ordnungsgefühl, Pflichtbewußtsein, sexuelles Begehren etc.) bleiben noch über lange Zeit dem Kind unverständlich. Ja, es kann, wenn eine gewisse Affinität der „states" gegeben ist (kindliches Zärtlichkeitsbedürfnis, genitales Begehren) zu „Sprachverwirrungen" zwischen den Erwachsenen und dem Kinde (*Ferenczi* 1932) kommen. Das „*sensitive caregiving*" wird deshalb in weitaus größerem Maße von neurotischen Fehlentwicklungen des Erwachsenen beeinträchtigt, als dies beim „*intuitive parenting*" der Fall ist, obgleich auch bei diesem (z. B. bei depressiven Müttern und Vätern) Beeinträchtigungen möglich sind. Aggressive Bezugspersonen mit unsensiblen Händen, die schimpfen und schreien oder mit *terrifying eyes* schrecken (*Petö* 1969), unempathische Caregiver, die die Bedürfnisse des Kindes übergehen oder nicht treffen, können – sofern keine kompensatorischen Erfahrungen mit anderen Caregivern, die dann ein „protective factor" sind, gemacht werden – zu negativen Auswirkungen führen, wenn sie eine negative Ereigniskette initiieren. Derartige störende Einflüsse, mißlungenes „*maching*" in der Zeit des „*intuitive parentings*", d. h. Unstimmigkeiten im Rahmen von „*coaction*" (*Beebe, Lachmann* 1986), sollten aber nicht ohne weiteres als Ursprung von Pathogenese gesehen werden. Es muß schon zu beständigen „*mismatches*", „*insensitivities*" oder *Fehlempathierungen* kommen oder es muß ein weitgehender Mangel an sensiblen, empathischen Kommunikationen vorliegen, wenn im Verein mit anderen pathogenen Faktoren es zur Entwicklung von Pathologie kommen soll (*Petzold, Schuch* 1991).

Die Muster des „*intuitive parenting*" und der sensiblen Einfühlung im „*sensitive caregiving*" (vgl. 2.5) sind also für den mit Kindern oder mit dem „inneren Kind" bei Erwachsenen in regressiven Settings arbeitenden Psycho- und Leibtherapeuten von großer Wichtigkeit. Es ist *Balint* (1987) gänzlich zuzustimmen, wenn er meint, daß der Therapeut die Regressionen des Patienten mit eigener Regression begleiten können müsse. Er muß in der „partiellen Teilhabe" (*Petzold* 1969b, 1980g) – also auf der Erwachsenen- und der Kinderebene zugleich – bei seinem „Patientenkind" (*Ferenczi* 1931) sein können, um je nach Milieu der Regressionen, empathisch wohlgegründet, sensibel, differenziert und taktvoll (idem 1927/1928) handeln zu können. Mimik, Gestik, Berührungsqualität, Blickintensität, Intonation – all das muß „stimmig" sein. Die *therapeutische Kompetenz* in regressiver Arbeit wird u. a. einschätzbar durch den Vergleich von Videoaufzeichnungen aus Therapien mit *Tapes* von Eltern-Kind-Interaktionen aus der Periode des *„intuitive parentings"* oder *„sensitive caregivings"*. Hier nämlich findet man die frappierende Feststellung, daß sich in der Regressionsbehandlung durch einen erwachsenen Leibtherapeuten mit einem Adoleszenten oder einem erwachsenen „Therapiekind" wesentliche Übereinstimmungen in den verbalen, prosodischen und nonverbalen Interaktionsformen mit denen von frühen Eltern-Kind-Interaktionen finden (*Petzold* 1985h, 566). In der „begleiteten Regression", d. h. der partiellen Ko-regression des Therapeuten werden offensichtlich archaische „affective states" aktualisierbar (ibid. 551). Es geschieht sicher nicht im Sinne einer Homologie. Eine Sechszehnjährige oder Dreißigjährige kann niemals wieder so fühlen, wie sie als Zweijährige gefühlt hat. Es gibt offensichtlich aber „similäre Zustände", Annäherung an emotionale Lagen, die in ihrem *Kern* Relikte aus der Frühzeit haben (*Petzold* 1992c) und sich auf diese Weise archaischen Erlebnisformen annähern. Die gedächtnistheoretischen Grundlagen dieses Geschehens verdienen nähere Erforschung und besondere Aufmerksamkeit (ibid.). Derartige Phänomene im regressiven Setting stützen auch die These der „emotionalen Nachsozialisation", des „Nachnährens", wie es auch durch Patientenberichte und die in diesen zum Ausdruck kommenden Bewertungen der „heilende Effekte" derartiger Therapien ersichtlich wird: Wir haben bei 32 Leibtherapie-Patienten (21 w, 11 m, Altersrange 22-53 Jahre) katamnestische Nachbefragungen durchgeführt. Dabei wurden besonders Berührungsqualitäten im „sensiblen Milieu" früher *Zwischenleiblichkeit*: Blickinteraktionen, bergendes Halten, Wiegen, Streicheln des Kopfes, das In-die-Hände-Nehmen des Kopfes, die Berührung der Herzregion durch die Hand des Therapeuten, die stützende Hand im Rücken als Schlüsselerlebnisse in der Therapie und Erfahrungen von „vitaler Evidenz" herausgehoben und zwar vom männlichen und weiblichen Patienten gleichermaßen. Die protektiven Beziehungsqualitäten standen im Vordergrund: „Hier habe ich mich zum ersten Mal wirklich angenommen gefühlt!" – „Ich habe in dem Halten und Wiegen erfahren, was wirkliche Geborgenheit ist." – „Da ist irgendetwas in mir wieder aufgebrochen, was ich kannte, was verloren war, ganz weit weg. Das hat mir wirklich wieder Boden gegeben." – „So berührt zu werden und wirklich gehalten und so lange in deine Augen schauen zu können... ich bin nie wirklich angeschaut worden. In all den Jahren meiner Analyse habe ich mich nie wirklich erkannt gefühlt. Ich beginne mich erst jetzt wirklich zu spüren!" – „Wenn ich auf meine ganze Therapiekarriere zurückschaue, die vielen Jahre Reden und Nachdenken... das alles war sicher wichtig, aber wirklich zu mir gekommen, so ein Gefühl für mich bekommen habe ich durch die Körpertherapie. Jetzt, aus dem Abstand, da muß ich sagen, diese Körpersitzungen haben mein Leben wirklich veränder!" Derartige und andere Aussagen z. B. aus Patiententagebüchern und Patientenbriefen (*Petzold, Orth* 1993) und aus katamnestischen Nachbefragungen weisen die Bedeutung leibtherapeutischer Arbeit aus, die die salutogenen Qualitäten des *„intuitive parenting"* und *„sensitive caregiving"* nutzt.

Interessanterweise war es in unserer Befragung *nicht* das „Aufdecken" verdrängter Traumata oder Defizite, das von den befragten Patientinnen und Patienten als heilsam erlebt wurde, sondern das Faktum, daß in diesen Sequenzen biographisch-regressiver Arbeit über maligne Sozialisationserfahrungen von seiten des Therapeuten positive Qualitäten der Zuwendung kamen – also korrektive emotionale Erfahrungen gemacht werden konnten. Weiterhin waren aber auch die benignen Regressionen (*Petzold* 1985h, 566 f), ohne Bezug auf negative, biographische Kontexte ganz wesentlich als in der Therapie erlebte, nährende und stützende Erfahrungen. Werden solche Prozesse und ihre Bedeutung von bestimmten Analytikern in Frage gestellt oder bestritten (z. B. von *H. Thomä* in der Diskussion mit *I. Orth* und *T. Moser* auf den Lindauer Psychotherapiewochen 1991), weil „nichts substituiert werden könne und Nachnährung nicht möglich sei", so wird hier weiterhin in der Linie der *Freud*schen Theorie (vgl. *Freud* 1912, GW 8, 380 f) eines „Verzichtsparadigmas" – in seiner Praxis arbeitete *Freud* durchaus anders (*Cremerius* 1981) – die Verweigerung von emotionalen Gratifikationen für den Patienten durch distante Abstinenz des Therapeuten vertreten (ähnlich *Perls*, der es ablehnt für den Patienten „helpful" zu sein [1969, 36 f], allerdings mit „skillfull frustration" *und* „support" [1976, 97, 125 f] arbeitet).

Das von *Ferenczi* begründete „Gewährungsparadigma" mit dem Reparenting-Ansatz (*Petzold* 1993a, 1113 ff.) vertritt hier einen anderen Standpunkt, für den, wie deutlich geworden sein dürfte, mit Rückgriff auf die Forschung zu protektiven Faktoren und die Bedeutung von verläßlichen, emotional wichtigen und persönlich zugewandten Bezugspersonen gute Gründe geltend gemacht werden können. Die Ablehnung von regressiver Arbeit im Sinne eines positiven Parenting/Reparenting läßt sich aufgrund von Argumentationen aus dem Bereich empirischer Forschung nicht stützen. Nichts spricht gegen die Wirksamkeit emotionalen Lernens in regressiven Zuständen. Vieles spricht sogar dafür, wie die Methoden und Arbeiten *Milton Ericksons* und seiner Schüler zeigen (*Erickson, Rossi* 1981, 1989; *Revenstorf* 1990). Allein aufgrund metapsychologischer oder theorie-immanenter Annahmen der Psychoanalyse hier ablehnende Positionen zu vertreten ist beim derzeitigen Stand unserer Kenntnisse in keiner Weise gerechtfertigt. Hier verhindert eine vorurteilsbehaftete Auseinandersetzung mit derartigen Phänomenen vielleicht Entwicklungen, die für die klinische Arbeit eine erhebliche Relevanz gewinnen könnten. Wenn es tatsächlich „frühe Störungen" im Sinne von *Balint, Mahler, Kohut, Kernberg* gibt, dann müssen für ihre Behandlung auch angemessene Behandlungstechniken gefunden werden. In der „Integrativen Therapie" nehmen wir aufgrund der Ergebnisse der Longitudinalforschung dezidiert an, daß es im Verlauf einer pathogenen Lebenskarriere auch nachhaltig wirkende *„frühe Schädigungen"* geben *kann* (*Petzold, Schuch* 1991), die auf folgende Schädigungen Einfluß haben, sie aber keineswegs ausschließlich oder überwiegend bedingen, die auch nicht pathogener sein müssen als spätere traumatische Erfahrungen. Weil es eben *frühe Schädigungen* und auch *frühe Positiverfahrungen* gibt, die nährend, fördernd oder zumindest protektiv wirken, wurden im integrativen Ansatz regessionsorientierte Behandlungsmethoden entwickelt, die auch leibtherapeutische Sequenzen einbeziehen und die dabei an die Ergebnisse der Babyforschung und – das ist wesentlich – an die Konzepte und Methoden der Frühförderung und Babybehandlung (*Brack* 1986; *Bobath* 1976; *Holle* 1988; *Ayres* 1979, 1984; *Petzold, DeGroot* 1992) anschließen bzw. auf die leibtherapeutische Behandlung von Kleinkindern und Kindern zurückgreifen (*Petzold, Kirchmann* 1990; *Petzold, Metzmacher* 1987).

In eine ganz andere Richtung gehen die Versuche, das Konzept adversiver und nährender Lebensereignisse, mit den in ihnen zum Tragen kommende *„protective and risk factors"* diagnostisch und therapeutisch im Rahmen Integrativer Therapie umzusetzen, mit denen wir uns im folgenden Abschnitt befassen wollen.

4.2.2 *Karrierepanorama als diagnostische und therapeutische Technik der Integrativen Therapie*

Neben der gezielten Exploration kritischer Lebensereignisse, etwa durch *life-event-questionaries* und Erhebungen salutogener und protektiver Einflußfaktoren, z. B. in strukturierten und halbstrukturierten Interviews bzw. in Tiefeninterviews, greifen wir auf die Technik des **„Lebenspanoramas"** zurück, die wir in den

Abb. 2: Therapeutisches Puppenspiel mit Stabpuppen 1970, *Hilarion Petzold* und *Christa Petzold* (*Geibel*)

Abb. 3: Petras Kinderzeichnung 1970

Abb. 4: Lebenspanorama von Petra 1991

Abb. 5: Karrierepanorama von Martha (Beispiel 2)

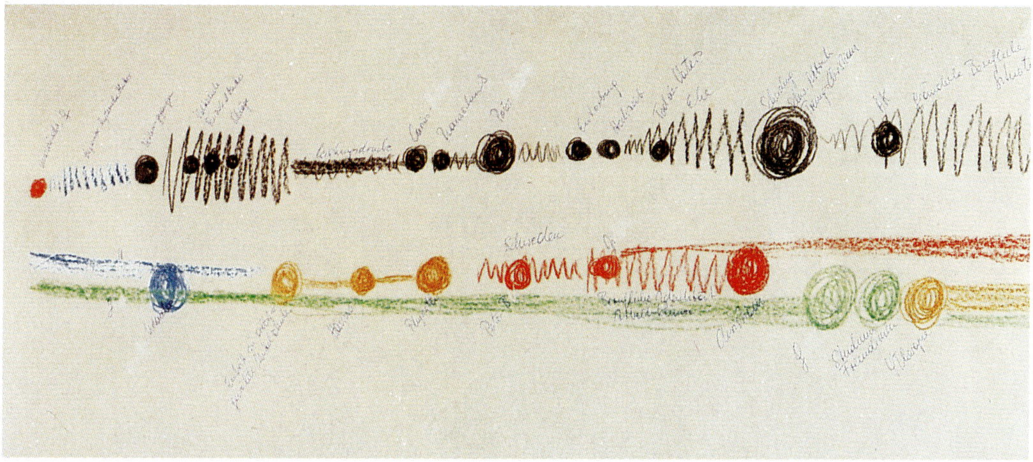

Abb. 6: Karrierepanorama von Renate

Abb. 7: Karrierepanorama von Christine

Abb. 8: Karrierepanorama von Mara (Beispiel 3)

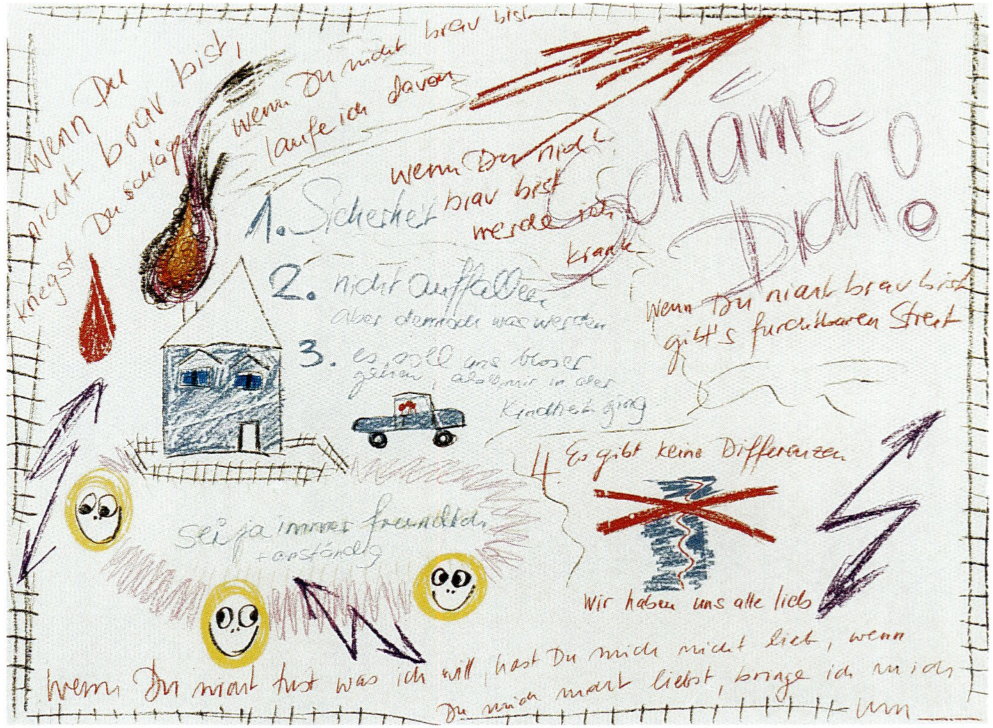

Abb. 9: „Über-Ich-Bänke" von Mara

sechziger Jahren zur Diagnose von Lebenskontinuitäten entwickelt hatten (vgl. *Petzold* 1970c, 1981g; *Heinl, Petzold, Fallenstein* 1983 und zusammenfassend *Petzold, Orth* 1993).

Die Technik wird nun als **„zweizügiges Karrierepanorama fördernder und belastender Ereignisse"** bzw. **„dreizügiges Panorama fördernder, defizitärer und belastender Lebenseinflüsse"** (vgl. *Petzold, Orth,* dieses Buch und *Petzold,* Fokaltherapie, dieses Buch) entsprechend zugepaßt. Den Klienten werden kurz die Konzepte „Schutzfaktoren" (*protective factors*) und „gesundheitsfördernde Einflüsse" (*salutogenic influences*) dargestellt sowie das Konzept der „Mangelerfahrungen" (Defizite) sowie der „Risikofaktoren" und der „kritischen bzw. widrigen Lebensereignisse" (*critical resp. adversive lifeevents*). Letztere umfassen *Traumata* (z. B. Belastungserfahrungen, Überlastungen, Trennungen), *Störungen* (Inkonstanz, *Doublebinds*), *Konflikte* (Spannungen, Streit) und *Defizite* (Entbehrungen, Vernachlässigung), also pathogene Stimulierungskonstellationen (*Petzold* 1975e, 1988n, 356 f). Dabei wird auf die Differenzierung von *Defiziten* (Unterstimulierung) und *traumatischen Erfahrungen* (Überstimulierung) Wert gelegt. Den Klienten/Patienten wird also einsichtig gemacht, daß ihre gegenwärtige Persönlichkeit in ihren gesunden und kranken Seiten „das Resultat aller positiven Erfahrung, negativen Erfahrungen und Defiziterfahrungen" ist, daß das derzeitige Lebensgefühl bestimmt ist von diesem Erfahrungshintergrund, aber auch von der gegenwärtigen Lebenssituation, ihren Belastungen, aber auch ihren aufbauenden und stützenden Seiten, daß schließlich die Zukunftsantizipationen, Projektionen und Prospektionen (*Petzold, Orth* 1993) Wirksamkeit haben, nämlich das Faktum, daß man in einer noch so guten, beschützten Gegenwart nicht ruhig leben kann, wenn sie durch realistisch antizipierbare Katastrophen bedroht wird. Zukunft ist also nicht etwas „fern am Horizont der Zeit Liegendes", sondern sie kann über Antizipationen genauso bestimmend wirken, wie lebensgeschichtliche Ereignisse die Gegenwart beeinflussen können. Es wird den Patienten weiterhin deutlich gemacht, wie Gegenwart, die belastet ist, auch den Blick auf die Vergangenheit „einfärbt". Die dunklen Wolken gegenwärtiger belastender Situationen können selbst gute Vergangenheit überschatten, so daß einstmals schöne oder aufbauende Erfahrungen abgewertet werden und grau oder unbedeutend erscheinen. Für Patienten ist es wichtig, diese, für die allgemeine Lebenserfahrung jedes Menschen zugängliche Funktionsweise des menschlichen Bewußtseins und der „Stimmungslagen", die auf dieses Einwirken, sich deutlich vor Augen zu führen. Therapeutische Arbeit besteht aus der Sicht der Integrativen Therapie u. a. auch darin, psychologisches Wissen in einer Art „therapeutischer Propädeutik" Menschen zugänglich zu machen und mit ihren Alltagserfahrungen und ihrem „common sense" zu verbinden. Viele therapeutische Theoreme, Konzepte, Strategien und Techniken in der Integrativen Therapie sind überdies der Alltagserfahrung oder „naturwüchsigen Strategie der Lebensbewältigung und Lebenshilfe" entlehnt. Das Konzept, daß das Leben eine *in sich verflochtene Kette von positiven und negativen Ereignissen* sowie *prolongierten Mangelerfahrungen* ist, wird für die Mehrzahl der Menschen unmittelbar einsichtig. Aus diesem Grunde wird die Instruktion, ein „Karrierepanorama" als Kette von Schutz- und Risikofaktoren, von aufbauenden und destruktiven Ereignissen, von nährenden Situationen und Mangelerfahrungen, gesundheitsfördernden (salutogenen) und krankheitsbewirkenden (pathogenen) Einflüssen bildlich darzustellen, gut aufgenommen und umgesetzt. Die Klientin/Patientin erhält Wachsmalstifte oder Jackson-Kreiden, einen Papierbogen (mindestens DIN-A 1 oder auch zweimal DIN-A 1), und es wird folgende oder eine ähnliche Instruktion gegeben:

»Zeichnen sie auf diesem Papier ihren Lebensweg unter dem Gesichtspunkt positiver und negativer Lebensereignisse, das Panorama schützender und belastender Einflüsse, aber auch von Mangelerfahrungen und Defiziten von ihrer Geburt an über die Jugendzeit, die Erwachsenenzeit bis in die Gegenwart. Schauen sie, ob es Ereignisketten, Wieder-

holungen, Kontinuitäten gibt. Nutzen sie Formen und Farben, so wie es ihnen in den Sinn kommt. Wenn sie – in der Gegenwart angekommen – auch noch Zukunftsvorstellungen haben, wie ihr Lebensweg weitergeht, wie sich gute oder schlechte Einflußlinien fortsetzen, so zeichnen sie auch dies auf.«

Die auf diese Weise entstehenden Bilder von „dreizügigen Karrierepanoramen" ermöglichen durch den medialen Aufforderungscharakter (*Petzold* 1977c) das Einbeziehen von *projektiven* Momenten. Neben der Darstellung von aktualen Ereignissen, so, wie sie memoriert werden, fließen über Formen und Farben Symbolisierungen (*Petzold* 1988t) als Ausdruck des Unbewußten ein. Es lassen sich – ähnlich wie bei Lebenspanoramen oder beim Gesundheits-/Krankheitspanorama (*Petzold, Orth* 1993) – unterschiedliche Darstellungstypen finden:

- a) Sie werden entweder als „systematische, graphische Aufzeichnung" (Karrierediagramme) angefertigt (vgl. Abb. 6), in der Ereignisketten positiver und negativer Art parallelgestellt und durch Farben und Chiffren gekennzeichnet werden, etwa durch kleine und große Punkte, Linien mit kleinen und größeren Zackungen, um Intensitäten anzuzeigen, wobei Beschriftungen möglich sind, die Personen, Ereignisse, Situationen markieren.
- b) Andererseits gibt es auch Karrierepanoramen, die als „Bilderzählungen", als „ikonische Narrationen" gestaltet werden: Szenen werden figürlich in ihrer Folge über den Lebensverlauf hin repräsentiert (vgl. Abb. 7). Dabei kommt unbewußtes Material in seinen projektiven Äußerungen durch Farben, Formen, Anordnungen, Wiederholungen, Sequenzbildungen zum Ausdruck (vgl. Abb. 8), wodurch nicht nur bewußt Memoriertes in der nachfolgenden Exploration erschlossen werden kann, sondern auch Schutzfaktoren und Risikofaktoren, pathogene und salutogene Einflüsse, die nicht bewußt waren, deutlich werden können. Derartige ikonische Erzählung intensivieren Erlebensprozesse, indem sie die Atmosphären der Ereignisse, die Handlungsfülle des Geschehens durch die Möglichkeiten symbolischer Formen *verdichten*.
- c) Dies kann soweit gehen, daß ein Bild nur noch als „abstrakte, symbolisierende Darstellung" (vgl. Abb. 4) über den Ausdruck von Farben und Formen ein Geschehen vermittelt, ohne daß dieses figural gestaltete Szenen enthält. Der Betrachter ist damit auf das Gespräch mit dem Klienten verwiesen, auf seinen Bericht, seine Erzählung. In der verbalen Aufarbeitung gliedern sich dann aus den in Formen und Farben festgehaltenen Atmosphären die Lebensszenen mit ihren positiven und negativen Elementen aus.
  Im Unterschied zum niedergeschriebenen Lebenslauf bieten die „ikonischen Narrationen" den Vorteil, daß die affektive Besetzung von Ereignissen, die in Situationen ausgelösten Gefühle, die aus Ereignisketten hervorgegangenen Stimmungen, ja Grundstimmungen oder sogar das Lebensgefühl (*Petzold* 1992b) in großer Unmittelbarkeit deutlich werden.
- d) In manchen Darstellungen finden sich alle der voranstehend beschriebenen Formen (vgl. Abb. 5 + 8).

Es sind folgende „Formen des Aufarbeitens" möglich:

1. *„Alltagsgespräch"* (man läßt sich die Inhalte erzählen, fragt nach, macht eine Anmerkung usw.),
2. *„erlebnisaktivierende Auswertung"* (man fragt nach der emotionalen Resonanz, nach dem Gefühl, der Stimmung),
3. *„konfliktzentriert-aufdeckendes Durcharbeiten"* in Fokalsitzungen (*Petzold, Heinl* 1980) oder in „narrativer Praxis" (*Petzold, Orth* 1993), welches sich darauf richtet, unbewußtes Konfliktmaterial, das als „nicht intentionale Mitteilungen" über das Medium, die Formen und Farben in die Darstellung eingeflossen ist (*Petzold* 1977c), erfahrbar und einsichtig zu machen.

Die Bearbeitung erfolgt immer vom „Ganzen zum Detail": „Lasse das Bild als Ganzes auf dich wirken [*Primärqualität*] und schaue, welche *Atmosphären* von dem ganzen Bild ausgehen, auf dich zukommen [*Tertiärqualität*] und welche *Stimmungen* sie in dir auslösen!" Die Qualität der mitgeteilten Stimmung läßt den Therapeuten darüber entscheiden, ob er direktiv-strukturierend weiterarbeitet (bei düsteren, beunruhigenden, bedrohlichen Atmosphären etwa), indem er zunächst eine gute *„Plattform"* schafft („Wo ist auf diesem Bild ein guter Ort? Vielleicht gehen wir zunächst einmal dorthin!“) oder ob er dem Patienten die freie Wahl gibt, einen Einstieg in das Bild zu finden, vom Ganzen also zum Detail [*Sekundärqualität*] zu gelangen: „Vielleicht schauen sie, welches Detail sie jetzt, nachdem sie das ganze in den Blick genommen hatten, anspricht, zu welchem Teil ihres Bildes es sie hinzieht!“ Die gesamte Arbeit verläuft auf einer Ebene der „mittleren Tiefung“. Emotionale Berührtheit wird durch die Erlebnisaktivierung angestrebt. Jedoch wird konfliktzentrierte Fokussierung nie so weit vertieft, daß es zu einer aufgewühlten Involviertheit kommt. Nur so wird „Überschau“, wird eine „Synopse“ möglich, in der sich leibliches Erleben, affektive Berührtheit und rationale Einsicht verbinden. In Fokalsitzungen in der Integrativen Therapie findet sich häufig folgende Sequenz im Prozeß der Vertiefung des Erlebens beim Patienten: I. *Kontakt* (Tiefungsebene I, *Petzold* 1988n, 105) verbunden mit einem persönlich bedeutsamen Ereignis wird der Patient *berührt*,ja, *bewegt* (II), zuweilen *aufgewühlt* (III), manchmal *erschüttert* (IV) – eine solche Sequenz wird auf der „Tiefungsebene“ der *Berührtheit* und *Bewegtheit* (II) stabilisiert (wo immer dies möglich ist), so daß der Patient – die Ereigniskette überschauend und nicht mit dem Blick auf ein Detail oder Ereignis fixiert – zu einer **Synopse** gelangen kann, zu einer emotional unterfangenen Überschau über sein Leben. Die vertieften, auf diese Weise gewonnenen „Einsichten im emotionalen Konnex“ haben ein hohes veränderungswirksames Potential.

Als Vorbereitung für derartige Bearbeitungen „ikonischer Narrationen“ lassen wir des öfteren, wo dies dem Patienten möglich ist, in schriftlicher Form „Geschichten zum Bild“ aufschreiben. Diese haben zuweilen den Charakter von Auflistungen im Sinne einer sprachlich gefaßten Inventarisierung“, z. T. haben sie die Form eines Berichtes, manchmal – in einem weiteren Schritt der Symbolisierung (*Petzold, Orth* 1993) – Märchenform. In der therapeutischen Bearbeitung wird dann beides, Bild und Text, verwandt. Die Texte haben zunächst einmal eine kanalisierende Aufgabe, sie fassen Bildhaftes in Worte – nicht weil dies unbedingt notwendig wäre, die sprachliche Auslegung unverzichtbar ist, sondern weil mit der Sprache eine andere Möglichkeit des *Erfassens* und *Verstehens* (idem 1988a) gegeben ist, keine bessere, umfassendere, sondern eine *andere*. Sprache *und* Bild bieten die Möglichkeit einer wechselseitigen Interpretation und damit die Chance der Erschließung eines „fülligeren Sinnes“. Im folgenden werden als Beispiele Berichte zu Karrierepanoramen sowie Geschichten zu Bildern über „positive und negative Ereignisketten“ mitgeteilt.

Als Beispiel sei das „*Karrierepanorama*“ von *Martha*, einer dreißigjährigen Pädagogin angeführt:

Beispiel 2: Martha (Abb. 5)

Martha beginnt ihren Lebensweg (grün) von ihrer Geburt ausgehend zu gestalten (Mutter grün, Vater schwarz). Oberhalb des Lebensweges entfaltet sich ein Strom düsterer Atmosphären (*adversive events, deficits*), dargestellt durch schwarze Schraffuren, unterhalb eine blaue und grüne Linie als Strom schützender und fördernder Einflüsse (*protective events*). Diese werden z. T. konkret figural dargestellt, wohingegen die einbrechenden Negativerfahrungen nicht konkretisiert, sondern symbolisch in Form schwarzer Blitze dargestellt werden. Diesen stehen blaue und grüne Pfeile als Positiveinflüsse gegenüber. Das Resultat der gegensätzlichen Atmosphären bzw. Einflußkräfte führte für die Klientin zu einem Lebensweg voller Irrungen und Verwirrungen. Bei der Feinexploration in der erlebnisaktivierenden Bearbeitung und Nachbesprechung des Bildes zeigten sich als adversive Einflüsse: durchgängige Armut (*Defizit*), ein düsteres, vielfach zerrissenes, familiäres Klima (*Störungen, Konflikte*), Depressionen der Mutter, unduldsame Brachialität des Vaters (*Traumata, Konflikte*). Das Kind fühlte sich von klein auf als nicht zu dieser Familie gehörig: „Ich war anders!“ Im späteren Lebensverlauf kann es dann ein Gymnasium besuchen, kann studieren, bleibt an der Universität und wird in der Lehre tätig. Aus dem Gefühl des Nicht-dazugehörig-Seins in der Familie flieht es in andere Bereiche. Die Einflußlinie protektiver Ereignisse zeigt einen grünen Baum, die Natur, den Bauernhof der Tante, einen Kreis, in dem spielende Kinder dargestellt sind und in den die Protagonistin *von außen* hereinkommt, sich zwar im *Kreis* wiederfindet, auch von den Kindern auf- und angenommen wird, aber trotzdem randständig bleibt, immer nahe am „Ausgang", um fliehen zu können. Dieses Moment „protektiver, sozialer Netzwerke" (*Keupp, Röhrle* 1987) setzt sich durch die ganze *„chain of salutogenic influences"* fort. Der Kreis taucht verschiedentlich auf, und immer stellt sich die Klientin als äußerste Person rechts dar. „Ich gehöre dazu, aber ich kann mich nicht ganz einlassen, kann jederzeit schnell herausgehen." Auch in der Familie gehörte sie dazu, obwohl sie sich nicht daheim fühlte. Das ganze familiäre Klima hinterließ in ihr ein tiefes Mißtrauen, das ein „Sicheinlassen" in soziale Beziehungen einschränkt. Die blauen Häuser (Grundschule und weiterführende Schulen) kennzeichnen schützende, stützende Lebenszusammenhänge bis hin zu ihrer gegenwärtigen Arbeitsstelle der Universität. Schwarze Fragezeichen über diesem letzten blauen Haus machen aber deutlich, daß der Schutzfaktor „befriedigende Arbeitsverhältnisse" offensichtlich nicht so eindeutig ist, denn er ist mit Überforderung und Selbstausbeutung verbunden. Die Auswertung zeigt die Zwiespältigkeit des Arbeitsbereiches. Es bleibt eine *„Kontinuität* der Spannungsverhältnisse und Verwirrungen". Heraus ragt ein roter Punkt: die Großmutter und die großmütterliche Familie. In der Großmutter haben wir den *„significant caring adult"*. Als Mutter des Vaters hat sie einen kritischen Abstand zur Familie der Klientin: „Wir sind zwar auch arm, aber bei uns läßt man den Kopf nicht hängen, bei uns ist man guter Laune!". So erinnert sich die Protagonistin an die Worte der Großmutter – „Am liebsten würde ich das Kind aus dieser finsteren Stimmung holen!" – diesen Satz imaginiert sie im *Rollentausch* mit der alten Frau. Die Großmutter ermöglicht dem Kind zu erkennen, daß es noch andere Familienatmosphären gibt als Depressionen und Aggressivität. Sie kann das Kind in seiner Andersartigkeit akzeptieren, und so tritt neben die Kette positiver sozialer Bezüge (Kindergruppe, Kommilitonengruppe) und positiver Arbeits- und Lebenszusammenhänge die Großmutter als *„innerer Beistand"*, deren positive Atmosphäre noch über ihren Tod hinaus im Inneren der Klientin weiterwirkt. Die düsteren Einflußlinien dünnen sich aus, nehmen weiteren Abstand vom Lebensweg, in dem immer wieder – dargestellt durch schwarze Querstriche – Trennungserfahrungen als Einschnitte die Kontinuität durchbrechen. Die Fragezeichen zeigen auch an: „Wie wird es weitergehen?" – „Werde ich aus dem Hin-und-her-gerissen-Sein zwischen den düsteren und positiven Kräften in meinem Leben herauskommen?" – „Werde ich das Verwirrtsein überwinden?" – „Eigentlich ist es mir *unvorstellbar*, daß es mal anders wird, und ich bin schon etwas resigniert!" Aber genau darum wird es gehen, eine Vorstellung zu entwickeln, eine neue Vision, denn solange die Linie sich fortsetzt und es *unvorstellbar* bleibt, daß es anders gehen könnte als in der Vergangenheit, werden die Ereignisketten sich als *„fixierende Narrative"* und *„Skripts"* perpetuieren. Eine Bearbeitung der Vergangenheitseinflüsse einerseits, Hilfen in der Strukturierung der Gegenwart – insbesondere der sozialen Netzwerke und der Beziehungen – und die Entwicklung einer alternativen Zukunftsvision auf diesem Hintergrund, dies wird der Weg sein, therapeutisch weiterzukommen.

Das *„dreizügige Karrierepanorama"* bzw. *„Panorama der fördernden, defizienten und belastenden biographischen Einflüsse"* vermag viele Einzelereignisse, die der Klientin schon bekannt waren, in einen Zusammenhang zu stellen, das Zusammenspiel der Wirkungen *protektiver* und *adversiver* Kräfte zu verdeutlichen, um auf diese Weise die Grundlagen für die Erarbeitung einer neuen Zukunftsperspektive zu gewinnen, in der sich die alten Muster nicht als „Wiederholungszwänge" (*Freud*) reproduzieren und als „maligne Narrative" (*Petzold* 1992a, 906f) fortschreiben, sondern in der ein neuer „Lebensstil" (*Adler*) gewonnen werden kann.

„Karrierepanoramen", die protektive und adversive Ereignisse sowie Defizite in der Langzeitperspektive *retrospektiv, aspektiv* und *prospektiv* zugänglich machen, ermöglichen, daß in der gegenwärtig sich vollziehenden Lebenserzählung (*Biosodie*) Determinierungen der Lebensgeschichte (*Biographie*) aufgefunden werden, daß im lebendigen Fluß der Erzählung, der „Narration", fixierende Skripts (*Berne* 1972; *Steiner* 1985), „maligne Narrative" (*Petzold* 1992a, 906) deutlich zum Vorschein kommen. Dabei werden bestimmte „Typiken" von Karriereverläufen erkennbar. Solche, die stärker von *Defiziten* bestimmt sind (an Zuwendung, an Kommunikation, an materieller Sicherheit bei schlechten SES), solche, in denen *Störungen* und *Konflikte* vorherrschen (der Beziehung zwischen Eltern und Kind, zwischen Vater und Mutter, im sozialen Netzwerk), solchen, in de-

nen *Trauma*-Erfahrungen (aufgrund von Trennungen, Mißhandlungen, körperlicher Züchtigung) überwiegen oder in denen sich solche „pathogenen Stimulierungskonstellationen" (ibid. 577 ff.; *Petzold, Schuch* 1991) kombinieren. Es zeigen sich weiterhin *Karriereverläufe*, in denen ausreichend protektive Faktoren vorhanden sind, die Negativereignisse „abpuffern", ausgleichen, kompensieren, oder andere Karrieren, in denen Schutzfaktoren fehlen, wo ganze Lebensstrecken ohne *„significant caring adults"* sind, wo über bestimmte Phasen sich kein supportives, soziales Netzwerk findet oder auch keine materielle Absicherung für das Kind und die Familie gegeben ist. Schließlich verweisen Karrierepanoramen auf „prävalent pathogene Milieus" (*Petzold* 1988n, 238), also Abschnitte der Biographie, in denen in besonderer Weise widrige Lebensereignisse vorherrschten, *„critical life events"* (*Filipp* 1990) zur Wirkung kamen, die durch *unspezifische* oder *spezifische Schutzfaktoren* nicht oder mehr oder weniger gut „abgepuffert" wurden.

Die *„dreizügigen Karrierepanoramen"* lassen einerseits die Massierung von Ereignissen in der Biographie und andererseits ihre Nachwirkungen im subjektiven Erleben als bewußte Memorationen erkennbar werden („Diese ständigen Streitereien meiner Eltern haben mich schwer geschädigt!" – „Der Tod meines Bruders war für mich ein einschneidendes, lebensbestimmendes Ereignis!" – „Damals fehlte es an allem. Wir sind nie richtig satt geworden. Da hab' ich mir geschworen: Nie wieder arm sein!" usw. – so Kommentare zu den aufgezeichneten Ereignissen).

Schließlich machen sie auch fixierende, einseitige Bewertungen deutlich. Das mitgeteilte Beispiel 2 zu Abb. 5 von *Martha* wurde z. B. begonnen mit der Äußerung der Patientin: „In meiner Biographie war nur die erste Zeit, meine Geburt und Babyzeit gut. Die hab' ich in leuchtendem Grün gemalt! Sonst war alles düster!" Erst im Verlauf der Bearbeitung des *„Karrierepanoramas"* wurde ihr dann erkennbar, daß es durchaus positive, schützende und stützende, ja auch frohe Ereignisse im Lebenslauf gab. Durch derartige Erfahrungen kann eine *Umbewertung* bestimmter Lebensabschnitte, ja der gesamten Karriere möglich werden – und hier, in der kognitiven und emotionalen Um- oder Neubewertung von Ereignisketten in ihrem Zusammenspiel, liegt ein wesentliches therapeutisches Potential dieser Technik, die nicht nur vergangene Lebenszusammenhänge einsichtig und damit besser verstehbar macht, sondern die durch das Herstellen von sinn-vollen Bezügen, durch die Gewichtung von Ereignissequenzen, den Gewinn einer neuen Einstellung zu Vergangenem, der aktiven Umgestaltung gegenwärtiger Lebensrealität und der Umorientierung bzw. Neuausrichtung von Zukunftsperspektiven ein hohes veränderungswirksames Potential hat.

4.2.3 Karriereberichte

Ehe wir in erlebnisaktivierender oder/und konfliktzentrierter Form die Darstellung mit diagnostisch-anamnestischer Zielrichtung explorieren und bearbeiten – ein Geschehen, das sich über eine Reihe von Sitzungen hinziehen kann und stets auch therapeutische Qualität hat –, lassen wir von den Patienten oder Klientinnen einen Kommentar zu den Bildern schreiben, einen „Karrierebericht". Dadurch erhalten wir Aufschluß über persönliche Einschätzungen und Wertungen, über „subjektive Theorien" (*Flick* 1991) zu pathogenen und salutogenen Einflüssen, die im Verlauf der Behandlung Gegenstand des therapeutischen Diskurses werden, wobei sich zeigt, ob sie Bestand haben, in ihrem explikativen Wert bestätigt werden können oder verändert werden müssen. Im folgenden Beispiele für erläuternde Bildkommentare bzw. Karriereberichte:

Beispiel 3: *Mara* (Abb. 8)

Geschichten zum Bild
„Kette von positiven und negativen Erlebnissen in meinem bisherigem Leben" (Abb. 8)

Mara A. (33, Sozialarbeiterin)

Das Blatt ist groß und noch weiß, und die erste prägnante Situtation, die mir heute zu dieser Frage in Erinnerung kommt, ist die Pistole meines Vaters. Ich fühle sie kalt und schwer in meiner kleinen Hand. Doch es war damals anders. Ich war in meinem Zimmer, vielleicht 9 Jahre alt, als meine Mutter völlig hilflos und verzweifelt zu mir sagt, daß sich „der Papi" auf dem WC umbringen will. Ich renne los und spüre unheimlichen Druck und Angst. Ich knie mich vor die verschlossene WC-Tür und spreche zu Papi: „Papi bringe dich nicht um, ich habe dich doch so lieb, du darfst nicht weggehen".

Ich hörte lange nichts von ihm, aber ich wußte, er hat mich gehört, und ich glaube, er weinte. – Er hat sich nicht umgebracht. Ich bin in mein Zimmer zurückgegangen und bin aufs Bett gefallen und habe für mich geweint. Und ich habe an den „lieben Gott" gedacht und ihm gedankt. Ja, dieser „liebe Gott", der großväterlich mit weißem Bart in meinem Inneren lebte, auf den konnte ich immer zählen. Immer, wenn ich es fast nicht mehr aushielt, konnte ich mit ihm reden, ihn anflehen, daß es gut wird oder wenn ich Angst hatte, meinen Eltern wäre etwas passiert. Dieser Gott, der sich in meinem Leben mit meiner Entwicklung auch wandelte, war stets mein Ansprechpartner im tiefen Unglück, aber auch im größten Glück. Er füllt die rechte Seite meines Bildes, ist hell und strahlend und mysteriös, geheimnisvoll, aber immer da. Als Kind war er über mir im Himmel, heute fühle ich ihn auch in mir – ich konnte ihn langsam von oben zu mir in mein Herz hineinnehmen.
In meiner frühen Kindheit erinnere ich mich vieler Momente, in denen Vater und Mutter überfordert waren. Eigentlich wollten wir vier, meine Eltern, mein $1\frac{1}{2}$ Jahre älterer Bruder und ich, es gemütlich, warm, harmonisch haben, was es auch manchmal war, wo ich von meiner Mutter oft Zärtlichkeit und Interesse gespürt habe und von meinem Vater irgendwie wußte, obwohl er mir das nie konkret sagte, daß er mich gern hatte.
Doch dieses so sehr von allen gesehnte harmonische Klima wurde immer wieder abrupt unterbrochen. Ich erinnere mich an unendlich viele Szenen zwischen meinen Eltern, die sich streiten und total entwerten, Szenen mit meinem Bruder, der „nicht lernen will", der immer noch das Bett näßt.... immer wieder das gleiche. Lautes Geschrei, Schläge auf meinem Bruder, plötzliche Ohnmachtanfälle meiner Mutter, grausames Gesicht meines Vaters. Ich stets tröstend bei meiner Mutter, jedoch auch in Gedanken bei meinem Vater, der da allein in seinem Zimmer sitzt und sicher auch ganz traurig ist. Ich leide an den Schlägen meines Bruders, der immer dran kommt, bin aber gleichzeitig auch böse über ihn, „weil es doch wegen ihm" soviel Krach gibt. Ich sehe meine Mutter, die mit einer großen Schere nach meinem Vater wirft. Und doch sind wir eine kleine intensive Familie, nach außen aber ganz stark „abgesichert". Dafür gibt es drinnen keine Grenzen. *Ich* bin eigentlich die ganze Familie, ich fühle für jeden da „draußen", für Mutter, Vater und Bruder. Ständig auf der Hut, ob nicht plötzlich wieder was explodieren könnte, gar tödlich sein könnte.

Ich bin eigentlich, bis ich ausziehe, „Familie". Wärme mich und erkälte mich darin. Aber was stets warmer Hintergrund ist, ist mein „lieber Gott", aber auch mein kleiner Bär. Dieser Bär, der Nacht für Nacht an meiner Seite wacht, den ich an meiner Backe spüre, wenn ich nachts Angst habe vor „bösen Geistern", die mich überfallen, erschrecken könnten.

Da war auch stets eine Freundin in jedem Abschnitt, doch meine intimsten Dinge wußte nur der „liebe Gott". Und zudem schien mir das ganze Chaos und die Gewalt zu Hause auch ganz normal, darum war es schließlich auch nicht so schlimm damals.

Mit 20 Jahren zog ich von zu Hause fort. Wohnte dann 4 Jahre mit meinem Freund, den ich mit 18 kennenlernte, zusammen. Dieser liebte mich auch sehr, wenn ich so war, wie er sich mich wünschte, und brauchte mich auch fest, um seine Sorgen mit mir zu besprechen. Es war für ihn schön und richtig, daß ich der „augleichende Pol" war. Mein Leben war ruhig und normal – ich hatte ja alles, was ich mir wünschte.

Plötzlich war da die Idee, nach Asien zu verreisen. Ein unbekannter Drang, diesen Erdteil kennernzulernen, aber auch ein eigenartiges Gefühl, wenn ich das alleine kann, dann bin ich jemand. So zog ich mit 23 Jahren für 2 Jahre nach Sri Lanka, Neapel und Indien, und die Folge dieser Reise war ein großer Horizont, und zwar auf mehreren Ebenen und dem Gefühl, ich kann ganz alleine so was machen, bin ja eigenständig. Wieder waren auch da Begegnungen, die mich prägten, ein alter indischer Guru, den ich zufällig kennenlernte. Im kommenden Jahr trennte ich mich von meinem Freund, mit dem ich eigentlich eine Familien hatte gründen wollen. Ich wechselte Wohnung und Beruf. Ich fühlte mich gut in all den neuen Anfängen. Bald lernte ich meinen heutigen Mann kennen, der wie ich selbst auf der Suche war. Manchmal schien es, als wären wir zwei kleine suchende Kinder, die sich gegenseitig verlassen und einander trauen konnten.
Nur konnte ich mich diesem Mann nicht mehr anpassen, wie ich das so gewohnt war. Oft fühlte ich mich deshalb irritiert und unsicher, lernte aber meine freien Räume kennen.
Übers Leben konnte ich erst bewußter phantasieren, als ich diese Horizonterweiterung durch die Asienreise und die Begegnung dort mit den verschiedensten Menschen erfahren hatte.
Ich begann damit, langsam meine bisherigen, vielen einengenden Werte zu hinterfragen, beobachtete andere Menschen, für die ich in meinem Inneren ein gutes warmes ehrfürchtiges Gefühl empfand.
Mein „lieber Gott" bekam immer mehr neue Formen und Audrucksbilder durch das Lesen von Büchern über andere Religionen oder esoterische Schriften. Ich fand auch immer wieder Menschen, mit denen ich mich austauschen konnte.

Eine schlimme Zeit erlebte ich dann nochmals, als ich an meiner jetzigen Stelle zu arbeiten begann, nicht in der Patientenarbeit, sondern mit einigen Teamkolleginnen. Wie ich mich verhielt, war offenbar für einige eine ständige Provokation. Irgendwie versuchte ich es immer besser zu machen, aber genau damit ging es immer schlechter, bis ich kapitulierte und mir sagte: *so bin ich* und es etwas besser sein lassen konnte, daß ich nicht bei allen geschätzt war. Meine wichtigste Ressource waren die vielen Gespräche mit meinem Freund und das Wissen, daß er mich genau so liebte wie ich war. Viel gaben mir auch die Kontakte, Beziehungen, die sich ab 1988 durch Selbsterfahrungsgruppen und ab 1989 durch Therapieausbildungsgruppen ergaben. Viele neue Verhaltensweisen konnte ich ausprobieren und bekam liebevolle, achtsame Feedbacks.

Seit einem Monat bin ich mit Freuden verheiratet. Wir bewohnen ein kleines Häuschen mit Garten, wo ich mich wohl und geborgen fühle. Die Natur ist nah bei mir und läßt mich vieles in ihrem Wachsen begreifen.
In mir ist trotz immer wiederkehrenden Phasen von Selbstunsicherheit ein Kern voller Sicherheit und Vertrauen, und ich spüre noch einiges an Potentialen, die ich noch entdecken kann, spüre auch weniger Angst, das Thema Gewalt/Aggression mir näher anzuschauen – spüre allmählich die verborgene Kraft, die ich darin kultivieren kann.

Es läuft eigentlich zur Zeit auf allen Ebenen fein und gut, und das macht mir etwas Sorgen. Da müßte doch mal wieder was Ungutes kommen! Zur Zeit macht es sich etwas daran fest, daß ich schon recht besorgt darüber bin, daß ich nach einem halben Jahr noch nicht schwanger bin – und wenn ich mich so schreiben sehe, muß ich auch gleich wieder schmunzeln.

Mir sagte kürzlich meine Lehrtherapeutin: „Du kannst ruhig auch mal zornig zu deinem Gott sein, wenn du nicht kriegst, was du dir so wünschst". Das ist für mich neu aber tut gut, wenn er mich nicht verläßt, wenn ich auch mal zornig über ihn bin.

Das Karrierepanorama von *Mara* (Abb. 8) ist dem Darstellungstypus der „ikonischen Narration" zuzuordnen, in dem szenische und symbolische Darstellung verschränkt sind, ja das symbolische Moment gegenüber der figural-szenischen Darstellung überwiegt. *„Ereigniskerne"* (z. B. die Pistole des Vaters) sind figural erkennbar. Aber ansonsten versucht die Darstellung das „Klima" darzustellen, die chaotische häusliche *Atmosphäre.* Sie beschränkt sich indes nicht nur auf die Dokumentation „äußerer Szenen", sie zeichnet auch „innere Stimmungen" und Befindlichkeiten auf, repräsentiert Innenwelten: Den „lieben Gott" als sichernde, schützende Realität, die Landschaft, die Natur als beruhigende Einflußgröße. Spannungszonen werden in schwarz/rot Schraffuren dargestellt, Blitze, Bluts- oder Tränentropfen, dunkle Wolken, glühende Herzen symbolisieren die Intensität des emotionalen Geschehens in den positiven und negativen Ereignisfolgen. Die „Geschichten zum Bild" sind aufgrund der symbolischen Qualität der Darstellung nicht nur Bericht, sie sind auch schon *Erläuterung* und *Interpretation.* Sie sind ein Schritt „persönlicher Hermeneutik" (*Petzold* 1988a, b, p), eine Auslegung der im Bild festgehaltenen Lebensszenen mit ihren Atmosphären. Damit werden schon Schritte der Verarbeitung unternommen, die allerdings ein therapeutisch fokussierendes Durcharbeiten nicht entbehrlich machen, denn erschließt sich auch in den „Geschichten" schon unbewußtes Material, so bleiben in der Regel abgewehrte Geschehnisse oder Dimensionen weiterhin verborgen, besonders wenn die „Notwendigkeit des Verdrängens" noch gegeben ist, das Material also eine zu bedrohliche Qualität hat, als daß es ohne den Beistand und die Präsenz des Therapeuten bearbeitet werden könnte. Werden Bild und Bericht dann Gegenstand des therapeutischen Diskurses, so erschließen sich oftmals noch weitergreifenderer Sinn und Zusammenhänge, die zuvor nicht gesehen werden konnten, erhalten Symbole, aber auch Formulierungen des Textes eine neue Bedeutung. All dieses führt zu *Umbewertungen* „biographischer Ereignisse" und kann eine Neuformierung biographischen Materials bewirken, wodurch sich dessen Einwirkungen (in Form von Skripts bzw. Narrativen, Mustern, Wiederholungszwängen) auf den gegenwärtigen und zukünftigen Lebensvollzug verändern – und dadurch entstehen Neustrukturierungen der Persönlichkeit, des Lebensstils, der Beziehungsgestaltung, geschieht Heilung.

Bild und Geschichte von *Mara* waren darauf gerichtet – der Aufgabenstellung folgend –, „äußere" Lebensereignisse und „innere Stimmungen" zu dokumentieren. Die Klientin konnte sich einige Wochen später in anderem Kontext mit den „verinnerlichten Lebenseinflüssen" auseinandersetzen, und zwar vermittels der schon erwähnten Darstellung (2.5) der „Über-Ich-Bänke", einer projektiven diagnostischen Technik, die von *Petzold* in der Integrativen Therapie entwickelt wurde. *Mara* wurde aufgefordert, sich vorzustellen, in „ihrem Kopf" seien zwei Bänke. Auf der einen, der *Richtbank,* sitzen alle die Menschen, Menschengruppen und Institutionen mit dem kritischen Blick, den abschätzig herabgezogenen Mundwinkeln, den Drohgebärden, den beschämenden, strafenden Worten, die die „kleine Mara" bedrängen, bedrücken, entwerten. Auf der anderen Bank, der *Festbank,* sitzen all die Menschen, Menschengruppen und Institutionen, die stützen, bekräftigen, ermutigen, die „eine 5 gerade sein lassen", die eine nachsichtige, wertschätzende Haltung zeigen. Durch die bildnerische Darstellung (Abb. 9) ihrer „Über-Ich-Bänke" wurde der Klientin deutlich, wie die „protective and adversive events" keineswegs nur „äußere" Widerfahrnisse waren, sondern daß diese Geschehnisse in „Fleisch und Blut übergegangen sind". Sie erfährt ihre muskulären Verspannungsmuster, nimmt wahr, wie bedrückene Atmosphären ihr die Luft wegnehmen, spürt, wie „eine Platte auf ihrem Brustraum liegt" und sie sich mit verspannter Schulter-Nacken-Muskulatur auflehnt gegen den „Druck des Lebens", der – trotz einer weitgehend konsolidierten Lebenssituation – sich aus der Vergangenheit fortschreibt und noch auf ihr lastet. Es wird ihr bewußt, daß bedrückende Atmosphären, die stets noch in ihrem Inneren nisten, auch weiterhin Wirkung zeigen. Sie erkannte, wie stark die Kette negativer und positiver Ereignisse im Lebenslauf ihren Niederschlag in verinnerlichten Realitäten geführt hatte. Dabei ging es nicht nur um die Internalisierungen von „Objekt-Repräsentanzen", „Elternimagines", sondern um die Repräsentation von „Interaktionen mit Personen", von „Beziehungserfahrungen" (*Sameroff, Emde* 1989). Diese Erkenntnis führte nun wieder zu einer „exzentrischen Betrachtung" der Ereignisketten, zu einem Erkennen von Ereigniseinflüssen, insbesondere der Einwirkung von „*critical life events*", weiterhin zum Bewußt-Werden der Abwehr- und Bewältigungsformen, die sich als Reaktionen auf diese Ereignisse ausgebildet hatten und zum Teil zu „dysfunktional generalisierten", d. h. zu *dominanten Abwehrmechanismen* wurden, die, obgleich damals brauchbar, auch heute noch ohne zwingende Notwendigkeiten zum Einsatz kommen. Schließlich wurde im Zusammenwirken der Erkenntnisschritte und Erfahrungsmöglichkeiten der Klientin ein „neuer *Sinn*" erschlossen. Sie konnte erlebniskonkret Einblick in die formierenden Kräfte ihrer *Biographie* gewinnen und beginnen, ihre therapeutischen Schritte in ihrer Einzelanalyse selbstbestimmter zu planen, indem sie bereit war, bestimmte Themen systematischer aufzuarbeiten und im Lebensalltag umzusetzen.

Für den therapeutischen Prozeß werden durch die verschiedenen, in der Integrativen Therapie entwickelten, lebenslaufbezogenen diagnostischen Instrumente (Karrierediagramme, Identitätsbilder, Lebenspanoramen, Über-Ich-Bänke, Zukunftsprojektionen, Lebensberichte, Geschichten zu ikonischen Narrationen usw.) *Strukturen* in den Ereignisketten deutlich: sich wiederholende Muster, die sichernden, aber auch behindernden Charakter haben und die durch **Einsicht in die Zusammenhänge** verändert werden können („*erster Weg der Heilung*", *Petzold* 1988n, 218 ff.). Weiterhin können „**korrigierende emotionale Erfahrungen**" („*zweiter Weg der Heilung*", ibid. 236 ff.) wirksam werden, mittels derer in regressiver Arbeit z. B. der Therapeut als guter, stützender Vater Atmosphären schafft, die verinnerlicht werden können und die die in den „Archiven des Gedächtnisses" verankerten aggressiven Atmosphären des realen, biographischen Vaters in ihrer Qualität abschwächen oder zumindest in ihrer Wirksamkeit korrigieren können. Veränderungen können aber auch durch „**alternative Erfahrungen**" – sensumotorischer, emotionaler, kognitiver und sozial-kommunikativer Art – erreicht werden („*dritter Weg der Heilung*", ibid. 250 ff.), indem auf spielerische Weise im Hier und Jetzt, ohne daß unbedingt der Bezug auf biographische Ereignisse, Erfahrungen notwendig wird, Erlebnisse möglich werden, die zu den bisher erlebten Lebensqualitäten eine Alternative bieten.

Das Konzept der *Wirkung* ineinander verflochtener Ereignisketten mit positiver, negativer und defizitärer Qualität in den komplexen Vorgängen der Biographieformation, d. h. des Niederschlags von *nicht-memorierbaren* – aber wirksamen – und *memorierbaren* Gedächtnisinhalten, wird in den projektiven diagnostischen Instrumenten der Integrativen Therapie besonders deutlich. Es wird die atmosphärische und szenische Qualität der „*events*" unterstrichen, und damit wird das nützliche klinische Konzept der „pathogenen Stimulierungskonstellationen" (ibid. 353ff) durch eine ganzheitliche Perspektive aufgefüllt. Die Archivierung der Ereignisketten und ihre Memoration, ihre Bedeutung bei der Herausbildung von „Grundstimmungen", die das „Lebensgefühl" bestimmen (*Petzold* 1993b), ist nicht zu unterschätzen. *Grundstimmungen* der Niedergeschlagenheit oder der Zufriedenheit, der Hoffnungslosigkeit oder der Zuversicht, die ja natürlich auch den gegenwärtigen und sich zukünftig entwickelnden Lebensvollzug bestimmen, werden aus den erlebten und archivierten „events" (d. h. *Szenen* mit ihren *Atmosphären*, die den Leib einstimmen, gegebenenfalls zu Verstimmungen führen) konstituiert. Das Leib-Subjekt, das z. B. Mißstimmungen in sich trägt und diese „Dysphorien" um seine Person als „Atmosphären", d. h. wahrnehmbare Mikrosignale (die im Gegenüber entsprechende Resonanzen auslösen) verbreitet, löst damit entsprechende Reaktionen der Ablehnung, des Rückzugs, der Aggression aus, was wiederum zu Unstimmigkeiten führt, zu Verstimmtheiten. Die negative Grundstimmung, das düstere Lebensgefühl werden verstärkt, ein *circulus vitiosus.* Die Veränderung der Lebenskontinuität bedarf deshalb nicht nur der kognitiven „*Umbewertungen*", sondern auch der „*Umstimmung*", der Bearbeitung der archivierten **leiblichen** Muster des **Selbst**. Diese sind als sensumotorische, emotionale und kognitiv repräsentierte Schemata (*Petzold* 1992a, 529) zu verstehen. Dergestalt nachwirkende Vergangenheitseinflüsse einerseits *und* die „facts of life", die allgemeinen gegenwärtigen Lebensbedingungen – das soziale Netzwerk, die Arbeitssituation, die Ressourcenlage, sofern dies alles risikofördernde und widrige Einflüsse darstellt – andererseits müssen verändert werden, denn beide Einflußgrößen sind entscheidend. So nimmt es nicht wunder, daß die empirische Psychotherapieforschung die „rationale Einsicht in Zusammenhänge", ihre „kognitiv-emotionale Neubewertung" und die „praktische Lebenshilfe" im Rahmen einer guten und tragfähigen, therapeutischen Beziehung (sie ist ein protektiver Megafaktor) als die herausragenden Wirkfaktoren therapeutischen Handelns markiert hat (*Orlinsky, Howard* 1986a, 1987, 1988; *Huf* 1992; *Petzold* 1992a, 992f). Therapie auf dem Hintergrund der Konzepte der Karriere, der Ereignisketten, des Narrationsmodells (dies sind aus unterschiedlichen Traditionen stammende Konzeptualisierungen, die in die gleiche Richtung laufen) bedeutet dann – *retrospektiv* –, in Karrieren Ordnung zu schaffen auf der sensumotorischen, emotionalen, kognitiven und sozialkommunikativen Dimension. Es heißt weiterhin – *aspektiv* –, Ordnung zu schaffen in gegenwärtigen Manifestationen der Karriere, wiederum unter Einbeziehung aller genannter Dimensionen, und es heißt schließlich – *prospektiv* –, Entwicklungen vorzubereiten und einzuleiten, in denen neue Ordnungen zur Wirkung kommen können, so daß sich dysfunktionale Karrieremuster nicht perpetuieren. In einer solchen therapeutischen Konzeption haben die Karrierepanoramen oder verwandte Methoden, z. B. andere Formen der Panoramatechnik (*Petzold, Orth* 1993), ein wertvolles Potential, umfassen sie doch die Vergangenheitsdimension, die Gegenwart, und lassen sie doch Ausgriffe auf die Zukunft zu, die projektiv/prospektiv gestaltet werden kann.

Ein letztes Beispiel soll noch einmal in einer „ikonischen Narration" eines „zweizügigen" Panoramas (widrige und schützende Ereignisse) und ihrer Erläuterung durch die Klientin *Christine* (Abb. 7) die interaktive Dynamik protektiver und adversiver Ereignisse verdeutlichen.

Beispiel 4: *Christine* (Abb. 7)

Inventar der Belastungs- und Schutzfaktoren (zu Abb. 7)

Christine W. (37, Behindertenpädagogin)

A – Zur Kette der Belastungsfaktoren in meinem Leben

– Aus Erzählungen weiß ich, daß ich die ersten sechs Wochen im Krankenhaus verbrachte, da meine Mutter beidseitige Brustentzündungen hatte, wobei sie sehr wenig Kontakt mit mir hatte (und sie natürlich nicht stillen konnte). [*Berichterinnerung*]

– Mit ca. 2 Jahren wurde ich für 14 Tage zu entfernten Nachbarn gegeben, während alle anderen Familienmitglieder irgendwohin fahren. Angeblich habe ich danach „gebettnäßt".

- Eine sehr frühe Erinnerung habe ich an einen riesigen Teddybären, der mir von eben diesen Nachbarn geschenkt worden war. Ich fand es sehr schlimm, daß meine Eltern, ihn mir sofort wegnahmen, weil er scheußlich sei. [*Ereigniserinnerung*]
- Eine Stoffkatze hat mein Vater aus demselben Grund auf einem Müllhaufen verbrannt, wobei ich zugucken mußte.
- Ich erinnere mich an meinen Vater, als er noch bei uns war, entsetzlich laut und eiskalt schreiend, wobei ich in einer Art mich totzustellen reagierte. Sonst habe ich keine Erinnerungen an ihn in dieser Zeit.
- Meine Mutter: ich sehe mich immer wieder nach ihr rufend, aber sie hört nicht. Sie arbeitete sehr viel, wir hatten einen Fremdenverkehrsbetrieb. Ansonsten war sie sehr streng und gewaltig – ich erinnere viel Schimpfen, weil ich so viel falsch und kaputt machte. Ich bin hin- und hergependelt zwischen Alleinsein und dem lauten brodelnden Aufenthaltsraum, der spannend war, aber auch immer zu eng und zu dicht.
- Scheidung meiner Eltern mit 4 Jahren. Papi zog weg. (Er war allerdings in den Sommern immer schon weggewesen).
- Mit ca. 4 Jahren überraschte mich ein Nachbar allein und griff an meine Genitalien, was ich nie jemandem erzählte.
- Volkschule: Schock, daß die anderen Kinder ganz anders sprechen (starken Dialekt), fühle mich ausgeschlossen, bleibe Außenseiterin. Der Lehrer läßt mich wegen meiner Zappeligkeit immer wieder knien. Große Angst, meine ältere Schwester als Gefährtin zu verlieren, als die ins Gymnasium wechselt.
- Gymnasium: ich bleibe Außenseiterin, mit kurzen Ausnahmen. Anfangs schlimme Strafen von meiner Lehrerin für mein Zappelphilipp-Sein. Mein hoch verehrter Bruder (Ältester, der die Vaterrolle hatte) findet mich lästig, verrät mich, straft mich immer wieder. Meine Mutter schützt mich nicht vor ihm.
- Mit ca. 8 Jahren zieht mein Vater wieder ins Dorf. Wir müssen ihn regelmäßig besuchen – Horror (schrecklich langweilig, viele fremde Leute, er ist oft entsetzlich schlecht gelaunt, schreit, tobt, oder zwingt uns zu fürchterlich anstrengenden Bergtouren). Wir wagen nie uns zu verweigern, und meine Mutter hilft mir auch nicht dabei.
- Ich rette mich mit „Totstellen“ darüber weg.
- Im Dunkeln liegt eine Mißbrauchserlebnis, von dem ich nur wenige, sehr vage Bilder und eine deutliche Körpererinnerung habe.
- Pubertät: Mein Mutter befühlt meinen Busen, findet mich lächerlich in meiner Abscheu.
- In ersten sexuellen Erfahrungen viel Überforderung und Kränkungen durch Jungen.
- Ich fühle mich sehr oft sehr alleine.
- Der erste Geschlechtsverkehr mit 16 ist äußerst schmerzhaft, ich komme mir völlig unnormal vor.
- Von 18-21 erste Männerbeziehung, die oft sehr belastend war. Viel Schuldgefühle, weil der Mann nicht mit mir schlafen konnte; Sexualität war immer Unerfülltsein, Schmerz, und es war unmöglich mit Dritten darüber zu sprechen.
  Nach der von mir gewollten Trennung, tiefe Krise, Desorientierung, Einsamkeit, Schuldgefühle. Letztere steigerten sich noch nach dem kurz danach erfolgten Unfall-Tod des ehmaligen Freundes.
- In den folgenden Partnerschaften immer wieder die Erfahrung vom baldigen Umkippen ins Belastende, Verletzende. Die Sicherheit in der Beziehung ist untrennbar verknüpft mit Schmerz, Schuldgefühlen, Überforderungen. Meiner inneren Emigration folgen schließlich:
- Ausbruch und Trennung.
- Beruf: Sehr viel Überforderung, Anstrengung, Hilflosigkeitserfahrungen.
- In einer berufsbegleitenden sozialtherapeutischen Fortbildung schockierende Erfahrung mit Frauen; tiefe Erschütterung meines Frauenbildes; Ausgeschlossenheitsgefühle, Sündenbockrolle.

- Zwei männliche Einzeltherapeuten sind pushend bis zu körperlicher Gewalt (Körperorientierte Therapien).
- Mit 28 Jahren erstmals ein positives Ergebnis des Gebärmutterhals-Krebsabstrich-Tests.
- Mit 31 Jahren in einer Arbeitstelle massive Ausbeutung und Verletzungen durch die Leitung, die trotz rascher Kündigung lange nachwirken.
- Ab 32 sich wieder verschlechterter Krebsabstrich-Ergebnisse, ein ständiges Damokles-Schwert. – In diesem Jahr die äußerst schmerzliche Trennung von meiner ersten, wirklich hoffnungsvollen Beziehung.
- Mir 36 Jahren: Enttäuschung vom Vater, der wieder kaum mehr Intresse an mir zeigt.
- Zur Zeit wieder Ansätze des bekannten Gefühls von Last in der Partnerschaft trotz veränderter Formen.
- Offene Fragen/ mögliche Belastungen:
- Beruf – immer wieder „zu viel" und „zu nahe"; Berufswechsel – aber wohin?
- Die Krebsabstriche: verschlechtern sie sich wieder?
- Meine ungeklärte Vaterbeziehung – ich befürchte da noch manche Konflikte.

B – Zur Kette der protektiven Faktoren in meinem Leben

- Wald, Wiesen, Berge (ich bin weit entfernt vom nächsten Dorf im Hochgebirge aufgewachen); draußen Spielen, Spazierengehen, Bergsteigen;
- Die Gemeinschaft mit meinen 3 Geschwistern, später eigentlich die mit den 2 Schwestern;
- Schule: einige wohlwollende Lehrer, dazu meine Wachheit und Neugier;
- ein Schulfreundin (von ca. 13-20 Jahren), mit der ich doch sehr vieles besprechen konnte;
- Das Weggehen von Zuhause, mein erstes Zimmer für mich alleine; meine Heimat Innsbruck, verbunden mit der unglaublichen Erfahrung, daß ich mich von einem Mitbewohner erstmals wirklich gesehen, gehört, verstanden fühlte;
- eine Gemeinschaft mit anderen Studenten, die sowohl einen religiösen Aspekt als auch gemeinsames Alltagsleben beinhaltet;
- ein sehr stützendes, heimatgebendes Frauen-Team in meiner ersten Arbeitsstelle;
- Mit 24 erstmals Psychotherapie, die ich mit zeitlichen Lücken immer wieder genutzt habe;
- Jahrelange Zugehörigkeit zu einer Frauengruppe;
- eine Afrikareise;
- eine kurze, große Liebe und später die Erfahrung, daß Abschied wirklich möglich ist;
- einzelne wichtige Frauenfreundschaften;
- Meditation und heilsame Unterstützung durch diese Lehrer;
- relativ gute Arbeitsstellen;
- Schwimmen;
- ein winziges Häuschen in einer friedenstiftenden Umgebung auf dem Land, Rückzugsort und Symbol für Autonomie;
- eine überwiegend nährende Partnerschaft.

Sind Ketten von Belastungs- und Schutzfaktoren wie in *Christines* „zweizügigem" Karrierepanorama bildlich dargestellt worden, so kommt es darauf an, den *Darstellungstypus* zu erfassen, zumal von der Instruktion her sehr viel Freiraum gegeben wird, so daß die Klientinnen bzw. Patientinnen genügend Gestaltungsmöglichkeiten haben, in denen sich projektives Material artikulieren kann. Zuweilen werden in strenger Parallelführung die positiven und negativen Einflußlinien dargestellt (wie in dem vorliegenden Beispiel, Abb. 7, vgl. auch Abb. 6), manchmal sogar mit jeweils nur einer Farbe (z. B. die negativen Ereignisse schwarz, die positiven grün). Das macht Identifikation einfach. Ambivalente Situationen werden dann etwa schwarz und grün gemalt. Insgesamt bietet aber die Gestaltung mit vielen Farben breitere Möglichkeiten. Oft werden die Parallelführungen miteinander verwoben, wird die *Interaktion* der Einflüsse dargestellt. Zuweilen werden *Defizite* und *Trauma*-Erfahrungen von den Patienten differenziert. Kontinuitäten sind nicht nur durch lineare Reihungen zu erkennen, sondern auch durch das wiederholte Auftauchen von Motiven. Das ist gerade bei Bildern wichtig, in denen keine zeitliche Reihenfolge eingehalten wird, sondern bei denen die Ereignisse über das ganze Bild verstreut sind. Kontinuitäten sind dann durch bestimmte Symbole, Szenenarrangements, Farben, Formen, Leerstellen erkennbar. Läßt man zum Bild Geschichten schreiben oder ein Inventar anfertigen, so haben wir für den therapeutischen Prozeß wichtige und nützliche Erläuterungen. Im Bild von *Christine* ist die Kette protektiver und die Kette adversiver Ereignisse deutlich parallel geführt. Auch Wechselwirkungen werden erkennbar. Die Darstellung ist figürlich bzw. szenisch, wobei immer wieder auch neben der Farbsymbolik Symbolzeichen (Fragezeichen, Kreuz, Baum, Blume, Herz usw.) auftauchen. In *Christines* Karrierepanorama werden überdies auch noch durch Beschriftungen Episoden verdeutlicht. In der Niederschrift des „Inventars der Belastungs- und Schutzfaktoren" fallen die vielen Trennungen mit dem Resultat von Verlassenheitsgefühlen, weiterhin die Überforderungen mit dem Resultat von Wertlosigkeitsgefühlen (durch Abwertungen) besonders ins Auge. Immer wieder tauchen auch Verletzungen und Demütigungen auf. Die Klientin erinnert sich an Abwehr- und Bewältigungsstrategien (Sich-tot-stellen). Fehlende Beziehungsmöglichkeit zum Vater, zur Mutter, schränken die Möglichkeiten ein, das Herstellen guter Beziehungen zu erfahren und damit Beziehungsfähigkeit zu lernen. Es wird deutlich, wie sich aus den kindlichen Mustern über die Adoleszenz allmählich Muster im Erwachsenenleben herausbilden, in der sich die mißglückenden Beziehungen, die Trennungs- und Verlassenheitserfahrungen und die Überforderungen und Entwertungen wiederholen und fortsetzen. Die Kette der protekiven Faktoren macht deutlich, wie all diese belastenden Erlebnisse auch kompensiert wurden (durch Landschaft, Aktivitäten in der Natur, positive Netzwerke mit Geschwistern und Peers) und wie auf diese Entlastungsmöglichkeiten auch im weiteren Lebensverlauf kompensatorisch zurückgegriffen wird: ein stützendes, heimatgebendes Frauenteam, Unterstützung durch Lehrer in der Schule und im Erwachsenenalter durch die Meditationslehrer, das Häuschen auf dem Lande in der Natur usw. Die Schutzfaktoren erweisen sich der Qualität nach in der Kindheit und im Erwachsenenleben als ähnlich. Ihre salutogene Kettenstruktur wird genauso deutlich wie ihre entlastende Funktion im Hinblick auf die Belastungsereignisse in den adversiven Ketten.

In der Bearbeitung von Inventar und Bild werden noch viele andere Bezüge deutlich, und es stellen sich die Konturen der gegenwärtigen Problematik gut heraus. In der Exploration ihres eigenen Bildes mit erlebnisaktivierenden Techniken unter Beiziehung des Berichts wird die Klientin zur „Ko-Diagnostikerin". Sie wird in das Verstehen ihres biographischen Prozesses mit seinen heilsamen Seiten, aber auch mit seinen pathologischen Seiten aktiv einbezogen und erhält damit über die in der Diagnostik gewonnen Transparenz hinaus die Möglichkeit, aktiv an der Planung und Gestaltung des therapeutischen Prozesses teilzunehmen. Sie wird in ihrem eigenen Prozeß zur „Ko-Therapeutin" und kann die von ihr gewünschten Veränderungen in ihrem Leben bzw. Lebenszusammenhang selbstbestimmt in die Hand nehmen. Es wird damit die in der entwicklungspsychologischen Forschung immer wieder betonte Möglichkeit aufgegriffen, daß Kindern die Sozialisation nicht nur einfach widerfährt, sondern daß sie auch *Mitgestalter* ihres Schicksals sind, was natürlich abhängig ist von dem Freiraum, den man ihnen gibt. Sie werden damit in ähnlicher Weise wie Erwachsene zu „makers of their own identity", Gestalter ihrer eigenen Entwicklung (*Brandtstädter* 1985).

Die vorgestellten, kommentierten Beispiele haben, so hoffen wir, folgendes deutlich gemacht: In den *„Karrierepanoramen und -berichten zu positiven und negativen Ereignisketten"* geht es um Biographie und dem Bewußtsein zugängliches Material, welches durch „autobiographisches Memorieren" (*Conway* 1990) vom Subjekt erschlossen werden kann. Dabei vermischen sich oftmals *Ereigniserinnerungen* (*Nelson* 1986) – „Eine sehr frühe Erinnerung habe ich an einen riesigen Teddybär" – und *Berichterinnerungen* – „Aus Erzählungen weiß ich, daß ich die ersten sechs Wochen im Krankenhaus verbrachte!"; „Ich erinnere mich an Erzählungen meiner Mutter über die schwere Zeit damals, als sie mit mir schwanger war!". Die Darstellungen verbinden weiterhin *„historic truth"*, d. h. relativ präzise, objektivierbare Lebensfakten (sie können durch Fremdanamnestik oder durch biographische Dokumente, Photos, Alben, Krankenakten belegt werden) und *„narrative truth"* (*Spence* 1982; *Petzold* 1991o), d. h. die subjektive Ausgestaltung, Bewertung, „Einfärbung", Ergänzung der historischen Fakten, wie sie sich aus der aktualen Situation des Patienten (z. B. einer momentanen Depression, die die positive Vergangenheit überschattet) oder aus dem Bezug zu dem bzw. den Adressaten der Lebenserzählung ergeben mag (man erzählt das gleiche Ereignis dem explorierenden Arzt anders als einem Freund oder anders als einer Mitreisenden im Zug). Schließlich sind die „ikonischen Narrationen" z. B. der Panoramatechnik von der Dynamik der therapeutischen Beziehung bestimmt, dem Geflecht von Übertragung und Gegenübertragung, werden doch *„Karrierepanoramen"* auch im Rahmen laufender Therapien erstellt (also nicht nur in der diagnostischen Initialphase). Damit sind auch bewußte und unbewußte Botschaften des Patienten an den Therapeuten ein Faktum, das bei der Bearbeitung solcher Materialien wesentlich ist. Weil wir es in dieser Arbeit nicht nur mit dem Moment der Gestaltung vermittels bildnerischer Medien, sondern auch mit dem Formierungsprozeß einer *Biographie* als Niederschlag der Lebenserzählung, der *Biosodie*, zu tun haben können, kommen formgebende Momente – im Sinne des *Freud*schen „Familienromans" oder von *Polsters* (1987) Konzeption „persönlicher Romane" – im Sinne der Qualität einer *„esthetic truth"* (*Spence* 1982) zum Tragen. Auch diese hat eine heilende Qualität, wenn „Schönheit die Welt retten kann", wie *Dostojewski* meinte (*Petzold* 1992h).

Die „objektive" *historic truth*, wie sie von einem abständigen Historiker bzw. Beobachter von Biographien dokumentiert werden könnte, tritt dabei hinter die *„subjektive Wahrhaftigkeit"* und die „persönliche Geltung" von Handlungen oder Erfahrungen zurück. In diesem Faktum liegen Fallstricke, aber auch Chancen, die durch die therapeutische Bearbeitung bewußt memorierte Vergangenheit oder die bewußt gemachten, zuvor verdrängten, biographischen Ereignisse umzugestalten. Indem neue Zusammenhänge hergestellt werden, scheinen Dimensionen eines *anderen Sinnes* auf, können neue Bedeutungszuweisungen erfolgen, weil **„alternative** *emotionale Erfahrungen"* aus der Gegenwart (z. B. in einer Therapie oder in einer gelungenen Liebesbeziehung oder Freundschaft) die persönliche Geschichte in einem neuen Licht erscheinen lassen dadurch, daß etwa protektive Faktoren sichtbar werden, die zuvor nicht erkannt worden waren („Mir wird erst *jetzt* deutlich, wie wichtig meine Großmutter damals für mich war!" – „In der Stadt, auf einem Hinterhof hätte ich sicher nicht überlebt. Jetzt sehe ich erst, wie wesentlich die Natur und die Tiere für meine Kindheit waren!"). Negative Ereignisse können relativiert werden („Es war schlimm, aber es gab mehr Gutes als ich dachte!" – „Ich hab es ja auch bewältigt, bin damit fertiggeworden und hab' gelernt, wie ich mich schützen kann!"). Es können Konsequenzen gezogen werden (*„Diese* Linie soll sich *nicht* fortsetzen! Drei solcher Narzißsten waren genug. Den nächsten Typ schau' ich mir vorher sehr gründlich an!").

Aus der Übersicht über Karrierekonstellationen sollen aber nicht nur „gute Vorsätze" entstehen, die durch die Macht des Wiederholungszwangs „fixierender Narrative" scheitern müssen, sondern es wird natürlich notwendig, die deutlich werdenden pathogenen Konstellationen der Biographie auf einer emotionalen Ebene – die rationale Einsicht ergänzend – zu bearbeiten, „eingefleischte Muster" zu verändern („Umleibungen" im Sinne von *Herman Schmitz* 1989). Kommunikative Stile – d. h. Formen der Beziehungsgestaltung – müssen gegebenenfalls um- oder neugestaltet, um- oder neugelernt werden, sonst bleibt die *Karriere* „mit guten Vorsätzen gepflastert", die nicht zum Tragen kommen und scheitern..., und die *Ereignisketten* schreiben sich fort.

In der Therapie werden also nicht nur neue *Zukunftsentwürfe* erarbeitet, sie werden auch in ihrer *Umsetzung* begleitet, wobei das Wissen um mögliche Reinszenierungen alter Konstellationen oder von der Nachwirkung biographischer Traumata, aber auch die Kenntnis von Bewältigungsstrategien, die sich bewährt haben, von protektiven Faktoren, auf die man zurückgreifen kann oder die man sich neu erschließen kann, eine beachtenswerte Hilfe darstellen. Die *therapeutische Beziehung* und der therapeutische Prozeß selbst werden dabei zu einem *„protektiven Megafaktor"*. Hier werden ja nicht nur im Sinne von *Gedo* (1973, 1979) oder *Basch* (1991) durch „Interpretation" unbewußte Konstellationen bewußt gemacht und wird in der Reinszenierung von Problemsituationen und der in ihnen aufgebauten Abwehrformen eine *„optimal desillusion"* geleistet, es wird nicht nur in der Bearbeitung solcher biographischer Materialien eine *„unification"* ermöglicht, d. h. die Verbindung disparater Persönlichkeitsanteile, Folgen zerrissener und zerreißender Lebensgeschichte, es wird vielmehr eine *Ordnung* in die Geschichte des Kranken und darüber hinaus in seine persönliche Lebenssituation gebracht – *Basch* (1991) spricht von *„passification"* –, und Therapeut und Patient erfahren gemeinsam neue Fähigkeiten, die sich im Lebensvollzug des Patienten entwickeln und die der Therapeut bezeugt (*„bearing witness"*, idem).

Eine solche „begleitete Neuorientierung" (*Petzold* 1969b) erfordert Vorbereitung, denn sonst kann der „Neubeginn" (*Balint* 1948; *Loewald* 1960) scheitern. Die Bearbeitung biographischer Konstellationen muß eine gewisse „Prägnanz" erreicht haben, und dies nicht nur auf einem kognitiven Niveau, genauso wie die Umsetzung von Neuorientierungen keineswegs nur ein kognitives Geschehen ist. Im Sinne *„vitaler Evidenz"* (*Petzold* 1970c), in der sich „leibliches Erleben, emotionale Erfahrung und rationale Einsicht auf der Grundlage von konkreter Bezogenheit verbinden" (ibid. 42; 1992a, 917), müßten *„alternative (emotionale) Erfahrungen"* (idem 1970c, 48) durch neue Erlebens- und Handlungsmöglichkeiten gemacht worden sein oder – wir differenzieren und betonen diese beiden Möglichkeiten (ibid.) – durch *„korrigierende emotionale Erfahrungen"* (*Alexander, French* 1948), in denen Situationen fehlenden Beistandes durch *„significant caring adults"* in der therapeutischen Dyade ausgeglichen werden (*Scharfman* 1989, 57), und dies leiblich konkret unter Einbezug zwischenleiblicher Interaktion und nonverbaler Kommunikation (ibid.; *McLaughlin* 1989, 112; *Petzold* 1969c, 1975e; *Petzold, Orth* 1993). Der Therapeut (bzw. die Therapeutin oder das Therapeutenpaar) wird aber nicht nur im Hinblick auf vergangene Defizite zum *„significant caring adult"*, etwa durch die regressionsorientierte Arbeit mit dem Patienten, sondern er wird es auch für die Lebensgegenwart, ja, er begleitet als eine solche „bedeutungsvolle, sorgende und stützende Bezugsperson" den Patienten durch den fortlaufenden, therapeutischen Prozeß „von Gegenwart zu Gegenwart" in die Zukunft, so daß sich eine Zukunftsperspektive als „antizipierter Raum von Sicherheit" entwickeln kann (der Patient weiß, daß seine Therapie noch einige Zeit dauert und er sich der damit gegebenen Stütze und Hilfe sicher sein kann). Der Therapeut verkörpert also den durch die Longitudinalforschung herausgestellten, wichtigsten „protektiven Faktor": den einer wertschätzenden und stützenden Bezugsperson und zu der eine verläßliche *„selektive Attachmentbeziehung aufgebaut und gelebt werden kann"*. Von der vergleichenden Psychotherapieforschung bzw. von der Prozeßforschung werden diese Zusammenhänge bestätigt, wenn sie eine „gute therapeutische Beziehung" als den wichtigsten Heilungsfaktor herausstellt (*Orlinsky, Howard* 1988). Der Therapeut hilft aufgrund seiner therapeutischen Schulung, Erfahrung, seiner Lebensklugheit und *„clinical wisdom"* (*Petzold* 1991a, 395) dem Patienten, *„risk factors"* zu vermeiden und sich weitere *protektive Faktoren* zu erschließen (wie z. B. ein stabiles, soziales Netzwerk), und er ermöglicht dem Patienten, Hoffnung bzw. einen positiven Zukunftshorizont zu entwickeln (*Thomas* 1990).

4.3 Convoys, Ereignisbewertungen und nichtlineare Resonanzphänomene – einige abschließende Überlegungen

Die an der Longitudinalforschung, an Konzepten der „protektiven und Risikofaktoren", der Interaktion von pathogenen und salutogenen Einflüssen ausgerichtete Psychotherapie, die sich um das Erfassen von *Karrieretypiken* bemüht, steht in diagnostischer sowie in therapeutischer Hinsicht immer wieder und sehr grundsätzlich vor Neuland, und je tiefer man in die Fragestellungen unter Aufgabe konventioneller, linearkausaler Erklärungsmuster eindringt, desto komplexer stellt sich die Lebenswirklichkeit unserer Patienten in ihrem Lebenskontinuum mit ihrem *„convoy"* relevanter Bezugspersonen dar. Es wird aber auch deutlich, daß eine solche komplexe Betrachtungsweise ihrem Schicksal und ihrer Lebenswirklichkeit weitaus besser gerecht wird als simplifizierende Modelle, die Psychotherapeuten zwar einfache Erklärungen bieten, aber letztlich Erklärungen, die offenbar nicht wirklich greifen, denn man ist mit ihnen so unzufrieden, daß immer neue Erklärungsmodelle (zumeist linearkausale) entwickelt werden. Die in diesem Text enthaltene Betrachtungsweise will nicht *die* Lösung bieten und auch nicht nur den Mangel an Modellen beklagen. Sie will einen kleinen, komplexitätsreduzierenden Beitrag für die psychotherapeutische Indikationsstellung und die Wahl der Behandlungsmodelle und -medien leisten.

Wenn wir davon ausgehen, daß wir drei Einflußströmungen in Lebenskarrieren finden: A. **Ketten widriger Ereignisse**, B. **Ketten schützender und entwicklungsfördernder Ereignisse**, C. **prolongierte Mangelerfahrungen bzw. Ketten von Defiziten**, und daß all diese *„events"* unmittelbar oder mittelbar in Beziehungserfahrungen eingebunden sind, so wird deutlich, daß das Wissen um vorherrschende Elemente in derartigen Ketten oder Verläufen für die Konzeptualisierung, Planung und Durchführung von Behandlungen von großer Wichtigkeit ist. Dabei ist zu unterstreichen, daß die *„events"* unmittelbar oder mittelbar *Beziehungsereignisse* sind. Eine Mißhandlung, ein Verlust, eine Vernachlässigung sind unmittelbare Ereignisse in der Primärgruppe bzw. im relevanten sozialen Netzwerk des Betroffenen. Aber auch *„critical life events"* (*Fillip* 1990), wie eine schwere Infektionskrankheit oder ein Unfall, sind in soziale Beziehungen eingebunden, etwa dadurch, daß eine Mutter durch ein *„rooming in"* bei ihrem Kind im Krankenhaus bleibt und diese Präsenz möglich macht oder eine andere Mutter ihr Kind nicht besucht („Es ist ja eh auf der Isolierstation!") oder daß der Vater unmittelbar nach dem Unfall als Schutzperson auftaucht und sich um die Versorgung seines verunglückten Kindes kümmert oder daß Fremde diese Aufgabe wahrnehmen. Weil *„events"* Szenen und Szenenfolgen mit Akteuren, nämlich emotional bedeutsame Bezugspersonen sind, werden die durch die kritischen Lebensereignisse geschaffenen psychischen Realitäten (in Form von Erinnerungen und Verarbeitungsprozessen der Geschehnisse) für die weitere Gestaltung von „Beziehungen in Situationen" Bedeutungen gewinnen, d. h. gegebenenfalls auch für das Entwickeln von Übertragungen, Abwehr- und Bewältigungsformen im Alltagsleben und dann später in Therapien. Es ist deshalb wichtig, immer wieder darauf hinzuweisen, daß die *„events“* als zwischenmenschliche Ereignisse in Kontinuitäten oder Diskontinuitäten eingebunden sind und daß damit die *„chains“* in ihren *relationalen Qualitäten* gesehen werden müssen (*Sameroff, Emde* 1989), daß es sich also im Sinne der Wortbedeutung um *„convoys“*, um „gemeinsam durchmessene Wegstrecken“ handelt, in denen die Beteiligten füreinander gutes oder schlechtes „Geleit“ geben... und wehe dem, dem jegliche Begleitung, dem Stütze, Trost, Hilfe und Geleitschutz fehlt. Das Erfassen der *Convoy-Qualität* ist für das Verstehen von „subjektiven Theorien“, „social worlds“ und „Ereignisbewertungen“ – und damit für ein Erfassen pathogener Wirkfaktoren wesentlich. In den Panoramen kommt immer wieder zum Ausdruck, daß es nicht nur die *„events“* als solche sind, die wirken, sondern die „events“ oder „chains“ als *bewertete.* Derartige *Valuationen* (*Petzold* 1992a, 529, 696, 1116) bzw. *appraisals*, die als ein „processing“ der Ereignisse aufzufassen sind, bestimmen fraglos das „Gewicht“ der Geschehnisse – und je jünger die Kinder sind, desto stärker sind die Valuationen als external bestimmte Angleichungen an bestehende Bewertungsparameter zu sehen. Aber auch bei Klimata in den sozialen Bezugssystemen, in denen durch Korespondenz „Sinn als Konsens“ (idem 1991e) gefunden werden kann, wird die Frage nach der Konstruktion gemeinsam gefundener Bewertungen zu stellen sein. Wie entsteht *„shared meaning“* über *„every day's events“* (*Dunn* 1987) oder gar über *„critical life events“*? Die Karrierepanoramen vermögen in der Exploration derartige Zusammenhänge zu erhellen und familiendynamisch und netzwerkdynamisch bestimmte Bewertungspraktiken deutlich werden zu lassen – oft sind sie Niederschlag übergeordneter „social worlds“ oder „représentations sociales“ (*Jodelet* 1989). – „Wie hätte deine Mutter [dein Vater, dein Freund, deine Lehrerin] das gesehen?“ – „Wie würde das von der Nachbarschaft beurteilt?“ Derartige Fragen erhellen den Rahmen von Bewertungen (vgl. z. B. das Fallbeispiel von *Klaus O.* in *Petzold*, Fokaltherapie, dieses Buch). Das Problem der „Event-Bewertung“ – für Longitudinalforscher stets ein neuralgischer Punkt (*Brown* et al. 1987; *Rutter* 1986; *Angold* et al. 1987) – kann auf diese Weise *in praxi* angegangen werden. Besonders wichtig wird dies, wenn die *„shared meaning“* dysfunktional ist und z. B. zu negativen Selbstbewertungen führt: „Wir sind uns doch einig, daß du hier völlig versagt hast, oder?!“ *Hay* (1988, 247) hat, um diese komplexen Vorgänge plastisch und einer Forschungsperspektive zugänglich zu machen, folgendes Modell (vgl. Abb. 10) vorgestellt und damit auch die Überlegungen von *Dunn* (1987) verdeutlicht.

Ereignisse geschehen im *Kontext* und *Kontinuum*, haben einen mittelbaren Verlauf und unmittelbare Folgen, die zu faktischen und – per Valuation – „mentalen Ergebnissen“ führen. Bedeutsam sind die Reaktionen des Kindes und der jeweils vorhandene oder fehlende „social support“. Dabei interagieren das Ereigniserleben und die Ereignisbewertung von Eltern und Kind (in konsenter oder dissenter Weise) auf dem Hintergrund der Eltern-Kind-, aber auch der Kind-Eltern-Beziehung. Das Resultat kann vielschichtig sein: Dissens oder eine generelle konsensuelle „shared meaning“, eine partielle oder nur vordergründig konsensuelle „shared meaning“, d. h. verdeckter Dissens. *Hays* Diagramm bedarf hier noch der Spezifizierung. Nicht zuletzt muß auch die Integration/Konsolidierung der Ereignisse auf der Seite der Eltern [Geschwister – Nachbarn usw.] gesehen werden. Dabei ist noch zu beachten in welcher Folge das Ereignis (die Ereignisse) und die Bewertungen stehen, welche „Geschichte“ das Ereignis hat, welche „Geschichten“ mit ihm verbunden sind, die die Bewertungen prägen, ja, welche Zukunft zu erwarten steht („Was kommt denn noch?“, „Ausgerechnet vor der Prüfung!“). Die Verflechtungen faktischer Wirkungen, Bewertungen, Auswirkungen und die Resonanzen auf Auswirkungen, von Memorationen, Gegenwartserleben und Antizipationen schaffen ein ultrakomplexes Wirkungsgefüge, das mit linearkausalen Erklärungsmodellen nicht mehr beschrieben werden kann, sondern nur mit nonlinearen Ansätzen, die die Inter-

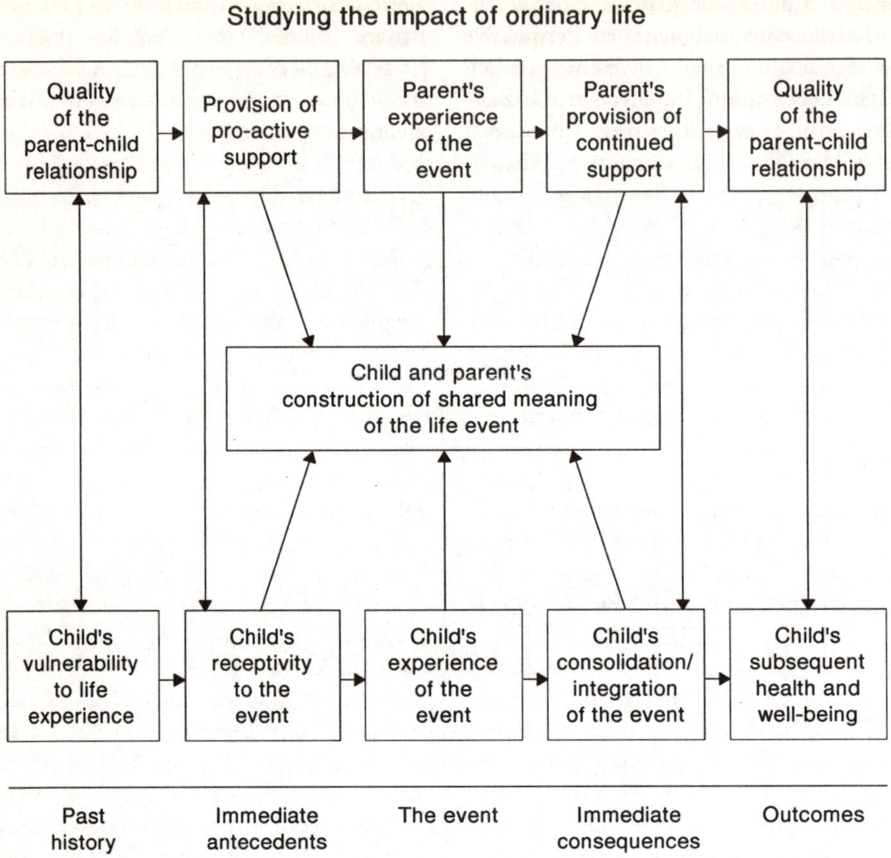

Abb. 10: Das „processing" von „life events" (aus *Hay* 1988, 247)

ferenz der Einflußströme und Resonanzphänomene zu erfassen suchen. *Modellvorstellungen* müssen in diesem Zusammenhang entwickelt werden, um Forschungsvorhaben auf den Weg zu bringen, die mit longitudinaler Anlage „multiple Kausalitäten" und „vielfältige Interferenzen" über eine bestimmte Zeitstrecke in der Lebensspanne eines Individuums im „convoy", d. h. mit seinen vertrauten Bezugspersonen zu erfassen suchen. Solche Modelle hätten aber – neben der Forschungsperspektive – auch die Aufgabe, die zumeist linearkausale Erklärungsmechanik zu verändern, die das Denken der meisten Psychotherapeuten heute immer noch bestimmt, sofern sie einen klassisch behavioralen oder auch psychoanalytischen Ansatz vertreten. Stimulus-Response-Modelle in die Lebensspanne getragen, werden genauso falsch, wie einfache Ursache-Wirkungs-Ätiologien: „Frühe Ursachen, späte Schäden!". Diese Explikationsfolie, die das psychoanalytische Denken von *Freud* bis *Kernberg* bestimmt, greift in der Regel zu kurz und ermöglicht *keine validen und zuverlässigen Aussagen* über die Pathogenese, die den komplexen Prozessen der Formierung von Krankheit und Gesundheit – über die Lebensspanne hin – entspricht. Die neuen Modelle, etwa systemischer Psychotherapie (*Ludewig* 1992), sind hier vielversprechender, besonders wenn sie mit einer Longitudinalperspektive verbunden werden. Aber der Grad ihrer Elaboration läßt noch zu wünschen übrig. Unverzichtbar ist indes, daß Therapeuten beginnen, die einseitig linearkausalen Perspektiven zu überwinden.

Wir haben hier unter Rückgriff auf eines der ältesten Modelle einer ökologischen Perspektive in der Psychologie – den *Lewin*schen zeitlich gestaffelten Lebensraum, welcher auf die Zeitperspektive von *Frank* rekurriert – ein Modell konzipiert, das die Verbindung von „klassifizierten" Ereignissen (positive, negative und defizitäre „events") und Ereigniswirkungen, wie sie sich in den verschiedensten Longitudinalstudien (*Rutter* 1988; *Robins, Rutter* 1989) darstellen, zu fassen versucht.

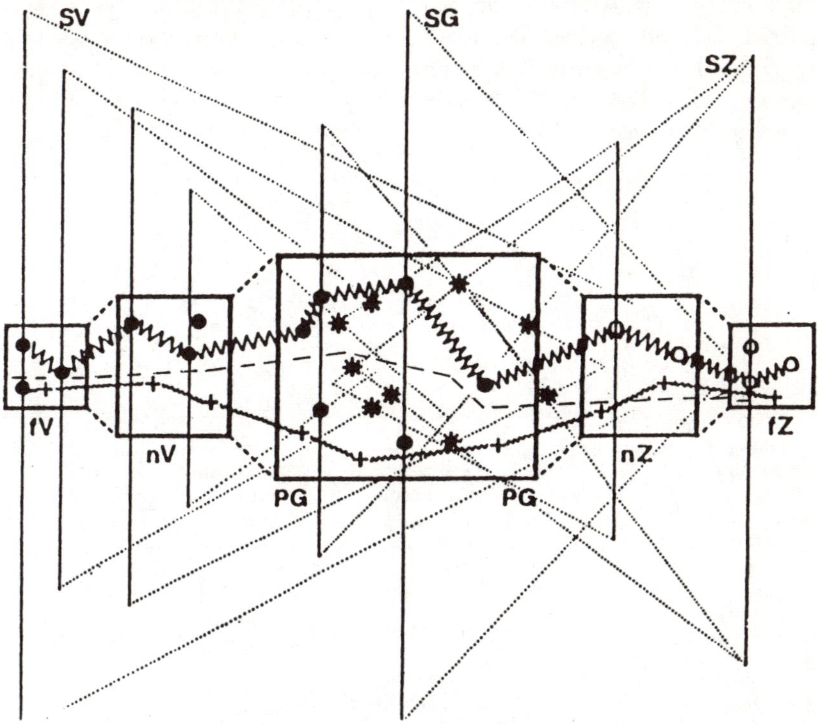

Abb. 11: Pathogene und salutogene Ereignisse, protektive, defiziente und adversive Erlebnisströme im Lebenszusammenhang, d. h. in Kontext/Kontinuum bzw. Lebensraum/Zeitperspektive als individuelle Lebenskarriere

Legende

PG psychologische Gegenwart
nV nähere Vergangenheit
fV ferne Vergangenheit
nZ nähere Zukunft
fZ ferne Zukunft
SV Schatten der Vergangenheit auf die Gegenwart bzw. Zukunft
SG Schatten aus der Gegenwart in die Zukunft
SZ Schatten aus der Zukunft
+ positive Stimulierung/förderndes Lebensereignis/Eustreß
○ antizipierte Bedrohung (threat) oder Streßsituation

● pathogene Stimulierung/kritisches Lebensereignis/Distreß oder **Krise** in der Vergangenheit oder Gegenwart
* Schnittpunkt pathogener Einflußlinien, Störzone, **Krise**, Symptome, Erkrankung
Prägnanzhöhe des Ereignisses
maligne Narrative, pathogene Faktoren, Risiken, chain of negative events
benigne Narrationen, salutogene Faktoren, chain of positive events, continuity of protective factors
... pathogene Einflußlinien
- - - prolongierte Mangelerfahrungen, Defizite

Lebenswege (Biosodien) sind keine „Verlaufs*gestalten*". Dieser Begriff in der Gestaltpsychologie kennzeichnet klare, konturierte Sequenzen wie die Verlaufsgestalt eines Speerwurfes (*Buytendijk* 1956). Lebenswege sind vielmehr als vielfältig interferierende Bewegungsmuster zu sehen, die mit gleichfalls interferierenden Bedeutungslinien sich fortschreiben (Narrationen), abhängig von den „wirkenden Kräften im Feld". Folgendes metaphorisierende Beispiel mag die Zusammenhänge verdeutlichen:

„Ein kritisches Lebensereignis" ist mit einem Felsbrocken vergleichbar, der in ein leicht von Wind und Strömung in „regelmäßigen Unregelmäßigkeiten" gekräuseltes Gewässer geworfen wird, in den *Lebensfluß* eines Menschen, oder mit einem „Seebeben", das ein Gewässer erschüttert. Es finden sich vom Eintrittspunkt bzw. Epizentrum ausgehende, konzentrische Wellenkreise, die – Solitärwellen gleich (*Dodd* et al. 1988) – das bestehende Wellenmuster durchlaufen, ohne es zu zerstören (die Eintrittsstelle ausgenommen) und ohne sich selbst zu verändern (Abb. 12).

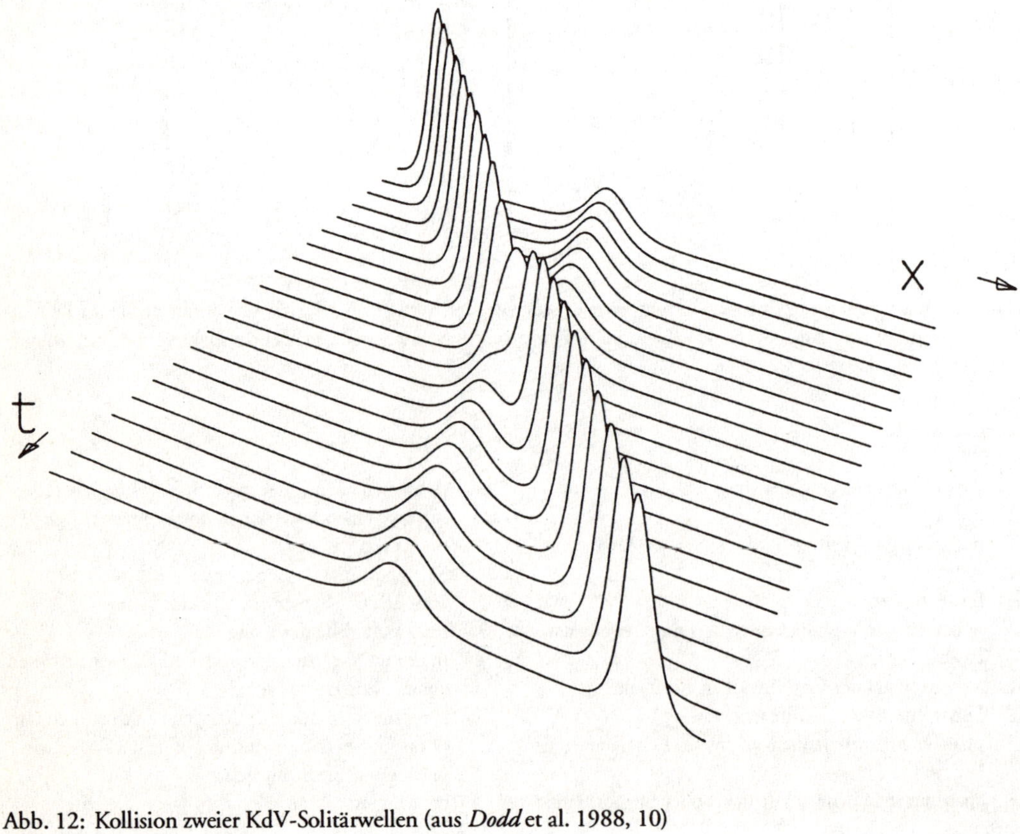

Abb. 12: Kollision zweier KdV-Solitärwellen (aus *Dodd* et al. 1988, 10)

Je nach Gewicht, Größe und Eintrittsgeschwindigkeit des Felsbrockens oder der Stärke des Bebens sind der Wellenradius und die Wirkungsdauer auf dem Gewässer kleiner oder größer – zuweilen kommt es zu katastrophalen Tzunamis (*Jacob* 1993). Hinzu kommen Resonanzphänomene durch das Auftreffen der Wellen an den Ufern mit ihren unterschiedlichen Formen und Gegebenheiten. Zuweilen wird der Grund aufgewühlt, und es bleibt für einige Zeit eine Prägung, bis diese von Strömungen verändert oder eingeebnet wird. Die schwarzen Punkte (•) im Diagramm (Abb. 11) sind solche Felsbrocken/Beben (Traumata, critical life events), die vertikalen Linien ⁞·.. die Wirkungsradien mit ihren Fortschreibungen in der Zeit. Positive Einflüsse (+) stabilisieren die bewegte Ruhe bzw. ruhigen Bewegtheiten, bis neue, energiereiche Einschläge oder Erschütterungen im Untergrund neue Wellen erzeugen und es an Überschneidungspunkten unterschiedlicher Radien zu starken Interferenzen (Abb. 13) – zum Teil weitab von Eintrittspunkt –, ja zu schweren Turbulenzen * im Gegenwartsfeld des Lebensstromes kommt: zu Krisen, Symptomen, Beziehungsstörungen, Erkrankungen, psychotischen Dekompensationen – „psychischen Tzunamis". Da der Lebensstrom eines Menschen aber nicht nur von vergangenen und gegenwärtigen positiven (+), defizitären (-) und negativen (•) „events" unterschiedlicher Wirkung ⁞·.. bestimmt ist, sondern in seiner Qualität als Bewußtseinsstrom auch durch antizipatorischen Ausgriff auf die Zukunft, können auch antizipierte Belastungen oder „critical life events" (O) wie auch absehbarer Mangel (-) in der „psychologischen Gegenwart" die Turbulenzen * verschärfen und zu weiterwirkenden zerstörerischen Solitonen ꟿ führen, die von den kohäsiven Kräften ausgleichende Wellenmuster ∿∿ und von positiven Einflußlinien +++ nicht mehr abgefangen werden können.

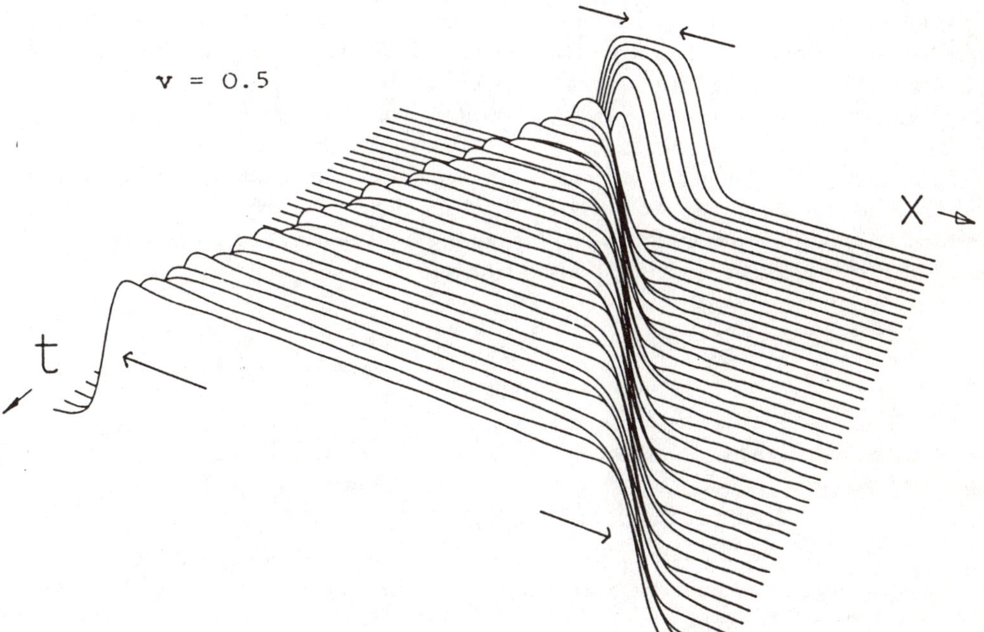

Abb. 13: High-energy Kollisionen (aus *Dodd* et al. 1988, 32)

Das Diagramm in Abb. 11 und seine metaphorisierende Erläuterung (und auch die Solitonwellenabbildungen haben selbstverständlich derzeit nur den Status von Modellmetaphern) vermittelt, so ist zu hoffen, die Komplexität longitudinaler Betrachtung von Lebenskarrieren und der Datenfülle, die uns in der Longitudinalforschung geliefert wird. Ihre Aufarbeitung und Interpretation wird in Theorie, Forschung und interventiver Umsetzung große Anforderungen an Forscher und Therapeuten stellen. Differentielle Sichtweisen, höchst individualisierende Betrachtungsweisen und das insgesamte Abgehen von generalisierenden Erklärungsmodellen der Pathogenese bzw. der Entwicklung (z. B. durch starre Phasenmodelle) sind die Konsequenz einer solchen Sichtweise, die die konventionellen Pathogenesekonzepte doch massiv in Frage stellt und nach prozeßdiagnostischen Modellen und Praktiken verlangt.

Die Panoramatechnik, insbesondere das *zwei-* oder *dreizügige* Karrierepanorama oder andere, deskriptiv dokumentierende und zugleich projektive Dimensionen einbeziehende Instrumente der „prozessualen Diagnostik" (vgl. *Petzold*, Fokaltherapie, dieses Buch) sind praxeologische Ansätze, die versuchen, Erkenntnisse longitudinaler Forschung zur Entstehung von Gesundheit und Krankheit für den Alltag der psychotherapeutischen und psychosozialen Praxis umzusetzen. Dabei sollten die vorgestellten Konzepte und Methoden unsere tentativen Ausführungen und die Mitteilung unserer Erfahrungen auf einige Möglichkeiten hinweisen, wie longitudinale Pathogenese- und Salutogeneseforschung, „risk and protective factor research" und komplexe Modellbildung in der diagnostischen und therapeutischen Praxis der „Integrativen Therapie" umgesetzt werden. Hier nun kommt uns zugute, daß die Forschung zu protektiven Faktoren, salutogenen Entwicklungseinflüssen und sozialen Supportsystemen derzeit schon einen so guten Stand erreicht hat, daß sie ermöglicht, die bisherigen Erkenntnisse für Interventionsmaßnahmen umzusetzen, auch wenn noch viele Fragen geklärt oder vertieft werden müssen. Man wird nicht bei einzelnen Risiko- und Schutzfaktoren stehenbleiben können, sondern wird, wie die *„Karrierepanoramen"* und *„Karriereberichte"* verdeutlichen, komplexe *Interaktionen* in ihrer Verlaufsdynamik als *„chains"* oder *„convoys"* in den Blick zu nehmen haben – *protektive* **Prozesse** wie *Risikoverläufe* –, um ein umfassendes Verständnis von gelingenden und mißlingenden *Karrieren* (*Petzold, Hentschel* 1991) und Entwicklungswegen, von *„straight and devious pathways" (Robins, Rutter* 1990) zu gewinnen, denn nur so wird man Menschen auf Dauer effektiv helfen können, alte, eingefahrene Gleise destruktiver Lebensführung zu verbessern und „neue Wege" einzuschlagen.

LITERATUR

Abele, A., Becker, P., Wohlbefinden. Theorie – Empirie – Diagnostik, Juventa, München 1991.

Achenbach, T.M., Developmental psychopathology, Wiley, New York 1982[2].

Achenbach, T.M., What is „developmental" about developmental psychopathology? in: *Rolf* et al. (1990) 29-48.

Ainsworth, M.D., The effects of maternal deprivation: A review of findings and controversy in the context of research strategy, in: Deprivation of maternal care: an reassessment of its effects, World Health Organization, Geneva 1962.

Ainsworth, M.D.S., Blehar, M.C., Waters, E., Wall, S., Patterns of attachment. A psychological study of the strange situation, Lawrence Erlbaum, Hillsdale 1978.

Alexander, F., French, T.M., Studies in psychosomatic medicine, Ronald Press, New York 1948.

Anthony, E.J., The significance of Jean Piaget for child psychiatry, *British Journal of Medical Psychology* 29 (1956) 30-34.

Anthony, E.J., The syndrome of the psychologically invulnerable child, in: *Anthony, Koupernik* (1974) 529-544.

Anthony, E.J., Koupernik, C. (eds.), The child in his family: Children at psychiatric risk, Wiley, New York 1974.

Antonovsky, A., Health, stress, and coping, Jossey Bass, London 1979.

Antonovsky, A., Unraveling the mystery of health, Jossey Bass, London 1987.

Arieti, S., The intrapsychic self: Feeling, cognition, and creativity in health and mental illness, Basic Books, New York 1967.

Argles, P., Attachment and child abuse, *British Journal of Social Work* 10 (1980) 33-42.

Ayres, J., Lernstörung. Sensorisch-integrative Dysfunktionen, Springer, Heidelberg 1979.

Ayres, J., Bausteine der kindlichen Entwicklung, Springer, Heidelberg 1984.

Bach, G.R., Torbet, L., Ich liebe mich, ich hasse mich. Fairness und Offenheit im Umgang mit sich selbst, Rowohlt, Reinbek 1985.

Baillargeon, R., Needham, A., DeVos, J., The development of young infant's intuition about support, *Early Development and Parenting* 2 (1992) 69-78.

Baldinger, J., Das Schweigen der Lämmer. Kinderleid: Eine Aufzählung – Billige Arbeitskräfte, Freiwild für die Heckenschützen oder einfach „Strafe Gottes", *Salzburger Nachrichten*, 14. Juni (1993), 3.

Baldwin, A.J., Baldwin, C., Cole, R.E., Stress-resistant families and stress-resistant children, in: *Rolf* et al. (1990) 257-280.

Balint, M., Individual differences of behavior in early infancy and an objective way of recording them, *J. Gen. Psychol.* 73 (1948) 57-117.

Balint, M., Regression, dtv, München 1987.

Baltes, P.B., Reese, H.W., Lipsitt, L.P., Life-span developmental psychology, *Annual Review of Psychology* 31 (1980) 65-110.

Barrat, M.S., Early child rearing in Japan: Cross Cultural and intra-cultural perspectives, *Early Development and Parenting* 1 (1993) 3-6.

Basch, M.F., Developmental psychology and explanatory theory in psychoanalysis, *Ann. Psychoanal.* 4 (1977) 229-263.

Basch, M.F., Reflections on self-psychology and infancy, empathy and theory, in: *Goldberg, A.* (ed.), Frontiers in self psychology. Progress in self psychology, Vol. 3, Erlbaum, Hillsdale 1988a, 55-59.

Basch, M.F., Understanding psychotherapy. The science behind art, Basic Books, New York 1988b.

Basch, M.F., An operational definition of the self. Script Workshop Basch/Stern am 14.-17.6.1991, organisiert von der René-Spitz-Gesellschaft unter der Leitung von L. Köhler, München 1991, 1-27.

Bastik, T., Intuition. How we think and act, Wiley & Sons, Chichester 1982.

Bastine, R., Ethische Probleme der Psychotherapie, in: *Bastine, R.* et al., Grundbegriffe der Psychotherapie, edition psychologie, Weinheim 1982.

Bateson, P., The interpretation of sensitive periods, in: *Oliverio, A., Zappelta, M.* (eds.), The behavior of human infants, Plenum, New York 1983.

Bateson, P., Is imprinting such a special case? *Philosophical Transactions of the Royal Society of London* 329 (1990) 125-131.

Beebe, B., Lachmann, F.M., Mother-infant mutual influence and precursors of psychic structure, in: *Goldberg, A.* (ed.), Frontiers in self psychology, 2 Vol., The Guilford Press, New York 1986.

Beek, van Y., The development of early communication in preterm infants, Diss. Freie Universität Amsterdam, CopyPrint 2000, Enschede 1993.

Beek, van Y., Hopkins, B., Molemaer, P.C.M., Complex system approaches to the development of action, in: *Salvesbergh* (1993) 448-515.

Beek, Y. van, Hopkins, B., Hoeksma, J.B., Development of communicative behaviors in preterm infants: The effects of birthweight status and gestational age, in: *Beek* (1993) 35-56.

Beek, Y. van, Papousek, H., Hopkins, B., Beweging en vroege communicatie bij prematuren, in: *Hopkins, Vermeer* (1992) 63-78.

Beek, Y. van, Roos, B. de, Hoeksma, J.B., Prematurity, posture and the development of looking behavior during early communication, in: *Beek* (1993) 57-76.

Becker, P., Psychologie der seelischen Gesundheit, Hogrefe, Göttingen, Bd. I 1982.

Becker, P., Minsel, B., Psychologie der seelischen Gesundheit, Hogrefe, Göttingen, Bd. II 1986.

Belsky, J., Nezworski, T., Clinical implications of attachment, Erlbaum, Hillsdale 1988.

Bergin, A. E., Lambert, M.J., The evaluation of therapeutic outcomes, in: *Garfield, Bergin* (1978^2) 139-189.

Berne, E., What do you say after you say hello? Grove, New York 1972; dtsch. Was sagen Sie, nachdem Sie guten Tag gesagt haben, Kindler, München 1975.

Bernfeld, S., Psychologie des Säuglings, J. Springer, Wien 1925.

Bernstein, B., Class, codes, and control, Vol. 1, Routledge & Kegan, London 1971.

Bettelheim, B., The empty fortress, Free Press, New York 1967.

Beutler, L.E., Crago, M. (eds.), Psychotherapy research, American Psychological Association, Washington 1991.

Birnholz, J.C., Ultrasonic studies of human fetal brain development, *Trends in Neurosciences* 9 (1986) 329-333.

Bishof, N., Das Rätsel Ödipus. Die biologischen Wurzeln des Urkonflikts von Intimität und Autonomie, Piper, München 1985, 3. Aufl., Rowohlt, Reinbek 1991.

Bischof-Köhler, D., Spiegelbild und Empathie. Die Anfänge der sozialen Kognition, Huber, Bern 1989.

Block, J.H., Block, J., The role of ego-control and ego-resiliency in the organization of behavior, in: *Collins, W.A.* (ed.), Development of cognition, affect and social relations, The Minnesota Symposia on Child Psychology, Erlbaum, Hillsdale 1980, 39-101.

Block, J.H., Gjerde, P.F., Depressive symptoms in late adolescence: a longitudinal perspective on personality antecedents, in: *Rolf* et al. (1990) 334-361.

Bobath, B., Abnorme Haltungsreflexe bei Gehirnschäden, Thieme, Stuttgart 1976.

Bock, G.R., Whelan, J. (eds.), The childhood environment and adult disease, Ciba Foundation Symposium No. 156, Wiley, Chichester 1991.

Bornstein, M.H., Cultural approaches to parenting, Erlbaum, Hillsdale 1991.

Bowlby, J., Attachment and loss: Attachment (Vol. 1), Basic Books, New York 1969.

Bowlby, J., The making and breaking of affectional bonds: 1. Aetiology and psychopathology in the light of attachment theory, *British Journal of Psychiatry* 130 (1977) 201-210.

Bowlby, J., A secure base: Clinical applications of attachment theory, Routledge, London 1988.

Brack, U.B., Frühdiagnostik und Frühtherapie, Psychologische Behandlung von entwicklungs- und verhaltensgestörten Kindern, Psychologie Verlags Union, München/Weinheim 1986.

Brandtstädter, J., Emotion, Kognition, Handlung: Konzeptuelle Beziehungen, in: *Eckensberger, L., Lantermann, E.D.* (Hrsg.), Emotion und Reflexivität, Urban & Schwarzenberg, München 1985, 252-264.

Brazelton, B.T., Cramer, B.G., The earliest relationship – parents, infants and the drama of early attachment, Addison-Wesley 1989; dtsch. Die frühe Bindung. Die erste Beziehung zwischen dem Baby und seinen Eltern, Klett-Cotta, Stuttgart 1991.

Bretherton, I., Waters, E. (eds.), Growing points of attachment theory and research, Child Development Monographs, University of Chicago Press, Chicago 1985.

Broman, S.H., Nichols, P.L., Kennedy, W.A., Preschool IQ: Prenatal and early developmental correlates, Erlbaum, Hillsdale 1975.

Bronfenbrenner, U., Ansätze zu einer experimentellen Ökologie menschlicher Entwicklung, in: *Oerter, R. (Hrsg.), Entwicklung als lebenslanger Prozeß, Hoffmann & Campe, Hamburg 1978, 33-65.*

Brown, G.W., Causal paths, chains and strands, in: *Rutter* (1988) 285-314.

Brown, G.W., Harris, T., Social origins of depression, Tavistock, London 1978.

Brown, G.W., Harris, T., Stressor, vulnerability and depression: a question of replication, *Psychological Medicine* 16 (1986) 739-744.

Brown, G.W., Harris, T., Life events and illness, Guilford, New York 1989.

Bruner, J.S., Wie das Kind sprechen lernt, Huber, Bern 1987.

Buss, A.H., Plomin, R., Temperament: Early developing personality traits, Erlbaum, Hillsdale 1984.

Butler, S.F., Strupp, H.H., „Specific" and „Nonspecific" factors in psychotherapy: A problematic paradigm for psychotherapy research, *Psychotherapy* 23 (1986) 30-40.

Buytendijk, F.J.J., The phenomenological approach to the problems of feelings and emotions, in: *Reymert, M.L.*, Feelings and emotions, McGraw Hill, New York 1950, 127-141.

Buytendijk, F.J.J., Zur Phänomenologie der Begegnung, *Eranos* (1959) 431-486.

Capron, C., Duyme, M., Assessment of effects of socioeconomic status on IQ in a full cross-fostering study, *Nature* 340 (1989) 552-554.

Carlsson, S.G., Fagenberg, H., Horneman, G., Hwang, C.-P., Larsson, K., Rodholm, M., Schaller, J., Danielsson, B., Gundewall, C., Effects of amount of contact between mother and child on the mother's nursing behavior, *Developmental Psychobiology* 11 (1978) 143-150.

Carlsson, S.G., Fagenberg, H., Horneman, G., Hwang, C.-P., Larsson, K., Rodholm, M., Schaller, J., Danielsson, B., Gundewall, C., Effects of various amounts of contact between mother and child on the mother's behavior: A follow up study, *Infant Behavior and Development* 2 (1979) 209-214.

Carter, J.I., Easton, P.M., Separation and other stress in child abuse, *Lancet* 1 (1980) 972-974.

Chasiotis, A., Keller, H., Zur Relevanz evolutionsbiologischer Überlegungen für die klinische Psychologie: Psychoanalytische und interaktionistische Ansätze im Lichte der Kleinkindforschung, *Integrative Therapie* 1-2 (1992) 74-100; repr. *Petzold* (1993c).

Chess, S., Thomas, A., Infant bonding: Mystique and reality, *American Journal of Orthopsychiatry* 52 (1982) 213-222.

Cicchetti, D., A historical perspective on the discipline of developmental psychopathology, in: *Rolf* et al. (1990) 2-28.

Cicchetti, D., Carlson, V. (eds.), Child treatment: Theory and research on the causes and consequences of child abuse and neglect, Cambridge University Press, Cambridge 1989.

Cicchetti, D., Schneider-Rosen, K., Theoretical and empirical considerations in the investigation of the relationship between affect and cognition in atypical populations of infants: Contributions to the formulation of an integrative theory of development, in: *Izard, C., Kagan, J., Zajonc, R.* (eds.), Emotions, cognition, and behavior, Cambridge University Press, Cambridge 1984a, 366-406.

Cicchetti, D., Schneider-Rosen, K., Toward a developmental model of the depressive disorders, *New Directions for Child Development* 26 (1984b) 5-27.

Cicchetti, D., Schneider-Rosen, K., An organizational approach to childhood depression, in: *Rutter, Izard, Read* (1986) 71-134.

Cloninger, C.R., Bohman, M., Sigvardsson, S., Inheritance of alcohol abuse: Cross-fostering of analysis of adopted men, *Archives of General Psychiatry* 38 (1981) 861-868.

Cohn, J., Tronick, E., Three-month-old infants' reaction to simulated maternal depression, *Child Development* 54 (1983) 185-193.

Conway, M.A., Autobiographical memory. An introduction, Open University Press, Philadelphia 1990.

Corah, N.L., Anthony, E.J., Painter, P., Stern, J.A., Thurston, D.L., Effects of perinatal anoxia after seven years, *Psychological Monographs* 79 (1965).

Couturier, G., Het meewegen von protectieve factoren in de diagnostiek en de behandeling von jonge kinderen, in: *Groenendaal, H. Meyer, R., Veerman, J., de Wit, J.* (eds.), Protectieve factoren in de ontwikkeling van kinderen en adolescenten, Zwets & Zeitlinger, Lisse 1987, 125-136.

Cramer, B.G., Profession Bébé, Calman-Lévy, Paris 1989; dtsch. Frühe Erwartungen. Unsichtbare Bindungen zwischen Mutter und Kind, Kösel, München 1991.

Cremerius, J., Freud bei der Arbeit über die Schulter geschaut – seine Technik im Spiegel von Schüler und Patienten, in: *Ehebald, U., Eickhoff, F.W.*, Jahrbuch der Psychoanalyse 6, Huber, Bern 1981, 128-599.

Crittenden, P.M., Maltreated infants: Vulnerability and resilience, *Journal of Child Psychology and Psychiatry* 26 (1985) 85-96.

DeCasper, A., Carstens, A., Contingencies of stimulation: Effects on learning and emotion in neonates, *Infant Behav. and Development* 4 (1981) 19-35.

DeChateau, P., Neonatal care routines: Influences on maternal and infant behaviour and on breastfeeding, Umeä University Medical Dissertations, Umeä, Schweden 1976.

DeChateau, P., The importance of the neonatal period for the development of synchrony in the mother-infant dyad: a review, *Birth Family Journal* 4 (1977) 12-22.

DeChateau, P., Parent-neonate interaction and its long term effects, in: *Simmel, E.G.*, Early experiences and early behavior, Academic Press, New York 1980.

Dekers, W.J.M., Het bezielde lichaam. Het ontwerp van een anthropologische fysiologie en geneeskunde volgens F.J.J. Buytendijk, Kerckebosch, Zeist 1985.

Deneke, F.W. et al., Ein praxisnaher Ansatz von Indikationskriterien für psychosomatische Patienten, in: *Baumann, U.*, Indikation zur Psychotherapie. Fortschritte der Klinischen Psychologie, Urban & Schwarzenberg, München 1981.

Despert, J.L., Preliminary report on children's reactions to war, New York Hospital and Department of Psychiatry, Cornell University Medical College, New York 1942.

Deutsch, F., Thus speaks the body – An analysis of postural behavior, *Trans. New York Academy of Science*, Serial 2, 12 (1949).

Deutsch, F., Thus speaks the body, IV. Some psychosomatic aspects of the respiratory disorder: Asthma, *Acta Medica Orientalia* 3/4 (1951) 67-69.

Deutsch, F., On the mysterious leap from the mind to the body, International Universities Press, New York 1959.

Diamond, A., (Hrsg.), The development and neural bases of higher cognition functioning, Annual of the New York Academy of Sciences, New York 1990.

Dick-Read, G., Childbirth without fear, Heinemann, London 1942.

Dieterich, R., Integrale Persönlichkeitstheorie, Schöningh, Paderborn 1981.

Dieterich, R., Ein konkreter Entwurf: Eklektische Persönlichkeitstheorie als Akt von Wissenschaftskonstruktion, in: *Plaum, E.* (Hrsg.), Eklektizismus in der Psychologie, Asanger, Heidelberg 1988.

Dodd, R.K., Eilbeck, J.C., Gibbon, J.D., Morris, H.C., Solitons and nonlinear wave equitations, Academic Press, London/New York 1988.

Dornes, M., Der kompetente Säugling. Die präverbale Entwicklung des Menschen, Fischer, Frankfurt 1993.

Dunn, J., Normative life events as a risk/protective factor in childhood, Minster Lovell Workshop, 28-31 January 1987.

Dunn, J., Richards, M.P.M., Observations on the developing relationhip between mother and baby in the neonatal period, in: *Schafer, H.R.* (ed.), Studies in mother-infant interaction, Academic Press, London 1977.

Ebata, A.T., Petersen, A.C., Conger, J.J., The development of psychopathology in adolescence, in: *Rolf* et al. (1990) 308-333.

Egeland, B., Breitenbucher, M., Rosenberg, D., Prospective study of the etiology of child abuse, *Journal of Consulting and Clinical Psychology* 48 (1980) 195-205.

Egeland, B., Gaughn, B., Failure of 'bond formation' as a cause of abuse, neglect and maltreatment, *American Journal of Orthopsychiatry* 51 (1981) 78-84.

Eibl-Eibesfeldt, I., Ethology: The biology of behavior, Holt, Rinehart and Winston, New York 1970.

Eisenberg, L., Social context of child development, *Paediatrics* 68 (1981) 705-711.

Elder, G.H., Children of the great depression, University of Chicago Press, Chicago 1974.

Elder, G.H., Life course dynamics: trajectories and transitions, 1968-1980, Cornell University Press, Ithaca 1985.

Elder, G.H., Caspi, A., Nguyen, v.T., Resourceful and vulnerable children: Familiy influences in hard times, in: *Silbereisen, R.K., Eyferth, K., Rudinger, G.* (eds.), Development as action in context, Springer, New York 1986, 167-186.

Ellis, P.L., Empathy: A factor in antisocial behavior, *Journal of Abnormal Child Psychology* 10 (1982) 123-134.

Emde, R.N., Developmental terminable and interminable. II. Recent psychoanalytic theory and therapeutic considerations, *International Journal for Psychoanalysis* 69 (1988b) 283-296, dtsch. Die endliche und die unendliche Entwicklung. II Neuere psychoanalytische Theorie und therapeutische Überlegungen, *Psyche* 45 (1991) 890-913, auch in: *Petzold* (1993c).

Emde, R.N., Biringen, Z., Clyman, R.B., Oppenheim, D., The moral self of infancy: Affective core and procedural knowledge, *Development Review* 11 (1991) 251-270.

Engeland, H. van, De invloed van biologische factoren op de ontwikkeling van het kind, in: *Goudena* et al. (1988) 37-47.

Enke, H., Czogalik, D., Allgemeine und spezielle Wirkfaktoren in der Psychotherapie, in: *Heigl-Evers, A., Heigl, F., Alt. J.*, Lehrbuch der Psychotherapie, G. Fischer, Stuttgart 1993, 511-522.

Erickson, M.H., Rossi, E.L., Hypnotherapie. Aufbau – Beispiele – Forschungen, Pfeiffer, München 1981.

Erickson, M.H., Rossi, E.L., The February Man, Brunner/Mazel, New York 1989.

Ernst, C., Luckner, N.v., Stellt die Frühkindheit die Weichen? Eine Kritik an der Lehre von der schicksalshaften Bedeutung erster Erlebnisse, Enke, Stuttgart 1987.

Escalona, S.K., Babies at double hazard: Early development of infants at biologic and social risk, *Pediatrics* 70 (1982) 670-676.

Fairbairn, W.R.D. Synopsis of an object-relations theory of the personality, *International Journal for Psychoanalysis* 44 (1963) 224-225.

Faltermaier, T., Mayring, Ph., Saup, W., Strehmel, P., Entwicklungspsychologie des Erwachsenenalters, Kohlhammer, Stuttgart 1992.

Ferenczi, S., Technische Schwierigkeiten einer Hysterieanalyse (1919b), Bausteine III, 129-147.

Ferenczi, S., Die Elastizität der psychoanalytischen Technik (1927/28), Bausteine III, 380-398.

Ferenczi, S., Kinderanalysen mit Erwachsenen, Bausteine III, 1931, 490-510.

Ferenczi, S., Journal clinique [1932], Payot, Paris 1985; dtsch.: Ohne Sympathie keine Heilung. Das klinische Tagebuch von 1932, Fischer, Frankfurt 1988.

Ferenczi, S., Bausteine zur Psychoanalyse, 4 Bde., Huber, Bern 1964.

Field, T., Goldberg, S., Stern, D., Sostek, A., High risk infants and children: Adult and peer interactions, Academic Press, New York 1986.

Field, T., Sandberg, D., Gareiea, R., Vega-Lahr, N., Goldstein, S., Guy, L., Pregnancy problems, post partum depression and early mother infant interactions, *Developmental Psychology* 21 (1985) 1152-1156.

Filipp, S.H., Kritische Lebensereignisse, Urban & Schwarzenberg, München 1981, erw. Aufl. 1990.

Flavell, J.H., Rollenübernahme und Kommunikation bei Kindern, Beltz, Weinheim 1975.

Flick, U. (Hrsg.), Alltagswissen über Gesundheit und Krankheit: subjektive Theorien und soziale Repräsentationen, Asanger, Heidelberg 1991.

Fraiberg, S., Clinical studies in infant mental health: the first year of life, Basic Books, New York 1980.

Frank, J.D., Frank, J.B., Persuasion and healing, Johns Hopkins University Press, Baltimore 1991[3].

Freud, A., Normality and pathology in childhood, Writings of Anna Freud, Vol. 6, International Universities Press, New York 1965.

Freud, A., A psychoanalytic view of developmental psychopathology, *Journal of the Philadelphia Association for Psychoanalysis* 1 (1974) 7-17.

Freud, A., Changes in psychoanalytic practice and experience, *Int. J. Psychoanal.* 57 (1976) 227-260.

Freud, S., Aus der Geschichte der infantilen Neurose, GW XII (1918b) 27-157.

Freud, S., Gesammelte Werke (GW), chronologisch geordnet, hrsg. v. *Freud, A., Hoffer, W., Kris, E., Isakower O.*, Imago Publishing Co., London 1940 ff.; deutsche Ausgabe, Fischer, Frankfurt 1952 ff.

Freud, S., Jenseits des Lustprinzips, GW XIII (1920) 1-69.

Freud, S., Hemmung, Symptom und Angst, 1926, Gesammelte Werke Band 14, Fischer Frankfurt 1972.

Freundlich, D., Geburtstrauma und die Geburtstherapien, *Gestalt-Bulletin* 1/2 (1981) 69-82.

Frijda, N.H., De emoties, Bert Bakker, Amsterdam 1988.

Fthenakis, W., Väter, 2 Bde. dtv, München 1988.

Gaines, R., Sandgrund, A., Greer, A.H., Power, E., Etiological factors in child maltreatment: a multivariate study of abusing, neglecting and normal mothers, *Journal of Abnormal Psychology* 87 (1978) 531-540.

Garfield, S.L., Psychotherapie: Ein eklektischer Ansatz, Beltz, Weinheim/Basel 1982.

Garfield, S.L., Research on client variables in psychotherapy, in: *Garfield, Bergin* (1986[3]) 213-310.

Garfield, S.L., Bergin, A.E. (eds), Handbook of psychotherapy and behavior change, Wiley, New York 1978[2], 1986[3].

Garmezy, N., Children at risk: The search for the antecendents of schizophrenia, *Schizophrenia Bulletin* 8 (1974a) 14-90.

Garmezy, N., Children at risk: Conceptual models and research methods, *Schizophrenia Bulletin* 9 (1974b) 55-125.

Garmezy, N., The study of children at risk: New perspectives for developmental psychopathology, Distinguished Scientist Award Presentation, Section III, Division 12, APA 1974c.

Garmezy, N., Children under stress: Perspectives on antecendents and correlates of vulnerability and resistance to psychopathology, in: *Rubin, A.I., Aronoff, J., Barclay, A.M., Zucker, R.A.* (eds.), Further explorations in personality, Wiley, New York 1981, 196-269.

Garmezy, N., Stressors of childhood, in: *Garmezy, Rutter* (1983) 43-84.

Garmezy, N., Stress-resistant children: The search for protective factors, in: *Stevenson, J.E.* (ed.), Recent research in developmental psychopathology, Pergamon Press, Oxford 1985, 213-233.

Garmezy, N., Stress-resistente kinderen: op zoek naar protectieve factoren, in: *Groenendaal, H., Meyer, R., Veerman, J., de Witt, J.* (eds.), Protectieve factoren in de ontwikkeling von kinderen en adolescenten, Swets & Zeitlinger, Lisse 1987, 17-39.

Garmezy, N., A closing note: Reflections on the future, in: *Rolf* et al. (1990) 527-534.

Garmezy, N., Devine, V., Project competence: The Minnesota studies of children vulnerable to psychopathology, in: *Watt, N., Anthony, E.J., Wynne, L.C., Rolf, J.E.* (eds.), Children at risk for schizophrenia, Cambridge University Press, Cambridge 1984.

Garmezy, N., Masten, A.S., Tellegen, A., The study of stress and competence in children: A building block for developmental psychopathology, *Child Development* 55 (1984) 97-111.

Garmezy, N., Nuechterlein, K., Invulnerable children: The fact and fiction of competence and disadvantage, *American Journal of Orthopsychiatry* 42 (1972) 328-329.

Garmezy, N., Rutter, M. (eds.), Stress, coping, and development in children, McGraw Hill, New York 1983.

Garmezy, N., Rutter, M., Acute reactions to stress in children, in: *Rutter, M., Hersov, L.* (eds.), Child and adolescent psychiatry: Modern approaches, Blackwell Scientific, Oxford 1985, 152-176.

Gavin, B.J. (ed.), „Infancy", Blackwell, London 1988.

Gedo, J.E., Beyond interpretations. Toward a revised theory of psychoanalysis, Int. Univ. Press, New York 1979.

Gedo, J.E., Goldberg, A., Models of mind: A psychoanalytic theory, University Press Chicago, Chicago 1973.

Geerdink, J., Early motor development in preterm infants, Diss. Free University Amsterdam, CopyPrint 2000 B.V., Enschede 1993.

Gershon, E.S., The origins of depression: Current concepts and approaches, Springer, New York 1984.

Goldberg, S., Premature birth: consequences for parent-infant relationship, *American Scientist* 67 (1979) 214-220.

Goldsmith, H.H., Gottesmann, I.I., Origins of variation in behavioral style: A longitudinal study of temperament in young twins, *Child Development* 52 (1981) 91-103.

Goldstein, K., Human nature in the light of psychopathology, Harvard University Press, Cambridge 1940.

Goldstein, M., Familiy relations as risk factors for the onset and course of schizophrenia, in: *Rolf* et al. (1990) 408-423.

Gottesmann, I.I., Shields, J., Schizophrenia and genetics: A twin study vantage point, Academic Press, New York 1972.

Gottfried, A.W., Intellectual consequences of perinatal anoxia, *Psychological Bulletin* 80 (1973) 231-242.

Goudena, P.P., Groenendaal, H.J., Swets-Gronert, F.A. (eds.), Kind in geding: Bedreigende en beschermende factoren in de psychosociale ontwikkeling van kinderen, ACCO, Leuven/Amersfoort 1988.

Graham, F.K., Ernhart, C.B., Thurston, D.L., Craft, M., Development three years after perinatal anoxia and other potentially damaging newborn experiences, *Psychological Monographs* 76 (1962).

Graham, F.K., Matarazzo, R.G., Caldwell, B.M., Behavioral differences between normal and traumatized newborns: II: Standardization, reliability, and validity, *Psychological Monographs* 70 (1956).

Grof, St., Beyond psychoanalysis III: birth trauma and its relation to mental illness, suicide and ecstacy, *Primal Community* 1 (1975) 3.

Grof, St., Topographie des Unbewußten, Klett-Cotta, Suttgart 1978.

Groot, L. de, Vroege interventie bij de prematuur gebeorene: noodzaak of mode? in: *Hopkins, Vermeer* (1992) 107-122.

Groot, L. de., Hoeck, A. van der, Hopkins, B., Touwen, B.C.L., Development of the relationship between active and passive muscle power in preterms after term age, *Neuropediatrics* 23 (1992) 248-305.

Haisch, J., Zeitler, H.-P., Gesundheitspsychologie. Zur Sozialpsychologie der Prävention und Krankheitsbewältigung, Asanger, Heidelberg 1991.

Hartley, D.E., Strupp, H.H., The therapeutic alliance: its relationship to outcome in brief psychotherapy, in: *Masling, J.* (ed.), Empirical studies of psychoanalytic theories, vol 1., Analytic Press, Hillside, New York 1983, 1-37.

Heekerens, H.P., Zur Zukunft der Kinder- und Jugendlichenpsychotherapie, *Psychologie Report* 4 (1992) 8-18.

Heinl, H., Petzold, H.G., Fallenstein, A., Das Arbeitspanorama, in: *Petzold, Heinl* (1983) 356-408.

Hentschel, U., Niedrigschwellige Angebote in der Drogenarbeit. Abschlußbericht zum Modellvorhaben in Nordrhein-Westfalen im Auftrag des Ministeriums für Arbeit, Gesundheit und Soziales des Landes Nordrhein-Westfalen, Weiterbildungsstelle für Drogenarbeit und Suchtprobleme, Europäische Akademie für psychosoziale Gesundheit, Düsseldorf 1993.

Herbert, M., Iwaniec, D., Children who are hard to love, *New Society* (1977) 109-111.

Herbert, M., Sluckin, W., Sluckin, A., Mother-to-infant 'bonding', *Journal of Child Psychology and Psychiatry* 23 (1982) 205-221.

Hinde, R.A., Ethology and child development, in: *Haith, M., Campos, J.* (eds.), Carmichael's manual of child psychology, Vol. 2, Wiley, New York 1983a, 27-94.

Hinde, R.A., Ethology and psychiatry, in: *Shepard, M.*, The scientific foundations of psychiatry, Cambridge University Press, Cambridge 1983b.

Hindel, U., Psychologische Gruppenarbeit mit Kindern – ein Bericht aus der VHS-Büttgen, *Volkshochschule im Westen* 6 (1971) 271-273.

Hodges, J., Tizard, B., IQ and behavioural adjustment of ex-institutional adolescents, *Journal of Child Psychology and Psychiatry* 30 (1989a) 53-75.

Hodges, J., Tizard, B., Social family relationships of ex-institutional adolescents, *Journal of Child Psychology and Psychiatry* 30 (1989b) 77-97.

Hoeksma, J.B., Koomen, H.M.Y., Development of early mother-child interaction and attachment, Diss. Freie Universität Amsterdam, Amsterdam 1992.

Hoeksma, J.B., Koomen, H.M.Y., Multilevel models in developmental psychological research: rationales and applications, *Early Development and Parenting* 1 (1992) 157-167.

Holle, B., Die motorische und perzeptuelle Entwicklung des Kindes, Psychologie Verlags Union, München 1988.

Honig, A.S., Stress and coping in children, *Young Children*, May (1986) 50-63 and July (1986) 47-59.

Hopkins, B., Introduction. Infancy and education: The ups and downs of a neglected relationship, *European Journal of Psychology of Education* 4 (1989) 113-122.

Hopkins, J.B., Putting the motor back into development, Freie Universität Amsterdam, Inauguralvorlesung, VU Boekhandel 1991.

Hopkins, B., On faces and hands and the development of communication, in: *Kalverboer* et al. (1993) 166-173.

Hopkins, B., Vermeer, A., Kinderen in beweging, VU Uitgeverij, Amsterdam 1992.

Hopkins, B., Westra, T., Maternal handling and motor development, *Genetic, Social and General Psychology Monographs* 107 (1988) 377-408.

Hopkins, B., Westra, T., Maternal expectations of motor development, *Developmental Medicine and Child Neurology* (1989) 384-390.

Hopkins, B., Westra, T., Motor development, maternal expectations and the role of handling, *Infant Behavior and Development* 13 (1990) 117-122.

Huf, A., Psychotherapeutische Wirkfaktoren, Psychologie Verlags Union, Weinheim 1992.

Ichheiser, G., Die Überschätzung der Einheit der Persönlichkeit als Täuschungsquelle bei der psychologischen Beurteilung des Menschen, *Zeitschr. für angew. Psychol.* 33 (1929) 279-291.

Inhelder, B., Cognitive development and its contribution to the diagnosis of some phenomena of mental deficiency, *Merrill-Palmer Quaterly* 22 (1966) 299-319.

Inhelder, B., The diagnosis of reasoning in the mentally retarded (Orig. 1943), John Day Co., New York 1968.

Inhelder, B., Some pathologic phenomena analyzed in the perspective of developmental psychology, in: *Inhelder, B., Chipman, H.* (eds.), Piaget and his school, Springer, New York 1976a, 221-227.

Inhelder, B., Operatory thought processes in psychotic children, in: *Inhelder, B., Chipman, H.* (eds.), Piaget and his school, Springer, New York 1976b, 228-233.

Iwaniec, D., Herbert, M., The assessment and treatment of children who fail to thrive, *Social Work Today* 13 (1982) 8-12.

Izard, C., Human emotions, Plenum, New York 1977.

Jacob, K., Große Welle, *Die Zeit* 30 (1993) 23.

Jacobs, Th., Posture, gesture, and movement in the analyst: Clues to interpretation and countertransference, *Journ. Amer. Psychoanal. Assn.* 21 (1973) 77-92.

Jacobs, Th., On countertransference enactments, *Journ. Amer. Psychoanal. Assn.* 34 (1986) 289-307.

Jahoda, M., Current concepts of positive mental health, Basic Books, New York 1958.

Janov, A., The primal scream – primal therapy: The cure for neurosis, Dell Publishing Co., New York 1970.

Jodelet, D., Les représentations sociales, P.U.F., Paris 1989a.

Jones, F.A., Green, V., Krauss, D.R., Maternal responsiveness of primiparous mothers during the postpartum period: Age differences, *Paediatrica* 65 (1980) 579-584.

Kagan, J., Interaction systems between preschool aged, handicapped or developmentally delayed children and their parents, in: *Field* et al. (1980) 227-247.

Kagan, J., The second year of life: The emergence of self awareness, Harvard Univ. Press, Cambridge 1981.

Kagan, J., Gibbons, J.L., Johnson, M.O., Reznick, J.S., Snidman, N., A temperamental disposition to the state of uncertainty, in: *Rolf* et al. (1990) 164-178.

Kagan, J., Moss, H.A., Birth to maturity, Wiley, New York 1962.

Kalverboer, A.F., Longitudinaal onderzoek bij risicogroepen: problemen en perspectieven, in: *Goudena* et al. (1988) 9-17.

Kalverboer, A.F., Hopkins, A.F., Geuze, R., Motor development in early and later childhood: Longitudinal approaches, Cambridge Univ. Press, Cambridge 1993.

Kames, H., Ein Fragebogen zur Erfassung der fünf Säulen der Identität (FESI), *Integrative Therapie* 4 (1992) 363-386.

Katz, R.L., Empathy, its nature and uses, The Free Press, Glencoe 1963.

Kennell, J.H., Jerauld, R., Wolfe, H., Chester, D., Kreger, N., McAlpine, W., Steffa, M., Klaus, M.H., Maternal behavior one year after early and extended postpartum contact, *Developmental Medicine and Child Neurology* 16 (1974) 172-179.

Kennell, J.H., Voos, D.K., Klaus, M.H., Parent-infant bonding, in: *Osofsky, J.D.*, Handbook of infant development, Wiley, New York 1979.

Kernberg, O., Objektbeziehungen und Praxis der Psychoanalyse, fromman-holzboog, Stuttgart 1981.

Keupp, H., Röhrle, B., Soziale Netzwerke, Campus, Frankfurt 1987.

Klaus, M.H., Jerauld, R., Kreger, M.C., McAlpine, W., Steffa, M., Kennell, J.H., Maternal attachment: Importance of the first post-partum days, *New Engl. J. Med.*, 286 (1972) 460-463.

Klaus, M.H., Kennell, J.H., Maternal-Infant Bonding, Mosby, St. Louis 1976.

Klaus, M.H., Kennell, J.H., Parent-to-infant attachment, in: *D. Hull* (ed.), Recent Advances in Paediatries, Churchill Livingstone, London 1976b.

Klaus, M.H., Kennell, J.H., Parent-infant Bonding, Mosby, St. Louis 1982.

Klein, M., Stern, L., Low birth weight and the battered child syndrome, *American Journal of Diseases of Children* 122 (1971) 15-18.

Klopfer, P.H., Mother love: what turns it on, *American Scientist* 59 (1971) 404-407.

Klopfer, P.H., Gamble, J., Maternal imprinting in goats: The role of chemical senses, *Zeitschrift für Tierpsychologie* 23 (1966) 588-592.

Klopfer, P.H., Klopfer, M.S., Maternal imprinting in goats: Fostering of alien young, *Zeitschrift für Tierpsychologie* 25 (1968) 862-866.

Kobayashi, N., Ishii, T., Watanabe, T., Quantitative evaluation of infant behavior and mother-infant interaction: an overview of a Japanese interdisciplinary programme of research, *Early Development and Parenting* 1 (1991) 23-31.

Kohnstamm, R., Kleine ontwikkelingspsychologie, deel 1: Het jonge kind, Van Loghum Slaterus, Deventer 1987[3].

Kohut, H., How does analysis cure?, University of Chicago Press, Chicago 1984.

Koops, W., Kalverboer, A.F., Experimenteel longitudinaal onderzoek naar opvoeder-kind interacties; inleiding op een thema-nummer, *Nederlands Tijdschrift voor de Psychologie* 42 (1987) 273-281.

Kopp, C.B., Krakow, J.B., The developmentalist and the study of biological risk: A view of the past with an eye toward the future, *Child Development* 54 (1983) 1086-1108.

Kopp, C.B., McCall, R.B., Predicting later mental performance to normal, at risk and handicapped infants, in: *Baltes, P.B., Brim, O.G.*, Life-span development and behavior (Vol. 4), Academic Press, New York 1982, 35-63.

Koupernik, C., The bled discussion: A review, in: *Anthony, Koupernik* (1974) 193-221.

Kruse, O., Emotionsentwicklung und Neuroseentstehung, Enke, Stuttgart 1991.

Laing, R.D., The Facts of Life, Ballantine Books, New York 1976.

Lamb, M. E., Thompson, R.A., Gardner, W.P., Charnov, E.L., Estes, D., Security of infantile attachment as assessed in the 'strange situation': Its study and biological interpretation, *Behavioral and Brain Sciences* 7 (1984) 121-171.

Lamb, M. E. (ed.), The role of the father in child development, Wiley, New York 1981.

Lamb, M. E., Early mother-neonate contact and the mother-child relationship, *Journal of Child Psychology and Psychiatry* 24 (1983) 487-494.

Lamb, M. E., Hwang, C.-P., Maternal attachment and mother-neonate bonding: A critical review, in: *Lamb, M. E., Brown, A.L.* (eds.), Advances in developmental psychology, Vol. 2, Erlbaum, Hillsdale 1982.

Lambert, M.J., Introduction to psychotherapy research, in: *Beutler, Crago* (1991) 1-11.

Latner, J., The gestalt therapy book, Julian Press, New York 1973.

Leboyer, F., Birth without violence, Wildwood House, London 1975.

Leiderman, P.H., Human mother-infant social bonding: Is there a sensitive phase? in: *Immelmann, K., Barlow, G.W., Petrinovich, L., Main, M.* (eds.), Behavioral development, Cambridge University Press, Cambridge 1981.

Leventhal, H., A perceptual-motor processing model of emotion, in: *Pliner, P., Blankstein, K., Spiegel, I.*, Advances in the study of communication and affect, Plenum Press, New York 1979.

Levitt, M.J., Cherie, Clark, M., Rotton, J., Finley, G.E., Social support, perceived control, and well being: A study of an environmentally stressed population, *International Journal of Aging and Human Development* 25 (1987) 247-258.

Lewis, M., Miller, S.M., Handbook of developmental psychopathology, Plenum, New York 1988.

Lilienfeld, A.M., Parkhurst, E., A study of the association of factors of pregnancy and parturition with the development of cerebral palsy: A preliminary report, *American Journal of Hygiene* 53 (1951) 262-282.

Lilienfeld, A.M., Pasamanick, B., Rogers, M., Relationships between pregnancy experience and the development of certain neuropsychiatric disorders in childhood, *American Journal of Public Health* 45 (1955) 637-643.

Lilleskov, R, Nonverbal aspects of child and adult analysis, *Journal Amer. Psychoanal.* 25 (1977) 693-705.

Loewald, H.W., On the therapeutic action of psychoanalysis, *Int. J. Psychoanal.* 41 (1960) 16-33.

Lozoff, B., The sensitive period: an anthropological view, Paper presented to the Society for Research in Child Development, New Orleans 1977.

Ludewig, K., Systemische Therapie, Grundlagen zur klinischen Praxis, Klett-Cotta, Stuttgart 1992.

Luhmann, N., Theorie, Gesellschaft oder Sozialtechnologie, Suhrkamp, Frankfurt 1971.

Luhmann, N., Vertrauen, ein Mechanismus zur Reduktion sozialer Komplexität, Enke, Stuttgart 1978.

Lynch, M.A., Roberts, J., Predicting child abuse: Signs of bonding failure in the maternity hospital, *British Medical Journal* 1 (1977) 624-636.

Mahl, G., Body, movement, ideation, and verbalization during psychoanalysis, in: *Freedman, N., Grand, S.* (eds.), Communicative structures and psychic structures, Plenum, New York 1977, 291-310.

Malatesta, C., Culver, C., Tesman, J., Shepard, B., The development of emotion expression during the first two years of life, Monographs of the Society for Research in Child Development, Vol. 54, University of Chicago Press, Chicago 1989.

Malt, U.F., Traumatischer Streß, in: *Schnyder, U., Sauvant, J.-D.*, Krisenintervention in der Psychiatrie, Huber, Bern 1993, 121-136.

Marziali, E., Marmar, C., Krupnick, J., Therapeutic alliance scales: development and relationship to psychotherapy outcome, *American Journal for Psychiatry* 138 (1981) 361-364.

Maslow, A., Toward a psychology of being, Van Nostrand, New York 1962.

Massie, H., Bornstein, A., Afterman, J., Campbell, B., Inner themes and outer behavior in early childhood development, *Psychoanalytic Study of the Child* 43 (1988) 213-242; auch in: *Petzold* (1993c).

Masten, A.S., Garmezy, N., Risk, vulnerability, and protective factors in developmental psychopathology, in: *Lahey, B.B., Kadzin, A.E.* (eds.), Advances in clinical child psychology, Plenum Press, New York 1985, 1-52.

Masten, A.S., Morison, P., Pellegrini, D., Tellegen, A., Competence under stress: risk and protective factors, in: *Rolf* et al. (1990) 236-256.

Matas, L., Arend, R.A., Sroufe, L.A., Continuity of adaptation in the second year: The relationship between quality of attachment and later competence, *Child Development* 49 (1978) 547-556.

MacFarlane, A., Die Geburt, Klett-Cotta, Stuttgart 1978.

McLaughlin, L., The play of transference: Some reflections on enactment in the psychoanalytic situation, *Journ. Amer. Psychoanal. Assn.* 36 (1987) 557-582.

McLaughlin, L., The relevance of infant observational research for the analytic understanding of adult patients' nonverbal behaviors, in: *Dowling, S., Rothenstein, A.* (eds.), The significance of infant observational research for clinical work with children, adolescents, and adults, Int. Univ. Press, Madison 1989, 109-122.

Mead, G.H., Mind, self, and society, University of Chicago Press, Chicago 1934; dtsch. Geist, Identität, Gesellschaft, Suhrkamp, Frankfurt 1968. 1973, 1975, 1988.

Mednick, S.A., Psychophysiology, thought processes, personality and social development of children at risk for schizophrenia, *Sociological Micro-Journal* 1 (1967) 1-100.

Mednick, S.A., Schulsinger, F., Some premorbid characteristics related to breakdown in children with schizophrenic mothers, in: *Rosenthal, D., Kety, S.S.* (eds.), The transmission of schizophrenia, Pergamon Press, Oxford 1968, 267-291.

Meltzoff, A.N., Moore, M.K., Imitation of facial and manual gestures by human neonates, *Science* 189 (1977) 75-78.

Meltzoff, A., Moore, M., Newborn infants imitate adult facial gestures, *Child Development* 54 (1983a) 702-709.

Meltzoff, A., Moore, M., The orgins of imitation in infancy, in: *Lipsitt, L., Rovee-Collier, C.* (Eds.), Advances in Infancy Research, Vol. 2., Ablex, Norwood 1983b, 265-301.

Meltzoff, A., Moore, M.K., Imitation in newborn infants: Exploring the range of gestures imitated and the underlying mechanisms, *Developmental Psychologie* 25 (1989) 954-962.

Meltzoff, A.N., Newborn infants imitate adult facial gestures, *Child Development* 54 (1983) 702-709.

Meltzoff, A.N., Imitation in newborn infants: Exploring the range of gestures imitated and the underlying mechanisms, *Developmental Psychology* 25 (1984) 954-962.

Meltzoff, A.N., The centrality of neonate coordination and proprioception in social and cognitive development: From shared actions to shared minds, in: *Salvesbergh* (1993).

Messer, D.J., McCarthy, M. E., McQuiston, S., MacTurk, R.H., Yarrow, L.J., Vietze, P.M., Relation between mastery behavior in infancy and competence in early childhood, *Developmental Psychology* 22 (1986) 366-372.

Metzmacher, B., Petzold, H., Zaepfel, H., Integrative Kindertherapie, Junfermann, Paderborn 1994 (in Vorber.).

Meyer, A., Psychobiology: A science of man, Charles C. Thomas, Springfield 1957.

Montgomery, S., Problems in the perinatal prediction of child abuse, *British Journal of Social Work* 12 (1982) 189-196.

Moscovici, S., The phenomen of social representations, in: *Farr, R.M., Moscovici, S.* (eds.), Social representations, Cambridge University Press, Cambridge 1984.

Moskovitz, S., Love despite hate: Child survivors of the Holocaust and their adult lives, Schocken Books, New York 1983.

Murphy, L.B., Moriarty, A.E., Vulnerability, coping, and growth. From infancy to adolescence, Yale University Press, New Haven 1976, 1978[2].

Nelson, K., Event knowledge: Structure and function in development, Erlbaum, Hillsdale 1986.

Nelson, K., Narratives from the crib, Harvard University Press, Cambridge 1989a.

Nelson, K., Remembering: A functional developmental perspective, in: *Solomon, P.F., Goethals, G.R., Kelley, D.M., Stephens, B.R.* (eds.), Memory: An interdisciplinary approach, Springer, New York 1990.

Nelson, K, Erinnern und Erzählen: eine Entwicklungsgeschichte, *Integrative Therapie* 1-2 (1993) und in: *Petzold* (1993c).

Nestmann, F., Die alltäglichen Helfer, de Gruyter, Berlin 1988.

Netelenbos, J.B., Cognitie en motoriek bij jonge kinderen, VU Uitgeverij, Amsterdam 1988.

Neubaur, C., Übergänge. Spiel und Realität in der Psychoanalyse Donald W. Winnicotts, Athenäum, Frankfurt 1987.

Niswander, K.R., Gordon, M., The women and their pregnancies: The collaborative perinatal study of the National Institute of Neurological Diseases and Stroke, Saunders, Philadelphia 1972.

Nuechterlein, K.H., Phipps-Yonas, S., Driscoll, R., Garmezy, N., Vulnerability factors in children at risk: anomalies in attentional functioning and social behavior, in: *Rolf* et al. (1990) 445-479.

O'Dougherty, M., Wright, F.S., Children born at medical risk: factors affecting vulnerability and resilience, in: *Rolf* et al. (1990) 120-141.

Orlinsky, D.E., Howard, K.J., The relation of process to outcome in psychotherapy, in: *Garfield, S.L., Bergin, A.E.* (eds.), Handbook of psychotherapy and behavior change, Wiley, New York 1986a.

Orlinsky, D.E., Howard, K.J., The psychological interior of psychotherapy: Explorations with the therapy session reports, in: *Greenberg, L.S., Pinsof, W.M.* (Eds.), The psychotherapeutic process: A research handbook, Guilford Press, New York 1986b.

Orlinsky, D.E., Howard, K.J., A generic model of psychotherapy, *Journal of Integrative and Eclectic Psychotherapy* 6 (1987) 6-27; dtsch. *Integrative Therapie* 4 (1988) 281-308.

Orr, L., Ray, S., Rebirthing in the New Age, Celestial Arts, Millbrae 1977.

Osofsky, J.D., Handbook of infant development, Wiley, New York 1979, 1987[2].

Oster, H., Facial expression and affect development, in: *Lewis, M., Rosenblum, L.*, The development of affect, Plenum Press, New York 1978, 43-75.

Otto, H., Group methods to actualize human potential – a handbook, Holistic Press, Beverly Hills 1970.

Papoušek, H., Papoušek, M., Neue Wege in der Verhaltensbeobachtung und Verhaltensmikroanalyse, *Sozialpädiatrie in Praxis und Klinik* 3 (1981a) 20-22.

Papoušek, H., Papoušek, M., Intuitives elterliches Verhalten im Zwiegespräch mit dem Neugeborenen, *Sozialpäd. Prax. Klin.* 3 (1981b) 229-238.

Papoušek, H., Papoušek, M., Intuitive parenting: a dialectic counterpart to the infants integrative competence, in: *Osofsky* (1987) 669-720.

Papoušek, H., Papoušek, M., Early interactional signalling: The role of facial movements, in: *Kalverboer* et al. (1993) 136-152.

Papoušek, H., Papoušek, M., Vorsprachliche Kommunikation: Anfänge, Formen, Störungen und psychotherapeutische Ansätze, in: *Petzold* (1993c).

Papoušek, H., Papoušek, M., Haeckel, M., Didactic adjustments in father's and mother's speech to their three-month-old infants, *J. of Psycholinguistic Research* 16 (1987) 491-516.

Papoušek, M., Die Rolle des Vaters in der frühen Kindheit: Ergebnisse der psychobiologischen Forschung, *Kind und Umwelt, Beiträge zur analytischen Kinder- und Jugendlichenpsychotherapie* 54 (1987) 29-49.

Patterson, G.R., Capaldi, D.M, A mediational model for boy's depressed mood, in: *Rolf* et al. (1990) 141-163.

Pasamanick, B., Knobloch, H., Retrospective studies on the epidemiology of reproductive causality: Old and new, *Merrill-Palmer Quaterly of Behavior and Development* 12 (1966) 7-26.

Perls, F.S., Gestalt Therapy Verbatim, Real People Press, Lafayette 1969.

Perls, F.S., Grundlagen der Gestalt-Therapie. Einführung und Sitzungsprotokolle, Pfeiffer, München 1976.

Perls, F.S., Gestalt, Wachstum, Integration, Junfermann, Paderborn 1980, 1987^3.

Petö, A., Terrifying eyes, *The Psychoanalytic Study of the Child* 24 (1969) 197-212.

Petzold, H.G., L'analyse progressive en psychodrame analytique, Paris 1969b; auszugsweise dtsch. in: (1988n), 455-491.

Petzold, H.G., Les Quatre Pas. Concept d'une communauté thérapeutique, Paris 1969c; teilweise dtsch. in: (1974l).

Petzold, H.G., Thérapie du mouvement, training rélaxatif, thymopratique et éducation corporelle comme integration, Paris 1970c.

Petzold, H.G., (Hrsg.) Angewandtes Psychodrama in Therapie, Pädagogik und Wirtschaft, Junfermann, Paderborn 1972a.

Petzold, H.G., Komplexes Kreativitätstraining mit Vorschulkindern, *Schule und Psychologie* 3 (1972e) 146-157.

Petzold, H.G., Gestalttherapie und Psychodrama, Nicol, Kassel 1973a.

Petzold, H.G., (Hrsg.) Kreativität und Konflikte, Junfermann, Paderborn 1973c.

Petzold, H.G., Gestalttherapie und direkte Kommunikation in der Arbeit mit Elterngruppen, 1973f, in: *Petzold* (1973c) 271-289.

Petzold, H.G. (Hrsg.), Psychotherapie und Körperdynamik, Junfermann, Paderborn 1974j, 3. Aufl. 1979.

Petzold, H.G., Die Rolle der Medien in der integrativen Pädagogik 1977c, in: *Petzold, Brown* (1977) 101-123.

Petzold, H.G., Thymopraktik als körperbezogene Arbeit in der Integrativen Therapie, *Integrative Therapie* 2/3 (1975e) 115-145; erweitert in: *Petzold* 1977n; revid. in: (1988n), 341-406.

Petzold, H.G. (Hrsg.), Die neuen Körpertherapien, Junfermann, Paderborn 1977n; Taschenbuchausgabe dtv, München 1992.

Petzold, H.G., Psychodrama, Therapeutisches Theater und Gestalt als Methoden der Interventionsgerontologie und der Alterspsychotherapie, 1979b, in: *Petzold, Bubolz* (1979) 147-260.

Petzold, H.G., Zur Veränderung der sozialen Mikrostruktur im Alter – eine Untersuchung von 40 „sozialen Atomen" alter Menschen, *Integrative Therapie* 1/2 (1979c) 51-78.

Petzold, H.G., Zum Konzept der Therapiekette und zur Karriere Drogenabhängiger, 1980c, in: *Petzold, Vormann* (1980) 208-228.

Petzold, H.G., Die Rolle des Therapeuten und die therapeutische Beziehung, Junfermann, Paderborn 1980f.

Petzold, H.G., Die Rolle des Therapeuten und die therapeutische Beziehung in der Integrativen Therapie, 1980g, in: *Petzold* (1980f) 223-290.

Petzold, H.G., Sich selbst im Lebensganzen verstehen lernen, 1981g, in: *Pro Senectute, Schneider, H.G.* (Hrsg.), Vorbereitung auf das Alter, Schönigh, Paderborn 1981, 89-112; repr. (1985a) 93-122.

Petzold, H.G., Das Hier-und-Jetzt-Prinzip in der psychologischen Gruppenarbeit, 1981e, in: *C. Bachmann*, Kritik der Gruppendynamik, Fischer, Frankfurt 1981, 214-299.

Petzold, H.G., Vorüberlegungen und Konzepte zu einer integrativen Persönlichkeitstheorie, *Integrative Therapie* 1/2 (1984i) 73-115.

Petzold, H.G., Mit alten Menschen arbeiten, Pfeiffer, München 1985a.

Petzold, H.G., Die Rolle der Gruppe in der therapeutischen Arbeit mit alten Menschen – Konzepte zu einer „Integrativen Intervention" 1985e, in: *Petzold* (1985a) 409-446; revid. in: *Petzold, Frühmann*, Bd. II (1986).

Petzold, H.G. (Hrsg.), Leiblichkeit. Philosophische, gesellschaftliche und therapeutische Perspektiven, Junfermann, Paderborn 1985g.

Petzold, H.G., Der Schrei in der Therapie, 1985h, in: *Petzold* (1985g) 547-572.

Petzold, H.G., Über innere Feinde und innere Beistände, in: *Bach, G., Torbet, W.*, Ich liebe mich – ich hasse mich, Rowohlt, Reinbek 1985l, 11-15.

Petzold, H.G.,Konfluenz, Kontakt, Begegnung und Beziehung im Ko-respondenz-Prozeß der Integrativen Therapie, *Integrative Therapie* 4 (1986e) 320-341.

Petzold, H.G., Puppen und Puppenspiel in der Integrativen Therapie mit Kindern, 1987a, in: *Petzold, Ramin* (1987) 427-490.

Petzold, H.G., Integrative Therapie als intersubjektive Hermeneutik bewußter und unbewußter Lebenswirklichkeit, Fritz Perls Institut, Düsseldorf 1988a; repr. (1991a) 452-331.

Petzold, H.G., Zur Hermeneutik des sprachlichen und nichtsprachlichen Ausdrucks in der Integrativen Therapie, Fritz Perls Institut, Düsseldorf 1988b; repr. (1991a) 91-150.

Petzold, H.G., Integrative Bewegungs- und Leibtherapie. Ausgewählte Werke Bd. I/1 und I/2, Junfermann, Paderborn 1988n.

Petzold, H.G., Methoden des therapeutischen Umgangs mit Symbolen und Symbolisierungsprozessen, Vortrag auf dem 7. Deutschen Symposium für Kunsttherapie, 27.-30.11.1988, Fritz Perls Akademie, Hückeswagen 1988t.

Petzold, H.G., „Entwicklung in der Lebensspanne" und Pathogenese, Vortragsfolge auf der Tagung „Bewegungstherapie und Psychosomatik", 22. – 23.11.1990 an der Freien Universität Amsterdam, 1990e; erw. als „Integrative Therapie in der Lebensspanne", in: *Petzold* (1992a) 649-775.

Petzold, H.G., Selbsthilfe und Professionelle – Gesundheit und Krankheit, Überlegungen zu einem „erweiterten Gesundheitsbegriff", Vortrag auf der Arbeitstagung „Zukunftsperspektiven der Selbsthilfe", 8.-10. Juni 1990, Düsseldorf, 1990i, in: *Petzold, Schobert,* (1991) 17-28

Petzold, H.G., Integrative Dramatherapie und Szenentheorie – Überlegungen und Konzepte zur Verwendung dramatherapeutischer Methoden in der Integrativen Therapie, 1990p, in: *Petzold, Orth* (1990a) II, 849-880; repr. (1992) 897-926.

Petzold, H.G., Integrative Therapie – Methoden und Modelle zu einer schulenübergreifenden Psychotherapie, Bd. II/1: Klinische Philosophie, Junfermann, Paderborn 1991a.

Petzold, H. G., Die Chance der Begegnung. Dapo, Wiesbaden, 1991b; repr. in: *Petzold* (1993a) 1047-1086.

Petzold, H.G., Die Ursachen hinter den Ursachen, in: Festschrift zum 50jährigen Geburtstag von Rolf Schwendter, Wien 1991c.

Petzold, H.G., Das Ko-respondenzmodell als Grundlage der Integrativen Therapie und Agogik, 1991e, in: *Petzold* (1991a) 19-90.

Petzold, H.G., Chronosophische Überlegungen zu Zeit, Identitätsarbeit und biographischer Narration, 1991o, in: *Petzold* (1991a) 333-396.

Petzold, H.G., Integrative Therapie – Methoden und Modelle zu einer schulenübergreifenden Psychotherapie, Bd. II/1: Klinische Philosophie, Junfermann, Paderborn 1992a.

Petzold, H.G., Konzepte zu einer integrativen Emotionstheorie und zur emotionalen Differenzierungsarbeit als Thymopraktik, 1992b, in: idem (1992a) 789-870.

Petzold, H.G., Bemerkungen zur Bedeutung frühkindlicher Gedächtnisentwicklung für die Theorie der Pathogenese und die Praxis regressionsorientierter Leib- und Psychotherapie, *Gestalt & Integration* 1 (1992c) 100-109.

Petzold, H.G., Editorial. Empirische Baby- und Kleinkindforschung und der Paradigmenwechsel von psychoanalytischer Entwicklungsmythologie und humanistisch-psychologischer Unbekümmertheit zu einer „mehrperspektivischen, klinischen Entwicklungspsychologie", *Integrative Therapie* 1-2 (1992d) 1-10.

Petzold, H.G., Das „neue" Integrationsparadigma in Psychotherapie und klinischer Psychologie und die „Schulen des Integrierens" in einer „pluralen therapeutischen Kultur", 1992g, in: *Petzold* (1992a) 927-1040.

Petzold, H.G., Die heilende Kraft des Schöpferischen, *Orff-Schulwerk-Informationen* 50 (1992h) 6-9.

Petzold, H.G., Integrative Therapie – Methoden und Modelle zu einer schulenübergreifenden Psychotherapie, Bd. II/3: Klinische Praxeologie, Junfermann, Paderborn 1993a.

Petzold, H.G., Die Wiederentdeckung des Gefühls. Emotionen in der Psychotherapie und der menschlichen Entwicklung, Junfermann, Paderborn 1993b.

Petzold, H.G., Psychotherapie und Babyforschung, Junfermann, Paderborn 1993c.

Petzold, H.G., Identität und Entfremdung, Fritz Perls Institut, Düsseldorf 1993d, in: *Petzold, Sieper* (1993a).

Petzold, H.G., Brown, G. (Hrsg.), Gestaltpädagogik, Pfeiffer, München 1977.

Petzold, H.G., Bubolz, E., Psychotherapie mit alten Menschen, Junfermann, Paderborn 1979.

Petzold, H.G., Frühmann, R., Modelle der Gruppe in der Psychotherapie und psychosozialen Arbeit, 2 Bde, Junfermann, Paderborn 1986.

Petzold, H.G, Geibel, Ch., „Komplexes Kreativitätstraining" in der Vorschulerziehung durch Psychodrama, Puppenspiel und Kreativitätstechniken, in: *Petzold* (1972a) 414-427.

Petzold, H.G., Groot, de L., Therapeutische Arbeit mit Frühgeborenen, Faculty of Human, Movement Sciences, Dept. Movement Education, Clinical Movement Therapie, Amsterdam 1991.

Petzold, H.G., Heinl, H., Gestalttherapeutische Fokaldiagnose und Fokalintervention bei Störungen aus der Arbeitswelt, *Integrative Therapie* 1 (1980) 20-57; auch in: *Petzold, Heinl* (1983) 178-219.

Petzold, H.G,. Heinl, H., Psychotherapie und Arbeitswelt, Junfermann Verlag, Paderborn 1983.

Petzold, H.G., Hentschel, U., Niedrigschwellige und karrierebegleitende Drogenarbeit als Elemente einer Gesamtstrategie der Drogenhilfe, *Wiener Zeitschrift für Suchtforschung* 1 (1991) 11-19

Petzold, H.G., Kirchmann, E., Selbstdarstellungen mit Ton in der Integrativen Kindertherapie, in: *Petzold, Orth* (1990a) II, 933-974.

Petzold, H.G., Metzmacher, B., Integrative Bewegungstherapie met kinderen, *Bewegen und Hulpverlening* 2 (1987) 112-134.

Petzold, H.G., Orth, I., Die neuen Kreativitätstherapien. Handbuch der Kunsttherapie, 2. Bde., Junfermann, Paderborn 1990a.

Petzold, H.G., Orth, I., Therapietagebücher, Lebenspanorama, Gesundheits-/Krankheitspanorama als Instrumente der Symbolisierung und karrierebezogenen Patientenarbeit und Lehranalyse in der Integrativen Therapie, *Integrative Therapie* 1/2 (1993) 95-153 repr. dieses Buch.

Petzold, H.G., Petzold, Ch., Lebenswelten alter Menschen, Vincentz Verlag, Hannover 1991a.

Petzold, H.G., Ramin, G., Schulen der Kinderpsychotherapie, Junfermann, Paderborn 1987.

Petzold, H.G., Schobert, R., Selbsthilfe und Psychosomatik, Junfermann, Paderborn 1991.

Petzold, H.G., Schuch, W., Grundzüge des Krankheitsbegriffes im Entwurf der Integrativen Therapie, in: *Pritz, Petzold* (1992) 371-486.

Petzold, H.G., Schulwitz, I., Tetradisches Psychodrama in der Arbeit mit Schulkindern, in: *Petzold* (1972a) 394-413.

Petzold, H.G., Vormann, G., Therapeutische Wohngemeinschaften. Erfahrungen – Modelle – Supervision, Pfeiffer, München 1980.

Pianta, R.C., Egeland, B., Life stress and parenting outcomes in a disadvantaged sample: Results of the mother-child interaction project, *Journal of Clinical Child Psychology* 49 (1990) 329-336.

Pianta, R.C., Egeland, B., Erickson, M., The antecendents of child maltreatment: The results of the mother-child interaction research project, in: *Cicchetti, Carlson* (1989) 203-253.

Pianta, R.C., Egeland, B., Hyatt, A., Maternal relationship history as an indicator of developmental risk, *American Journal of Orthopsychiatry* 56 (1986) 385-398.

Pianta, R.C., Egeland, B., Sroufe, L.A., Maternal stress and children's development: prediction of school outcomes and identification of protective factors, in: *Rolf* et al. (1990) 215-235.

Plomin, R., Development, genetics and psychology, Erlbaum, Hillsdale 1986.

Polster, E., Jedes Menschenleben ist einen Roman wert, Edition Humanistische Psychologie, Köln 1987.

Prazar, G., Psychosocial risk factors in childhood: What can the pediatrician in practice do? *Developmental and Behavioral Pediatrics* 11 (1990) 210-211.

Prechtl, H.F.R., Frühe Schäden – späte Folgen. Neuere Erkenntnisse aus Nachuntersuchungen von Kindern, in: *Schmidt, M.H., Droemann, S.* (Hrsg.), Langzeitverlauf Kinder- und Jugend-psychiatrischer Erkrankungen, Enke, Stuttgart 1981.

Prechtl, H.F.R., Qualitative changes of spontaneous movements in fetus and preterm infant are a marker of neurological dysfunction, *Early Human Development* 23 (1990) 151-158.

Prechtl, H.F.R., Fargel, J.W., Weinmann, H.M., Bakker, H.H., Posture, motility and respiration in low-risk preterm infants, *Dev. Med. Child Neurol.* 21 (1979) 3-27.

Pritz, A., Petzold, H.G., Der Krankheitsbegriff in den psychotherapeutischen Schulen, Junfermann, Paderborn 1992.

Pyck, K., Protectieve factoren ten aanzien van stress: Implicaties voor de preventieve curatieve GGZ voor jongeren, *Tijdschrift voor Orthopedagogiek & Kinderpsychiatrie* 9 (1984) 14-33.

Quinton, D., Rutter, M., Parents with children in care, I: Current circumstances and parenting, *Journal of Child Psychology and Psychiatry* 25 (1984a) 211-229.

Quinton, D., Rutter, M., Parents with children in care, II: Intergenerational continuities, *Journal of Child Psychology and Psychiatry* 25 (1984b) 231-250.

Quinton, D., Rutter, M., Parenting breakdown: The making and breaking of inter-generational links, Aldershot, Avebury 1988.

Radke-Yarrow, M., Sherman, T., Hard growing: children who survive, in: *Rolf* et al. (1990) 97-119.

Ramin, G., Petzold, H.G., Integrative Therapie mit Kindern, in: *Petzold, Ramin* (1987) 359-426.

Rank, O., Das Trauma der Geburt, Int. Psychoanalyse Verlag, Leipzig 1924.

Rauh, H., The meaning of risk and protective factors in infancy, *European Journal of Psychology of Education* 2 (1989) 161-173.

Redshaw, M., Rosenblatt, D.B., The influence of analgesia in labour on the baby, *Midwife, Health Visitor and Community Nurse* 18 (1982) 126-132.

Revenstorf, D., Klinische Hypnose, Springer, Berlin 1990.

Rheingold, H.L., The development of social behavior in the human infant, in: *Stevenson, H.W.* (ed.), Concept of development, *Monographs of the Society for Research in Child Development* 31 (1966) 5-107.

Rhode-Dachser, Ch., Das Borderline-Syndrom, Huber, Bern 1979, 1989².

Ringler, N.M., Kennell, J.H., Jarvella, R., Novojosky, B., Klaus, M.H., Mother-to-child speech at two years – effects of early postnatal contacts, *Journal of Pediatrics* 86 (1975) 141-144.

Richters, J., Weintraub, S., Beyond diathesis: toward an understanding of high-risk environments, in: *Rolf* et al. (1990) 67-97.

Robins, L.N., Davis, D. h., Wish, E., Detecting predictors of rare events: Demographic, family and personal deviance as predictors of stages in the progression towards narcotic addition, in: *Strauss, J.S., Barbigian, H.N., Roff, M.* (eds.), The origins and course of psychopathology. Methods of longitudinal research, Plenum Press, New York 1977.

Robins, L.N., Deviant children grown up, Williams & Wilkins, Baltimore 1966.

Robins, L.N., Rutter, M., Straight and devious pathways from childhood to adulthood, University of Cambridge Press, Cambridge 1990.

Rogers, C., Die klientenzentrierte Gesprächspsychotherapie, Kindler, München 1976.

Rolf, J., Masten, A.S., Cicchetti, D., Nuechterlein, K.H., Weintraub, S., Risk and protective factors in the development of psychopathology, Cambridge University Press, Cambridge 1990.

Rosenblatt, D.O., Türen öffnen. Was geschieht in der Gestalttherapie? Edition Humanistische Psychologie, Köln 1986.

Rosenblatt, D., Redshaw, M., Packer, M., Lieberman, B., Drugs, birth and infant behaviour, *New Scientist* 81 (1978) 487-489.

Rovee-Collier, C.K., Infants as problem-solvers: A psychobiological perspective, in: *Zeiler, M.D., Harzem, P.* (eds.), Advances in analysis of behavior, Vol. 3, Biological factors in learning, Wiley, Chicchester 1983.

Rovee-Collier, C., Learning and memory in infants, in: *Osofsky, J.D.*, Handbook of infant development, Wiley, New York 1987, 98-148.

Rovee-Collier, C., Bhatt, R., Langzeiterinnerung bei Säuglingen, in: *Petzold* (1993c).

Rutter, M., Children of sick parents: An environmental and psychiatric study, Oxford University Press, Oxford 1966.

Rutter, M., Parent-child separation: Psychological effects on the children, *Journal of Child Psychology and Psychiatry* 12 (1971) 233-260.

Rutter, M., Protective factors in children's responses to stress and disadvantage, in: *Kent, M.W., Rolf, J.* (eds.), Primary preventions of psychopathology, Vol. III: Social competence in children, University Press of New England, Hanover (N.H.), 49-74. 1979a.

Rutter, M., Scientific foundations of developmental psychiatry, Heinemann Medical, London 1980.

Rutter, M., The long-term effects of early experience, *Developmental Medicine and Child Neurology* 22 (1980) 800-815.

Rutter, M., Stress, coping, and development: Some issues and some questions, *Journal of Child Psychology and Psychiatry* 22 (1981) 323-356.

Rutter, M., Statistical and personal interactions: Facts and perspectives, in: *Magnusson, D., Allen, V.* (eds.), Human development: An interactive perspective, Academic Press, New York 1983, 295-319.

Rutter, M., Resilience in the face of adversity: Protective factors and resistance to psychiatric disorder, *British Journal of Psychiatry* 147 (1985a) 598-611.

Rutter, M., Family and school influences on behavioral development, *Journal of Child Psychology and Psychiatry* 26 (1985b) 349-368.

Rutter, M., Longitudinal data in the study of causal processes: some uses and some pitfalls, Minster Lovell Workshop 1987.

Rutter, M., Studies of psychosocial risk. The power of longitudinal data, Cambridge Univ. Press, Cambridge 1988.

Rutter, M., Pathways from childhood to adult life, *J. Child Psychology, Psychiatry* I (1989) 23-51; dtsch.: *Integrative Therapie* 1/2 (1992) 11-44 und in *Petzold* (1993c).

Rutter, M., Psychosocial resilience and protective mechanism, in: *Rolf* et al. (1990) 181-214.

Rutter, M., A fresh look at 'maternal deprivation', in: *Bateson, P.* (ed.), The development and integration of behavior, Cambridge University Press, Cambridge 1991, 331-374.

Rutter, M., Izard, C., Read, P.B. (eds.), Depression in young people: Developmental and clinical perspectives, Guilford Press, New York 1986.

Rutter, M., Maughan, B., Mortimore, P., Ouston, J., Fifteen thousand hours: Secondary schools and their effects on children, Harvard University Press, Cambridge 1979.

Rutter, M., Robins, L., Straight and devious pathways from childhood to adulthood, Cambridge University Press, Cambridge 1989.

Rutter, M, Rutter, M., Developing minds. Challenge and continuity across the life span, Penguin Books, London 1992.

Salvesbergh, G. J. P., The Development of Coordination in Infancy, Elsevier Sience Publishers, North Holland 1993.

Salvesbergh, G. J. P., Kamp, J. v. d., The coordination of infants reaching, grasping, catching posture: A natural physical approach, in: *Salvesbergh* (1993) 290-317.

Sameroff, A.J., Early influences on development: fact or fancy, *Merril-Palmer Quaterly* 21 (1975) 267-294.

Sameroff, A., Bakow, H.A., McComb, N., Collins, A., Racial and social class differences in newborn heart rate, *Infant Behavior and Development* 1 (1978) 199-204.

Sameroff, A.J., Chandler, M.J., Reproductive risk and the continuum of caretaking casuality, in: *Horowitz, F.D.* (ed.), Review of child development research, Vol. 4, University of Chicago Press, Chicago 1975, 87-244.

Sameroff, A.J., Emde, R.N., Relationship disturbances in early childhood, Basic Books, New York 1989.

Sameroff, A.J., Seifer, R., Familial risk and child competence, *Child development* 54 (1983) 1254-1268.

Sameroff, A.J., Seifer, R., Early contributors to developmental risk, in: *Rolf* et al. (1990) 52-66.

Satir, V., Selbstwert und Kommunikation, Pfeiffer, München 1975.

Satir, V., Conjoint family therapy, Science and Behavior Books, Palo Alto 1967; dtsch. Familienbehandlung, Lambertus, Freiburg 1973.

Saup, W., Konstruktives Altern, Hogrefe, Göttingen 1991.

Saup, W., Alter und Umwelt – Eine Einführung in die ökologische Gerontologie, Kohlhammer, Stuttgart 1993.

Schaller, J., Carlsson, S.G., Larsson, K., Effect of extended post-partum mother-child contact on the mothers's behavior during nursing, *Infant Behavior and Development* 2 (1979) 319-324.

Scharfman, M.A., The therapeutic dyad in the light of infant observational research, in: *Dowling, S., Rothstein, A.* (eds.), The significance of the infant observational research for clinical work with children, adolescents, and adults, Workshop series, Am. Psychoanal. Assoc. Monograph V, Int. Univ. Press, Madison 1989, 53-64.

Schmitz, H., Leib und Gefühl. Materialien zu einer philosophischen Therapeutik, Junfermann, Paderborn 1989.

Schneewind, K., Familienpsychologie, Kohlhammer, Stuttgart 1991.

Schröder, H., Reschke, K., Psychosoziale Prävention und Gesundheitsförderung, Roderer Verlag, Regensburg 1992.

Schuch, B., Zum gegenwärtigen Stand der Social-support-Forschung, *Gruppendynamik* 2 (1990) 221-234.

Schwarz, B., Kinder als Sklaven, *Der Spiegel* 47 (1993) 186-202.

Seifer, R., Vaughn, B.E., Lefever, G., Smith, C., Relationships among mastery motivation and attachment within a general model of competence, in: *Vietze, P.M., MacTurk, R.H.* (eds.), Perspectives on mastery motivation in infants and children, Ablex, Norwood 1992.

Shakow, D., Contributions from schizophrenia to the understanding of normal psychological function, in: *Simmel, M.* (ed.), The reach of mind: Essays in memory of Kurt Goldstein, Springer, New York 1968, 173-199.

Sluckin, W., Hargreaves, D.J., Colman, A.M., Some experimental studies of familiarity and liking, *Bulletin of the British Psychological Society* 35 (1982) 189-194.

Sluckin, W., Herbert, M., Sluckin, A., Maternal bonding, Basil Blackwell, Oxford 1983.

Sluckin, W., Herbert, M. (eds.), Parental behavior, Basil Blackwell, Oxford 1986.

Spence, D.P., Narrative truth and theoretical truth, Norton, New York 1982.

Spock, B., The common sense book of baby and child care, Duell, Sloan and Parce, New York 1945.

Spock, B., Baby and Child Care, Pocket Books, New York 1957.

Sroufe, L.A., Socioemotional development, in: *Osofsky* (1979) 462-516.

Sroufe, A., Infant-caregiver attachment and patterns of adaption in preschool: The roots of maladaption and competence, in: *Perlmutter, M.* (ed.), The Minnesota symoposia on child psychology, Vol. 16, 1983, 41-84.

Sroufe, L.A., Rutter, M., The domain of developmental psychopathology, *Child Development* 55 (1984) 17-29.

Steiner, C., Wie man Lebenspläne verändert, Junfermann, Paderborn 1985.

Stern, D.N., The interpersonal world of the infant, Basic Books, New York 1985.

Stern, D.N., Crib monologues from a psychoanalytic perspective, in: *Nelson* (1989a) 309-320.

Stern, D.N., Diary of a baby, Basic Books, New York 1990.

Stern, D.N., Workshop zum Thema: „The sense of self, development, pathology, treatment" 14.-17.6.1991, organisiert von der René-Spitz-Gesellschaft unter der Leitung von L. Köhler, München 1991.

Stone, J., Smith, H., Murphy, L., (Eds.), The Competent Infant, Basic Books, New York 1973.

Strauss, A.L., A social world perspective, in: *Denzin, M.K.*, Studies in symbolic interaction, Vol. I, JAI Press, Greenwich 1978, 119-128.

Strauss, J.S., Harding, C.M., Relationships between adult development and the course of mental disorder, in: *Rolf* et al. (1990) 514-526.

Strupp, H.H., Hadley, S.W., A tripartite model of mental health and therapeutic outcomes: with specifical reference to negative effects in psychotherapy, *American Psychology* 32 (1977) 187-196.

Strupp, H.H., Hadley, S.W., Gomes-Schwartz, B., Psychotherapy for better or worse: an analysis of the problem of negative effects, Jason Aronson, New York 1977.

Strupp, H.H., Psychotherapie: Zeitgenössische Strömungen, *Psychotherapie Forum* 1 (1993) 1-7.

Svejda, M.J., Campos, J.J., Emde, R.N., Mother-infant 'bonding': failure to generalize, *Child Development* 51 (1980) 775-779.

Swets-Gronert, F.A., Kinderlijk temperament en ontwikkeling; een afstemmingsproces, in: *Goudena, Groenendaal, Swets-Gronert* (1988) 17-37.

Thomas, R.M., Counseling and life span-development, Sage Publications, Newbury Park 1990.

Thomas, A., Chess, S., Temperament and development, Brunner/Mazel, New York 1977.

Thomas, A., Chess, S., Birch, H.G., Temperament and behavior disorders in children, University Press, New York 1968.

Tizard, B., Adoption: A Second Chance, Open Books, London 1977.

Tress, W., Die positive frühkindliche Bezugsperson – Der Schutz vor psychogenen Erkrankungen, *Psychoherapie, Psychosomatik, medizinische Psychologie* 36 (1986) 51-57.

Ulich, D., Sozialisation und Entwicklung von Emotionen, *Gestalt & Integration* 1 (1992) 7-17; repr. in: *Petzold* (1993c).

Unruh, D.R., Invisible lifes. Social worlds of the aged, Sage Publications, Beverly Hills 1983.

Vaughn, B., Gove, F., Egeland, B., The relationship between out of home care and the quality of infant-mother attachment in an economically disadvantaged population, *Child Development* 51 (1980) 1203-1214.

Vietze, P.M., O'Connor, S.M., Falsey, S., Altemeier, W.A., Newborn behavioural and interactional characteristics of nonorganic failure-to-thrive infants, in: High-Risk Infants and Children: Adult and Peer Interactions, Academic Press, London 1980.

Vries, M.W. de, Temperament and infant mortality among the Masai of East Africa, *American Journal of Psychiary* 141 (1984) 1189-1194.

Vyt, A., The second year of life as a developmental turning point: implications for sensitive caretaking, *European Journal of Psychology of Education* 2 (1989) 145-158.

Wachs, T.D., Gruen, G.E., Early experience and human development, Plenum Press, New York 1982.

Watt, N.F., Anthony, E.J., Wynne, L.C., Rolf, J.E. (eds.), Children at risk for schizophrenia: A longitudinal perspective, Cambridge University Press, Cambridge 1984.

Weiss, P.A., Deformities as cues to understanding development of form, *Perspectives in Biology and Medicine* 4 (1961) 133-151.

Weiss, P.A., The living system: Determinism stratified, in: *Koestler, A., Smythies, J.* (eds.), Beyond reductionism, Beacon Press, Boston 1969a.

Weiss, P.A., Principles of development, Hafner, New York 1969b.

Werner, E.E., Child care: Kith, kin and hired hands, University Park Press, Baltimore 1984.

Werner, E.E., Stress and protective factors in children's lives, in: *Nicol, A.R.* (ed.), Longitudinal studies in child psychology and psychiatry, Wiley, New York 1985, 335-355.

Werner, E.E., The concept of risk from a developmental perspective, *Advances in Special Education* (1986) 1-23.

Werner, E.E., Bierman, J.M., French, F.E., The children of Kauai: A longitudinal study from the prenatal period to age ten, University of Hawaii Press, Honululu 1971.

Werner, E.E., Smith, R.S., Kauai's children come of age, University of Hawaii Press, Honululu 1977.

Werner, E.E., Smith, R.S., Vulnerable but invincible: A longitudinal study of resilent children and youth, McGraw Hill, New York 1982.

Werner, H., Comparative psychology of mental development, International Universities Press, New York 1948.

Werner, H., The concept of development from a comparative and organismic point of view, in: *Harris, D.B.* (ed.), The concept of development, University of Minnesota Press, Minneapolis 1957.

Werner, H., Kaplan, B., Symbol formation: An organismic-developmental approach to language and the expression of thought, Wiley, New York 1963.

Wilson, R.S., Risk and resilience in early mental development, *Developmental Psychology* 21 (1985) 795-805.

Wing, L., Autistic children, Constable, London 1971.

Winnicott, D.W., The maturational process and the facilitating environment: Studies in the theory of emotional development, Hogarth Press, London 1965, 1972[2]; dtsch. Reifungsprozeß und fördernde Umwelt, Kindler, München 1974.

Witt, G., Kinderhäuser mit gestaltherapeutischer Begleitung, in: *Petzold, Vormann* (1980) 404-422.

Zentner, M., Die Wiederentdeckung des Temperaments. Die Entwicklung des Kindes im Lichte moderner Temperamentsforschung und ihrer Anwendungen, 1993a in: Petzold (1993c).

Zentner, M., Die Wiederentdeckung des Temperaments, Junfermann, Paderborn 1993b.

Zimrin, H., A profile of survival, *Child Abuse and Neglect* 10 (1986) 339-349.

Integrative fokale Kurzzeittherapie (IFK) und Fokaldiagnostik – Prinzipien, Methoden, Techniken

Hilarion Petzold, Amsterdam/Düsseldorf

1. QUELLEN UND KONZEPTE DER IFK

In der *Integrativen Therapie* wurden neben *Langzeittherapien* (zwei Jahre und mehr, 80 Stunden und mehr), *mittelfristigen Therapien* (sechs bis achtzehn Monate, 30-80 Stunden) stets auch *Kurzzeittherapien* mit stützender, aber auch mit fokalisierender, konfliktzentriert-aufdeckender Ausrichtung bei entsprechender Indikation eingesetzt (Beispiele bei *Petzold* 1969b, 1974k, 1988n, 455-490; *Petzold, Heinl* 1980; *Heinl, Petzold, Walch* 1983). Die *Langzeittherapien* haben in kurativer Absicht die Ziele eines umfassenderen *Verstehens* des eigenen biographischen So-geworden-Seins, der *Einsicht* in die gesellschaftlichen Bedingungsgefüge, des *Erkennens* der im Sozialisationsgeschehen entstandenen biographischen Prägungen (erster und zweiter und vierter „Weg der Heilung", vgl. idem 1988n, 215 ff.). Langzeitbehandlungen erfolgen im wesentlichen nach dem Konzept einsichtszentrierten Durcharbeitens bewußter und unbewußter Probleme und Konflikte sowie nach dem Modell der „Nachsozialisation", des Parenting/Reparenting (ibid. 247 ff.).

Die *Integrativen Kurzzeittherapien* greifen weniger weit und sind darauf gerichtet, unter den zeitökonomischen Begrenzungen von Institutionen oder aufgrund der Ressourcenknappheit der Betroffenen in einem begrenzten zeitlichen Rahmen Patienten zu helfen, einige ihrer zentralen Lebensprobleme zu handhaben. Dabei kann die Zielsetzung jeweils abhängig von Krankheitsbild, Lebenssituation und Ressourcenlage unterschiedlich sein, was auch Rückwirkungen auf das methodische Vorgehen hat. In vorliegender Arbeit wird auf die **„Integrative fokale Kurzzeittherapie"** (IFK) abgestellt und die **„Integrative supportive Kurzzeittherapie"** (ISK) nicht behandelt. Diese Darstellung bleibt einer anderen Veröffentlichung vorbehalten. Kurz nur soviel: Die **ISK** ist ein vielfach indiziertes, äußerst nützliches und anspruchsvolles Behandlungs- und Interventionskonzept. Sie ist bei Patienten, bei denen mit konfliktzentriertem Vorgehen aufgrund der Ressourcenlage, der familiären Situation, der Motivation usw. nicht gearbeitet werden kann, einzusetzen und geht – an Konzepte der longitudinalen Entwicklungsforschung anschließend – davon aus, durch die **ISK** *protektive Faktoren* (*Rutter* 1985) zu mobilisieren und „schützende Inselerfahrungen" (*Petzold, Goffin, Oudhof* 1993, dieses Buch) bereitzustellen, „social support" und „Ressourcen" zu erschließen und „Coping-Fähigkeiten" zu stärken. Soziotherapie und Netzwerkarbeit werden dabei genauso wichtig, wie die **„supportive Valenz"** von Familiensystemen zu stärken. Der Rückgriff auf Erfahrungen mit „significant caring adults", das Erschließen von „bedeutungsvollen persönlichen Beziehungen", die Aktualisierung „innerer Beistände" (*Petzold* 1985l) und das Zugänglichmachen von neuen „Netzwerken" (Selbsthilfegruppen, Gruppen in der Familien- und Erwachsenenbildung, im Breitensport, Seniorensport usw.), sind in der ISK zentrale Strategien. Dabei wird eine aufdeckende, konfliktzentrierte Vorgehensweise bewußt abgegrenzt. Ein solches Vorgehen hat durchaus Sinn, zumal wenn man sich klarmacht, daß sich die ISK in die Kette positiver, protektiver Faktoren einreiht, die in ihrer Gesamtheit Gesundheit, Krankheit und Lebensqualität maßgeblich mitbestimmen, und wenn man sich weiterhin verdeutlicht, daß andere Interventionsmöglichkeiten oftmals nicht bestehen.

Die **„Integrative fokale Kurzzeittherapie"** (IFK) hingegen versucht, Probleme, Störungen, Erkrankungen, seit längerer Zeit bestehende psychische bzw. psychosomatische Krankheiten oder Störungen mit Krankheitswert mit ihren historischen Hintergründen und biographischen

Bedingtheiten – also nicht nur stützend – so zu bearbeiten, daß damit die Bewältigung der anstehenden Schwierigkeiten und eine Entlastung der Persönlichkeit im Gesamt ihres Problempotentials möglich wird. Weiterhin wird in der IFK eine eigenständige Weiterbearbeitung relevanter Themen mit den Supportsystemen der Alltagswelt (Lebenspartner, Freunde, etc.) angestrebt. Dabei wird ressourcenorientiert vorgegangen und auf erlebnisaktivierende und fokalisierende Techniken – z. B. aus der „aktiven Analyse" (*Ferenczi*), der „Gestalttherapie" (*Perls, Goodman*) und dem Psychodrama (*Moreno*), der Arbeit mit „kreativen Medien" (*Orth, Petzold*) – zurückgegriffen, um Zusammenhänge szenisch konkret erlebbar zu machen und um Einsichten zu vermitteln. Für unsere fokaltherapeutische Arbeit sind die Begriffe der „*Szene*", der „*Stücke*" (*script*) und des „*atmosphärischen Erfassens*" sowie des „*szenischen Verstehens*", der Erzählung (*narration*) und des Erzählmusters (*narrative*) von grundlegender Bedeutung, Konzepte, die ich in den sechziger Jahren aufgrund meiner dramatherapeutischen Ausbildung eingeführt (*Petzold* 1965, 1969b, 1970b, c, d, 1972a) und in einer „Szenentheorie" ausgearbeitet habe (idem 1979k, 1981i/ 1992a, 897-925).

1.1 *Das Konzept des „Szenischen"*

Das Konzept des „Szenischen", dessen Wichtigkeit von Dramatherapeuten schon in den ersten beiden Dezennien dieses Jahrhunderts erkannt worden war, nämlich von *V.N. Iljine* und *J. L. Moreno*, das überdies Psychologen wie *Mead* und *Politzer*, Soziologen wie *Simmel* und *Vierkandt* fasziniert hatte (vgl. *Petzold, Mathias* 1983), scheint sich zum beherrschenden Paradigma auch der psychoanalytischen Kurzzeittherapie zu entwickeln, ohne daß erwähnt und gewürdigt würde, daß szenische Kurzzeittherapie Vorläufer in den dramatischen Therapieformen hatte. *Strupp* und *Binder* (1984/1991, 60) zentrieren auf „Inszenierungen" (*enactments*) von „Cyclical Maladaptive Patterns" CMP (*Binder, Strupp* 1991, 140), wobei sie ein szenisches Verständnis von Übertragung, Gegenübertragung und Widerstand, wie sie sich der klinischen Beobachtung erschließen, zugrunde legen. Dabei müssen diese Konzepte allerdings „vom Einfluß der Metapsychologie befreit" werden, „ deren Bedeutung für die therapeutische Arbeit zunehmend in Frage gestellt wird" (ibid. 1984/1991, 18, wobei auf *M. Gill, E. S. Klein* und *R. Schafer* als Referenztheoretiker verwiesen wird). Letztlich kann man eine solche, am szenischen Zusammenhang orientierte Haltung im psychoanalytischen Feld schon bei *Ferenczi* und *Rank* (1924) finden. Diese Autoren – Väter der psychodynamischen Kurzzeittherapie (*Crits-Christoph, Barber* 1991) –, die auch unsere Arbeit geprägt haben, sehen die aktuelle Übertragung des Patienten als verdichtete *Reinszenierung* „fixierter biographischer Konstellationen" an. Hier ist die Grundlage von Konzepten wie „Core Conflictual Relationship Theme" CCRT (*Luborsky* 1984; *Luborsky, Crits-Christoph* 1990), „Cyclical Maladaptive Patterns" CMP (*Binder, Strupp* 1991), fixierender Scripts (*Berne* 1975; *Steiner* 1974) oder „dysfunktionaler bzw. maligner Narrative" DN (*Petzold, Orth* 1985b; *Petzold* 1992a, 600 ff.) zu sehen. Derartige Muster gilt es emotional *und* rational *wahrzunehmen*, zu *erfassen*, zu *verstehen* und *erklärbar* zu machen, um sie beeinflussen und verändern zu können, so die Konzeption interaktionaler Tiefenhermeneutik und Therapeutik in der Integrativen Therapie (*Petzold* 1988a, b).

Die Reinszenierungen – das war die Konsequenz von *Ferenczi* und *Rank* – mußten in einer aktualen Szene im „Hier und Jetzt" durch die Aktivität des Therapeuten in einer affektiv dichten, szenischen Konstellation beeinflußt werden, und zwar im Sinne einer „Neukonstellierung" der originären Szene – wir werden auf diese Zusammenhänge zurückkommen. Hier liegen die Wurzeln von *Balint*s „Neubeginn" und der Verhinderung einer Perpetuierung dysfunktionaler Narrative/Skripts dadurch, daß „korrigierende emotionale Erfahrungen" – und diese waren schon bei *Ferenczi* „korrigierende Beziehungserfahrungen" (vgl. sein Konzept der „Mutualität", *Ferenczi* 1932/1988) – zur Veränderung des alten Musters führen (vgl. auch *Horowitz* 1991, 170). Dieser – psychotherapiegeschichtlich gesehen – von *Moreno, Iljine* und *Ferenczi* begründete „szenische Ansatz" des Diagnostizierens und Intervenierens wurde mit Anschluß an diese drei Autoren von uns Ende der sechziger Jahre als fokaltherapeutische Praxis weiterentwickelt (*Petzold* 1969b, 1972a, 1974j; *Petzold, Heinl* 1980). An *Ferenczi, Alexander* und *French* anschließend und stärker mit Blick auf das diagnostische Vorgehen haben *Strupp* und *Binder* (1984/1991) den Szenenansatz aufgenommen, wobei von ihnen auch in interventiver Hinsicht eine „aktive Technik" aufgegriffen wurde, ohne daß dabei eine Reinszenierung mit dramatherapeutischen Mitteln (*Moreno* 1937, 1946, 1969; *Petzold* 1972a, 1982a) oder ein „alternatives Durchspielen" korrigierender Szenen, wie es in der Tradition von *Ferenczi, Iljine* und *Moreno* üblich war, eingesetzt wurde. Vielmehr ist die Inszenierung und das korrektive Moment bei der Mehrzahl dynamischer Kurzzeittherapeuten im Übertragungskontext angesiedelt *(Crits-Christoph, Barber* 1991). *Strupp* und *Binder* sehen die Fortschreibung dysfunktionaler früherer Beziehungsmuster nicht notwendigerweise als das Resultat der Projektion intrapsychischer Inhalte auf Personen, vielmehr gehen sie von der Annahme aus, daß erstens zwischen Patienten und Therapeuten immer dynamische Interaktionen stattfinden, wobei beide eine eigene „Identität" haben (leider wird der Identitätsbegriff nicht expliziert), daß zweitens alle Menschen über Muster verfügen, „Prädispositionen, Handlungstendenzen, Szenarios, die sie mehr oder weniger automatisch mit Menschen inszenieren, die im Leben für sie bedeutsam sind" (*Strupp, Binder* 1984/1991, 68). Wir finden hier im „Szenario-Konzept" der Autoren sehr ähnliche Auffassungen, wie sie weitaus früher schon in unseren interaktionistisch und intersubjektivitätstheoretisch fundierten Begriffen der *„Szene"*, der *„Szenenfolge" (Skript)*, des *„Narrativs"* seit Ende der sechziger Jahre (*Petzold* 1970c, 1979k, 1981i, 1991o) entwickelt worden sind. Es ist interessant zu sehen, daß sich bei den Autoren der *Vanderbilt*-Gruppe ein Ansatz mit analytischer Tradition findet, der de facto 50 Jahre zuvor konzeptualisierte Theoriemodelle von *Mead* und Therapiemodelle von *Moreno* aufnimmt:

„Wenn sich bedeutsame andere zur Inszenierung dieses speziellen Dramas finden lassen (was meistens nicht schwer ist, da andere Menschen oft ihre eigenen neurotischen Bedürfnisse haben), dann wird die Szene so arrangiert, wie es dem vorbestimmten Szenario entspricht – mit vorhersehbaren Resultaten, die auf den Patienten wie eine sich selbst bewahrheitende Voraussage wirken. Es ist daher die Aufgabe der Psychotherapie, (1) optimale (risikolose) Voraussetzungen für die Inszenierung der Patientenszenarios zu schaffen, (2) deren Inszenierung (innerhalb gewisser Grenzen) zuzulassen, (3) dazu beizutragen, daß der Patient sieht, was er tut, während er es tut, und (4) die Inszenierung komplementärer, vom Patienten zugewiesene Rollen einzuschränken, damit er dazu gebracht wird, die Annahmen, die seinen Szenarios zugrunde liegen, neu zu formulieren, zu verändern und zu korrigieren" (*Strupp, Binder* 1984/1991, 66).

Die Konsequenz einer solchen Konzeption ist, „daß die traditionelle Trennungslinie zwischen Diagnose und Therapie größtenteils künstlich und noch Überrest des alten Modells [der Psychiatrie] ist" (ibid. 82). Ein solches „neuartiges" Konzept wurde von der Integrativen Therapie schon seit Ende der sechziger Jahre vertreten und im Begriff der „Theragnose" (*Petzold* 1974j, 312) zusammengefaßt. „An einer solchen ‚*Theragnose*' ist der Klient durch sein Erleben, seine Selbstexploration und seine Interaktion mit dem Therapeuten zentral beteiligt" (ibid). Natürlich wird ein fokaltherapeutisch-diagnostisches Vorgehen das szenische Arrangement genau in dieser Verbindung zu gestalten haben:

„Es handelt sich um ein Prozedere, in dem diagnostische und therapeutische Interventionen konvergieren. Durch den intersubjektiven Ansatz, der die Objektivierung des Patienten ausschließt, wird das diagnostische Geschehen eingebettet in eine wechselseitige Beziehung bzw. in Übertragungs- und Gegenübertragungskonfigurationen. Diagnostik läßt die jeweils betrachtete Realität nicht unberührt. Sie wird damit in jedem Fall ‚Intervention'. Ein solches ‚theragnostisches' Verfahren ist darauf zentriert, das ‚Konfliktfeld' zu erfassen, die ‚Konfliktkerne' aufzufinden, die jeweils relevante Konfliktkonstellation deutlich werden zu lassen; nicht mit dem Ziel der etikettierenden Festschreibung, sondern um des Verstehens und Begreifens ‚im Prozeß'. ‚Prozessuale Diagnostik' wird damit mehr als ein methodisches Konzept zur verlaufsorientierten Erhebung von Daten und Fakten, sie wird ‚cooperative effort' (*Moreno* 1934), ein intersubjektives Unterfangen" (*Petzold, Heinl* 1980, 35).

Damit wird in Fokaldiagnose und Fokalintervention eine „szenische Konkretisierung" internalisierter Prozesse und eine „szenische Evokation" von „konflikthaften Dort-und-dann-Situationen" ermöglicht (ibid.), beim Abrufen internalisierter, im Leib festgehaltener Prozesse und beim Aufrufen biographisch relevanter Szenen, um das „Lebenskontinuum aufzurollen" (ibid.). Dabei steht man vor der Situation, daß besonders für das Erwachsenenalter sich keine festen Entwicklungsbahnen ausmachen lassen. Die moderne „Entwicklungspsychologie des Erwachsenenalters" (*Faltermaier* et al. 1992) ist aufgrund von Längsschnittforschung (*Schroots* 1993) gänzlich von Phasenmodellen, lebensaltertypischen Konfliktkonstellationen (*Erikson*) oder Entwickungsaufgaben (*Havinghurst*) abgekommen, weil in multikulturellen und pluralistischen Gesellschaften die individuellen Lebensläufe so unterschiedlich sind, daß Versuche, sich an schematisierenden Theorien zu orientieren (*Rahm* et al. 1993) in die Irre führen. Die Longitudinalforschung zeigt: Eine differentielle Sicht ist notwending (*Thomae* 1983, 1988; *Lehr* 1987; *Schroots* 1993). Zwar gibt es wichtige Lebensthemen (z. B. Beruf oder Familie, vgl. *Schneewind* 1991; *Oerter, Montada* 1987; *Oerter* 1978), aber sie sind nicht generalisierbar und selbst die so populäre „*midlife crisis*" erweist sich im Lichte der Forschung als „*midlife myth*" (*Hunter, Sundel* 1989), zumindest wenn sie als ubiquitäres Phänomen in menschlichen Lebensläufen gesehen wird, denn natürlich gibt es auch in der Lebensmitte Probleme (*Kalish* 1989). Es wird deshalb notwending, in der Psychotherapie – und das gilt für Langzeit- wie für Kurzzeittherapien im Einzel- und Gruppensetting – Instrumente zu entwickeln und einzusetzen, die es ermöglichen, die lebensbestimmenden Einflüsse auf das Erwachsenenleben (und nicht nur auf dieses) in ihrer *pathogenen* und *salutogenen* Wirkung in höchst individualisierter Weise *mit dem* Patienten/Klienten *theoriegeleitet* und *systematisch* (und nicht auf ein *naives* Intuitionskonzept bauend) zu rekonstruieren, um auf dieser Grundlage zu entscheiden – und auch dies, soweit es möglich ist, *korrespondierend* – welcher Aspekt des Lebenslaufes, welcher Abschnitt dieses Kontinuums oder welche Dimension einer Karriere aufgegriffen wird: Geht es um die Krankheitskarriere, um die Arbeitskarriere, um die Beziehungskarriere? Will man die ganze Länge und Breite der Karriere abgreifen oder mit Blick auf die Fülle des diagnostischen Materials nur einige wichtige Jahre bzw. mit Rücksicht auf die Belastungsfähigkeit des Patienten nur einige Sektoren, in denen dann bestimmte Szenen aktualisiert werden?

2. *EINIGE ÜBERLEGUNGEN UND KONZEPTE ZUR FOKALDIAGNOSTIK IN DER INTEGRATIVEN THERAPIE UND IFK*

Um unter Berücksichtigung dieser und anderer Fragen zu einer ädaquaten diagnostischen Einschätzung zu kommen, habe ich seit Anfang der siebziger Jahre an theoretischen und praxeologischen Konzepten zu einer „prozessualen Diagnostik" gearbeitet, die die Grundmodelle psychiatrischer und psychoanalytischer Diagnostik ergänzt (*Althen* 1991; *Petzold* 1977j). Gerade für die Indikation zur Kurzzeit- bzw. Fokaltherapie kommt ja einer umfassenden und spezifischen Diagnostik besondere Bedeutung zu.

»Unter ***„Prozessualer Diagnostik"*** *verstehen wir in der* ***Integrativen Therapie*** *die Gesamtheit aller Maßnahmen, die für das E r f a s s e n und V e r s t e h e n eines Menschen im K o n t i n u u m seiner Lebensspanne (Vergangenheit, Gegenwart, Zukunft) und seinem K o n t e x t, seiner Lebenssituation, unter Einbeziehung der eigenen Sichtweise dieses Menschen, seiner „subjektiven Weltbilder", erforderlich sind, um einerseits zu einer*

klinischen Diagnose und Therapiekonzeption zu kommen und andererseits in ko-respondierender Auseinandersetzung mit dem Patienten zu einer gemeinsamen diagnostischen Einschätzung der Situation, damit über Ziele, Inhalte und Rahmenbedingungen der Therapie ein „fundierter Konsens" hergestellt werden kann, soweit dies jeweils möglich ist. Um dies zu erreichen, ist es erforderlich, im jeweils gegebenen Kontext/Kontiuum

- *den* ***Klienten/Patienten*** *wahrzunehmen, zu erfassen, zu verstehen*
- ***sich als Therapeut*** *in der Interaktion mit dem Patienten/Klienten wahrzunehmen, zu erfassen, zu verstehen*
- ***die Therapeut-Patient-Interaktion*** *in das gemeinsame Wahrnehmen, Erfassen und Verstehen zu stellen, um auf dieser Grundlage die Dynamik dieses komplexen Wirkgefüges erklären zu können.«* (ibid.)

Die intersubjektive Qualität der Diagnostik muß bei diesem Modell unterstrichen werden. Wenn Menschen durch Verdinglichungserfahrungen krank werden können (*Petzold, Schuch* 1991), dann dürfen diagnostische und therapeutische Vorgehensweisen nicht Verdinglichung reproduzieren. Für die diagnostische und für die therapeutische Beziehungen gelten demnach die gleichen intersubjektivitätstheoretischen Prämissen (*Petzold* 1980g.)

In therapeutischen Prozessen können potentiell alle Formen menschlicher *Relationalität* auftauchen: *Konfluenz, Kontakt, Begegnung, Beziehung, Bindung* (*Petzold, Orth* 1993b, dieses Buch; *Petzold* 1986h, 1991b, 1993a, 1047-1087). Für die diagnostische Situation werden die Relationsformen *Kontakt* und *Begegnung* die häufigsten sein. Weiterhin können von seiten des Patienten als Relationsform *Übertragungen* als „unbewußte Reproduktion alter Szenen, Atmosphären und Relationsformen" (in der Abb. 1 dargestellt durch ···) auftauchen aber auch von seiten des Therapeuten in Form unbewußter

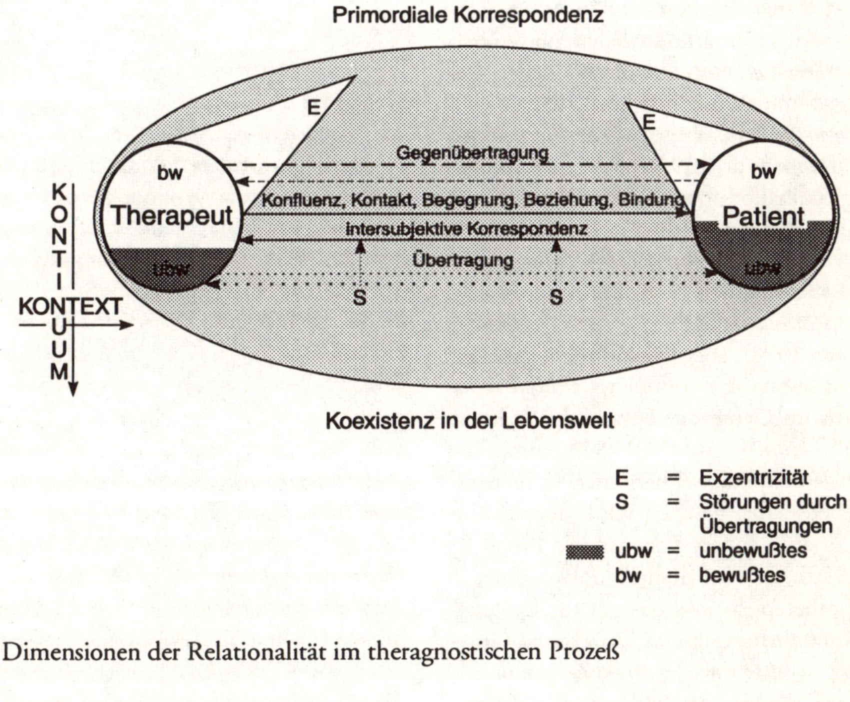

Abb. 1: Dimensionen der Relationalität im theragnostischen Prozeß

Eigenübertragungen (···). Auf die Übertragungen des Patienten reagiert der Therapeut mit bewußten empathischen Resonanzen (- - -), die wir als *Gegenübertragungen* bezeichnen (*Petzold* 1980g). Bei Patienten finden sich gleichfalls Gegenübertragungsresonanzen (— — —) auf das Material des Therapeuten. Die unterschiedliche Stärke der Striche und Punkte versucht – idealtypisch – die Verhältnisse darzustellen, ähnlich wie das Ausmaß an *Exzentrizität* (E) bzw. Bewußtheit und *Unbewußtheit* (▩) zwischen Therapeut und Patient sich in der Graphik unterscheiden. Dem diagnostischen Erfassen des Beziehungsgeschehens bzw. der Relationalitätsformen *in situ* kommt in der „Prozessualen Diagnostik" große Bedeutung zu. Sie ergänzt damit die Informationen, die durch eine ICD 10 oder durch eine DSM-III-R-Diagnose – wir bevorzugen letztgenanntes Instrument – gewonnen wurde. Integrative Diagnostik kann auf psychiatrische Diagnostik aufgrund der Notwendigkeit professioneller Kommunikation und der Realitäten des klinischen Feldes (rechtliche Verordnungen, Bestimmungen der Kostenträger usw.) nicht verzichten, wobei natürlich die Gefahren des „labeling" und die Probleme rein *klassifikatorischer Diagnostik* gesehen und berücksichtigt werden müssen. Die prozeßdiagnostische Sichtweise als Komplementierung etwa des DSM-III-R vermindert die Gefahrenmomente reduzierender Etikettierungen, *„labels"*, die ja ursprünglich auf Phänomenbeobachtungen gründeten, aber mit den generalisierenden Kategorienbildungen dem Phänomen entfremdet wurden. Wir unterscheiden im Felde der Psychotherapie vier Ansätze der Diagnostik:

1. *Klassifikatorisch-Kategoriale Diagnostik* (Psychiatrische Diagnostik, z. B. ICD 10, DSM-III-R). Von Phänomenbeobachtungen ausgehend, die nach übereinstimmenden Merkmalen „klassifiziert" werden, kommt es zu „Kategorien" (labels), nach denen man künftig die Phänomene durchprüft und aussondert (*screening*). Wenn in der Menge der beobachteten Phänomene „mindestens *fünf* der [acht] folgenden Kriterien" erfüllt sind, dann hat man die Diagnose – so z. B. der DSM-III-R. Bei der Diagnose einer Borderline-Persönlichkeitsstörung nach diesem Manual (301.83) bleiben indes Aufschlüsse über mögliche Hintergründe der Erkrankung offen. Zu diesen versuchen andere Ansätze Aufschluß zu geben

2. *Strukturell-Kategoriale Diagnostik* versucht mit Bezug auf entwicklungspsychologische und persönlichkeitstheoretische Annahmen – in der Regel psychoanalytischer Provenienz – in den beobachteten *Phänomenen* sich zeigende *Strukturen* (z. B. Fixierungen oder Wiederholungszwänge) aufzugreifen. Sie kommt damit zu krankheitstypischen Konflikt- bzw. Problemkonstellationen, die wiederum Grundlage für ein Kategoriensystem werden, nach dem man ein „screening" der Phänomene auf bestimmte Strukturen hin vornimmt, womit auch hier der originäre und spezifische Aussagewert von Phänomenen und Strukturen übergangen wird und wertvolle differentielle Informationen durch den inhärenten Zwang der Kategorisierung verlorengehen.

3. *Phänomenologische Diagnostik* versucht, bei der „reinen" Phänomenbeobachtung in deskriptiver Weise zu bleiben. Wir finden sie in der klientenzentrierten Gesprächstherapie und in der klassischen Gestalttherapie, die sich auf das „hier und jetzt" Wahrnehmbare (etwa die Formen der Beziehungsqualität oder der Kontaktunterbrechung) richten, damit aber keineswegs Kategorienbildungen (Wärme, Echtheit oder Retroflektieren, Projizieren) entgehen, wenngleich diese Kategorien „weicher" als etwa die psychiatrischen oder psychoanalytischen *„labels"* sind. Auf *„Strukturen* als Beziehungskonstellationen oder Verhaltensmuster, die im Zeitkontinuum als gleichförmig (*homolog*) oder ähnlich (*homoiolog*) erkennbar werden" (*Petzold* 1992a, 901, 1306), wird nicht geachtet.

4. *Phänomenologisch-strukturelle Diagnostik* ist die Bezeichnung für den prozessualen Ansatz in der „Integrativen Therapie", der *„von den Phänomenen zu den Strukturen und den Entwürfen"* zu gelangen sucht, die sich im Lebensgeschehen und in der Beziehungsgestaltung des Patienten finden. Dabei erfolgt die Phänomenbeobachtung anhand bestimmter Raster und in bestimmten Beobachtungsfeldern [vgl. Anhang], und es werden generalisierende Kategorienbildungen weitgehend vermieden, um die Unmittelbarkeit und Einzigartigkeit der Phänomene und die Spezifität der Strukturbildung und Entwurfsgestaltung nicht zu nivellieren.

Folgende Vorgehensweise ist charakteristisch für die integrative „prozessuale Diagnostik": Es wird eine DSM-III-R-Diagnose erstellt, um den Erfordernissen des übergeordneten institutionellen und professionellen Kontextes zu genügen, dann werden – je nachdem, welche Informationen über den Patienten/Klienten notwendig sind und welche Form der Diagnostik für ihn angemessen ist (was wieder schon eine Vordiagnostik, ich spreche hier von einer „Fünf-zehntel-Sekunden-Diagnostik", erforderlich macht) –, nach einem diagnostischen Leitfaden [vgl. Anhang] Materialien zum Lebenskontext des Patienten, zu seiner Lebens- und Krankheitsgeschichte eingeholt. Gegegebenenfalls werden projektive Arbeitsformen mit „kreativen Medien" eingesetzt, um „die Syntax der gesamten Situation, des Kontextes, des Verlaufs zu entschlüsseln" (*Petzold, Heinl* 1980, 33):

1. Wir gehen in der prozessualen Diagnostik von den *Phänomenen* aus, vom Vordergrund des Offensichtlichen. Wir betrachten zunächst das, was uns der Klient im Hier und Jetzt „an der Oberfläche" in seinem Verhalten und seinen Interaktionsformen zeigt und was wir als Resonanz darauf erleben bzw. was in der Interaktion geschieht. Impliziert dabei ist, daß „hier und jetzt" seine gesamte Lebensgeschichte, weil in den „Archiven seines Leibes" aufgezeichnet, anwesend ist.

2. Wir versuchen in diesem Prozeß nicht, zu einer endgültig festschreibenden Diagnose zu kommen, die zu einem Etikett führt, sondern zentrieren auf das Wahrnehmen, Beschreiben und möglichst ganzheitliche Erfassen von Abläufen und Qualitäten im Verhalten und der Interaktion. Denn „Diagnose ist ein *Prozeß*, der so lange währt, wie ich mit dem Klienten oder Patienten arbeite" (*Petzold* 1974k, 303). Dabei bleibt die Vielzahl an Eindrücken keine summative Aneinanderreihung, sondern wird zum gestalthaften Erfassen komplexer Wirklichkeit, in der sich Prägnanztendenzen zeigen können. Die Gesamtheit der Aspekte und Sichtweisen in der *Synopse* ist [mehr und] etwas anderes als ihre Summe.
Wichtigstes Mittel ist das „*Continuum of Awareness*" (*Perls* 1969, 1980) bzw. das Bewußtseinsspektrum (*Petzold* 1975h; 1991a, 264 ff.), in dem der Klient/Patient ebenso wie der Therapeut stehen und das wir erfahrbar (*aware*) und bewußt (conscious) zu machen suchen. So wird der Patient/Klient zum Beobachter seiner selbst aus „exzentrischer Position", und es nimmt durch das „Zeugenbewußtsein" (*Ricœur* 1969) und die „claryfying activities" (*Pinsker* et al. 1991, 294; *Barber, Crits-Christoph* 1991, 346) des Therapeuten Unbewußtheit ab – dies auch auf seiten des Therapeuten durch die ko-respondierende Klärung und die „Zeugenschaft" des Patienten in der *Mutualität* (*Ferenczi* 1988), weshalb wir auch von einer „doppelten Zeugenschaft" (*Petzold* 1970c) gesprochen haben.

3. Wir gehen davon aus, daß Diagnostik ein intersubjektiver, interaktionaler Prozeß ist. Der Diagnostiker kann nicht „objektiv" wahrnehmen (da er selbst Subjekt mit individuellem Lebenskontext und Kontinuum ist). Das hat zur Folge – da wir den Klienten/Patienten als Mitsubjekt betrachten –, daß wir mit ihm gemeinsam diagnostizieren. Je intensiver der Klient/Patient an diesem Prozeß als *Kodiagnostiker* teilnehmen kann, desto deutlicher wird für beide – Therapeut und Patient – die Feststellung der Realitäten hier und jetzt und im betrachteten Lebenskontext/kontinuum. Jede diagnostische Intervention des Therapeuten wird damit auch zur therapeutischen Intervention.
Der Begriff „prozessual" bezieht sich also zum einen auf den zwischen Diagnostiker und Klient/Kodiagnostiker ablaufenden Prozeß, der selbst zum Gegenstand der Diagnostik und – soweit es möglich ist – transparent gemacht wird; zum anderen darauf, daß in jedem gegenwärtigen Geschehen die Vergangenheit und im antizipierenden Sinn auch die Zukunft mit einbezogen ist.

4. Von der phänomenalen Ebene der ablaufenden Prozesse schließen wir auf sinnhafte Strukturen. Strukturen sind nicht „sichtbar", sie müssen hypothetisch erschlossen und überprüft werden. Es wird angenommen, daß im „Hier und Jetzt" die Strukturen des „Dort und Dann" *anwesend* sind und erkannt werden können. Der Leib bzw. das Leibgedächtnis werden als Reservoir derartiger Strukturen bzw. Szenen aufgefaßt. Das Erkennen von Strukturen, die sich prospektiv in Entwürfen niederschlagen bzw. fortsetzen, ist ein wesentliches Moment der prozessualen Diagnostik

Nach dieser kompakten Darstellung von Grundprinzipien „*prozessualer Diagnostik*" bzw. „*Theragnostik*" sei auf einige spezielle methodische Vorgehensweisen eingegegangen, die besonders bei der Fokaldiagnostik in Kurzzeittherapien Verwendung finden, da sich in ihnen therapeutische und diagnostische Momente in idealer Weise verbinden: Die Panoramatechnik, die Identitätsbilder, das Fokalinterview.

2.1 *Die Panoramatechnik in der Diagnostik der Lebensspanne*

Seit Mitte der siebziger Jahre habe ich „als Instrument der Fokaldiagnose die ‚Panoramatechnik' (*Petzold* 1975h; *Eilenberger* 1979) eingesetzt, um einen größeren und genaueren Überblick zu gewinnen" (*Petzold, Heinl* 1980, 48), und zwar in den Formen des Lebenspanoramas (*Petzold* 1975h, *Petzold, Orth* 1993a), des Gesundheits/Krankheitspanoramas (ibid. 124; 1981g) und besonders des *„dreizügigen Karrierepanoramas"* (*Petzold, Goffin, Oudhof* 1993), das sich auf die Konzepte longitudinaler entwicklungspsychologischer Forschung (*Rutter* 1988; *Robins, Rutter* 1990) abstützt. In ihm stellen Patienten 1. die Ketten widriger und „kritischer Lebensereignisse" (*Fillip* 1990), die Risikofaktoren (*Sameroff* et al. 1975), die *„chains of adversive events"* in projektiven Zeichnungen bildlich dar, 2. die Ketten salutogener Einflüsse, die „protektiven Faktoren" (*Rolf* et al. 1990), die *„chains of supportive events"* und 3. schließlich die „prolongierten Mangelerfahrungen", die *„chains of deficits"* – alles mit dem jeweiligen sozialen Bezug, denn bei genauer Betrachtung zeigen sich die *„chains"* als *„convoys"*, als sich perpetuierende Beziehungskonstellationen (*Brown* 1988; *Sameroff, Emde* 1989). Mit diesem Instrument des Panoramas wird es möglich, *Konfliktfelder, Konfliktkerne, Konfliktkonstellationen*, aber auch *Defizite* und *Traumatisierungen* oder *Störungen* zu erfassen, Differenzierungen, die auf jeden Fall vorgenommen werden sollten (*Petzold* 1977a, 1992a, 578). Das Anbieten des *Karrierepanoramas* und seine erfolgreiche Erstellung sowie das Aufgreifen einer „Probeszene" aus dem dargestellten Material und der Versuch einer „Probeinszenierung", z. B. das Anbieten eines „leeren Stuhles" oder eines „Rollentausches" (idem 1979k; *Moreno* 1959; *Perls* 1969), ist dabei in unserem Ansatz ein diagnostisches Kriterium (vgl. 2.3), das in etwa der von analytischen Kurzzeittherapeuten in ähnlicher Absicht eingesetzten „Probeinterpretation" (*Sifneos* 1979; *Malan* 1976a; *Davanloo* 1980; *Pollak* et al. 1991; *Wolberg* 1983) entspricht. Es läßt sich daran ablesen, ob eine von der Ausrichtung her *kurative Fokaltherapie* indiziert ist und der Patient von seiner Flexibilität, Introspektionsfähigkeit und -willigkeit für eine fokaltherapeutische Heilbehandlung geeignet ist oder ob eine *motivierende Fokaltherapie* angezeigt ist, die den Patienten für eine mittel- oder langfristige – vielleicht *intermittierend* angelegte (*Petzold, Hentschel* 1991) – Behandlung bereit machen soll.
Ein Grundproblem der tiefenpsychologisch orientierten, fokalisierenden Kurzzeittherapien ist, einen ausreichenden diagnostischen Überblick über die aktuelle Lebens- und Problemlage des Patienten und ihre biographischen Hintergründe zu gewinnen, um eine solide Indikation für eine fokaltherapeutische Behandlung stellen zu können und einen *Fokus* auszuwählen, der von der *Verarbeitungskapazität* des Patienten, den Lebensbedingungen und den therapeutischen Rahmenbedingungen her in erfolgversprechender Weise angegangen werden kann. Ein fokaldiagnostisches Prozedere (*Petzold, Heinl* 1980) – denn auch die diagnostischen Möglichkeiten stehen unter den zeitökonomischen Begrenzungen der „Short Term Therapy" – wird hier wesentlich.

2.2 *Die Identitätsdiagnostik in der IFK*

In der fokaltherapeutischen Diagnostik setzen wir routinemäßig eine *Exploration der „fünf Identitätsbereiche"* (*Petzold, Heinl* 1980) ein, weil ihre Stabilität bzw. ihre Fragilität oder Labilisierung wichtige Hinweise für die Indikation zu einer fokaltherapeutischen Kurzzeittherapie liefert (ibid.) und man damit einen Teil der aufgeworfenen Fragen abkürzen kann. Es wird hierfür die vom Autor entwickelte Identitätstheorie (*Petzold* 1992a, 529ff; *Petzold, Mathias* 1982) zugrunde gelegt, in der *Identität* gesehen wird als „Syntheseleistung des *Ich*", das Informationen aus dem Bereich des *Leib-Selbst* und des sozialen und ökologischen Kontextes im Zeitkontinuum integriert. Dabei werden *Identifizierungen* (Fremdattributionen) bewertet (*valuation, appraisal*), mit *Identifikationen* (Selbstattributionen) belegt – oder auch nicht – und durch *Internalisierung* zu Selbstkonzepten bzw. Identitätsschemata, die in ihrer Gesamtheit (nicht in ihrer Summe) die *Identität* ausmachen oder als „Cluster“ von Identitätsschemata bzw. Selbstkonzepten Teilaspekte einer Identität konstituieren. Identitätsattributionen werden durch das Moment ihrer Verinnerlichung Teil des Leib-Selbst (Rollen werden *verkörpert*, gehen in „Fleisch und Blut“ über). Die moderne Identitäts- (*Frey*, *Haußer* 1987) und Selbstkonzeptforschung (*Filipp* 1979) sowie die verschiedenen Selbst-Theorien (*Ludwig-Körner* 1992) stützen dieses Identitätskonzept, das im Rahmen der Persönlichkeitstheorie der Integrativen Therapie – Persönlichkeit wird in den Dimensionen *Leib-Selbst, Ich, Identität* gesehen – einen zentralen Ort hat (*Petzold* 1984i, 1991o, 1992a, 528 ff.). Die identitätskonstituierenden Fremdattributionen (*Identifizierung*) und Selbstattributionen (*Identifikation*) kommen nach unserem Konzept aus folgenden Bereichen:

I. Leiblichkeit: Ich sehe mich selbst, leibhaftig, finde mich schön oder häßlich, fühle mich „in meiner Haut wohl“ (selbstattributiv, Identifikationen). – Ich werde von anderen in meiner Leiblichkeit gesehen, als angenehm, attraktiv, abstoßend erlebt (fremdattributiv, Identifizierung) und: – Ich sehe und werte, wie mich andere in meiner Leiblichkeit sehen und erleben (Valuation).

II. Soziales Netzwerk: Ich erlebe meine sozialen Bezugspersonen als mir Zugehörige, weiß auch, wem ich trauen kann, wer „meine Leute“ sind (selbstattributiv). – Ich werde in meiner Gruppe, in meinen Zugehörigkeiten gesehen: „Der wohnt drüben im Block“, „Der ist ein Grüner!“ (fremdattributiv), und: – Ich weiß darum und werte, wie andere meine Zugehörigkeiten sehen (Valuation).

III. Arbeit, Leistung, Freizeit*: „Ich weiß, daß ich ein guter Architekt bin, mein Handwerk verstehe“, „was wegschaffe“ und „mich dabei nicht überstresse, noch Zeit für mich habe!“ (selbstattributiv). – „Das ist ein guter Architekt“, „ein kreativer Bursche“, „bei dem geht's zügig“, „der gönnt sich was, macht sich nicht tot!“ (fremdattributiv). – Ich sehe und werte, wie andere meine Arbeit, meine Leistung, meinen Freizeitbereich beurteilen (Valuation).

IV. Materielle Sicherheiten, (ökonomische Absicherung, ökologisches Eingebundensein): „Das ist mein Haus, mein Quartier, mein Auto – gefällt mir alles!“ (selbstattributiv). – „Der hat ein schönes Haus, einen tollen Schlitten, wohnt in einer schönen Gegend!“ (fremdattributiv). – Ich sehe und werte, wie andere mein Haus, Auto usw. sehen (Valuation).

V. Werte: „Ich bin überzeugter Humanist, bei ‚Amnesty' engagiert!“ (selbstattributiv) – „Der setzt sich sehr bei Amnesty ein!“, „Der issn Mensch!“ (fremdattributiv) – Ich sehe und werte, wie andere meine Haltung und Wertüberzeugung betrachten (Valuation).

Die Exploration der „Identitätssäulen“ kann durch fremdanamnestische Informationen – z. B. von Lebenspartnern, Freunden – ergänzt werden, um die fremdattributiven *Identifizierungen* der Identitätsbereiche besser zu erfassen. Neben einer fokussierten verbalen Exploration der Identitätssäulen, verwenden wir auch einen von *Kames* (1992) zu diesem Konzept entwickelten Fragebogen (FESI). Zuweilen wird auch das „Identitätsbild“ bzw. „Bild der Identitätssäulen“ als kreative Form des diagnostischen Informationsgewinns eingesetzt (vgl. Abb. 2, 3, 4, 8).

2.2.1 Identitätsbilder

Für ein „Identitätsbild“ bzw. die bildliche „Darstellung der Identitätssäulen“ erfolgt eine kurze, erklärende Einführung für die Patienten, die damit in der Regel das Konzept recht gut verstehen und annehmen.

* Diese Säule wurde früher (*Petzold, Heinl* 1980) nur als „Arbeit und Leistung“ bezeichnet, und der Freizeitbereich, der übergreifend gesehen wurde, war impliziert. Es ist aber sinnvoll, ihn explizit für die Diagnostik und Therapie aufzuführen.

»Die menschliche Persönlichkeit, die Identität jedes Menschen, wird von fünf wichtigen Bereichen bestimmt:

I. Auf unsere Identität wirkt alles, was mit dem Körper, unserem ***Leib*** *zu tun hat, seiner Gesundheit, seinem Kranksein, seiner Leistungsfähigkeit, seinem Aussehen, mit der Art und Weise, wie wir uns mögen oder „in unserer Haut" wohlfühlen oder eben auch unwohl fühlen und natürlich, wie andere Menschen uns in unserer Leiblichkeit wahrnehmen, ob sie uns anziehend finden oder uns ablehnen, schön finden oder häßlich, als gesund und vital oder als krank und gebrechlich erleben.*

II. Weiterhin wird unsere Persönlichkeit und Identität nachhaltig bestimmt von unseren sozialen Beziehungen, unserem ***sozialen Netzwerk****, den Menschen, die für uns wichtig sind, mit denen wir zusammen leben und arbeiten, auf die wir uns verlassen können, Menschen, für die auch wir da sein können und denen wir etwas bedeuten. Natürlich gehören auch Leute zu unseren sozialen Netzwerken, die uns nicht wohlgesonnen sind, uns feindselig gegenüberstehen oder schaden.*

III. Der dritte Bereich, der unsere Persönlichkeit, unsere Identität trägt, kann unter die Überschrift ***„Arbeit, Leistung, Freizeit"*** *gestellt werden. Leistungen, die wir im Arbeitsbereich erbringen, Arbeitszufriedenheit, Erfolgserlebnisse, Freude an der eigenen Leistung, aber auch entfremdete Arbeit, Arbeitsbelastung, überfordernde sowie erfüllte oder fehlende Leistungsansprüche bestimmen unsere Identität nachhaltig. Überdies werden wir in unseren beruflichen Rollen und Leistungen gesehen und wertgeschätzt oder auch negativ beurteilt.*

IV. Der vierte Bereich hat mit unseren ***materiellen Sicherheiten*** *zu tun, unserem Einkommen, den Dingen, die wir besitzen, Mietwohnung oder Haus, aber auch dem ökologischen Raum, dem wir uns zugehörig fühlen, dem Stadtteil in dem wir uns beheimatet fühlen oder wo wir Fremde sind. Fehlende materielle Sicherheiten belasten unser Identitätserleben schwer.*

V. Der fünfte und letzte Bereich, der unsere Persönlichkeit und Identität trägt, sind unsere ***Werte****. Das, was wir für richtig halten, von dem wir überzeugt sind, wofür wir eintreten und von dem wir glauben, daß es auch für andere Menschen wichtig sei. Das können religiöse oder politische Überzeugungen sein, unsere „persönliche Lebensphilosophie", Grundprinzipien, an denen wir uns ausrichten.«*

Auf der Grundlage einer solchen Instruktion, die je nach dem sozialen Bezugssystem und dem sprachlichen Kode bzw. der Sprachwelt des Patienten/Klienten variert werden muß, können Personen aus allen Schichten und von allen Bildungsniveaus sowohl den Identitätsfragebogen FESI (*Kames* 1992) als auch die Identitätsdarstellung ohne sonderliche Probleme ausfüllen oder ausführen. Die Materialien können erlebnissaktivierend oder konfliktzentriert-aufdeckend ausgewertet werden (*Petzold, Orth* 1993), abhängig davon, wie der Patient auf die Auswertungstechnik anspricht und wieviel an aufdeckender Arbeit für ihn integrierbar ist. In der Regel ist es schon eine recht große Informationsmenge, die im „normalen Alltagsgespräch" über das Bild, d. h. im Aufgreifen von *bewußten* Inhalten zugänglich wird.

Oft lassen wir derartige Bilder auch schriftlich kommentieren. Im folgenden ein Beispiel (die Abb. 3 und 4 sind unkommentierte Illustrationen):

Kommentar zu den 5 Säulen der Identität (Abb. 2)

Karin M., 41 Jahre, Pädagogin, 2 Kinder von 10 und 12 Jahren, hat sich kürzlich nach 20jähriger Ehe von ihrem Mann getrennt.

I. Leib

Die Säule mit den größten Problemen und mit „weißen Flecken". Fühle mich hier sehr verletzt und in meinem Ausdruck behindert. Hier ist noch viel zu tun (im Bild: Treppenstufen). Auch de facto bin ich eingeschränkt: Nach einem Autounfall vor 14 Jahren wurde die linke Kniescheibe entfernt. Dadurch sind viele Sportarten nicht oder nur eingeschränkt möglich. Laufen oder längeres Gehen werden schmerzhaft. Ferner leide ich unter Schlafstörungen.

Meine Mutter hat mich von Geburt an wegen der Ähnlichkeit zu meinem Vater, den sie haßte, abgelehnt (zu große Hände und Füße, häßliches Tier). Die 11 Monate jüngere Schwester war dagegen wie ein Püppchen. Mein Vater hat mich vergöttert; ich wurde abgeschirmt von anderen Kindern, die mir wehtun könnten; er hat mich geweckt, um mich anzusehen. Er war oft monatelang weg zur Kur (TBC), später dann Persönlichkeitsveränderung mit Wahnvorstellungen. War für mich massiv bedrohlich und angstvoll. Habe mich erstarrt. Andere Bezugspersonen gab es nicht. In der Adoleszenz Schamverletzungen und sexualisierte Atmosphäse. Später in der Ehe auch ähnliche Koppelung. Als protektiven Faktor empfand ich die Möglichkeit, einen für ein Kind ungewöhnlich großen und abenteuerlichen Bewegungsspielraum auf dem Land gehabt zu haben. Habe hier auch intensive Gefühlserlebnisse. Heute fühle ich mich noch unsicher in meiner sexuellen Identität, habe kein sicheres Fundament im Fühlen und Wahrnehmen. Brauche die Therapeutin als Spiegel. Im Körper steckt noch viel Spannung. Zugang zu Wut und Trauer ist schwierig.

II. Soziales Netz

In dieser Säule ist z. Z. sehr viel Bewegung drin. Ich habe mich kürzlich von meinem Mann getrennt. Meine sozialen Beziehungen haben sich dadurch verändert. Einige Kontakte sind kaputt, neue und bessere sind dazugekommen. Ich habe viele gute Beziehungen in einer „mittleren Distanz“, z. B. Arbeitskollegen, Freundinnen, meine Schwester und meine Ex-„Schwiegerfamilie“, die Frauen aus meiner Gruppe. Dadurch, daß wir oft umgezogen sind, gibt es wenig früh gewachsene Beziehungen. Auch habe ich keine Familie im üblichen Sinne. Schwierig sind für mich Beziehungen im nahen Bereich. Hier fühle ich mich sehr unsicher und erlebe sie auch als anstrengend. Es fällt mir schwer, mir etwas zu holen oder mich fallen zu lassen. Auch sexuelle Beziehungen zu Männern machen mir momentan eher angst.
In der Kindheit habe ich mich isoliert gefühlt, wie in einer Blase (Bild). Ich habe versucht, mich sehr anzupassen, zu verleugnen, um dabei zu sein – aber ohne Erfolg. Im Jugendalter, das ich im Internat verbracht habe, wurde es dann besser. Zunächst fielen mir Kontakte mit Jungens sehr viel leichter als mit Mädchen.

III. Arbeit, Leistung, Freizeit

Dieser Bereich war seit jeher unproblematisch. Das schulische und berufliche Angebot entsprach jeweils meinen Fähigkeiten und Wünschen. Ich fühlte mich weder über- noch unterfordert. Mußte mich niemals wirklich anstrengen, hatte genug freie Zeit. In meiner Arbeit werde ich anerkannt und geschätzt, sowie von den Kollegen als den Klienten. Ich habe in der Vergangenheit jeweils gute Momente für Veränderungen abwarten können und dann zielsicher gehandelt. In der Familie hat die Mutter dafür gesorgt, daß ich als mittelmäßige Schülerin auf das Gymnasium kam, als einziges Kind in einem kleinen Westerwalddorf. Es wurde von mir nicht erwartet, daß ich gute Leistungen bringe, ich sollte den Weg aber versuchen. Niemand aus der Familie konnte mitreden und damit auch reinreden. Die Schulzeit habe ich im Internat verbracht. Existenzängste im beruflichen Bereich brauchte ich nie zu haben.
Momentan habe ich den Wunsch in meiner Arbeit eine Veränderung einzuleiten.

IV. Materielle Sicherheiten

Derzeit starke Einbrüche durch Veränderungen in Säule II. Nach der Trennung von meinem Mann Umzug vom Haus in eine Wohnung, aber im gleichen Ort. Lange, schwere Abschiedsphase, hänge sehr an Vertrautem, auch Garten, Umfeld. Hohe finanzielle Einbußen, die mich auch existentiell bedrohen. Ich muß erstmals in diesem Feld kämpfen. Momentan stehe ich wieder auf dem materiellen Status eines

Studenten. Aber auch hier mache ich immer wieder die Erfahrung, daß ich nie untergehen werde, das Wasser wird mir nie bis zum Hals stehen (Bild).

Recht unklar sind meine familiären Wurzeln. Es gibt kaum Verwandschaftsbeziehungen. Ich weiß wenig über meine Familie, meine Mutter ist schon lange tot, der Kontakt zu meinem Vater ist abgebrochen. Starke Bindung habe ich an die Natur, in der ich aufgewachsen bin.
Anmerkung: Vor einigen Wochen ist eine unbekannte Großcousine aufgetaucht, die die Wurzeln meiner Familie (Mutter) verfolgt.

V. Werte

Ich fühle mich heute sehr unabhängig von Normen und Werten, die andere an mich herantragen. Ich kann mich abgrenzen und nein sagen. Seit ein paar Jahren fühle ich mich eingebunden in ein Ganzes, ich erlebe, daß alles einen Sinn hat, daß es eine Bewegung nach vorne gibt, daß ich mich entwickele, und ich bin sicher, daß ich heil werde. Ich bin davon überzeugt, daß es die Aufgabe eines Menschen ist, sich weiterzuentwickeln. Ich lade dabei auch Schuld auf mich auf (nehme den Kindern die Familie, bin viel weg während der Fortbildung). Ich weiß, daß ich auf meinem Weg immer überleben werde. Die Fenster symbolisieren die Blicke nach draußen, die Einflüsse, die mir dabei begegnen und mich fördern. Ich bin in einer Familie aufgewachsen, die total aus dem Rahmen fiel. Vater war Frührentner und zu Hause, die Mutter ging den ganzen Tag arbeiten. Der Vater war ein verspinnerter Außenseiter, die Mutter ein Flüchtling aus Ostpreußen. Es gab wenige soziale Kontakte. Ich hörte nie „man tut dies oder das". Wir waren sowieso extrem.

Identitätsbilder bieten für die Diagnose wie für die Therapie reiches Material, das auch für die Indikation und Prognose wichtige Hinweise liefert.

2.3 Das fokale Tiefeninterview (FTI)

Das „fokale Tiefeninterview" (FTI) wurde schon Ende der 60er Jahre für die Aufnahme von Drogenabhängigen in der seinerzeit von mir gegründeten, ersten therapeutischen Wohngemeinschaft für drogenabhängige Jugendliche in Europa „Les Quatre Pas", Paris (*Petzold* 1969p, 1974f) entwickelt. Es wurde dabei bewußt von der Praxis des konfrontativen Motivationsinterviews abgegangen, welches ich 1968 bei *Synanon* und *Daytop* in den Vereinigten Staaten kennengelernt hatte (idem 1974b, d). Das „fokale Tiefeninterview" wurde dann in der Folge auch für diagnostisch anamnestische Arbeit mit Psychosomatikern, Neurosepatienten und psychiatrische Patienten eingesetzt (idem 1974j), wobei für die Letztgenannten das Prozedere leicht abgewandelt wurde. Schließlich ist diese Interviewform die Standardtechnik für die Zulassungsinterviews zur Ausbildung in „Integrativer Psychotherapie" (idem 1983i).

Beim „fokalen Tiefeninterview" wird von der Beobachtung ausgegangen, daß der Patient im Erstkontakt, in dem er sich mit seinen Beschwerden dem Therapeuten vorstellt, in verdichteter Weise die Gesamtheit seiner Problematik mit sich trägt. Seine „inneren Themen" im Leibgedächtnis sind „aktiviert". Relevante biographische Atmosphären und Szenen, aber auch habitualisierte Kommunikations- und Abwehrformen sind dadurch in besonderer Weise zugänglich, wenn der Therapeut es versteht, diesen – durch die Interviewsituation gegebenen – Aktivierungszustand zu nutzen. Wie immer man das Interview gestaltet: Der Patient befindet sich in einer ausgelieferten Situation, in der zusätzlich noch durch das oft gegebene Statusgefälle und Rollengefüge sich eine „Macht-Ohnmacht-Strukur" findet: Er kommt mit Problemen, Lebensschwierigkeiten, Leidenszuständen, Symptomen, mehr oder weniger hilfebedürftig, der Therapeut hingegen ist in einer starken Position. Von ihm wird erwartet, daß er Hilfe bereitstellen kann und Lösungen für die Probleme zur Verfügung stellt. Der diagnostischen Situation immanent ist überdies die Erwartung, daß der Patient sich mit seinen

Problemen offen zeigt, der Therapeut hingegen in professioneller Rolle zuhört, beobachtet. Er fragt, der Patient antwortet. Je nach Problemlage des Patienten und den institutionellen Gegebenheiten („totale Institutionen" als Setting, etwa ein psychiatrisches Krankenhaus, wirken hier verschärfend) ist damit für den Patienten strukturell eine eindeutige „Ohnmachtsposition" gegeben. Diese Situation, so schwierig sie ist, bietet die Chance, an Szenen heranzukommen, die *„strukturell homolog"* sind, die also gleichfalls Macht-Ohnmacht-Strukturen beinhalten – und diese führen sehr häufig an *„prävalent pathogene"* Milieus (idem 1988n, 233 ff.). Schon im Erstkontakt (d. h. in der, in der Regel, telefonischen Voranmeldung) wird der Patient darüber informiert, daß für Abklärung und Beratung zwei Termine erforderlich sind. Das FTI wird dann – sofern indiziert – beim *zweiten* Termin mit erlebnisaktivierenden Techniken durchgeführt. Es kann in kurzer Zeit wesentliche Lebensthemen in ihrer „emotionalen Besetzung" deutlich machen. Es spannt eine „synoptische Überschau" aus – ein „dramatisiertes Lebenspanorama" –, das aufgrund der Materialfülle für den Patienten durchaus belastend sein kann. Deshalb verlangt es im Hinblick auf die „Dosierung" vom Therapeuten hohe empathische Leistungen und eine klinisch kompetente Handhabung der Situation. Durch die methodische Form des Interviews wird sehr gut deutlich, ob der Patient für eine IFK geeignet ist.

Die „Eingriffstiefe und -breite" wird vom Therapeuten aufgrund etwaiger Vorinformationen (Vordiagnosen, Arztbrief etc.), wesentlich aber aufgrund des „ersten Eindrucks" beim Ersttermin entschieden durch die *„Fünf-zehntel-Sekundendiagnostik"*, die ich so benannt habe, weil der Patient in Mimik, Gestik, Haltung, Bewegungsqualität, Kleidung – in seinem Gesamteindruck also – „mit einen Blick" *wahrgenommen* und in bestimmtem Maße auch *erfaßt* wird (das *Verstehen* und *Erklären* folgt später, vgl. *Petzold* 1988b, weil er sich in einer Art und Weise „atmosphärisch-szenisch" vermittelt, die eine „Verhaltensresonanz" – Zugewandheit, Fürsorge, Zurückhaltung, Abgrenzungsbedürfnis usw. beim Therapeuten auslöst, die dieser wahrnehmen und nutzen kann – eine *„spontane Gegenübertragungsresonanz"*). Feinanalysen der „ersten fünf Minuten" (*Pitteneger* et al. 1960) haben ergeben, daß sich die essentiellen Informationen schon in sehr kurzen Zeitstrecken finden.

Im folgenden sei ein fokales Tiefeninterview mit kurzer Kommentierung erläutert. Derartige Interviews erfolgen – dies sei nochmals betont – zumeist in der zweiten Sitzung, nachdem im Erstgespräch die allgemeine Situation des Patienten, seine Gründe für den Therapiewunsch, die persönlichen Daten, die aktuale Befindlichkeit sowie die Krankheitsgeschichte (Auftreten der Symptomatik, Dauer der Beschwerden, Vorläufersymptome) Gegenstand des Gesprächs waren. Weiterhin wird in derartigen Vorgesprächen der therapeutische Rahmen geklärt (Kosten, Kassenerstattung, Dauer der Stunden etc.). Der Patient erhält die Möglichkeit des „freien Berichts", wobei er dazu angehalten wird, auf seine aktuale Lebenssituation zu zentrieren und auf die Geschichte seiner Beschwerden. Biographische Inhalte werden auf das Zweitgespräch verwiesen.

Dieser Verweis auf die zweite Stunde führt nach unseren Erfahrungen dazu, daß eine Aktivierung biographisch relevanten Materials in besonderer Weise erfolgt. Durch die Vorabklärung genereller Fakten zur persönlichen und klinischen Situation kann dann das „fokale Tiefeninterview" unbelastet von Marginalien durchgeführt werden.

Das mitgeteilte Interview* wurde mit einem 32jährigen Studenten, *Karl Berger*, durchgeführt, der an Depressionen und Prüfungsängsten leidet, mit seinem Studienabschluß (Biologie) nicht zurechtkommt und der deshalb um eine Psychotherapie nachgesucht hatte.

* Es wurde anonymisiert.

Karl Berger wird von seinen Eltern unterstützt, lebt in einer Studentenwohnung und studiert nach zwei vorausgegangenen Wechseln des Studienfaches (Mathematik, Chemie) im 22sten Semester. Er war nie berufstätig gewesen (auch keine Studentenjobs) und hatte wechselnde, meist nur sehr kurz dauernde Beziehungen. Der Vater ist leitender Ministerialbeamter, derzeit in Pension, die Mutter Hausfrau mit Abitur. Die Symptomatik ist so massiv, daß der Lebensvollzug stark behindert wird. Der Patient macht vom äußeren Erscheinungsbild einen depressiven Eindruck, er wirkt nicht ungepflegt, aber doch irgentwie „vernachlässigt".

T: „Herr Berger, wir führen unser zweites Gespräch. Wie fühlen sie sich hier in dieser Situation?"

P: „Ja..., also es ist... ja schon irgendwie... eigenartig, ja...."

T: „Was meinen sie genau mit ‚irgendwie eigenartig'? Mich interessiert, wie sie sich in dieser Situation erleben, wie sie sich fühlen?"

[Die Frage zielt auf die situative *Selbstwahrnehmung* ab.]

P: „Ich weiß nicht, es geht mir nicht so gut und ich weiß nicht... ..."

T: „... wie sie sich in dieser Situation verhalten sollen?"

P: „Ja!"

T: „Wie erleben sie mich?"

[Die Frage zielt auf die Fähigkeit der *Fremdwahrnehmung.*]

P: „Ja,.... was soll ich da sagen?... Beobachtend, verständnisvoll vielleicht.... auch streng!"

[In meiner Selbstwahrnehmung bin ich zugewandt und aufmerksam. Strenge kann ich in der Selbstwahrnehmung nicht feststellen.]

T: „Woher kennen Sie diese Art von Strenge in ihrem Leben, ihrer Lebensgeschichte..., wenn sie sich erinnern?"

[Die Frage zielt auf die „Atmosphäre" der Strenge mit der Absicht, etwaig vorhandene Szenen im Hintergrund aufzufinden.]

P: „Ich weiß nicht... Prüfung, oder so.... Wenn man geprüft wird!"

T: „Erzählen sie mir etwas über ihre Geschichte mit Prüfungen. Schauen sie einfach, was ihnen dazu in den Sinn kommt!"

P: „Ich hab Prüfungen nie gemocht.... Wer mag die schon. Ich jedenfalls nicht. Ich hab ihnen das ja schon gesagt. Da hängt mein ganzes Studium dran. Schriftliche Arbeiten,..... das ist kein Problem. Nur Prüfungen...."

T: „War das immer so? Wie weit können sie sich daran zurückerinnern? Gab es besonders unangenehme Prüfungen?"

Der Patient beginnt, über Prüfungssituationen im Studium zu berichten, dann über sein Abitur und seine Gymnasialzeit. Die Erzählung wird zunehmend flüssig und bildhaft.

P: „Ich hatte immer Probleme, wenn ich an die Tafel gerufen wurde.... so vor der ganzen Klasse.... Am schlimmsten war es, wenn ich schlechte Noten kriegte, ich glaub,.... das war,.... das war ziemlich demütigend."

T: „Ist ihnen das Gefühl der Demütigung jetzt präsent?"

[Der Patient hatte den Kopf gesenkt.]

T: „Irgendetwas geht ihnen doch durch den Kopf?"

P: „Ich hatte gerade,.... ich hatte gerade,.... äh... an zu Hause gedacht. Schlechte Noten nach Hause bringen,.... das war das schlimmste."

[Der Patient macht einen sichtlich gedrückten, niedergeschlagenen Eindruck.]

T: „Versuchen sie, sich doch einmal eine solche Situation ins Gedächtnis zu rufen. Wenn sie möchten, schließen sie dabei die Augen, dann geht das leichter....

[Der Patient sinkt noch mehr in sich zusammen.]

"... was geht ihnen jetzt durch den Sinn?"

P: „Mein Vater... ...äh ...hm ..."

T: „Beschreiben sie ihn, wie sieht er aus, wie wirkt er? Wo sehen sie ihn? Beschreiben sie einfach mal die ganze Szene!"

P: „Das,.... das ist.... Ich muß ein Heft mit einer Arbeit vorlegen.... Er ist sehr verächtlich."

T: „Wo ist Szene, wie alt ist er, was hat er an? Holen sie das Bild ganz nah heran!"

P: „Er ist ein großer, schwerer Mann. Man fühlt sich immer ganz klein vor ihm.... Immer Anzug, Krawatte, sehr korrekt...

[Der Patient drückt sich jetzt sehr präzise aus. Er steht „innerlich" schon vor dem Vater]

... Er sitzt hinter seinem Schreibtisch in seinem Arbeitszimmer."

T: „Und sie bringen ihm das Heft?"

P: „Ja... Er muß es unterschreiben."

T: „Was sagt er zu ihnen? Versuchen sie das nochmals zu hören!"

P: „Er sagt ...., daß ich offenbar wieder einmal einen Beweis .... meiner .... meiner Unfähigkeit bringe. Er sagt das ganz ruhig.... wie ein Urteil."

T: „Ich möchte ihnen einmal einen Vorschlag machen. In unserem Therapieverfahren versuchen wir immer wieder einmal die Rolle eines anderen einzunehmen, sozusagen aus der anderen Perspektive zu sprechen und zu handelt. Setzen sie sich einfach einmal da drüben auf den Stuhl."

P: „Da?"

T: „Ja, dort einfach mal rüber gehen...

[Der Patient steht zögernd auf, geht herüber, setzt sich auf den anderen Stuhl.]

... Und jetzt versuchen sie einmal so zu sitzen, wie ihr Vater gesessen hat, seine Rolle einzunehmen. Es ist wichtig, daß sie auch seine Haltung einnehmen. Ich denke, ihr Vater sitzt nicht zusammengesunken da."

P: „Der nicht..."

[Der Patient setzt sich aufrecht hin und wirkt sehr gesammelt.]

T: „Sie haben jetzt offenbar die Haltung ihres Vaters eingenommen. Versuchen sie doch einmal das zu sagen, was er seinem Sohn, der da drüben mit dem Heft steht, sagt. Einfach noch mal den ‚Originalton' einblenden!"

P: (in der Vaterrolle)

„Na, bringst du wieder die Früchte deines Fleißes (Stimme sehr ironisch)? Ist es wieder ein Edelfünfer? Du mußt dich auf den Hosenboden setzen! Wenn man schon unfähig ist, dann muß man wenigstens fleißig sein!"

T: „Gehen sie wieder auf ihren Platz zurück. Tauschen sie die Rolle wieder!..."

[Der Patient geht auf seinen Stuhl zurück und sitzt dort sehr zusammengefallen.]

... Was geht jetzt in ihnen vor? Versuchen sie, das einmal auszusprechen!"

P: „....Nun,.... ich weiß nicht (klingt ärgerlich)"

T: „Sie wissen *was* nicht?"

P: „Was soll ich sagen?..."

T: „Was sind ihre Gefühle jetzt?"

P: „Traurig..., wütend vielleicht... Ich fühle mich miserabel!"

T: „Versuchen sie das ihrem Vater einmal rüber zu dem leeren Stuhl hin zu sagen ‚ICH FÜHLE MICH MISERABEL!', wenn das geht!"

P: „Der versteht sowieso nichts!"

T: „Bringen sie das in die direkte Rede ‚DU VERSTEHST SOWIESO NICHTS!' Versuchen sie es mal!"

P: „Du verstehst sowieso nichts!" (Der Satz wird leise mit einem leicht ärgerlichen Unterton gesprochen.)

T: „Tauschen sie die Rolle! Gehen sie herüber auf den Vaterstuhl! Versuchen sie mal zu antworten."

[Der Patient geht und tauscht die Rolle.]

P: „Ja, ich weiß nicht, ... ich fühle mich auf dem Stuhl nicht wohl!"

T: (spricht den Patienten in der Vaterrolle an)

„Herr Berger, sie haben ja gerade von ihrem Sohn gehört, daß er ihnen vorwirft, sie würden nichts verstehen. Was wollen sie ihm darauf antworten?"

P: (fällt aus der Rolle)

„So was hätte ich meinem Vater sowieso nie gesagt!"

T: „Versuchen sie, in der Rolle zu bleiben. Was hätte er geantwortet? – (An die Vaterrolle) Herr Berger, versuchen sie, auf ihren Sohn zu antworten!"

P: „Ich weiß nicht, was er geantwortet hätte. Kann ich mir nicht vorstellen. Das ist eine unmögliche Situation. Die hätte es nie geben können."

T: „Gut, das ist in Ordnung! Dann versuchen sie es jetzt auch nicht weiter."

[Der Patient kann die Rolle des Vaters hier nicht einfühlen. Er kann über memorierte Realtexte hinaus nicht viel „aus der Vaterrolle" sagen, und zeigt, daß ihm die *Identifikation* mit dem Vater schwierig ist und noch wenig an Auseinandersetzung mit dem „verinnerlichten Vater“ stattgefunden hat.]

T: „Gehen sie doch wieder auf ihren Stuhl. Wie ist es für sie, hier nicht zu wissen, was in ihrem Vater vorging?“

P: „Weiß ich nicht.... Was in dem vorging, wußte nie einer.“

T: „Auch ihre Mutter nicht?“

P: „Wahrscheinlich auch nicht... Weiß ich nicht.“

T: „Bringen sie doch ihre Mutter einmal mit in die Szene. Stellen sie einen Stuhl von da drüben mal dazu.... Stellen sie die Stühle so, wie die Eltern zueinander stehen. Nah heran, oder weit enfernt, zugewandt, oder abgewandt!“

[Der Patient geht zögernd herüber, nimmt einen zweiten Stuhl und stellt ihn recht nahe neben den Vaterstuhl. Dann geht er um die beiden Stühle herum und dreht den Stuhl des Vaters so, daß er der Mutter halb den Rücken halb zuwendet.]

T: „Was sagt das, was sie dort gerade aufgebaut haben, über die Beziehung ihrer Eltern zueinander?“

P: „Na, die war,.... die war nicht gut, natürlich. Bis heute nicht. Da läuft nicht viel zwischen denen.“

T: „Und wie geht es ihrer Mutter damit?“

P: „Ich weiß nicht,.... hat sich wohl arrangiert. Die ist ganz formal geworden.“

T: „Was empfinden sie, wenn sie die Ehe ihrer Eltern so betrachten?“

P: „Was soll ich da empfinden? Nichts empfinde ich!“

[Klingt resigniert, mit unterschwelligem Ärger. Später, in der Therapie, kommt der Patient auf diese Szene verschiedentlich zurück. Hier liegt ein Grund dafür, daß der Patient Beziehungen immer schon nach kurzer Zeit abbricht. Eine Bindung wie die seiner Eltern will er nicht. Ein anderes Modell ist ihm nicht vorstellbar. Dies ist in den späteren Sitzungen für ihn einsichtig und kann bearbeitet werden.]

T: „Wie geht es ihrer Mutter mit der Situation? Versuchen sie doch auch einmal die Rolle ihrer Mutter einzunehmen, indem sie auf den Stuhl gehen, sich hinsetzen, wie ihre Mutter hätte sitzen könen!“

P: „Na, ich weiß nicht,...äh... ich weiß nicht, wie die gesessen hat.“

T: „Was war ihre Mutter für eine Frau? Was hatte sie an, wie hat sie sich gekleidet?“

P: „Korrekt, sehr korrekt. Ganz gepflegtes Haar, brünett. Immer frisörfrisch. Meine Mutter war immer sehr gepflegt. Sie sah gut aus.... unnahbar.“

T: „Welche Ausstrahlung hatte sie? Offen, warm, verschlossen, kalt, freundlich... oder *wie* war sie?“

P: „...Was soll ich sagen?.... Freundlich immer,... neutral irgendwie. Jedenfalls nie warm und nie kalt.“

T: „Versuchen sie es noch einmal. Setzen sie sich auf den Stuhl der Mutter.“

[P geht auf den Stuhl und setzt sich in seiner eigenen Haltung auf ihm nieder. Er rutscht etwas unruhig hin und her.]

P: „Ich weiß nicht,..... ich weiß nicht...!“

T: (spricht die Rolle an)
„Frau Berger, ihr Sohn hat da eine schlechte Note mit nach Hause gebracht. Ihr Mann hat ihn ziemlich getadelt. Wie stehen sie denn dazu?“

P: „Ich kann da nichts sagen... Sie hat meinem Vater nie widersprochen... Mich nicht in Schutz genommen.“

[Dem Patienten fällt es offenbar schwer, sich in die Rolle der Mutter hineinzuversetzen. Er hat wenig Empathie für seine Mutter. Eine innere Auseinandersetzung mit ihr hat bislang offenbar kaum stattgefunden.]

T: „Wie stehen sie denn zu ihrem Sohn, wenn er so schlechte Noten bringt?“

P: „Sie hat eben dann mit mir geübt.... Das hat sie gemacht.... Da hat sie sich auch Mühe gegeben!“

[Wieder kann der Patient die Rolle der Mutter nicht direkt übernehmen. Es findet allenfalls ein „indirekter Rollentausch“ statt. Die spätere Therapie läßt deutlich werden: Die Mutter hielt sich so verschlossen, daß sie für den Jungen praktisch unzugänglich geblieben ist. Die Folge für den Patienten: Frauen sind unzugänglich!]

T: „Dann gehen sie wieder auf ihren Platz zurück."

[Der Patient macht dies.]

T: „Wie geht es ihnen, wenn sie jetzt auf dieses kleine Rollenspiel zurückblicken? Was haben sie dabei empfunden? Was ist ihnen durch den Kopf gegangen?"

P: „Das ist alles schwierig.... Was soll ich da sagen?"

T: „Nun, es ist offensichtlich nicht viel Kommunikation in ihrer Familie gelaufen, zwischen ihren Eltern und von ihren Eltern zu ihnen selbst hin."

P: „Da wurde auch nicht viel geredet.... Nicht viel Unnötiges. Mein Vater hatte ja auch keine Zeit und meine Mutter.... (lacht ärgerlich) Ach was solls! Das ist sowieso alles ohne Chance (sehr resigniert). Nun ja, ..."

[Depressive Atmosphäre kommt verstärkt auf und steht deutlich im Raum. Der Patient findet keinen wirklichen Zugang zu seinem Ärger und zu seiner Frustration, auch wenn diese Gefühlsqualitäten unterschwellig anklingen. Hier haben sich offenbar dysfuntionale *„emotionale Stile"* (*Petzold* 1992a, 823 ff., 829) ausgebildet und *„Grundstimmungen"* (ibid.), die in der Therapie aufgegriffen werden müssen und eine „Umstimmung" erforderlich machen, vgl. ibid. 843].

T: „Wenn sie Szenen, wie die, die sie jetzt erinnert und gespielt haben, so anschauen und ihre gegenwärtige Befindlichkeit, ihre Schwierigkeiten,... welche Verbindungen sehen sie da?"

P: „.... Na ja, ... es sind wohl da Zusammenhänge, ... wohl nicht zu unterschätzen.... Deshalb komme ich ja, um Therapie zu machen!"

T: „Ja, ich denke, hier sind wichtige Zusammenhänge, und die sind auch in dieser Arbeit deutlich geworden. Sie sehen übrigens hier auch, wie in unserer Therapieform immer wieder auch gearbeitet wird. Eben nicht nur mit Gesprächen sondern auch mit Rollenspielen und anderen Ausdrucksmöglichkeiten... Wie fühlen sie sich jetzt, am Ende dieser Reise in die Vergangenheit?"

P: „Das ist schon interessant... interessiert mich ..."

[Es wird mit einer „indirekten Gefühlsäußerung" geantwortet.]

T: „Und wie geht es ihnen jetzt?"

P: „Nicht schlecht..., ich meine, besser als am Anfang."

T: „Und wie erleben sie *mich* jetzt? Wie ist es ihnen mit mir gegangen?"

P: „Äh..., ja..., nunja. Sie sind sehr präzise, sehr interessiert. Sie sehen viel (lächelt). Mit ihnen könnt ichs mir vorstellen."

[Die *Fremdwahrnehmung* greift emotionale Qualitäten nur indirekt auf, ist aber insgesamt stimmig. Im „präzise" klingt noch ein wenig die „Strenge" an, allerdings ohne die Übertragungseinfärbung der Ausgangssituation. Der Abschlußsatz ist das Angebot eines Arbeitsbündnisses.]

Das „fokale Tiefeninterview" hat eine klare Indikation für eine IFK möglich gemacht. Der Patient kann „szenisch imaginieren" und in ausreichender Weise „atmosphärisch erfassen" und „szenisch verstehen", ja, er ist zu „szenischem Handeln" fähig. In den Rollenkonstellationen wurden die „emotionalen Mikroklimata" der Familie deutlich: die Beziehung des Patienten zum Vater, zur Mutter, zu den Eltern insgesamt (Mutter und Vater stehen als Block eng zusammen, die Mutter stellt die strenge und abwertende Haltung des Vaters nicht in Frage). Es wird auch die Beziehung der Eltern zueinander deutlich. Die elterliche Beziehung ist in ihrer *Qualität* ein ganz entscheidender Faktor in der emotionalen Sozialisation von Menschen, denn sie hat eine Modellfunktion – im positiven, wie im negativen Sinne – und prägt weithin die eigene Einstellung zu Beziehungen.

Durch die vorgeschlagenen *Rollentausch*-Situationen, die ja jeweils vom Patienten eine Identifikations- und Empathieleistung verlangen, wird das Maß der eigenen biographischen Arbeit, d. h. der reflektierenden und emotionalen „inneren Auseinandersetzung" mit den Eltern deutlich. Die im Ansatz indirekt oder teilweise vollzogenen Rollentausche weisen darauf hin, daß hier schon einiges „vorbewußt" ist, also im Rahmen einer IFK leicht ins Bewußtsein gehoben werden kann. Mitschwingende Affekte des Ärgers und der Frustration werden gleichfalls durch fokalisierende Emotionsarbeit im Sinne „thymopraktischer Aktivierung" bzw. „emotionaler Differentierungsarbeit" (*Petzold* 1992b) zu bearbeiten sein. Der emotionale Zugang zur Mutter erscheint schwieriger. Die depressiven Atmosphären mit ihrer resignativen, aber auch retroflektiert-aggressiven Qualität zeigen eine Doppelbödigkeit, wobei das Moment der „Niedergeschlagenheit" durch die repressive Haltung des Vaters noch leichter fokaltherapeutisch anzugehen ist, als die bedrückte Stimmung und die Resignation in der Familienatmosphäre [die nachfolgende Therapie bestätigt diese Annahme], die der Patient „eingefleischt" hatte, die ihm sozusagen „in Fleisch und Blut übergegangen war". Der depressive leibliche Habitus (leblose Hände, niedergeschlagener Blick, ausdruckslose Augen, flache Mimik, flache Atmung, d. h. keine volle „Emotionsatmung") wird im Rahmen einer Fokaltherapie allein nicht zu bearbeiten sein, denn hier ist „*leibliches Umlernen*" erforderlich. Konzept und Erfahrung der Integrativen Therapie sind hier anders orientiert als bei der Mehrzahl der klassischen Psychotherapieverfahren. Bei einer depressiven Erkrankung wird immer auch deren *psychosomatische Seite* gesehen. Es geht keineswegs um eine „depressive *Psychoneurose*", sondern immer auch um *depressive Leiblichkeit*. Gewaltsame „*Impressionen*", repressive Verhinderungen von *Expressionen*, die verinnerlicht werden und zu Selbst-*Repressionen* führen, haben *Depression* im Gefolge (*Petzold* 1992a, 855 ff.). Die Frage bei diesem Patienten ist, ob durch eine „*bimodale Therapie*" diese Seite mit abgedeckt werden kann. Die höchst beachtenswerten Ergebnisse, die wir an unserer Abteilung der Freien Universität Amsterdam durch „Lauftherapie mit depressiven Patienten" erreichen konnten, u. a. höhere Effektstärke als verbale Therapie (vgl. *Bosscher* 1991, 1993; *Bosscher* et al. 1993), sprechen hierfür ebenso wie sehr gute Erfahrungen, die wir durch die Praxis von Aikido und ähnlichen fernöstlichen Kampfsportarten bei depressiven Patienten machen konnten (*Petzold* 1994a). Motivationsarbeit für einen solchen *bimodalen* Ansatz muß während der IFK geleistet werden (und hatte bei diesem Patienten Erfolg).

Die Initialphase des Interviews wie auch sein Verlauf zeigen auf seiten des Patienten hinreichende *Selbstwahrnehmung*. Die *Fremdwahrnehmung* ist leicht „eingetrübt" (die Übertragung kam im Verlauf der Therapie immer wieder mehr oder weniger intensiv ins Spiel und stellte ein wichtiges Moment der therapeutischen Arbeit dar). Als „*operativer Fokus*" wurde auf dem Hintergrund dieser Sitzung und des vorausgegangenen Abklärungsgesprächs sowie durch weitere Momente im prozeßdiagnostischen Verlauf die repressive, abwertende Qualität der Vaterbeziehung gewählt. Als „Mesofokus" wurde die Mutterbeziehung ins Auge gefaßt, allerdings mit einer deutlichen Eingrenzung des Fokusrahmens, weil wir in unserer klinischen Hypothesenbildung auf Grund der im Rollenspiel vermittelten Qualität der Mutter auf *Defizite* in der frühen Sozialisation schließen, insbesondere was die Phase der Ausbildung des *Selbstwertgefühls* (*Petzold* 1992a, 688 ff., 823 ff.) anbelangt. Die weitere Exploration ergab, daß der Patient von seinem Vater nie geschlagen worden war. Die vorfindliche, massiv „depressive Leiblichkeit" läßt deshalb noch andere Quellen vermuten, z. B. Defizite in der Zwischenleiblichkeit bzw. körperlichen Zuwendung. Diese Annahme führt im Verlauf der IFK zu einer *prozeßtheragnostischen* Arbeit mit dem „relationalen Körperbild" (*Petzold, Orth* in: *Petzold* 1993a, 1189 ff.). In diesem Bild wurden das „emotionale Defizit" durch die fehlende „körpernahe" Zuwendung von seiten der Mutter einerseits und die gewalttätig-repressive Atmosphäre von seiten des Vaters in sehr prägnanter Weise deutlich.

Die Therapie konnte dann in der Folge auch als *indirekt* „bimodale" Behandlung (indirekt, weil nicht bei einem/einer zweiten Therapeuten/Therapeutin und in keinem weiteren expliziten Therapieangebot) durchgeführt werden, da sich der Patient zur Teilnahme an einer Aikido-Gruppe motivieren ließ und in der Therapie die Anfangsschwierigkeiten mit dieser Gruppe in einer Art und Weise begleitet werden konnten, daß das Angebot mit einer „guten Kontinuität“ wahrgenommen wurde. Der Patient blieb über den Abschluß der Therapie hinaus aktiv bei diesem „Weg“ sportlicher Betätigung und persönlicher Selbstverwirklichung (*Petzold* 1994a). Ein besonderes Charakteristikum des „fokalen Tiefeninterviews“ ist der Einsatz der Techniken der „leeren Stühle“ und des „Rollentausches“ (*Moreno*), die aus den Formen „dramatischer Therapie“ (*Petzold* 1979k, 1982a), insbesondere aus dem Psychodrama, dem Therapeutischen Theater, der Gestalttherapie übernommen wurden (idem 1973a). Dabei haben wir das Modell des „strukturierten Fokalinterviews“ zur Generierung klinischer Hypothesen in der vorliegenden Form entwickelt. Es wird in jedem Interview versucht, die wichtigen Personen der Primärgruppe vermittels „leerer Stühle“ zu repräsentieren. In diesem Fallbeispiel waren dies Vater und Mutter – der Patient war Einzelkind. In anderen „fokalen Tiefeninterviews“ kommen noch Geschwister hinzu oder Großeltern oder andere „relevante Bezugspersonen“. Bei Großfamilien kann ein Stuhl für die Gesamtheit der Geschwisterschar stehen und wird dann nur jeweils unterschiedlich besetzt. Besteht neben der Herkunftsfamilie auch noch eine aktuale Familie, so wird diese im zweiten Teil des Interviews in gleicher Weise einbezogen, weil die eigene Lebenspartnerin, die eigenen Kinder für das Erfassen und Verstehen der Gesamtsituation des Patienten sehr wesentlich sind.

Die „leeren Stühle“ können durch ihre Position und Entfernung in klarer Weise Aufschluß geben über „emotionale Mikroklimata“, über „Beziehungsqualitäten“. Die angebotenen Möglichkeiten des Rollentausches sind jeweils äußerst aufschlußreich mit Blick auf innere Ängste, innere Bezogenheiten, den Grad der Auseinandersetzung mit verinnerlichten wichtigen Bezugspersonen. Durch die Art und Weise, *wie* der Patient den Rollentausch vornimmt – sofern er ihn vornimmt und nicht „blockiert“ –, über die Wege, *wie* man einen nicht vollzogenen Rollentausch vielleicht dennoch motivieren kann, über die auftauchenden Widerstands- und Abwehrformen in diesem Geschehen lassen sich wichtige diagnostische Aufschlüsse finden, die für die Fokuswahl große Bedeutung gewinnen können. Die Beachtung der Körpersprache – etwa ein Zögern beim Aufstehen, um zum anderen Stuhl hinüberzugehen, die Schwierigkeiten bei der Verleiblichung während der Rollenübernahme, Mimik, Gestik, Haltung..., all das führt in sehr plastischer Weise die biographisch-relevanten Szenen in ihrer atmosphärischen Qualität, die wichtigen Beziehungskonstellationen in ihrer emotionalen Besetzung im „Hier und Jetzt“ der theragnostischen Situation dem Therapeuten, aber auch – in mehr oder weniger zugänglicher Weise – dem Patienten vor Augen. Wenn es gelingt, die Angstschwelle nicht zu hoch werden zu lassen und ein genügendes Maß an Stütze zu geben, wird oftmals ein Interesse, eine *Neugierde* auf die „biographischen Hintergründe“ geweckt, und diese ist eine gute Motivation für therapeutische Arbeit. Auftretende Angstreaktionen werden besprochen, verdeutlicht, interpretiert. Der Rollentausch sollte nie forciert werden. Die Verweigerung oder das Unvermögen – beides muß man differenzieren –, eine Rolle zu übernehmen, sind in sich diagnostisch aufschlußreich. Allerdings wird die fehlende Möglichkeit, eine Rolle aus der Primärfamilie zu übernehmen, nicht nur als diagnostischer Hinweis auf Unversöhntheit oder Ängste, auf verdrängte Beziehungsqualitäten usw. gewertet, sondern es wird hieraus auch ein „Therapieziel“ abgeleitet, da aufgrund unserer theoretischen Konzeptualisierungen das „empathische Verstehen der Eltern“ ein wichtiges Moment für den Gewinn eigenen „Selbst-Verständnisses“ ist. Die Arbeit der *Versöhnung* oder *Aussöhnung* – wir differenzieren diese beiden Qualitäten (*Petzold* 1988n, 235) –, aber auch die Arbeit der *Abgrenzung* und *Zurückweisung* kann ohne zumindest den „inneren“ Rollentausch nicht in einer integrierenden Weise vollzogen werden. Überhaupt lassen sich aus dem „fokalen Tiefeninterview“ eine Menge unmittelbar einsichtiger Therapieziele ableiten, die gruppiert und in ihrer Wichtigkeit geordnet werden müssen, um den *„operativen Fokus“* nicht zu überfrachten.

Im vorgestellten Beispiel war der Patient – trotz aller Eingeschränktheiten – *hinreichend* rollenflexibel und introspektionsfähig. Diese Fähigkeiten werden im Verlauf der Therapie vertieft. Seine Abwehr von emotionalen Resonanzen (sowohl in der Selbstwahrnehmung wie in der Fremdwahrnehmung) wird ein Schwerpunkt in der folgenden IFK, in der er Zugang zu seinen „negativen“, abgelehnten Gefühlen bekommt. Vor allen Dingen gewinnt er Zugang zu seiner Aggression.

Die Handhabung des „fokalen Tiefeninterviews“ als diagnostisches Instrument in der Integrativen Therapie (*Althen* 1991) erfordert eine sorgfältige Ausbildung und viel Übung. Von entscheidender Bedeutung ist die „Dosierung“ der atmosphärischen Intensitäten, der Zahl der szenischen Konstellationen und des Ausmaßes der „Tiefung“ (*Petzold* 1974j, 333; 1988n, 105). Bei unsachgemäßer Handhabung können bei diesem methodischen Zugang Verletzungen gesetzt werden (idem 1993a, 1285 ff.) oder Labilisierungen erfolgen (ibid. 588 f, 1107) – ähnlich wie auch bei den „Probedeutungen“ in den analytischen Kurzzeittherapien. Ein abklärendes Vorgespräch ist deshalb eine unabdingbare Voraussetzung für die Verwendung des IFK in der Patientenarbeit. Zuweilen kann es notwendig werden, noch weitere Nachgespräche (1 – 3 Termine) anzuberaumen, insbesondere wenn es nicht zur Aufnahme einer Therapie kommt. Dann wird es wesentlich, die theragnostische Situation in einer Weise abzuschließen, daß der Patient aus den gesehenen, erkannten Szenen des „fokalen Tiefeninterviews“ Gewinn zieht, so daß für ihn die Qualität einer „interessierten Betrachtung“ seiner Lebensgeschichte möglich, und das FTI für ihn eine förderliche, integrierende Erfahrung wird. Wir haben immer wieder erlebt, daß „fokale Tiefeninterviews“ *als solche* ein hohes, veränderungswirksames Potential hatten und bei Patienten dauerhafte Einstellungs- und Verhaltensveränderungen bewirkten, weil im Interview plötzlich Dinge „klar wurden“, sich „zusammenfügten“, die das Leben schon in entsprechender Weise vorbereitet hatte. Das Interview war sozusagen der letzte Baustein in einem Erkenntnis- oder Veränderungsprozeß. Für eine Integrative Fokaltherapie kann ein solches Interview ein intensiver und fruchtbringender Einstieg sein, weil in der Regel – wie auch bei den anderen Einstiegen, etwa über das Lebenspanorama oder die Identitätsbilder oder über einen kombinierten Ansatz – eine hohe Motivation *„zur Arbeit an sich selbst“* geschaffen wird.

2.4 Überlegungen zur Indikation

Für die Indikation zur IFK fallen einige Faktoren besonders ins Gewicht. Bei schwerwiegenden Störungen im Bereich der Leiblichkeit oder des sozialen Netzwerks sind *kurative Fokaltherapien* in der Regel nicht indiziert. Sie haben oftmals bei Patienten negative Folgen (*Petzold* 1993m), weil sie *anbehandeln*, sofern nicht eine *intermittierende Therapie* angelegt wird. Liegt der Fokus aber genau auf den genannten Problemen mit der motivierenden Absicht, den Patienten zu einer längerfristigen oder „intermittierenden“ Therapie zu bewegen, hat fokaltherapeutische Arbeit auch bei diesen Patienten durchaus Sinn. Massive Störungen der eigenleiblichen (Selbst)wahrnehmung verweisen häufig auf schwerwiegende Defizite oder Traumatisierungen, die in der Regel kurzzeittherapeutisch *kurativ* nicht behandelbar sind. Weiterhin gewährleisten sehr defiziente soziale Netzwerke nicht den für Kurzzeittherapien erforderlichen *„social support“* (*Schuch* 1990; *Nestmann* 1988). Der Aufbau stabiler, ressourcenreicher und support-starker sozialer Netzwerke braucht in der Regel eine längere Zeit, als sie in Kurzzeittherapien zur Verfügung steht, es sei denn, man entschließt sich von vornherein zu einem „bimodalen Behandlungsansatz“ (*Petzold, Schneewind*, 1986) etwa dergestalt, daß man mit Beginn der Kurztherapie den Patienten auch zur Teilnahme an einer Selbsthilfegruppe bewegen kann. Die Zusammenarbeit mit einer „Kontakt- und Informationsstelle für Selbsthilfegruppen" und ein guter Kontakt zur Selbsthilfeszene ist dabei unabdingbare Voraussetzung (*Petzold, Schobert* 1991), damit die Kooperation zwischen „Professionellen und Selbsthelfern" (idem 1990i) fruchtbar werden kann. Mit den Fragen nach einer Indikation für eine fokalisierenden Kurzzeittherapie sind die Probleme der Fokuswahl eng verbunden, d. h. auch die Fragen nach einer Gewichtung des diagnostischen Materials.

Schaut man in die Traditionen psychoanalytischer Fokaltherapie (*Crits-Christoph, Barber* 1991, 1ff), dann sieht man oft typisierende Vorannahmen, unter denen eine Bewertung der diagnostischen Fakten erfolgt: Entweder werden ödipale Konfliktkonstellationen (*Malan* 1976; *Sifneos* 1972, 1979; *Davanloo* 1980) angenommen, oder es erfolgt eine Zentrierung auf Konflikte in der „Individuations-Separationsphase" (*Mahler* 1968), wie dies *Mann* (1973) favorisiert. Als Psychotherapeut im tiefenpsychologischen Paradigma kommt man aber nicht an den Ergebnissen der empirischen Entwicklungspsychologie vorbei (*Lichtenberg* 1981; *Stern* 1985), und diese stellen die von den genannten Autoren in ihren Arbeiten zugrundegelegten, entwicklungspsychologischen Annahmen, die das aktuelle Material der Patienten einseitig vorselektieren, sehr nachdrücklich in Frage. Die Positionen *M. Mahlers*, aber auch das Ödipuskonstrukt bieten u. E. keine ausreichend gesicherte entwicklungspsychologische Grundlage (*Bischof* 1985; *Dornes* 1993; *Petzold* 1993b; *Chasiotis, Keller* 1992) für Fokaldiagnosen und die Fokuswahl. In die Behandlung dürfen sie deshalb nicht als gleichsam „gegebene Vorannahme" übernommen werden, ohne sorgfältige Überprüfung der biographischen Fakten, bei denen dann auch noch die Gefahr besteht, daß die Materialien ausschließlich oder überwiegend unter der Optik der genannten Theorien gewertet werden, wodurch andere Zusammenhänge und neue Erklärungsmöglichkeiten (vgl. z. B. *Lazarus* 1991; *Lewis* 1993) außer acht gelassen oder verstellt werden. Eine sorgfältige verbale Exploration unter der Perspektive des „*life span developmental approach*" – und hier liegt ein Spezifikum der IFK gegenüber anderen, dynamisch orientierten Kurztherapien (*Leuzinger-Bohleber* 1985; *Crits-Christoph, Barber* 1991) – kann Anschlußstellen an *bewußte*, d. h. erinnerbare und *vorbewußte*, d. h. durch Explorationen erschließbare Konfliktkonstellationen (*Petzold* 1988b) bringen, die dann Hinweise auf anliegende *unbewußte* Konfliktkonstellationen oder Defizite bieten. Verbunden mit dem Rückgriff auf die diagnostischen Instrumente der „Integrativen Therapie mit kreativen Medien" mit ihrer projektiven Qualität, wie die Panoramatechnik, Identitäts- oder Selbstbilder (*Petzold, Orth* 1993a), lassen sich hier solide Grundlagen finden. Die phänomenologisch-hermeneutische bzw. tiefenhermeneutische Ausrichtung der Integrativen Therapie erscheint uns in einem solchen diagnostisch-therapeutischem Prozedere besser gewahrt, und auch das kritisch-emanzipatorische Moment unseres Ansatzes (*Petzold* 1978c, 1981k, 1986a, 1993d), das er mit dem psychoanalytischen teilt (vgl. *Habermas* 1968b; *Lorenzer* 1973, 1974; *Parin* 1983), wird auf diese Weise besser gewährleistet werden können.

Wenn *Integrative fokalisierende Kurzzeittherapie* auf traumatische *Atmosphären, Szenen* und *Stücke* im Hintergrund der Krankheitsgenese zurückgreifen will, um ihre Fortschreibung in *fixierenden Narrativen*, in *negativen Skripts* (*Petzold* 1981i) zu verhindern, und es sogar zu einer Entwicklung „alternativer Kontinuitäten" kommen soll, so gilt es, einen möglichst genauen Eindruck von „malignen Kontinuitäten" zu erhalten, von „dysfunktionalen Skripts", die ständig situationsunangemessene Reinszenierungen produzieren. Karrierepanoramen führen genau an diese Problematik heran. Sie lassen „sinnfällig" erkennen, wo mögliche Konfliktkonstellationen liegen, und sie machen auch deutlich, wo salutogene Ereignisse als stabilisierende und entwicklungsfördernde Lebenskräfte wirksam werden konnten. Die Einstimmung bei Lebens- und Karrierepanoramen (*Petzold, Orth* 1993a, 128 f, repr. in diesem Buch), die in der fokaltherapeutischen Diagnostik eingesetzt werden, zentriert neben den pathogen und salutogenen Einflüssen eben auch auf die dritte Größe: Mangelerfahrungen, Defizite. Es läßt sich damit auch sehr schnell die wichtigste *Ausschlußdiagnose* für fokaltherapeutische Arbeit finden: Wenn nämlich hinter der aktuellen Symptomatik schwerwiegende „prolongierte Mangelerfahrungen", durchgehende Defizite in vitalen Entwicklungsphasen liegen, die die Persönlichkeit insgesamt oder wichtige Strebungen der Persönlichkeit (Selbst, Ich, Identität) geschädigt haben, indem sie ihre organische und ungestörte Entwicklung verhinderten oder beeinträchtigten, ist *kurative* IFK nicht indiziert (allenfalls motivierende IFK).

Für eine erfolgreiche *kurative* Fokaltherapie, ist auf der Patientenseite die *Motivation* wesentlich – und diese ist nicht nur durch den „Leidensdruck" gegeben oder durch ein „Kausalitätsbedürfnis", einen Erklärungswunsch im Hinblick auf Symptome und Leidenszustände, sondern auch durch „Selbstaktualisierungstendenzen" (*Goldstein, Maslow, Perls, Rogers*) des Menschen, sein Streben nach Selbsterkenntnis, Selbstfindung, Selbstverwirklichung und gemeinschaftlichem Tun als *kokreativem Impetus* zur Weltgestaltung (*Iljine* 1990; *Petzold* 1990b; *Orth, Petzold* 1993c). Faktoren wie die „Neugier auf sich selbst", die Sehnsucht, schöpferisch zu werden und die eigenen Möglichkeiten zu entdecken und zu realisieren, dürfen als Motivans für die Auseinandersetzung mit der eigenen Lebensgeschichte nicht unterschätzt werden (*Orth* 1994; *Orth, Petzold* 1993c). Hier muß die psychoanalytische anthropologische Sicht *Freuds* mit ihrer pessimistischen, medizinalisierten, pathologie- und individuumszentrierten Orientierung dringend eine Korrektur erfahren (vgl. hier z. B. die Arbeiten von *O. Rank, K. Horney, E. Fromm, H.S. Sullivan, T. French*).

Für die Indikation zur Kurzzeittherapie wird immer wieder auf die intakten Ich-Funktionen, Ich-Stärke, Introspektionsfähigkeit und reife Abwehrmechanismen verwiesen (*Grüntzig, Meyer-Leuzinger* 1978, 15-87; *Barber, Crits-Christoph* 1991). Dieser Auffassung ist prinzipiell zuzustimmen. Der Klient muß ein gutes Maß an Wahrnehmungsfähigkeit und Integrationsfähigkeit mitbringen, soll er von einer *kurativen* Kurzzeit- bzw. Fokaltherapie profitieren, wobei wir auch bei gewissen Psychoseerkrankungen, Borderline-Patienten, mehr aber noch bei Patienten mit „narzißtischen Neurosen" (vgl. *Petzold* 1992f) durchaus genügend Introspektionsfähigkeit, Möglichkeiten der kognitiven Strukturierung und zum Teil auch Ich-Stärke finden (bei Borderline-Patienten schwankt diese allerdings periodisch erheblich, und mit Blick auf die Struktur des *Selbst*, in dem das *Ich* gründet, begegnen wir oft erheblichen Brüchigkeiten). Deshalb können diese Patienten auch durchaus für eine Fokaltherapie geeignet sein (vgl. auch *Laikin* et al. 1991; *Benjamin* 1991; *Luborsky, Mark* 1991; *Davanloo* 1985). Sollte aus der Panoramatechnik und aus der verbalen Exploration ein Zweifel aufkommen, ob die „Strukturen des Selbst" – immer das Vorhandensein stabiler, sozialer Supportaspekte vorausgesetzt – für eine Kurzzeittherapie tragfähig genug sind, so kann eine weitere Exploration, etwa mit „Selbstbildern" (*Orth, Petzold* 1993c), zusätzliches Material für die Abklärung bieten, so daß auch bei schwereren Erkrankungen eine „therapy tailored to the patient's level of functioning" (*Pinsker* et al. 1991) als Kurzzeitbehandlung durchgeführt werden kann, wie dies etwa im „Fritz Perls Klinikum", unserem Ausbildungs-Klinikum an den Hardtwaldkliniken in Zwesten (*Schröder, Wolf*, dieses Buch) in Kombination von integrativer Einzeltherapie, Gruppentherapie, Therapie mit kreativen Medien und Stationsarbeit erfolgt (*Hausmann, Meier-Weber* 1990), einem Modell, das auf der Grundlage des Integrativen Ansatzes von *Lotte Hartmann-Kottek* entwickelt wurde. IFK bei Patienten mit massiven Defizitstrukturen sind im Prinzip allenfalls indiziert, wenn diese gut kompensiert sind oder wenn über Kriseninterventionen hinausgehende Motivationsarbeit mit dem Blick auf eine mittelfristige oder längerfristige Behandlung geleistet werden soll oder wenn spezifisch zugepaßte Interventionen mit begrenzter und begrenzbarer Zielsetzungen erfolgen.

Abb. 2: Identitätsbild von Karin M. – Identitätssäulen

Abb. 3: Identitätsbild von Johanna H. – Identitätssäulen

Abb. 4: Identitätsbild – Identitätssäulen

Abb. 7: Dreizügiges Karrierepanorama von Klaus O.

Abb. 9: Dreizügiges Karrierepanorama von Sylvia F.

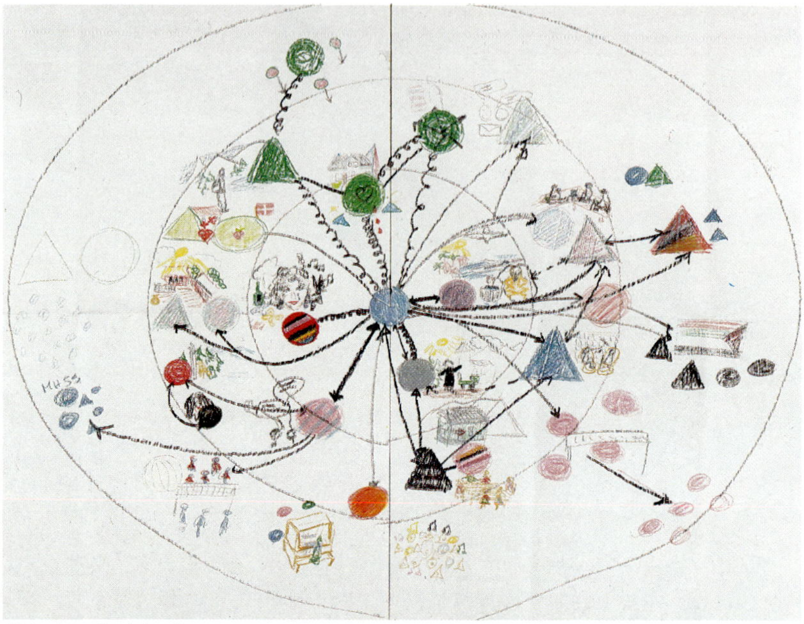

Abb. 10: Soziales Atom

Abb. 8: Identitätssäulen von Klaus O.

3. *ÜBERLEGUNGEN ZU THERAPEUTISCHEN KONZEPTEN DER FOKALARBEIT*

Wird der Patient schon in der diagnostischen Phase aktiv in die Fokussierungen einbezogen, so ist eine *intersubjektive Praxis* gewährleistet und die Gefahr, mit forcierenden und radikalen Techniken Verletzungen zu wiederholen, maligne Regressionen zu provozieren oder unter dem Zeitdruck und aufgrund stereotyper Beobachtungsraster zu gravierender Fehlinterpretation eines persönlichen Schicksals zu kommen, wird erheblich verringert. Wir stimmen *Malan* (1976, 353) deshalb in keiner Weise zu, wenn er schreibt: „... the more radical the technic in terms of transference, depth of interpretation, handling the childhood, the more radical are the therapeutic effects". Wir sind gegenüber der forcierenden und Widerstand bzw. Abwehrformationen attackierenden Technik der „Short-Term-Dynamic-Psychotherapy" von *Habib Davanloo* (1978, 1980, 1985) mit ihren eher stereotypen Hypothesenbildungen höchst skeptisch, wobei er, betrachtet man seine Therapievideos, *in praxi* nichts anderes macht als gestalttherapeutische Fokalarbeit in der Form von *F.S. Perls*, *J.S. Simkin* u. a. (was leider nicht offengelegt wird). *Davanloo* hat offenbar Psychoanalytiker genauso fasziniert und angezogen, wie weiland *„Fritz" Perls*, zu dem sie gepilgert sind (vgl. *Benz* 1985, 17 f; *Gaines* 1979). Wir sind hingegen darauf gerichtet, in Diagnose und Therapie im Rahmen fokaler Arbeit einen Interventionsstil zu praktizieren, der *strukturierend* und *permissiv* zugleich ist und der von einer warmherzigen, engagierten Grundhaltung getragen wird, womit wir an die Ergebnisse empirischer Psychotherapieforschung anschließen, die auf die besondere Effizienz eines empathischen Therapiestils verweisen (*Zimmer* 1983) und die die eher konfrontative – oft „deckelnde", ja ruppige Vorgehensweise „to break through the patient's defensive barrier" (*Laikin* et al. 1991, 80) der *Davanloo*-Richtung (vgl. die Transkripte ibid. 97-102) nicht stützen (von therapieethischen Erwägungen einmal ganz zu schweigen, denn der Zweck – z. B. Symptombeseitigung – heiligt die Mittel nicht).

Die fokalinterventive Arbeit der Integrativen Therapie kann durch die im „Hier und Jetzt" der Exploration fokaldiagnostisch erhobenen Fakten, die Art und Qualität der geklagten Beschwerden, die in der *Gegenübertragung* empatisch erfaßten *„szenischen Arrangements"* (*Petzold* 1969b, 1981i, 1990p; *Lorenzer* 1970; *Argelander* 1970), wie sie die Panoramaarbeit, das Familienpanorama (*Petzold* 1975h) oder das Genogramm (*Heinl* 1986), die Körperbilder (*Petzold*, *Orth* 1991a), die Familienskulpturen (*Petzold* 1969b/1988n, 464, 480; *Heinl* 1986; *von Schlippe*, *Kriz* 1993) deutlich werden lassen, auf den soliden Hintergrund biographisch eruierbarer Fakten stellen. Man erhält über *Defizite*, *Traumata*, *Konflikte*, *Störungen* als spezifische pathogene Stimulierungskonstellationen, die die Dimensionen der Persönlichkeit *Selbst*, *Ich*, *Identität* und das diese umgebende *soziale Netzwerk* schädigen können (*Petzold* 1992a, 528 f; 1988n, 236 f), Aufschluß, aber auch über benigne Stimulierungen durch salutogene Vergangenheitseinflüsse, „social support" und Kompensationen. Fokalisierende Theragnostik setzt aktuales Material, unmittelbar sich erschließende Informationen und ihre *Implikate* (d. h. das „Mitgesagte", mittelbar sich zeigende) in fokussierte Interventionen um, eine Praxis, die die Krisentherapie immer schon verlangt hat und die sich auch bei *Freud* und in der frühen Psychoanalyse findet (*Freud* 1895, GW 1, 184-195; 1909 GW 7, 241-397; *Jones* 1955, 161-162; *Stekel* 1938). Die Integrative Therapie steht – wie erwähnt – hier in der Tradition der „ungarischen Schule" *Ferenczis*. Sie nimmt Überlegungen auf, die der Begründer der „aktiven und elastischen Technik" zusammen mit *Otto Rank* in der noch heute für die Psychotherapie wesentlichen Schrift „Entwickungsziele der Psychoanalyse" (1924) darlegte. Hier wird die szenische Reproduktion jener „Stücke...., die als Erinnerung überhaupt nicht zu haben sind" empfohlen, „so daß dem Patienten kein anderer Weg übrig bleibt als sie zu reproduzieren" (*Ferenczi*, 1924/1964 III, 223) in „Gebärdensprache" (ibid.), „Tonfall, Gebärde, Miene", um zu einem *„Verständnis des ganzen Textes"*, seines „Sinnes" (ibid. 226) zu gelangen. Das erfordert *„Aktivität* im Sinne einer direkten Förderung der bisher vernachlässigten, ja als störende Nebenerscheinung betrachteten *Reproduktionstendenz* in der Kur" (ibid. 224), womit *„anstatt dem Erinnern dem Wiederholen die Hauptrolle in der analytischen Technik zuzuteilen"* sei (ibid. Hervorhebung im Original). Sie führt zu „einer Analyse der ganzen Persönlichkeit" (ibid. 227), ausgehend von der *„Gegenwart* des Patienten", denn „das *Vergangene* und *Verdrängte* muß also im *Gegenwärtigen* und *Bewußten* (Vorbewußten), also in der *aktuellen* psychischen Situation seine Vertretung finden, um effektiver erlebt werden zu können", womit für die Therapie ein „stückweise vor sich gehender Affektablauf als eine fraktionierte Katharsis" notwendig wird. „Wir glauben übrigens im allgemeinen, daß Affekte, um überhaupt wirksam zu werden, erst aufgefrischt, d. h. gegenwärtig gemacht werden müssen. Denn was nicht unmittelbar in der Gegenwart, also real affiziert, muß psychisch unwirksam bleiben" (*Ferenczi* 1924/1964, III, 234 f). Der große Ungar umreißt hier „essentials" Integrativer Behandlungstechnik in der Fokaltherapie. Er selbst experimentierte mit aktiven, elastischen Techniken und Kurzzeitinterventionen, die aktuales, erinnerbares oder phantasiertes Material aufgriffen (vgl. den Fall einer „kroatischen Sängerin" oder die „Großvaterszene" Bausteine 1964, II, 67 f; III, 494 f). *Ferenczi* bediente sich dabei szenischer Arrangements, zuweilen des Rollenspiels (ibid. II, 69 f). Er betonte die Realität „ungünstiger Verhältnisse" und „traumatischer Erlebnisse (ibid. III, 409), d. h. negativer Sozialisationserfahrungen und – *Alexander vorwegnehmend* – die Notwendigkeit einer kontrastierenden „Korrektur" (ibid. III, 498): Bei fehlender mütterlicher Zärtlichkeit müsse der Therapeut derartige Qualitäten bereitstellen, ja *Ferenczi* meint, man müsse manche der schwerkranken Patienten *„förmlich adoptieren und erstmals der Segnungen einer normalen Kinderstube teilhaftig werden lassen"* (ibid. III, 489) im Sinne eines Nachnährens, so daß die emotionale Dichte positiver Zuwendung im Hier und Jetzt zum therapeutischen Faktor werden kann (*Ferenczi*, Bausteine III, 481, 503 f, 521 usw. *Petzold* 1969b). In seinem Text „Kinderanalysen mit Erwachsenen" (1931) hat er dann das Prinzip ausgearbeitet, das *Franz Alexander* unter dem Namen der „korrigierenden emotionalen Erfahrung" bekannt machen sollte. In seinem Plädoyer für eine „elastische psychoanalytische Technik" umreißt *Ferenczi* (1927/1928) die Grundlagen analytischer Kurzzeittherapie, die bis heute Gültigkeit haben. Sein empathischer, engagierter und emotional zugewandter Stil kontrastiert mit dem einiger neuerer Protagonisten analytischer Kurzzeit- und Fokaltherapie, etwa *Davanloos* (1985, 1986) „challenge and pressure to exhauste the patient's resistance" (*Laikin* et al. 1991, 85) oder *Malans* (1963, 1976) zurückhaltende Abstinenz oder *Sifneos'* Haltung des „unemotionally involved teacher", der den Patienten *konfrontiert* „with the anger, fear, anxiety and uncertainess which result from the examination of the areas of emotional conflict" (*Sifneos* 1972, 115). So ist es durchaus nützlich, sich für die Entwicklung von Konzepten zur Kurzzeittherapie an den Vätern dieser Behandlungsform zu orientieren. Sie sind pragmatisch an der praktischen Erfahrung mit Patienten ausgerichtet und weniger festlegend, so daß ihre Konzepte direkt an die „Erfordernisse der Praxis" zu adaptieren sind. Sie stimmen auch gut mit den Wirkfaktoren überein, die die moderne Psychotherapieforschung als bedeutsam für Heilungsprozesse herausgearbeitet hat (*Garfield* 1983, 1992; *Huf* 1992) und die für die Integrative Therapie besondere Wichtigkeit haben (*Petzold* 1992g, 1993m). Sie kommen nicht zuletzt in der IFK zum Tragen (vgl. Abschn. 6).

Ranks Arbeiten z. B. – sie sind über *Paul Goodman* in die Gestalttherapie eingeflossen –, seine späten Veröffentlichungen zur „Willenstherapie", aber auch „Art and Artist" sind für kurzzeittherapeutische Maßnahmen sehr inspirierend und haben den *erlebnisaktivierenden Stil* gestalttherapeutischer Arbeit im „Hier und Jetzt", der von mir in die Integrative Therapie übernommen wurde, sehr geprägt. *Rank* betonte überdies mit dem Konzept des *Willens* eine in Psychologie und Psychotherapie völlig vernachlässigte Größe, der gerade in der Kurzzeittherapie oft erhebliche Bedeutung zukommt (*Zottl* 1982, vgl. hier auch das Willenskonzept von *Assagioli* 1982).

Alexander und *French* (1946) haben die Konzeptionen der Elastizität und Flexibilität sowie das Konzept der *„korrigierenden emotionalen Erfahrung"* aus der *Ferenczi*-Tradition weiterentwickelt und versucht, sie empirisch abzusichern. Die anfänglich heftige Kritik an ihrer Arbeit greift nur insoweit, als daß in der Tat nicht davon ausgegangen werden kann, durch Kurzzeittherapien stabile Verinnerlichungen positiver Erfahrungen im Sinne eines *„reparenting"* zu erreichen. Aber es werden Kontrasteffekte, Korrekturen von Haltungen und Einstellung durch kognitive *und* emotionale Umbewertung möglich, wenn in der Therapie andere *Modelle des Umgangs im zwischenmenschlichen Bereich* erlebbar werden – so auch *Binder* und *Strupp* (1991) – und damit sind emotionale Orientierungen durchaus zu korrigieren.

In Kurzzeittherapien ist also eine Bildung tragfähiger „innerer Beistände" (guter „Objekte") durch Internalisierung entsprechender Qualitäten des Therapeuten (*Petzold* 1985l) oder eine Umstimmung von „Grundstimmungen", ja des „Lebensgefühls" (idem 1992b) – anders als in den Langzeittherapien – nach unseren Erfahrungen in der Regel *nicht* möglich. Wir unterscheiden uns hier in der Auffassung von einigen analytischen Fokaltherapeuten, die u. E. die Möglichkeiten des Aufbaus und der Verankerung guter „Repräsentanzen" in kurzen Behandlungssequenzen überschätzen. Wir fanden immer wieder, daß entsprechende Phänomene sich als mehr oder weniger oberflächliche Anpassungsleistungen ohne dauerhaften Bestand erwiesen, wenn nicht an „Vorarbeiten des Lebens" angeknüpft werden konnte. In den Integrativen Kurzzeittherapien sind wir deshalb besonders darauf gerichtet, auch *„prävalent salutogene Erfahrungen"* zu aktivieren und vorhandene *„innere Beistände"* (idem 1985l, 12 f; 1992a, 876) aus der Biographie des Patienten zugänglich und nutzbar zu machen, um positive Therapeutenqualitäten an derartige Vorerfahrungen anzubinden und auf diese Weise eventuell einen *benignen Kumulationseffekt* zu erreichen. Dabei ist zu beachten: Auch die positiven Vergangenheitserfahrungen sollten – genauso wie die *„prävalent pathogenen Milieus"* – nur im „Fokusrahmen" Gegenstand der Therapie werden, weil ein Fokus auch zur positiven Seite hin „ausbrechen" kann, was aufgrund von Kontrasteffekten häufig auch ein Nachstürzen pathogener „Trümmer" zur Folge hat, womit der zeitliche Rahmen der Kurzzeittherapie gesprengt wird. In *mittelfristigen Therapien* wird von uns versucht, Momente der Langzeittherapie und der fokalen Kurzzeittherapie indikations- und situationsspezifisch zu verbinden, indem wir Fokusverschiebungen und Fokuswechseln gemäß der Prozeßdynamik nachgehen. In der Kurzzeittherapie hingegen versuchen wir, die Stabilität des Fokus zu gewährleisten und den Patienten „am Ball", d. h. an der gezielten Bearbeitung des fokussierten Problems zu halten.

4. KONZEPTE ZUR FOKUSSIERUNG UND FOKUSWAHL

„Obgleich die Wissenschaftler, die sich mit Kurztherapieforschung befassen, einhellig der Meinung sind, daß ein dynamischer Fokus Therapeuten als Orientierungshilfe oder Bezugsrahmen für ihre Intervention dienen sollte, herrscht doch keine Übereinstimmung darüber, welche spezifische Form eine solche fokale Richtschnur annehmen sollte (innerpsychischer Konflikt, zwischenmenschliches Dilemma, Entwicklungssperre, anhaltendes, affektives Thema); und genausowenig ist man sich darüber einig, wie die Therapeuten an eine Fokusformulierung herangehen, sie entwickeln und darlegen sollen (*Kinston, Bentovim* 1981) oder auch nur darüber, wie die Qualität eines bestimmten

Fokus zu beurteilen ist" (*Strupp, Binder* 1984/1991, 100 f). An dieser Einschätzung hat sich bislang im Feld der Kurzzeittherapie wenig gewandelt. In der Fokaltherapie ist nach wie vor der „Fokuskern" keine absolute oder endgültige Formulierung, vielmehr dient er als „heuristische Leitlinie" (ibid. 101). Die klinische Praxis zeigt, daß es bei Patienten in der Tat immer wieder ein „Hauptproblem" gibt (*Mann, Goldmann* 1982), nur ist das, was als solches etwa im Eingangsgespräch präsentiert wird, keineswegs immer identisch mit der Störung im aktualen Lebensfeld oder mit der die Symptomatik *verursachenden* Problematik. Eine Beziehungskrise stellt sich zwar für die Betroffenen als aktuelle, schmerzlich erlebte Belastung dar, aber „hinter ihr" stehen oftmals ungelöste Probleme der Vergangenheit. Es kann aber auch bei Beziehungskonflikten eine akute Aktualsituation wirklich *das* Hauptproblem sein (Seitensprung, Schulprobleme des Kindes, Versetzung eines Partners an einen anderen Arbeitsort usw.). Schaut man nun auf Hintergründe, so trifft man zuweilen auf einen „Kernkonflikt" (*Alexander, French* 1946). Bei genauerer Exploration stellt sich aber dann heraus, daß es sich keineswegs nur um ein „Beziehungskernkonfliktthema" handelt, wie z. B. *Luborsky* (1977) annimmt. Zwischen solchen festlegenden, monokausalistischen Konzepten einerseits, die im Theoriebezug zum Teil sehr grundsätzlich an das (diskutable) Ödipustheorem anknüpfen (*Sifneos* 1972), und einer rein intuitiven, empathischen Arbeit andererseits, bei der sich der Fokus gleichsam im Geschehen aus dem Material gedanklich „herauskristallisiert" (*Malan* 1976) und schließlich Ansätzen, die zu einer Fokusbildung nach objektivierbaren Prinzipien führen, liegen Welten, auch wenn man diese heterogenen Modelle alle unter dem Oberbegriff „psychoanalytische Kurztherapie" subsummiert (*Leuzinger-Bohleber* 1989), was eine Einheitlichkeit suggeriert, die de facto nicht vorhanden ist (*Crits-Christoph, Barber* 1991).

Die Forscher der *Vanderbilt*-Studie haben den letzgenannten Weg forschungsgegründeter Fokuswahl beschritten, indem sie Prozeßforschung betrieben. Für die theoretische Fundierung schließen sie an narrationstheoretische Überlegungen von *Spence* (1982) oder *Schafer* (1983) an (*Strupp, Binder* 1984/1991, 104). Sie verweisen auch auf die Skript-Theorie von *Schank & Abelson* (1977), ohne indes – wie wir dies in der Integrativen Therapie tun – ein entwicklungspsychologisches Konzept der Skriptformation (*Nelson* 1993a, b; *Petzold* 1992a, 685 ff., 901 ff.; *Petzold, Orth* 1993a, 98 ff) vorzulegen oder den hermeneutischen Standort zu explizieren. Wir haben für diesen Kontext den Ansatz einer *dramatistisch-aktionalen Hermeneutik* entwickt (*Petzold* 1981i), die mit einer *diskursiv-narrativen Hermeneutik* (idem 1992a, 902 f) interagiert. Das Konzept, das wir in der Integrativen Therapie als *„narrativer Praxis"* entwickelt haben, nimmt dabei auf eine Vorstellung der *Biosodie*, der Lebenserzählung (*Petzold, Orth* 1993a, 100 f), Bezug, deren Archivierung zu einer *Biographie* und zu einer Konstituierung von Identität führt (idem 1991o), womit erzähltheoretische, entwicklungspsychologische, persönlichkeitstheoretische und interaktionistische Perspektiven in einer interventionsrelevanten Weise verbunden und eingesetzt werden. Hier wird Sprache als Handlung, Handlung als Sprache begriffen, wie es für originäre Formen der „Mündlichkeit" charakteristisch ist (*Jousse* 1969; *Petzold* 1969 IIa), und es läßt sich der Bereich des Imaginären, die (frühe) Bildwelt in Form „ikonischer Narrationen" aufnehmen, womit wiederum Anschluß an die bildliche Darstellung von Lebenskarrieren gefunden wird (*Petzold, Orth* 1993a, 120 ff). Das hat für die Methode der Fokussierung und das Konzept der Fokuswahl erhebliche Bedeutung, da das Material plastisch und konkret zugänglich wird und sich für den interaktionalen hermeneutischen Prozeß in der Therapie erschließt, denn natürlich wird auch die *Bildgeschichte* wieder in die „Zeit der Erzählung" (*Ricœur* 1986) getragen, in die Ko-respondenz zwischen Therapeut und Patient. Wir sind seit dem Kontakt mit dem hermeneutischen Werk *Ricœurs* in unserer Pariser Studienzeit in den sechziger Jahren einer „interaktionalen Tiefenhermeneutik“ verpflichtet (*Petzold* 1988a, b), waren aber im gleichen Milieu mit *Merleau-Ponty* und seiner anhand von Kinderzeichnungen entwickelten Vorstellung der „Bilderzählung“ in Kontakt gekommen (*Merleau-Ponty* 1950, 1969), was durch unsere intensiven Studien zu den Bildgeschichten ostkirchlicher Ikonographie (*Sieper* 1970; *Petzold* 1965 II, 1966 II a, b, f, 1968 II g) und dem Erzählcharakter naiver Malerei (idem 1969 II h) untermauert wurde. Schließlich war *Gabriel Marcels* Vorstellung, daß jede Erzählung ein *intersubjektives Unterfangen* sei – auch die Bilderzählung – für uns grundlegend. So können „Karrierepanoramen“ (*Petzold, Goffin, Oudhof* 1993) als Bilderzählungen und die sich daraus entwickelnden verbal-narrativen oder szenisch gespielten Sequenzen nicht vom aktualen Interaktionskontext losgelöst werden. Es läßt sich eben „der Erzählprozeß nicht von der aktuellen Patient-Therapeut-Beziehung trennen“ (*Strupp, Binder* 1984/1991, 111), so daß „eine Fokusformulierung die Phänomenologie der Erfahrung von Patient und Therapeut respektieren muß“ (ibid. 115) – eine beachtenswerte Formulierung, zu der diese psychoanalytischen Autoren aufgrund ihrer klinischen „Phänomenerfahrung“ kommen, ohne dabei den reichen Fundus phänomenologischer Theorie und Therapietradition im Rücken zu haben. Ihre Feststellung bedeutet, wie wir verschiedentlich herausgearbeitet haben, daß die Erzählung selbst und auch die Bilderzählungen der Lebens- und Karrierepanoramen eine *adressatengerichtete Qualität* haben, d. h. daß ihre Präsentation etwa einem alten oder jungen Behandler gegenüber variieren wird (*Petzold* 1991o), daß aber „*Monumente*“ – und die Konstituierung von Abwehrhaltungen, die Ausbildung von Symptomen und der Aufbau von fixierenden Narrativen sind Beispiele für derartige *Monumente* (idem 1991a, 371 f, 762) – auch eine gewisse „biographische Substanz“ gewährleisten. Diese Substanz wird in ihren pathogenen Dimensionen sowohl in den Reinszenierungen wie auch in der projektiven Qualität der ikonischen Narrationen, z. B. in den Formen, Farben und figuralen Elemente der Karrierepanoramen objektivierbar.

Die Karrierepanoramen im theragnostischen Prozedere der IFK werden vom Therapeuten angeleitet, vom Klienten/Patienten gefertigt und von beiden mit Blick auf Sinnzusammenhänge, aber auch auf eine Fokuswahl ausgewertet. So kommt dem Therapeut-Patient-Beziehungsgeschehen immense Bedeutung zu, dem „matching“, der „Passung“ – ein Umstand, der in Supervision und Kontrollanalyse in besonderer Weise beachtet werden muß (*Petzold* 1993m). Das gemeinsame Betrachten eines Lebenspanoramas, das „Anarbeiten“ dieser ikonischen Narrationen, dieser Symbolerzählungen, Bildgeschichten (*Petzold, Orth* 1993a), gibt wesentliche Hinweise, ob ein „*fit*“ möglich ist, ein „*meeting of the minds*“, wie dies bei *Balint* formuliert ist. Auf diesen Hintergrund muß man auch *Balints* Bild für die Fokaltherapie stellen, damit es nicht verkürzend wirkt: *Ein Baumstamm, der stromabwärts treibt, verhakt sich. Weiteres Holz fängt sich und staut sich an dem blockierten Baum, so daß das ganze Feld ins Stocken kommt. Kann aber gezielt ein Stamm gelöst werden, kommt das ganze Feld wieder in Bewegung* (*Balint, Ornstein, Balint* 1973). Welcher Stamm es aber ist, das muß „*ko-respondierend*“ mit dem Patienten erarbeitet werden, wobei die größere „Exzentrizität“ des Therapeuten ihm Hilfen geben soll, in den Prozeß des „atmosphärischen Erfassens“ und „szenischen Verstehens“ einzutreten. Dies wird der analytischen Realität gerecht, in der zwei Subjekte miteinander in „Beziehungsgeflechten stehen“ (*Klüwer* 1985, 98), und es entspricht auch der intersubjektiven Grundhaltung des Integrativen Ansatzes (*Petzold, Maurer* 1978). Der Patient wird zum „Kodiagnostiker“ und kann das Material, das ihm sein eigenes Unbewußtes in der bildnerischen Gestaltung dargeboten hat, schrittweise entschlüsseln. Im „Hier und Jetzt“ (idem 1981e) beginnt er, mit dem Therapeuten über seine Gefühle, seine Erlebnisse, sein Bild, sein Situationserleben „in Ko-respondenz“ (idem 1978c/1991e) zu treten, die damit Modellfunktion für den Alltag gewinnt: für seine Dialoge, seine Korespondenzen mit den Menschen seines Umfeldes. Der *Prozeß* des ko-respondierenden Problemlösens als Gegenstand des Lernens wird dabei wichtiger als die Lösung eines konkreten Problems. Eine solche gelungene Lösung hat ihre eigentliche Bedeutung in ihrer *„paradigmatischen Funktion"*. Hält man sich dieses fundamentale Faktum bei der Bestimmung des Fokus vor Augen, so wird deutlich, wie wichtig es ist, einen Fokus zu wählen, der auch mit einiger Aussicht auf Erfolg bearbeitet werden kann, um Erfahrungen des Scheiterns zu vermeiden, die an alte Versagenserlebnisse anschließen und einen generalisierenden Effekt der Resignation gewinnen können. Die Fokuswahl muß – selbst bei eingeschränkter Exzentrizität des Patienten – ko-respondierend am konkreten Material möglich werden, andernfalls kann eine fruchtbare Fokaltherapie nicht zustande kommen.

Die Fokuswahl im Modell der „Integrativen fokalen Kurzzeittherapie" (IFK) läßt sich als ein „komprimierter Ko-respondenzprozeß" (*Petzold* 1978c/1991e), als eine zeitbegrenzte „Suchbewegung intersubjektiver Hermeneutik" (idem 1988n, 269) kennzeichnen, wobei der „interaktionell gestaltete Fokus als die zentrale Drehscheibe des Prozesses" zu betrachten ist, wie *Thomä* und *Kächele* (1989, 359) formulierten. In mittelfristigen und langfristigen Therapien wird zwischen Patient und Therapeut und den Personen des relevanten Umfeldes (die durch das therapeutische Geschehen zumindest mittelbar betroffen werden und auf dieses zurückwirken) der therapeutische **Prozeß** im *Fortschreiten von Fokus zu Fokus*, im Zusammenspiel von variierenden, *nicht-linearen* Verläufen als eine komplexe, feine Textur gewirkt (*Petzold* 1969c, 21). In der Fokaltherapie versucht man nun einen Hauptfokus (*Makrofokus*) zu finden und zu halten, der von *Mesofoki* – „Themenkomplexe von mittlerer Reichweite, starker emotionaler Besetzung und biographischem Gewicht" (idem 1988n, 232) oder von *Mikrofoki* flankiert werden kann. Wir bedienen uns dabei des nachstehend erläuterten Modells.

Zeichenerklärung zur Abbildung 5:

F	=	Operativer Fokus (schwarz)
N	=	Nebenfokus (grauschwarz)
MIF	=	Mikrofokussierung (hellgrau)
MEF	=	Mesofokussierung (dunkelgrau)
MAF	=	Makrofokussierung (lichtgrau)
SF	=	Standardfokussierung (mittelgrau)
G	=	Gegenwart
V	=	Vergangenheit
Z	=	Zukunft
+	=	salutogenesezentrierte Perspektive der Fokussierung (protective factors, nourishing events)

–	=	pathogenesezentrierte Perspektive des Fokussierens (risk factors, adversive events, critical life events)
T	=	Perspektive der Therapeuten
P	=	Perspektive des Patienten
●	=	Prävalent pathogenes Milieu (PPM)
X	=	Prävalent salutogenes Milieu (PSM)
---	=	Dysfunktionale, maligne Narration (DN)
...	=	Benigne Narration (BN)
↻	=	Rotation der Perspektiven und Foki in spiraligen Prozessen

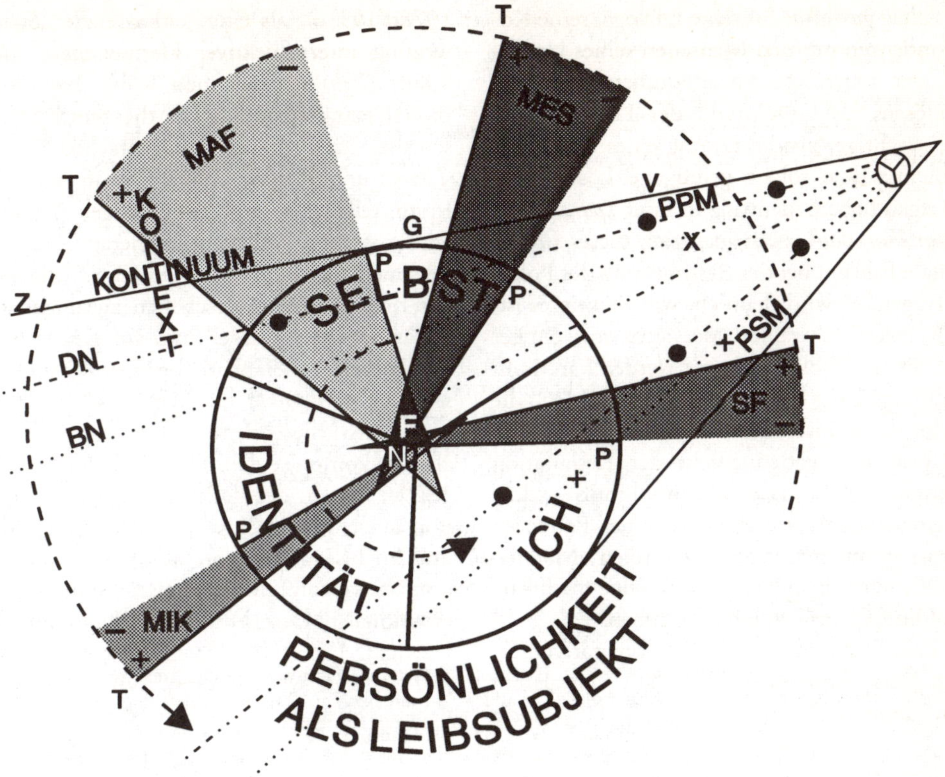

Abb. 5: *Fokusbildung im Prozeß* der IFK

Legende zur Abbildung 5: „Fokusbildung im Prozeß“ der IFK

Die Persönlichkeit mit ihren Dimensionen *Selbst-Ich* und *Identität* wird als gedrittelter Kreis (⊗) in *Kontext und Kontinuum* dargestellt. Das Leibsubjekt bewegt sich also in der Zeit, in der Lebensspanne und tritt als zeitliches in den therapeutischen Prozeß ein, in den es über die *Archive* seines Gedächtnisses seine Geschichte positiver, negativer und defizienter Erfahrungen einbringt. Das sich entfaltende biographische Material, wie es sich dem Therapeuten durch projektive Diagnosetechniken in kreativtherapeutischer Arbeit (*Orth, Petzold* 1993a, c; *Orth* 1994), durch das diagnostisch-anamnestische Gespräch, durch die Wahrnehmung, das „atmosphärische Erfassen“ und das „szenische Verstehen“ der Übertragung und Gegenübertragung in „gleichschwebender Aufmerksamkeit“ einerseits und in „experimentierender Interaktion“ (*Schneider* 1979; *Hawellek* 1988) andererseits erschließt, führt zu Themen aus der Lebensgegenwart und Lebensgeschichte des Patienten oder zu *Prospektionen* (*Petzold, Orth* 1993a, 132 ff.), zukunftsgerichteten Entwürfen. In diesen können sich *im Kontinuum „prävalent pathogene Milieus“* (PPM, dargestellt durch –) finden, in denen „Defizite, Traumata, Störungen und Konflikte“ (*Petzold* 1977a, 1992a, 574 ff.) die Narrationen, die lebendige Lebenserzählung (*Biosodie*) derart negativ beeinflussen, daß sich dysfunktionale Verhaltensmuster, Abwehrformen, Stile des Fühlens, Denkens, Kommunizierens ausbilden, die sich fortschreiben, einen fixierenden Charakter haben und die Narrationen im hohen Maße determinieren.

Wir sprechen dann von *„dysfunktionalen* oder *malignen Narrativen*" (DN) bzw. *„Skripts*" (ibid. 600 f, 906, 639 f). Übertragungen, Wiederholungszwänge (*Freud*), negativer Lebensstil (*Adler*), Negativskripts (*Berne* 1972; *Steiner* 1985), dysfunktionale Schemata (*Grawe* 1988) oder Pläne (*Caspar* 1989) sind ähnliche Konzepte aus anderen therapeutischen Schulen. (Sie sind im Diagramm durch gestrichelte Linien ---- mit • dargestellt). Andererseits finden wir *„prävalent salutogene Milieus*" (PSM, dargestellt durch X), biographische Lebensabschnitte, die überwiegend fördernd und aufbauend waren und in denen „benigne Narrative" (BN), sichernde und stützende Strukturen in der Lebenserzählung (dargestellt durch .... gepunktete Linien) ausgebildet werden konnten, die den freien Fluß der Narrationen nicht einengen und behindern, weil sie nur eine geringe Strukturierungen geben und eine entsprechende Plastizität haben.

Pathogene Milieus und salutogene Milieus, Schutzfaktoren X und Schadensfaktoren •, benigne und maligne Narrative sind *in ihrer Interaktion* zu betrachten. Aus der Gesamtheit des Materials, wie es sich einerseits aus der Perspektive des Therapeuten (T), andererseits aus der Perspektive des Patienten (P) darstellt, schälen sich in der Regel mehrere Schwerpunktbereiche heraus, die von ihrer Gewichtigkeit und ihrem lebensbestimmenden Umfang sich als *Makrofokussierung* (MAF, lichtgrau), *Mesofokussierung* (MES, dunkelgrau) und *Mikrofokussierung* (MIK, hellgrau) charakterisieren lassen können. Dabei erfolgt der Blick des Therapeuten in der Regel aus größerer Abständigkeit und *Exzentrizität* und ist in der Ausgangsposition breiter angelegt. Der Blick des Patienten – zumeist aus geringerer Exzentrizität, in sich selbst gefangen, durch Widerstände und Abwehrgeschehen behindert – greift häufig schmaler (in den die Perspektiven anzeigenden Keilen setzt die Patientenperspektive erst innerhalb der Persönlichkeitsgrenzen mit fetter gestrichelter Linie ein). Die unterschiedlichen lebensgeschichtlichen Materialien, die in den fokussierenden Blick genommen werden, können zu einer Überlappung oder zu mehreren Überschneidungszonen führen, deren dichteste wir als *„operativen Fokus*" (F, schwarz) bezeichnen. Er kann einen oder mehrere *Nebenfoki* (N, grauschwarz) haben. Je stärker die Perspektiven des Therapeuten und des Patienten im Hinblick auf den „operativen Fokus" übereinstimmen bzw. zur Übereinstimmung gebracht werden können (*matching*), d. h. aber auch je mehr der Patient an Exzentrizität und Ich-Stärke zur Verfügung hat, desto chancenreicher ist eine kurative Fokaltherapie, in der vom „Hier und Jetzt" der phänomenalen Gegenwart (G) ausgehend, *„prävalent pathogene Milieus*" (PPM), aber auch *„salutogene Milieus*" (PPS) der Vergangenheit (V) betrachtet und für die Bewältigung der *Gegenwart* fruchtbar gemacht werden. Aber auch negative Entwürfe für die Zukunft (Z, Ängste, Befürchtungen, Katastrophenerwartungen) als Fortschreibung pathogener Vergangenheitseinflüsse (die zu *dysfunktionalen* oder *malignen Narrativen* geführt haben), jedoch auch Hoffnungen, Sehnsüchte, Wünsche, Ziele als *Prospektionen* (*Orth*, *Petzold* 1993a, 132 f) – in der Regel Fortschreibungen salutogener Erfahrungskontinuitäten – werden in den Blick genommen.

Die Perspektiven, die sich aus dem Material des Patienten ergeben, verändern sich im Verlaufe des Prozesses – für den Therapeuten wie für den Patienten. Die „klinischen Hypothesen" des Therapeuten und die „subjektiven Theorien" (*Flick* 1991) des Patienten sind in der Regel nicht völlig festgelegt. Sie sind den *Viationen* des therapeutischen Geschehens unterworfen, und damit können sich auch „Viationskerne" (*Petzold* 1988n, 234), können sich der „operative Fokus" oder „Nebenfoki" verändern und *Fokuswechsel* (ibid. 233, 246) stattfinden. Besonders Nebenfoki können in den zumeist spiralig verlaufenden Prozessen einer stärkeren Rotation (   ) unterliegen. Dadurch kann der operative Fokus – etwa ein zentraler Konflikt (auf den man in der Fokal- bzw. Kurzzeittherapie zentriert) – von verschiedenen Seiten beleuchtet werden.

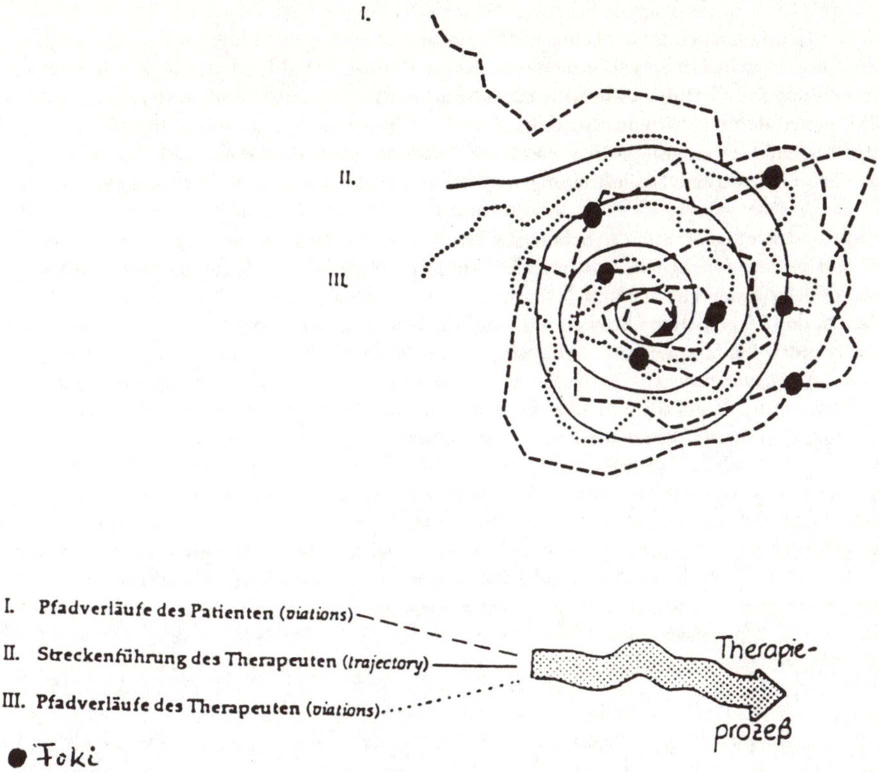

Abb. 6: *Rotierende Foki im spiralig mäandrierenden Fortschreiten des Therapieprozesses*

In jede dieser Konstellationen geht die *„Standardfokussierung"* (SF, mittelgrau) ein, mit der der Therapeut auf das soziale Netzwerk des Patienten, seine psychosoziale Situation blickt und ihn anregt, über diese Zusammenhänge nachzudenken, um die „Ursachen hinter den Ursachen" (*Petzold* 1991c, 1993d), d. h. die gesellschaftlichen Bedingtheiten seelischer bzw. psychosomatischer Erkrankungen nicht aus dem Blick zu verlieren (*Knobel* et al. 1992; *Dickwach* et al. 1992). Verödete oder zerbrochene soziale Netzwerke haben in der Regel auch makrogesellschaftliche Hintergründe (z. B. Arbeitsmarktlage), und es ist wichtig und für Patienten oftmals entlastend, zu sehen, daß ihre persönliche Misere auch noch andere Hintergründe hat, als z. B. die eines persönlichen Versagens, einer persönlichen, schuldhaften Verstrickung, eines individuellen Scheiterns, d. h. Konstellationen, die Scham- und Entwertungsgefühle als Folge haben (*Lewis* 1993).

Nehmen wir als Beispiel einen *operativen Fokus*, der sich aus der *Makrofokussierung* auf eine schwierige Vater-Sohn-Beziehung ergibt und hier insbesondere – in Verengung der Ausgangsperspektive – durch Fokalisierung der negativen Seiten (–), der gewalttätig-repressiven Aspekte dieser Beziehung. Durch diese *Makrofokussierung*, aber auch durch eine *Mesofokussierung* auf die passive Mutter, die in Szenen der Gewalt dem Sohn keinen Schutz zu Teil werden ließ, ja, die selbst z. T. Opfer dieser Gewalt wurde, und schließlich durch die *Mikrofokussierung* auf eine vom Vater bevorzugte Schwester, die „Pappas Liebling" war (zu Lasten ihres Bruders), stoßen wir auf ein „malignes Narrativ" --- im Leben des Patienten: seine unterwürfige Haltung gegenüber „Autoritätspersonen", von denen er sich ausnutzen und demütigen läßt. Als weiteres Wiederholungsmuster findet sich ein verdecktes und zuweilen bösartiges Konkurrenzverhalten (Schwesterproblem), daß, wenn es offenbar wird (und es wird natürlich offenbar), zu massiven Ablehnungen des Patienten durch seine Umgebung führt. Der *operative Fokus*, der sich in der Überschneidung der drei Fokussierungen ergibt, steckt den Rahmen der therapeutischen Bearbeitung der Narrative und ihrer Hintergründe ab. Mutterproblematik und Geschwisterproblematik werden als *Nebenfoki* soweit beigezogen, wie es für die Bearbeitung des Vaterproblems und das „Unterwerfungsnarrativ" notwendig wird, ohne daß die Mutterfrage oder die Geschwisterfrage selbst zu einem *operativen Fokus*, zu einem Hauptfokus im therapeutischen Geschehen wird und das „Konkurrenznarrativ" zu viel Raum in der Behandlung bekommt. Das Vaterproblem wird auch nicht in seiner ganzen möglichen Vielschichtigkeit bearbeitet, um den gegebenen, zeitlich befristeten Rahmen der Fokaltherapie nicht zu sprengen. So werden memorationsfördernde (bei bewußt zugänglichem Material) oder aufdeckende (bei unbewußtem Material) Explorationen in Richtung *prävalent pathogener Milieus* nur im „Raum des Fokus" vorgenommen und jenseits dieses Raumes liegende Linien (z. B. Defiziterfahrungen durch zeitweilige, längere Abwesenheiten des Vaters, fehlende Vorbildfunktion usw.) „seitlich liegengelassen" oder nur „am Rande" gestreift. Das gleiche gilt auch für die möglichen positiven Seiten in der Fokussierung (+), für salutogene Bezugslinien. Sie werden nur insoweit beigezogen, wie sie in der Fokalisierung der „repressiven Gewalttätigkeit des Vaters" entlastende Aspekte bieten können. In der Grafik gehen von den gestrichelten DN-Linien ---- und den gepunkteten BN-Linien ···· nur zwei von MAF und MES und nur eine vom *operativen Fokus* aus in die Vergangenheit. Die anderen thematischen Linien bleiben von der Fokaltherapie unberührt.

Mit der hier geschilderten, dreizügigen Vorgehensweise, die auf die Interaktion von Belastung-, Entlastungs- und Defizitmomenten ausgerichtet ist, und mit seiner Ressourcenorientiertheit unterscheidet sich unser Ansatz deutlich von dem einseitig pathologiezentrierten Vorgehen der übrigen psychodynamischen Kurz- und Fokaltherapien (*Leuzinger-Bohleber* 1985; *Strupp, Binder* 1991; *Klüwer* 1976; *Crits-Christoph, Barber* 1991). Die Arbeit mit verschiedenen Fokussierungen und das sich dabei ergebende „*Behandlungsfenster*" mit einem *operativen Fokus* bzw. *Hauptfokus* und verschiedenen *Nebenfoki*, die als „*Seitenfenster*" Blicke auf Bereiche der Biographie freigeben, durch welche der *Hauptfokus* flankierend gestützt werden kann, ermöglichen eine variable Fokusgestaltung, bei der die aktuelle Problemlage (geklagte Störungen oder Beschwerden, zwischenmenschliche Konflikte o. ä.) zum Ausgangspunkt genommen wird. Schon in der Exploration der Situation, wird nach der „*Reinszenierung maligner Narrative*" Ausschau gehalten, Konstellationen, die den Eindruck erwecken, als handele es sich dabei um die Fortschreibung alter, dysfunktionaler Beziehungs- und Handlungsmuster. Die Qualität von Übertragung und Gegenübertragung liefert zusätzliche Informationen, um im Verein mit der biographischen Exploration zu Szenen mit „homologen Strukturen" (*Petzold* 1990p) zu kommen. Findet man derartige „fixierte szenische Arrangements", „Narrative", „Skripts", so wird es für die Behandlung wichtig herauszufinden, welche Rolle der Therapeut in diesen Szenen und Stücken vom Patienten zugeschrieben bekommt und in welcher Form er sie „*verkörpern*" will. Neben der Grundhaltung, in der Therapie Atmosphären zu aktualisieren, die einen „*significant caring adult*," eine „persönlich bedeutsame Bezugsperson" kennzeichnen (*Petzold, Goffin, Oudhof* 1993), um „*Kumulativeffekte benigner Erfahrungen*" zu ermöglichen, kann eine Akzentuierung von spezifischen Qualitäten auf der Übertragungsebene nützlich sein. So kann der Therapeut z. B. (wie in dem unter Abschnitt 5 mitgeteilten Beispiel von *Klaus O.*) bewußt seine „väterliche Seite" innerlich „aktivieren". Wir setzen damit in unserem Ansatz eine „aktive szenische Gestaltung" der Übertragung und Gegenübertragung ein, stärker als dies von anderen, mit einem ähnlichen Ansatz arbeitenden analytischen Autoren geschieht (*Luborsky, Mark* 1991; *Baker* 1991; *Laikin* et al. 1991; *Leuzinger-Bohleber* 1985, 65). Aufgrund der Arbeiten *Lorenzers* (1970, 1974) und *Argelanders* (1970) wird von einigen psychoanalytischen Fokaltherapeuten das Konzept des „szenischen Verstehens" verwandt (*Klüwer* 1976, 1978, 1985). In unserem Konzept des *„szenischen Verstehens"* als *compréhension scénique* – es wurde von mir unabhängig von *Lorenzers* Arbeiten entwickelt – (*Petzold* 1969b/1988n, 469 f, 1970c, 1988n, 319, 590) – kommt noch das *„atmosphärische Erfassen"* (*appréhension atmosphérique*) und das *„szenische Handeln"* (*action scénique*) hinzu, und zwar sowohl durch die aktive Rollengestaltung des Therapeuten, wie auch durch den Einsatz dramatherapeutischer Verfahren. Wir schließen hier klar an die szenische Arbeit von *Iljine, Ferenczi, Moreno* und von *Fritz* und *Lore Perls* sowie die des „analytischen Psychodramas" an (*Lebovici* et al. 1958; *Anzieu* 1982; *Basquin* et al. 1987; *Petzold* 1972a, 1982a). Dabei kommt der Begleitung in Kontrollanalyse und Supervision eine besondere Bedeutung zu, da sich in ihr, wie wir an anderer Stelle dargestellt haben (*Petzold* 1993m), die szenischen Konstellationen in diesen Settings als „systemische Resonanzphänomene" bzw. „strukturelle Echoeffekte" im *Mehr-Ebenen-System* der Supervision reproduzieren. Ähnliche Phänomene hat *Klüwer* (1985, 103 ff.) beschrieben, dessen Ansatz von der praxeologischen Seite her in bestimmten Konzeptualisierungen – etwa der Betonung des „Verhältnisses von Lebensgeschichte – Krankheitsgeschichte – Behandlungsgeschichte" und der Aufgabe der „Aneignung der Geschichte" (ibid. 107) – unseren Auffassungen noch am nächsten kommt (vgl. unsere narrationstheoretischen Überlegungen in *Petzold* 1991o).

5. *FOKUSFINDUNG UND FOKUSHANDHABUNG – FALLBEISPIELE AUS DER IFK*

Auf dem Hintergrund der voranstehenden Ausführungen und des dargestellten Modells möchten wir verschiedene Beispiele für unterschiedliche Problemlagen geben, die eine fokalisierende Kurzzeittherapie indiziert erscheinen lassen.

5.1 *Fokaltherapeutische Akutbehandlung*

Mit Abb. 7 möchten wir ein dreizügiges Karrierepanorama mit den Erfahrungsströmen (Positiv-, Negativ-, Defiziteinflüsse) vorstellen, das ein Patient erstellt hat, der wegen einer akuten Angst-/Streßsymptomatik und Schwierigkeiten in seiner Partnerschaft sowie Kontaktproblemen in seinen sozialen Beziehungen (Außenseiterposition) in die Behandlung kam. An diesem Bild kann der Prozeß der Fokusbildung sehr anschaulich exemplifiziert werden. Nach einem einstündigen, explorativen Erstgespräch, aufgrund dessen uns „Panoramaarbeit" möglich schien, wurde eine Doppelstunde für die zweite Sitzung vereinbart. In dieser wurde die Panoramatechnik vorgestellt und das Bild nach zehnminütiger Einstimmung in ca. vierzig Minuten gestaltet. Für das Gespräch mit einer ersten Auswertung folgten unmittelbar anschließend 30 Minuten. Das dritte Gespräch (50 Min.) in der folgenden Sitzung brachte eine weitere Vertiefung und die Festlegung des *„operativen Fokus"*.

*Klaus O.**, ein 28jähriger Schreinermeister mit arbeitstherapeutischer Fortbildung in einer Behindertenwerkstatt, kommt wegen diffuser Angstzustände und gelegentlicher Panikattacken in die Behandlung. In seinem Panoramabild sind die Mutter und die Geburt in leuchtendem Rot-Gelb dargestellt. Der Vater, symbolisiert durch erdiges Braun, stützt die Schwangerschaft und die erste nachgeburtliche Zeit.

---

* Das Beispiel wurde anonymisiert.

Die Geburt ist, wie der Patient aus Erzählungen zu berichten weiß, schwer verlaufen und im Bild durch die schwarze Farbe angedeutet. Gegen Ende des ersten Lebensjahres verstirbt der Vater nach einem Arbeitsunfall. »Er wurde vom Tod verschluckt*«, so sagt der Patient. Aus dem Rachen dieses Zerberus kommen zwei Ströme, ein *violetter*, die „Kette widriger Ereignisse", ein *grauer*, die „fortgesetzten Mangelerfahrungen", die Defizite. Von der Mutter geht ein *gelber* Strom aus, die Leitfarbe der „Kette positiver Erfahrungen". Das Bild läßt die drei Strömungen gut erkennen. Die positiven, salutogenen Einflüsse werden symbolisiert durch helles Gelb und kräftiges und lichtes Grün: »Die Landschaft meiner Kindertage!« Ein Jahr nach dem Tod des Vaters zieht man von der Kleinstadt ganz auf das Land, und hier schießen Gelb und Grün hoch auf und tief hinab. Sie durchschneiden sogar den grauen Strom der Defizite für kurze Zeit. Orange, schalenförmige Gebilde, die sich über den ganzen Strom positiver Ereignisse ziehen, erweisen sich als die bergenden und helfenden Hände der Patentante und der Großmutter. Das Grau symbolisiert den abwesenden Vater, aber auch Armut und eine große Isolation – die Nachbarn wollen mit der jungen Witwe nichts zu tun haben, Nachbarskinder nichts mit dem »fremden Jungen«. Im violetten Strom der *„chains of adversive events"* finden sich blaue Personen, die »Übles wollen und Übel bringen«, weiterhin der Tod der Großmutter (ein schwarzes Kreuz) und immer wieder auch die Köpfe verschlingender Ungeheuer. Eine gescheiterte Liebesaffaire der Mutter läßt sie aus sattem Grün und Rot abstürzen, vor die »Mäuler der Nachbarschaft«, und natürlich sind »alle Feinde zur Stelle, wie das so auf dem Dorf ist. Keiner hat dem anderen was gegönnt, außer es war schlecht« (vgl. die Schilderung derartiger Atmosphären bei *Schneider* 1993). Der Junge ist zu diesem Zeitpunkt 17 Jahre alt und hat in einem Jugendgruppenleiter (dargestellt durch einen erdig-braunen Kreis mit einem grünen Keim) einen väterlichen Freund gefunden, der versucht, den Außenseiter zu integrieren. Hier entsteht eine Beziehung, die durchträgt, die den violetten Strom negativer Ereignisse unterfängt und aus der sich ein kraftvolles Grün – eine gelingende berufliche Entwicklung – ein akzeptierender Freundeskreis und eine lebendige Liebesbeziehung (rot-grün, Interaktion am Schluß des Bildes) entwickelt. »Die einzigen Probleme sind die Ängste und daß ich mit meiner Freundin und meinen Freunden nie über persönliche Sachen reden kann, also über Gefühlssachen! Ja... und da bleib ich oft am Rand« – so der Patient. Der violette Strom indes bleibt, denn immer wieder »beißt das Leben zu«. Der Patient hat Angstzustände. Er erkennt, daß das Unbewußte in Panikattacken spricht: »Die Hunde sitzen jetzt in meinem Kopf und überfallen mich«. Symbolisiert ist dies durch die blauen Hundeköpfe. Sie verdichten die vergangenen Schrecken der Biographie (*Petzold, Orth* 1993a, 132 ff.). Der Patient ist wegen dieser Paniksymptomatik zur Behandlung gekommen. Er will »die Ängste und Spannungszustände wegkriegen« und die Kommunikationsprobleme, die in einer prinzipiell von ihm als positiv erlebten Entwicklung, sein Leben einengen.

Damit ist auch schon ein *„dysfunktionales Narrativ"* (DN) gefunden. Der Patient reproduziert immer wieder Außenseitersituationen, aus denen er trotz der Hilfeangebote wohlmeinender Kameraden oder Kollegen nicht herauskommt. Er wird in der Regel nicht mehr ausgegrenzt, sondern er grenzt sich selbst aus und hält sich randständig. Man läßt ihn in dieser Position. Eine weitere Dimension des *Narrativs* ist, daß sich der Patient aus Kommunikationen zurückzieht (meist abrupt), wenn sie persönlich oder emotional werden. Das Erstgespräch zeigte einen angespannten jungen Mann mit einer hohen Motivation, die als sehr belastend erlebten »Symptome« loszuwerden. Der Patient zeigt sich durchaus als reflexiv mit einem sehr bild-

* Die im folgenden in kursiven »Anführungsstrichen« stehenden Zitate sind aus den Stundenprotokollen bzw. Sitzungstranskripten.

haften Erinnerungsvermögen und einer beruflichen Vertrautheit im gestaltenden Umgang mit Materialien. Er hat über die Hintergründe seiner Angstzustände und Kontaktprobleme seine „subjektiven Theorien“ (*Flick* 1991) aufgebaut: Der frühe, plötzliche Vaterverlust und die dadurch entstandenen Folgebelastungen seien »wohl für seine Probleme verantwortlich« (Begründungsargument, vgl. *Petzold* 1991o, 374 ff.). In der Übertragungsqualität fiel eine für ein Erstgespräch sehr große „Zutraulichkeit“ auf (zumal keine eigenen therapeutischen Vorerfahrungen vorhanden waren). Der Patient rückte so „nah heran“, daß für den Therapeuten ein Abgrenzungsbedürfnis entstand. Als dann gegen Ende der Stunde noch ein weiteres Interview vorgeschlagen wurde, um mehreren Fragen noch vertiefend nachzugehen, reagierte der Patient sehr unvermittelt schroff, fast feindselig, als wenn der Therapeut ihm mit diesem Ansinnen (es wurde schon in den ersten Minuten des Erstgespräches als Möglichkeit in Aussicht gestellt) „zu nahe getreten“ wäre. Die Stimmung schlägt aber wieder um in ein äußerst kooperatives Verhalten, und so wird eine Doppelstunde vereinbart. Dem Therapeuten blieb ein zwiespältiges, ambivalentes Gefühl zurück. Beim zweiten Interviewtermin wurde die Erstellung des Karrierepanoramas vorgeschlagen. Sein Zweck und seine Bedeutung für eine Behandlung sowie die Zusammenhänge und die Vorgehensweise wurden erklärt. Der Patient nahm dieses Angebot gut auf und ging intensiv an die Gestaltung. In diesen Interaktionen war wiederum die Qualität der „Anhänglichkeit“ deutlich spürbar geworden, eine Qualität, die der Therapeut aus dem Umgang mit Heimkindern oder Kindern von Alleinerziehenden kennt, bei denen der „Individualdetektor“ (das Erkennen von vertrauten Einzelpersonen) nur unscharf ausgeprägt ist (*Bischof* 1985, 473), so daß sich eine generelle Zutraulichkeit gegenüber Fremden finden läßt, aber auch abrupter Rückzug und Verschlossenheit. Diese „Gegenübertragungsresonanz“ des Therapeuten sollte sich für die Diagnostik, wie auch für die Fokalintervention als wichtig erweisen, zumal sie durch das Karrierepanorama vollauf bestätigt wurde.

In der Nachbesprechung und Auswertung des Bildes wurde auf die Frage, welchen Schwerpunkt denn der Patient in der Therapie setzen wolle, von ihm klar der »Verlust des Vaters« benannt. Der Therapeut konnte diesem Thema (als „Makrofokussierung“) zustimmen, so daß die Wahl der Fokussierung, aufgrund derer ein *„operativer Fokus“* mit guter Wahrscheinlichkeit gefunden werden kann, *konsensuell* erfolgte. Dabei wurde auf das traumatische Ereignis und seine konflikthaften Folgen abgestellt sowie auf die Folgen der Defiziterfahrung. In seinen klinischen Überlegungen schloß der Therapeut schon während des Erstgesprächs mit dem Patienten für sich die Möglichkeit einer kurzzeitig erreichbaren Kompensation der Defiziterfahrung in Form einer fokalen Parenting-Behandlung (*„zweiter Weg der Heilung“*, *Petzold* 1988n) aus, nicht zuletzt mit Blick auf die große „Anhänglichkeit“ des Patienten und das plötzliche Umschlagen in schroffe Abgrenzungen. Das Klima der Exploration wies darauf hin: Hier war Abgrenzungsarbeit zu erwarten, um den Fokus „stabil zu halten“. Als zwei *Mikrofokussierungen* wurden von Therapeuten die »feindseligen Reaktionen der Umgebung« und der »Lebenskampf der Mutter« ins Auge gefaßt. Die *Mikrofokussierungen* sollten sich als nicht sehr wesentlich erweisen und haben zu keinen prägnanten *Nebenfoki* geführt.

Aufgrund der Übertragungsqualität und ihrer „szenischen Resonanz“ beim Therapeuten (undifferenzierte Zuwendung des Kindes zu „fremden Männern“) einerseits und aufgrund verschiedener Indikatoren in der bildnerischen Darstellung (z. B. die Beziehung zum Jugendgruppenleiter) anderseits, insbesondere aber, weil der Gesamtkontext der Gegenwartssituation nicht sehr plastisch wurde, entschloß sich der Therapeut zu einer weiteren Exploration – und zwar wiederum mit bildnerischen Mitteln, da diese vom Patienten gut aufgenommen wurden. Es wird ein *Identitätsbild* (2.2.1) angeboten, nach Zustimmung des Patienten angeleitet und vom Patienten erstellt (Abb. 8).

Legende zum „Identitätsbild" von Klaus O. (Abb. 8)

Das Identitätsbild von *Klaus O.*, in dem er die „Fünf Säulen der Identität" vorstellt, weist offensichtliche Unausgeglichenheiten auf.

I. Leiblichkeit

Die Darstellung der „Leiblichkeit" akzentuiert einen kräftigen, sportiven Körper, der allerdings auch sehr gepanzert erscheint. Der Genital- und Beckenbereich ist mit brauen und schwarzen Schraffuren abgedeckt (»Da soll man nicht hinsehen!«). Die Herzregion ist in Rottönen gehalten – eine sehr verletzte und verwundbare Region. Das Herz selbst wird durch einen Kasten geschützt (»Der ist aber schon durchlässiger geworden« – so der Patient). Hier zeigt sich eine Geschichte von Verletzungen, Demütigungen, Ausgrenzungen, aber auch die Lebensarbeit, die in Richtung einer Überwindung von vergangenen Kränkungen und einer allmählichen Öffnung in den sozialen Raum geht. Der Kopf wird als »Schaltzentrale« dargestellt. Der Patient betont in der Nachbesprechnung, daß er oft nur durch »Vernunft und Selbstdisziplin« mit allem fertig geworden sei.

II. Soziales Netzwerk

Die Identitätssäule der sozialen Beziehungen nimmt sich neben der Leibsäule nicht sehr stabil aus. Sie läßt die Entwicklungsgeschichte des sozialen Netzwerkes gut erkennen. Das Fundament zeigt noch eine dichte Verflochtenheit, ein sicheres Beziehungsnetz. Dann aber werden die spätere Kindheit und die Adoleszenz mager. Schwarze Pfeile symbolisieren die Attacken von außen. Spätere Adoleszenz und junges Erwachsenenalter zeigen wieder mehr Lebendigkeit und eine größere Dichte und Offenheit des Beziehungsnetzes. Viele der rot-gelben Linien im oberen Teil sind soziale Kontakt, die die Freundin des Patienten »in die Beziehung mitgebracht« hatte.

III. Arbeit, Leistung, Freizeit

Die Säule „Arbeit, Leistung, Freizeit" ist besonders ausgeprägt. Überwiegend in Blau gehalten und durch die Beziehungssäule reichend, ist sie massiv, platznehmend und breit – ausgestattet mit Büchern und technischen Geräten. Für den Freizeitbereich finden sich kaum Anhaltspunkte. Wie schon in der Leibsäule und der des sozialen Netzwerkes hat die Freudin – symbolisiert durch leuchtendes Orange – eine herausragende Stellung. Sie hat sich »ihren Platz im Freizeitbereich erkämpft«.

IV. Materielle Sicherheiten

Die Säule der „materiellen Sicherheiten" ist solide. »Ich habe mein Auskommen, da läuft alles gut!« Der Patient hat im Beruf Erfolg. Er stellt diesen Aspekt seiner Identität in hellen, kräftigen Farben dar. In der Kindheit ist dieser Bereich mager. Treppen zeigen: »Es geht aufwärts. Früher waren die Sicherheiten immer draußen bei den anderen. Jetzt habe ich selbst eine sichere Position!« Die Treppen verweisen auf eine Leistungsproblematik. Die Säule ist schwarz-braun eingerahmt, so daß wenig Möglichkeiten für kreativen Spielraum da zu sein scheinen und die materiellen Sicherheiten offenbar auch sehr geschützt werden müssen.

V. Werte

Der letzte Identitätsbereich in der Darstellung von *Klaus O.* ist der der Werte. Er zeigt eine voluminöse, farbintensive Basis, um deutlich zu machen, wie nachhaltig insbesondere die religiöse Sozialisation – Angst, Sünde, Schuld sind beherrschende Themen – in Kindheit und Jugend gewirkt hat. Dann aber, in der Adoleszenz und im jungen Erwachsenenalter, hat es Einbrüche und Verwerfungen gegeben. Das Vertrauen des Patienten in wertsetzende Institutionen, insbesondere in die Kirche, wurde »schwer angeschlagen«. »Das Ganze hatte nicht mehr so ein Gewicht!«. Dennoch erkennt *Klaus O.*, daß er – trotz vordergründiger Distanzierung – von einem strengen Werte- und Normensystem (einem säkularisierten) bestimmt ist. In der Darstellung bringen die massiven, geschlossenen Quadrate zum Ausdruck: »Ein eingekasteltes System von dem, was richtig ist und was falsch ist; das hält doch ziemlich gefangen!« Die Farben sind überwiegend düster und zeigen die belastende Qualität des normativen Moments durch Symbole wie Paragraphenzeichen und das »Auge Gottes, das alles sieht«.

Das Identitätsbild von *Klaus O.* (Abb. 8) bietet wertvolle Ergänzungen zum dreizügigen Karrierepanorama (Abb. 7). Es bestätigt die Indikation zur fokalisierenden Kurzzeittherapie, denn der Patient zeigt sich auch hier hinsichtlich der Entwicklung seiner Identitätsbereiche als recht bewußt. Weiterhin wird deutlich, daß seine *Ressourcen* und Supportsysteme (soziales Netzwerk, materielle Sicherheit, Arbeit, Leistung, Freizeit) die notwendigen Rahmenbedingungen gewährleisten können, die für eine Kurzzeittherapie notwending sind. Selbst in der diffusen Wertesäule zeigen sich noch strukturierende Momente, die Bestand haben und durchtragen und nicht nur auf die Seite überstrenger, ja toxischer Normierung bzw. Über-Ich-Strukturen gebucht werden dürfen.

Identitätsbilder, wie das von *Klaus O.*, können unmittelbar nach der Fertigstellung erlebnisaktivierend exploriert werden, man kann aber auch die Klienten/Patienten Kommentare zu der Darstellung der Identitätssäule schreiben lassen. Sie sind insofern aufschlußreich, als daß sie die Selbstdarstellungen der Klienten/Patienten, ihr Problembewußtsein und Reflexionsniveau gut erkennbar werden lassen.

Es ist an dieser Stelle vielleicht wichtig, darauf hinzuweisen, daß in der Gestaltung der Therapeut-Patient-Beziehung von den ersten fokaldiagnostischen bzw. theragnostischen Schritten bis in die Form der fokaltherapeutischen Interaktion der Therapeut darauf bedacht ist, nicht nur den Fragen der *Relationsmodalitäten* (Konfluenz, Kontakt, Begegnung, Beziehung, Bindung, Abhängigkeit, vgl. *Orth, Petzold* 1993b, dieses Buch) und dem Übertragungs-Gegenübertragungsgeschehen (idem 1980g) Bedeutung zuzumessen, nicht nur sich dem psychodynamischen Pfadverlauf (vgl. Abb. 6) des Patienten (*Viation I) zuzuwenden oder des eigenen Weges bewußt zu sein (Viation II*, vgl. idem 1992a, 615 f, 734 f), sondern auch seine Strategien und Interaktionslinien (*trajectories*, ibid. 616) bewußt zu planen. Dabei kommt dem direkten und indirekten Einsatz therapeutisch wirksamer Faktoren (*Huf* 1992; *Garfield* 1983, 1992) besondere Bedeutung zu. In der IFK stellen wir dabei besonders auf die *„14 therapeutischen Wirkfaktoren"* (**VTW**) ab, die wir für die Arbeit in der Integrativen Therapie unter Rückgriff auf die Psychotherapieforschung und in Auswertung institutsinterner Falldokumentationen und Graduierungsarbeiten herausgearbeitet haben (*Petzold* 1992g) und die in Abschnitt 6 dieser Arbeit im einzelnen dargestellt werden. Natürlich kommen nicht alle Faktoren in jeder Therapie zum Tragen und selbstverständlich nicht alle in gleicher Gewichtigkeit, da die Problemkonstellationen sehr verschieden sein können. In dem hier mitgeteilten Therapiebeispiel werden zur Kennzeichnung die Faktoren in Abkürzungen (EV, LM, TN usw. siehe Abschn. 6) hinter relevante Passagen gesetzt.

Klaus O. hat eine komplexe Problemlage, deshalb werden die Mehrzahl der **VTW** zum Tragen kommen. Die Wahl des *„operativen Fokus"* – „Beziehungen zu Männern" – wird durch das Material, das der Patient im weiteren Verlauf der theragnostischen Phase bringt, und durch sein Interaktionsverhalten zum Therapeuten hin abgestützt. Er wird in der Exploration der Frage nach etwaigen „Ersatzvätern" und in der Reflexion der Beziehung zum Jugendgruppenleiter weiter verfolgt. Schließlich wurde thematisiert, welche Rolle denn für den Patienten der Mann gespielt habe, der Ursache der gescheiterten Liebesaffaire der Mutter, ihrem »Absturz«

und all den negativen Folgen war und welche Zusammenhänge es hier gab (EE). Dieses Thema löst über drei bis vier Stunden sehr heftige Reaktionen von seiten des Patienten aus. Er hat vermehrt Panikattacken und Angstträume. Er erinnert sich: »Dieser Typ ist mir zu sehr auf die Pelle gerückt.« Auf die Frage, ob diese Annäherung vielleicht eine homosexuelle Qualität gehabt habe, gibt der Patient eine sehr klare, fast schroffe, verneinende Antwort.

Therapeut: »Es war nur so ein Eindruck, und das ist ja ein Thema, über das viele Menschen nicht leicht sprechen können!« (EV)

Der Patient stockt und beginnt plötzlich zu schluchzen.

T: »Lassen sie ihre Gefühle ruhig zu. Das ist in Ordnung so.« (ES)

Im Verlauf der Stunde berichtet *Klaus O.* dann, daß er kurz nach dem Tod der Großmutter eine sehr gewaltsame und bedrohliche homosexuelle Erfahrung mit einem Landarbeiter aus einem der benachbarten Bauernhöfe gehabt habe. Dieser habe ihm gedroht, ihn totzuschlagen, wenn er etwas verlauten lasse. Der im Panorama (Abb. 7) neben dem zweiten Kreuz von der violetten Konfliktkette ausgehende, in den Defizitbereich hereinragende, schwarz schraffierte Balken mit seiner gerundeten Spitze wird jetzt identifiziert: »Das ist der Riesenapparat von dieser Sau!« Der Patient kann nun seine häufigen, überschäumenden Angstgefühle mit seinen Ängsten bei und nach dem Mißbraucherlebnis verbinden (EE). [In der Identitätssäule „soziales Netzwerk" (Abb. 8) findet sich gleichfalls eine schwarzer, attackierender Pfeil, der an einen Phallus denken läßt. Das Detail bleibt aber unausgesprochen.]

Die Intensität der emotionsaktivierenden Fokaltechnik (*Petzold*, *Heinl* 1980), insbesondere die Verwendung von psychodramatischen und gestalttherapeutischen Elementen, wie z. B. dem „leeren Stuhl" (*Perls* 1969; *Moreno* 1946, 1969; *Petzold* 1973a), auf dem der Angreifer – gleichsam „gegenwärtig gesetzt" – erscheint und den Haß und die Empörung des Mißbrauchten entgegengeschrien bekommt (EA), macht es dem Patienten möglich, verdrängte Gefühle wahrzunehmen: Haß, Rache, Wut. Er begreift in dieser Arbeit, daß seine Angstgefühle auch mit eigener, abgewehrter Aggression zu tun haben (EE).

P: »Ich habe Angst, auch mal so gewalttätig werden zu können, bei all den Verletzungen, die in mir sind!«

Der Patient druckst dann eine Weile herum (das Thema ist eben sehr „emotional"), bis daß der Therapeut ihn fragt.

T: »Da ist offenbar noch etwas, was sie zurückhalten. Prüfen sie einfach mal, ob sie es für sich behalten wollen, dann ist es gut so, oder ob es hier ausgesprochen werden kann (ES)?«

Klaus O. überwindet sich.

P: »Ich würde schon gerne wissen, was sie jetzt von mir denken?«

T: »Nun, daß sie Schweres erlebt haben und damit tapfer umgegangen sind. Aber die Unsicherheit, die ist geblieben, und es ist schwer, Selbstvertrauen aufzubauen, sich zu trauen, wenn man von Mißtrauen umgeben ist (EV, SE)!«

Der Patient fühlt sich verstanden, eine Träne läuft ihm aus dem Augenwinkel. Das „Rückzugsnarrativ" schmilzt.

P: »Und sie denken jetzt nicht schlecht von mir?«

T: »Nein! Die Gewißheit können sie haben!« (ES)

P: »Aber sie sind doch vorhin etwas zurückgerückt?«

T: »Ja, das haben sie richtig bemerkt! In der Szene, die sie geschildert haben, war sehr viel Schlimmes, sehr viel Gewalt. Ich habe da einen Abstand gebraucht, ein paar Zentimeter nur, um gut dabei bleiben zu können, und das war mir wichtig. Ich hoffe, sie haben gespürt, daß ich voll präsent war!« (SE)

P: »Hab ich, aber ich war verunsichert. Gut, daß sie mich nochmal gefragt haben!«

T: »Gut, daß sie es mir sagen konnten!« (ES)

Diese Themen kamen in der neunten bis zwölften Stunde auf. Wenig später beginnen die Angstsymptome weniger zu werden. Sie treten seltener auf und sind nicht mehr so intensiv. Jetzt, nachdem wichtige biographische Zusammenhänge erlebbar, bewußt und begreifbar geworden waren, empfiehlt der Therapeut im Sinne einer *„bimodalen"* Behandlungsstrategie (*Petzold, Schneewind* 1986a) dem Patienten, an einem Integrativen Entspannungstraining (Atementspannung und isodynamischer Muskelrelaxion, vgl. *Berger* 1971; *Petzold* 1974k) bei einer vom Autor bewegungstherapeutisch ausgebildeten Krankengymnastin teilzunehmen, die mit dem Behandlungskonzept vertraut ist **(LB)**. *Klaus O.* saß nämlich in den Therapien immer hochangespannt da – der hypertone Schulter-Nackenbereich war deutlich erkennbar. Darauf angesprochen, berichtet der Patient, daß er in der Tat oft Verspannungen »im Kreuz und oben im Rücken und Nacken« habe. Bei einem solchen Erscheinungsbild ist nach unserem Konzept eine klare Indikation für eine Entspannungsschulung gegeben – einmal aus der Sicht „praktischer Lebenshilfe" **(LH)**, zum anderen aus klinischer, schließlich aus prophylaktischer Sicht. Eine Interferenz mit der fokaltherapeutischen Arbeit ergibt sich nach unseren Erfahrungen dadurch nicht. Im Gegenteil, wir konnten stets äußerst nützliche Synergieeffekte im *bimodalen Vorgehen* beobachten. In der Folge wurde in der Behandlung eine *Fokussierung auf protektive und salutogene Erfahrungen* angestrebt – den positiven Lebensstrom der mütterlichen Fürsorge, die schützenden Hände der Großmutter und der Tante und nicht zuletzt die integre Förderung durch den Jugendgruppenleiter. Dies alles verdeutlicht dem Patienten: »Gott sei Dank, hat es in meinem Leben nicht nur Böses und Schlimmes gegeben!« **(PW)**. Der Therapeut bringt während der Behandlung immer wieder Perspektiven der *„Standardfokussierung"* (vgl. Abb. 5) herein, jene in Fokaltherapien systematische Thematisierung gesellschaftlicher Hintergründe. So wird auf die Rolle Mutter als alleinerziehender Frau im kleinstädtischen und dörflichen Milieu hingewiesen (der Patient: »Sie war Freiwild!«). Der Patient wird nach der Bewertung von Homosexualität durch die Umgebung in seiner Jugend befragt und kann die Verschärfung seiner Situation durch die kollektive Tabu-Haltung erkennen **(EE)**:

P: »Das hat das alles noch schlimmer gemacht. Der moralische Druck und die ganze christliche Haltung. Ich habe so viele Scham- und Schuldgefühle gehabt und nie gewagt, jemandem was zu sagen! Dies wirkt ja heute noch! Das wurde mir nach der letzten Stunde klar! Deshalb hab ich auch nie was gesagt...!«

T: »...und sind in die Außenseiterposition gegangen, das war sicher!«

P: »Stimmt!« **(EE)**

T: »Mit Schuld- und Schamgefühlen in der Seele kann man überdies nicht gut über Gefühle sprechen! Vielleicht denken sie einmal über diese *Überlegung von mir* nach, schauen, ob sie ihnen etwas sagt, oder ob sie für ihre Situation nicht zutrifft!«

[Deutungen werden als Angebot, nicht als Wahrheitsaussage mit Geltungsanspruch gegeben (*Petzold* 1988p), sondern als Überlegung des Therapeuten deklariert, auf die die *Resonanz* des Patienten erfolgen muß, die konsent oder dissent sein kann und darf. Abwehr bzw. Widerstandsphänomene zeigen, daß der Widerstand noch eine „protektive Funktion" (*Petzold* 1981c) hat, die respektiert werden muß.]

P: »Mit den Schamgefühlen... da ist was dran... mir wird immer ganz blümerant, wenns zu sehr mit Gefühlen kommt!«

[Der Patient erkennt, daß er sich mit seinem Werte- und Normensystem auseinandersetzen muß.]

P: »Da muß ich wohl einiges noch anders sehen lernen..., ich meine, über einiges neu nachdenken. Auch mit meiner Freundin... Aber das ist so schwierig. Die versuchts immer wieder... ..., ich blockier da total!«

T: »Aber hier gehts doch schon ganz gut.« **(ES)**

P: »Schon, aber draußen blockier ich total. Für meine Freundin ist das schon ziemlich belastend... seit ich in Therapie bin, geht es sogar noch schlechter... das sagt sie... ich meine zwar nicht... aber...«

T: »Wie steht ihre Partnerin denn zu ihrer Therapie, sprechen sie über das, was hier geschieht?«

P: »Das ist es ja. Am Anfang fand sie es gut, aber jetzt ist sie mißtrauisch... Ich kann ja auch nicht richtig drüber reden, und das wirft sie mir vor... daß ich mit ihnen reden kann...«

T: »Wenn sie möchten und ihre Freundin das will, dann kommen sie doch mal für ein, zwei Sitzungen zusammen... Was meinen sie dazu?«

P: »... hm... Ich weiß nicht... also...«

[Der Patient wirkt etwas beklommen.]

T: »Fühlen sie sich jetzt ‚blümerant', um mal ihren Ausdruck zu verwenden?« (EV)

P: »Kann man wohl sagen!«

T: »Ich finde es wichtig, wenn Partner, von denen einer in Therapie ist, miteinander über die Therapie sprechen können. Sonst kann es zu Störungen kommen. Wir machen die Therapie ja, damit das soziale Netzwerk und die Beziehungen im Alltag besser funktionieren.« (TN)

In der Integrativen Therapie versuchen wir immer wieder, dem Patienten theoretische Konzepte des Ansatzes in verständlicher Form transparent zu machen, um Fremdbestimmtheit zu reduzieren, Partizipation zu ermöglichen, um die „*Eingriffstiefe*" konsensuell zu gestalten (vgl. *Rummel* 1993). In der ITK oder auch in der IT arbeiten wir – es sei nochmals unterstrichen – mit Netzwerken und Beziehungen, auch wenn wir uns hier und jetzt im „dyadischen Setting" befinden. Deshalb beziehen wir immer wieder, wenn es angezeigt oder erforderlich ist, das „virtuell" ohnehin anwesende Netzwerk auch konkret ein. Wir machen Paar- oder Familiensitzungen, um Probleme, die „im System" liegen, „in situ" auf der Ebene des „Realen" ansprechen und gegebenenfalls lösen zu können, denn es geht nicht nur (und hier liegt eine Fehleinschätzung der klassischen Psychoanalyse) um die Ebene des „Imaginären und Symbolischen" (*Freud, Lacan*) oder die Ebene der „Repräsentation" (*Petzold* 1979k, 116 ff.), so wesentlich diese Ebenen auch sind (ibid. 117 f). Der Einbezug von familialen (idem 1973f) und Beziehungsrealitäten (1976e) in die IFK ist darauf gerichtet, die alltäglichen Lebenssysteme des Patienten funktionsfähig zu erhalten, zu stützen, von störenden oder eventuell pathologischen Einflüssen zu befreien (KG, TN). In der Folge kommt es zu zwei Sitzungen zusammen mit der Freundin, die sehr gut verlaufen, denn der Patient kann in der Situation mit ihr offen und *emotional* sprechen (EA). Der Therapeut kommt mit begleitenden, den kommunikativen Prozeß fördernden Interventionen aus (EV, KK), so daß sich für das Paar eine Lernsituation ergibt (LM), die auch im Alltag durchträgt. Bedeutsam ist auch, daß der Therapeut für die Partnerin des Patienten „*real*" wird und seine phantasmatische Qualität verliert, sie auch einsehen kann (EE), daß bei ihr Verlustängste ins Spiel kamen – »Ich war mit nicht sicher, ob sie für oder gegen die Beziehung arbeiten. Da bin ich jetzt beruhigt!« Wichtig war auch noch, daß die Partnerin in den beiden Sitzungen aus dem Munde des Patienten etwas über die Hintergründe von dessen „Sprachlosigkeit im Raum des Emotionalen" erfährt, von seiner Isolation und der seiner Mutter. Beide erkennen, daß das „eindringende Moment" in der Kommunikation etwa in der Wendung der Freundin: »Jetzt sag doch mal, was mit dir los ist!« (P: »Da muß man nur noch ‚Junge' dranhängen, dann ists Originalton... und ich konnt' doch damals nicht sagen, was war«). Der Freundin wurde klar, daß sie hier auch ein Frauenmuster aus ihrer Herkunftsfamilie, ja ein übergreifendes Frauenstereotyp inszeniert: »Bei uns hat die Mutter halt gesorgt, daß der Hausfriede und die Emotionen stimmen..., als ob immer nur die Frauen für die Gefühle verantwortlich sind!«

Das Paar nimmt aus den beiden Sitzungen eine positive Zukunftsperspektive (PZ) für seine Beziehung und für die Möglichkeit einer erfolgreichen Problembewältigung durch die Therapie mit, ein besseres Verständnis füreinander (SE) und ein gemeinsames Verstehen von Problemhintergründen. Insgesamt wurde durch diese Sequenz der IFK die individuumszentrierte Perspektive überschritten – einmal zum familialen und gesellschaftlichen Rahmen der Ursprungsfamilie, zum anderen zum Netzwerk der Gegenwart hin. Der *Intimitätsraum* der Therapie (der „analytische Raum") – so wichtig und unverzichtbar er ist – steht doch in der Gefahr, zu einer „Tyrannei der Intimität" (*Sennett* 1987) zu verkommen. Hier wurde er zu anderen Intimitätsräumen hin geöffnet, ja, über diese hinaus als Perspektive in den gesellschaftlichen Raum ausgedehnt.

Die gesellschaftskritische Dimension, die aufkommt, weil durch Fragestellungen aufgrund der *Standardfokussierung* dem Patienten Hintergründe bewußt werden, ermöglicht, der funktionalisierenden Tendenz gegenzusteuern, die in der Kurzzeit- und Fokaltherapie zum Tragen kommen kann, soweit sie an gesellschaftlichen Ökonomisierungstendenzen partizipiert (*Castoriadis* 1983). Das „Hin-deuten" auf gesellschaftliche Zusammenhänge (*Parin* 1978, 1983), trägt dazu bei, verdinglichenden „Medikozentrismus" zu reduzieren und für Prozesse der „kollektiven Produktion von Unbewußtheit" (*Erdheim* 1982) zu sensibilisieren. Das wirkt sich insgesamt förderlich auf den Therapieerfolg aus, sofern die oft aufkommende „Akkumulation von Hoffnungslosigkeit" überwunden werden kann. („Was kann man nur bei solchen gesellschaftlichen Negativkräften als einzelner tun?") In der Standardfokussierung muß der Therapeut deshalb auch immer auf Möglichkeiten verweisen, solidarische Erfahrungen aufzusuchen bzw. zu solidarischen Aktionen beizutragen (SE, „Vierter Weg der Heilung", *Petzold* 1988n, 332).

Die Karrierepanoramen und Identitätsbilder bieten hier durch die Darstellung der *protektiven Erfahrungen* in der Regel gute Anknüpfungspunkte. Im Panorama des Patienten werden die grünen und gelben Spitzen in diesem Zusammenhang bedeutsam, Zeiten, in denen es ihm und seiner Mutter besonders gutgegangen ist und es sich herausstellt, daß es Aktionen der Hilfeleistung und Solidarität gegeben hatte: für die Familie Unterstützung durch Freundinnen der Mutter, für den Patienten Erfahrungen in Jugendgruppen: »Obwohl ich meistens am Rande stand, habe ich immer wieder Kameraden gefunden, die mich reingeholt haben. Das ist heute noch so. Ich bin nie so richtig drin, aber da kommen immer welche und holen mich rein!«. *Klaus O.* hatte diese Erlebnisse weitgehend vergessen und kann ihre *salutogene Bedeutung* jetzt erst erkennen und richtig werten (PW), weil er sie nun durch das erlebnisaktivierende Vorgehen erleben konnte, das in Form „szenischer Imagination" eingesetzt wurde (*Katz-Bernstein* 1990).

Es ist ein Charakteristikum unseres, am Konzept der Interaktion von pathogenen und salutogenen Einflüssen, Risiko- und Schutzfaktoren (*Petzold, Goffin, Oudhof* 1993) orientierten Modell der fokalisierenden Kurzzeittherapie (und der Integrativen psychotherapeutischen Arbeit insgesamt), positive Vergangenheitserfahrungen zu vergegenwärtigen und „innere Beistände" zu aktivieren als Verinnerlichungen von *„significant caring adults"* (ibid. und idem 1985 l). Der Patient konnte hier als einen solchen benignen „Beistand" seine Großmutter identifizieren, die bis zu ihrem Ableben die Familie geschützt und gestützt hatte (u. a. auch materiell). »Sie hat für uns wirklich das Letzte gegeben. Ich hab mich oft an sie erinnert. Die war für mich ein Vorbild!« (PW).

Das vorliegende Beispiel verbindet fokaldiagnostische und fokaltherapeutische Arbeit. Es ist in der Tat theragnostisch und zeigt, wie sich der *Hauptfokus* herausbildet, *Nebenfoki* aufkommen und wie *maligne Narrative* in ihrer Entstehung erkennbar werden. Unbewußte Zusammenhänge konnten dabei bewußt gemacht werden, aber wichtig war – so der Patient in den auswertenden Abschlußsitzungen nach 26stündiger Therapie –, daß »ich meine Angst in so vielen Situationen erlebt habe, und da waren Sie dabei. Sonst war ich immer allein. Wichtig war auch die Sache mit der Homosexualität und all die Wut, die da noch ist und die mir auch angst macht ... Es war ja überall Angst, bei meiner Mutter, bei mir ... und ich konnte das ja nie zeigen (EA). ... Gut war auch, daß es auch was Gutes gab. Sie haben mir das ja gezeigt ... ich habe es auch wieder gefühlt!«

Die Aufzeichnungen dieser Sitzungen zeigen: Die emotionalen Erfahrungen, das Ausdrücken von Gefühlen und die sichernde und verstehende Präsenz des Therapeuten wurden als die wesentlichen Faktoren (vgl. Abschn. 6) in dieser Therapie gesehen, durch die die *fixierenden Narrative* aufgelöst werden konnten. Die *Einsicht* in Zusammenhänge, das Erkennen von Verdrängtem wurde wichtig *in der Verbindung mit dem emotionalen Erleben*: »Manches habe ich schon gewußt irgendwie, aber fühlen konnte ich nichts außer der Angst, und die war so unklar!« In der Therapie kam es verschiedentlich zu Erfahrungen von „vitaler Evidenz (EE), das ist das Zusammenwirken von leiblichem Erleben, emotionaler Erfahrung und rationaler Einsicht in zwischenmenschlicher Bezogenheit" (vgl. *Petzold* 1992a, 916f).

Die Angstsymptomatik verminderte sich nach etwa 14 Stunden und war bei Beendigung der fünfmonatigen Therapie weitgehend abgeklungen. Ein katamnestischer Gesprächstermin nach acht Monaten ergab, daß der Patient beschwerdefrei war. Er trug sich indes mit dem Gedanken, in eine Selbsterfahrungsgruppe zu gehen, weil er noch mehr über sich erfahren wolle. »Die Therapie hat mir soviel klar gemacht, und ich habe so viele Sachen auch danach noch gesehen (EE). Ich konnte da noch viel zusammenbringen und auch fühlen, wie das alles war. Ich habe auch seitdem viel mehr mit meiner Freundin gesprochen. Wir sprechen oft über uns und unsere Vergangenheit und über Gefühle (EA). Das haben wir sonst so nicht gemacht. Das gab es vorher bei mir nicht. Auch mit meinen Freunden kann ich jetzt besser reden (TN). Ich komme vielleicht auch noch von der Außenseitersache weg!«

Im Nachhall der Therapie wird der Faktor „Einsicht" (EE) bzw. „Erleben von Sinnzusammenhängen" wesentlich, allerdings wieder im emotionalen und erlebniskonkreten Kontext und in der intersubjektiven Bezogenheit, dem Gespräch in der Partnerschaft, in der sich eine dialogisch-narrative Kultur (*Petzold* 1991o) zu entwickeln beginnt. Und noch etwas wird von *Klaus O.* hervorgehoben: »Das mit dem Entspannungstraining, das war die Sache. Das hat mir prima geholfen für meinen Rücken. Bei der Frau B. sind jetzt schon ein paar Kollegen von mir und auch Freunde von uns. Die Gerda [seine Freundin] hat's auch gemacht. Wirklich eine Spitzensache!« (LB). Das katamnestische Gespräch verläuft in einer lockeren, unbefangenen Atmosphäre. *Klaus O.* sitzt in der Tat nicht mehr angespannt da. Die *bimodale* Integrative Kurzzeittherapie mit ihrer Kombination von konfliktzentriert-aufdeckender Fokalisierung und Integrativem Entspannungstraining hatte sich als erfolgreich erwiesen.

Im folgenden soll noch ein dreizügiges Karrierepanorama im fokaldiagnostischen Kontext vorgestellt werden, um die in kurzer Zeit erschließbare Materialfülle für die Fokuswahl aufzuweisen.

5.2 *Beispiel – Fokaltherapeutische Anschlußbehandlung*

Sylvia F., eine 38jährige Grundschullehrerin (anonymisiert) mit Kontaktproblemen und Störungen in der Identitätsfindung, trägt sich mit Überlegungen für eine Anschlußtherapie. Sie zeigt eine hohe Introspektionsfähigkeit und Wissen um biographische Einflüsse und Determinierungen. Mehrjährige Teilnahme an Selbsterfahrungsgruppen und eine längere analytisch orientierte Therapie fanden in diagnostischen Gesprächen ihren Niederschlag. Das Panorama und seine Auswertung sollte eine Fokusbildung für eine gezielte Bearbeitung der noch bestehenden Probleme ermöglichen. Es findet sich hier eine durchaus häufige Konstellation: Trotz längerer therapeutischer Bearbeitung und erreichten Fortschritten bleibt eine persistente Restproblematik, die doch noch so nachhaltig ist, daß nach weiteren Möglichkeiten der Therapie gesucht wird. Eine erneute Behandlung müßte sich als eine *Fokaltherapie* im Rahmen eines *intermittierenden* Therapieprozesses definieren und versuchen, an die vorgängige

Behandlung anzuknüpfen, insbesondere um auszuloten, wo diese an ihre Grenze gekommen ist und wie durch eine richtige Fokuswahl weitere Entwicklungsschritte unternommen werden können. In einer solchen Situation ist die Mitwirkung der Patientin unerläßlich. Sie hat ja Erfahrungen mit sich selbst und kann – gegebenenfalls mit einigen Hilfestellungen – herausfinden, wo ihr Prozeß nicht weitergegangen ist. Ein solches Vorgehen ist wichtig, denn *sie* muß ihre Fragen prägnant stellen und ihr Problem „auf den Begriff" bringen, um ihre Ziele für die Therapie zu formulieren. *Sie* muß auf all diesen Hintergründen ihrer Erfahrung ihre Lage deuten. Nach all dem, was ihr ihre Therapeuten schon gedeutet, erklärt, vermittelt hatten, zu ihren Träumen, Assoziationen, Erinnerungen, ist nun *sie* an der Reihe. Deshalb die Entscheidung für das Karrierepanorama und eine Auswertung durch den schriftlichen Kommentar. Ein Text von *Adorno* (1973, 87 f), in dem er die Arbeitsteilung zwischen dem Patienten, der assoziiert, und dem Analytiker, der deutet, kritisiert, soll verdeutlichen, was in einem fokaldiagnostischen und fokaltherapeutischen Prozeß bei dieser Patientin *nicht* geschehen darf. „Anstatt daß er [der Patient] um seiner selbst mächtig zu werden, die Arbeit des Begriffs leistet, vertraut er sich ohnmächtig der Bearbeitung durch den Doktor an, der ohnehin schon alles weiß" (ibid.)

Kommentar von Sylvia F. zu ihrem Panorama (Abb. 9)

Die Erinnerungen an Schlechtes nahmen lange Zeit in meinem Leben den größten Platz ein. Das Gute, Lebensspendende, wird allmählich wichtiger.
Zum Bild (Abb. 9): Genau chronologisch ist es nicht, einzelne Ereignisse ziehen sich durch, kommen immer wieder. Im oberen Strang des Bildes sind die belastenden, negativen Ereignisse [pathogener Strang, sc.] dargestellt und durch die Defizite im unteren Strang die positiven Ereignisse [salutogener Strang, sc.] der *Kleinkind und Kinderzeit.*

Negativer Strang, *links oben*:
Die bedrückende Atmosphäre zu Anfang ist nicht unbedingt „historisch korrekt", aber zeigt, wie sie durch spätere Erfahrungen beladen wurden: dunkel, bedrohlich, ich weiß nicht, was kommen wird; ob die Mutter wegläuft, sich umbringt.

steht für*: sexuellen Mißbrauch (ich war beim ersten Mal 4 Jahre), verbunden mit Drohungen, Angst, Scham, Alleinsein. Später eine zweite Scham darüber, daß ich so blöd hatte sein können zu erwarten und zu glauben, ich könnte als Person gemeint sein. Ich erfuhr nämlich, daß dieser Onkel viele Kinder mißbrauchte. Obgleich das Ganze für mich sehr bedrohlich und eben schambeladen war, war ich zu einem Teil auch geschmeichelt: Er nahm *mich* bei der Hand und führte mich in jenes Zimmer.

Schwarzes Gesicht, Wolke mit Auto, Flasche, Pistole, unten kleines Kind:
Bedrohung durch Erzählung der Mutter (wie Mütter ihre lästigen Kinder töten, wie mein Vater von seinem Vater mit der Pistole bedroht wurde). Mit „verlorener" Mutter Nächte des Wartens in Angst; der Vater fuhr alkoholisiert Auto, wir wußten nicht, wann und wie er zurückkommen würde. – Später: die ganze Familie im Auto mit dem alkoholisierten Vater am Steuer. Angst. Man durfte nichts sagen, weil er sonst wütend und noch unberechenbarer wurde.

* Die farbigen Zeichnungen wurden aus drucktechnischen Gründen schwarz nachgezeichnet unter Angabe der Farbe, so daß sie auf Abb. 9 zu identifizieren sind.

Positiver Strang, *unten*:

Viel Schutz erfahren von/mit älterer Schwester. Wir waren oft zusammen im Bett, erfanden Geschichten im immer gleichen Muster: Jemand Böser bedroht uns, doch wir haben ein Haus, wo wir Schutz finden. Die Schwester ist immer die schutzgebende Figur, z. B. Bärenmutter.

Die andere Seite des Vaters: vital, lustig, er spielt mit uns, hüpft mit mir durch die Straße, ist großzügig. Wenn ich krank bin, schenkt er mir immer wieder was: ein Buch, Stifte zum Zeichnen.

Unterer Strang:

Hund, Katze, Grünes, Tanne (später auch: Pferd, Natur)

Die Tiere waren meine Vertrauten, beim Hund konnte ich weinen, er leckte mir das Gesicht, war lieb. Viel „Auslauf" war da, ich war meist im Freien, konnte machen, was ich wollte, auch viel Material (Holz, Werkzeuge) gebrauchen.

Nähe zur Mutter, Verbundenheit mit ihr spürte ich, wenn ich abends im Bett lag und sie Klavier spielen hörte. Sie spielte sehr oft (leider manchmal auch Cembalo – das haßte ich ...)

Oberer Strang:

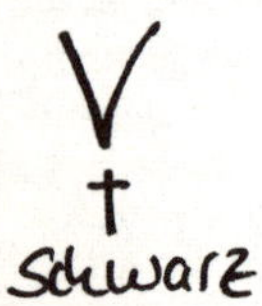

Mein geliebter erster Hund starb.

Schulzeit

Unterer Strang:

Die blaue Frau steht für meine erste Lehrerin. Sie hatte mich gern, war warmherzig, lieb, strafte nie. Ich liebte sie.

Oberer Strang:

Mit 11 Jahren sehr schwierige Zeit in der Schule: Ich war sehr frech, merkte das schon, konnte mein Verhalten aber nicht steuern („bessern" ...). Die Strafmaßnahmen, die folgten, empfand ich aber als gemein und sehr ungerecht. Ich wurde zur „Frechen" stigmatisiert, mußte so ans Gymnasium übertreten, bekam dieses Etikett schon in der ersten Schulwoche zu spüren, fühlte mich bloßgestellt und ausgeschlossen.

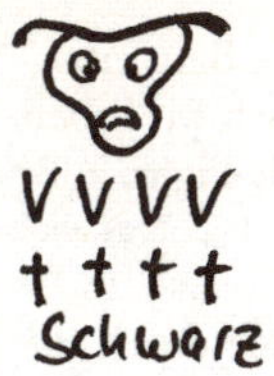

steht nicht für *ein* Ereignis, sondern für eine Reihe von Wut- und Racheaktionen der Mutter in dieser Zeit zwischen 10 und 14: Sie ließ z. B. meine Tiere töten (Hund, Katze) oder verschwinden (Kaninchen, Meerschweinchen), rechtfertigte sich mit ihrem italienischen Temperament und damit, daß ich halt so unmöglich sei und sie zur Weißglut bringe. – Sehr schlimm für mich, diese Aktionen. Ich war verzweifelt, wütend, traurig, allein und ohnmächtig ausgeliefert.

Positiver Strang jener Zeit:

Eine liebe Nachbarin, zu der ich fast täglich ging. Sie hatte mich gern, nahm Anteil [*significant caring adult* sc.].

Oberer Strang:

Jetzt, beim Schreiben, denke ich, daß dieses Ereignis nicht in diesen Strang gehört, da es für mich Gutes bewirkte:
Als ich 14 war, brannte das Haus vollständig ab. (Meine Mutter war zur Zeit weg, deshalb konnten meine Schwestern und ich am folgenden Tag ein Kleid von ihr in den verkohlten Schutt werfen ...) – Ich wohnte dann 8 Wochen bei einer Nachbarsfamilie (unterer Strang).

Wichtige Zeit: eine andere Familie erleben. Wärme. Eine Mutter, die da ist, z. B. am Morgen auf war und Frühstück machte. Die Tochter (in Parallelklasse) wurde zur Freundin. Später Loyalitätskonflikt, weil meine Familie diese Nachbarn als kleinkariert ablehnte, verlachte.

Oberer Strang:

Steht für die Zeit zwischen 15 und 18 (da ging ich von zu Hause fort), sehr schlimme Zeit: Die Freundschaft zur Nachbarstochter zerbröckelt; sie hatte Anschluß in ihrer Klasse, mir gelang das nicht, ich blieb isoliert. – Das Gesicht: mein Vater. Er begann in jener Zeit mit sexuellen Übergriffen: zwar nur „Gegrapsche", doch entwürdigend in zweifacher Hinsicht: erstens, weil ich mich so berühren lassen mußte, zweitens, weil er mich auslachte, wenn ich mich wehrte: Er unterstellte mir falsche Wahrnehmung, vermessen, überhaupt auf die Idee zu kommen, daß jemand mich als weibliches Wesen sehen könnte.
Die Schwester war die schöne Tochter. Um sie zu schützen, trat er mich einmal mit den Füßen vor den Augen jener Freundin eine ganze Treppe runter. Das war sehr demütigend – auch schämte ich mich für den Vater.
Das (K) steht für *Katrin*, ein Mädchen, mit dem ich mich später befreundete. Als sie 18 war, verführte mein Vater sie. Ich wußte es (durch meine Mutter), war völlig überfordert, sagte nie jemandem etwas. Die Freundschaft ging kaputt.

Unterer Strang:

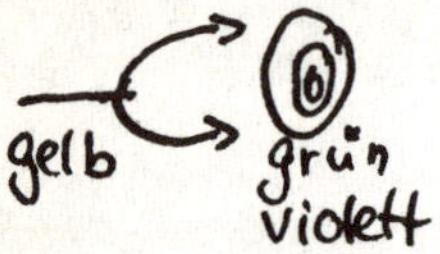

gelb: Austritt aus der Schule, Weggehen von zu Hause, Arbeit in der Welschschweiz; alles allein organisiert. Später in einer anderen Stadt Lehrerausbildung. Das Oval steht für diese Schule. Sie war eine Erholung für mich.

Oberer und unterer Strang verbinden sich.
Zum unteren gehört:

9 Jahre Wohngemeinschaft. Anfangs: endlich aufgehoben sein, Nachholen von Nest, Familie, *miteinander* leben, sich verantwortlich fühlen, Freundschaft. Allmählich verwandelt sich die Freundschaft zu *R.* von einer gleichwertigen zu einer sehr ungleichen, unseligen Beziehung.

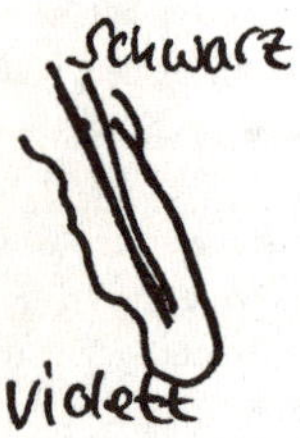

Ich verstehe heute noch nicht ganz, was da genau abgelaufen ist, denke, daß wir gegenseitig dicke Übertragungen machten, uns gegenseitig brauchten und mißbrauchten. Ich gab ihr viel Macht, wurde klein, dumm, abhängig und auf gewisse Weise unterwürfig, packte *R.* in eine Mutterrolle: die erwünschte gute und/oder die gefürchtete böse Mutter. Sie bot sich dafür an; der Preis war Unterwerfung. Ihr Verdienst: daß sie sich aus diesem Muster herausentwickelte, irgendwann genug hatte, die WG auflöste. Ich hätte noch lange höchst unglücklich und isoliert weitergemacht.

Zeitlich vor und während der WG-Zeit: Zwei Beziehungen zu Männern. Hier aufgezeichnet, weil sie in verschiedener Ausprägung – Wiederholungen meiner früheren Erfahrungen mit Männern waren.

Unterer Strang:

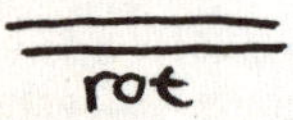

Steht für Arbeit, Beruf (immer mit Kindern). Hat mir Struktur und Halt gegeben, auch das Gefühl, eine Aufgabe, Sinn zu finden.

Steht für Beziehungen mit Menschen. Die ältesten stammen aus der Lehrerausbildungszeit, neuere kamen dazu. Das gelbe Haus: mein Wohnort seit 7 Jahren
(zum ersten Mal in meinem Erwachsenenleben wohne und arbeite ich länger als 4 Jahre an einem Ort; bin seßhaft geworden, schlage Wurzeln).

Zeitlich: von Kindheit bis ca. WG-Zeit:
diese Figur zähle ich ebenfalls zum positiven Strang: Meine Phantasiewelt. Ich lebte zu einem großen Teil dort. In Geschichten mit immer demselben Strickmuster: Ich war die Heldin, lebte allein, mit meinen Hunden, in arktischer Wildnis, überlebte größte Kälten und Strapazen ... oder ich war passive Heldin (Opfer) und überlebte irgendwelche großen Scheußlichkeiten, auch ganz knapp.

Bild und Kommentar lassen deutlich die pathogenen und salutogenen sowie die Defiziterfahrung erkennen, Negativpersonen und „significant caring adults" (*Petzold, Goffin, Oudhof* 1993). Ein durchgängiges Thema: Mißbrauch in den verschiedensten Ebenen, Enttäuschung von Vertrauen, Entwertung, Bedrohung, Verunsicherung, Unberechenbarkeit. Das ganze Material weist auf erhebliche Beeinträchtigungen in der Entwicklung des *Selbstwertgefühls* und der Ausbildung einer sicheren, gefestigten und kontaktoffenen *Identität*. Dabei sind *„prävalent pathogene Milieus"* (Mißbrauch, unberechenbarer Vater, hilflose Mutter) in der Kindheit *und* in der Adoleszenz (Racheakte der Mutter, Übergriffe des Vaters, schulische Belastung, Abwertung der sich entwickelnden Weiblichkeit) deutlich erkennbar. Dies alles sind Materialien, die eine Indikation für eine langfristige Therapie nahelegen – und eine solche hatte auch stattgefunden und Wirkung gezeigt (Wurzeln, Seßhaftwerden, Beziehungen, berufliche Sicherheit). Hier haben durch die Therapie Versicherungen der eignen Möglichkeiten stattgefunden, aber die Umsetzung in eine expansive, wagemutige Kontaktaufnahme im sozialen Feld steht noch aus. Die Muster tiefen Mißtrauens sind noch wirksam, und hier wird der Fokus anzusetzen sein: Vertrauensbrüche und Enttäuschungen, die zu Mißtrauen führen, noch einmal erlebnisaktivierend anzusehen (EA), damit die Patientin im Alltag unter verständnisvoller und stützender therapeutischer Begleitung (EV, ES) *experimentierend* sich auf Kontakte und Begegnungen (*Orth, Petzold* 1993b) einzulassen vermag (KK). Es geht dabei keineswegs um die Anleitung zu einem sozialen *„assertive training"* (*Salter* 1949), sondern um aktive, lebenspraktische Hilfen (LH) zum Einstieg in Kontakt- und Begegnungserfahrungen (KK) und zum Aufbau von tragfähigen, solidarischen Beziehungen (TN, SE) mit der Möglichkeit, diese Erfahrungen in der fokalisierenden Kurzzeittherapie und die in ihnen aufkommenden Gefühle (EA) immer wieder an die biographischen Ereignisse zurückzubinden und, wo notwending, zu klären (EE), so daß Selbstsicherheit gewonnen werden kann, der eigene Wertebezug sich konsolidiert (PW), die persönliche Identität an Prägnanz gewinnt (PI) und sich ein positiver Zukunftshorizont (PZ) aufbauen läßt.

Die Möglichkeit zur bimodalen Kurzzeittherapie (Einzel-/Gruppenbehandlung) bleibt zu erwägen, weil die Gruppe noch einmal gezielte Möglichkeiten böte, „kommunikative Kompetenz" zu fördern. In diesem Beispiel zeigt sich, daß die Fokalisierung nicht nur auf biographische Thematiken, sondern auch auf praktische Umsetzung von Erkenntnisschritten und Erfahrungen der Therapie in Lebensalltag und lebenspraktischem Handeln abzielen kann und muß. Oft genug haben Zweit- oder Anschlußtherapien (besonders wenn die Ersttherapie regressionsorientiert bzw. nach dem Reparentingmodell verlaufen ist) die Aufgabe, noch ausstehende Transferschritte zu fördern, d. h. emotionale Erfahrungen und kognitive Einsicht in Alltagshandeln, in Verhaltensänderungen, in tagtägliches Lebens- und Beziehungsgeschehen umzusetzen. Erfolgen nämlich „Kinderanalysen mit Erwachsenen" (*Ferenczi* 1931), in denen „Verzärtelung und mütterliche Zärtlichkeit" (ibid.) oder „väterliche Fürsorge" (*Petzold* 1969b) im Vordergrund des heilenden Geschehens standen, so ist der zitierte *Adorno*-Satz natürlich nicht relevant. Es geht ja dann darum, sich in der Analyse „zu überlassen", um in der Hingabe an die väterliche bzw. mütterliche Qualität des Therapeuten/der Therapeutin prolongierte Defizite oder nachwirkende Traumaerfahrungen ausheilen zu lassen. In solchen Therapien nimmt der Prozeß der Auflösung der zunächst notwendigen Bindung „therapeutischer Wahlverwandschaft", der Ablösung, des Abschieds und der Verselbständigung viel Raum und Kraft, so daß gerade auf dem Hintergrund des nachsozialisierenden Prozesses die Hier-und-Jetzt-Realität der Umsetzung oft nicht in optimaler Weise realisiert werden kann – zuweilen ist auch die Symptomatik nur gebessert, nicht beseitigt. Und dennoch ist in solchen Therapien viel geschehen, was nicht unbedingt in die

Evaluationsraster der psychotherapeutischen Effizienz- bzw. Effektforschung fällt (Symptomfreiheit, Arbeitsfähigkeit, Einpassung in Lebenszusammenhänge etc.), und es wäre oft gut, wenn es Therapeuten gelänge, solche nützlichen Langzeitprozesse zu beenden, ohne darauf zu zentrieren, auch noch bestimmte Restprobleme und Nebenfoki „aufarbeiten" zu *müssen* oder eine optimale Transferleistung zu erreichen, wo doch die Qualität dieser Therapie durch eine andere Charakteristik gekennzeichnet war. Welchem Anspruch muß hier genügt werden, und wie steht es mit der Relation von Aufwand, Kosten und Nutzen? Wäre es nicht angemessener, auf die Möglichkeit einer themenzentrierten bzw. fokalisierenden Nach- bzw. Weiterbehandlung zu verweisen oder für eine solche zu motivieren?

6. THERAPEUTISCHE WIRKFAKTOREN – DIE 14 „HEALING FACTORS" IN DER IFK

Heuristiken therapeutischer Wirkfaktoren finden sich immer wieder im behandlungspraktischen Schrifttum der Psychotherapie. In der Integrativen Therapie haben wir uns schon früh dieser Fragestellung nach den „healing factors" zugewandt, und zwar in Auswertung der Schriften *Ferenczis* auf solche Faktoren (*Petzold* 1969b/1988n, 487 f). Das Resultat war ein heuristisches Zusammenfassen der Faktoren in „vier Wegen der Heilung und Förderung" (ibid. 484 ff., vgl. 1988n, 215 – 267):

I. Erlebnisaktivierung → Sinnfindung;
II. Nachsozialisation → Grundvertrauen;
III. Erlebnisaktivierung → Persönlichkeitsentfaltung;
IV. Solidaritätserfahrung → Überschau und Engagement

In diesen „Wegen" sind – betrachtet man sie in der Feinstruktur – zahlreiche therapeutische Wirkfaktoren in Gruppierungen zusammengefaßt, die in der IFK in Sinne von *„fine grained interventions"* spezifisch zur Anwendung gebracht werden können.

Kurztherapien, auch wenn sie keine fokaltherapeutische Ausrichtung haben, müssen unter zeitökonomischer Perspektive in besonderer Weise darauf gerichtet sein, therapeutische Qualitäten freizusetzen und zur Wirkung zu bringen, die ein hohes heilendes Potential haben. Der Rekurs auf die „Wirkfaktorenforschung" (*Huf* 1992; *Garfield* 1992) und die empirische Psychotherapieforschung insgesamt (*Grawe* et al. 1993) wird hierbei unverzichtbar. Das Wissen um *„unspezifische* Wirkfaktoren", die in der Psychotherapie (*Garfield* 1983) und in Selbsthilfegruppen (*Durlak* 1979; *Reinecker* et al. 1989) zur Wirkung kommen, aber auch in Alltagsbeziehungen eine immense Bedeutung haben – sie kennzeichnen etwa die Qualität der *„significant caring adults"* in negativen Lebenskarrieren (*Petzold, Goffin, Oudhof* 1993) –, muß in Kurzzeittherapien gezielt eingesetzt werden. Dadurch werden *„unspezifische"* zu *„spezifischen"* Wirkfaktoren. Kurzzeittherapeuten sollten deshalb nicht nur um derartige *„common factors"* wissen, die in allen großen Therapieverfahren offenbar zum Tragen kommen, sondern ihnen sollten auch damit verbundene *„common concepts"* präsent sein, die wiederum schulenübergreifende Erklärungsmodelle für Diagnose, Pathogenese und Therapie bereitstellen (*Petzold* 1992g). Die Bedeutung derartiger Faktoren und Konzepte ist nicht zuletzt durch die Forschungsarbeiten von Kurzzeittherapeuten herausgearbeitet worden (*Strupp, Binder* 1991; *Strupp* 1993; *Binder, Strupp* 1991; *Barber, Crits-Christoph* 1991, 344 ff.). Je nach dem Thema des Fokus und abhängig von der aktualen Problemlage und dem Krankheitsbild des Patienten werden die einzelnen Faktoren in unterschiedlicher Weise zum Tragen kommen und einzusetzen sein. Im folgenden soll eine kurze Übersicht über die „14 *therapeutischen Wirkfaktoren"* (VTW) gegeben werden, wie ich sie in der Integrativen Therapie therapeutischen Prozessen insgesamt zugrunde lege und wie sie – das Fallbeispiel hat es deutlich gemacht – gezielt in der IFK zur Anwendung kommen. Diese Faktoren wurden durch eine *konzeptanalytische* Auswertung von Psychotherapiestudien, die Auswertung von Kasuistiken aus Therapiesitzungsprotokollen, die im Rahmen der FPI-Graduierung abgegeben werden müssen, und aus FPI-Graduierungsarbeiten gewonnen, d. h. es wurden die in diesem Material als therapeutisch wirksam bezeichneten Zusammenhänge und Maßnahmen und die ihnen zugrundeliegenden Konzepte herausgearbeitet. Weiterhin wurden Zusammenstellungen von unspezifischen und spezifschen Wirkfaktoren in der Psychotherapieliteratur ausgewertet und systematisiert (*Petzold* 1992g).

Indem solche Konzepte und Faktoren systematisch reflektiert und in die Ausbildung von Psychotherapeuten integriert werden, werden Ausbildungskandidaten der Psychotherapie für sie sensibilisiert, und das heißt, daß sie als *spezifische Faktoren prozeßadäquat* im therapeutischen Geschehen eingesetzt werden können. Folgende seien in einer groben Reihung aufgeführt:

1. Einfühlendes Verstehen (EV):

Unter diesem Begriff werden Mitgefühl, Empathie, Takt, Wertschätzung gefaßt und Aussagen von der Art, daß ein Patient sich von seinem Therapeuten „so gesehen fühlt, wie er ist", sich in seiner Lebenssituation, seinen Problemen, seinem Leiden „verstanden fühlt". Das Erleben von *„stimmiger Empathie"* setzt positive Sozialisationserfahrungen (*Baker* 1991) gegenwärtig oder wirkt als „korrigierende emotionale Erfahrung" für negative, biographische Einflüsse. Wenn Menschen in stimmiger Weise empathiert werden, vermögen sie sich selbst besser zu verstehen, Selbstempathie zu entwickeln und Einfühlung für andere Menschen, sofern „wechselseitige Empathie" bzw. *Mutualität* (*Petzold* 1990b; *Ferenczi* 1988) nicht verhindert wird. Gerade in der Fokaltherapie können *prolongierte* positiv-regressive Therapiesequenzen *nicht* als Heilfaktor eingesetzt werden – Fokalregressionen aber durchaus, wir teilen den Regressionsvorbehalt vieler Kurzzeittherapeuten (*Barber, Crits-Christoph* 1991) nicht uneingeschränkt. Prinzipiell ist in der IFK ein partnerschaftliches Arbeiten an Problemlösungen erforderlich, und das kann bei längeren Regressionen nicht gewährleistet werden. Fokalregressionen mit kurzdauernden *Tiefungen* (*Petzold* 1988n, 104 f) bis in die „Ebene der Involvierung" und einem raschen Wiederauftauchen (wie es die Fokalinterviewtechnik schon verlangt, s. o. 2.3) sind in der IFK gängige Praxis. Dabei ist ein Grundpotential von Ich-Stärke erforderlich, das auf diese Weise sogar erweitert und gekräftigt wird. In derartigen emotional intensiven Prozessen wird der Wechselseitigkeit der *„Selbstöffnung"* (*Weiner* 1978) als wichtigem Moment in der therapeutischen Beziehung besondere Bedeutung zukommen.

Das erfordert von seiten des Therapeuten, daß er nicht nur bereit ist, sich seinen Patienten gegenüber einfühlend zu verhalten, sondern daß er auch bereit ist, sich von seinen Patienten empathieren zu lassen (sie tun es ohnehin, auch wenn man „hinter der Couch sitzt"). Diese nicht immer einfache Situation wird durch den therapeutischen Stil der *„selektiven Offenheit"* und *„partiellen Teilnahme"* (*Petzold* 1980g) sowie durch das Prinzip des *„Aushandelns von Grenzen"* (idem 1993a, 1126 f) handhabbar. In der Therapie von *Klaus O.* kamen diese Aspekte immer wieder zum Tragen: in der grenzüberschreitenden Nähe der Initialsituation bis zur späteren, zaghaften, aber stimmigen Frage nach den Gefühlen des Therapeuten, der „abgerückt war", als es sehr gewaltsam wurde, Minimalbewegungen nur, aber durch den Patienten bemerkt.

2. Emotionale Annahme und Stütze (ES):

Akzeptanz, Entlastung, Trost, Ermutigung, positive Zuwendung, insbesondere Förderung *positiver selbstreferentieller Gefühle und Kognitionen* (idem 1992a, 823 ff.), z. B. Selbstwertgefühl, Selbstsicherheit, Selbstakzeptanz, Selbstvertrauen – was eine Reduktion *negativer selbstreferentieller Gefühle und Kognitionen*, z. B. Minderwertigkeit, Schuld, erlernte Hilflosigkeit (*Seligman* 1978), Scham (*Lewis* 1993) usw. erforderlich macht – kennzeichnen diesen Faktor, der so mit dem des „einfühlenden Verstehens" unlösbar verbunden ist. Weil aber „stimmige" Empathie, die nah genug, aber nicht invasiv sein sollte, weil „stimmige" emotionale Stützung mit der richtigen Intensität zum *Ausdruck* gebracht werden muß, ohne überflutend zu sein und damit Artefakte zu schaffen, weil diese Qualitäten also nicht zu den einfachsten Momenten in der therapeutischen Interaktion gehören und weil gerade hier Verwirrungen und Verwicklungen entstehen können, ist supervisorische Hilfe besonders angezeigt. Das Überprüfen der „emotionalen Resonanz", das Untersuchen empathischer Reaktionen auf *projektive Elemente* ist für das Gelingen einer von Eigenübertragungen des Therapeuten nicht verzerrten therapeutischen Beziehung unverzichtbar, sonst werden etwa *„repressed memories"* in unzulässiger Überstrapazierung der (von der empirischen Psychologie vielfach bezweifelten)

*Freud*schen Verdrängungstheorie (*Gray* 1993; „Erinnerungen" z. B. an rituellen Mißbrauch) nicht etwa „gefunden", sondern „produziert" durch Ideologien, pseudowissenschaftliche Theorien und ungelöste Probleme von Therapeuten, ja ganzen Teams (vgl. die alarmierten Entwicklungen in den USA, *Jaroff* 1993), und Krankheitsbilder wie *„multiple personality disorders"* werden u. U. „induziert".

„Empathie vollzieht sich ja im Zusammenwirken von subliminalem und supraliminalem Wahrnehmungsmaterial mit der mnestischen Resonanz aus vorgängigen Erfahrungen (persönlichen wie professionellen) sowie auf dieser Grundlage im persönlichen Engagement an der empathierten Person" (vgl. *Petzold* 1992a, 296, 1080, 1181). Die „vorgängigen Erfahrungen" bedingen indes oft auch Unschärfen in der Wahrnehmung oder Wahrnehmungsausblendungen, oder sie färben aktuale Wahrnehmung projektiv ein. Die Folge können „Fehlempathierungen" sein, und damit reproduzieren sich immer wieder belastende oder verletzende Situationen aus der Vergangenheit des Patienten (vgl. *Wirbel* 1987; *Petzold* 1993a, 1285 ff.), was sich gerade im begrenzten Rahmen von Beratungen und Kurzzeittherapien in Form von therapieinduzierten Verletzungen (ibid. 1283 ff.) verhängnisvoll auswirken kann. In der Therapie von *Klaus O.* ist die emotionale Stütze ein durchgängiges Moment. Besonders in der Bearbeitung der traumatischen Kindheitsszenen darf er nicht alleine darstehen, sondern braucht Versicherung. Auch beim Ausdrücken gesellschaftlich nicht akzeptierter Gefühle wie Haß, Aggression, sind Stützen und Bekräftigungen notwendig, wird Akzeptanz erforderlich, damit der Patient sich ansehen kann, ohne „vor Scham in den Boden zu versinken".

3. Hilfen bei der realitätsgerechten praktischen Lebensbewältigung/Lebenshilfe (LH):

Erschließen von Ressourcen, Rat, und tätige Hilfe bei der Bewältigung von Lebensrealität, Problemen usw., praktische Lebenshilfe also, gehört zu den besonders wirksamen Therapiefaktoren, die gerade für die Kurzzeittherapie immense Bedeutung hat. (Dieser Faktor ist durch die große Zahl verhaltenstherapeutischer Studien besonders repräsentiert). Wo immer es Therapeuten gelingt, die Probleme ihrer Patienten ernst zu nehmen und ihnen für die Lösung dieser Probleme (wie „oberflächlich" sie auch unter „tiefen"-psychologischer Perspektive erscheinen mögen, wie „vordergründig" sie auch unter gestalttherapeutischem Blick auf die „Hintergrunds-dimension" zu sein scheinen) Hilfen für realitätsgerechte Lösungen an die Hand zu geben, gelingen therapeutische Beziehungen. Nicht nur der *Leidensdruck* ist ein Motor der Behandlung, sondern auch die Erfahrung, daß Symptome besser werden und Schwierigkeiten abnehmen, besonders wenn mit dieser Erfahrung die Erkenntnis verbunden ist, daß es Hinter- und Untergründe der persönlichen Biographie sind, die Störzonen bilden. Hier können starke Motivationen für eine vertiefende, therapeutische und persönliche Weiterarbeit und eine aktive Mitarbeit in der Behandlung gesetzt werden, und insofern sind die „Hilfen bei der praktischen Lebensbewältigung" alles andere als rein „pragmatische" oder „pädagogische" therapeutische Interventionen, die das „Eigentliche" der Therapie vermeiden. Sie stärken vielmehr den Realitätssinn.

Gerade bei Patienten in *schwierigen Lebenslagen* ist selbst bei nicht so schwerwiegenden Krankheitsbildern ohne flankierende soziotherapeutische Maßnahmen (*Petzold, Petzold* 1993) in der Fokaltherapie wenig zu erreichen. In unserem Fallbeispiel von *Klaus O.* waren es das Partnergespräch und die entspannungstherapeutischen Maßnahmen, die eine alltagspraktische Hilfe boten. Derartige sekundäre, flankierende, supportive, pädagogische (usw.) Maßnahmen können und sollten nicht gänzlich von der Psychotherapie abgekoppelt werden. Sie müssen oftmals in psychotherapeutischen Prozessen initiiert, ja, von diesen begleitet werden oder in ihnen sogar eingebettet sein. Wenn der Faktor der „Hilfe bei praktischer Lebensbewältigung" (LH) so gewichtig ist, müssen Therapieschulen, bei denen dieses Moment nur schwach vertreten ist, sich befragen lassen, warum dies so ist, was hier ausgeblendet wird und auf welche Weise dieser Faktor in die Arbeit einbezogen werden kann. In der „Integrativen Therapie" machen wir jedenfalls die Feststellung, daß eine psychodynamisch orientierte Arbeit, daß das „analytische" Moment solcher Arbeit keineswegs unvereinbar mit soziotherapeutischen oder anderweitigen Stützmaßnahmen ist, daß sich der *„analytische Raum"* und der *„Raum der Lebensrealität"* keineswegs ausschließen, sondern in der klinischen Praxis durchaus fruchtbar verbinden lassen. Stationäre Settings zeigen dies in überzeugender Weise (*Matakas* 1992). Supervisorische Arbeit trägt dazu bei, etwaige „Turbulenzen an den Schnittflächen" immer wieder zu klären.

4. Förderung emotionalen Ausdrucks (EA):

Bei diesem Faktor geht es um Zeigen von Gefühlen, Sprechen über Gefühle, *kathartische* Entlastung

(*Schelp, Kemmler* 1988; *Kemmler, Schelp, Mecherill* 1991). Er findet sich besonders in erlebnisaktivierenden Verfahren und ist von dem der *emotionalen Stütze* (ES) zu unterscheiden, aber auch mit diesem eng verbunden. In dem Therapiebeispiel von *Klaus O.* spielt dieser Faktor eine herausragende Rolle. Zurückgehaltene, blockierte Gefühle können aufkommen, dadurch daß der Therapeut empathisch, mit Verständnis für die Schwierigkeiten bereit ist, die Thematik aufzugreifen, die angesprochen wurde. Schmerz, Angst und Wut können aufkommen und in der „akzeptierenden Präsenz" des Therapeuten ausgedrückt werden. Scham, Schuld, Haß und Rache, alles „verbotene" Gefühle, die nicht mit den religiösen Moralvorstellung aus dem Milieu des Patienten übereinstimmten, werden gezeigt und benannt. Großmutter, Tante, Jugendgruppenleiter waren, trotz ihrer positiven Bedeutung für *Klaus O.*, indirekt auch repressive Instanzen (wobei dieser Nebenfokus nicht aufgenommen wird). Der Emotionsausdruck wirkt weiter bis in die Partnerbeziehung des Patienten, in der sich dann – gefördert durch die Paarsitzung (KK) – eine positive „emotionale Kultur" entwickeln kann.

Gerade mit Blick auf die neuere Emotionspsychologie und -forschung (*Kruse* 1991; *Lazarus* 1993; *Petzold* 1992b, 1993b) und ihre Bedeutung für die Psychotherapie (*Schelp, Kemmler* 1988; *Kemmler* et al. 1991) aber auch mit Bezug auf das klassische „Repressionsmodell der Pathogenese" (*Petzold* 1992a, 855f) wird dem Faktor „Förderung emotionalen Ausdrucks" zunehmend Beachtung zu schenken sein, insbesondere wenn man Psychotherapie als *„emotionale Differenzierungsarbeit"*, als Behandlung „dysfunktionaler emotionaler Stile" oder als die Beeinflussung von „Grundstimmungen" (*Petzold* 1992b, 833 ff.) auffaßt. Es wird im übrigen an dieser Stelle deutlich, daß hinter dem Faktor Ein-*fühlung*, „empathisches Verstehen" (EV), eine Theorie der Empathie und des Verstehens sowie der therapeutischen Beziehung stehen muß. Weiterhin muß natürlich auch – wie beim Konzept „emotionaler Stütze" (ES) oder dem der „Förderung emotionalen Ausdrucks" (EA) – eine Emotionstheorie vorhanden sein, auf die sich das Handeln des Therapeuten abstützt. In der fokalen Kurzzeittherapie ist die Bearbeitung des Themas „Emotionen", „Umgang mit Emotionen", insbesondere mit „Überforderungsgefühlen" bzw. Streß (ibid. 833 ff.) und die Veränderung „dysfunktionaler *emotionaler Stile*", eine zentrale Aufgabe.

5. Förderung von Einsicht, Sinnerleben, Evidenzerfahrungen (EE)

Einsicht in Lebens- und Problemzusammenhänge bzw. Krankheitsbedingungen: Daß dieser Faktor bei den empirischen Outcome-Studien nicht an erster Stelle steht – weder bei kognitivistisch-orientierten noch bei der Mehrzahl der psychoanalytischen – zeigt, daß theoretische Konzeptualisierung und die Erfordernisse der Praxis oftmals nicht deckungsgleich sind. Im übrigen hängt es davon ab, was unter dem Begriff „Einsicht" verstanden wird, ob man ihn rationalistisch verkürzend von den Emotionen abkoppelt oder als „Aha-Erleben" oder „Evidenzerfahrung" mit den Gefühlen verbunden hält. In der Integrativen Therapie sprechen wir deshalb lieber von der *„Förderung von Sinnerleben"*. In jedem Falle geht es darum, daß Menschen Zusammenhänge und Hintergründe in möglichst umfassender Weise verstehen, Ursachen und Wirkungen zusammenbinden können, daß sie handlungsleitende Explikationsfolien für die Strukturierung ihres Alltags und ihres Lebensvollzugs erhalten. In der Therapie von *Klaus O.* war der Einsichtsfaktor deutlich präsent. Dem Patienten wurden immer wieder Zusammenhänge „klar" und in ihrem Sinnbezug und Bedeutungsgehalt faßbar. Aber seine „Einsichten" in Verdrängtes haben keine rationalisierende Qualität, sondern sind emotional unterfangen: *„felt meaning"*, und dies gilt auch für das Erkennen der gesellschaftlichen Einflußgrößen, die durch die *Standardfokussierung* in den Blick und ins Bewußtsein treten. Hier stellt sich natürlich die Frage, *wie* die Explikationsfolien gewonnen werden, ob die Perspektiven und Erklärungsraster des Therapieverfahrens bzw. des Therapeuten einfach dem Patienten weitergegeben werden (unter dem Zeitdruck der Fokaltherapie besteht die Gefahr, daß sie ihm „aufoktroyiert" werden, – vgl. die Transkripte aus der *Davanloo*-Schule, *Laikin* et al. 1991, 97 ff.) oder ob sie zwischen Therapeut und Patient erarbeitet werden. Das systematische Einbringen der *Standardfokussierung* ist natürlich eine metatheoretisch begründete Vorentscheidung, die als Angebot vorgetragen wird und dann vom Patienten aufgenommen werden muß, wenn sie fruchtbar werden und legitimierbar bleiben soll. Vor allen Dingen muß geschaut werden, wieviel Komplexität der Patient in seinem Therapieprozeß und seiner Lebenssituation bewältigen kann, wo eine solche Erweiterung des Horizontes konstruktiv ist oder wo sie zu einer Belastung werden kann. *Nicht jede Einsicht ist heilsam!* Therapietheorien können durchaus zur Lebenshilfe werden. Vielleicht werden sie aber auch zu einer neuen „Selbstzwangsapparatur" (*Elias* 1976) – einer psychotherapeutischen. In der Integrativen Therapie versuchen wir deshalb vom Bezugssystem des Patienten ausgehend zu arbeiten. Das bedeutet immer auch, daß der Therapeut in der Lage ist, sein eigenes Bezugssystem zu relativieren, es „für eine Zeit" an die Seite zu stellen. Andererseits wird es für viele Patienten notwendig werden, ihren „*frame of reference*" zu überschreiten, ihn zu erweitern, sich neue „*social worlds*" (*Strauss* 1978; *Petzold, Petzold* 1991) zu erschließen, neue „*représentations sociales*" (*Moscovici* 1984; *Jodelet* 1984, 1989) zu erwerben, wenn sie einengende soziale Welten und restringierende Wertsysteme überwinden wollen. In Kurzzeittherapien kann dies durchaus gelingen und sollte diesem Aspekt besondere Aufmerksamkeit geschenkt werden, obgleich hier auch besonders die Gefahr der Verletzungen, der Mißverständnisse, des Übergehens gegeben ist (vgl. *Petzold* 1992a, 1285 ff.).

6. *Förderung kommunikativer Kompetenz und Beziehungsfähigkeit (KK):*
Sehr viele Patienten sind in ihren Möglichkeiten, mit anderen Menschen zu kommunizieren, eingeschränkt. Es fehlt an sozialer Wahrnehmung, an Rollenflexibilität, an „social skills", an Ausdrucksvermögen. Es fehlen die Worte, die Möglichkeiten, auf jemanden zuzugehen. Es mangelt an Empathie bzw. „mutueller Empathie" (der Möglichkeit, sich einzufühlen *und* sich empathieren zu lassen). Hier müssen Therapeuten Hilfestellungen geben, Kommunikationsmöglichkeiten zu erschließen, zu erproben und – über die therapeutische Situation hinausgehend – im Alltag zu aktualisieren. In solchen Prozessen, in denen immer auch an die „Geschichte der Relationalität", d. h. der Kommunikationsstörungen, an Erfahrungen von Kommunikationsdefiziten gerührt wird, ist es oft schwierig, den Fokus zu halten, da die Hintergründe sehr komplex sein können. Die Zentrierung auf die Phänomene der „Hier-und-Jetzt-Interaktion" ist deshalb angezeigt, wenngleich sie nicht ungefährdet ist. Hier kann es leicht zu Verstrickungen kommen, zur Reproduktion von Sprachlosigkeit, einem „Aneinandervorbeireden". Wo immer es gelingt, kommunikative Kompetenz, Beziehungs- und Bindungsfähigkeit zu fördern, wird ein wesentlicher Beitrag zur Heilung und zur Lebensbewältigung geleistet. In der Therapie von *Klaus O.* wurden sicher seine Möglichkeiten der Kommunikation im sensiblen Bereich des Zwischenmenschlichen – mit seiner Freundin, seinen Freunden – gefördert und damit ein „selbstverstärkender Prozeß" angestoßen. Gelingende Kommunikationen machen Menschen kommunikativer und kommunikativ kompetenter. Das Ko-respondieren im *berührten* therapeutischen Gespräch hat hier eine wichtige Modellfunktion, denn der Therapeut wird hier zugleich Modell und Feedback-Instanz (*Binder, Strupp* 1991).

7. *Förderung leiblicher Bewußtheit, Selbstregulation und psychophysischer Entspannung (LB):*
„Awareness" und „consciousness" gegenüber leiblichen *Regungen* und *Empfindungen*, die sich in *Gefühlen* entfalten und leiblich-konkret zeigen können (*Petzold* 1992b, 806 ff.), wo immer dies möglich ist, müssen als gesundheitsfördernde und krankheitsvermindernde Faktoren gesehen werden. Bei vielen unserer Patienten finden wir eine *Anästhesierung des „perzeptiven Leibes"* (*Petzold* 1993a, 1157 ff.), was in der Regel auch mit einer *Inhibierung des „expressiven Leibes"* verbunden ist, mit Verspannungen und Verkrampfungen. Damit sind die Möglichkeiten der körperlichen Selbstregulation – auf Spannung folgt Entspannungen, auf Wachheit Müdigkeit, auf Bewegtheit Ruhe, auf Hunger Sättigung usw. – blockiert, und es können sich dysfunktionale Regulationen und Kompensationen (Verspannungsmuster, Bluthochdruck, aber auch Hypotonie und Antriebslosigkeit) ausbilden (*Traue* 1989), funktionale Störungen bis zur psychosomatischen Erkrankung und zu organpathologischen Befunden. Förderung von Leibbewußtheit und Regulationshilfen – oder im *bimodalen* Vorgehen – Förderung eines bewegungsaktiven Lebensstils (*Petzold* 1985f), sind hier wesentliche therapeutische Maßnahmen.

In der Therapie von *Klaus O.* wird die hohe Angespanntheit schon im Erstkontakt deutlich – eine für Angstpatienten sehr charakteristische Begleitsymptomatik, aufgrund derer sehr häufig eine *bimodale* Behandlung, ein zweigleisiger Therapieansatz, empfehlenswert ist. Die Fokalarbeit wäre mit einer Behandlung der Verspannungszustände überfrachtet worden. Die parallellaufende Entspannungstherapie hat aber Lösung von Spannungen insgesamt gefördert, und so wiederum auch einen Beitrag dazu geleistet, daß emotionaler Audruck freier fließen konnte. Verspannungen wurden auch in der Fokaltherapie immer wieder angesprochen, und der Patient wurde unterstützt, sich entspannter hinzusetzen, sich zu recken und zu dehnen. Der Leib muß entspannen! Er muß lernen, zwischen „Engung und Weitung" (*Schmitz* 1989) zu wechseln. Bei emotional dichten Situationen, in denen der Patient habituell mit Anspannung reagiert, erhält er von seiten des Therapeuten Hilfen zum „Loslassen“. Im Hinblick auf leibtherapeutische Interventionen sind „focusing of awareness“ (*non touching approach*) oder unspezifische Berührungen im Sinne „emotionaler Alltagsgesten“, z. B. Berührungen des Trostes, der Stütze, der Versicherung (*touching approach*) durchaus angezeigt. Spezifische Berührungen, z. B. atemfördernde oder muskuläre Panzerung mobilisierende Interventionen (*psychophysical approach*) sind in Kurzzeittherapien in der Regel kontraindiziert. Bei leibtherapeutischem Vorgehen ist sehr viel Erfahrung unerläßlich, weil durch diese methodischen Ansätze ein sehr unmittelbarer Zugang zu Material gefunden wird, das „in den Leib hineinverdrängt wurde“ und oft aus frühen, vorsprachlichen oder sehr traumatischen Bereichen stammt. Leibtherapeutische Arbeit kann große emotionale Intensitäten freisetzen, die eine besonders klare und eindeutige Gestaltung der therapeutischen Beziehung erfordern. Das *„Prinzip integrer Eindeutigkeit“* steht hier für das *Abstinenzprinzip* (vgl. *Petzold* 1993m, 3.2.4.1). In der fokalisierenden Kurzzeittherapie wird tiefenaktivierende Leibarbeit nicht einzusetzen sein. Sensibilisierung für Verspannungen, Beratung und Motivation zur Nutzung von Angeboten funktionaler Entspannungsmöglichkeiten (Volkshochschulkurse in Yoga, Relaxionsgymnastik etc.) ist aber durchaus angezeigt, ebenso wie die Ermutigung zum Langlauf (*Bosscher* 1991) oder anderen Arten von Ausdauersport, um einen *bewegungspassiven Lebensstil* in einen *bewegungsaktiven Lebensstil* umzuwandeln.

8. Förderung von Lernmöglichkeiten, Lernprozessen und Interessen (LM):

Therapeutische Prozesse sind Lernprozesse. Lebensvollzug ist ein permanentes Lernen in der Auseinandersetzung mit dem Kontext. Wir können bei vielen Patienten beobachten, daß ihre Probleme u. a. auch damit verbunden sind, daß ihre Lernmöglichkeiten und Interessen eingeschränkt wurden oder behindert worden sind, ja negativ sanktioniert wurden (hier sind besonders geschlechtsspezifische Problematiken zu beachten, etwa in Biographien von Frauen, denen Intellektualität untersagt wurde, aber auch religiöse Einstellungen, Haltungen, Einengungen). Immer wieder gilt es auch in Kurzzeittherapien, die Lerngeschichte und -motivation des Patienten/der Patientin in den Blick zu nehmen, das intentionale und fungierende Bildungsgeschehen in Schule, Elternhaus, Nachbarschaft. Es ist auf schichtspezifische und milieubezogene Fragestellungen Wert zu legen. Im Fallbeispielvon *Klaus O.* wird die bestimmende Kraft des Milieus sehr deutlich. Der Patient erkennt, wie sehr er noch an die alten Werte und Normen gebunden ist und wie notwendig es ist, manches neu zu überdenken. Da es sich bei Therapien um „begleitete Lernprozesse“ (*Petzold* 1993a, 1349) handelt, müßten die Formen des Interesses und Lernens thematisiert werden, sonst werden „Lernstile“ – und es geht hier natürlich keineswegs nur um schulisches Lernen, sondern auch um die Lernprozesse des Lebensalltags – mit ihren konstruktiven Potentialen und ihren dysfunktionalen Verformungen nicht bearbeitbar. (Im übrigen sind die therapiewirksamen Faktoren in der „Förderung kreativer Gestaltungskräfte“ und „Anregungen von Interessen“ mit dem der „Förderung von Lernmöglichkeiten“ eng verbunden.)

9. Förderung kreativer Erlebnismöglichkeiten und Gestaltungskräfte (KG):

Wahrnehmen → Resonanz → Erleben → Resonanz → Ausdruck → Resonanz → Gestalten, das ist eine Sequenz, die schöpferische Prozesse kennzeichnet, wobei die Wahrnehmung selbst schon schöpferisch sein kann, wenn sie vielperspektivisch in die Welt ausgreift und ein komplexes *Realitätserleben* fördert. Viele Menschen sind in ihrer Wahrnehmung eingeschränkt bis hin zur Anästhesierung, und damit sind auch die Möglichkeiten des Erlebens beschnitten, die Möglichkeiten, die Welt zu erfahren. Die „heilende Kraft des *Naturerlebens*“ (die Erhabenheit einer großen Landschaft, eine tröstliche Abenddämmerung, eine verzaubernde Blütenpracht) oder die „heilende Wirkung“ des *Kunsterlebens*“ (eine beschwingende Musik, ein erheiterndes Gedicht, ein bezauberndes Bild), all dieses ist bei Wahrnehmungsbeschränkungen verstellt. Vielen Patienten sind deshalb diese Quellen heilenden Erlebens verschlossen, und es werden keine „inneren Resonanzen“ möglich, die – werden sie stark genug – Ausdruck gewinnen können. Ausdruck aber bietet die Chance der Gestaltung.

Bei der Auswertung kunsttherapeutischer und kreativitätstherapeutischer Literatur (*Aissen-Crewett* 1986) wird die „heilungsfördernde Wirkung“ vielfältiger, sensibler Wahrnehmung „mit allen Sinnen“ (*Brooks* 1979), wird die „heilende Kraft des Schöpferischen“ (*Petzold* 1992m) immer wieder hervorgehoben. Konkret heißt das, Anregungen zu kreativem Tun zu geben als Form der Lebensbewältigung, der Entlastung, der Bearbeitung von Problemen, der Selbstverwirklichung. Da intermediale Arbeit ein Spezifikum der Integrativen Therapie ist (*Petzold*, *Orth*

1990a) und *Medien* einen sehr unmittelbaren Zugang zum Unbewußten bieten, überdies die Patienten in der Panoramaarbeit mit ihren Gestaltungskräften in Kontakt kommen, haben die Medien in der IFK einen festen Platz. Sie eröffnen einen Zugang zu „salutogenen Erfahrungen" der Vergangenheit, deren Aktualisierung ein großes, heilendes Potential hat, und sie können in Prozessen der *Symbolisierung* (*Orth, Petzold* 1993a, 132 ff., repr. dieses Buch) komplexe Zusammenhänge zugänglich und bearbeitbar machen, was gerade in der Kurzzeittherapie ein Vorteil ist, wie in der Arbeit mit *Klaus O.* gut erkennbar wird.

10. Erarbeitung von positiven Zukunftsperspektiven (PZ):

Hier geht es um den Aufbau und die Bekräftigung von Sicherheit und Hoffnungen, den Abbau von Befürchtungen und Katastrophenerwartungen, um die Auseinandersetzung mit Plänen, Zukunftsvisionen, Lebenszielen. Die Identität eines Menschen gründet nicht nur in der Vergangenheit. Sie umfaßt auch seine Zukunftsentwürfe (*Petzold* 1991a, 333 ff). Fehlende Lebensziele, ein zusammengebrochener Zukunftshorizont kennzeichnen viele Krisen und psychische Erkrankungen. *Adler* und *Moreno* haben die Zukunftsdimension für die Psychotherapie erschlossen. Wenn man den Menschen als selbstreflexives Subjekt sieht, das sich in seinem Lebensverlauf verwirklicht, so muß er auch als ein „Sich-Entwerfender" (*Sartre*) gesehen werden. Chronosophische Überlegungen (*Petzold* 1981e, 1991o) kennzeichnen den Integrativen Ansatz therapeutischer Arbeit genauso wie leibtheoretische (wobei sich die Verbindung über das Wesen des Leibes als zeitlichem, als „Zeitleib" herstellt, vgl. idem 1981h). *Klaus O.* hatte bei Therapiebeginn eine positive Zukunftsausrichtung, so daß hier keine Notwendigkeit bestand, etwaige antizipierte Befürchtungen zu bearbeiten, was in anderen Fokaltherapien durchaus zu einem wichtigen Aspekt in der Arbeit werden kann. Immerhin: die Kurzzeittherapie hat in ihm eine „Neugier auf sich selbst" geweckt, und das Verschwinden der Angstsymptomatik hat seinen Zukunftshorizont noch weiter geklärt.

11. Förderung eines positiven, persönlichen Wertebezugs (PW):

Dieser Faktor, wie auch die nachfolgenden Faktoren, sind als schulenspezifisch anzusehen, da sie in den an FPI und EAG angefertigten Graduierungsarbeiten und Therapieprotokollen immer wieder auftauchen, in den von uns ausgewerteten Therapiestudien indes nur okkasionell vorkommen (was wiederum nicht heißt, daß sie in der therapeutischen Praxis unbedeutend sind, sondern daß es sich eher um „Leerstellen" in den Fragestellungen der Forscher handelt, die in ihren Erhebungen diesen und anderen Bereichen keine Beachtung geschenkt haben). Andererseits zeigt eine konzeptanalytische Untersuchung des theoretischen Fundus bei vielen Verfahren, daß sie den Fragen der Werte in ihren Theorien nur wenig Aufmerksamkeit geschenkt haben (Ausnahme: die Logotherapie von *V. Frankl.* Sie hat zum Wissensstand der Psychotherapie in dieser Frage wichtige Beiträge geleistet). Werte werden nicht nur im Rahmen Über-Ich-theoretischer Überlegungen bedeutsam. Auch in *identitätstheoretischen* Überlegungen ist die Auseinandersetzung mit Normen und Werten von entscheidender Bedeutung (*Kames* 1992; *Petzold* 1992a, 500 ff.). Schließlich ist es Faktum, daß Menschen „sozialen Welten" als „wertenden Perspektiven auf Lebenszusammenhänge" (*Petzold, Petzold* 1991) angehören, daß sich in ihrem Handeln *„représentations sociales"* (*Jodelet* 1989) als kollektive Wertungen realisieren und daß schließlich Psychotherapie immer und immer Bewertung von Lebenssituationen – durch den Therapeuten, durch die Position seines Verfahrens (*Thommen* et al. 1988), durch den Patienten, durch die Institution, durch die Familie, durch die Supervisionsgruppe usw. – bedeutet, ein Grund, sich mit diesem Komplex intensiv auseinanderzusetzen. Dies wird natürlich ohne eine Klärung der eigenen ethiktheoretischen Position, ein Bereich, in dem wiederum die psychotherapeutischen Schulen nicht sehr explizit sind (für die IFK vgl. *Petzold* 1992a, 500 ff. und dieses Buch), nicht gut möglich sein. Therapeutische Arbeit hat sich mit den Fragen des Wertebezugs also nicht nur zu befassen, weil ein positives, gefestigtes Wertesystem ein Faktor von Gesundheit bzw. ein heilender Faktor ist, sondern weil auch die „Bewertung der Werte" – sie geschieht zumeist indirekt – in Therapien ein sehr neuralgischer Punkt ist. Hier ausreichende „Exzentrizität" zu gewinnen wird unerläßlich sein, wenn man Patienten gerecht werden will. In der mitgeteilten Therapie von *Klaus O.* wurde das bei der Frage nach der Homosexualität sehr plastisch. Der Patient fragt die Werthaltung des Therapeuten an – wie dieser jetzt von ihm, *Klaus O.*, denke. Auch bei den dörflichen und kirchlichen Normen, die in dieser Behandlung eine Rolle gespielt haben, ist der Wertebereich präsent und gilt es, strenge, rigide, niederdrückende Normierungen bewußt zu machen, ohne das gesamte und offenbar noch stark verankerte (und deshalb auch tragende) Wertesystem zu labilisieren.

12. Förderung eines prägnanten Selbst- und Identitätserlebens (PI)

Dieser therapiewirksame Faktor ist insofern verfahrensspezifisch, weil in der Integrativen Therapie und ihrem persönlichkeitstheoretischem Modell das Selbst- und Identitätskonzept eine zentrale Stellung hat (*Petzold* 1984i, 1992a, 528 ff.; *Kames* 1992; *Affeldt* 1991). Mit Blick auf entwicklungspsychologische und sozialisationstheoretische Forschung erhält der Selbst- und Identitätsbegriff aber auch eine schulenübergreifende Bedeutung in der Psychotherapie (*Petzold, Mathias* 1983; *Frey, Haußer* 1987; *Ludwig-Körner* 1992). Da sich Identität aus dem *Leib-Selbst* durch die Aktivität des *Ich* konstituiert, das die aus dem Umfeld kommenden und sich auf verschiedene Identitätsbereiche („fünf Säulen") beziehenden *Identitätsattributionen* (*Identifizierungen*, social identity) aufnimmt und mit deren *Bewertung* (*Valuation*, appraisal) durch *Selbstattributionen* (*Identifikationen*, ego identity) sowie durch die *Internalisierung* dieser Zuschreibungen zur **Identität** synthetisiert, muß Psychotherapie dazu beitragen, diese Prozesse zu ermöglichen, und zwar in einer positiven Weise.

Negative Identitätsattributionen in Form von Stigmatisierung (*Brusten, Hohmeier* 1975) führen nämlich zu einer *„spoiled identity"* (*Goffman* 1967). Besonderes Gewicht muß den spezifischen Fragen ethnischer und schichtenspezifischer sowie männlicher und weiblicher Identität zugemessen werden (*Flaake, King* 1992; *Tatschmurat* 1980), wobei es insbesondere für männliche Therapeuten wichtig ist, weibliche Selbstdefinitionen des Identitäts- und Rollenthemas zu rezipieren (*Camenzind, von den Steinen* 1991; *Gilligan* 1988) und sich der Einseitigkeiten etwa psychoanalytischer Konzeptbildungen bewußt zu bleiben (*Goldhor Lerner* 1991; *Rhode-Dachser* 1991; *Alpert* 1991; *Chasseguet-Smirgel* 1974), damit nicht Vorurteile und geschlechtsspezifische, stereotype Identitätszuweisungen zu Unangemessenheiten führen. Die Erwartungen des Therapeuten/der Therapeutin an die Patientin/den Patienten (und bei ihnen handelt es sich natürlich auch um attributive Vorgänge, z. B. Rollenzuschreibungen) beeinflussen therapeutische Prozesse (*Rosenthal, Jacobson* 1971). Diese Erwartungen werden natürlich in den therapeutischen Interaktionen immer wieder verändert (*Zimmer* 1983), aber gerade das zeigt ja auch, daß derartigen attributiven Vorgängen Wichtigkeit beizumessen ist, damit der Therapeut in der Dyade zu aufbauenden *Identifizierungen* beitragen kann und dem Patienten ermöglicht, Attributionen positiv zu *valuieren* und mit *Identifikationen* zu belegen, so daß es zu *Internalisierungen* kommen kann, die „gute Innenwelten" und ein breites *„Rollenrepertoire"* aufzubauen helfen. In der IFK sind derartigen, dauerhafte Selbstkonzepte bzw. Identitätsschemata bildenden Internalisierungen Grenzen gesetzt – die Zeit ist zu knapp bemessen –, es sei denn, es gelingt, an vorgängige positive Identitätszuschreibungen anzuknüpfen und sie fortzuschreiben. Es ist auch möglich, daß an die Attributionen in spezifischen Identitätsbereichen bevorzugt angeknüpft wird – etwa im Bereich sozialer Beziehungen, Leiblichkeit, Arbeit und Leistung usw. In der Therapie mit *Klaus O.* wurde darauf abgezielt, die Geschlechtsrollenidentität zu klären, aber auch die Randposition der Mutter, eine Außenseiterrolle bzw. ihre Fortschreibung, denn die Ausgrenzung der Alleinerziehenden hatte auch Auswirkung auf ihren Sohn. Der Patient wurde dazu angeregt, seine sozialen Beziehungen zu überdenken, und er stellte dabei fest, daß er nach wie vor randständig in sozialen Gruppierungen ist. Seine spätere Entscheidung, in eine Selbsterfahrungsgruppe zu gehen, mag hier einen Hintergrund haben, denn in gruppentherapeutischen Prozessen kommen die Identitätsthemen in noch komplexerer Weise zum Tragen. Immer jedoch – ob in Einzel- oder Gruppentherapie – sind die *Transfer-Dimension*en entscheidend: Wie gelingt es dem Patienten, auf dem Boden seiner Erfahrungen in der Therapie, in seinen sozialen Netzwerken negative Zuweisungen zu bewältigen oder abzuweisen und positive Attributionen zu „kapitalisieren"? Welche Hilfen kann er dabei durch seine Therapie erhalten? Diese und ähnliche Fragen führen zur Nennung eines weiteren therapeutischen Wirkfaktors, der an dem erstgenannten des „einfühlenden Verstehens" in der therapeutischen Beziehung – die ja Teil des sozialen Netzwerks ist – anschließt.

13. Förderung tragfähiger, sozialer Netzwerke (TN):

In der Literatur über Wirkfaktoren in der Psychotherapie (*Garfield* 1983, 1992; *Huf* 1992) findet sich kaum etwas über die Bedeutung sozialer Netzwerke. Sie wurden in der Psychotherapieforschung offenbar genauso ausgeblendet wie die Dimension der Leiblichkeit, zumal der Schwerpunkt der Forschung auf der Evaluation von Einzeltherapien und der Verhaltensänderungen von Einzelpersonen zentriert. Aus dem „social support research" (*Nestmann* 1985; *Keupp, Röhrle* 1987; *Kähler* 1983) wissen wir aber um die immense Bedeutung supportiver, ressourcenreicher Netzwerke für die Gesundheit und das Wohlbefinden von Menschen. Durch Untersuchungen bei netzwerkzentrierten Interventionen ist deren positive Wirkung auf das persönliche Wohlbefinden, Identitätserleben und für die Beeinflussung von Krankheitssymptomen, ja für die nachhaltige Behebung von Störungen und seelischen Erkrankungen bekannt (*Petzold* 1979c). Deshalb ist es gerade auch in der „einzeltherapeutischen" Arbeit (als prinzipiell „*dyadischer Therapie*") wichtig, daß Therapeuten realisieren: Sie arbeiten *nicht* mit Einzelpersonen, sondern mit sozialen Netzwerken – vergangenen, gegenwärtigen und zukünftigen. Der Patient hat Angehörige, Freunde, Eltern oder Kinder, und die Interventionen in der „Einzelbehandlung" wirken in diese Netzwerke hinein – *for better or worse*: Auch dem Patienten sollte vermittelt werden, daß er mit sich *und* mit seinem Beziehungsnetz arbeitet. *Klaus O.* war u. a. in die Therapie gekommen, weil er spürte, daß er mit seiner Partnerin und in seinen Beziehungen an Grenzen kam, die er erweitern wollte, so daß für diesen Zusammenhang keine große Motivationsarbeit geleistet werden mußte, wie dies zuweilen bei den Patienten notwendig wird, die noch nicht sehen, daß die Beziehungsqualitäten in ihrem Netzwerk und die „supportive Valenz", d. h. die Tragkraft und der Ressourcenreichtum des Netzwerkes, einen direkten Einfluß auf die Gesundheit und das persönliche Wohlbefinden haben, so daß gegebenenfalls direkte (z. B. Paarsitzungen oder durch Familienkonferenzen) oder indirekte (z. B. durch Arbeit an „sozialen Netzwerkdiagrammen", *Petzold* 1983f) Netzwerktherapie bzw. Netzwerkpflege angezeigt ist.

Als Supervisor und Kontrollanalytiker habe ich vielfach gesehen, wie die fehlende Netzwerkperspektive dazu geführt hat, daß Beziehungen zerbrochen sind. Es hat mich immer wieder erstaunt, mit welcher Selbstverständlichkeit Therapeuten annehmen, die Beziehung zu ihnen sei wichtiger, als zu einem Lebenspartner (das Gebot/Verbot, über die Geschehnisse in der Analyse nicht mit dem Lebenspartner zu sprechen, wie es von manchen orthodoxen psychoanalytischen Kolleginnen und Kollegen ihren Analysanden und Analysandinnen immer noch auferlegt wird, zeugt nicht nur vom Ausblenden der systemischen Perspektive, sondern auch davon, daß Therapeuten hier offenbar das „rechte Maß" verloren haben). Es nimmt denn auch nicht wunder, daß die Psychoanalyse in dem von *Grawe* (1992, 137/138) erstellten Vergleich aller evaluierten Therapieverfahren am schlechtesten beim Kriterium der Verbesserung der Beziehungsfähigkeit abschneidet und Ansätze einer beziehungs- und familienorientierten Psychoanalyse (*Bauriedl* 1983) wenig Resonanz erhielten.

Therapeutische Beziehungen sind wichtig, und sie nehmen in defizitären Netzwerken geradezu eine zentrale Stellung ein. Deshalb ist es wesentlich, daß ein Therapeut über das „soziale Atom" (*Moreno* 1936; *Petzold* 1979c), das „soziale Netzwerk" (idem 1985f; *Keupp, Röhrle* 1987) seines Patienten gut informiert ist, über die Zahl der Menschen in der Kernzone, der Mittel- und Randzone, über die Qualität der Beziehungen, über die Werte- und Normensysteme, kollektive Bewertungsmuster (*social worlds*, *Strauss* 1978, *représentations sociales, Moscovici* 1984) über die „supportive Valenz" des Netzwerkes. (Ist es tragfähig, kann es den Patienten stützen, oder ist vielleicht der Patient die stärkste Person in seinem Netzwerk, an der alle hängen? usw.). Das Wissen um die Ressourcen eines Netzwerkes, um den „social support" (*Nestmann* 1988; *Schuch* 1990), muß als Hintergrund für die therapeutischen Strategien, z. B. für etwaige regressive Arbeit oder Einbrüche in der Therapie vorhanden sein. (Wer stützt den Patienten zwischen den Therapiestunden? Hat er Gesprächspartner? usw.). Therapeuten müssen sich darüber klar sein, welche Rolle sie selbst im Netzwerk ihres Patienten spielen, wie sie in das Beziehungsgeflecht eingebunden sind, welchen Platz sie darin haben usw. Das Ansprechen der Netzwerkqualität – eventuell mittels „Netzwerkdiagrammen" bzw. „sozialen Atomen" (vgl. Abb. 10) – stellt eines der wichtigen Momente in der Psychotherapie dar, auch wenn der Faktor aufgrund seiner fehlenden Beachtung durch die Mehrzahl der Psychotherapeuten und Psychotherapieforscher in Untersuchungen nicht so stark repräsentiert ist (ein Forschungsartefakt also). In der IFK werden Netzwerkperspektiven durch eingestreute Paar- und Familiensitzungen und in der Standardfokussierung berücksichtigt. Dabei wird vorausgesetzt, daß der Therapeut selbst um sein eigenes Netzwerk und seine Ressourcen Bescheid weiß (auch darum, welchen Platz seine Patienten darin einnehmen) und daß er in seiner eigenen Lehranalyse sein „soziales Atom" und dessen Entwicklung bearbeitet hat.

Auch die Repräsentation vergangener sozialer Netzwerke wirkt natürlich in die gegenwärtigen hinein. Netzwerkarbeit steht oftmals am Anfang einer Therapie, da ohne den Aufbau tragfähiger, sozialer Stützstrukturen erfolgversprechende Behandlungen mit überdauernden Effekten kaum möglich sind, wie u. a. in einer Studie deutlich wird, die psychoanalytische, individuumszentrierte und familientherapeutisch-systemische Behandlung vergleichend evaluiert (*Szopocnik, Murray* 1989). Entsprechende haben oft soziotherapeutische Maßnahmen zunächst vor einer vertiefenden biographischen Arbeit Vorrang (ein Prinzip, das leider oft genug bei Therapien vernachlässigt wird), weil ansonsten die Chancen für besonders geschädigte Patienten mit schwachen, support- und ressourcenarmen sozialen Netzwerken besonders schlecht sind und noch geringer werden, wenn die therapeutische Ideologie eines Verfahrens soziotherapeutische Aktivitäten von seiten der Therapeutinnen und Therapeuten oder kooperative „bimodale" Behandlungen unter Beiziehung anderer Therapeuten, sozialer Hilfszentren, Selbsthilfegruppen (*Petzold, Schobert* 1991) etc. ablehnt.

14. Ermöglichen von Solidaritätserfahrungen (SE):
Als letzter, aber nicht unwesentlicher Faktor, sei der der *Solidaritätserfahrung* genannt. Er erscheint in der psychotherapeutischen Wirksamkeitsforschung nicht, obwohl er in gut funktionierenden Therapiegruppen und Selbsthilfegruppen eine entscheidende Rolle spielt (*Richter* 1974; *Möller* 1989; *Petzold, Frühmann* 1986) und seine Bedetuung sich aus dem „social support research" (*Sarason, Sarason* 1985; *Badura* 1991; *Schuch* 1990; *Nestmann* 1988) erschließen läßt. Soziotherapeutische Perspektiven (*Petzold, Petzold*, dieses Buch) werden bisher von Psychotherapeuten kaum reflektiert oder beforscht. Dabei kann man davon ausgehen, daß ein „engagiertes Eintreten" für den anderen (idem 1978c, 1989i) ganz allgemein als hilfreich erlebt wird und von Patienten im besonderen, handelt es sich bei ihnen doch oft genug um Menschen, die gescheitert, zusammengebrochen, erkrankt sind, weil ihnen in kritischen Momenten Solidarität gefehlt hat, und diese ist mehr als Stütze oder materielle Hilfe: Hinzukommen muß das „engagierte Eintreten", wo Unrecht geschieht oder geschehen ist, das sich „Solidarisch-an-die-Seite-der-Betroffenen-Stellen". Im abstinenten Diskurs der Psychoanalyse oder in dem versachlichenden Diskurs der Verhaltenstherapie ist dies kaum möglich. Solidarisches Eintreten ist ohnehin aufgrund des Statusgefälles Therapeut/Patient und der damit verbundenen Rollenkonfigurationen schwierig, und es wird in Therapieausbildungen dieser Dimension wenig Beachtung geschenkt. Dabei wird keineswegs unterschätzt, daß der therapeutische Prozeß als solcher durchaus eine solidarische Qualität haben *kann* und vielfach auch impliziert, und es werden die Schwierigkeiten solidarischer Praxis im Rahmen von Psychotherapien durchaus gesehen. In der Ausbildung zum Integrativen Therapeuten steht als viertes Leitziel neben der „Förderung der personalen, sozialen und der professionellen Kompetenz und Performanz" stets die „Förderung sozialen Engagements" (*Sieper* 1985; *Petzold, Sieper* 1972, 1976; *Petzold* 1988n, 603), und es wurde in der klinischen Heuristik der „Wege der Heilung und Förderung" als „vierter Weg" der der *Förderung von Solidaritätserfahrungen* herausgestellt (ibid. 260 ff.). Derartige Zielsetzungen dürfen keine leeren Worte bleiben, sondern müssen als Wirkfaktor handlungskonkret in Therapien zum Tragen kommen.

7. ABSCHLIESSENDE BEMERKUNGEN

Therapiewirksame Faktoren müssen in allen therapeutischen Prozessen – ganz gleich ob Langzeit-, mittelfristige oder Kurzzeittherapien – bewußt und gezielt eingesetzt werden. Deshalb ist das Wissen von Therapeuten um „common and divergent concepts", um *„specific and unspecific factors"* wichtig und muß in der Therapieausbildung, insbesondere in Supervision und Kontrollanalyse (*Petzold* 1993m) in *prozeßgerechter Form* vermittelt werden, denn es kann ja keinesfalls darum gehen, die Wirkfaktoren als „eingeübte Prozeßvariablen" einzusetzen. Sie müssen vielmehr integriert im *persönlichen Stil* und organisch im therapeutischen Geschehn situations- und problemangemessen zum Tragen kommen, und das bedarf der Schulung, Erfahrung, ja, der Ausbildung einer gewissen *„clinical wisdom"* (idem 1991o), die gute Therapeuten kennzeichnet. Auch die Handhabung der verschiedenen kreativtherapeutischen Diagnose- und Interventionsinstrumente – z. B. Identitätsbild und dreizügiges Karrierepanorama – erfordert eine sorgfältige Einweisung, Ausbildung und Supervision. Das hohe, aufdeckende und erlebnisaktivierende Potential dieser Ansätze kann bei unsachgemäßer Anwendung natürlich auch zu Destabilisierungen führen und Schäden anrichten – ähnlich, wie fehlplatzierte und falsch dosierte „Probedeutungen" in der Initialphase psychoanalytischer Kurzzeittherapien negative Folgen haben können.

Kurative fokaltherapeutische Behandlungen im Zusammenhang mit Identitätsbildern, Karrierepanoramen oder auch Lebenspanoramen lassen sich bei *adäquater Indikationsstellung* nach unseren Erfahrungen in 65 Prozent der Fälle auch im vorgegebenen Zeitrahmen von ca. 30 Stunden mit Erfolg durchführen. Die übrigen Patienten bedürfen allerdings längerer Behandlung, weil sich der Fokusrahmen nicht stabil halten läßt, sondern es zu einem Einbrechen der Grenzziehung kommt, z. B. durch Verschärfung der aktualen Lebensschwierigkeiten oder durch Auftauchen neuen und schwerwiegenden biographischen Materials, wobei eine Umwandlung der Behandlungsform in eine mittelfristige oder gegebenenfalls sogar langfristige Therapie notwendig wird. Bei der Hälfte dieser Patienten (20 %) wird die Fokaltherapie zu einem Schritt eines absehbaren, weiteren Therapiegeschehens, d. h. zu einem Abschnitt in einer *„intermittierenden Therapie"* bzw. Karrierebegleitung (*Petzold* 1992a, 738 f, 567): Der Patient hat durch die Fokaltherapie erfahren und weiß darum, daß er wahrscheinlich noch weitere Foki bearbeiten muß, glaubt sich aber für seine aktuelle Lebenssituation ausreichend stabilisiert und unternimmt es, seine Lebensbewältigung eigenständig wieder in die Hand zu nehmen. In solchen Situationen bieten wir *explizit* die Möglichkeit an, für einen weiteren fokaltherapeutischen Schritt wieder zum gleichen Behandler zurückzukehren, um keinen „zerrissenen Therapiekarrieren" Vorschub zu leisten, sondern im Sinne einer „extensiven Karrierebegleitung" (*Petzold, Hentschel* 1991) eine gewisse Kontinuität in der Arbeit an sich selbst zu gewährleisten. Je nach Thematik kann aber auch die Weiterarbeit bei einer Kollegin empfohlen werden, mit der – gemeinsam mit dem Patienten – eine ein- oder zweistündige „Übergabe" erfolgt, in der die bisher gelaufene Fokalarbeit noch einmal kurz reflektiert wird und anhand des Karrierepanoramas (mit etwaig inzwischen erfolgten bildnerischen Ergänzungen) die Möglichkeiten neuer Foki besprochen werden. Die eigentliche Fokuswahl für den Abschnitt erfolgt dann in dem neuen therapeutischen Bündnis. Ist eine Übergabe in der geschilderten Weise nicht möglich, so erfolgt, wenn es irgend geht, im Einvernehmen mit dem Patienten eine schriftliche Information. In jedem Falle werden Patienten motiviert, ihre Identitätsbilder, ihre Karrierepanoramen und andere Materialien bei einem neuerlichen Behandlungsanlauf dem neuen behandelnden Therapeuten bzw. der Therapeutin mitzubringen und über die Bearbeitung des Fokus in der vorausgegangen Therapie zu berichten, gegebenenfalls auch ihre Therapietagebücher (*Petzold, Orth* 1993a) oder Ausschnitte aus diesen ihm/ihr zugänglich zu machen. Die ausgesprochen negativen Auswirkung „zufällig gestückelter Therapien", wie wir sie bei Patienten mit therapeutischen Zufallskarrieren (nicht zuletzt durch Kurzaufenthalte in psychotherapeutischen Kliniken, die keine adäquaten Nachbetreuungen vermitteln konnten), immer wieder gesehen haben, haben uns zu dieser Strategie motiviert, die sich, soweit wir Karrieren verfolgen konnten, auch sehr positiv ausgewirkt hat.

Nachdem über lange Jahre (1972 – 1978) an unserem Institut im Rahmen der Ausbildung von Soziotherapeuten mit 30stündigen, fokalisierten Selbsterfahrungsanalysen *ohne* die Panoramaarbeit Erfahrungen gesammelt werden konnten und wir diese Form zugunsten eines offenen Lehranalyseangebotes aufgegeben haben (die Konfrontation der Ausbildungskandidaten mit sehr verschiedenen und belastenden Patientensituationen, die sie als Soziotherapeuten in ihrer Praxis erleben, machte dies notwendig), haben wir nunmehr durch den systematischen Einsatz der *dreizügigen* Karrierepanoramen (protektive, adversive und defizitäre Orientierung) feststellen können, daß sich die Qualität der fokaldiagnostischen Arbeit, die Stimmigkeit der Fokuswahl und die Effizienz der fokaltherapeutischen Interventionen wesentlich verbessern ließen, nicht zuletzt durch den unmittelbaren Zugriff auf den *operativen Fokus* und die damit erkennbaren *Narrative* sowie das Erkennbarwerden weiterer relevanter Foki, aber auch aufgrund der Erfahrung, daß durch die szenische Gestaltung der Fokusthemen mit erlebnisaktivierenden Methoden in *einer* fokalisierenden Kurzzeittherapie auch mehre Hauptfoki bearbeitet werden können, ohne daß der gegebene Zeitrahmen überschritten bzw. wesentlich überschritten werden muß.

Da Integrative Fokaltherapien häufig nach dem Vierschrittemodell des „tetradischen Systems" (*Petzold* 1970c, 1974j, 1988n, 80 ff.) ablaufen – *Initialphase, Aktionsphase, Integrationsphase, Neuorientierungsphase* (idem 1973a, 74f) – und eine Übersicht über „operative Foki" durch die Karrierepanoramen schon in der Initialphase möglich wird, kann schon relativ früh eingeschätzt werden, wann mit weiteren Makro- oder Mesofoki zu rechnen ist (ob dann die Notwendigkeit der Bearbeitung tatsächlich gegeben ist, erweist der Verlauf der Therapie). Ein solches Konzept der *Mehrfokalität* ist allerdings nur zu vertreten, wenn man *nicht* von der verkürzenden Annahme ausgeht, daß das menschliche Leben von „einem" *zentralen, neurotischen Beziehungskonflikt* (*Luborsky* 1984; *Luborsky, Crits-Christoph* 1990) bestimmt sei oder von zweien. Wir sehen, daß *Defizitstrukturen* in Biographien keine geringere Rolle spielen als *Konfliktstrukturen.* Wir sehen weiterhin das Zusammenwirken verschiedener Konflikte, und über derartige „Synergien" oder akkumulierende Effekte weiß man noch recht wenig. Hier wird in fokaldiagnostischer und fokaltherapeutischer Hinsicht in Zukunft noch manche Entwicklung zu erwarten sein. Die **Integrative Fokale Kurzzeittherapie** (IFK) ist ein effizienter Weg, Menschen in schwierigen Lebenssituationen, Problemen und Störungen mit Krankheitswert *kurativ* zu helfen, bei fehlender bzw. schwieriger Motivationslage *motivierend* auf tiefergehende therapeutische Arbeit vorzubereiten oder *fraktioniert* in längerfristigen, „intermittierenden", karrierebegleitenden Therapien Teilziele der Behandlung zu realisieren. Die **IFK** ist damit ein wichtiges methodisches Instrument innerhalb der Integrativen Therapie, bei dem allerdings – wie bei allen Formen der Kurzzeittherapie – durch kritische Reflexion des Handelns, der Situation und der institutionellen „Sachzwänge" darum Sorge getragen werden muß (trotz der Sicherung des „Standardfokus"), daß unter dem Druck der Kostenminimierung nicht emanzipatorische Therapieziele auf der Strecke bleiben oder Patienten kurzzeittherapeutisch behandelt werden, wo doch eigentlich eine mittelfristig oder langzeitig angelegte Therapie wichtig, ja unerläßlich wäre. Hier gilt es, offensiv für unsere Patienten und für die ethischen Grundsätze unserer Profession einzutreten.

ANHANG

Leitfaden zur „Integrativen Diagnostik"

Name:	Vorname:	Geb.Datum:
Familienstand:	Kinder:	Herkunftsfamilie:
Straße:	Ort:	
Tel. Privat:	Tel. Geschäft:	
DSM-III-R:	ICD 10:	

I. HEURISTIK DER PROZESSUALEN DIAGNOSTIK

A: Pathogene Stimulierungskonstellation (Klinische Krankheitslehre): Traumata, Defizite, Störungen, Konflikte.

B: Phänomene „multipler Entfremdung" (Anthropologische Krankheitslehre)

Leitfragen:

1. Was ist gesund und funktionsfähig und muß erhalten werden? (*Konservierende Behandlungsstrategie*)
2. (a) Was ist gestört/beeinträchtigt und muß restituiert werden? (*Reparative Behandlungsstrategie*)
   (b) Was ist gestört/beeinträchtigt, nicht restituierbar und muß bewältigt werden? (*Coping-Strategie*)
3. (a) Was ist defizient (nie vorhanden/nicht mehr vorhanden) und muß bereitgestellt werden? (*Substitutive Behandlungsstrategie*)
   (b) oder: falls nicht anders möglich, was muß bewältigt werden? (*Coping-Strategie*)
4. Was ist noch nicht genutzt und könnte erschlossen und entwickelt werden? (*Evolutive Behandlungsstrategie*)

II. ANALYSE DES LEBENSZUSAMMENHANGES (Kontext und Kontinuum, Soziales Netzwerk // Ökologische Perspektive)

(a) Mikroebene (Familie, Arbeitssituation, Freundeskreis // Wohnung, Quartier, Arbeitsplatz)
(b) Mesoebene (soziale Schicht, Milieu // Dorf, Stadtteil)
(c) Makroebene (politische und ökonomische Situation im Großraum // regionale ökologische Situation im Großraum)
(d) Supraebene (Zeitgeist, weltpolitische, weltwirtschaftliche Situation // mundane ökologische Situation)

III. BEREICHE DER ANALYSE IN DER PROZESSUALEN DIAGNOSTIK

1. *Bedürfnisanalyse/Motivationsanalyse*: Was sind die Bedürfnisse, Wünsche und Motivationen des Klienten?
2. *Problem- und Konfliktanalyse*: Wo liegen Defizite, Traumatisierungen, Störungen oder Konflikte, die aufzulösen, zu substituieren oder zu mindern sind? Welche zentralen Beziehungskonflikte fallen ins Auge?
   Was sind die wesentlichen Coping-Strategien? Wie wird die eigene Kompetenz wahrgenommen (perceived competence)? Welcher Art sind die Kontrollüberzeugungen? Welche Risikofaktoren fallen auf, welche protektiven Faktoren?
3. *Leibfunktionsanalyse*: Wie ist es um die Funktionen des perzeptiven, expressiven und memorativen Leibes bestellt?
4. *Lebensweltanalyse*: Wie ist die Familien- und Arbeitssituation des Patienten, sein sozioökologisches Setting, seine Wohnsituation? Wie konsistent ist sein soziales Netzwerk, wie stabil seine „social world"?

5. *Kontinuum-Analyse*: Wie hat sich das Leben des Patienten vollzogen? Welche „prävalent pathogenen Milieus“ lassen sich feststellen, welche kritischen Lebensereignisse, welche Diskontinuitäten? Wie wird der bisherige Lebenslauf eingeschätzt? Welche biographischen Auswirkungen zeigen sich hier und jetzt? Welche prospektiven Aspekte sind zu erwarten? Was sind die spezifischen Merkmale der Krankheitskarriere? Wie ist die Qualität adversiver Ereignisketten bzw. Convoys, prolongierter Mangelerfahrungen, positiver Ereignisketten, und wie stellt sich die Interaktion dieser Ketten dar? Welche Aspekte ergeben sich unter einer Mehrgeneration- Familien-Perspektive?
6. *Ressourcen-Analyse*: Was steht dem Patienten an Eigen- und Fremdressourcen (z. B. soziales Netzwerk, physische Konstitution, materielle Mittel, Bildung, Lebenserfahrungen, Copingstrategien, internale und externale protektive Faktoren etc.) zur Verfügung? Wieviel „social support“ ist vorhanden?
7. *Interaktions-Analyse*: Wie sind die Formen der Relationalität (positive/negative Konfluenz, Kontakt, Begegnung, Beziehung, Bindung, Abhängigkeiten) ausgeprägt? Welche Übertragungsqualitäten, Widerstandsphänomene und Abwehrformen fallen auf? Welche Gegenübertragungsresonanzen kamen bei Therapeut/Therapeutin auf? Wie ist das Interaktionsverhalten in der aktualen Situation?

IV. BEOBACHTUNGSFELDER

1. *Körper/Leiblichkeit*: Vitalität, Ausdrucksfähigkeit (Mimik, Gestik), Atmung, Haltung (z. B. Grounding), Bewegungsqualität, Wahrnehmungsfähigkeit, *sensumotorische Stile*
2. *Emotionaler Bereich*: Emotionale Bandbreite und Reaktionsbereitschaft, Differenziertheit, Flexibilität, Intensität, Dosierung, Angemessenheit, Ort und Form des Ausdrucks, Kongruenz, Grundstimmungen, Lebensgefühl, emotionale Belastbarkeit (emotional coping) – *emotionale Stile* (vgl. *Petzold* 1993b, 223-229)
3. *Kognitiver Bereich*: Fähigkeit wahrzunehmen und zu verarbeiten, zu differenzieren, zu analysieren und Synthesen zu erstellen, Zusammenhänge zu verstehen, Probleme zu lösen – *kognitive Stile*.
4. *Soziale Fähigkeiten*: Kontaktbereitschaft, kommunikative Kompetenz und Performanz (verbale und nonverbale Kommunikation), Fähigkeit, Nähe und Distanz zu regulieren, Dauer und Qualität von Beziehungen, Rolleninventar, Rollenrepertoire und Rollenflexibilität – *kommunikative Stile*.
5. *Wertbereich*: Sinn, Ziele, Werte, Normen, Einstellungen zu: Leben, Tod, Liebe, Wahrheit, Mitmenschlichkeit, Hoffnung, Religion und Weltanschauung – *Bewertungsstile* (valuation, appraisal).
6. *Lebenskontext*: Engere soziale Situation (Familie, Freunde), weitere soziale Situation (Status, Rolle, soziale Verflechtungen, Familienstand, Beruf, Lebensraum), ökonomische Situation (Wohnung, Wohnort, Landschaft), epochale Situation (politische, soziale, geistesgeschichtliche Strömungen).
7. *Lebenskontinuum*: Alle Bereiche im Zeitkontinuum (retrospektiv Vergangenheit, aspektiv Gegenwart, prospektiv Zukunft), „prävalent pathogene Milieus“ (PPM) und „prävalent salutogene Milieus“ (PSM), dysfunktionale bzw. maligne Narrative, Ereignisketten, Convoys.
8. *Intersubjektiver Prozeß*: Berater/Therapeut – Klient/Patient im Kontext und Zeitkontinuum.

V. DIAGNOSTISCHE BEWERTUNG UND EINORDNUNG DER INFORMATIONEN

VI. ZIELFORMULIERUNG UND PROGNOSTISCHE EINSCHÄTZUNG

1. *Metaziele* (z. B. komplexes Bewußtsein, d. h. Selbst-/Weltverständnis, Intersubjektivität, Kokreativität)
2. *Persönlichkeitsbestimmte Ziele* (z. B. Selbst-Wertgefühl, Ich-Stärke, Prägnanz der Identität, Stabilität von Identitätssäulen, Kontakt- und Beziehungsfähigkeit, Abgrenzungsfähigkeit)
3. *Kontextbestimmte Ziele* (z. B. Arbeitsfähigkeit, Abbau von Lernstörungen, soziale Integration etc.)
4. *Störungs-/Krankheitsbestimmte Ziele* (z. B. Verminderung von Spannung, Angst, Depressivität)
5. *Methodenbestimmte Ziele:* (z. B. Einhaltung der Sitzungszeiten, Aushalten der Gruppe, Akzeptanz von Berührung oder von Medien).

VII. INTERVENTIONSFORMEN, BEHANDLUNGSANSATZ

Methoden, Techniken, Medien, Formen, Modalitäten, Stile (*Petzold* 1993h). Vgl. S. 54.

LITERATUR

Adorno, T.W., Minima Moralia. Reflexionen aus dem beschädigten Leben, Suhrkamp, Frankfurt 1951, 1964, 1973.

Affeldt, M., Erlebnisorientierte psychologische Gruppenarbeit zur Begleitung von Jugendlichen in ihrer Entwicklung, Kovac, Hamburg 1991.

Aissen-Crewett, H., Kunsttherapie. Kunst – Psychotherapie – Psychiatrie – (Sozial-)Medizin – Pädagogik, C. Richter, Köln 1986.

Alexander, F., French, T.M., Psychoanalytic therapy. Principles and application, Ronald Press, New York 1946.

Alpert, J. (Hrsg.), Psychoanalyse der Frau jenseits von Freud, Springer, Heidelberg 1991.

Althen, U., Das Erstinterview in der Integrativen Therapie, *Integrative Therapie* 4 (1991) 421-449.

Anzieu, D., Le psychodrame analytique chez l'enfant, P.U.F., Paris 1956; dtsch. Analytisches Psychodrama mit Kindern, Junfermann, Paderborn 1985.

Argelander, H., Das Erstinterview in der Psychotherapie, Wissensch. Buchgesellschaft, Darmstadt 1970.

Assagioli, R., Die Schulung des Willens. Methoden der Psychotherapie und der Selbsttherapie, Junfermann, Paderborn 1982.

Badura, B. (Hrsg.), Soziale Unterstützung und chronische Krankheit, Frankfurt 1981.

Baker, H.S., Shorter-term psychotherapy: A self psychological approach, in: *Crits-Christoph, Barber* (1991) 287-322.

Balint, M., Ornstein, P., Balint, E., Fokaltherapie: Ein Beispiel angewandter Psychoanalyse, Suhrkamp, Frankfurt 1973.

Barber, J.P., Crits-Christoph, P., Comparison of the brief dynamic therapies, in: *Crits-Christoph, Barber* (1991) 323-356.

Basquin, M., Dubuisson, P., Samuel-Lajeunesse, B., Testemale-Monod, G., Le psychodrame: une approche psychanalytique, Dunod, Paris 1972; dtsch. bei Junfermann, Paderborn 1980.

Bauriedl, T., Das systemische Verständnis der Familiendynamik in der Psychoanalyse, *Praxis der Psychother. Psychosomatik* 28 (1983) 255-265.

Benjamin, L.S., Brief SASB-directed reconstructive learning therapy, in: *Crits-Christoph, Barber* (1991) 248-286.

Benz, A., Eindrücke zum Internationalen Symposium zur psychoanalytischen Kurztherapie, in: *Leuzinger-Bohleber* (1985) 17-19.

Berger, A., Relaxative Organgymnastik und psychologische Gruppenarbeit im System einer „totalen Gymnastik" nach Prof. H. Petzold, *Atem und Mensch* 3 (1971) 8-13; 4, 13-19.

Berne, E., What do you say after you say hello? Grove, New York 1972; dtsch. Was sagen Sie, nachdem Sie Guten Tag gesagt haben?, Kindler, München 1975.

Binder, J.L., Strupp, H.H., The Vanderbilt approach to time-limited dynamic psychotherapy, in: *Crits-Christoph, Barber* (1991) 137-165.

Bischof, N., Das Rätsel Ödipus. Die biologischen Wurzeln des Urkonflikts von Intimität und Autonomie, Piper, München 1985, 3. Aufl., Rowohlt, Reinbek 1991.

Bommert, H., Henning, T., Wälte, D., Indikation zur Familientherapie, Klett, Stuttgart 1990.

Bosscher, R.J., Runningtherapie bij depressie, Thesis, Amsterdam 1991a.

Bosscher, R.J., Runningtherapie bij depressive: een experiment, *Bewegen & Hulpverlening* 4 (1991b) 234-260.

Bosscher, R.J., Running and mixed physical exercises with depressed psychiatric patients, *Int. J. Sport Psychol.* 24 (1993) 170-184.

Bosscher, R.J., Tilburg, W. van, Mullenbergh, G.J., Hardlopen en depressie, *Maandblatt Geestelijke Volksgezondheid* 6 (1993).

Brooks, Ch., Sensory awareness, Viking Press, New York 1974; dtsch. Erleben durch die Sinne, Junfermann, Paderborn 1979.

Brown, G.W., Causal paths, chains and strands, in: *Rutter* (1988) 285-314.

Brown, G.W., Harris, T.O., Establishing causal links: the Bedford college studies of depression, in: *Katschnig, H.* (ed.), Life events and psychiatric disorders, Cambridge University Press, Cambridge 1986, 107-187.

Brown, G.W., Harris, T.O., Bifulco, A., The long term effects of early loss of parents, in: *Rutter, Izard, Read* (1986) 251-296.

Brusten, M., Hohmeier, J., Stigmatisierung, 2 Bde., Luchterhand, Neuwied, Darmstadt 1975.

Camenzind, E., von den Steinen, U., Frauen definieren sich selbst. Auf der Suche nach weiblicher Identität, Kreuz, Stuttgart 1991.

Caspar, F.M., Beziehungen und Probleme verstehen. Eine Einführung in die psychotherapeutischen Plananalyse, Huber, Bern 1989.

Castoriadis, C., Durchs Labyrinth. Seele, Vernunft, Gesellschaft, Suhrkamp, Frankfurt 1983.

Chasiotis, A., Keller, H., Zur Relevanz evolutionsbiologischer Überlegungen für die klinische Psychologie: Psychoanalytische und interaktionistische Ansätze im Lichte der Kleinkindforschung, *Integrative Therapie* 1/2 (1992) 74-100.

Chasseguet-Smirgel, J. (Hrsg.), Psychoanalyse der weiblichen Sexualität, Suhrkamp, Frankfurt 1974.

Crits-Christoph, P., Barber, J.P., Kurias, J.S., Introduction and historical background, 1991b, in: *Crits-Christoph, Barber* (1991) 1-16.

Davanloo, H. (ed.), Basic principles and techniques in short-term dynamic psychotherapy, Spectrum, New York 1978.

Davanloo, H. (ed.), Short-term dynamic psychotherapy, Jason Aronson, New York 1980.

Davanloo, H., Short term dynamic psychotherapy. A two-day comprehensive audiovisual symposium and workshop on short term dynamic psychotherapy (with *Malan, D.* and *Marmor, J.*), New York 1985.

Davanloo, H., Intensive short-term dynamic psychotherapy with highly resistant patients: 1. Handling resistance, *International Journal of Short-Term Psychotherapy* 1 (1986) 107-133.

Dickwach, F., Kabat vel Job, K., Linke, S., Weigel, S., Ost/West-Forschungsprojekt zur Bewältigung von individuellen Problemlagen und Optionen in den Neuen Bundesländern. Beitrag zur Präventions- und Interventionsforschung im psychosozialen Bereich, *Integrative Therapie* 4 (1992) 402-429.

Dornes, M., Der kompetente Säugling. Die präverbale Entwicklung des Menschen, Fischer, Frankfurt 1993.

Durlak, J.A., Comparative effectiveness of paraprofessional and professional helpers, *Psychol. Bull.* 86 (1979) 80-92.

Eilenberger, M., Das Lebenspanoram als diagnostische und therapeutische Methode in der Integrativen Therapie, Diplomarbeit am Psychologischen Institut der Universität Hamburg, Hamburg 1979.

Elias, N., Über den Prozeß der Zivilisation, Basel 1939; 2 Bde, Suhrkamp, Frankfurt 1969, 1976, 1986.

Erdheim, M., Die gesellschaftliche Produktion von Unbewußtheit. Eine Einführung in den ethnopsychoanalytischen Prozeß, Suhrkamp, Frankfurt 1982.

Faltermaier, T., Mayring, Ph., Saup, W., Strehmel, P., Entwicklungspsychologie des Erwachsenenalters, Kohlhammer, Stuttgart 1992.

Ferenczi, S., Die Elastizität der psychoanalytischen Technik (1927/28), Bausteine III, 380-398.

Ferenczi, S., Kinderanalysen mit Erwachsenen (1931), Bausteine III, 490-510.

Ferenczi, S., Bausteine zur Psychoanalyse, 4 Bde., Huber, Bern 1964.

Ferenczi, S., Journal clinique, Payot, Paris 1985; dtsch. Ohne Sympathie keine Heilung. Das klinische Tagebuch 1932, Fischer, Frankfurt 1988.

Filipp, S.H., Selbstkonzeptforschung, Klett, Stuttgart 1979.

Filipp, S.H., Kritische Lebensereignisse, Urban & Schwarzenberg, München 1981, erw. Auflage 1990.

Flaake, K., King, V. (Hrsg.), Weibliche Adoleszenz. Zur Sozialisation junger Frauen, Campus, Frankfurt 1992.

Flick, U. (Hrsg.), Alltagswissen über Gesundheit und Krankheit: subjektive Theorien und soziale Repräsentationen, Asanger, Heidelberg 1991.

Freud, S., Gesammelte Werke (GW), chronologische geordnet, hrsg. v. *Freud, A., Hoffer, W.,Kris, E.,Isakower, O.*, Imago Publishing Co., London 1940 ff.; deutsche Ausgabe, Fischer, Frankfurt 1952.

Frey, H.-P., Haußer, K. (Hrsg.), Identität, Enke, Stutgart 1987.

Frühmann, R., Petzold, H.G., Lehrjahre der Seele, Junfermann, Paderborn 1993.

Gaines, J., Fritz Perls – Here and now, Celestial Arts, Millbrae 1979.

Garfield, S.L., Psychotherapy: an eclectic approach, Wiley, New York 1980; dtsch. Psychotherapie: Ein eklektischer Ansatz, Beltz, Weinheim 1983.

Garfield, S.L., Eclectic psychotherapy: A common factors approach, in: *Norcross, Goldfried* (1992) 162-195.

Gilligan, C., Die andere Stimme, Lebenskonflikte und Moral der Frau, Piper, München 1988.

Goffman, E., Stigma. Über Techniken zur Bewältigung beschädigter Identität, Suhrkamp, Frankfurt 1967.

Goldfried, M.R., Castonguay, L.G., Safran, J.D., Core issues and future directions in psychotherapy integration, in: *Norcross, Goldfried* (1992) 593-616.

Goldfried, M.R., Newman, C.F., A history of psychotherapy integration, in: *Norcross, Goldfried* (1992) 46-93.

Goldhor Lerner, H., Das mißdeutete Geschlecht. Falsche Bilder der Weiblichkeit in Psychoanalyse und Therapie, Kreuz, Stuttgart 1991.

Grawe, K., Heurisitsche Psychotherapie. Eine schematheoretisch fundierte Konzeption des Psychotherapieprozesses, *Integrative Therapie* 4 (1988a) 309-325.

Grawe, K., Psychotherapeutische Verfahren im wissenschaftlichen Vergleich, *Praxis der Psychotherapie und Psychosomatik* 33 (1988b) 153-167.

Grawe, K., Psychotherapieforschung zu Beginn der neunziger Jahre, *Psychologische Rundschau* (1992) 132-162.

Grawe, K., Donati, R., Bernauer, P., Psychotherapie im Wandel. Von der Konfession zur Profession, Hogrefe, Göttingen 1993 (im Druck).

Gray, P., The assault on Freud, *Time International* 48 (1993) 37-41.

Grüntzig, M., Meyer-Leuzinger, M., Die fokussierende Beratung, *Psyche* 11 (1978) 1059-1088.

Habermas, J., Erkenntnis und Interesse, Suhrkamp, Frankfurt 1968, mit neuem Nachwort 1973b.

Hausmann, B., Meier-Weber, U., Kreative Medien, Bewegung und bildnerisches Gestalten in der Integrativen Kurztherapie mit psychotischen Erwachsenen, in: *Petzold, Orth* (1990a) 1011-1114.

Hawellek, Ch., Gestalttherapie/Integrative Therapie und Experiment – methodologische und wissenschaftstheoretische Überlegungen, *Gestalt & Integration* 2 (1988) 69-84.

Heinl, P., Die Interaktionsskulptur, *Integrative Therapie* 1/2 (1986) 77-109.

Heinl, P., Die visuelle Struktur und visuelle Analyse von Genogrammen (Familienstammbäumen), in: *Van Quekelberghe* (Hrsg.), Studien zur Handlungstheorie und Psychotherapie 3, EHW, Landau 1986.

Heinl, H., Petzold, H.G., Walch, S., Konzepte und Erfahrungen aus der gestalttherapeutischen Arbeit mit Angehörigen sozial benachteiligter Schichten, in: *Petzold, Heinl* (1983) 267-309.

Horowitz, M.J., Short-term dynamic therapy of stress response syndromes, in: *Crits-Christoph, Barber* (1991) 166-198.

Huf, A., Psychotherapeutische Wirkfaktoren, Psychologie Verlags Union, Weinheim 1992.

Hunter, S., Sundel, M., Midlife myths. Issues, findings, and pratice implications, Sage, Newbury Park 1989.

Iljine, V.N., Petzold, H.G., Sieper, J., Kokreation – die leibliche Dimension des Schöpferischen – Aufzeichnungen aus gemeinsamen Gedankengängen, in: *Petzold, Orth* (1990a) 203-213.

Jaroff, L., Lies of the mind. Repressed-memory therapy is harming patients devastating families and intensifying a backlash against mental health practioners, *Time International* 48 (1993) 42-47.

Jodelet, D., Représentations sociales: Phénomènes, concepts et théorie, in: *Moscovici, S.*, Psychologie sociale, Presses Universitaires de France, Paris 1984a, 357-379.

Jodelet, D., The representation of the body and its transformations, in: *Farr, R., Moscovici, S.* (eds.), Social representations, Cambridge University Press, Cambridge 1984b.

Jodelet, D., Les représentations sociales, Presses Universitaires de France, Paris 1989a.

Jodelet, D., Folies et représentations sociales, Presses Universitaires de France, Paris 1989b.

Jones, E., Sigmund Freud: Life and work, Bd. 1: The young Freud, 1856-1900, Hogarth Press, London 1953; dtsch. Das Leben und Werk von Sigmund Freud. Bd. 1: Die Entwicklung der Persönlichkeit und die großen Entdeckungen, 1856-1900, übers. v. *Katherine Jones*, Hans Huber, Bern 1960.

Jones, E., Life and work, Bd. II: Years of maturity, 1901-1919, Hogarth Press, London 1955; dtsch. Das Leben und Werk von Sigmund Freud, Bd. II: Jahre der Reife, 1901-1919, übers. v. *Gertrud Meili-Dworetzki* unter Mitarbeit von *Katherine Jones*, Hans Huber, Bern 1962.

Jousse, M., Anthropologie du geste, Resma, Paris 1969; Gallimard, Paris 1974^2.

Jüttemann, G., Thomae, H., Biographie und Psychologie, Springer, Heidelberg 1987.

Kähler, H.D., Der professionelle Helfer als Netzwerker, *Archiv für Wissenschaft und Praxis der Sozialen Arbeit* 4 (1983) 225-244.

Kalish, R.A., Midlife loss. Coping strategies, Sage, Newbury Park 1989.

Kames, H., Ein Fragebogen zur Erfassung der fünf Säulen der Identität (FESI), *Integrative Therapie* (1992) 363-386.

Katz-Bernstein, N., Phantasie, Symbolisierung und Imagination – „komplexes katathymes Erleben" als Methode in der Integrativen Therapie mit Vorschulkindern, in: *Petzold, Orth* (1990a) 883-927.

Kemmler, L., Schelp, Th., Mecheril P., Sprachgebrauch in der Psychotherapie. Emotionales Geschehen in den Therapieschulen, Huber, Bern 1991.

Keupp, H., Röhrle, B., Soziale Netzwerke, Campus, Frankfurt 1987.

Kinston, W., Bentovim, A., Creating a focus for brief marital therapy, in: *Budman, S.H.* (ed.), Forms of brief therapy, Guilford, New York 1981, 361-386.

Klüwer, R., Über die Orientierungsfunktion eines Fokus bei der psychoanalytischen Kurztherapie, *Psyche* 24 (1970) 739-755.

Klüwer, R., Psychoanalytische Fokaltherapie, in: Die Psychologie des 20. Jahrhunderts, Kindler, Zürich 1976, 1135-1142.

Klüwer, R., Die Technik der Fokaltherapie, in: Provokation und Toleranz, Festschrift für Alexander Mitscherlich, Suhrkamp, Frankfurt 1978.

Klüwer, R., Versuch einer Standortbestimmung der Fokaltherapie als einer psychoanalytischen Kurztherapie, in: *Leuzinger-Bohleber* (1985) 94-113.

Knobel, R., Mankwald, B., Petzold, H.G., Sombrowsky, C., Qualitative Forschung als Grundlage therapeutischer Intervention in den Neuen Bundesländern – ein interdisziplinärer Ansatz, *Integrative Therapie* 4 (1992) 429-455.

Kruse, O., Emotionsentwicklung und Neurosenentstehung, Enke, Stuttgart 1991.

Laikin, M., Winston, A., McCullough, L., Intensive short-term dynamic psychotherapy, in: *Crits-Christoph, Barber* (1991) 80-109.

Lazarus, R.S., Emotion and adaption, Oxford University Press, Oxford 1991.

Lebovici, S., Diatkine, R., Kestemberg, E., Applications de la psychanalyse à la psychothérapie de groupe et à la psychothérapie dramatique en France, *Evol. Psychiatrique* 3 (1952) 397-412.

Lebovici, S., Diatkine, R., Kestemberg, E., Bilan de six ans de pratique du psychodrame analytique chez l'enfant et l'adolescent, *Psychiatrie de l'enfant* 1 (1958) 63-176.

Lehr, U., Psychologie des Alterns, Steinkopff, Darmstadt 1979, 1987.

Leuzinger-Bohleber, M. (Hrsg.), Psychoanalytische Kurztherapien. Zur Psychoanalyse in Institutionen, Westdeutscher Verlag, Opladen 1985.

Leuzinger-Bohleber, M., Psychoanalytische Fokaltherapie – Eine klassische Kurztherapie in Institutionen, in: *Leutzinger-Bohleber* (1985) 54-93.

Lewis, M., Scham. Annäherung an ein Tabu, Kabel, Hamburg 1993.

Lichtenberg, J.D., The empathic mode of perception and alternative vantage points for psychoanalytic work, *Psychoanal. Inquiry* 1 (1981a) 329-356.

Lichtenberg, J.D., Implications for psychoanalytic theory or research on the neonate, *International Review of Psychoanalysis* 8 (1981b) 35-52.

Lorenzer, A., Sprachzerstörung und Rekonstruktion, Suhrkamp, Frankfurt 1970, 1973[2].

Lorenzer, A., Über den Gegenstand der Psychoanalyse oder Sprache und Interaktion, Suhrkamp, Frankfurt 1973.

Lorenzer, A., Die Wahrheit der psychoanalytischen Erkenntnis. Ein historisch-materialistischer Entwurf, Suhrkamp, Frankfurt 1974.

Luborsky, L., Measuring a pervasive psychic structure in psychotherapy: The core conflictual relationship theme, in: *Freedman, N., Grand, S.* (eds.), Communicative structures and psychic structures, Plenum, New York 1977.

Luborsky, L., Principles of psychoanalytic psychotherapy: A manual for supportive-expressive treatment, Basic Books, New York 1984.

Luborsky, L., Crits-Christoph, P., Understanding transference: The CCRT method, Basic Books, New York 1990.

Luborsky, L., Mark, D., Short-term supportive-expressive psychoanalytic psychotherapy, in: *Crits-Christoph, Barber* (1991) 110-136.

Ludwig-Körner, C., Der Selbstbegriff in Psychologie und Psychotherapie, Deutscher Universitäts Verlag, Wiesbaden 1992.

Mahler, M.S., On human symbiosis and the vicissitudes of individuation, Int. Univ. Press, New York 1968; dtsch. Symbiose und Individuation, Bd. 1: Psychosen im frühen Kindesalter, Klett, Stuttgart 1983³.

Malan, D.H., Psychoanalytische Kurztherapie. Eine kritische Untersuchung, Klett, Stuttgart 1963.

Malan, D.H., The frontier of brief-psychotherapy. An example of the convergence of research and clinical practice, Plenum, New York 1976a.

Malan, D.H., Toward the validation of dynamic psychotherapy. A replication, Plenum, New York 1976b.

Mann, J., Psychotherapie in 12 Stunden. Zeitbegrenzung als therapeutisches Instrument, Walter, Freiburg 1973.

Mann, J., Time limited psychotherapy, in: *Crits-Christoph, Barber* (1991) 17-45.

Mann, J., Goldmann, R., A casebook in time-limited psychotherapy, Mc-Graw-Hill, New York 1982.

Matakas, F., Neue Psychiatrie, Vandenhoeck & Ruprecht, Göttingen 1992.

Merleau-Ponty, M., Les dessins infantile, *Bulletin de Psychologie de l'Université de Paris* 8 (1950) 12-13; 9 (1950) 6-10.

Merleau-Ponty, M., La prose du monde, Gallimard, Paris 1969; dtsch. von *Giuliani, R.*, Die Prosa der Welt, Fink, München 1983.

Möller, M.L., Anders Helfen – Selbsthilfegruppen und Fachleute arbeiten zusammen, Klett-Cotta, Stuttgart 1989.

Moreno, J.L., Who shall survive? A new approach to the problem of human interrelations, Nervous and Mental Disease Publ. Co., Washington 1934; erw. Ausg. Beacon House, Beacon 1953.

Moreno, J.L., Organization of the social atom, *Sociometric Review* 1 (1936b) 11-16; repr. *Sociometry* 3 (1947) 287-293.

Moreno, J.L., Interpersonal therapy and the psychopathology of interpersonal relations, *Sociometry* 1/2 (1937) 9-76; erweitert bzw. verändert in: *Moreno* (1946).

Moreno, J.L., Psychodrama, Bd. I, 1946, 3. Aufl. Beacon House, Beacon 1964.

Moreno, J.L., Gruppenpsychotherapie und Psychodrama, Thieme, Stuttgart 1959.

Moreno, J.L., Psychodrama, Bd. III, Beacon House, Beacon 1969.

Moscovici, S., The phenomenon of social representations, in: *Farr, R.M., Moscovici, S.* (eds.), Social representations, Cambridge University Press, Cambridge 1984.

Nelson, K., Erinnern und Erzählen: eine Entwicklungsgeschichte, *Integrative Therapie* 1/2 (1993) 73-94.

Nelson, K., Events, narratives, memory: What develops? in: *Petzold* (1993c).

Nielsen, G., Barth, K., Short-term-provoking psychotherapy, in: *Crits-Christoph, Barber* (1991) 45-79.

Nestmann, F., Beratung von sozialpädagogischen Institutionen – Plädoyer für einen eklektischen Ansatz, *Neue Praxis* 1 (1985) 12-25.

Nestmann, F., Die alltäglichen Helfer, de Gruyter, Berlin 1988.

Norcross, J.C., Goldfried, M.R. (eds.), Handbook of psychotherapy integration, Basic Books, New York 1992.

Oerter, R., Entwicklung als lebenslanger Prozeß, Hoffman & Campe, Hamburg 1978.

Oerter, R., Montada, L., Entwicklungspsychologie. Ein Lehrbuch, Psychologie Verlags Union, München, Weinheim 1987, 2. völlig neubearbeitete, erweiterte Auflage.

Orth, I., Das Unbewußte in der therapeutischen Arbeit mit künstlerischen Methoden und kreativen Medien – Überlegungen aus der Sicht Integrativer Kunsttherapie, in: *Schmidt, Ch.* (Hrsg.), Beiträge zur Integrativen Therapie, Junfermann, Paderborn 1994.

Orth, I., , Petzold, H.G., Beziehungsmodalitäten – ein integrativer Ansatz für Therapie, Beratung, Pädagogik, 1993b, dieses Buch.

Parin, P., Das Ich und die Anpassungsmechanismen, in: *Parin, P.*, Der Widerspruch im Subjekt. Ethnopsychoanalytische Studien, Syndikat, Frankfurt 1978.

Parin, P., Der Medicozentrismus der Psychoanalyse, in: *Lohmann, H.M.*, Das Unbehagen in der Psychoanalyse, Bd. I, Qumran, Frankfurt 1983.

Perls, F.S., Cowichan lecture on Gestalt Therapy and integration, Lake Cowichan 1969a.

Perls, F.S., Gestalt Therapy Verbatim, Real People Press, Lafayette 1969b; dtsch. Gestalttherapie in Aktion, Klett, Stuttgart 1974.

Perls, F.S., Gestalt, Wachstum, Integration, Junfermann, Paderborn 1980, 1987[3].

Petzold, H.G., Géragogie – nouvelle approche de l'éducation pour la viellesse et dans la viellesse. *Publications de L'Institut St. Denis* 1 (1965) 1-16 ; dtsch. in: *Petzold* (1985a) 11-30.

Petzold, H.G., Zum Fest der Christgeburt und seiner Ikonographie, *Kyrios, Z. f. Osteuropäische Kirchen- und Geistesgeschichte* 1 (1965a II) 193-203.

Petzold, H.G., Von Geist und Wesen der Ikonen, *Wort und Antwort* 6 (1966a II) 172-176.

Petzold, H.G., Abgestiegen zur Unterwelt. Zur Ikonographie des Osterfestes, *Echo der Zeit* 15 (1966b II) 16.

Petzold, H.G., Dreifaltigkeit und Geistsendung, *Echo der Zeit* 23 (1966f II) 13-15.

Petzold, H.G., Die heilige Höhle, *Erbe und Auftrag, Benediktinische Monatszeitschrift* 6 (1968g II) 450-467.

Petzold, H.G., L'analyse progressive en psychodrame analytique. Paris, 1969b; auszugsweise dtsch. in: *Petzold* (1988n) 455-491.

Petzold, H.G., Die Kunst der Naiven. Adalbert Trillhaase (1858-1936). Ein Maler des einfältigen Herzens, *Das Tor* 4 (1969h II) 65-70.

Petzold, H.G., Les Quatre Pas. Concept d'une communauté thérapeutique. Paris 1969c; teilweise dtsch. in: (1974l).

Petzold, H.G., Some important techniques of psychodrama. Vidareutbildingskurs i psykiatri, hrsg. v. *Franzke, E., St. Sigfrid Sjuknus*, Växjo 1970b; teilweise dtsch in: *Petzold* (1977a).

Petzold, H.G., Thérapie du mouvement, training rélaxatif, thymopratique et éducation corporelle comme integration, Paris 1970c.

Petzold, H.G., Psychodramatische Techniken in der Therapie mit Alkoholikern, *Zeitschrift f. prakt. Psychol.* 8 (1970d) 387-408; überarb. Fassung in: *Petzold* (1977a).

Petzold, H.G. (Hrsg.), Angewandtes Psychodrama in Therapie, Pädagogik, Theater und Wirtschaft, Junfermann, Paderborn 1972a.

Petzold, H.G., Gestalttherapie und Psychodrama, Nicol, Kassel 1973a.

Petzold, H.G., (Hrsg.) Kreativität und Konflikte, Junfermann, Paderborn 1973c.

Petzold, H.G., Gestalttherapie und direkte Kommunikation in der Arbeit mit Elterngruppen, 1973f, in: *Petzold* (1973c) 271-289.

Petzold, H.G. (Hrsg.), Psychotherapie und Körperdynamik, Junfermann, Paderborn 1974j, 3. Aufl. 1979.

Petzold, H.G., (Hrsg.) Drogentherapie – Methoden, Modelle, Erfahrungen, Junfermann/Hoheneck, Paderborn 1974b; 2. Aufl. Klotz, Frankfurt 1980.

Petzold, H.G., Therapeutische Modelle und Methoden in der Behandlung Drogenabhängiger, 1974d, in: *Petzold* (1974b) 41-61.

Petzold, H.G., Integrative Bewegungstherapie, 1974k, in: *Petzold* (1974j) 285-404.

Petzold, H.G., Integrative Therapie ist kreative Therapie, Fritz Perls Institut, Düsseldorf 1975h.

Petzold, H.G., Thymopraktik als Verfahren Integrativer Therapie, 1977a, in: *Petzold* (1977n) 252-396; revid. in (1988n) 341-406.

Petzold, H.G., Prozessuale Diagnostik und Erstinterview. Seminar. Vgl. Nachschrift von *A. Rauber*, Schule f. soziale Arbeit, Bern 1977j.

Petzold, H.G., Das Ko-respondenzmodell in der Integrativen Agogik, *Integrative Therapie* 1 (1978c) 21-58.

Petzold, H.G., Zur Veränderung der sozialen Mikrostruktur im Alter – eine Untersuchung von 40 „sozialen Atomen" alter Menschen, *Integrative Therapie* 1/2 (1979c) 51-78.

Petzold, H.G., Psychodrama-Therapie. Theorie, Methoden, Anwendung in der Arbeit mit alten Menschen, Junfermann, Paderborn 1979k, 2. Aufl. 1985.

Petzold, H.G., Die Rolle des Therapeuten und die therapeutische Beziehung, Junfermann, Paderborn 1980f.

Petzold, H.G., Die Rolle des Therapeuten und die therapeutische Beziehung in der Integrativen Therapie, 1980g, in: *Petzold* (1980f) 223-290.

Petzold, H.G. (Hrsg.), Widerstand – ein strittiges Konzept der Psychotherapie, Junfermann, Paderborn 1981b.

Petzold, H.G., Das Konzept des Widerstandes in der Psychotherapie, 1981c, in: *Petzold* (1981b) 7-37.

Petzold, H.G., Das Hier-und-Jetzt-Prinzip in der psychologischen Gruppenarbeit, 1981e, in: *C. Bachmann*, Kritik der Gruppendynamik, Fischer, Frankfurt 1981, 214-299.

Petzold, H.G., Sich selbst im Lebensganzen verstehen lernen, 1981g, in: *Pro Senectute, Schneider, H.G.* (Hrsg.), Vorbereitung auf das Alter, Schönigh, Paderborn 1981, 89-112; repr. (1985a) 93-122.

Petzold, H.G., Leibzeit, *Integrative Therapie* 2/3 (1981h) 167-178; auch in: *Kamper, Ch., Wulf, P.*, Die Wiederkehr des Körpers, Suhrkamp, Frankfurt 1982, 68-81.

Petzold, H.G., Integrative Dramatherapie, *Integrative Therapie* 1 (1981i) 46-61; auch in: *Petzold* (1982g) 166-187.

Petzold, H.G., Vorsorge – ein Feigenblatt der Inhumanität – Prävention, Zukunfstbewußtsein und Entfremdung, *Zeitschrift für Humanistische Psychologie* 3/4 (1981k) 82-90.

Petzold, H.G., Dramatische Therapie. Neue Wege der Behandlung durch Psychodrama, Rollenspiel, therapeutisches Theater, Hippokrates, Stuttgart 1982a.

Petzold, H.G., Theater – oder das Spiel des Lebens, Verlag für Humanistische Psychologie, W. Flach, Frankfurt 1982g.

Petzold, H.G. (Hrsg.), Zur Ausbildung von dynamisch orientierten Leib- und Bewegungstherapeuten, Schwerpunktheft Körpertherapie, *Gruppendynamik* 1 (1983i) 1-84; revid in: *Petzold* (1988n) 583-600.

Petzold, H.G., Der Verlust der Arbeit durch die Pensionierung als Ursache von Störungen und Erkrankungen – Möglichkeiten der Intervention durch Soziotherapie und Selbsthilfe-Gruppen, 1983f, in: *Petzold, Heinl* (1983) 409-449; repr. (1985a) 123-158.

Petzold, H.G., Vorüberlegungen und Konzepte zu einer integrativen Persönlichkeitstheorie, *Integrative Therapie* 1/2 (1984i) 73-115.

Petzold, H.G., Mit alten Menschen arbeiten, Pfeiffer, München 1985a.

Petzold, H.G., Bewegung ist Leben – körperliche Gesundheit, Wohlbefinden und Lebensfreude im Alter durch Integrative Bewegungstherapie, Tanztherapie und Isodynamik, 1985f, in: *Petzold* (1985a) 428-466.

Petzold, H.G., Über innere Feinde und innerer Beistände, in: *Bach, G., Torbet, W.*, Ich liebe mich – ich hasse mich, Rowohlt, Reinbek 1985l.

Petzold, H.G. (Hrsg.), Psychotherapie und Friedensarbeit, Junfermann, Paderborn 1986a.

Petzold, H.G., Zur Psychodynamik der Devolution, *Gestalt-Bulletin* 1 (1986h) 75-101.

Petzold, H.G., Integrative Therapie als intersubjektive Hermeneutik bewußter und unbewußter Lebenswirklichkeit, Fritz Perls Institut, Düsseldorf 1988a; erw. in: *Petzold* (1991a) 153-332.

Petzold, H.G., Zur Hermeneutik des sprachlichen und nichtsprachlichen Ausdrucks in der Integrativen Therapie, Fritz Perls Institut, Düsseldorf 1988b; erw. in *Petzold* (1991a) 91-152.

Petzold, H.G., Integrative Bewegungs- und Leibtherapie. Ausgewählte Werke Bd. I/1 und I/2, Junfermann, Paderborn 1988n.

Petzold, H.G., Beziehung und Deutung in der Integrativen Bewegungstherapie 1988p, in: *Petzold* (1988n) 285-340.

Petzold, H.G., Supervision zwischen Exzentrizität und Engagement, *Integrative Therapie* 3/4 (1989i) 352-363.

Petzold, H.G., „Form und Metamorphose" als fundierende Konzepte für die Integrative Therapie mit kreativen Medien – Wege intermedialer Kunstpsychotherapie 1990b, in: *Petzold, Orth* (1990a) II, 639-720.

Petzold, H.G., Selbsthilfe und Professionelle – Gesundheit und Krankheit, Überlegungen zu einem „erweiterten Gesunheitsbegriff", Vortrag auf der Arbeitstagung „Zukunftsperspektiven der Selbsthilfe", 8.-10.6.1990, Dokumentation, 1990i, auch in: *Petzold, Schobert* (1991) 17-28.

Petzold, H.G., Integrative Dramatherapie und Szenentheorie – Überlegungen und Konzepte zur Verwendung dramatherapeutischer Methoden in der Integrativen Therapie, 1990p, in: *Petzold, Orth* (1990a) II, 849-880; völlig überarb. von 1981i; in: *Petzold* (1992a) 897-924.

Petzold, H.G., Integrative Therapie. Ausgewählte Werke, Bd. II/1: Klinische Philosophie, Junfermann, Paderborn 1991a.

Petzold, H. G., Die Chance der Begegnung. Dapo, Wiesbaden, 1991b; repr. in: *Petzold* (1993a) 1047-1086.

Petzold, H.G., Die Ursachen hinter den Ursachen, 1991c, in: Festschrift zum 50jährigen Geburtstag von *Rolf Schwendter*, Wien.

Petzold, H.G., Das Ko-respondenzmodell als Grundlage der Integrativen Therapie und Agogik, 1991e, in: *Petzold* (1991a) 19-90.

Petzold, H.G., Chronosophische Überlegungen zu Zeit, Identitätsarbeit und biographischer Narration, 1991o, in: *Petzold* (1991a) 333-396.

Petzold, H.G., Integrative Therapie. Ausgewählte Werke, Bd. II/2: Klinische Theorie, Junfermann, Paderborn 1992a.

Petzold, H.G., Konzepte zu einer integrativen Emotionstheorie und zur emotionalen Differenzierungsarbeit als Thymopraktik, 1992b; in: *Petzold* (1992a) 789-870.

Petzold, H.G., Gebt Narziß seinen Namen zurück – Überlegungen zu einem Buch über „Narzißmus", *Integrative Therapie* 3 (1992f) 323-325.

Petzold, H.G., Das „neue" Integrationsparadigma in Psychotherapie und klinischer Psychologie und die „Schulen des Integrierens" in einer „pluralen therapeutischen Kultur", 1992g, in: *Petzold* (1992a) 927-1040.

Petzold, H.G., Die heilende Kraft des Schöpferischen, *Orff-Schulwerk-Informationen* 50 (1992m) 6-9; repr. in: *Integrative Bewegungstherapie* 1 (1993) 10-14.

Petzold, H.G., Integrative Therapie. Ausgewählte Werke, Bd. II/3: Klinische Praxeologie, Junfermann, Paderborn 1993a.

Petzold, H.G., Die Wiederentdeckung des Gefühls, Junfermann, Paderborn 1993b.

Petzold, H.G., Psychotherapie und Babyforschung, Junfermann, Paderborn 1993c.

Petzold, H.G., Identität und Entfremdung, Fritz Perls Institut, Düsseldorf 1993d.

Petzold, H.G., Grundorientierungen, Verfahren, Methoden – berufspolitische, konzeptuelle und terminologische Anmerkungen zu Strukturfragen des psychotherapeutischen Feldes, *Integrative Therapie* 4 (1993h).

Petzold, H.G., Kontrollanalyse und Supervisionsgruppe – zwei unverzichtbare, aber unterschiedliche Methoden in der Weiterbildung von Psychotherapeuten), 1993m, in: *Frühmann, Petzold* (1993a).

Petzold, H.G., Der Weg ist das Ziel. Fernöstliche Kampfsportarten, Psycho- und Bewegungstherapie, 1994a (in Vorbereitung).

Petzold, H.G., Goffin, J.J.M., Oudhof, J., Protektive Faktoren und Prozesse – die „positive" Perspektive in der longitudinalen, „klinischen Entwicklungspsychologie" und ihre Umsetzung in die Praxis der Integrativen Therapie, dieses Buch.

Petzold, H.G., Frühmann, R., Modelle der Gruppe in der Psychotherapie und psychosozialen Arbeit, 2 Bde, Junfermann, Paderborn 1986.

Petzold, H.G., Heinl, H., Gestalttherapeutische Fokaldiagnose und Fokalintervention bei Störungen aus der Arbeitswelt, *Integrative Therapie* 1 (1980) 20-57; auch in: *Petzold, Heinl* (1983).

Petzold, H.G,. Heinl, H., Psychotherapie und Arbeitswelt, Junfermann Verlag, Paderborn 1983.

Petzold, H.G., Hentschel, U., Niedrigschwellige und karrierebegleitende Drogenarbeit als Elemente einer Gesamtstrategie der Drogenhilfe, *Wiener Zeitschrift für Suchtforschung* 1 (1991) 11-19.

Petzold, H.G., Mathias, U., Rollenentwicklung und Identität, Junfermann, Paderborn 1983.

Petzold, H.G., Maurer, Y., Die therapeutische Beziehung in der Gestalttherapie, in: *Battegay, R., Trenkel, A.*, Die therapeutische Beziehung, Huber, Bern 1978, 95-116.

Petzold, H.G., Orth, I. (Hrsg.), Poesie und Therapie. Über die Heilkraft der Sprache. Poesietherapie, Bibliotherapie, Literatische Werkstätten, Junfermann, Paderborn 1985a.

Petzold, H.G., Orth, I., Poesie- und Bibliotherapie. Entwicklung, Konzepte, Theorie-Methodik und Praxis des Integrativen Ansatzes 1985b, in: *Petzold, Orth* (1985a) 21-102.

Petzold, H.G., Orth. I., Die neuen Kreativitätstherapien, 2. Bde., Junfermann, Paderborn 1990a.

Petzold, H.G., Orth, I., Körperbilder in der Integrativen Therapie – Darstellungen des phantasmatischen Leibes durch „Body Charts“ als Technik projektiver Diagnostik und kreativer Therapeutik, 1991a, *Integrative Therapie* 1/2 (1991) 117-146; repr. in *Petzold* (1993a) 1201-1226.

Petzold, H.G., Orth, I., Therapietagebücher, Lebenspanorama, Gesundheits-/Krankheitspanorama als Instrumente der Symbolisierung, karrierebezogenen Patientenarbeit und Lehranalyse in der Integrativen Therapie, *Integrative Therapie* 1/2 (1993a) 95-153; repr. dieses Buch.

Petzold, H.G., Petzold, Ch., Lebenswelten alter Menschen, Vincentz Verlag, Hannover 1991a.

Petzold, H.G., Petzold, Ch., Soziotherapie als methodischer Ansatz in der Integrativen Therapie, repr. dieses Buch.

Petzold, H.G, Schneewind, U., Konzepte zur Gruppe und Formen der Grupenarbeit in der Integrativen Therapie und Gestalttherapie 1986a, in: *Petzold, Frühmann* (1986) Bd. I, 109-254.

Petzold, H.G., Schobert, R., Selbsthilfe und Psychosomatik, Junfermann, Paderborn 1991.

Petzold, H.G., Schuch, W., Grundzüge des Krankheitsbegriffes im Entwurf der Integrativen Therapie, in: *Pritz, Petzold* (1991) 371-486.

Petzold, H.G., Sieper, J., Präambel, 1. Jahresprogramm des Fritz Perls Instituts für Integrative Therapie, Gestalttherapie und Kreativitätsförderung, Basel, Würzburg, Düsseldorf 1972a.

Petzold, H.G., Sieper, J., Ausbildungsrichtlinien des Fritz Perls Instituts, Basel, Würzburg, Düsseldorf 1972b.

Petzold, H.G., Sieper, J., Zur Ausbildung von Gestalttherapeuten, *Integrative Therapie* 2/3 (1976) 120-144.

Pinsker, H., Rosenthal, R., McCullough, L., Dynamic supportive psychotherapy, in: *Crits-Christoph, Barber* (1991) 220-247.

Pitteneger, R.E., Hockett, C.F., Danehy, J.J., The first five minutes. A sample of microscopic interview analysis, Paul Martineau, New York 1960.

Pollak, J., Flegenheimer, W., Winston, A., Brief adaptive psychotherapy, in: *Crits-Christoph, Barber* (1991) 199-219.

Pritz, A., Petzold, H.G., Der Krankheitsbegriff in den psychotherapeutischen Schulen, Junfermann, Paderborn 1991.

Rahm, D., Otte, H., Bosse, S., Ruhe-Hollenbach, H., Einführung in die Integrative Therapie. Grundlagen und Praxis, Junfermann, Paderborn 1992, revid. 1993

Rank, O., Das Trauma der Geburt, Int. Psychoanalyse Verlag, Leipzig 1924.

Reinecker H., Schiepek, G., Gunzelmann, T., Integration von Forschungsergebnissen: Meta-Analysen in der Psychotherapieforschung, *Zeitschrift für klinische Psychologie* 18 (1989) 101-106.

Rhode-Dachser, I., Expedition in den dunklen Kontinent – Weiblichkeit im Diskurs der Psychoanalyse, Springer, Heidelberg 1991.

Richter, H.E., Lernziel Solidarität, Rowohlt, Reinbek 1974.

Ricœur, P., Zeit und Erzählung, Fink, München 1986.

Robins, L.N., Rutter, M., Straight and devious pathways from childhood to adulthood, University of Cambridge Press, Cambridge 1990.

Rolf, J., Masten, A.S., Cicchetti, D., Nuechterlein, K.H., Weintraub, S. (eds.), Risk and protective factors in the development of psychopathology, Cambridge University Press, Cambridge 1990.

Rosenthal, R., Jacobson, E., Pygmalion im Klassenzimmer, Beltz, Weinheim 1971.

Rummel, C., Das Psychotherapeutengesetz, Deutsches Jugendinstitut, München 1993 (mimeogr.).

Rutter, M., Studies of psychosocial risk. The power of longitudinal data, Cambridge Univ. Press, Cambridge 1988.

Rutter, M., Izard, C.E., Read, P.B., Depression in young people: Clinical and developmental perspectives, Guilford, New York 1986.

Salter, A., Conditioned reflex therapy, Capricorn, New York 1949.

Sameroff, A.J., Chandler, M.J., Reproductive risk and the continuum of caretaking casuality, in: *Horowitz, F.D.* (ed.), Review of child development research, University of Chicago Press, Chicago 1975, 87-244.

Sameroff, A.J., Emde, R.N., Relationship disturbances in early childhood, Basic Books, New York 1989.

Sameroff, A.J., Seifer, R., Early contributors to developmental risk, in: *Rolf* et al. (1990) 52-66.

Sarason, I.G., Sarason, B.R., Social support: Theory, research and applications, Nijhoff, Dordrecht 1985.

Schafer, R., The analytic attitude, Basic Books, New York 1983.

Schank, R.C., Abelson R.P., Scripts, plans, goals and understanding, Erlbaum, Hillsdale, J.J. 1977.

Schelp, T., Kemmler, L., Emotion und Psychotherapie, Huber, Bern 1988.

Schlippe, A. von, Kriz, J., Skulpturarbeit und zirkuläres Fragen, *Integrative Therapie* 3 (1993) 222-241.

Schmitz, H., Leib und Gefühl. Materialien zu einer philosophischen Therapeutik, Junfermann, Paderborn 1989.

Schmitz, H., Der unerschöpfliche Gegenstand, Bouvier, Bonn 1990.

Schneewind, K.A., Familienpsychologie, Kohlhammer, Stuttgart 1991.

Schneider, K., Das Experiment in der Gestalttherapie, *Integrative Therapie* 3 (1979) 192-207.

Schneider, R., Schlafes Bruder, Reclam, Leipzig 1993.

Schroots, J.F.J., Aging, health and competence. The first generation of longitudinal research, Elsevier, Amsterdam 1993.

Schuch, B., Zum gegenwärtigen Stand der Social-Support-Forschung, *Gruppendynamik* 2 (1990) 221-234.

Seifer, R., Sameroff, A.J., Baldwin, C.P, Baldwin, A., Child and family factors that ameliorate risk between 4 and 13 years of age, *Journal of the American Academy of Child and Adolescent Psychiatry* 3 (1992) 893-903.

Seligman, M.E.P., Helplessness, Freeman, San Francisco 1978.

Sennett, R., Verfall und Ende des öffentlichen Lebens. Die Tyrannei der Intimität, Fischer, Frankfurt/M. 1987[3]; orig. The fall of public man, Alfred Knopf, New York 1974.

Sieper, J., Die Theologie des Bildes im alten Orient, Publ. Inst. St. Denis, Paris 1970.

Sieper, J., Bildungspolitische Hintergrunddimensionen für Integrativ-agogische Arbeit an FPI und FPA, *Integrative Therapie* 3/4 (1985) 340-359.

Sifneos, P.E., Short-term psychotherapy and emotional crisis, Harvard Univ. Press, Cambridge, Mass. 1972.

Sifneos, P.E., Short-term dynamic psychotherapy: Evaluation and technique, Plenum, New York 1979.

Spence, D.P., Narrative truth and historical truth, Norton, New York 1982a.

Spence, D.P., Narrative truth and theoretical truth, *Psychoanalytic Quaterly LI* (1982b) 43-67.

Stekel, W., Die Technik der analytischen Psychotherapie, Huber, Bern 1938.

Steiner, C., Scrips people live, Grove, New York 1974; dtsch. Wie man Lebenspläne verändert: Die Arbeit mit Skripts in der Transaktionsanalyse, Junfermann, Paderborn 1982, 1985.

Stern, D.N., The interpersonal world of the infant, Basic Books, New York 1985; dtsch. Die Lebenserfahrung des Säuglings, Klett-Cotta, Stuttgart 1992.

Strauss, A.L., Social world perspective, in: *Denzin, M.K.*, Studies in symbolic interaction, Vol. I, JAI Press, Greenwich 1978, 119-128

Strupp, H.H., Psychotherapie: Zeitgenössische Strömungen, *Psychotherapie Forum* 1 (1993) 1-8.

Strupp, H.H., Binder, J.L., Psychotherapy in a new key, Basic Books, New York 1984; dtsch. Kurzpsychotherapie, Klett-Cotta, Stuttgart 1991.

Szopocnik, J., Murray, A. et al., Structural family versus psychodynamic children therapy for troubled hispanic boys, *J. Consult. Clin. Psychol.* 57 (1989) 571-578.

Tatschmurat, C., Arbeit und Identität. Zum Zusammenhang zwischen gesellschaftlichen Lebens- und Arbeitsbedingungen weiblicher Identitätsfindung, Frankfurt 1980.

Thomä, H., Kächele, H., Lehrbuch der psychoanalytischen Therapie, Bd. I, Springer, Berlin 1985; 2. korr. Nachdruck 1989.

Thomae, H., Alternsstile und Alternsschicksale. Ein Beitrag zur differentiellen Gerontologie, Huber, Bern 1983

Thomae, H., Das Individuum und seine Welt, Verlag für Psychologie, Hogrefe, Göttingen 1968; 2., neu bearbeitete Aufl. 1988.

Thommen, B., Ammann, R., Cranach, R. v., Handlungsorganisation durch soziale Repräsentation, Huber, Bern 1988.

Traue, H.C., Gefühlsausdruck, Hemmung und Muskelspannung unter sozialem Streß, Hogrefe, Göttingen 1989.

Weiner, M., Therapist disclosure. The use of the self in psychotherapy, Butterworth, Boston 1978.

Wirbel, U., Verletzungen in der Therapie, *Integrative Therapie* 4 (1987) 407-423.

Wolberg, L., Kurzzeit-Psychotherapie, Thieme, Stuttgart 1983.

Zimmer, D., Die therapeutische Beziehung, edition psychologie, Weinheim 1983.

Zottl, A., Otto Rank, Kindler, München 1982.

„Therapie vom Leibe her“ – körperbezogene Behandlung in der Praxis

Hildegund Heinl, Wackernheim*

Körpertherapien – eigentlich sprechen wir aufgrund anthropologischer Überlegungen lieber von „Leibtherapien“ – in der Praxis, das ist ein weit gefaßtes Thema mit vielen offenen Fragen. Einige werde ich herausgreifen und näher beleuchten. Im Mittelpunkt unserer Betrachtungen steht eine zentrale leibtherapeutische Frage. Wie finde ich Zugang zum Patienten, wenn die Sprache versagt? Wie erreiche ich ihn? Wie entdecke ich die auch ihm verborgenen Pforten zu seinem Körper, die den Schmerzensweg zu seinem Problemfeld öffnen? Wie verknüpfe ich Körperhaltung und -ausdruck, Bewegungsmuster und -rhythmus, vegetative und muskuläre Antworten auf Berührung wie Haut- und Gefäßreaktionen, Angst- und Fluchtreaktionen, Schutz- und Angriffshaltungen, muskuläre Verspannung und Erschlaffung mit erlebnisbezogenen Aussagen des Patienten in einen Sinn- und Wirkzusammenhang, um gemeinsam mit ihm die wortlose Sprache seiner Symptome und deren Bedeutung zu entschlüsseln?

Anhand von 6 Fallbeispielen aus der orthopädischen und psychotherapeutischen Praxis werde ich die *Mannigfaltigkeit der durch konkrete Lebenserfahrungen und Lebensereignisse ganz individuell gestalteten Körperphänomene* aufzeigen und zu verdeutlichen versuchen, wie diese auf Strukturen des Denkens, des Fühlens, des Erlebens und Verhaltens des Individuums verweisen.

Hintergrund meiner leibtherapeutischen Arbeit sind meine 40jährige orthopädische Praxistätigkeit, eine 20jährige psychotherapeutische praktische Erfahrung und die theoretische Auseinandersetzung mit den Konzepten der *leiborientierten Integrativen Gestalttherapie* (*Hartmann-Kottek-Schröder* 1983; *Petzold* 1988n). Diese Konzepte werden im einzelnen im Beitrag von *Ilse Orth* in diesem Band vorgestellt. Die auf die Bewegungsorgane bezogenen psychosomatischen Arbeitshypothesen und Konzepte habe ich während meiner orthopädischen Praxistätigkeit entwickelt. Behandlungsmethodik und Interventionstechniken werden in einigen Falldarstellungen beschrieben (*Heinl, Spiegel-Rösing* 1977; *Heinl, Petzold* 1982; *Heinl* et al. 1982; *Heinl* 1986, 1990, 1991).

Ich möchte Sie nun in meine Praxis einladen. Meine *diagnostisch-therapeutische Vorgehensweise* ist in der Regel symptomorientiert. Sie orientiert sich am *gegenwärtigen Erscheinungsbild des Patienten in seinem Kontext*, an dem, was ich unmittelbar wahrnehme. Sie hat sich aus den alltäglichen Erfordernissen der Praxistätigkeit entwickelt und bewährt. Die Fallbeispiele veranschaulichen die unterschiedlichen nonverbalen Zugangswege zum Problemfeld, die Vielfalt der individuell gestalteten Körperphänomene und der Körpersymbolik. Sie illustrieren leibtherapeutische Konzepte, wie leibliche Prägung und szenisches Gedächtnis, individuelle Ausgestaltung des Symptoms und seiner Lokalisation im Zusammenhang mit der Lebensgeschichte und der aktuellen Lebenssituation und ermöglichen neue Konzepte für die psychosomatische Orthopädie. Es handelt sich um Patienten mit einer Krankheitsdauer vor dem Erstkontakt mit der Therapeutin von wenigen Tagen bis zu 25 Jahren. Die Dauer der leibtherapeutischen Sitzung beträgt 30 – 50 Minuten in Einzel- oder Gruppentherapie. Bis auf einen Patienten waren mir alle vorher nicht bekannt. Es handelt sich um Patienten ohne und mit Therapieerfahrung. Die Darstellung erfolgt in Form von Vignetten. Die phänomenologische Vorgehensweise mag zunächst befremdlich erschienen. Mein Anliegen ist es, zu dieser neuen Sichtweise anzuregen und Denkanstöße zu geben.

---

* Erstveröffentlichung in: *Buchheim, P., Cierpka, M., Seifert, Th.* (Hrsg.), Körpertherapie in der Praxis, Springer Verlag 1992.

KASUISTIK – DER ZUGANG ÜBER KÖRPERBERÜHRUNG

1. Fallbeispiel:

Ein junger Mann, der in den letzten Jahren öfter und jetzt akut über Kreuzschmerzen klagt. Die Wirbelsäule ist aus orthopädischer Sicht in der Funktion unauffällig. Während der Untersuchung löst die Berührung meiner Hand in der Region der Lendenwirbelsäule jedoch eine Ausweichbewegung aus. Die Lendenwirbelsäule überstreckt sich, die Lendenmuskeln spannen sich kräftig an, und das Gesicht des Patienten verschließt sich. Als meine Hand den Bereich zwischen den Schulterblättern untersucht, bemerke ich, wie die Gesichtszüge des Patienten sich lösen und ein leises Lächeln um seinen Mund spielt. Ich fühle, wie sein Rücken gleichermaßen „sich-mit-in-die-Hand-legt". Diese so gegensätzlichen Empfindungen und Körperreaktionen im Bereich des Rückens, die keiner Funktionsstörung zuzuordnen sind, verweisen nach meiner Erfahrung auf unterschiedliche konkrete Leiberfahrungen in der Vergangenheit, die der Erinnerung des Patienten nicht mehr zugänglich sind. Das *therapeutische Ziel* ist es, im phänomenologischen Vorgehen durch *erlebnisaktivierende Körpertechniken*, hier mit der Berührung durch die Hand der Therapeutin, die jeweilige Körperregion zu stimulieren, unter gleichzeitiger Fokussierung der Selbstwahrnehmung des Patienten auf diese Region, die *Schlüsselszenen* ins Gedächtnis zurückzurufen. Der junge Mann, noch im Setting der Wirbelsäulenuntersuchung, ist nach wenigen Sätzen der Erklärung möglicher psychosomatischer Zusammenhänge seiner Schmerzsymptomatik zur weiterführenden Diagnostik bereit. Ich berühre die Lendenregion wie bei der Untersuchung und leite ihn gleichzeitig dabei an, seine Aufmerksamkeit auf die Wahrnehmung seiner Schmerzregion zu richten. Danach fordere ich ihn auf, in sein Leben mit Bildern zurückzugehen und emotional sowie körperlich belastende Szenen aufzuspüren. Es ist oft erstaunlich, wie rasch diese sich einstellen. Bei unserem Patienten tauchen bei den zwei Regionen des Rückens ganz unterschiedliche Szenen aus der Kindheit auf, die die Beziehungsmuster zu zwei wichtigen Bezugspersonen repräsentieren. Die Lendengegend ist der Ort der Prügel, die ihm der Vater verabreicht. Er legt ihn übers Knie und schlägt ihn. Im Schultergürtelbereich wird die liebevolle Beziehung zur Großmutter lebendig. Sie begrüßt ihn jedesmal, wenn er sie besucht, mit den Worten: „Grüß Gott, Büberl" und legt dabei ihre Hand zärtlich auf seine Schulterblätter. Er läßt sich noch heute gerne von seiner Frau in dieser Region streicheln. Der Kreuzschmerz war im Zuge eines aktuellen Autoritätskonflikts aufgetreten, in dem er sich seinem Vorgesetzten ohnmächtig ausgeliefert fühlte – so wie damals dem Vater. Ohne daß dem Patienten die Zusammenhänge bewußt sind, beantwortet sein Körper den analogen aktuellen Konflikt mit körperlichem Schmerz *am Ort der frühen Schmerzerfahrung*. In der Abwehr der neuerlichen Kränkung durch eine Autorität verspannt sich, analog der ursprünglichen Szene, die Lendenmuskulatur und führt zu körperlichem Schmerz. Mit diese Körpererfahrung und dem Begreifen der Zusammenhänge wird der Patient beschwerdefrei.

Mein Ziel für die orthopädische Praxis war die *Früherkennung biopsychosozialer Störungen* vor der Chronifizierung und – mit aller hier notwendigen Einschränkung – einer idealiter ganzheitlichen Diagnostik und Therapie. Der Integrationsprozeß der beiden so unterschiedlichen methodischen Ansätze Orthopädie und Psychotherapie vollzog sich mit zunehmender psychotherapeutischer Erfahrung in mir und ermöglichte die Entwicklung von neuen Konzepten und Arbeitshypothesen. Unter dem Druck der Praxisrealität von Zeit und organisatorischem Ablauf habe ich mir mit Hilfe eines für die orthopädische Praxis konzipierten Fragebogens mit einer differenzierten Beschwerdeanalyse und speziellen psychovegetativen Fragestellungen, die auf eine psychosomatische Störung hinweisen könnten, einen Zeitfreiraum für das Gespräch mit dem Patienten geschaffen. Das Neue an meinem Fragebogen ist, daß die Patienten *selbst* auf der Umrißzeichnung eines menschlichen Körpers mit rotem Stift die Lokalisation und den Verlauf ihrer Beschwerden einzeichnen. Die Selbstdarstellung der Beschwerden erlaubt es oft, sozusagen auf den ersten Blick, wertvolle diagnostische Hinweise zu gewinnen. Die diagnostische Vorgehensweise in der Praxis habe ich immer im Einzelfall nach den Erfordernissen für den Patienten und meiner Praxisrealität entschieden.

Neben dem Zugang zum Konfliktfeld über Körperberührung veranschaulicht der Fall eine integrierte orthopädisch-psychotherapeutische Diagnostik, in der somatische Hinweise und erlebnisbezogene Aussagen des Patienten sich sukzessiv gegenseitig überprüfen. In jedem Fall ist die eingehende somatische Untersuchung obligat. Sie ist nicht nur zur Absicherung eindeutiger somatischer Ätiologie erforderlich, sondern ist auch eine wesentliche Quelle für Hinweise auf seelische Anteile. Sie werden für den Therapeuten zum Anlaß, seine wache Aufmerksamkeit auf die Reaktionen, auf Berührung zu richten und Informationen zu sammeln. Weiterhin veranschaulicht der Fall das *Konzept der leiblichen Prägung* (*Petzold* 1988n; *Orth* 1992), *des szenischen Gedächtnisses* (*Petzold* 1988n) *und der individuellen Ausgestaltung des Symptoms und seiner Lokalisation aufgrund früher Beziehungserfahrungen.* Selbstverständliche Voraussetzung für diesen Zugang über den Körper, der tiefe emotionale und regressive Prozesse hervorrufen kann, ist eine vertrauensvolle therapeutische Beziehung, in der der Patient sich auch körperlich aufgehoben fühlt. Diese wird durch eine authentische, sehr differenzierte Qualität der Berührung entscheidend mitgestaltet.

ZUGANG ÜBER KÖRPERHALTUNG UND BEWEGUNG

Von Bedeutung ist die Frage, wie *verhaltene Gefühle*, wie in diesem Fall ungelöste Trauer, zu muskulärer Erstarrung und demzufolge zu einer intensiven Schmerzsymptomatik und Funktionseinschränkung führen können.

2. Fallbeispiel:

Im Rahmen der psychosomatischen Weiterbildung klagt ein Kollege, er ist Wirbelsäulenspezialist, über quälende Rücken- und Nackenschmerzen, die er seit Monaten kontinuierlich in allen Körperlagen, im Gehen, Stehen, Sitzen und Liegen spürt. Der Schlaf ist gestört. Er kämpft durch aufrechte Haltung gegen den Schmerz – ohne Erfolg. Sein klinischer und röntgenologischer Wirbelsäulenbefund erkläre die Intensität der Schmerzen nicht. Er wolle sich nun auf eine leibtherapeutische Arbeit einlassen, um die Quelle seiner Schmerzen zu finden. Ich weiß, daß er über Monate einen väterlichen Freund, so wie damals seinen Vater, im qualvollen Sterben begleitet hatte. Er nimmt auf einem Stuhl Platz. Im Sitzen sinkt er in eine skoliotische Haltung zusammen, die rechte Schulter hängt tiefer als die linke, der Rumpf weicht nach links aus, der Kopf ist nach rechts geneigt. Ich habe den Eindruck, als ob er gerade noch das Gleichgewicht halten könne; meine *Anmutung* ist das Bild eines Menschen, der im Schmerz seinen Kopf an eine Schulter anlehnen möchte. Meine *Arbeitshypothese* ist, daß er in der beruflichen Belastung und Verantwortung keinen Raum für seine Trauer um den Verlust des väterlichen Freundes findet, daß er den Wunsch und die Sehnsucht, sich anzulehnen, nicht spürt und auch nicht wahrhaben will. Mein *Ziel* ist es, ihn seine Körperhaltung erleben zu lassen in der Hoffnung, daß er dadurch in Kontakt mit seinen abgewehrten Gefühlen kommen kann. Es ist eine Alltagsbeobachtung und aus Untersuchungen der Ausdruckskunde – und unter Schauspielern – bekannt, daß willentliches Herbeiführen von bestimmten Körperhaltungen und mimischer Muskelbewegung den damit ausgedrückten Affekt tatsächlich hervorrufen kann – Haltung als eine Momentaufnahme eines Bewegungsvollzuges, eine innegehaltene Bewegung. Ich schlage ihm daher vor, seine Kopfhaltung in zwei gegensinnige Bewegungen überzuführen. Das gelingt ihm nicht, er blockiert. Um ihm seine Körperhaltung und die Rechtsneigung des Kopfes bewußt zu machen, trete ich hinter ihn und nähere meine rechte Hand behutsam dem Kopf, so daß sie nur die Spitzen des üppigen Haupthaars an der rechten Kopfseite berührt. Er spürt diese Fastberührung und nähert den Kopf nun aktiv, vorsichtig, etwas mißtrauisch meiner Hand, bis ein Kontakt zwischen meiner Hand und seinem Kopf entsteht. Als seine Anlehnbewegung deutlich wird, lege ich ein Kissen zwischen meine Hand und seinen Kopf. Jetzt wird die Tendenz, den Kopf auszuruhen, sichtbar und auch ihm bewußt. Seine Gesichtszüge, die düster von Schmerz und Trauer verschlossen waren, lösen sich langsam, die Entspannung erfaßt den ganzen Körper und, indem er sich meinen Händen anvertraut, bricht sich ein tiefes Schluchzen und Weinen Bahn. Es verebbt langsam. Ich ermuntere ihn, sich auszuruhen, und er legt seinen Kopf in den Schoß einer Teilnehmerin der Gruppe.

In der Nachbesprechung gehen wir nochmals auf die für ihn in bestimmten Lebenssituationen charakteristische Sitzhaltung ein. In zahlreichen körpertherapeutischen Behandlungen habe ich *wechselseitige*

Wirkzusammenhänge zwischen Körper, Raum und Beziehungsmustern und -erleben in der Ursprungsfamilie finden können. Es ist, als ob die *frühen Beziehungserfahrungen mit ihrer emotionalen Qualität*, ihren Wünschen, Ängsten und Phantasien *sich in den Körper eingravieren* und als *Raumbild und kinästhetische Assoziationskette im Gedächtnis gespeichert werden*, durch entsprechende Stimulierung aktiviert und, je nach Qualität und Grundstimmung der Beziehungen, pathogen wirken können. Von dieser Hypothese ausgehend fordere ich ihn auf, die *Sitzordnung am Familientisch seiner Kindheit* im Raum aufzubauen. Er sitzt zwischen den Eltern, rechts der Vater, links die Mutter. Nach links, zur Mutter hin, fühlt er sich belastet mit Verantwortung; die Mutter weint sich bei ihm aus. Er muß sie trösten. Nach rechts zum Vater spürt er Sehnsucht und gleichzeitig Mißtrauen. Er möchte sich an den Vater anlehnen, aber er mißtraut ihm. Also blickt er geradeaus und hält sich unter emotionaler Belastung starr und aufrecht. Seine Nacken- und Rückenschmerzen sind Ausdruck dieser Erstarrung zwischen Sehnsucht nach Anlehnung und Hingabe und Aufforderung zur Haltung, zur Übernahme von Verantwortung und Last. Er berichtet am nächsten Morgen, daß die seit Monaten anhaltenden Schmerzen verschwunden sind. Er bewegt sich frei und leicht, seine Augen sind noch gefüllt von Trauer, seine Gesichtszüge jedoch gelöst und entspannt. Durch diese Erfahrung mit sich selbst ist er ein überzeugter Psychosomatiker geworden.

ZUGANG ÜBER DEN SCHMERZ UND DIE FUNKTIONSSTÖRUNG

3. Fallbeispiel:

Eine Patienten aus der orthopädischen Praxis. Das Beispiel zeigt, wie es möglich ist, einen Affektstau infolge eines aktuellen Beziehungskonflikts, der im Symptom Schmerz seinen Ausdruck findet und im therapeutischen Gespräch nicht zu lösen ist, durch eine symbolische Handlung zu entlasten und damit die Schmerzspirale zu unterbrechen und Schmerzfreiheit, das erklärte Ziel der Patientin, zu bewirken (*Heinl, Spiegel-Rösing* 1977, 1982, 1985).

Die Patientin kommt aus dem Dorf, Anfang 50, vorzeitig gealtert, der Körper von schwerer Arbeit gekennzeichnet. Sie klagt über starke Schmerzen im Arm. *Die orthopädische Diagnose.* Schmerzhaftes Schulterarmsyndrom rechts, wie ich meine, infolge körperlicher Überlastung. Sie jammert mir ein bißchen viel. Ich verordne Bestrahlungen und Massagen und entlasse sie mit beruhigenden Worten. Nach 14 Tagen kommt sie wieder, trotz der Behandlung keine Besserung, im Gegenteil, sie klagt mehr: „Nun kann ich gar nichts mehr arbeiten" und vermeidet jede Bewegung mit dem rechten Arm. Ich höre den Appell an mich. Ich zögere: Diese schlichte, von Normen eingeengte Frau, was soll ich da tun? Ich seufze innerlich. Aber sie erreicht mich doch in ihrem Schmerz, und ich wende mich ihr zu. Ob sie Kummer habe. Da bricht der ganz Jammer aus ihr heraus mit Vorwurf und Verzweiflung in der Stimme. Ihr Sohn macht ihr Schande im Dorf. Er läßt sich scheiden, läßt Frau und Kinder im Stich wegen einer anderen, einer „Dahergelaufenen". Aus Kummer geht ihr Mann jeden Abend ins Gasthaus und kommt spät nachts betrunken nach Hause. Ich höre ihr zu, zeige ihr, daß ich ihre Situation verstehe, und bemühe mich in einem therapeutischen Gespräch, ihr das Verhalten „ihrer Männer" verstehbar zu machen, um ihr eine gewisse Distanz zum Geschehen zu ermöglichen. Allerdings, die vorsichtige Andeutung auf einen Zusammenhang ihres Konflikts mit den Schmerzen wehrt sie strikt ab. Die physikalische Therapie wird fortgesetzt, und sie verabschiedet sich, wie mein Eindruck ist, erleichtert.

Nach wenigen Tagen kommt sie wieder – nichts hat sich an ihrer inneren Haltung und ihren Armschmerzen geändert. Sie ist fest in ihrer Vorstellungswelt gefangen. Ich erkenne, daß es im Hinblick auf meine augenblickliche Praxisrealität und auf ihre Lebensrealität nicht möglich sein wird, aufdeckend mit ihr zu arbeiten. Sie wird jede Deutung als Angriff auf ihr Wertesystem auffassen. Sie ist durch ihren Sohn und ihren Mann gekränkt, enttäuscht und – für mich spürbar – auf beide voller Zorn, den sie sich selbst und anderen gegenüber nicht eingestehen kann.

Ein Gedanke kommt mir als Ausweg aus der Situation: Wie, wenn ich versuche, auf der Symbolebene Entlastung zu bewirken? Das geht nur mit einer unkonventionellen körperlichen Behandlung im Sinne einer *symbolischen Aktion.* Ich sage zu ihr, während ich die Muskultur abtaste und die Schmerzpunkte aufsuche: „In ihrem Arm ist noch so viel Spannung" und bestätige damit die Auffassung der Masseurin –, „kein Wunder, daß er so schmerzt. Wollen wir versuchen, die Spannung durch eine Übung aus dem Arm herauszubringen?" Das leuchtet ihr ein, und sie bejaht. Ich gebe ihr ein Handtuch in die Hand, lege ein Kissen auf den Untersuchungstisch und fordere sie auf, vorsichtig mit dem Handtuch auf das Kissen zu schlagen. Sie folgt der Anweisung, und der eben noch in Schonhaltung gehaltene Arm – Schonhaltung als Widerstandsphänomen – hebt sich und schlägt, erst zögernd, behutsam, dann immer kräftiger auf das Kissen ein. Das Gesicht zeigt Spannung. Sie beißt die Zähne aufeinander. Die Mimik ist voller Aggressivität. Sie ist nun in Kontakt mit ihrem Zorn. Das Gesicht wird lebendig, die Haut rötet sich, die Augen glänzen, bis ich ihr sage, daß es nun genug sei. Ich verordne ihr, jeden Abend vor dem Schlafengehen diese „Übung mit dem Kopfkissen" in ihrem Schlafzimmer durchzuführen. Wenige Tage später kommt sie wieder, es geht ihr viel besser, sie hat jetzt nur ein Gefühl „wie Muskelkater" im Arm. Auf meine Nachfrage berichtet sie, daß sie nicht nur abends, sondern mehrmals am Tag „geübt" hat. Die Behandlung konnte damit abgeschlossen werden.

„Das Schlagen auf Kissen" wird oft als Kritikpunkt gegen die Körpertherapien ins Feld geführt, berechtigt dann, wenn es konzeptlos, unreflektiert, inkompetent angewandt wird. Es bedarf einer sehr differenzierten Analyse des therapeutischen Prozesses, einer Bewußtheit der Übertragungs- und Gegenübertragungskonstellation und der feinen Verhaltensanalyse der Bewegungsimpulse im Körper des Patienten, um den blockierten Affekt und seine Gerichtetheit zu erkennen und, je nach Indikation, durch eine angemessene Intervention bahnen zu helfen. Dann wird das Kissen Kristallisationskern für die diffus erlebten, noch nicht differenzierten, durch Angst und Scham blockierten Gefühle und verwandelt sich vielleicht in die Gestalt des Peinigers oder den dicken Bauch der Mutter, gegen den das vierjährige Kind im Trotz trommelt, oder in das runzlige Gesicht der sterbenden Großmutter, von der die Enkelin, es zärtlich streichelnd, in Tränen Abschied nimmt, oder in den Teddybär, der auf der Flucht verlorenging und mit ihm die Kindheit.

DER ZUGANG ZUM PROBLEMFELD ÜBER DIE KÖRPERSYMBOLIK

4. Fallbeispiel:

Vorstellungsrunde in einem 5tägigen Seminar. Der Kandidat ist Ende 30. Ich kenne ihn nicht. Er kommt zu mir vorrangig in der Hoffnung, ein Körpersymptom, das ihn seit 3 Jahren zunehmend beunruhigt, loszuwerden. Er hat das seltsame Gefühl, als ob die rechte Schulter viel größer würde, die linke sich senke, und er mit der Zeit schief werde, mit gebeugtem Rumpf. Coenästhetisches Leiberleben? Aus welcher Quelle? Ich bitte ihn, sich zu stellen und dem Körpergefühl nachzugeben. Er hebt leicht die rechte Schulter, und während er weiterspricht, führt er seine rechte Hand von der Stirnmitte über die Mittelachse zur Brust und andeutungsweise weiter nach links, dann sinkt der Arm herab. Ich meine, die Bedeutung der unvollendeten Geste zu erkennen und ermuntere ihn, die Bewegung zu wiederholen und zu vollenden, ohne daß ich sie deute. Und er schlägt das Kreuz. Er ist überrascht und berichtet uns von seiner katholischen Erziehung, die ihn geprägt hat. Dabei wird er lebhaft und begleitet seine Worte mit kreisenden Bewegungen der rechten Hand. Ob er Ministrant gewesen sei, frage ich. Er lächelt, wieder überrascht, nein, er habe aber den brennenden Wunsch gehabt wegen des Weihrauchdufts, den er geliebt habe. Aber er habe die vielen Lieder nicht auswendig lernen können. Wir kennen uns alle in der Gruppe mit 18 Teilnehmern nun erst eine halbe Stunde. Die Beziehung ist vertrauensvoll, die Atmosphäre gelöst. Ich wende mich wieder seinem Symptom zu. Ich leite ihn an, seine Wahrnehmung auf das Körpergefühl zu fokussieren. Die rechte Schulter hebt sich kräftig, die linke sinkt, er geht schwer gebeugt, schleppend, als ob er eine große Last auf dem Rücken trüge. Und indem er sie leiblich spürt, erkennt er, daß er ein Kreuz trägt, wie Christus. Seit 3 Jahren hat er zuviel berufliche und seelische Last auf sich genommen. Und er erkennt die Opferrolle, die er schon als Kind angenommen hat.

Drei Wochen später berichtet er mir, daß es ihm sehr gutgeht. Die kurze Leibarbeit hat ihn in einer tiefen Schicht berührt und bewegt. Er setzt sich seitdem in der Therapie mit der Kirche, die eine bestimmende Rolle in seiner Kindheit gespielt hat, auseinander und ist auf der Suche, wie er seine Religiosität heute leben kann. Was bisher für ihn nicht greifbar, nur atmosphärisch, diffus, beunruhigend, verwirrend spürbar gewesen ist, ist nun durch die Rückführung auf die konkrete Kindheitserfahrung eingegrenzt, hat für ihn an Prägnanz und Klarheit gewonnen. Die Skulptur des kreuztragenden Christus von der Wallfahrtsstation, die er mit seiner Mutter oft besucht hatte, hatte der Knabe als *Leitfigur in seinen Körper* aufgenommen (*Heinl* 1985).

DER ZUGANG ÜBER MALEN

5. Fallbeispiel:

Das Malen in der Therapie ist ein bekanntes wirksames Medium, das ich auch bei Patienten mit chronisch therapieresistenten Rückenschmerzen eingesetzt habe (*Orth* 1992). Sie nahmen an einem fünftägigen diagnostisch-therapeutischen Intensivseminar teil. Die Bilder entstehen am Anfang des Seminars nach einer meditativen Einstimmung auf die Schmerzen. Die Aussagekraft über das Schmerzerleben ist oft faszinierend. Der Zugang über Formen, Farben oder Bildsymbolik ermöglicht, tiefe emotionale, körperliche und kognitive Prozesse in Gang zu setzen.

Die Patientin ist 49 Jahre, Adipositas, Hochdruck, Nephrektomie links, Cholezystektomie, Allergien, seit 25 Jahren unvermindert sehr starke Nacken- und Kreuzschmerzen, Erstbehandlung mit 25 Jahren, 3 Monate Gipsbett und Korsett wegen Verdachts auf Spondylitis TbC. Röntgenbefund 1988: kein gravierender Befund. Sie sagt: „Ich kann mich nicht erinnern, mich in meiner Haut je wohlgefühlt zu haben, die Schmerzen haben mich immer begleitet. Ich fühle mich immer allein, verlassen, nicht genügend, sündig und war immer unter Druck, daß alles offenbar würde, spätestens beim Jüngsten Gericht" – denn sie wurde vom 6. – 12. Lebensjahr von drei verschiedenen Männern aus ihrem sozialen Umfeld sexuell mißbraucht, und das bei einer autoritären, pietistischen Erziehung. Zum ersten Mal konnte sie darüber sprechen, ihre Angst überwinden und in einer tiefen leibtherapeutischen Arbeit ihrer Scham, Schmerz, Wut, Enttäuschung und Trauer Ausdruck geben.

Am ersten Tag des Seminars hatte sie ihren schmerzenden Rücken mit einem schwarzen Joch über dem Schultergürtel und einer Flamme über dem Kreuzbein dargestellt. Am letzten Tag läßt sie auf dem Bild eine Seerose auf der Wirbelsäule erblühen und schreibt dazu: „An meine Seerose. Du ruhst in dir auf dem Wasser, du bist offen für den Tag, du nimmst die Sonne mit in die Nacht, du freust dich am Spiel des Windes, du bist sehr schön."

Heute, ein dreiviertel Jahr danach, geht es ihr gut. Sie hat 20 Pfund abgenommen. Die Schmerzen haben sich wesentlich gebessert, treten immer nur dann auf, wenn sie sich emotional mißbraucht und in der Arbeit ausgebeutet fühlt, ohne es wahrzunehmen. Das *therapeutische Ziel* ist die Sensibilisierung für Machtmißbrauch und Unterdrückung, für Mißachtung ihres Lebensraums, und Ziel ist es für sie zu lernen, sich dagegen zu schützen und zur Wehr zu setzen.

DER ZUGANG ÜBER DAS MEDIUM TON

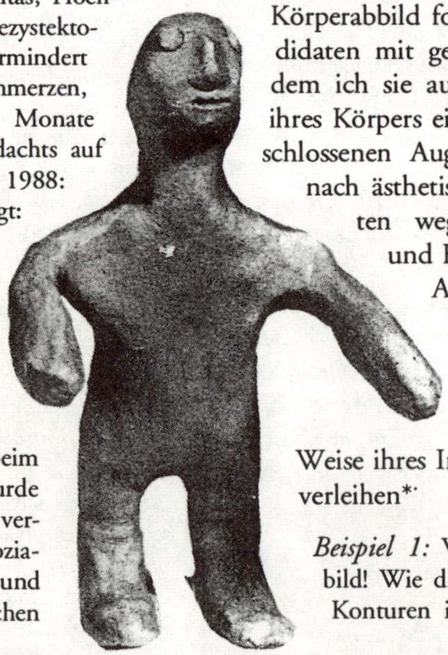

Im Rahmen von Seminaren für Körpertherapie und Psychosomatik fertigen die Teilnehmer das eigene Körperabbild aus Ton an. Dieses Körperabbild formen Patienten und Kandidaten mit geschlossenen Augen, nachdem ich sie auf die Selbstwahrnehmung ihres Körpers eingestimmt habe – mit geschlossenen Augen, damit die Kontrolle nach ästhetischen und Leistungsaspekten wegfällt und Körpererleben und Körperbild in der Tonfigur Ausdruck finden. Diese Tonfiguren geben uns einen Einblick in die reiche Körpersymbolik ihrer Schöpfer, die deren Weise ihres In-der-Welt-Seins Ausdruck verleihen*.

Beispiel 1: Wie eindrucksvoll dieses Abbild! Wie die Kandidatin um Form und Konturen ihres Körpers weiß, ohne zu

* Die Abbildungen der im folgenden erläuterten Tonfiguren finden sich in *Heinl* 1991, S. 153 f.

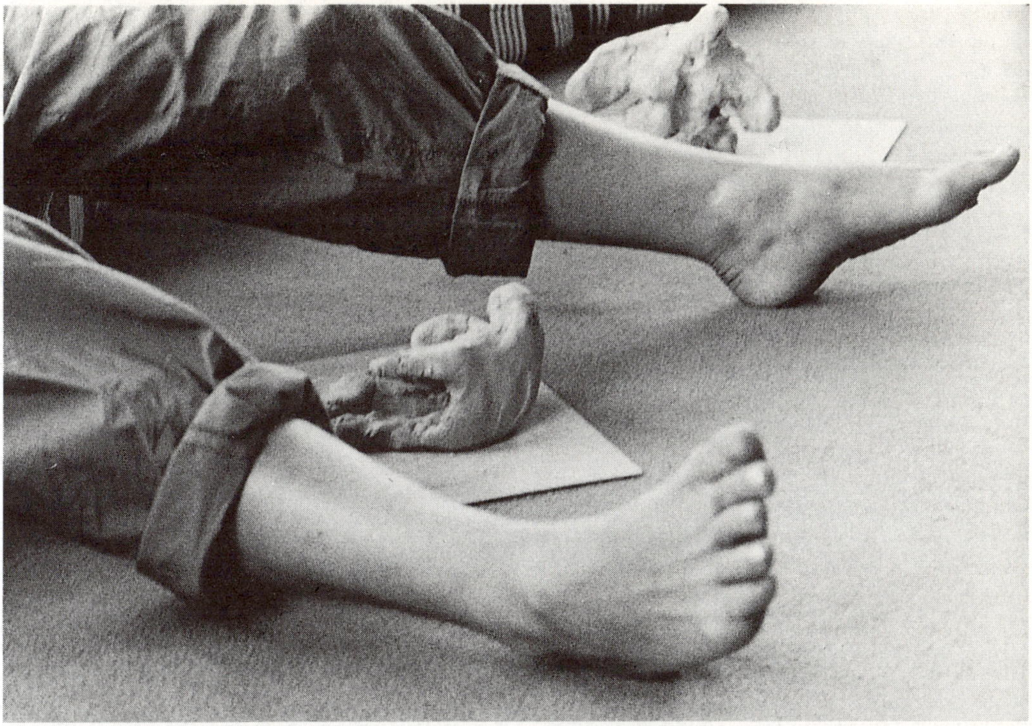

„wissen", ohne Spiegelkontrolle, sich ihrem Erleben und ihren Händen überlassend. Sie ist sich der für uns Orthopäden deutlich sichtbaren lumbalen Kyphose mit der leichten Rechtsschwingung der Lendenwirbelsäule nicht bewußt – ihrer für sie typischen Sitzhaltung.

Beispiel 2: Der Kandidat hat nicht den ganzen Körper geformt – nur einen Torso – seinen Rücken, abbildhaft, naturgetreu. Und doch, da ist noch etwas anderes, was mich damals beunruhigt hat: die Figur ist Ausdruck von körperlichem Schmerz. Sie gleicht dem Torso eines sich im Schmerz aufbäumenden, verwundeten griechischen Kriegers. Und an meinen Fragen tastet er sich vor in das Dunkel der Erinnerung: plötzlich erkennt er: Es ist auch der Rücken seines verschollenen Vaters; in den letzten Kriegstagen hatte dieser sich unter Lebensgefahr von der Truppe entfernt, war heimlich in der Nacht zu Hause aufgetaucht und leise wieder verschwunden. Die letzte Erinnerung des 4jährigen Knaben an seinen Vater ist der Schatten seines starken Rückens, als er aus der Tür für immer ins Dunkel der Nacht tritt. Und der erwachsene Mann verabschiedet sich 30 Jahre danach in tiefer Trauer endgültig von seinem verlorenen Vater.

Beispiel 3: Hier wird die Tonfigur eines etwa 35jährigen Kandidaten dargestellt. Ich kannte ihn und seine Geschichte nicht. Ein flacher, knieender Körper, der gesenkte Kopf, der Rumpf leicht nach hinten geneigt und gebeugt, die Arme fehlen. Er berichtet, daß er seit langem an Schmerzen im Bereich des rechten Schultergürtels mit Ausstrahlung in den rechten Arm leidet. Seit Wochen habe er wiederholt Träume mit aggressiven Gefühlen, ohne konkrete Bilder, außer, daß er mit einem Messer umgeht. Personen erscheinen nicht. Im aktuellen Leben habe er keinen Bezug dazu. Die klinische Untersuchung ergibt frei bewegliche, unauffällige Gelenke der oberen Gliedmaßen, Schmerzdruckpunkte rechts im Bereich der Schultergrätenmuskulatur und am Ursprung des Musculus trizeps. Die Brustwirbelsäule ist abgeflacht mit einer leichten Linksbiegung im oberen Abschnitt, sonst unauffällig.

Ich gehe von folgender *Arbeitshypothese* aus: Der Schmerz im Schultergürtel mit Ausstrahlung in den rechten Arm ohne Funktionseinschränkung eines Gelenks, die typischen Schmerzdruckpunkte in den Sehnenansätzen bzw. -ursprüngen der Kennmuskeln Trizeps und Rhombodei sprechen – eine körperliche Überlastung des Schultergürtels ist anamnestisch nicht zu eruieren – für eine *psychomotorische Blockierung eines Handlungsvollzugs, eines unbewußt gebliebenen Bewegungsentwurfs* (*Tholey* 1980; *Christian* 1986; *Heinl, Spiegel-Rösing* 1977, 1990, 1991). Die betroffene Muskelgruppe spricht für eine Bewegung aus dem Schultergelenk heraus mit gestrecktem Arm. Die Hypothese wird erhärtet durch sein Erleben des Körpers, wie es in der Tonfigur Ausdruck findet: Der gesenkte Kopf – ist er Ausdruck von Trauer, Resignation oder Demut? Und das Fehlen der Arme? Sie existieren nicht; darf er sie nicht benutzen? Und wozu darf er sie nicht benutzen? Vielleicht zum Schlagen oder zum Festhalten oder zum Streicheln? Und an wen richtet sich der Bewegungsentwurf? Wer ist der Mensch, mit dem er vielleicht einen Konflikt nicht auszutragen wagt? Muß er den in die Handlung drängenden muskulären Impuls abwehren, vom Erleben abspalten, die Bewegung „einfrieren"? Diese führt zwar zur Innervation der Kennmuskeln, die Handlung aber wird nicht ausgetragen. Es resultiert ein erhöhter Dauertonus der betreffenden Muskelgruppe, der zur Schmerzsymptomatik führt.

6. Fallbeispiel:

In der therapeutischen Arbeit gehe ich von der Haltung der Tonfigur und ihrem Ausdruck aus. Ich lasse den Patienten diese Haltung einnehmen. Er steht, der Kopf fällt nach vorn, das Kinn auf die Brust. Die Arme hängen schlaff, leblos, wie abgeschaltet am Rumpf, der Blick ist auf den Boden gerichtet. Aus dieser Position kann er seinem Gegenüber nicht ins Auge sehen. Er fühlt sich klein, ängstlich, ohnmächtig, bedrückt. Ich frage ihn, ob er sich vorstellen könne, wem er so gesenkten Hauptes gegenüberstehe, und ermuntere ihn, den Kopf zu heben, die Augen zu öffnen, um sein Gegenüber anzuschauen.

Nur zögernd, ängstlich hebt er den Kopf und öffnet langsam die Augen. Er sieht seinen Vater vor sich stehen in wortloser Strenge. Der Versuch eines Dialogs mit dem Vater im Rollenspiel scheitert nach wenigen Sätzen, als er in der Rolle seines Vaters sagt:

„Ich weiß, was du fühlst und denkst, ich weiß, was für dich richtig und gut ist." Der Sohn ist wie paralysiert. Die aufkommende Wut auf den Vater richtet er gegen sich selbst.

Ich greife seinen Traum mit dem Messer und den aggressiven Gefühlen auf. Während er immer noch wortlos dem imaginierten Vater gegenübersteht, beobachte ich minimale Kontraktionen der Armmuskulatur rechts. Ich fordere ihn auf, sich diesen Bewegungsimpulsen zu überlassen. Er entwickelt das Bewegungsmuster eines Messerwerfers mit dem Gesichtsausdruck eines traurigen 8jährigen Knaben. Er überläßt sich den inneren Impulsen. Er richtet sich auf, die Rückenmuskulatur spannt sich kräftig an, Trauer weicht Trotz und Entschlossenheit im Gesicht. Er stellt sich, seine Atembewegungen werden gezielt, kräftig, drahtig, sein Gesicht wird lebendig, die Augen blitzen, und er wirft dem Vater die Worte wie Messer entgegen. Dann hält er, befreit und erlöst inne. Seinen Arm erlebt er als lebendig, warm, durchblutet. Die Schultergrätenmuskeln, die seit Wochen geschmerzt haben, sind entspannt und schmerzfrei. Er berichtet, daß er noch nie gewagt habe, sich seinem Vater oder einem Vorgesetzten zu widersetzen. Auf meine Frage, ob er sich erinnern könne, wann dieser aktive aggressive Körperausdruck blockiert worden und verschwunden ist, taucht aus der Erinnerung eine Szene aus dem ersten Schuljahr auf.
Er besucht die Schule bei katholischen Patres. Die Kinder müssen aufrecht sitzen, mit verschränkten Armen, die Hände in der Achselhöhle. Wer sich rührt, kriegt rechts und links Ohrfeigen und Schläge. Jeglicher Bewegungsimpuls wird im Keim erstickt. Einmal wöchentlich Beichte – die gleiche Körperhaltung wie in der Tonfigur, knieend, mit gesenktem Kopf. Sechs Wochen später schickt er mir ein Foto seiner Tonfigur und schreibt dazu: „Die Arbeit hat mir Spaß gemacht. Ich fühle mich gut in und mit meinem Rücken. Und der Schmerz ist kaum noch spürbar. Ich habe ein Holzbrett geschenkt bekommen, wo ich Pfeilchen hereinwerfen kann, und es gibt schon viele Löcher. Die Arbeit mit Ihnen wird mir immer im Gedächtnis bleiben!" Heute, ein Jahr danach: „... es geht mir gut, ich habe keine Schmerzen mehr, und ich kämpfe und setze mich durch".

SCHLUSSBETRACHTUNGEN

Ziel meiner Ausführungen war es, Sie so nah und unmittelbar wie möglich an meine Vorgehensweise in der Praxis heranzuführen und Sie nacherleben zu lassen, wie sich im Einverständnis mit dem Patienten, unter Wahrung seiner Würde, verborgene Bereiche seiner inneren Wirklichkeit im Zugang über den Körper seiner Selbstwahrnehmung und seiner Reflexion öffnen können. Die dargestellten Vignetten sind in ihrer Prägnanz und Eindringlichkeit Modellbeispiele für die Vielgestaltigkeit und Bedeutungsvielfalt der Körperphänomene und Symptome – Zeichen und Ausdruck der Einmaligkeit des Individuums, seiner wechselwirksamen Bezogenheit zu seiner Lebenswelt, seines Geworden-Seins in seiner Lebensgeschichte.
Man könnte aus einem anderen Blickwinkel die Vignetten neu betrachten und auf Konzepte wie die der therapeutischen Beziehung, der Übertragung und Gegenübertragung, des Kontakts und der Begegnung, der selektiven Offenheit des Therapeuten und seines partiellen Engagements, des Tabus der Berührung, der temporären Regression und anderem mehr beleuchten. Die Arbeit am Widerstand ist, so denke ich, deutlich geworden: den Widerstand auch als Schutzfunktion der Seele anzuerkennen und, im Einverständnis mit dem Patienten, auf behutsame und kreative Weise zu umgehen oder sich mit ihm bewußt auseinanderzusetzen. Vom Therapeuten erwarten wir eine hohe Bewußtheit für die eigenen seelisch-körperlichen Prozesse, für die eigene Leibgrenze, damit er Nähe und Distanz sehr sensibel wahrnehmen und indikationsspezifisch regulieren kann. Wir erwarten Feinheit und Genauigkeit in der Beobachtung, die sich auf das Offensichtliche bezieht, wahrnehmen mit allen Sinnen, spüren, fühlen unter gleichzeitiger Reflexion des therapeutischen Prozesses, eine sehr flexible Bereitschaft, Hypothesen zu überprüfen und ggf. zu verändern, wertfreies Sammeln der Informationen und Phänomene, szenisches Erfassen und Kreativität. Diese Voraussetzungen und die Fähigkeit zum analytisch-strukturellen und bild-

haft-symbolischen Denken auf der Matrix unserer Lebenserfahrung und unseres Wissens befähigen uns, den Patienten in seinem Bemühen zu begleiten, das vielfarbige und vielgestaltige Mosaik seiner Lebensgestalt zusammenzufügen.

LITERATUR

Christian, P., Moderne Handlungstheorien und der „Gestaltkreis", *Prax. Psychother. Psychosom.* 31 (1986) 78-86.

Hartmann-Kottek-Schröder, L., Gestalttherapie, in: *Corsini, L.* (Hrsg.), Handbuch der Psychotherapie, Beltz, Weinheim 1983.

Heinl, H., Körper und Symbolisierung, *Integrative Therapie* 4 (1985) 227-231.

Heinl, H., Groddeck und die Integrative Leibtherapie, in: Groddeck Almanach, Stroemfeld/Roter Stern, Basel 1986, 179-185 und *Integrative Therapie* 1 (1988) 63-73.

Heinl, H., Störungen in der Arbeitswelt als Ursache psychosomatischer Schmerzsyndrome der Bewegungsorgane, in: *Willert, H.-G.* (Hrsg.), Psychosomatik in der Orthopädie, Huber, Bern 1990.

Heinl, H., Psychosomatische Schmerzsyndrome der Bewegungsorgane – der Zugang der Gestalttherapie, in: *Eich, W.* (Hrsg.), Psychosomatische Rheumatologie, Springer, Berlin 1991, 145-157.

Heinl, H., Petzold, H.G., Gestalttherapeutische Fokaldiagnose und Fokalintervention in der Behandlung von Störungen in der Arbeitswelt, in: *Petzold, Heinl* (1982) 178-219.

Heinl, H., Petzold, H.G., Walch, S., Konzepte und Erfahrungen aus der gestalttherapeutischen Arbeit mit Angehörigen sozial benachteiligter Schichten, in: *Petzold, Heinl* (1982) 267-309.

Heinl, H., Spiegel-Rösing, I., Gestalttherapie und Orthopädie, in: *Petzold, H.G.* (Hrsg.), Die neuen Körpertherapien, Junfermann, Paderborn 1977, 347-355.

Lichtenberg, J.D., Modellszenen, Affekte und das Unbewußte, in: idem, Selbstpsychologie, Verlag Internationale Psychoanalyse, München 1989, 75-106.

Orth, I., Leibliche Begegnung. Zur Theorie und Praxis Integrativer Leib- und Bewegungstherapie, in: *Buchheim, P., Cierpka, P., Seifert, Th.* (Hrsg.), Lindauer Texte, Springer, Berlin 1992, 160-173.

Petzold, H.G., Integrative Bewegungs- und Leibtherapie. Ausgewählte Werke Bd. I, Junfermann, Paderborn 1988n.

Petzold, H.G., Heinl, H., Psychotherapie und Arbeitswelt, Junfermann, Paderborn 1982.

Tholey, P., Erkenntnistheoretische und systemtheoretische Grundlagen der Sensumotorik aus gestalttheoretischer Sicht, *Sportwissenschaft* 1 (1980) 7-35.

Wandel der Theorie

Renate Frühmann, Salzburg*

„Theorie" – per definitionem: die rein gedankliche Anschauung bzw. Betrachtungsweise; „theoretisch": der rein wissenschaftlich gedankliche Versuch einer Erklärung von Tatsachen, Erscheinungen und Vorgängen, die Herausbildung von Lehrmeinungen und Lehre. „Therapeutische Theorien" also: die Betrachtungsweise, die Erklärung und Lehre von Krankheit und Gesundheit des Menschen sowie die daraus entstehende Behandlungsmethodik.

Dabei begann Theorie in der Gestalttherapie vergleichsweise einfach für mich, und ich erwähne das, weil ich glaube, daß es auch exemplarisch für viele Kollegen und Kolleginnen der ersten Generation ist. Es begann mit ein paar Büchern von *Perls*: „Gestalttherapie in Aktion" (1974). „Das Ich, der Hunger und die Aggression" (1978), erweitert durch die *Perls-Hefferline-Goodman*-Arbeiten „Lebensfreude und Persönlichkeitsentfaltung (1979) sowie „Gestalt-Therapie, Wiederbelebung des Selbst" (1979).

Vergleichsweise schlicht dazu stand *Hilarion Petzolds* Buch „Gestalttherapie und Psychodrama" (1973a) dazwischen oder daneben. Die Bücher „Drogentherapie" (1974b) oder „Psychotherapie und Körperdynamik" (1974j) und deren Inhalt hatten noch wenig andersgearteten Aufforderungscharakter für mich als viele andere Werke verschiedener Schulen und Therapierichtungen, die bunt in meiner Bibliothek zu finden waren.

Was ich damals noch nicht ermessen konnte (und wahrscheinlich die wenigsten von uns) war, daß es sich hier bereits um eine Vorankündigung, ja eigentlich schon Großankündigung eines geistigen Weges handelte, den eine stets wachsende Zahl von Menschen mitgegangen sind und mitentwickelt haben.

Es war die Dokumentation, daß Gestalttherapie nur *eine* Quelle heutiger Integrativer Therapie bleiben wird. Dabei trug unser Institut (gegründet 1972 in Basel, 1974 in Düsseldorf) seit dem Beginn den Namen „Fritz Perls Institut für *Integrative Therapie*, Gestalttherapie und Kreativitätsförderung" (*Petzold, Sieper* 1988a), ein Titel, der bereits die Entfaltung, in welcher wir bis heute stehen und um die wir ringen, ankündigte.

Dabei war es weiterhin sogar *Perls* selbst, der 1948 hinsichtlich Theorienbildung als Endziel formuliert, es gehe um

„... eine integrierte Theorie, die alle physischen und psychischen Erscheinungsformen erfaßt. Wir sind zwar von diesem Ziel noch weit entfernt, aber wir wissen mittlerweile, daß es existiert und daß wir es durch eine Synthese und Zusammenarbeit aller heute bestehenden Schulen erreichen können. Einer solchen Synthese muß jedoch eine erbarmungslose Ausscheidung aller nur hypothetischen Ideen vorausgehen, besonders jener Hypothesen, die zu starren, unbeweglichen Überzeugungen geworden sind. Für manche sind diese Hypothesen nicht mehr elastische, immer wieder neu zu überprüfende Theorien, sondern Realität" (Perls, 1948, 10)

Nun, diese „erbarmungslose theoretische Aussonderung" hat stattgefunden und geht noch weiter. Was damals in keiner Weise abzusehen war und ganz vielen Gestalttherapeuten anderer Schulen bis heute nicht einsichtig ist: die theoretische Revision hat nach der Gestalttherapie selbst gegriffen und ihre Position als in vielen Bereichen wesentlich zu eng bis unbrauchbar entlarvt. Der praxeologische Lehransatz erwies sich als zu kurz gegriffen und klinisch teilweise nicht brauchbar, ja schädlich, der theoretische Rahmen als verwaschen. Er wirft mehr Fragen auf, als er beantwortet.

Eine Wende vollzog sich, die eine Selektionsbewegung des gesamten Institutes gegenüber der

---

* Impulsreferat zur Entwicklung der Theorie im Rahmen des FPIs 1972 – 1992 auf der Lehrtherapeutenvollversammlung 1991.

Gestaltbewegung bedeutete. Sie brachte auch schwere Entscheidungen selbst bei denen, die den Weg sukzessive mitgemacht und die Entwicklung mitgetragen hatten. Zu sehr hatte sich die visionäre Aussage von *Perls* schon erfüllt: Die theoretischen Konzepte der Gestalttherapie waren für viele Menschen Realität geworden, Realität, die ihre Identität mitbestimmten. Denn wie wir wissen, konstituiert sich Identität nicht unwesentlich auch aus dem geistigen Raum, in welchem wir Erkenntnisse gewonnen haben und in denen wir uns auch wiedererkennen. Splitterbewegung, wie z. B. die Etablierung des Würzburger „Institutes für Integrative Gestalttherapie" (1978) sowie der bis heute nicht ausgegorene Spannungsherd in Österreich innerhalb der gesamten dortigen Gestaltszene sind Zeugnisse solcher Prozesse.

Für jeden einzelnen von uns sowie für das gesamte Institut bahnte sich eine Entscheidung und Weichenstellung an, die wir wachsend gemeinsam denkerisch und praxeologisch mit akzeptiert haben: die Schwerpunktverlagerung auf die *„Integrative Therapie"* – ein Terminus, den *Hilarion Petzold* schon früh (1965) als konzeptübergreifenden und methodenverbindenden Begriff verwandte und 1974 als eigenen, über die Gestalttherapie hinausführenden Weg beschrieb. Woran aber nun das Ausmaß des Wandels der Theorie ermessen?

Naheliegend scheint es mir, zu Beginn ein paar Zahlen anzuführen, die etwas über die Kraft und das Dilemma der geistigen Produktivität am Institut widerspiegeln. Da liegen die Arbeiten *Hilarion Petzolds* (1970c, 1974j, 1978c, 1980g, 1988n, 1991a, 1992a, 1993a), unseres unermüdlichen intellektuellen Herausforderers, vor. Er ist es, der den Stand der theoretischen Entwicklung im FPI durch seine immense synthetisierende Geisteskraft repräsentiert. Wuchtig ist die herausragende Begabung sowie der Fleiß in all den Jahren. Allein von 1965 bis 1989 sind in seiner Bibliographie 352 fachspezifische Veröffentlichungen zu zählen, die 61 Arbeiten aus anderen Bereichen wie Theologie, Landwirtschaft, Literatur oder Historik usw. nicht mitgerechnet. Daneben – und wie ich meine, in keiner Weise vollständig erfaßt – (*Gestaltbulletin* 1, 1988), die Literaturangaben theoretischer Veröffentlichungen aus dem Institut: 50 Kollegen mit insgesamt 101 Publikationen habe ich gezählt.

Als dritte Achse geistiger Produktivität im Sinn von erfaßten Arbeiten müssen noch die 1978 bis 1988 fertiggestellten 169 Graduierungsarbeiten angeführt werden. Summa summarum: von 1972 bis 1988 vorläufig 270 erfaßte Arbeiten aus dem Kreise des Institutes.

Ich möchte nochmals darauf hinweisen, daß die Anzahl der von den Kollegen geleisteten Veröffentlichungen hier nicht vollständig vorliegt, da wir keine gründliche Auflistung in dieser Richtung vorweisen können. Dies schiene mir keine unwesentliche Bemühung zu sein, wollten wir hier ein exaktes Bild der theoretischen Bemühungen in unserem Institut erhalten. Soviel ich weiß, ist ein Versuch in die Richtung, eine Gesamtbibliographie zu erstellen, nicht auf Resonanz gestoßen. Die dazu ausgesandten Fragebogen blieben weitgehend unbeantwortet. Vielleicht wäre es wichtig, sich Fragen zu stellen, welchen Aussagewert dieses Faktum haben mag: Liegt es daran, daß wir unsere Einzelbeiträge im Kanon einer gemeinsamen Theorienbildung selbst noch nicht genug würdigen können? Stellen wir unsere eigenen Arbeiten gegenüber der vorgelegten Denkwucht *H. Petzolds* mit Minderwertigkeitsgefühlen in den Schatten? In jedem Fall meine ich, daß es gravierenden Einfluß auf die theoretische Entwicklungsdynamik eines Institutes hat, wenn die Gesamtproduktivität des inneren Kollegenkreises in 20 Jahren nicht höher liegt als die seines ideellen Initiators? Ist es ein Nicht-Hergeben-Wollen eigener Produkte, um nicht in den Sog integrativer Bemühungen zu verschwinden? Sind wir doch noch in alter *Perls*scher Tradition „theorielethargisch"? In jedem Fall ist eine rein quantitative Auswertung geistiger Produktivität damit nicht möglich.

Weiterhin dürfen in keiner Weise die vielen, vielen Arbeiten von Kollegen aus anderen Schulen vergessen werden, wie sie in kooperativen Sammelbänden zu verschiedenen Themen oder in unserer Zeitschrift „Integrative Therapie" über all die Jahre geleistet wurden. Hier kann ich nur schätzen. Es mögen aber wohl leicht 200 Kollegen gewesen sein. Auch dies einmal aufzulisten wäre interessant, um den gemeinsamen Weg von Theorie und Integrationsbemühung quantitativ darstellen zu können.

Was aber ist denn hinsichtlich der Qualität theoretischer Arbeit ableitbar? Zweifellos möglich wären statistische Dokumentationen, welche berufspolitisch durchaus relevant sein können sowie eine profunde theoretische Innen- und Außenrepräsentation unseres Theoriestandes. Vielleicht aber markieren diese Zahlen bereits die enorme Chance der geleisteten theoretischen Arbeit wie auch das Dilemma, in welchem wir als Institution gemeinsam stehen. Allerdings vermögen quantitative Aussagen hier nur sehr kurz zu greifen. Weitere Perspektiven sowie qualitative Ebenen im Thema „Wandel der Theorienbildung" müssen hier betrachtet werden:

1. Die Einstellung zur Theorie selbst
2. der eigentliche inhaltliche Wandel
3. die veränderte Schulungspraxis (Integration der Lehre)
4. die machtpolitische Komponente von Theorie nach innen und außen.

Ad 1: Wenngleich *Perls* sich keineswegs grundsätzlich dem theoretischen Diskurs entzog, ja auch – wie schon zitiert – Feinziele hatte sowie auch potente Mitdenker (z. B. *P. Goodman*) mit zu Wort kommen ließ, war sein Interesse an Theorie doch wohl gespalten, ja seine Cheftheoretiker wurden von ihm wieder ausgegliedert. So war es in Identifikation mit *Perls*schen Texten damals (und für manche heute noch) möglich, Denken zu diskriminieren (*„mind fucking"*) und einer Verlockung zu erliegen, die besagt, daß Gestalttherapeuten „rather tend to be doers than sayers" (*Fagan, Sheperd* 1971). Auch war der ganze Zeitgeist unter amerikanischem Einfluß geprägt von der aufkommenden Freude, normatives Wissen zu überwinden, Traditionen als lebenshinderlich zu sehen und sich dem Lebensexperiment hinzugeben. Einladend war es auch, entlang der Gefühle und Handlungen und unter Verzicht auf präformierende Erklärungen sich einer eklektischen Praxeologie anzuschließen.

Diese Einstellung hat sich im Rahmen unseres Instituts *nicht* etablieren können. Zu viele Menschen kamen von Beginn an aus dem klinischen Bereich und suchten in der Gestalttherapie nicht nur einen Freiraum für neue Lebensexperimente, sondern auch Antworten auf Hunderte von Fragen, welche aus dem mühsamen Praxisalltag mit Patienten entstanden. Schon bald trat die persönliche Lebensexpansion, die Entdeckerfreude sowie der Persönlichkeitskult um *Perls*, der anfangs eine gewisse Rolle spielte, in den Dienst des Erforschens von Heil und Unheil für uns und unsere Patienten.

Hildegund Heinl in ihrer selbstverständlichen humanen Haltung als ärztliche Psychotherapeutin und auch *Hilarion Petzold* in seiner Konzeption, Integrative Therapie, Gestalttherapie und Kreativitätsförderung als unterschiedliche Ebenen anzulegen, waren Garanten und Kulminationsfiguren für eine in all den Jahren im Kern klinisch bleibende Ausrichtung des Instituts. Um so bitterer ist es, daß in Deutschland bis heute die darin von uns allen geleistete Arbeit noch nicht zu einer berufspolitischen Anerkennung im Rahmen eines Psychotherapiegesetzes geführt hat. In Österreich z. B. war es möglich, unter Verweis auf eben all diese theoretischen Entwicklungen der letzten 20 Jahre eine Position im Rahmen der Therapieeinrichtungen zu erhalten.

Die Einstellung zur Theorie selbst ist im Rahmen des FPI keine Frage mehr. Theoretische Entwicklungen in der Psychotherapie und als Therapeuten zu bejahen ist heute Konsens. Über die mögliche Wertverschiebung oder Überbewertung von Theorie möchte ich allerdings noch in abschließenden, kritischen Betrachtungen eingehen.

Ad 2: Zur eigentlichen inhaltlichen Wandlung der Theorie wäre ein gesondertes Referat nötig. Genügend Texte liegen jedoch vor. Einen gründlichen Überblick bieten die Bücher „Integrative Leib- und Bewegungstherapie" Bd. 1/2,

Petzold 1988n und „Integrative Therapie – Modelle und Konzepte zu einer schulenübergreifenden Psychotherapie" 1991a. Die Arbeiten sind bereits Gegenstand von Dissertationen.

Große theoretische Entwürfe zeichnen diesen Wandel. Um nur einige dieser entscheidenden Veränderungen zu markieren: Das „Organismuskonzept" wird zum Konzept des „Leibsubjekts", und das bleibt keine leere Metapher. Vom Kontakt- und Begegnungsprinzip vollzieht sich die Weitung hin zur *Intersubjektivität* mit der Möglichkeit, Beziehung, ja Bindung wieder einzubeziehen. Es entstand so ein völlig anderes Verständnis von „wir", was bedeutsam für die Veränderung unserer gesamten therapeutischen Haltung wurde. Zwischen der klinisch problematischen Haltung permanenten, unzumutbaren „*self-disclosures*" und der seelischen Unterkühlung „*totaler Abstinenz*" führte der Weg zu einer Begegnungs- und Beziehungspraxis „partiellen Engagements". Die Gruppe wird vom „Chor" bei *Perls* zum differenzierten Netzwerk mehrperspektivischer Sicht- und Behandlungsmöglichkeiten. Der „Hier-und-Jetzt-Ansatz" ist nicht nur billig, sondern bereichert durch Wiederhinzunahme psychoanalytischer Vergangenheitswürdigung pathologische Prozesse. Es wurde die Zeitperspektive um die Zukunft erweitert, und somit rückt die *Lebensspanne* des Menschen im Sinne des „life span developmental approach" mit ihrer salutogenen Fülle und pathogenen Sprengkraft in allen Altersstufen in den Fokus der Diagnostik und Behandlungspraxis. Der klinisch vage Gestaltbegriff erhält in der Wandlung zum Integrationsgedanken hin Präzisierung durch diskutierbare Theorien. Der bewußtseinspsychologisch und theoretisch verkürzte Ansatz früherer Gestalttherapie erfährt eine Weitung, die dem Unbewußten – bis hin zum Klarbewußten – Raum geben kann. Theoretisch präzise und pragmatisch umsetzbare Identitätskonzepte machen Gesundheit und Krankheit neu bedenkbar. „Wege der Heilung" sind zumindest andefiniert und nicht mehr nur subjektiven Ein- und Zufällen überlassen.

Petzold hat mit Sicherheit hier einen großen strukturellen Entwurf geschaffen und durch seine gründliche Auseinandersetzung mit unseren Arbeiten, mit Metatheorien, realexplikativen Theorien und praxeologischen Theorien weitere Überlegungen verarbeitet. Die *Perls*sche Vision von *Integrativer Theorie* wurde durch uns alle, unter *Petzolds* geistiger Ägide in die Realität umgesetzt. Der Name „Integrative Therapie" ist verdient!

Ad 3: Sowohl der Einstellungswandel im Institut als auch die durch uns alle mitvollzogenen und mitentwickelten inhaltlichen Veränderungen haben sich qualitativ auch auf die Schulungspraxis ausgewirkt. Kam es zu Zeiten unserer Anfänge noch auf die Frage: „Was ist Gestalttherapie?" zu einem mühsamen Herumgestotter – mit historischen Rekurs auf *Perls* und die Begriffe Gestalt, „Hier und Jetzt" und Phänomenologie mit „theoretischen" Attacken auf die vergangenheitsfixierte Position der Psychoanalyse – so sind unsere Ausbildungskandidaten durch die Praxis/Theoriebalance in der Didaktik schon in den Ausbildungsgruppen sehr bald imstande, Erleben und Erkenntnisse über sich selbst und über andere sowie ihre Arbeit auf dem neuen Theoriehintergrund differenziert zu diskutieren. Der „Zentrale Arbeitskreis Theorie" (ZAK-Theo) als Aufbereiter des Lehrmaterials bildet hier eine wichtige Achse für die Lehrbarkeit unserer Konzepte. Aus den solistischen, denkerisch eleganten Einschüben von *Petzolds* Theorievorlesungen und den parallel und unabhängig davon laufenden solipsistischen Bemühungen jedes einzelnen von uns, theoretische Erkenntnisse zu formulieren, ist ein Kanon möglichen gemeinsamen Lehrens geworden.

Ad 4: Ich möchte jedoch hier nicht mit einer Illusion bereits geglückter, „vollständiger" Assimilation der Theorie in unsere Integrative Therapie und Ausbildungspraxis schließen, und dies nicht nur, weil da „*no end of integration and creation*" ist.

Es stellt sich mir die Frage, ob unsere Umwertung in der Einstellung *nur* aus einem rigorosen Forschungsbemühen entstanden ist – und das ist bei *Petzold* sicher ein zentraler Impetus –, oder ob der Wandel nicht auch bestimmt war durch die allgemeine Machtpolitik in der gesundheitspolitischen Szene der letzten 10 Jahre sowie durch ein Anerkennungsstreben und, daraus folgend, durch eine spezifische Machtpolitik des Institutes selbst, das sich mit seiner Theoriearbeit in der „Szene" profiliert. Wissen ist Macht! – eine Erkenntnis, die wir an den Extrempolen unserer Entwicklung alle zu spüren bekamen. Ich erinnere noch die Zeiten Mitte der siebziger Jahre, als wir für all das, was wir wahrnahmen und erfaßten und in gewissem Sinne also auch schon „wußten", wenig an Verständnis- und Erklärungsansätzen hatten. Wie viele von uns sind voller Unbehagen und auch mit Zorn und Trauer in Diskussionen verwickelt worden, in denen wir kritischen Fragen über unsere Erfahrung und Wahrnehmung nur langatmige „phänomenologische" Ausführungen von „Hier-und-Jetzt-Ereignissen" entgegensetzten konnten, in denen wir argumentativ „ins Aus" kamen durch scheinbar einleuchtende Erklärungsmodelle anderer theoretischer Richtungen (spezifisch psychoanalytischer Theorienbildung, aber auch anderer Denktraditionen). Es hieß „Ohnmacht", sich „*nur*" aus der Erfahrung ohne elaborierten begrifflichen Rahmen beschreiben zu können, gemessen an den Verstehens- und Erklärungsmöglichkeiten unserer theoretisch geschulten Kollegen aus anderen Orientierungen. Vielen Gestaltkollegen geht es heute immer noch so (und inzwischen auch uns gegenüber)!

Wie lange hat es allein gedauert, das richtig wahrgenommene und erfaßte „Kontaktprinzip" in der Therapie zur „Abstinenzregel" in eine kritische Auseinandersetzung zu bringen. Ich erinnere mich noch, wie beispielsweise Prof. *R.E. Pakesch*, Graz, Gestalttherapie als die „Inszenierung von hysterioformen Minipsychosen" definierte; wie immer wieder – z. T. hämisch – die Frage nach unserem „Umgang mit Übertragung und Gegenübertragung" gestellt wurde, die klinische Seriosität von Gestalttherapie mit kurzen Theorieattacken in Frage zu stellen war: Auch wenn ich bereits erfaßt hatte, wie vieles an unserem „integrativen" Arbeitsansatz revolutionär war – ich konnte ihn nicht adäquat verteidigen, zumal die Angriffe oft nicht im Geiste kritischer Auseinandersetzung liefen, sondern als standes- und berufspolitischer Feldzug gegen die immer stärker werdende und nicht zu übersehende Kraft des neuen Ansatzes.

Heute vermögen wir Antworten zu geben, oft auch zum Leidwesen der berufspolitischen Kontrahenten, die allmählich nicht umhinkönnen, das „Integrationsparadigma" zu entdecken, daß von der empirischen Psychotherapieforschung voll gestützt wird. Integrieren mag ja ein hohes Ziel sein, aber ich kenne heute kaum mehr Schulen, die nicht von sich behaupten, dies auch tun. Das Faktum, daß viele integrieren wollen (auch wenn es sich zumeist um eklektizistische oder summative Versuche handelt ohne eine Theorie der Integration), aber keiner sich integrieren lassen will, macht es in unserer wettbewerbs- und konkurrenzorientierten Gesellschaft auch nicht vor geistiger Produktivität halt. Bedeutet dies doch Anhänger, Schüler, Patienten, Geld – ja Macht. Wir müssen uns klar machen, daß vieles in unseren theoretischen Entwicklungen im Dienste dieser machtvollen geistigen Auseinandersetzungen, ja des Legitimationszwanges stand und viele Themen noch gar nicht angegangen werden konnten, die im Herzen der therapeutischen Praxis liegen. Dies bedarf aber, um zu wesentlichen Erkenntnissen zu führen, des „Diskurses im herrschaftsfreien Raum" (*Habermas* 1971, 1981) bzw. der „intersubjektiven Ko-respondenz" (*Petzold* 1978c) *trotz* bestehender Machtverhältnisse.

Wenn wir über den Wandel in der Theorie sprechen, könnten wir sagen, daß ein „Abgrenzungskampf" theoretisch längst gewonnen sein könnte. Der Einzug in klinische Handlungsfelder, eine diskutable Methodik, eine universitär lehrbare Theorienbildung, eine Ausbildungsdidaktik und berufspolitische Konzepte sind gegeben, aber die Machtpositionen fehlen, zumindest in der Bundesrepublik, und es ist äußerst fragwürdig, ob es sich lohnt, ja mit unseren Anliegen kompatibel ist, Machtpolitik zu betreiben.

Eine andere Frage ist noch viel beunruhigender: die nach dem Einfluß einer machtpolitischen Komponente unserer Theoriebemühungen auf unser eigenes, inneres, persönliches wie auch institutionelles Leben. Hier gilt es, wachsam zu sein!

Heute stehen wir gemeinsam im *„Entwurf“* eines Denkgebäudes, das, will man die Lehre, die darin enthalten ist, nicht mit Leerformeln füllen, eigentlich eine (mittlerweile) enorme Aneignungsleistung voraussetzt. Es kostet mich immer wieder erhebliche Anstrengungen, allein die theoretischen Vorlagen mit eigener Denkkraft, mit eigenem Nachsinnen, Nachdenken zu füllen. Natürlich scheint es eine einfache Antwort, die Theorien der „Integrativen Therapie“ einfach zu lernen, so, wie sie vorliegen, jedoch widerspricht bloßes Nachsagen dem Integrationsgedanken selbst und dem Grundprinzip *intersubjektiver Ko-respondenz*, die zu *Konsens, Konzepten, Kooperationen* führt, zu einer mündigen *Konsensgemeinschaft*, die gemeinsam Theorie, Behandlungspraxis und Lehre trägt.

War zu Anfang der Gestaltbewegung der Kopf der diskriminierte menschliche Bereich, so wäre es schade, wenn wir in der Integrativen Therapie aus Reaktionsbildung unter dem Druck des Legitimationszwanges oder aus Konkurrenz- bzw. Machtdenken heute eine Überdeterminierung der Intellektualität gegenüber einer warmherzigen und engagierten therapeutischen Theorienbildung und Handlungspraxis vornehmen würden. Unsere theoretischen Axiome und Postulate legen dies zwar betont nicht nahe (*Petzold* 1989i), jedoch bewegen sie sich im Bereich unserer Theorienbildung bereits in einer abgehobenen Diskursebene, die in der Gefahr steht, sprachlich nicht mehr die emotionale Kraft und Farbe zu vermitteln, die unseren leib- und gefühlsnahen, bewegenden, oft erschütternden Handlungsalltag mit unseren Patienten kennzeichnen.

Diese Verknüpfungen zu bilden ist unser aller Auftrag, auch im Bereich der Theorie. Sie kann von einem allein nicht geleistet werden. Eine Zusammenarbeit vieler mit dieser Richtung wird unserem Institut die Mitte geben und erhalten können, derer es bedarf, menschliche Erfahrungen zu vermitteln und Erkenntnisse über den Menschen darzustellen.

LITERATUR

Fagan, J., Sheperd, I., Gestalt Therapy now, Harper & Row, New York 1971.

Habermas, J., Hermeneutik und Ideologiekritik, Suhrkamp, Frankfurt 1971.

Habermas, J., Theorie des kommunikativen Handelns, 2 Bde., Suhrkamp, Frankfurt 1981.

Habermas, J., Luhmann, E., Theorie der Gesellschaft oder Sozialtechnologie? Was leistet die Systemforschung, Frankfurt 1971.

Perls, F.S., Ego, hunger and aggression; Durban 1942; dtsch. Das Ich, der Hunger und die Aggression, Klett-Cotta 1978.

Perls, F.S., Gestalttherapie in Aktion, Klett-Cotta 1974.

Perls, F.S., Hefferline, R.F., Goodman, P., Gestalt-Therapie, Wiederbelebung des Selbst, Klett-Cotta 1979.

Perls, F.S., Hefferline, R.F., Goodman, P., Lebensfreude und Persönlichkeitsentfaltung, Klett-Cotta 1979.

Petzold, H.G., Géragogie – nouvelle approche de l'éducation pour la viellesse et dans la viellesse. *Publications de L'Institut St. Denis* 1 (1965) 1-16 ; dtsch. in: *Petzold* (1985a) 11-30.

Petzold, H.G., Thérapie du mouvement, training rélaxatif, thymopratique et éducation corporelle comme integration, Paris 1970c.

Petzold, H.G., Gestalttherapie und Psychodrama, Nicol, Kassel 1973a.

Petzold, H.G., (Hrsg.) Psychotherapie und Körperdynamik, Junfermann, Paderborn 1974j, 3. Aufl. 1979.

Petzold, H.G., (Hrsg.) Drogentherapie – Methoden, Modelle, Erfahrungen, Junfermann/Hoheneck, Paderborn 1974b; 2. Aufl. Klotz, Frankfurt 1980.

Petzold, H.G., Das Ko-respondenzmodell in der Integrativen Agogik, *Integrative Therapie* 1 (1978c) 21-58.

Petzold, H.G., Die Rolle des Therapeuten und die therapeutische Beziehung Junfermann, Paderborn 1980f.

Petzold, H.G., Die Rolle des Therapeuten und die therapeutische Beziehung in der Integrativen Therapie, 1980g, in: *Petzold* (1980f) 223-290.

Petzold, H.G., Mit alten Menschen arbeiten, Pfeiffer, München 1985a.

Petzold, H.G., Integrative Bewegungs- und Leibtherapie, 2 Bde. Junfermann, Paderborn 1988n.

Petzold, H.G., Supervision zwischen Exzentrizität und Engagement, *Integrative Therapie* 3/4 (1989i) 352-363.

Petzold, H.G., Integrative Therapie. Ausgewählte Werke, Bd. II/1: Klinische Philosophie, Junfermann, Paderborn 1991a.

Petzold, H.G., Integrative Therapie. Ausgewählte Werke, Bd. II/2: Klinische Theorie, Junfermann, Paderborn 1992a.

Petzold, H.G., Integrative Therapie. Gesammelte Werke, Bd. II/3: Klinische Praxeologie, Junfermann, Paderborn 1993a.

Petzold, H.G., *Sieper, J.*, Integrative Therapie und Gestaltherapie am Fritz Perls Institut – Begriffliche, persönliche und konzeptuelle Hintergründe und Entwicklungen, *Gestalttherapie & Integration, Gestalt-Bulletin* 1 (1988a) 22-96.

Integrative Agogik – ein kreativer Weg des Lehrens und Lernens

Johanna Sieper, Bad Neuenahr
Hilarion Petzold, Düsseldorf/Amsterdam

Definition: *»Integrative Agogik (die Integrative Pädagogik, Andragogik, Geragogik) ist ein ganzheitlicher und differentieller, lebensalterspezifischer Ansatz der Bildungsarbeit als „éducation permanente". Sie versucht, kognitive, emotionale, somatomotorische und soziale Lernprozesse und -ziele im lebensweltlichen Kontext/Kontinuum zu verbinden, integriert also rationale Einsicht, emotionale Berührtheit, leiblich konkretes Erleben und soziale Interaktion zu „persönlich bedeutsamem Lernen" als Erfahrungen von „vitaler Evidenz".*
In „intersubjektiver Ko-respondenz" werden dabei von allen am Prozeß des Lehrens und Lernens Beteiligten Ziele und Inhalte gemeinsam erarbeitet, wobei Methoden der Erlebnisaktivierung (Imagination, Rollenspiele usw.) und kreative Medien (Farben, Collagen, Texte usw.) eine bedeutsame Rolle spielen, um eine synergetische Aneignung, ein holographisches Aufnehmen und eine kokreative Gestaltung des Lernstoffes zu ermöglichen.
Integrative Agogik ist darauf gerichtet, Sachlernen und Affektlernen zu verbinden, die personalen, sozialen, lebenspraktischen und fachspezifischen Kompetenzen (Fähigkeiten) und Performanzen (Fertigkeiten) von Menschen in Begegnung und Auseinandersetzung, im „Handeln um Grenzen" zu fördern und zu entwickeln. So können über spezifische, sachbezogene Leitziele hinaus als generelle Bildungsziele eine prägnante personale Identität, ein funktionsfähiges soziales Netzwerk, Engagement für die Integrität von ökologischen und sozialen Zusammenhängen und ein positiver Zukunftshorizont entwickelt werden. Zu diesem Zweck der Persönlichkeits- und Sozialbildung werden Selbsterfahrungsmethoden als pädagogische Varianten therapeutischer Verfahren in die integrative agogische Arbeit einbezogen« (Hilarion Petzold).

Da FPI und EAG im wesentlichen Einrichtungen der beruflichen Weiterbildung sind und die Aus- und Weiterbildung von Angehörigen helfender Berufe unser zentrales Anliegen sind, sollen unsere agogischen Konzepte an dieser Stelle kurz umrissen werden. Dabei kann es nicht darum gehen, unsere Theorie „holographischen Lernens" (*Petzold* 1983i, 1988n, 583-600), unsere curricularen Modelle (ibid. 601-638; *Petzold, Sieper* 1972a, b, 1976) vorzustellen oder unsere bildungspolitischen Konzepte darzulegen (*Sieper* 1985), sondern es soll eine kompakte Darstellung wichtiger Positionen gegeben werden.

1. *DIE ANFÄNGE*

Als wir die ersten Projekte mit „psychologischer Gruppenarbeit" in Deutschland 1969 durchführten, geschah dies einerseits im *klinischen* Feld, zum anderen aber im *agogischen* Bereich. Wir verwandten gezielt den besonders in der niederländischen erziehungswissenschaftlichen Literatur ausgearbeiteten Begriff der „Agogik", weil wir schon damals unter der Perspektive der *„éducation permanente"*, des *„life long learning"* an einem Konzept *„lebenslanger Sozialisation"* und einer *„Psychologie der Lebensspanne"* ausgerichtet waren. Wir standen damit am Anfang einer Entwicklung, die in den 70er Jahren unter dem Begriff der *„life span developmental psychology"* (*Baltes, Eckensberger* 1979) große Bedeutung erlangen sollte, ja zu einem neuen *Paradigma* der Entwicklungspsychologie wurde. In der Agogik hatte sich ein ähnlicher Denkansatz schon sehr früh herausgebildet. Die Psychotherapie, die auf Kindheit und Jugend fixiert ist, was die Ätiologie der Neurosen anbetrifft, hatte bislang – sieht man vom Ansatz der „Integrativen Therapie" einmal ab – dieses Paradigma kaum zur Kenntnis genommen. Da wir nicht nur mit Kindern gearbeitet haben (*Päd-agogik*), sondern auch in der Erwachsenenbildung (*Andr-agogik*) und in der Altenbildung (*Ger-agogik*), schien uns seinerzeit der Begriff „Agogik“ besonders geeignet. Er lag auch für unser praktisches Aufgabenfeld nahe, denn wir hatten die Leitung von drei Volkshochschulen übernommen (*Sieper*, Direktorin der Volkshochschule Dormagen, 1969; *Petzold*, Direktor der Volkshochschulen Meerbusch/Büderich und Büttgen, 1969), in denen wir nicht nur erwachsenenbildnerisch gearbeitet haben, sondern auch Projekte mit Vorschulkindern (*Hindel* 1971; *Petzold, Geibel* 1972) und mit alten Menschen (*Petzold, Bubolz* 1976; *Laschinsky, Petzold, Rinast* 1979) durchgeführt haben. Für die letztgenannten Bereiche konnten wir auf Erfahrungen aus unserer Pariser Zeit zurückgreifen (*Petzold* 1965, 1969b).

2. *ERWACHSENENBILDUNG ALS BEZUGSRAHMEN*

Moderne Erwachsenenbildungsarbeit zielt auf die ganze Breite des Bildungssektors und versucht, vorhandene Bedürfnisse aufzugreifen bzw. Innovation dort zu betreiben, wo Bildungserfordernisse gegeben sind. Der Integrative Ansatz, der das menschliche Leben in Kontext und Kontinuum sieht, in der Lebenswelt (*Kiwitz* 1991) betrachtet, sieht, daß Menschen in sozialen Netzwerken leben und in diesen sinnstiftende Gemeinschaften, *„social worlds“* (*Petzold, Petzold* 1991) bilden. Er nimmt deshalb auch die familiären Kontexte von Erwachsenen in den Blick, und deswegen ist generationsübergreifende Arbeit sinnvoll. Arbeit mit Eltern (*Petzold* 1973f; *Mathias* 1977) erfordert auch Arbeit mit Kindern (*Hindel* 1971; *Petzold* 1972e) und führt über die Arbeit mit der „älteren Generation“ in die Geragogik und Sozialgeragogik (*Petzold, Bubolz* 1976; *Petzold, Bubolz* 1979, 1983; *Petzold, Stöckler* 1988). Integrative Erwachsenenbildung (*Petzold* 1977d; *Petzold, Reinhold* 1983) hat aber auch Bezüge zu anderen Sektoren des Bildungssystems, etwa der Sonderpädagogik (*Petzold, Mathias* 1978), der Schule (*Petzold* 1980m, 1991m; *Petzold, Schulwitz* 1972) – in ihr muß nicht auf „Abschlüsse“, sondern auf das *life long learning* vorbereitet werden – und zum Bereich der Hochschule (*Petzold* 1973e); hier kann und muß durch Forschung und Lehre ein Fundus für Andragogik als Disziplin erarbeitet werden. Weiterhin gibt es durchaus wichtige Überschneidungen zwischen Hochschuldidaktik und didaktischen Modellen in der Erwachsenenbildung, die fruchtbar gemacht werden können (ibid.). Hier haben wir uns stets auch darum bemüht, derartige Verbindungen herzustellen und zu pflegen, z. B. Anfang der siebziger Jahre durch Lehraufträge an der Fachhochschule für Sozialarbeit Düsseldorf und an der Pädagogischen Hochschule Neuss, im wesentlichen im Bereich der „psychologischen Gruppenarbeit“ (idem 1971i, 1973e). Durch unsere Ausbildung in Psychodrama, NTL-Gruppendynamik und Gestalt und unsere Experimente mit kreativen Medien in verschiedenen Kontexten lag es für uns nahe, genau diese Ansätze auch im agogischen Bereich fruchtbar zu machen: in der Dozentenberatung und Dozentenfortbildung, aber auch in Angeboten für die Teilnehmer an Erwachsenbildungsveranstaltungen selbst. Wir waren damit an unseren Volkshochschulen die ersten, die im deutschsprachigen Bereich „psychologische Gruppenarbeit“ und „erlebnisaktivierende Verfahren“ wie Psychodrama und Gestalttherapie, Therapeutisches Theater, Bewegungstherapie usw. in Selbsterfahrungsgruppen oder themenzentrierten Angeboten einführten (vgl. *Oeltze*, dieser Band; *Sieper* 1971; *Petzold, Sieper* 1973). Derartige Selbsterfahrungsangebote der „Persönlichkeitsbildung“ sind aus den Programmen von Volkshochschulen heutzutage nicht mehr wegzudenken. Das Buch von *Hilarion Petzold*: „Kreativität und Konflikte – moderne Methoden psychologischer Gruppenarbeit und Erwachsenenbildung“ (Junfermann, Paderborn 1973 ist) dafür eine „Initialzündung“ gewesen. FPI-Mitarbeiter haben dann auch bei den ersten, von großstädtischen Volkshochschulen entwickelten Gesundheitsprogrammen mitgearbeitet (z. B. *Amt, Weiß* u. a. bei der Konzeption des „Gesundheitsparks“ der VHS München; *Petzold, Berger, Dederich* am entsprechenden Programm der VHS Düsseldorf, *Herzberg* 1981). In Kontaktseminaren mit Lehrerinnen und Lehrern haben wir versucht, selbsterfahrungsbezogenes Lernen auch in die Schulen zu bringen und damit kreative und psychodramapädagogische Methoden für die Arbeit im Unterricht mit Schülern nutzbar zu machen (*Petzold, Schulwitz* 1972).

Die Erwachsenenbildungsarbeit war für uns ein Feld kreativer Experimentation (*Petzold, Sieper* 1970; *Petzold* 1971i, 1973c; *Sieper* 1971). Unsere Positionen als Leiter von Volkshochschulen bot uns einen idealen Freiraum, um vielfältige Projekte zu initiieren und mit ihnen Erfahrungen zu sammeln. So konnten wir erste Arbeitstagungen zu kunsttherapeutischen Ansätzen und zur Arbeit mit kreativen Medien in der Erwachsenenbildung durchführen oder zur Bildungsarbeit mit alten Menschen (*Petzold* 1971k; vgl. *Dunkel, Rech* 1990; *Sieper, Schmiedel*, dieser Band). Der agogische Erfahrungsraum und das, was wir in ihm lernen konnten, gewann maßgebliche Bedeutung für unser Konzept *integrativen, ganzheitlichen Lehrens und Lernens* und für unsere Arbeit am „Fritz Perls Institut", das – wie gesagt – u. a. durch die curriculare Weiterbildung von Angehörigen psychosozialer Berufe eine besondere Form berufsbezogener Erwachsenenbildung betreibt, mit einer spezifischen, für diese Aufgabe entwickelten „holographischen Theorie des Lehrens und Lernens (*Petzold* 1988n, 583-600) und einer Didaktik, in der die „Methode durch die Methode gelehrt wird". Es wird Selbsterfahrung, methodisch praktisches Lernen und Theorievermittlung verbunden und leibliches Erleben, emotionale Erfahrung und kognitive Einsicht integriert, wobei wir uns vielfältiger Methoden, Techniken und Medien bedienen (*Petzold* 1977c, 1983c). Damit hatte sich das Konzept der „*Integrativen Agogik*" Anfang der 70er allmählich herauskristallisiert, deren Kerngedanken mit den Ko-respondenzmodell (*Petzold, Sieper* 1977; idem 1978c, 1991e), dem Lebenswelt- bzw. Social-world-Bezug (*Petzold, Petzold* 1991b), d. h. die Ausrichtung auf Kontext und Kontinuum (*Petzold, Reinhold* 1983), einem integrativen Bildungsbegriff (*Bubolz* 1983) und dem Prinzip der „multiplen Stimulierung" und Erlebnisaktivierung (*Petzold* 1988f) zum Erreichen eines „kokreativen Lernens" und Erfahrungen von „vitaler Evidenz" (idem 1971k, 1988f) ausformuliert waren.

Wichtig wurde auch unser *Identitätskonzept*, in dem Identität sich in Kontext und Kontinuum konstituiert auf der Grundlage von Fremdattributionen, ihrer Bewertung (*appraisal, valuation*) durch das Ich und Selbstattributionen in den Bereichen *Leiblichkeit* (I), soziale Bezüge (II), Arbeit, Leistung, Muße (III), materielle Sicherheiten (IV) und Werte (V) – Säulen einer stabilen Identität. Mit der Ausarbeitung dieses Identitätsmodelles (vgl. *Petzold* 1984i, 1991a) also wird Integrative Agogik als Persönlichkeitsbildung – und spezifischer noch – als Förderung der Identitätsentwicklung durch „persönlich bedeutsames Lernen" (*Bürmann* 1983) erkennbar. Die Identitätsäule „Arbeit, Leistung, Muße" – sie ist für eine stabile Identität von großer Bedeutung (*Petzold, Heinl* 1983; *Kames* 1992) – schließt dabei das Lernen kognitiver Wissensinhalte, Allgemeinwissen und berufsbezogenes, spezifisches Wissen ein. Schulischem Lernen, Ausbildung, Weiterbildung und Fortbildung *über die gesamte Lebensspanne hin* kommt deshalb im integrativen Ansatz große Bedeutung zu. Kognitive Lernziele und Inhalte werden also keineswegs vernachlässigt, nur, sie werden in den übergreifenden Kontext emotionalen und sozialen Lernens eingebettet, in einen gesellschaftlichen und ökologischen Bezug gestellt. Vor allen Dingen werden sie niemals abgelöst von der Matrix der „intersubjektiven Beziehung" (*G. Marcel*), vom „dialogischen Prinzip", aus dem heraus allein Integrative Agogik Wirkung gewinnen kann.

Die Integrative Agogik hat vielfältige Vorläufer und konnte aus den großen, klassischen pädagogischen Systemen (*Sokrates, Montaigne, Rousseau, Pestalozzi*), von der „Reformpädagogik" und verschiedenen Strömungen der „alternativen Pädagogik" nützliche Impulse aufnehmen und verarbeiten (*Petzold, Sieper* 1977). Sie sah sich von den psychodramatischen und soziodramatischen Initiativen im Rahmen der Pädagogik (*Chesler, Fox* 1966; *Haas* 1949) angeregt und von Initiativen aus dem Bereich der Gestalttherapie, die in die Pädagogik wirkten, z. B. die von *George Brown* (1975) und seinen Mitarbeitern begründete Richtung der *„confluent education“* (*Petzold* 1977d). Psychotherapie und Agogik standen damit in einer fruchtbaren Wechselseitigkeit der Einflüsse (idem 1989g).

Integrative Agogik gehört zu den pädagogischen Innovationsansätzen, die – wie die verschiedenen Richtungen der „humanistischen Pädagogik“ auf die Methoden der *Humanistischen Psychologie* (idem 1979a) zurückgriffen (*Fatzer* 1987), z. B. die Themenzentrierte Interaktion von *Ruth Cohn* (1975) oder die Strömungen der psychoanalytischen Pädagogik (*Teschner* 1989); all das waren neue Bewegungen, die Anfang der 70er Jahre zunehmend an Interesse gewannen, obgleich in der Psychoanalyse schon früh Bemühungen um eine psychoanalytische Pädagogik (*Ferenczi, Aichhorn*) vorhanden waren oder *Paul Goodman* in der Gestalttherapie seit Anfang der 50er Jahre pädagogische Projekte initiierte (*Petzold* 1977b; *Blankertz* 1983). Im Jahre 1972 prägte dann *Hilarion Petzold* den Begriff *„Gestaltpädagogik“* (*Petzold, Sieper* 1972a) als Oberbegriff für drei Ansätze, die von der Gestalttherapie und gestaltpsychologisch-pädagogischem Denken beeinflußt waren: Die *„confluent education“* von *G.I. Brown*, die Themenzentrierte Interaktion von *R. Cohn* und die Integrative Agogik, die von uns entwickelt wurde. Für diese drei Richtungen sollte „Gestaltpädagogik“ eine „Umbrella-Bezeichnung“ hergeben.

Die *confluent education* hat sich in der Folge im deutschsprachigen Bereich nicht sehr durchgesetzt, sondern es folgten eigenständige, europäische Entwicklungen, die die erlebnisaktivierenden Methoden der Gestalttherapie aufgriffen. Auch die TZI ist als eigene Richtung bekannt geworden. Die Integrative Agogik hat eine breite und differenzierte Metatheorie entwickelt, die sie weitgehend mit der der Integrativen Therapie teilt, und hat sich besonders auf die Bereiche der Erwachsenen- und Altenbildung zentriert (*Petzold, Reinhold* 1983; *Bubolz* 1983) und hier auf die Persönlichkeitsbildung und Kreativitätsförderung.

Am „Fritz Perls Institut“ wird unter dem Begriff **„Gestaltpädagogik“** im wesentlichen die Orientierung des integrativ-agogischen Ansatzes verstanden, obgleich wir den von uns inaugurierten Begriff „Gestaltpädagogik“ aufgrund seiner Popularität und Resonanz im Feld nach wie vor beibehalten. Über die Ausbildung in *Integrativer Agogik* und Gestaltpädagogik am FPI berichtet *J. Bürmann* näher in diesem Band. Im folgenden seien die wesentlichen Positionen der Integrativen Agogik aufgeführt:

3. GRUNDKONZEPTE DER INTEGRATIVEN AGOGIK

- Die *Integrative Agogik* (= Pädagogik, Andragogik, Geragogik) wurde Mitte der 60er Jahre unter Rückgriff auf therapeutische Ansätze aus dem Bereich der Psychoanalyse und der Humanistischen Psychologie sowie auf reformpädagogisches Gedankengut und Impulse aus Theater und bildender Kunst von *Hilarion Petzold* und *Johanna Sieper* begründet. Sie wird am „Fritz Perls Institut für Integrative Therapie, Gestalttherapie und Kreativitätsförderung“ gelehrt und weiterentwickelt (*Petzold, Sieper* 1977, 1988; *Petzold, Reinhold* 1983; *Sieper* 1971, 1985).
- Die Integrative Agogik nimmt die ältesten Traditionen abendländischer Erziehungspraxis auf. Die Postulate: „Werde, der du bist!“, „Mensch, erkenne dich selbst!“ werden in der Art *sokratischer Maieutik* („Hebammendienst“) angegangen: Erkenntnis muß geweckt, muß geboren werden, und wir sollten in diesem Prozeß Hilfen geben, ohne daß wir einengen. Nur dann kann *Erziehungsarbeit* im besten Sinne des Wortes *Bildungsarbeit* werden und die Aufgabe des menschlichen Lebens gelingen, „sich selbst im Lebensganzen verstehen zu lernen“ (*Petzold* 1981g).
- Integrative Agogik sieht den Menschen *ganzheitlich und differentiell* als „Körper-Seele-Geist-Wesen in einem sozialen und ökologischen Umfeld“ (*Petzold* 1974k), als „Leib-Subjekt in der Lebenswelt“ (idem 1988a).

- Aufgrund dieses Menschenbildes erhalten Erziehungs- und Bildungsarbeit ihre Richt- bzw. Leitziele, die sich in kognitive, emotionale, somatomotorische, soziale und ökologische Grob- und Feinziele ausdifferenzieren lassen und in offenen und halboffenen Curricula angegangen werden.
- Deshalb muß die *leibliche Dimension* des Menschen erreicht werden, um Sensibilität, Expressivität, Elastizität und Spannkraft des Körpers aufzubauen und zu entwickeln, z. B. durch Formen der Bewegungs-, Atem- und Leibeserziehung und Leibtherapie (*Petzold* 1985b, 1978f; *Metzmacher* 1987).
- Es muß weiterhin die *seelische Dimension*, der Bereich der Gefühle, der Spontaneität, der Phantasie gefördert werden durch Wege des emotionalen Lernens, der kreativen Gestaltung und Imagination (*Petzold* 1987a, b, c; *Jason-Michl* 1981, *Petzold*, *Orth* 1990; *Katz-Bernstein* 1990; *Wolf* 1989).
- Auch die *geistige Dimension* muß angesprochen werden, der Bereich der Werte und des Sinnes, aber auch der der Feinfühligkeit für Ästhetisches, für Kunst und Religion. Hier können wir auf meditative Methoden der Besinnung und Betrachtung zurückgreifen, auf erlebnisaktivierende Ansätze der Hinführung zu den „Schätzen der Kunst“. Auch das „sokratische Gespräch“, der Dialog über existentielle Fragen, über Werte und Wertkonflikte, gehört zum Umgang mit den geistigen Strebungen des Menschen (*Petzold* 1983a, 1987b).
- Die *soziale Dimension* des Menschen charakterisiert jeden Erziehungs- und Bildungsprozeß, der selbst in einem sozialen Raum, in sozialen Netzwerken, sozialen Klimata als „Ko-respondenz“ zwischen Menschen stattfindet. Der Gruppe/Klasse als sozialem Gefüge und als Lerngemeinschaft, den Formen kooperativen Lernens (Rollenspiel, Soziodrama, Konfliktlösungsspiele, vgl. idem 1973d) kommt deshalb besondere Bedeutung zu, denn unter dieser Perspektive und mit diesen Methoden und Techniken ist es möglich, das Engagement am anderen Menschen erlebnisnah zu fördern und statt negativem Konkurrenzverhalten Wege des sozialen Miteinanders aufzuweisen. Es wird der Blick für den gesellschaftlichen Zusammenhang geöffnet, den man in solidarischen Aktionen mitgestalten kann und muß (*Petzold* 1978a, 1986a, 1987c; idem, *Laschinsky*, *Rinast* 1985; *Petzold*, *Schneewind* 1986).
- Die *ökologische Dimension* kann heute, wo sich die Menschheit am Rande einer ökologischen Katastrophe befindet, in der Erziehungsarbeit nicht mehr ausgeklammert werden. Kinder, Erwachsene und alte Menschen müssen dafür sensibilisiert werden, daß sie mit ihrer Leiblichkeit der Natur, der Lebenswelt, dem Lebendigen zugehören. *Ökologische Erziehung* durch Erfahrungen der „Lebensgemeinschaft mit der Natur“, als eine „Praxis der Sorge um die Dinge“, als ein Entdecken der „Schönheit des Lebendigen“, als ein Fördern der „Ehrfurcht vor dem Leben“ und einer „*Ökosophie*“ ist ein Schwerpunkt Integrativer Pädagogik (*Petzold*, *Reinhold* 1983; *Dauber* 1988).
- *Leben ist Entwicklung*, in beständiger Wandlung, ein heraklitischer Fluß ... über die gesamte Lebensspanne hin (*Petzold*, *Sieper* 1988; *Petzold*, *Orth* 1990b). Die Richtziele, die sich aus unserem Menschenbild ableiten, müssen nicht nur in Kindheit und Jugend durch Pädagogik angestrebt, sondern in einem Prozeß *lebenslanger Bildung* (*lifelong learning*, *éducation permanente*), in *lebenslanger Sozialisation* verwirklicht werden durch integrative Kindererziehung, Erwachsenen-, ja Altenbildung (Pädagogik, Andragogik, Geragogik, Thanatagogik). Die Integrative Pädagogik richtet sich deshalb an einer „Entwicklungspsychologie der Lebensspanne“ (*Baltes*) aus und beachtet, welches relevante Entwicklungsgeschehen für die jeweilige Lebensperiode bedeutsam ist. Mit einer solchen Perspektive im Hintergrund können Kinder mit einer Neugier auf das Leben ausgestattet werden (*Oerter* 1984; *Petzold*, *Bubolz* 1976; *Petzold*, *Reinhold* 1983), aber auch mit der Bereitschaft, sich mit der End-

lichkeit des Lebens auseinanderzusetzen (*death education*), ein Thema, das auch in der Kindererziehung nicht fehlen sollte (*Huck, Petzold* 1984; *Petzold* 1985a; *Spiegel-Rösing, Petzold* 1984).

– Leben vollzieht sich in *Raum und Zeit*, in Kontext und Kontinuum, ist an Lebensraum und Lebenszeit gebunden. Erziehungsarbeit muß deshalb für die *Qualität* des Lebensraumes und für den Umgang mit der *Zeit* sensibilisieren – der *biologischen Zeit* des Organismus (Biorhythmen), der *psychologischen Zeit* (die dahinflieht oder sich dehnt), der *ökonomischen Zeit*, die „Geld" ist. Der Umgang mit der Zeit, das hat das Märchen „Momo" sehr schön gezeigt, ist ein vernachlässigtes, ein verdrängtes Thema im Lebensalltag. Deshalb muß ihm in der Erziehungsarbeit besondere Aufmerksamkeit gewidmet werden (*Ende* 1980; *Petzold* 1981f, h, 1989d, e).

– Menschliches Leben vollzieht sich als unbewußtes Geschehen *und* als *wache Sinnesbewußtheit* (*awareness*), die sich zu einem *komplexen Bewußtsein (consciousness)* ausdehnt und vertieft. Integrative Pädagogik versteht sich als *Bewußtseinsarbeit*, die auf *Mehrperspektivität*, auf *Aufhellung unbewußter Strebungen*, auf die Konstituierung von *Sinn* gerichtet ist: Alle Dinge haben einen Hintergrund, einen Untergrund, mehr als eine Seite, vielfacettigen, multiplen Sinn (idem 1990o). Alle Situationen können aus verschiedenen Perspektiven angegangen werden, und zwar über einen vierstufigen Weg: der des *Wahrnehmens*, des *Erfassens*, des *Verstehens* und des *Erklärens*.

  Bewußtseinsarbeit fördert diesen vierstufigen tiefenhermeneutischen Prozeß, der der Interpretation, der Auslegung und Deutung von Wirklichkeit und dem Umgang mit Wirklichkeit zugrunde liegt (*Brooks* 1979; *Stevens* 1975; *Petzold* 1988a, b; *Brown, Petzold* 1978) und zu gemeinschaftlich und „persönlich bedeutungsvollem Lernen" (*Bürmann* 1983) führt.

Komplexes Bewußtsein richtet sich auf die Wahrnehmung des Kontextes und die Wahrnehmung des eigenen Leibes, der *Wahrnehmender (exzentrisch) und Wahrgenommener (zentriert) zugleich* ist (*Plessner, Merleau-Ponty*). Es greift dabei auf alle seine Sinne zurück, auf den *„perzeptiven Leib"*. Das Wahrgenommene wird im Leibgedächtnis (im *„memorativen Leib")* gespeichert, und der Leib reagiert als *„expressiver Leib"* auf das Perzipierte mit Ausdrucksverhalten. Dieses selbst wird vom Leib-Subjekt selbstreflexiv „aus exzentrischer Positionalität" *(Plessner)* erfaßt (*„reflexiver Leib")*. Integrative Agogik ist darauf gerichtet, *komplexes Bewußtsein* im dialektischen Wechselspiel von *Exzentrizität* und *Zentriertheit* zu fördern (*Petzold* 1988a).

– Der Leib ist ein „totales Sinnesorgan". Er arbeitet polyästhetisch und synästhetisch zugleich („vielsinniges Zusammenspüren"). Er ist Grundlage der Bewußtheit der Person, aller Lebensprozesse, aller Expressivität. In seinen Sinnesvermögen wurzeln alle künstlerischen Ausdrucksformen (Ohr/Musik – Auge/Malerei – Tastsinne/Plastik – Muskel- und Gleichgewichtssinne/Tanz/Pantomime etc.). Die Sinne wach und die Ausdrucksfähigkeit lebendig zu halten, vor den Deformationen kultureller Disziplinierung (insbesondere durch pädagogische Maßnahmen) zu bewahren, ist ein Hauptanliegen Integrativer Pädagogik bzw. Agogik. Sie ist *leibzentriert* und nimmt ernst, *daß ich mein Leib bin* und ihn nicht *habe* wie ein Ding, wie eine Maschine. Damit wird Integrative Agogik immer auch Gesundheitserziehung und Neuroseprophylaxe. Sie lehrt, auf die „Weisheit des Lebens und des Leibes" zu achten und sich der Entfremdung und Verdinglichung des Leibes entgegenzustellen (*Petzold* 1985m, 1987d; *Dauber* 1986; *Lippert-Lutz* 1987; *Metzmacher* 1987).

– Sensibilisierung für *multiple Entfremdung* steht für die Integrative Agogik als Leitziel, aus dem unmittelbar ein anderes folgt: die „Humanisierung des Lebenszusammenhanges". Sie muß deshalb soziales Bewußtsein fördern, politisches Interesse wecken – schon früh. Sie thematisiert die Zerstörung der

Natur, die Ausbeutung des Leibes, unmenschliche Arbeitsbedingungen, das Elend der „dritten Welt“, kurz, die destruktiven Seiten des Menschen. Damit wird *Friedenserziehung* Teil der Bewußtseinsarbeit und unverzichtbare Aufgabe integrativ-pädagogischen Handelns (*Petzold* 1986a, 1987d; *Höchstetter* 1986).

– Integrative Agogik sieht es als ihre zentrale Aufgabe an, zur Entwicklung bewußter, sozialer, freiheitsliebender und kreativer Persönlichkeiten beizutragen, die im gesellschaftlichen Miteinander eine klare *Identität* gewinnen, durch Intersubjektivität zu einer unentfremdeten Identität anderer beitragen und die sich selbst mit den anderen im Lebenszusammenhang verwirklichen können. Deshalb wird dieses Ziel der *Persönlichkeitsbildung* und *Identitätsentwicklung* allen anderen kognitiven, emotionalen, somatomotorischen, sozialen und ökologischen Lernzielen vorgeordnet (*Ramin, Petzold* 1987; *Petzold* 1984i).

– Lernen erfolgt in gemeinschaftlich und „persönlich bedeutungsvollen“ (*Bürmann*) Kontexten durch Internalisierung von *ganzen Szenen* mit ihren *Atmosphären* auf „holographische“ Weise (*Pribram* 1979). Es wird gefördert durch *Erlebnisaktivierung* mittels *„multipler Stimulierung“*. Der Integrative Ansatz verfügt über zahlreiche *Methoden, Techniken* und *Medien*, die z. T. den „neuen Kreativitätstherapien“ (*Petzold, Orth* 1990) entlehnt sind, um die von seinen metatheoretischen und theoretischen Konzepten abgeleiteten Richtziele einerseits und die aus der *Analyse der Lebenswelt* bzw. der Situation der jeweiligen Zielgruppe gewonnenen Grob- und Feinziele andererseits anzugehen und auf dem *erlebnisaktivierenden Weg „holographischen Lernens“ (Petzold* 1985c, 1988d) zu erreichen. Rollenspiel und Psychodrama (*Petzold* 1979k, 1982a) gehören ebenso zum Arsenal Integrativer Agogik wie die Arbeit mit Puppen und Spielmitteln (*Petzold* 1972e, 1983b, 1987a), mit Ton (*Petzold, Kirchmann* 1990), mit Musik (*Hegi* 1987; *Frohne* 1989, *Petzold* 1987b), mit Bewegung und Tanz (*Petzold* 1974k, 1978b, 1988a; *Willke et al.* 1985, 1989), mit bildnerischen Mitteln (*Weyde* 1985; *Petzold* 1987b, c), mit Poesie (*Petzold, Orth* 1985), mit Spielen (*Jason-Michl* 1981), – ein „intermedialer“ Ansatz (*Petzold* 1987a). Die Ausbildung des Integrativen Pädagogen/Agogen umfaßt deshalb den *theoriegeleiteten*, gezielten Gebrauch vielfältiger Methoden, Techniken und Medien (*Petzold* 1977c, 1983c).

Um derart umfassende pädagogische Arbeit leisten zu können, ist es notwendig, daß der Pädagoge selbst sensibel für seine Leiblichkeit und für die Realität des Unbewußten ist, bewußt für soziale und ökologische Zusammenhänge, daß er sich in kreativen Medien flexibel auszudrücken versteht und auf dem eigenen Weg der Selbstverwirklichung und Selbsterkenntnis voranschreitet. Der Persönlichkeitsbildung und Schulung des Pädagogen durch Methoden kreativer Selbsterfahrung kommen in der Integrativen Pädagogik eine Bedeutung zu, die kaum hoch genug veranschlagt werden kann (*Bürmann* 1993; *Petzold* 1985c, 1988d).

LITERATUR

Baltes, P., Eckensberger, L., Entwicklungspsychologie der Lebensspanne, Klett, Stuttgart 1979.

Blankertz, S., Kritischer Pragmatismus. Zur Soziologie Paul Goodmans, Büchse der Pandora, Wetzlar 1983.

Brooks, Ch., Erleben durch die Sinne, Junfermann, Paderborn 1979.

Brown, G., Die heilende Berührung. Die Methode des direkten Körperkontaktes in der körperorientierten Psychotherapie, Synthesis, Essen 1975.

Brown, G., Petzold, H., Gefühl und Aktion – Gestaltmethoden im Integrativen Unterricht, W. Flach Verlag für Humanistische Psychologie, Frankfurt 1978.

Bubolz, E., Bildung im Alter, Lambertus, Freiburg 1983.

Bubolz, E., Methoden kreativer Therapie in einer integrativen Psychotherapie mit alten Menschen, in: *Petzold, Bubolz* (1979) 343-383.

Bürmann, J., Persönlich bedeutsames Lernen, Habil. Schrift, Univ. Bielefeld 1983.

Bürmann, J., Gestaltpädagogik – Weiterbildung für Lehrende, dieses Buch.

Chesler, M., Fox, R., Role-playing methods in the classroom, Science Research Associates, Chicago 1966.

Cohn, R., Von der Psychoanalyse zur themenzentrierten Interaktion, Klett, Stuttgart 1975.

Dauber, H., Leib-haftige Bildung, *Integrative Therapie* 4 (1986) 284-302.

Dunkel, J., Rech, J., Zur Entwicklung und inhaltlichen Bestimmung des Begriffes „Kunsttherapie" und verwandter Begrifflichkeiten, in: *Petzold, Orth* (1990a) 73-93.

Ende, M., Momo, Thienemanns, Stuttgart 1988.

Fatzer, G., Ganzheitliches Lernen – Humanistische Pädagogik und Organisationsentwicklung, Junfermann, Paderborn 1987.

Frohne, I., Musik und Gestalt, Junfermann, Paderborn 1989.

Haas, R., Psychodrama and sociodrama in American education, Beacon House, Beacon 1949.

Herzberg, H.J., Die Volkshochschule als Forum der Gesundheit, *Zeitschrif für Humanistische Psychologie* 3/4 (1981) 56-62.

Hegi, F., Improvisation und Musiktherapie, Junfermann, Paderborn 1989.

Hindel, U., Psychologische Gruppenarbeit mit Kindern – ein Bericht aus der VHS-Büttgen, *Volkshochschule im Westen* 6 (1971) 271-273.

Höchstetter, K., Friedenserziehung und Gestalttherapie, in: *Petzold (*1986a) 315-336.

Huck, K., Petzold, H.G., Death Education, Thanatagogik – Modelle und Konzepte, in: *Spiegel-Rösing, Petzold* (1984/1992^2) 501-576.

Jason-Michl, C., Gestalten, Erleben, Handeln. Handbuch für kreative Gruppenarbeit, Pfeiffer, München 1981.

Kames, H., Ein Fragebogen zur Erfassung der „Fünf Säulen der Identität" (FESI), *Integrative Therapie* 4 (1992) 363-386.

Katz-Bernstein, N., Phantasie, Symbolisierung und Imagination – „komplexes katathymes Erleben" als Methode in der Integrativen Therapie mit Vorschulkindern, in: *Petzold, Orth* (1990a) 883-927.

Kirchmann, E., Selbstdarstellung mit Ton in der Integrativen Kindertherapie – Beispiele aus der Praxis, *Integrative Therapie* 1 (1980) 58-70.

Kiwitz, P., Das Lebensweltkonzept und seine Bedeutung für die Sozialwissenschaften, in: *Petzold, Petzold* (1991a) 2-19.

Laschinsky, D., Petzold, H.G., Rinast, M., Exchange Learning – ein Konzept für die Arbeit mit alten Menschen, *Integrative Therapie* 3 (1979) 224-245; repr. (1985a) 69-92.

Lippert-Lutz, Ch., Körper, Schule und Bewegungstherapie: Ein psychotherapeutisches Verfahren geht in die Schule, in: *H.F. Latka, Maak, N. et al.*, Gestalttherapie und Gestaltpädagogik zwischen Anpassung und Auflehnung, Dokumentation Münchener Gestalttage, München 1987.

Mathias, U., Eltern als integrative Erzieher, in: *Petzold, Brown* (1977) 185-200.

Merleau-Ponty, M., Das Auge und der Geist, Rowohlt, Reinbek 1967.

Merleau-Ponty, M., Das Sichtbare und das Unsichtbare, Fink, München 1986.

Metzmacher, B., Integrative Bewegungstherapie in der Behandlung von Kindern und Jugendlichen, in: *Petzold, Ramin* (1987) 227-256.

Oerter, R., Moderne Entwicklungspsychologie, Auer, Donauwörth 1970, 1984[20].

Petzold, H.G., Géragogie – nouvelle approche de l'éducation pour la viellesse et dans la viellesse. *Publications de L'Institut St. Denis* 1 (1965) 1-16 ; dtsch. in: *Petzold* (1985a) 11-30.

Petzold, H.G., L'analyse progressive en psychodrame analytique. Paris, mimeogr. 1969b; auszugsweise dtsch. in: *Petzold* (1988n) 455-491.

Petzold, H.G., Moderne Methoden psychologischer Gruppenarbeit in der Erwachsenenbildung, *Erwachsenenbildung* 3 (1971i) 160-178; auch in *Petzold* (1973c).

Petzold, H.G., Der Beitrag kreativer Therapieverfahren zu einer erlebnisaktivierenden Erwachsenenbildung, Vortrag auf der Arbeitstagung „Kreativitätstraining, kreative Medien, Kunst- und Kreative Therapie", VHS Dormagen und Büderich 1.6.1971, VHS Büderich 1971k.

Petzold, H.G., (Hrsg.) Angewandtes Psychodrama in Therapie, Pädagogik, Theater und Wirtschaft, Junfermann, Paderborn 1972a.

Petzold, H.G., Komplexes Kreativitätstraining mit Vorschulkindern, *Schule und Psychologie* 3 (1972e) 146-157.

Petzold, H.G., Kreativität und Konflikte. Psychologische Gruppenarbeit mit Erwachsenen, Junfermann, Paderborn 1973c.

Petzold, H.G., Das Soziodrama als Instrument kreativer Konfliktlösung, 1973d, in: *Petzold* (1973c) 244-256; nachgedr. (1982a) 252-261.

Petzold, H.G., Analytische Gruppenpsychotherapie, Gruppendynamik und szenisches Spiel als „triadisches Psychodrama" in der Arbeit mit Studenten, 1973e, in: *Petzold* (1973c) 167-205.

Petzold, H.G., Gestalttherapie und direkte Kommunikation in der Arbeit mit Elterngruppen, 1973f, in: *Petzold* (1973c) 271-289.

Petzold, H.G., Integrative Bewegungstherapie, 1974k, in: *Petzold* (1974j) 285-404.

Petzold, H.G., (Hrsg.) Psychotherapie und Körperdynamik, Junfermann, Paderborn 1974j, 3. Aufl. 1979.

Petzold, H.G., Die Rolle der Medien in der Integrativen Pädagogik, 1977c, in: *Petzold, Brown* (1977) 101-123.

Petzold, H.G., Gestaltpädagogik, 1977b, in: *Petzold, Brown* (1977) 7-13.

Petzold, H.G., Confluent education als Integrative Erwachsenenbildung. Gruppendynamik in der Schule, *Beiheft 1 zu Gruppendynamik im Bildungsbereich* (1977d) 190-201.

Petzold, H.G., Das Psychodrama als Methode der klinischen Psychotherapie, in: Handbuch der Psychologie, Bd. 8, II, Hogrefe, Göttingen (1978a) 2751-2795; überarb. Fassung in: *Petzold* (1979k).

Petzold, H.G., Integrative Gestalttherapie in der Ausbildung von Seelsorgern, Vortrag Graz, 1978b; ausgearb. Fassung in: *Scharfenberg, H.J.*, Freiheit und Methode. Wege christlicher Einzelseelsorge, Vandenhoeck & Ruprecht, Göttingen 1979, 113-135.

Petzold, H.G., Das Ko-respondenzmodell in der Integrativen Agogik, *Integrative Therapie* 1 (1978c) 21-58.

Petzold, H.G., Integrative Körper- und Bewegungserziehung, 1978f, in: *Brown, Petzold* (1978) 100-114.

Petzold, H.G., Konzepte zu einer integrativen Rollentheorie auf der Grundlage der Rollentheorie Morenos, Fritz Perls Institut, Düsseldorf, 1979a.

Petzold, H.G., Psychodrama-Therapie. Beihefte zur Integrativen Therapie 3 (1979k) 2. Aufl. Junfermann, Paderborn 1985.

Petzold, H.G., Die Lehrer sollen sich mehr in die Rolle der Schüler hineindenken, *Die Wende* (Graz) 51 (1980m) 6-7.

Petzold, H.G., Das Hier-und-Jetzt-Prinzip in der psychologischen Gruppenarbeit, 1981e, in: *C. Bachmann*, Kritik der Gruppendynamik Fischer, Frankfurt 1981, 214-299.

Petzold, H.G., Grundfragen der menschlichen Kommunikation im Lebensverlauf, *Gestalt-Bulletin* (1981f) 54-69.

Petzold, H.G., Sich selbst im Lebensganzen verstehen lernen, 1981g, in: *Pro Senectute, Schneider, H.G.* (Hrsg.), Vorbereitung auf das Alter, Schönigh, Paderborn 1981, 89-112; repr. (1985a) 93-122.

Petzold, H.G., Leibzeit, *Integrative Therapie* 2/3 (1981h) 167-178; auch in: *Kamper, Wulf,* Die Wiederkehr des Körpers, Suhrkamp, Frankfurt 1982, 68-81.

Petzold, H.G., Integrative Dramatherapie, *Integrative Therapie* 1 (1981i) 46-61; auch in: *Petzold* (1982g) 166-187.

Petzold, H.G., Dramatische Therapie. Neue Wege der Behandlung durch Psychodrama, Rollenspiel, therapeutisches Theater, Hippokrates, Stuttgart 1982a.

Petzold, H.G., Theater – oder das Spiel des Lebens, Verlag für Humanistische Psychologie, W. Flach, Frankfurt 1982g.

Petzold, H.G., Puppen und Puppenspiel in der Psychotherapie, Pfeiffer, München 1983a.

Petzold, H.G., Die Geheimnisse der Puppen, 1983b, in: *Petzold* (1983a) 19-31; auch in: *Integrative Therapie* 1 (1983) 9-19.

Petzold, H.G., Puppen und Großpuppen als Medien in der Integrativen Therapie, 1983c, in: idem (1983a) 32-58.

Petzold, H.G. (Hrsg.), Psychotherapie, Meditation, Gestalt, Junfermann, Paderborn 1983d.

Petzold, H.G., Nootherapie und säkulare Mystik, 1983e, in: *Petzold* (1983d) 101-125.

Petzold, H.G. (Hrsg.), Zur Ausbildung von dynamisch orientierten Leib- und Bewegungstherapeuten, Schwerpunktheft Körpertherapie, *Gruppendynamik* 1 (1983i) 1-84; revid in: *Petzold* (1988n) 583-600.

Petzold, H.G., Vorüberlegungen und Konzepte zu einer integrativen Persönlichkeitstheorie, *Integrative Therapie* 1/2 (1984i) 73-115.

Petzold, H.G., Mit alten Menschen arbeiten, Pfeiffer, München 1985a.

Petzold, H.G., Angewandte Gerontologie als Bewältigungshilfe für das Altwerden, das Alter und im Alter, 1985b, in: *Petzold* (1985a) 11-30; Übers. v. *Petzold* (1965) 1-16.

Petzold, H.G., Leiblichkeit, Junfermann, Paderborn 1985g.

Petzold, H.G., Neue Körpertherapien für den bedrohten Körper. Leiblichkeit, Zeitlichkeit und Entfremdung, 1985m, in: *Petzold, Scharfe* (1985) 131-158; repr. (1986a) 223-250.

Petzold, H.G., Psychotherapie und Friedensarbeit, Junfermann, Paderborn 1986a.

Petzold, H.G., Puppen und Puppenspiel in der Integrativen Therapie mit Kindern, 1987a, in: *Petzold, Ramin* (1987) 427-490.

Petzold, H.G., Gong-Singen, Gong-Bilder und Resonanzbewegung als „Sound Healing". Intermediale Prozesse in der Integrativen Therapie, *Integrative Therapie* 2/3 (1987b) 194-233.

Petzold, H.G., Überlegungen und Konzepte zur Integrativen Therapie mit kreativen Medien und einer intermedialen Kunstpsychotherapie, *Integrative Therapie* 2/3 (1987c) 104-140.

Petzold, H.G., Kunsttherapie und Arbeit mit kreativen Medien – Wege gegen die „multiple Entfremdung" in einer verdinglichenden Welt, 1987d; in: *Richter, K.* (Hrsg.), Psychotherapie und soziale Kulturarbeit – eine unheilige Allianz? *Schriftenreihe des Instituts f. Bildung und Kultur*, Bd. 9, Remscheid, 38-95; repr. in: *Matthies, K.*, Sinnliche Erfahrung, Kunst, Therapie, Bremer Hochschulschriften, Univ. Druckerei, Bremen 1988.

Petzold, H.G., Integrative Therapie als intersubjektive Hermeneutik bewußter und unbewußter Lebenswirklichkeit, MS Fritz Perls Institut, Düsseldorf 1988a.

Petzold, H.G., Zur Hermeneutik des sprachlichen und nichtsprachlichen Ausdrucks in der Integrativen Therapie, MS, Fritz Perls Institut, Düsseldorf 1988b.

Petzold, H.G., Die „vier Wege der Heilung" in der Integrativen Therapie und ihre anthropologischen und konzeptuellen Grundlagen – dargestellt an Beispielen aus der „Integrativen Bewegungstherapie", Teil I, *Integrative Therapie* 4 (1988d) 325-364; Teil II, IT 1 (1989) 42-96; revid. in: *Petzold* (1988n) 173-283.

Petzold, H.G., „Multiple Stimulierung" und „Erlebniskativierung", 1988f, in: *Petzold, Stöckler* (1988) 65-86.

Petzold, H.G., Integrative Bewegungs- und Leibtherapie, Junfermann, Paderborn 1988n.

Petzold, H.G., „Die Brille von vorgestern" – „Vergangenheitsprojektion und Zeitreisen in der Erinnerungs- und Antizipationsarbeit der Integrativen Therapie, *Gestalt & Integration* 2 (1989d) 44-52.

Petzold, H.G., Konzepte zum Thema „Trauerarbeit und Neuorientierung" in der Psychotherapie, *Gestalt & Integration* 2 (1989g) 231-232.

Petzold, H.G., Konzept und Praxis von Mehrperspektivität in der Integrativen Supervision, dargestellt an Fallbeispielen für Einzel- und Teambegleitung, *Gestalt & Integration* 2 (1990o) 7-37.

Petzold, H.G., Integrative Therapie. Ausgewählte Werke, Bd. II/1: Klinische Philosophie, Junfermann, Paderborn 1991a.

Petzold, H.G., Das Ko-respondenzmodell als Grundlage der Integrativen Therapie und Agogik, 1991e, in: *Petzold* (1991a) 19-90.

Petzold, H.G., Editorial. Das Körper-Seele-Problem und die Therapie, *Integrative Therapie* 1/2 (1991m) 1-8.

Petzold, H.G., Brown, G., Gestaltpädagogik, Konzepte der Integrativen Erziehung, Pfeiffer, München 1977.

Petzold, H.G., Brown G. (*Brown, Petzold*), Gefühl und Aktion – Gestaltmethoden im Integrativen Unterricht, W. Flach Verlag für Humanistische Psychologie, Frankfurt 1978.

Petzold, H.G., Bubolz, E., Bildungsarbeit mit alten Menschen, Klett, Stuttgart 1976.

Petzold, H.G., Bubolz, E., Psychotherapie mit alten Menschen, Junfermann, Paderborn 1979.

Petzold, H.G., Frühmann, R., Modelle der Gruppe in der Psychotherapie und psychosozialer Arbeit, 2 Bde, Junfermann, Paderborn 1986.

Petzold, H.G., Geibel, Ch., „Komplexes Kreativitätstraining" in der Vorschulerziehung durch Psychodrama, Puppenspiel und Kreativitätstechniken, in: *Petzold* (1972a) 414-427.

Petzold, H.G., Heinl, H. (Hrsg.), Psychotherapie und Arbeitswelt, Junfermann, Paderborn 1983.

Petzold, H.G., Kirchmann, E., Tonarbeit in der Integrativen Therapie mit Kindern, in: *Petzold, Orth* (1990a) 933-974.

Petzold, H.G., Mathias, U., Integrative Pädagogik in der Arbeit mit behinderten und verhaltensgestörten Kindern, in: *Brown, Petzold* (1978) 156-166.

Petzold, H.G., Mathias, U., Rollenentwicklung und Identität, Junfermann, Paderborn 1983.

Petzold, H.G., Orth, I., Poesie und Therapie. Über die Heilkraft der Sprache. Poesietherapie, Bibliotherapie, Literarische Werkstätten, Junfermann, Paderborn 1985.

Petzold, H.G., Orth, I., Die neuen Kreativitätstherapien, Junfermann, Paderborn 1990a.

Petzold, H.G., Orth, I., Die neuen Kreativitätstherapien – Formen klinischer Kunsttherapie und Psychotherapie mit kreativen Medien, 1990b, in: *Petzold, Orth* (1990a) 15-30.

Petzold, H.G., Orth, I., Metamorphosen – Prozesse der Wandlung in der intermedialen Arbeit der Integrativen Therapie, 1990c, in: *Petzold, Orth* (1990a) 721-774.

Petzold, H.G., Petzold, Ch., Lebenswelten alter Menschen, Vincentz Verlag, Hannover 1991a.

Petzold, H.G., Petzold, Ch., Soziale Gruppe, „social world" und „narrative Kultur" als bestimmende Faktoren der Lebenswelt alter Menschen und gestalttherapeutischer Arbeit, 1991b, in: *Petzold, Petzold* (1991a) 192-218.

Petzold, H.G., Ramin, G., Schulen der Kinderpsychotherapie, Junfermann, Paderborn 1987.

Petzold, H.G., Ramin, G., Integrative Therapie mit Kindern, in: *Petzold, Ramin* (1987) 359-427.

Petzold, H.G., Reinhold, K., Humanistische Psychologie, Integrative Therapie und Erwachsenenbildung, in: *Garnitschnik, K.*, Festschrift f. Ignaz Zangerle, Herold, Wien 1983, 49-67.

Petzold, H.G, Schneewind, U., Konzepte zur Gruppe und Formen der Grupenarbeit in der Integrativen Therapie und Gestalttherapie 1986a, in: *Petzold, Frühmann* (1986) Bd. I, 109-254.

Petzold, H.G, Schneewind, U., Die Interventionsstrategien in der Gruppenarbeit „der Integrativen Therapie" und ihr konzeptueller Hintergrund, *Gestalt-Bulletin* 1, (1986b) 26-41

Petzold, H.G., Schulwitz, I., Tetradisches Psychodrama in der Arbeit mit Schulkindern, in: *Petzold* (1972a) 394-413.

Petzold, H.G., Sieper, J., Psychodrama in der Erwachsenenbildung, *Zeitschr. f. prakt. Psychol.* 8 (1970) 429-447.

Petzold, H.G., Sieper, J., Präambel, 1. Jahresprogramm des Fritz Perls Instituts für Integrative Therapie, Gestalttherapie und Kreativitätsförderung, Basel, Würzburg, Düsseldorf 1972a.

Petzold, H.G., Sieper, J., Ausbildungsrichtlinien des Fritz Perls Instituts, Basel, Würzburg, Düsseldorf 1972b.

Petzold, H.G., Sieper, J., Zur Verwendung des Psychodramas in der Erwachsenenbildung, in: *Petzold* (1973c) 56-65.

Petzold, H.G., Sieper, J., Quellen und Konzepte der Integrativen Pädagogik, in: *Petzold, Brown* (1977) 14-36.

Petzold, H.G., Sieper, J., Integrative Therapie und Gestalttherapie am Fritz Perls Institut – Begriffliche, persönliche und konzeptuelle Hintergründe und Entwicklungen, *Gestalt & Integration* 1 (1988a) 22-96.

Petzold, H.G., Sieper, J., Die FPI-Spirale Symbol des „heraklitischen Weges", *Gestalttherapie & Integration* 1 (1988b) 5-33.

Petzold, H.G., Stöckler, M., Aktivierung und Lebenshilfen für alte Menschen, Aufgaben und Möglichkeiten des Helfers, Integrative Therapie, Beiheft 13, Junfermann, Paderborn 1988.

Petzold, H.G., Zenkovskij, B. Iljine, V.N., Das Didaktische Theater in der schulischen Erziehung, *Intern. Zeitschr. f. Erziehungswissenschaften* 2 (1972) 232-237.

Plessner, H., Anthropologie der Sinne, in: *Gadamer, H.G., Vogler, P.*, Neue Anthropologie Bd. 7, Thieme Stuttgart 1975, 3-61.

Pribram, K.H., Hologramme im Gehirn, *Psychologie Heute* 10 (1979) 33-42.

Sieper, J., Kreativitätstraining in der Erwachsenenbildung, *Volkshochschule im Westen* 4 (1971).

Sieper, J., Bildungspolitische Hintergrunddimensionen für Integrativ-Agogische Arbeit an FPI und FPA, *Integrative Therapie* 3/4 (1985) 340-359.

Sieper, J., Schmiedel, I., Überblick über die innovatorischen Aktivitäten von Hilarion G. Petzold im Bereich der Psychotherapie und psychosozialen Arbeit, in: *Petzold, Sieper* (1993a).

Spiegel-Rösing, I., Petzold, H., Die Begleitung Sterbender – Theorie und Praxis der Thanatotherapie, Junfermann, Paderborn 1984, 1992[2].

Stevens, J.O., Die Kunst der Wahrnehmung, Kaiser, München 1975.

Teschner, H.G., Psychoanalytische Pädagogik, *Integrative Therapie* 3/4 (1989) 392-398.

Weyde, R., Leiberfahrung und Darstellung, in: *Petzold* (1985g) 431-452.

Willke, E., Hölter, G., Petzold, H. (Hrsg.), Tanztherapie – Theorie und Praxis. Ein Handbuch, Junfermann, Paderborn 1991.

Willke, E., Tanztherapie. Zur Verwendung des Mediums Tanz in der Psychotherapie, in: *Petzold* (1985) 465-498.

Wolf, W., Die Medien, das sind wir selbst. Handbuch für die Medienarbeit. Praktische und theoretische Ansätze integrativer Medienpädagogik, Rowohlt, Reinbek 1989.

Integration als persönliche Lebensaufgabe

Ilse Orth, Erkrath*

In der Auseinandersetzung mit dem thematischen Rahmen dieses Vortrages – persönliche Integration als Aufgabe des Lebens –, eine Thematik, die mich unmittelbar angesprochen hatte, als sie mir vorgeschlagen wurde, geriet ich bald in die Schwierigkeit, mich zu entscheiden, von welcher Warte her ich diese komplexen Fragestellungen angehen sollte. Ich geriet existentiell in den Strom meiner eigenen Integrationsbemühungen, und es wurde mir klar: Es kann nicht darum gehen, in einem Vortrag ein *„Paradigma der Integration“* vorzustellen, das eine übergreifende Gültigkeit beanspruchen könnte, sondern darum, „Wege des Integrierens“ zu vermitteln, wie ich sie selbst mit mir und mit anderen erfahren habe. Auch dies kann nur bruchstückhaft und ausschnitthaft geschehen, denn das Vortragsthema stellt es deutlich heraus: *Integration ist eine Lebensaufgabe.* Das Leben stellt uns beständig vor neue Ereignisse, Situationen, die wir integrieren müssen, integrieren wollen, die wir nicht – noch nicht – integrieren können oder wo sich Integration einfach „ereignet“, ohne daß wir es bemerken, vielleicht erkennen wir manchmal, im nachhinein, daß Integration geschehen ist. Die Materialien des Lebens kommen auf Menschen zu und werden von ihnen aufgenommen. Sie treffen auf *Personen,* vielfältige Persönlichkeiten, die aufgrund ihrer Geschichte und ihres Kontextes je spezifische Möglichkeiten und *Stile des Integrierens* entwickelt haben. Allein das macht die Unterschiedlichkeit der Integrationswege, -formen und Integrationsleistungen aus. Wenn ich also hier Integrationsthemen, die mich persönlich beschäftigen, vortragen möchte, so stellen sich damit auch persönliche Sichtweisen dar, die Ausdruck persönlicher Geschichte sind.

HINFÜHRUNGEN IM VORFELD – INTEGRATION ALS PROZESS

Meine Überlegungen erfolgen von verschiedenen Standorten her, unter verschiedenen Perspektiven. An manche Fragen gehe ich als Psychotherapeutin heran mit einer klinischen und sozialwissenschaftlichen Sicht, aber natürlich bin ich nicht nur Psychotherapeutin, ist der klinische Diskurs nicht der einzige, der Integrationsmöglichkeiten eröffnet. Die Themen, die meine Patienten und Patientinnen an mich herantragen, damit ich sie mit ihnen teile, führen mich auch immer wieder zu philosophischen Fragestellungen, rufen in mir die Bereiche meiner Geschichte wach, sprechen die Dimensionen meiner Persönlichkeit an, für die die Faszination an der *Philosophie* im Zentrum stand – und Philosophie ist eine Integrationsdisziplin. Ich bin keine Philosophin, aber Studien bei *Gadamer* und *Löwith* haben in mir eine Liebe zum philosophischen Denken geweckt, die mir geblieben ist. Weiterhin sind in meinem Erleben und Denken Fragen nach persönlicher Integration immer mit der *Kunst* verbunden und in Sonderheit für mich mit der Literatur, der Dichtung, in die ich mich von Kindertagen an und während meiner germanistischen Studien vertieft hatte. Kunst ermöglicht – hierin gleicht sie der Philosophie, auch wenn deren Wege andere sind – *Überschreitungen,* die nicht nur Neues schaffen, sondern oft genug in diesen Transgressionen Verbindungen stiften, ja das Novum besteht oft genug in derartigen Verbindungen. *Petzold* (1970c) hat hier von **„vertikalen Integrationen“** gesprochen. Sie kennzeichnen den „schöpferischen Menschen“. Sie sind der letztendliche Grund, das Fundament der **„horizontalen Integrationen“**, der Verbindung von Dingen, zwischen Menschen, Gruppen in

* Vortrag gehalten auf dem 3. Deutschen Kongreß für Gestalttherapie und Integrative Therapie, „Integrative Therapie – 20 Jahre Theorie und Praxis“, 25. – 28. Februar 1993 in München

der Welt des Alltags. Auch mit dieser Ebene befassen sich Kunst und Philosophie, und hier sind es im besonderen *die* Formen ihrer Entfaltung, die den Menschen in das Zentrum stellen. Sie haben mich stets berührt und interessiert. An diesem Punkt ergeben sich für mich auch die Verbindungen zur *„art and science of therapy“* (*Moreno* und ähnlich auch *Freud*), zur Praxis klinischen Handelns, zum Fundus klinischen Wissens und zur sozialwissenschaftlichen Forschung, die Grundlagen bereitstellt für die Berücksichtigung der Kontextdimension.

Meine persönliche Integrationsarbeit besteht ganz wesentlich darin, die sich aus der Pluralität dieser Konstellationen eröffnenden Perspektiven zu verbinden, um mich einem *vielfältigen Sinn* (*Petzold* 1978c) zu öffnen und mit den Menschen, denen ich begegne, mit denen ich arbeite, in die *Textur gemeinsamer Lebenswelt* (*Merleau-Ponty* 1969) eintauchen zu können, wie eine Muscheltaucherin, die zuweilen mit vollen, zuweilen mit leeren Netzen auftaucht und immer aber etwas zu entdecken hat. Natürlich enthalten nicht alle Muscheln, die man dann gemeinsam öffnet, Perlen (*Khalil Gibran* 1988), aber sie sind vielgestaltig, und sie verweisen auf das Meer und seine Unergründlichkeit. Diese Metaphorik versucht für mich etwas von der unendlichen Vielfalt einzufangen, die uns, wenn wir in die *Welt der Phänomene* eintauchen, umgibt. Wichtig ist mir, in Menschen, die ich therapeutisch begleite, dieses Erstaunen über Vielfalt zu wecken: „Das alles bin ich, das alles bin ich auch.“

Das Thema „persönliche Integration als Lebensaufgabe“ ruft in mir noch manch andere Seite wach. Es bringt mich mit gesellschaftlichen, politischen Fragestellungen in Kontakt, mit religiösen Fragen, mit dem Lebensweg meiner Kinder, mit dem Schicksal meiner Freunde, mit der Erde meines Gartens, mit Blühen und Verblühen, Anfang und Ende. All dieses ruft nach Verbindungen, zeigt mir Verbindungen auf, konfrontiert mich mit Unverbundenheiten, manchmal Zerrissenheiten, in denen ich – zuweilen erstaunend – *untergründige Netzwerke* entdecke, Ordnungen, die dem ersten, flüchtigen Blick entgangen waren (*Waldenfels* 1985). Oft ergeben sich Integrationen leicht. Sie fallen zu wie ein Geschenk, unerwartet. Oft müssen sie mühsam erarbeitet werden. Gar nicht so selten erscheinen sie unerreichbar.

Ich habe mich entschlossen, aus den vielfältigen Themen, die mich in meiner eigenen Integrationsarbeit beschäftigt haben, einige Linien herauszugreifen, die für den Kontext dieses Kongreßvortrages, so hoffe ich, Anregungen bieten können. In ähnlicher oder anderer Weise tragen sicher viele von Ihnen solche Gedanken mit sich.

Ich habe für diesen Vortrag die Form der *„Reflexion“* zu Themenkomplexen gewählt und möchte Sie an zwei Reflexionen beteiligen, wobei mich zuerst die Fragen nach dem *Wesen* und der *Qualität* von Integrationsprozessen angesprochen hatten und die Fragen nach ihrem *Rahmen*, ihrer *Reichweite*, Fragen zur *horizontalen* und *vertikalen* Dimension des Integrierens. Die damit aufkommende erkenntnistheoretische Perspektive soll denn auch Gegenstand meiner ersten Reflexion werden. Sie steht unter dem Thema:

I. INTEGRATION UND SINNSUCHE AN DEN GRENZEN DES WELTVERSTEHENS: ERSTE REFLEXION

Wenn man als Psychotherapeutin oder Psychotherapeut über seine tägliche Arbeit nachdenkt, über das, was wir in den verschiedenen Feldern mit Menschen tun, so kann dies wohl am umfassendsten mit dem Begriff *„Integrationsarbeit"* beschrieben werden. Ob wir nun aktuelle, schwierige Lebenslagen „durchsprechen", belastende Erlebnisse der Vergangenheit „durcharbeiten" (ob wir dabei helfen, daß Zukunftsperspektiven entwickelt werden können, ob kognitive Inhalte, emotionales Erleben oder leibliche Erfahrungen Themen der Therapie sind) –, immer geht es um Differenzierung und Integrieren, um Ordnen, das Schaffen von Verbindungen, Sinnzusammenhängen, Ganzheiten. *Therapie* als solche kann deshalb als *„Hilfe bei den Prozessen persönlicher Integration in heilender und entwicklungsfördernder Absicht"* definiert werden (*Petzold* 1975h). Sie kann diese Aufgabe leisten, weil sie selbst einen Prozeß des Integrierens darstellt, der gleichsam paradigmatisch in der *Ko-respondenz* der therapeutischen Dyade oder in den Diskursen einer therapeutischen Gruppe zeigt, wie Verstreutes gesammelt, chaotische Mannigfaltigkeit (*Schmitz* 1990) gegliedert, Gegensätzliches versöhnt werden kann oder in seiner Unvereinbarkeit gesehen und anerkannt werden muß. Integrationsarbeit als „gemeinsames Unterfangen" ist für den Patienten wie für den Therapeuten in seiner *Qualität* bedeutsam.

Prozesse des Integrierens haben eine ganz besondere *Qualität*, die im Vollzug gespürt und erfahren wird und angeeignet werden kann, die Qualität eines Fließens und einer Offenheit des Zukunftshorizontes. In der Therapie geht es – wie im Leben – in der Regel weniger um Integrationen, die zu „geschlossenen Gestalten", abgeschlossenen Situationen führen, als um „Zwischenschritte" in einem forlaufenden Prozeß. Wird etwa „unfinished business" (*Perls*), werden belastende Probleme der Vergangenheit „aufgearbeitet", integriert, so gewinnt man ein Plateau, einen Rastplatz, von dem ausgehend man sich wieder auf die Lebensstrecke begibt, in das „Curriculum des Lebens". Man spürt wieder Boden, eine gleichsam „ursprüngliche Verbundenheit" mit einem Milieu grundsätzlicher Ordnung, die Bewegtheit und Struktur zugleich ist, eine Textur, die im Gewebe die einzelnen Fäden noch erkennbar bleiben läßt. Metaphern versuchen wiederum eine *Qualität* faßbar zu machen, die Qualität von „Integrationserfahrungen" – etwa wenn man erlebt, wie sich eine über viele Jahre schmerzlich gespürte Lebenswunde schließt und man sich „ausgeheilt", wieder gesund fühlt, oder: wenn sich innere Zerrissenheit klärt und man sich als „integriert" erlebt, oder: wenn sich in einer Überfülle von Möglichkeiten eine Richtung zeigt und eine Entscheidung getroffen wird, oder: wenn sich in unendlicher *Vielfalt* eine Erfahrung von *Einheit* ereignet, eine Dimension zugänglich wird, auf die ich in meinen Reflexionen immer wieder zurückkommen werde und die der Philosoph *Karl Albert* (1972) – an alte Traditionen anknüpfend – als „ontologische Erfahrung" beschrieben hat (vgl. *Welte* 1980).

Integrationsarbeit in der Therapie setzt hier ein Modell für gelingende Lebensprozesse, dessen wichtigste Funktion wohl die ist zu zeigen, daß Prozesse des Integrierens über die Lebensspanne hin gemeinschaftlich vollzogen werden und vollzogen werden können.

Das Entwicklungsgeschehen ist nicht nur auf die Bewegungen des persönlichen Schicksals oder der Menschheitsgeschichte gerichtet. Der Rahmen von Integration und Kreation ist weiter gespannt. Wir sind als Menschen in ein Geschehen *kosmischer* Bewegungen eingebunden, in die Formierungsprozesse des Universums, das wir mit Blick auf die neuen Chaostheorien nicht mehr allein Kosmos, d. h. Ordnung nennen können wie die Alten, sondern für das wir einen neuen Namen finden müssen, der *Chaos-Kosmos* heißen könnte. Hier wurde eine neue Dimension des Weltverstehens erschlossen, die uns Welt in umfassenderen Weisen erfahrbar werden läßt, als das für Menschen früherer Zeiten der Fall war, durch unser Wissen über das Entstehen von Sonnen und das Vergehen von Planeten – auch dieses Planeten Erde. Wir wissen mehr über das Auftauchen und Verschwinden von Sonnensystemen, Lebensformen, Kulturen als je zuvor, und das alles geschieht vor dem von Menschen mit „exzentrischem Bewußtsein" immer schon gewußten Hintergrund, daß wir selbst geboren wurden und auch unser Sterben gewiß ist. Mit unserer neuen Hyperexzentrizität wird die Frage nach einem *vertikalen Sinn*, nach übergeordneten Strukturen für uns von zentraler Bedeutung, Sinn der aufscheint, wenn wir zeitübergreifend den kosmischen Zeitpfeil zurückdenken: in die Lebensgeschichte, in die Menschheitsgeschichte, die Geschichte dieses Planeten, die Geschichte des Universums ... oder wenn wir dem Zeitpfeil nacheilen, ihn zu überholen suchen in die Zukunft unseres Lebens, dieser Erde, dieses Sonnensystems, in die Zukunft des Universums als **Chaos-Kosmos**.

Das Problem der *Hermeneutik* und damit der *Intepretation* – Herzstück jeder therapeutischen Arbeit –, das Herstellen von Sinnzusammenhängen ist heute mehr als je zuvor horizont*überschreitend*. Es dehnt sich die anthropologische Fragestellung in die kosmologische aus, aber in anderer Art, als dies den Menschen der Antike oder des Mittelalters möglich war, die auf den Kosmos aus geozentrischer Position blickten und Gott überwiegend in den anthropomorphen Kategorien, in Offenbarungswissen also, zu fassen suchten, in *Gottesbildern*. Ein anderer Weg war einigen Mystikern vorbehalten, die die Unerkennbarkeit und Unbegreifbarkeit Gottes, ja, eine Realität oder Nicht-Realität jenseits des Begriffes „Gott", jenseits aller Worte von ihren Entrückungen mitzubringen suchten.

Der Mensch heute steht mit ähnlicher Sprachlosigkeit an den Grenzen des Weltverstehens, er ist sprachlos vor der Unendlichkeit des Universums, vor der Unumgreifbarkeit des Chaos-Kosmos, die selbst von der scheinbar unbegrenzten Sprache der Mathematik nicht zu fassen ist. Vielleicht werden wir auch nur an die Grenzen unseres Begreifens von Mathematik geführt, sicher aber an die Grenzen der bisher gültigen Erkenntniswege.

Die neuen Kosmologien stellen uns vor Fragen, vor Interpretationsauf*gaben*, deren Ausmaße für uns gerade beginnen, *erahnbar* zu werden: Organische Substanzen im Schweif des Halleyschen Kometen, organische Verbindungen in Meteoriten, Archaebakterien an unterseeischen Vulkanquellen bei 150 Grad Celsius, Überlebende einer Zeit, als die Erde noch jung war usw. Ernsthafte Vertreter der neuen Evolutionstheorien sehen das Leben auf diesem Planeten als eine Entwicklung extraterrestrischer Biostoffe – ein Aufgehen „kosmischer Saat", um eine Metapher zu gebrauchen. Hier Zusammenhänge herzustellen – wenn immer dies gelingen sollte – verweist auf die Zukunft, auf eine große kollektive Menschheitsarbeit, ein „gemeinsames Werk" (*Fjoderoff*) des Integrierens, das es zu bewältigen gilt. Es ist absehbar, daß wir in *einer* Generation diese Aufgabe nicht lösen können. Wir beginnen ja erst, die Fragestellungen zu entdecken, zu erahnen, daß *vertikaler Sinn* vielleicht nicht mehr über die monumentalen Dramen der Weltreligionen gewonnen werden kann, die der Syntax linearkausaler Ursache-Wirkungs-Ketten folgen:

„Karma, Wiedergeburt, Entsagung, Ego-Tod, Erleuchtung, Gewinn der Buddha-Natur, Nirwana" – oder: „Sünde, Schuld, Reue, Buße, Umkehr, Erlösung, Gewinn der Christus-Natur, ewiges Leben".

Wird die „Nachfolge" derartiger, einstmals geschaffener Lösungen, die Imitatio Christi, das Beschreiten des Weges Buddhas aufgegeben, wie es in der fortschreitenden Säkularisierung unserer Zeit geschieht, so bedeutet dies keineswegs und selbstverständlich eine Absage an jegliche Form von Religiosität, sondern verweist darauf, daß die alten Wege für viele Menschen nicht mehr gangbar sind und ihre integrierende Kraft für die neuen, pluralistischen und komplexen Gesellschaftsformen verblaßt, verweist darauf, daß es neue Wege zu finden gilt – gemeinsam –, in denen die alten Wege der Großreligionen vielleicht aufgehoben sind, vielleicht aber auch radikal verlassen werden müssen. Was richtig ist, werden wir so bald nicht wissen. Das Zulassen einer solchen Einsicht, daß in unserer Generation oder auch erst in den nächsten Generationen allenfalls *Anfänge* von neuen Wegen gefunden werden können, weil wir in einer *Übergangszeit* leben, diese Einsicht ist schwer zu ertragen, aber sie eröffnet auch eine Freiheit, die Freiheit, neue Menschen-, Welt-, ja Gottesbilder denken zu können. Eine solche Freiheit läßt uns ohne die überkommenen Sicherheiten und muß deshalb *ausgehalten* werden, und sie kann nur ausgehalten werden, wo sie zu einer gemeinsamen Freiheit und „gemeinsamen Suche" führt, die darum weiß, daß zu *findende* Antworten uns im Aufstrahlen *horizontalen Sinnes* – also in den Gegebenheiten der Welt – begegnen, Antworten, die *schön* sein können in ihrer Vorläufigkeit. Das Licht solcher Sinn*facetten* hatte sich bislang in der Geschichte stets durch die sofort mit ihnen einhergehenden Ansprüche auf „Sinn von ewiger Gültigkeit" und alleinseligmachender Verbindlichkeit zu einer unguten Glut verdunkelt. Auch von diesem düsteren Zwang eines *ultimativen Sinnes* sind wir auf lange Zeit – so ist zumindest zu hoffen – befreit. Die Frage bleibt, ob und wie wir diese Freiheit ertragen, nutzen und uns von ihr *beflügeln* lassen, weiteren „vorläufigen Sinn" zu finden *und zu schaffen*. In dieser Situation ohne letztendliche Sicherheit und ohne ewige Gewißheit brauchen wir Trost und Versicherung. Deshalb ist zu fragen, ob und in welcher Weise die Tröstungen vergangener Integrationsleistungen uns tragen und uns nutzen können, oder ob sie uns die Wege zu neuen Integrationsleistungen verstellen, indem sie uns zu früh Sicherheiten geben, wo tiefste, schmerzliche, ja bedrohliche Verunsicherungen Raum haben müßten, damit wir umdenken lernen, ein neues Denken entstehen kann und Raum greift. Diese Frage wird jeder persönlich zu beantworten haben. Sie wird die Aufgabe seiner persönlichen Integrationsarbeit werden, die allerdings – und darin liegt ein Novum – in *Integrationsgemeinschaften* erfolgen muß, denn für den einzelnen sind die neuen Aufgaben zu komplex und zu schwerwiegend. Er muß in eine „Gemeinschaft von Fragenden" eintreten und sich nicht dem Trost der Verwalter von Antworten anschließen, die die „sicheren Lösungen" und „rosaroten Zukunftsvisionen" schon wieder parat haben und die Masse der Sinnhungrigen mit dem „Köder der Utopie" locken, wie *Jonas* (1984, 86) es formuliert, um dann zu postulieren, solchem „erbarmungslosen Optimismus" eine „barmherzige Skepsis" gegenüberzustellen. Durch Integrationsgemeinschaften könnte ko-respondierend Altes und Neues in Formen vorläufiger Überbrückungen verbunden werden, ohne daß es zu vorschnellen Einordnungen oder zu Pseudointegrationen kommt, die das Neue dem Alten einverleiben. Das schwache „anthropine Argument" in den neuen Kosmologien (*Barrow, Tipler* 1986; *Breuer* 1981) besagt zumindest eines: daß Chaos-Kosmos Bewußtsein hat, ja, daß Chaos-Kosmos denkt und sei es durch die triviale, aber nichtsdestotrotz fundamentale Tatsache, daß wir Menschen, weil wir ja Teil dieses Universums sind, denken. Wären wir die einzigen Wesen im unendlichen All – und es spricht vieles dagegen, daß wir es sind, bei den abertausenden Welten vom Typus Gäa in dieser und in anderen Galaxien –, so könnte man doch mit dem Astrophysiker *Carl Sagan* sagen: Der Mensch sei „Sternenstaub, in dem der Kosmos begonnen habe, über sich selbst nachzudenken". Damit aber steht das alte Problem menschlicher Integrationsarbeit wieder vor uns: Wie kann das Erschaffene den Schöpfer, das Endliche das Unendliche begreifen? Wie kann ein Zeitliches das Ewige, das Bemessene das Unermeßliche erfassen – mit einem Denken, das heute um seine Begrenztheit trotz, ja sogar wegen seiner Extensionen durch Megacomputer weiß? Unter solchen Fragestellungen gewinnt man den Eindruck, daß sich zahlreiche modische Strömungen unserer Kultur, wie z. B. der Neomystizismus gewisser Richtungen der Esoterik oder des New Age der Unerbittlichkeit dieses Problems nicht stellen, dem wir heute nicht mehr mit blindem Glauben auf Erlösungen und Erlöser begegnen können, zeit- und kulturgebundenen religiösen Metaerzählungen, deren Entstehungsbedingungen wir heute sozial- und ökonomiegeschichtlich, kultur- und geistesgeschichtlich rekonstruieren können. An all diesem Wissen vorbei gibt der Neomystizismus erneut dieselben alten Antworten. Gerät er damit nicht zur Flucht? Trägt er auf diese Weise nicht zur Verleugnung des heute denkbaren Faktums bei, daß die Erlöser in den Wolken kosmischen Staubes verschwunden sind und nicht ein ordnender Abschluß der Geschichte zu erwarten ist, wie in den großen Erlösungsdramen, sondern, daß die Entropie zunimmt, daß Chaos, Nicht-Sinn beständig wächst – und das im weitaus größeren Maße als Sinn? Was die großen religiösen und philosophischen Systeme über die Jahrhunderte geleistet haben, ist der Aufbau einer Tradition der Sinnsuche. „... dieses kulturelle Erbe, nämlich das Bedürfnis nach Sinn, ist nicht mehr ablegbar, sondern immer neu zu beantworten", wie *Hernegger* (1978, 457) die Situation des modernen, nachreligiösen Menschen bezeichnet, der nachreligiös ist, weil er zu seiner eigenen religiösen Gebundenheit Exzentrizität gewonnen hat, weil er sich unter historischer Perspektive als „maker of his own religions" erkennt und dadurch – so fährt *Hernegger* fort – nicht mehr über die „Naivität" verfügt, „eine Identifizierung mit irgend etwas, das ja immer schon sein eigenes Produkt ist", zu vollziehen.

Wenn wir beginnen, diese Erkenntnisse in ihrer Neuheit und letztlichen Befremdlichkeit als *fremd* zu erfahren, zuzugestehen, daß sie sich nicht in die traditionellen Explikationsfolien einpassen lassen, wird die Chance des wirklich Neuen beginnen. Und viel mehr kann hier nicht gesagt werden.

Das in der Integrativen Therapie so zentrale „heraklitische Moment", der wirbelnde Strom des Flusses, des Lebens, der Zeit, die unendlich fortschreitenden Kreisungen, deren vielleicht beeindruckendstes Bild die technisch sichtbar gemachten Bewegungen kosmischer Spiralnebel sind, diese vom Subjekt von seiner jeweils gegebenen Gegenwart her erlebte *heraklitische Bewegung* wird in dieser Reflexion in *aller Radikalität* affirmiert, und damit muß den alten, geschlossenen Visionen, die auf ein letztes Ende hindrängen, Abschied zuteil werden – und auch Trauer –, damit wir uns für Neues öffnen können, von dem wir wissen, daß es sich ereignen wird, auch wenn wir noch nicht fassen, erfassen können, *wie* es sich gestalten wird. Diese Zukunftsvision verweist uns zugleich auf unsere Begrenztheit als Wesen mit bemessener Zeit", die in der *Ausstreckung ihrer Sehnsucht* und durch die Teilhabe an der ewigen Gegenwart des Lebensprozesses Trost finden können.

Ich bin damit an das Ende meiner ersten Reflexion zum Thema gekommen. *Das heraklitische Moment des Fortströmens ist e i n e Antwort* und das *existentielle Moment gegenwärtig vollzogenen Lebens* eine andere. Beiden Antworten auf die Grundfragen unseres Daseins nach dem „wozu" und „wohin" eignet eine erfahrbare Qualität, die in ihrer Gewißheit auch Tröstliches hat, nicht zuletzt, weil sie die Qualität des Lebendigen selbst repräsentiert, das Fortschreiten der Lebensprozesse von Gegenwart zu Gegenwart – und da *ist* Zukunft. Ich möchte diese Reflexion mit einem Text aus der neunten Duineser Elegie von *Rilke* abschließen:

„Aber weil Hiersein viel ist, und weil uns scheinbar alles das Hiesige braucht, dieses Schwindende, das seltsam uns angeht. Uns, die Schwindendsten. *Ein* Mal jedes, nur *ein* Mal. *Ein* Mal und nicht mehr. Und wir auch *ein* Mal. Nie wieder. Aber dieses *ein* Mal gewesen zu sein, wenn auch nur *ein* Mal: irdisch gewesen zu sein, scheint nicht widerrufbar."

Hier nun will ich mit meiner zweiten Reflexion ansetzen, die bei Lebenserfahrungen ihren Ausgangspunkt nimmt und versucht, von dort zu Erfahrungsqualitäten vorzudringen, die als „ontologische Erfahrungen" gekennzeichnet werden.

II. VON DER LEBENSERFAHRUNG ZUR SEINS-ERFAHRUNG: ZWEITE REFLEXION

Die vorangehenden Reflexionen haben versucht, Integrationsarbeit in einem übergeordneten Kontext zu situieren, als *kollektive* Integrationsaufgaben vor einem Horizont unendlicher Weltvielfalt, als *individuelle* Integrationsleistungen im Rahmen dieses kollektiven Kontextes. Mir was dies wichtig, weil der Integrationsgedanke – gerade wenn man auf seine persönliche Dimension zentriert – oft auf eine Tendenz zur Individualisierung hinausläuft, in der verlorengeht oder ausgeblendet wird, daß wir als einzelne letztlich nie aus unseren sozialen und ökologischen Zusammenhängen heraustreten können. Dies bedeutet nun nicht, daß die Integrationsarbeit des einzelnen Menschen, seine ganz persönliche Betroffenheit von kollektiven Ereignissen, seine ganz persönliche Existenz, die er in seinem Lebensalltag zu verwirklichen sucht, eine nachgeordnete Größe ist. Vielmehr ist ja ein zentrales Moment jeder Integrationsarbeit, das Teil an ein Ganzes, das Persönliche an das Gesellschaftliche zu vermitteln und umgekehrt. Integration zentriert geradezu im Milieu dieses „Zwischen" – wie *Buber* es nennen würde –, sie vollzieht sich als eben diese Dialektik von „Ich und Du", „selbst und anderem", Mensch und Menschheit, Mensch und Welt. Ich möchte mich deshalb in dieser zweiten Reflexion mit einigen Themen beschäftigen, die von Menschen für ihre persönliche Integrationsarbeit als bedeutsam erlebt werden. Wiederum bleibt es nicht aus, eine Auswahl zu treffen, die subjektiv ist und Themen gleichsam aufnimmt, denn die Diskurse der Integration sind potentiell unendlich.

In der gedanklichen Tradition der Integrativen Therapie ist es eigentlich gar nicht anders möglich als von der *leiblichen Erfahrung* auszugehen, dem Leib als „Apriori jeglicher Erkenntnis", als Urgrund aller Erfahrung, ja, als überhaupt unserer „Möglichkeit, eine Welt zu haben" (*Marcel*), als Grundlage unserer leibhaftigen Teilnahme an der Welt, an der *„chair commune de ce monde"*, um die schöne Metapher *Merleau-Pontys* aufzugreifen. In dieser Teilhabe an der Lebenswelt, an der Natur, am sozialen Miteinander, finden Menschen einen sicheren Grund, der ruhig ist und dennoch bewegt, der uralt ist und dennoch voller Unmittelbarkeit und Frische wie eine Morgenlandschaft oder wie eine soeben aufgebrochene Knospe, die zugleich Zeugnis und Zeichen unendlich vieler Knospungen durch die Geschichte ist: uraltes Neues.

„Auf diesem Hügel sitze ich, es ist Frühling, ein Tag im späten März ... Und die Zeit wächst ungeheuer über mich hinaus. Ich bin kein Mensch mehr, noch jung, noch voll von allen Täuschungen .... Hier bin ich tausend Jahre alt und im Wesen nicht mehr unterschieden von der Luft, vom Gras, vom Gestein der Berge" (*Heinrich Waggerl* 1940, 6).

Dieser Text aus *Waggerls* „Wiesenbuch" mag beispielhaft für die Beschreibung einer „ontologischen Erfahrung" im Naturerleben stehen. Aber es gibt vielfältige erlebniskonkrete Zugangsweisen zum Sein: etwa in der Zeiterfahrung, im Musik- oder Kunsterleben. Es kann hier nicht darum gehen, das Phänomen der Seinserfahrung in der Geschichte des Denkens zu verfolgen, in den Werken der Dichter und Denker, aber auch der Malerei und der Musik. Andere haben dies getan (vgl. z. B. *Albert* 1972). Noch soll es darum gehen, hier über das Sein nachzu*denken*, zumal es sich dem Nach*sinnen* unmittelbarer erschließt und durch rekonstruktive Prozesse eher verstellt wird. *Das Sein ist ein Gesamt*, und es ist generativ, schöpferisch. Aus diesem Grund sprechen wir in der Integrativen Therapie von „Mit-sein" und von „Ko-kreativität". Nicht das Isolierte, das Verbundene wird in den Blick genommen und die Prozesse des Verbindens und Vernetzens. Nicht das Ganze ist im Gesamt wichtig, sondern das Zusammenwirken von Ganzem und Teilen. Genau darin liegt ja das Wesen der ontologischen Erfahrung, daß der *erfahrende* Erfahrene – und das ist ja ein einzelner, ein Teil –, sich ins Ganze eingebunden erlebt. Das „ozeanische Gefühl" bedeutet, im „Meer des Seins" schwimmend, Tropfen zu sein. In der Dialektik von Ganzem und Teil, von Differenzierung und Integration, liegt die Kreativität als ein Zusammenwirken des Vielfältigen zu einem Ganzen und als Ausdruck des Ganzen in einem Vielfältigen. So geht es um das Schöpferische *und* die schöpferischen Akte, die Kunst *und* die Kunstwerke, die kreative Einzelpersönlichkeit *und* die Gestaltungskraft der Menschheitsgemeinschaft. Eines ist nicht ohne das andere.

Der Ort, an dem die schöpferische Verbundenheit erlebt werden kann, ist der Leib, der seinem Wesen nach selbst schöpferisch ist. Mit seinem Sinnesvermögen begründet der Leib unsere Erfahrung als „gelebtes Leben" im Leben, mit dem Leben, in der Lebensgestaltung. Und wenn wir über unsere Lebensspanne hin die Lebensstrecke entlang fahren, werden wir zu Erfahrenen, die auf dieser Reise Bilder, Düfte, schmerzliche und zärtliche Berührungen, Klänge, die Wirkungen eigener Gestaltungskraft und schöpferischer Aktivitäten, kostbarste Details und häßliche Nebensächlichkeiten, großartige Gesamtansichten, aber auch überwältigende Eindrücke der Zerstörung aufgenommen haben. In diesem Erfahrungsspektrum zwischen Gut und Böse, Erhabenheit und Grauen, Zwang und Freiheit, Schönheit und Häßlichkeit, vollzieht sich die Erfahrung des Lebens, und ich könnte die Reihe der Dichotomien, Antagonismen, Polaritäten noch weiterführen. Sinnenhaft vermittelt erfahren wir die Wahrheiten des Lebens. So kann man *Goethe* beipflichten: „Wer sich mit reiner Erfahrung begnügt und danach handelt, der hat Wahres genug. Das heranwachsende Kind ist weise in diesem Sinne" (Wilhelm Meister, Wanderjahre. Betrachtung im Sinne der Wanderer, 89). Nun ist aufgrund der vorausgegangenen Reflexion klar, daß Erfahrung nicht voraussetzungslos ist. Sie ist geformtes Erfahren – durch den ökologischen Raum und die soziale Welt vorgeprägt – von den ersten Lebenstagen an. Erfahrung erweist sich, blickt man auf das Spiel zwischen Müttern und Kindern in seiner sinnenhaften Konkretheit, als „zwischenleibliche Erfahrung". Zu den intensivsten Erfahrungsmöglichkeiten, über die wir Menschen verfügen, zählen gemeinsame Erlebnisse, in denen sich die Sinne gleichsam synchronisieren, die umgebende Welt, die Geschehnisse und Ereignisse wie *„mit einem Leibe"* aufgenommen werden, zu einer gemeinsamen Resonanz führen, die kaum noch auseinandergetrennt werden kann, weil sie ein Zusammenschwingen ist. In ihr wird eine Verbundenheit begründet, in der unser Erfahrungsraum sich weitet und in dieser Überschreitung neue Horizonte auftauchen können. Das Wundersame bei einem solchen Geschehen ist indes, daß es sich nicht nur um eine Ausdehnung der Wahrnehmung *„nach außen"* handelt, sondern daß zugleich Wahrnehmungsräume *„nach innen"* entstehen, sich eine Tiefe eröffnet, die, weil sie die „gemeinsame eigene" ist, uns nicht bedroht, wenn Abgründigkeiten sichtbar werden, da man einander halten und sichern kann. *Lou Andreas-Salomé* beschreibt in ihrem „Lebensrückblick" (1951, 40), das Wesen der Liebe ganz in diesem Sinne: „Wir bewußt gewordene und dadurch zerstückte Allweite haben einander beim Hin und Her dieses Zustandes gegenseitig aufzuhalten, auszuhalten – haben unsere Grundeinheit geradezu beweisend zu vollziehen: nämlich leiblich, leibhaftig". Diese Erfahrungen von Zwischenleiblichkeit, die in der Liebe geschehen und in der Zärtlichkeit, in dem gemeinsamen Erleben von Schönheit, im faszinierten Miteinander-Entdecken, im gemeinschaftlichen Engagement für etwas, was einem „am Herzen" liegt, zählt zu den großen, durchtragenden Erfahrungen von Menschen, in denen sich die Erlebensqualitäten intensivieren und die Erfahrungsräume in die Höhe, Tiefe und Breite ausdehnen: in die Tiefen des Unbewußten, in die Breite und Fülle der Welt, in die Höhe der Gipfelerfahrungen, von denen *Maslow* und andere sprechen, in einen Bereich des Erhabenen, der im Alltäglichen gründet, weil er den Alltag nur dann überschreiten kann. All diese in die Metaphern von räumlichen Ausdehnungen gekleideten Erfahrungen können mit dem Begriff der „Transzendenz" bezeichnet werden, des Überstiegs, wenn man wörtlich übersetzt ... über Schwellen, Barrieren, Grenzen oder Begrenztheiten. Wo immer

Menschen derartige Erfahrungen für sich machen – Grenzerfahrungen – auf ihrem eigenen, ganz persönlichen Weg in die Einsamkeit einer Berghöhe vielleicht, allein am Ufer vor der Weite des Meeres sitzend, gründet dieses *Allein*-sein-Können in vorgängigen Erfahrungen von Zwischenleiblichkeit mit anderen Menschen oder mit dem „Leib der Welt", der Natur, Erfahrungen, in denen man eins zusammen war oder zusammen eines. *Hölderlins* Briefroman „Hyperion" ist erfüllt von solchem „Überschwang". „Eines zu sein mit allem, was lebt, in seliger Selbstvergessenheit wiederzukehren ins All der Natur, das ist der Gipfel der Gedanken und Freuden, das ist die heilige Bergeshöhe, der Ort der ewigen Ruhe, wo der Mittag seine Schwüle und der Donner seine Stimme verliert und das kochende Meer der Woge des Kornfelds gleicht" (Sämtliche Werke III, 8 f).

Die Naturverbundenheit führt immer wieder zur Verbundenheit mit den Menschen, weil der Mensch über seine Leiblichkeit Teil der Natur ist, ihr mit „Leib und Seele" zugehört. *Camus* beschreibt diese Verbundenheit in den „Noces", der als „Vermählung" überschriebenen Textsammlung:

„Sich einem Lande verbunden fühlen, einige Menschen zu lieben und zu wissen, daß es einen Ort gibt, wo das Herz seinen *Frieden* findet – lauter Gewißheiten, die viel für das Leben der Menschen bedeuten, obschon man sich zweifellos damit nicht begnügen kann. Und doch sehnt sich der Mensch zu gewissen Zeiten mit allen Fibern nach dieser Heimat seiner Seele. 'Ja, dorthin müssen wir zurückkehren.' Und ist es denn so erstaunlich, daß man diese Vereinigung, die Plotin ersehnte, hier auf Erden findet? Hier verkünden die Sonne und das Meer diese Einheit. Dem Herzen offenbart sie sich mit jenem fleischlichen Beigeschmack, der ihre Bitterkeit und Größe ausmacht ... Es ist nicht immer leicht, ein Mensch zu sein, und erst recht nicht, ein reiner Mensch. Rein sein aber heißt, jene Heimat der Seele wiederfinden, wo wir uns dieser Welt verwandt fühlen, wo das Blut in unseren Adern im gleichen Rhythmus pocht wie der glühende Puls der Mittagssonne" (*Camus* 1968, 45).

Es ist eine eigenartige, ja vielleicht paradoxe Situation, daß Menschen in die Einsamkeit gehen oder auf dem Weg der Meditation versuchen, zu sich zu kommen und sich zugleich in ein übergeordnetes Ganzes zu überschreiten, bei sich zu sein, um Verbundenheit zu erfahren und Isolation und Zerrissenheit zu überwinden. Wir sind bei derartigen Erfahrungen auf uns selbst zurückgeworfen, d. h. aber auf unsere Leiblichkeit, und brauchen dennoch – dahinterstehend – Gemeinschaft, das Wissen darum, auf solcher Suche nicht allein zu sein. Diese Dialektik von Persönlichem und Gemeinschaftlichem durchzieht alle wesentlichen Lebensthemen, auf die wir mit unseren Integrationsbemühungen stoßen. Themen wie Freiheit, Hoffnung, Liebe und Bindung, Themen, die sich mit der Schönheit, der Kunst, dem Bösen und der Destruktion befassen, Fragen, die um Werte und Normen, um Ethik also, oder um Alter, Krankheit, Tod – um unsere Endlichkeit – kreisen, Fragen nach dem Religiösen, nach Sterblichkeit oder Unsterblichkeit, Fragen nach dem „lebendigen Gott" oder dem „Tod Gottes". Dies alles sind nicht nur Themen, die Philosophen und Theologen beschäftigen. Es sind Themen von Menschen, die in den Strom der Lebenserfahrung eingetaucht sind, ohne ihre Sinne zu anästhesieren, die die Welt wahrnehmen, sich selbst spüren und andere Menschen einfühlen: auf Kinderweise, mit geöffneten Poren, auf Menschenweise, mit der noch unverschreckten, unbeschädigten Freiheit wahrzunehmen, neugierig zu sein, sich wundern zu können, zu staunen. Solchen Menschen erschließt sich Welt als ein universeller Zusammenhang, in dem – bei aller Mannigfaltigkeit, ja allen Gegegensätzlichkeiten – eine wesenhafte Verbundenheit gültig ist, denn *das Sein hat keine Teile*, „aus allem ist eines und einem alles", wie *Heraklit* (DK 22, B 10), das frühe griechische Denken zusammenfassend, sagt. Er teilt uns hier nicht das Ergebnis einer abstrahierenden Denkbewegung mit, er beschreibt eine *Erfahrung*, die Menschen zu allen Zeiten und bei den verschiedensten Gelegenheiten – in Extremsituationen und in Alltagsereignissen – gemacht haben. Diese Verschiedenheit aber bekräftigt die Dimension der Einheit. Ein Text aus „Alexis Sorbas" von *Nikos Kazantzakis* und ein Text aus den Tagebüchern von *Ionesco* mag dies verdeutlichen: „Wir tranken unseren Wein und kauten ihn nach: kretische Auslese, purpurn wie Hasenblut. Wer einen Schluck davon nahm, der meinte, mit dem Blut der Erde zu kommunizieren ... Man vergaß die Kleinigkeiten des Lebens, sein enger Rahmen krachte in allen Fugen. Mit den Menschen, den Tieren, mit Gott überein ging man im Weltall auf" (1955, 234).

Sorbas erlebte die Verbundenheitserfahrung in der Dunkelheit: „Aus den Haaren der Nacht tröpfelte Tau. Ich legte mich aufs Gesicht und tauchte ins Schweigen unter, ohne an etwas zu denken. Ich wurde eins mit der Nacht und dem Meer ..." (ibid. 50)

Ganz anders *Ionesco* im „Journal en miettes", der das Licht als Metapher verwendet, um eine „ontologische Erfahrung" in Worte zu fassen: „Alles wurde von blendendem Licht durchdrungen, mir wurde zu meiner grenzenlosen Freude klar, daß alles *ist*, ich konnte nichts anderes mehr denken als daran, daß alles *ist*, daß alle Dinge *sind*, und ich erkannte, daß sie *waren*, daß alle Dinge *waren*, aber anders, ganz anders, in einem begnadeten, köstlichen, zerbrechlichen Licht" (*Ionesco* 1969, 66).

Derartige Erfahrungen eröffnen einen Zugang zum Schönen, bringen den Menschen mit einem Bereich des Wundersamen, gänzlich Außer-gewöhnlichen in Kontakt, so daß er von einem „unausweichlichen Staunen ergriffen werden" kann, „er kann – so *Ionesco* – das ahistorische und fundamental asoziale Gefühl höchster Seltsamkeit des Universums haben, und ich frage mich, ob dieses Staunen ohne Antwort und fast ohne Tiefe nicht die Reaktion meines tiefsten Bewußtseins ist. Offen gesagt, frage ich mich nicht, ich weiß, daß dieses Staunen mein echtestes Bewußtsein ist" (ibid. 67 f)

Seinserfahrungen des einzelnen führen ihn immer über seine Besonderheit hinaus. Er erlebt sich nicht nur eingebunden in einen Zusammenhang, es treibt ihn auch auf die Menschen und die Dinge zu. Er bleibt nicht passiv, sondern er beginnt sich aktiv dem Zusammenhang zuzuwenden und selbst Verbundenheit zu stiften. Alexis Sorbas faßt nach seiner Erfahrung den festen Vorsatz „von jetzt an für immer in einen nüchternen, warmen Kontakt mit den Menschen zu kommen" (*Kazantzakis* 1955, 51).

Hier liegen die Wurzeln zu einer Ethik, die im Grund der Erfahrung liebevoller Verbundenheit mit den Menschen und den Dingen wurzelt. Das Milieu des Miteinanders, der Zwischenleiblichkeit, ist die Matrix des *Ethos*, des „Verhaltens". Verhalten bedeutet die Auseinandersetzung der personalen Freiheit mit den Grenzen des Umfelds, Grenzen, die dazu führen, daß ein leiblicher Impuls nicht in seiner Fülle ausgelebt wird, sondern zurückgenommen wird, eine verhaltene Qualität gewinnt, weil die Gegebenenheiten einer Situation eine Zurückhaltung verlangen. In den zwischenleiblichen Lernerfahrungen der frühen Kindheit werden die Wurzeln von Regeln und Normen als „ausgehandeltes Verhalten" grundgelegt. In der Konkretheit des *„ethos"* als vollzogener Beziehung, als *„Verhalten zu"* den Menschen, den Dingen, gründet die Ethik. Es ist gut, sich zu vergegenwärtigen, daß es dieses Milieu liebevoller Hinwendung ist, in das die Wurzeln unserer Werte und Normen hinabreichen. Sie können damit als lebensvoll und konkret begriffen werden und sind nicht vom zwischenmenschlichen Miteinander abgehobene, abstrakte Setzungen, denen die Erfahrungsdimension abhanden gekommen ist. Es ist das Dilemma jeder „Gebots-Ethik", daß sie, weil es sich vorwiegend um Forderungen und Regelungen handelt, nur wenig Chancen zu einer Realisierung hat, es sei denn durch Strafen und Zwang, daß aber eine „erfahrene Ethik", die leibhaftig konkret gespürt wurde und in der die Begegnung und Auseinandersetzung zwischen Menschen noch pulst, die Chance zu „engagierter Umsetzung" hat. Ethik, die Lebensprozessen entspringt, trägt in sich das Prinzip der „Ehrfurcht vor dem

Leben". Ethik, die an die ursprüngliche, intersubjektive Ko-respondenz rückgebunden wird, weiß sich dem Respekt vor der Würde und Integrität des anderen verpflichtet, weil ganz unmittelbar evident wird, daß eine Verletzung solcher Integrität, auch wenn sie nur bei *einem* Menschen zugelassen würde, eine Gefährdung der Integrität jedes Menschen impliziert. In der Tat: Die Würde des Menschen ist unantastbar. Die Fundierung persönlicher Wertschätzung in konkreten Situationen des Lebens und zugleich ihre Rückbindung an ein *übergeordnetes Milieu „generalisierter Humanität"* – wie *Petzold* (1992a, 500 ff.) dies bezeichnet hat – gewährleistet wiederum die Verschränkung von persönlichen und kollektiven Dimensionen. Der einzelne geht so nicht in den anonymen Wertsystemen verloren, sondern fühlt sich von Werten *getragen*, mit denen er sich identifizieren kann, weil sie eine innere Resonanz in ihm auslösen. Persönliche Ethik, die in einem solchen Erfahrungsgrund wurzelt, ist eine lebendige Ethik. Sie bedarf keiner Moraltheologie oder akademischer Ethikdebatten. Sie bedarf der Erinnerung und des Austausches über das, was wir „im tiefsten Herzen" als richtig ansehen, über das, was uns wertvoll ist, wofür wir uns mit unserer ganzen Persönlichkeit zu engagieren bereit sind.

Wie aber kann ein solches Klima der Brüderlichkeit, der Schwesterlichkeit wirksam werden, wie kann sich eine Kraft entfalten, die das Engagement trägt? Wie kann offenbar werden, daß die wirklich wichtigen Dinge das Anliegen Vieler sind? Die Antwort ist: weil *Viele* Erfahrungen des Stimmigen in ihren Herzen tragen. Diese Antwort ist einfach und gerade deshalb oftmals so unendlich schwer zu realisieren: Es wird darum gehen, zu den Dingen des Herzens zu finden und einander die Herzen zu öffnen – aber wer unternimmt schon derartige Wagnisse?

In den Prozessen der Lebenserfahrung, auf den Straßen des Lebens ist man selten allein. Wenn dies geschieht, so ist es nur vorübergehend, oder man hat sich verirrt, ist vom Wege abgekommen. Der so vereinzelte Mensch steht in Gefahr, denn er braucht andere, Erfahrene, Wegkundige, um Richtung zu finden. Vor allem bedarf er der anderen, wenn er Hilfe braucht. Die Lebensgeschichte von Menschen, ist oft genug eine Geschichte von *Bewahrungen*, von Hilfen in der Not, zuweilen von Rettungen aus tiefster Gefahr. Jeder, der die Fährnisse, die das Leben neben allen positiven Erfahrung bereithält, einigermaßen heil überstanden hat, konnte dies, weil im richtigen Augenblick oder im letzten Moment wachsame Augen und helfende Hände da waren – ansonsten wäre er zugrunde gegangen. Im Alltag begegnen wir beständig solchen „Überlebenden" – wir selbst zählen zu ihnen. In unserer Geschichte als Lebende und Überlebende haben wir Menschen im Hintergrund und Menschen mit uns. Aus dieser Erfahrung erwächst das, was *Gabriel Marcel* als die „Kraft zu hoffen" bezeichnet, als die Möglichkeit, auch für eine Zukunft auf Hilfe zu trauen, weil wir in uns die Gewißheit tragen, daß irgendwann Hilfe kommen wird. Eine solche Hoffnung kann natürlich enttäuscht werden. Eine solche, in Lebenserfahrung gegründete Gewißheit kann natürlich brüchig sein. Die Bedingungen der persönlichen Lebenswege, die Widerfahrnisse des Lebens spielen hier eine große Rolle, und diese kommt um so nachhaltiger zur Wirkung, je mehr wir uns als Vereinzelte erleben und je weniger die Netzwerke der Verbundenheit tragen. Hier wird wiederum leibliche Präsenz notwendig, Erfahrungen zwischenleiblichen Gehalten- und Getragenseins, denn nur auf einem solchen Hintergrund kann verlorene Hoffnung sich wieder aufbauen, kann schwache Hoffnung wieder Kraft gewinnen, kann der Boden der Gewißheit *die* Festigkeit erhalten, die es braucht, damit persönliche *Einzigartigkeit*, Freiheit und Selbstbestimmtheit sich entfalten können, im Zusammenspiel, ja Zusammenklang mit Bezogenheit und Verbundenheit.

Mit diesen polaren Begrifflichkeiten – Besonderheit und Integration, Freiheit und Verbundenheit – sind wir an Themen gelangt, die so wesentlich sind, weil sie so spannungsreich erscheinen. Integration als Einbindung steht, wenn sie zur Vereinnahmung gerät, der Freiheit entgegen. Besonderheit wird, wenn sie zur Vereinzelung gerät, zu einem letztlich lebensbedrohlichen Verlust von Verbundenheit führen. Tritt dies ein, kommt es zu einer Verkennung des Integrations- und des Freiheitsprinzips.

Denn was Integrieren als Lebensprozeß kennzeichnet, ist die Freiheit der Zusammenführung und der erneuten Überschreitung dessen, was in der Integration verbunden wurde. Andernfalls würde Integration ja in eine schlechte Selbigkeit, in eine Erstarrung zu einem Ende ohne die Chancen des Neubeginns führen. Freiheit durchpulst als lebendige Kraft alle Integrationsbewegungen. Integration wiederum verhindert ein *Verströmen* der Freiheitskraft, die sich zur Schwäche, ja bis zur Verflüchtigung in der Unendlichkeit von Welt und den fast unbegrenzten Erfahrungsmöglichkeiten verlieren würde. Jeder, der die Bewegung der Befreiung, freier Entwürfe, freiheitlicher Expansivität und die Bewegung von Integration, von Sammlung, Verdichtung, Vertiefung in seinem Leben erfahren hat, weiß um dieses Spannungsverhältnis, in dem die Möglichkeit zur Sinnerfahrung und zur Kreativität, zum Erleben von Grenzen *und* zur Grenzüberschreitung gegeben ist. Freiheit erweist sich unter einer solchen Perspektive als *gestaltete Freiheit*. Freiheit führt uns in unserem Leben, in unseren Beziehungen, in unserer Arbeit, ja in unserem schöpferischen, künstlerischen Aktivitäten immer und immer an *Grenzen*, und in diesem „Paradox der Freiheit" wachsen wir in unserer Erfahrung des Lebens, werden wir lebenserfahren, lebenskundig. Diese gedankliche Bewegung führt uns unweigerlich an eine letzte Grenze, die Grenze, die unsere Leiblichkeit uns setzt, an den Tod. Die Freiheit scheitert an dieser Grenze. Die Kreativität versucht sie – etwa in der medizinischen Forschung – vorzuverschieben in das Niemandsland, von dem wir nichts wissen. Unsere Sehnsucht versucht diese Grenze zu überschreiten, aber auf ihre Rufe kommen zu viele Antworten – religiöse oder philosophische Konzepte –, als daß wir wirklich Gewißheit gewinnen könnten. Die Hoffnung, wenn sie über ein Leben lang durch gute Erfahrungen wirkliche Kraft gewonnen hat, vermag noch „gegen den Tod" und über ihn hinaus zu hoffen. Und die Quelle, aus der sie gespeist wird, sind die im Leben erfahrenen und gesammelten Erlebnisse von Verbundenheit, zuverläßlicher Hilfe und liebevoller Zuwendung, die sich zusammengeschmolzen haben zu einem tragenden Boden, einer Hoffnungsgewißheit, die im Sein *selbst* gründet. *Hermann Broch* beschreibt in seinem Roman „Der Tod des Vergil" das Sterben des Dichters in diesem Sinne:

„Selber nicht mehr Menschenantlitz, selber nur noch schauender Wipfel, blickte er aufwärts in den Stern, blickte er aufwärts in das Antlitz des Himmels, das die Züge aller Kreaturen in sich versammelt und verklärt hatte, einsgeworden Menschen- und Tiergesicht, er blickte hin zu dem sonnentragenden, sonnenzugekehrten, durchsichtig leuchtenden Schacht der Mitte, der in seinem Gezweige, ozeanisch flutend, ozeanisch bebend das Weltenrund wie für eine zukünftige Einheit gefangenhielt ..." (*Broch* 1970, 448 f).

Hier strahlt eine Verbundenheit auf, die als ein Verschmelzen mit dem „Leib der Natur", dem „Fleisch der Welt" zu sehen ist, und es kommt unmittelbar die Verbindung zum Eins-sein in der Liebe auf, durch das man nicht nur dem geliebten Menschen verbunden ist. *Simone Weil* (1951, 240) hat diesen Gedanken mit der ihr eigenen Klarheit geschliffen und in den Satz gefaßt: „Seine Liebe auf das reine Subjekt beschränken und sie auf das ganze Universum ausdehnen, das ist das gleiche." Und sie kann dann fortfahren: „Ich mag sterben, das Universum dauert fort. Das ist kein Trost für mich, wenn ich etwas anderes bin als das Universum. Ist jedoch das Universum für mich wie ein anderer Leib, dann hört mein Tod auf, für mich von größerer Bedeutung zu sein, als der eines Unbekannten" (ibid. 240).

Hoffnung ersehnt Rettung oder ist ihrer mit unterschiedlicher Festigkeit gewiß, Liebe aber *weiß* sicher darum, daß es einen endgültigen Abbruch, einen Absturz in Unverbundenheit und Nichts nicht geben kann, denn Liebe – dies haben die mitgeteilten literarischen Zeugnisse deutlich werden lassen – ist in ihrem tiefsten Wesen *Verbundenheit*, Verbundenheit von einer Qualität, deren Tiefe und Weite sich der sprachlichen Aussagbarkeit entzieht. Diejenigen, die in diese Bereiche von Liebe vordringen konnten oder – das ist wohl besser beschrieben – in diese Bereiche hineingenommen wurden, sprechen von der Gewißheit, in „allumfassender Liebe aufgehoben" zu sein. Zu allen Zeiten wußten die Menschen, sagten sie es sich in Momenten der Innigkeit oder in den großen Werken ihrer Dichtung, daß „die Liebe ewig währet", ja über den Tod hinausgehe.

Berührt man diese Dimension von *grundsätzlicher* „Verbundenheit in Liebe", so fällt alles Süßliche oder Abgegriffene von diesem Wort ab, und es wird zu einem universellen Begriff, der zu fassen sucht, was unfaßbar ist. Deshalb mußte das scheinbar Begriffene immer wieder überhöht werden durch Wendungen wie „unermeßliche Liebe", „unergründliche Liebe", „allumfassende Liebe". Die Grundsätzlichkeit, mit der Liebe alles einbezieht, widerspricht jeder Begrenzung und Grenze, und diese Grenzenlosigkeit vermittelt sich in Liebeserfahrungen. In den Augen von Liebenden ist ihnen alles verbunden, eine Blume, eine Landschaft, die anderen Menschen. Und wir, die wir uns aus der Liebe entfernt haben – denn es ist schwer, immer in ihr zu verweilen – werden angerührt, wenn wir Liebenden begegnen. In solchen Anrührungen entstehen zuweilen Bewegungen. Angerührt wird man bewegt und geht vielleicht auf die Suche, um wieder zu Liebe zu finden, zu einem Mann oder zu einer Frau, zu einem Kind, zu den Dingen der Welt, den Werken der Kunst, zur Natur, denn *all dieses* ist eingefaßt in das, was Mystiker als das „Kraftfeld der Liebe" bezeichnet haben. In der Liebe, wie sie zwischen Menschen erfahren wird, überschreitet sich die personale Dimension hin auf ein Milieu, daß eine *universale Qualität* hat, dabei aber nicht a-personal ist, denn die Personen aller Liebenden gehören ihm an. Vielleicht macht uns eine solche Qualität – man kann sie mit Recht als eine ontologische, eine Seinsqualität bezeichnen – das Universale überhaupt erst zugänglich und aushaltbar. Weil dort andere Liebende sind, verlieren wir uns nicht im Seinsmeer der Liebe. Denn selbst in der tiefsten Meditation, in dem unendlichen Aufgehen in Kosmoserfahrungen *bleiben wir es selbst*, die aufgehen und erfahren und wieder zurückkommen und unsere Erfahrungen mit anderen *teilen* wollen, um aus ihnen, weil sie geteilt wurden, Kraft, Hoffnung und Gewißheit zu schöpfen, vor allem aber die Kraft, Liebe weitergeben zu können, andere in das „Kraftfeld der Liebe" hineinzunehmen, weil es sich durch uns manifestiert, wenn wir die Einzigartigkeit unserer Individualität liebend mit dem Gesamt allen Lebens verbinden.

Wir sind hier im Zentrum, im Kernanliegen der großen Religionen, bei ihrer ungetrübten Substanz jenseits aller Regeln, Vorschriften, dogmatischen Lehrgebäuden, Riten und Kultformen, einem klaren Zentrum, das durch die Metapher des *Lichtes* wohl noch am treffendsten ausgedrückt wurde: *Wo Liebe ist, da ist Licht.* Die Künder solcher Erfahrungen, kundig in der Liebe, waren die Mystiker aller Religionen und die Weisen aller Zeiten. Zu ihnen zählen die großen Gestalten der Menschheitsgeschichte, die ihre Erfahrungen in Bilder zu kleiden, in Worte zu fassen wußten und dabei immer die Unzulänglichkeit der Sprache betonten. Zu ihnen zählen aber auch die zahllosen Unbekannten, die wortlos blieben, deren Wirkung jedoch noch anwesend sein muß, weil sie – im Kraftfeld stehend – wirkmächtig waren und sind, wenn sich in ihrem Leben und Handeln Liebe zeigte und zeigt, die Menschen und Mitmenschen, Menschen und Natur eint und dadurch einen universellen Frieden schafft, denn der Frieden ist die Frucht der Liebe.

Ich möchte auch diese Reflexion mit einem Text abschließen, der das Gedachte und Gesagte vielleicht rundet. *Hölderlin* hat hier für mich die richtigen Worte gefunden:

„Wir durchlaufen alle eine exzentrische Bahn, und es ist kein anderer Weg möglich von der Kindheit zur Vollendung.

Die selige Einheit, das Sein im einzigen Sinne des Worts, ist für uns verloren, und wir mußten es verlieren, wenn wir es erstreben, erringen sollten. Wir reißen uns los vom friedlichen *e kai pán*, d. h. „ein und alles" der Welt, um es herzustellen durch uns selbst. Wir sind zerfallen mit der Natur, und was einst, wie man glauben kann, eins war, widerstreitet sich jetzt, und Herrschaft und Knechtschaft wechselt auf beiden Seiten. Oft ist uns, als wäre die Welt alles und wir nichts, oft aber auch, als wären wir alles und die Welt nichts.

Jenen ewigen Widerstreit zwischen unserem Selbst und der Welt zu endigen, den Frieden alles Friedens, der höher ist denn alle Vernunft, den wiederzubringen, uns mit der Natur zu vereinigen zu einem unendlichen Ganzen, das ist das Ziel all unseres Strebens, wir mögen uns darüber verstehen oder nicht".

LITERATUR

Albert, K., Die ontologische Erfahrung, Academia, Heidelberg 1972.

Barrow, J.D., Tipler, F.J., The anthropic cosmological principle, Pergamon, Oxford 1986.

Breuer, R., Das anthropische Prinzip, Piper, München 1981.

Broch, H., Der Tod des Vergil, Suhrkamp, Frankfurt 1970.

Camus, A., Hochzeit des Lichts, Die Arche, Zürich 1968.

Gibran, K., Gedanken des Meisters, Goldmann, München 1988.

Heraklit, Fragmente, in: *Diels, H., Kranz, W.*, Fragmente der Vorsokratiker, 3 Bde., Berlin 1961.

Hernegger, R., Der Mensch auf der Suche nach Identität, Habelt, Bonn 1978.

Hölderlin, F., Hyperion, Werkausgabe, Gesammelte Werke, Hanser, München 1992.

Ionesco, E., Argumente und Argumente, Luchterhand, Neuwied 1969.

Ionesco, E., Heute und gestern, gestern und heute, Luchterhand, Neuwied 1969.

Jonas, H., Das Prinzip Verantwortung, Suhrkamp, Frankfurt 1984.

Kazantzakis, N., Alexis Sorbas, Rowohlt, Reinbek 1955.

Merleau-Ponty, M., La prose du monde, Gallimard, Paris 1969; dtsch. v. *Giuliani, R.*, Die Prosa der Welt, Fink, München 1983.

Petzold, H.G., Thérapie du mouvement, training rélaxatif, thymopratique et éducation corporelle comme integration, Paris 1970c.

Petzold, H.G., Integrative Therapie ist kreative Therapie, Fritz Perls Institut, Düsseldorf 1975h.

Petzold, H.G., Das Ko-respondenzmodell in der Integrativen Agogik, *Integrative Therapie* 1 (1978c) 21-58.

Petzold, H.G., Integrative Therapie. Ausgewählte Werke, Bd. II/2: Klinische Theorie, Junfermann, Paderborn 1992a.

Postman, N., Wir informieren uns zu Tode, *Die Zeit* 41 (1992) 61-62.

Rilke, R.M., Die Gedichte, Insel, Frankfurt 1992.

Schmitz, H., Der unerschöpfliche Gegenstand, Bouvier, Bonn 1990. 1990.

Waggerl, H., Das Wiesenbuch, Insel, Leipzig 1940.

Waldenfels, B., In den Netzen der Lebenswelt, Suhrkamp, Frankfurt 1985.

Weil, S., Lebensrückblick, Zürich, Wiesbaden 1951.

Welte, B., Das Licht des Nichts. Von der Möglichkeit neuer religiöser Erfahrungen, Pathmos, Düsseldorf 1980.

Leben als Integrationsprozeß und die Grenzen des Integrierens

Hilarion Petzold, Düsseldorf/Amsterdam

Angeregt durch den voranstehenden Münchener Vortrag von *Ilse Orth* (1992) und ihrem Weg der Reflexionen zum Thema „Integration als persönliche Lebensaufgabe" – in der französischen philosophischen Tradition würde man von *méditations* sprechen –, möchte ich einige kurze Gedankengänge anschließen*, die mir gerade für ein Verfahren, das wie die Integrative Therapie in der *Trimereia* „Differenzierung, Integration, Kreation" zentriert, von Wichtigkeit sind. Ich führe damit unter anderem Blickwinkel frühere Überlegungen fort, die in ähnliche Richtung gegangen sind: über Ganzheit und Teil, Gestalt und Rhizom (*Petzold* 1989a).

Menschliches Leben ist an Gemeinschaft gebunden, denn der Mensch ist – *Aristoteles* faßte dies scharfsichtig – *zoon politikon.* In der Sozialisation wird er in die Sozialität durch komplexe Identifizierungs-, Internalisations- und Integrationsprozesse eingebunden: *Mensch wird man durch die Mit-menschen.* Das Leben als biologische Realität hat wesensmäßig eine kollektive Qualität. Es ist ko-existierend, denn kein Organismus kann ohne anderes organisches Leben existieren. Das *Koexistenzaxiom* (*Petzold* 1991e, 54), das synontische Moment: *Leben ist Mitsein,* bestimmt denn auch das metatheoretische Fundament der Integrativen Therapie und hat Auswirkungen für die gesamte klinische Theorienbildung und Praxeologie. Lebensprozesse, ganz gleich, ob biologischer, psychologischer oder sozialer Art, sind immer ko-respondierend: Differenzieren und Integrieren führen zu Bezogenheit und Auseinandersetzung zwischen Manifestationen des Lebendigen – Lebe*wesen,* Lebens*formen.*

Wir wollen an dieser Stelle versuchen, in eine kompakte Definition zu fassen, was wir unter Integration verstehen:

*»**Integration** (von lat. integer = ganz, vollständig, unverletzt) bedeutet – allgemein gesehen –, das Zusammenfassen unterschiedlicher oder auch gegensätzlicher Elemente zu einem übergeordneten Ganzen bzw. das Lösen von Aufgaben auf einer höheren Strukturebene durch Prozesse, in denen sinnvolle Verbindungen und konsistente Vernetzungen geschehen.*

__Integration__ im zwischenmenschlichen bzw. sozialen Bereich – zwischen Gruppen, in der Familie, zwischen Freunden, in der Therapie usw. – erfordert Ko-respondenzen, Begegnung und ko-kreative Auseinandersetzung über Materialien, Ereignisse, Probleme, Aufgaben oder Konzepte aus dem Lebenskontext oder dem erinnerten oder antizipierten Lebenskontinuum. Dies geschieht in einer Art und Weise, daß Einzelfakten sich zu übergeordneten Zusammenhängen verbinden, die oftmals die etablierten Grenzen überschreiten und die Qualität eines Neuen haben. Dieses Neue macht wiederum Akte der __Differenzierung, Integration__ und __Kreation__ möglich – eine spiralige Fortbewegung, die beständig neue Zusammenfügungen schafft, neue Formen gebiert und genau in diesem Geschehen __Sinn__ und __Freiheit__ aufleuchten läßt.

__Sinn__ läßt sich hier als __horizontaler Sinn__ bestimmen, als das, was Zusammenhänge schafft und Einzelphänomene, die am Horizont des Bewußtseins, auf der „Lichtung" auftauchen, zusammenbindet. So können Bedeutungen gewonnen, für den Menschen Orientierungen möglich werden, Richtungen (sens) und Ordnungen entstehen, an deren Rändern und in deren Zeitigung allerdings Bewegungen sich ankündigen und erkennbar werden. Diese Bewegungen verweisen auf einen __vertikalen Sinn__ in einem noch nicht durch horizontale Strukturen geordneten Freiraum, ein kreatives Chaos vielleicht, das aber nicht sinn-los ist, sondern schöpferische Matrix aller möglichen Ord-

* In diesen Text gehen die vielen Gespräche mit *Ilse Orth* zu diesen Themen ein. Er ist damit auch Ausdruck gemeinsamer Gedankengänge und Ergebnis von Ko-respondenzprozessen.

nungen und allen Sinnes. Hier liegt der ultimative Ort der ***Freiheit****, die ihrem Wesen nach das Schöpferische ist und sich nur in Freiräumen artikulieren kann.* ***Vertikaler Sinn*** *scheint „hinter der Grenze", jenseits des Bewußtseinsfeldes zu liegen, da er doch aus einem Jenseitigen auftauchte – aus den Tiefen eines Unbewußten. Da er aber auch auf ein „Jenseits der Grenze" verweist, kann er genauso in unzugänglichen Höhen eines Überbewußten liegen, die das bewußt Erfahrbare und Erfaßbare übersteigen. Dies alles kann in uns eine unbändige Sehnsucht nach Überschreitung wecken und einen Impetus, nach Erfüllung dieser Sehnsucht zu suchen – ein Leben lang –, denn nur in der schöpferischen Überschreitung liegt* ***Freiheit****.«* (*Petzold* 1970c, 2)

In dieser Definition von Integration wird nicht auf ein in sich geschlossenes Ganzes abgestellt, sondern auf ein sich fortschreibendes Entwicklungsgeschehen in einer prinzipiell offenen, inkommensurablen Welt, in der ganz allgemein – im Biologischen wie im Sozialen, in der Natur wie in der Kultur – die Prozesse der *Differenzierung, Integration, Kreation* wirksam sind. Für den gesellschaftlichen Raum bedeutet das, daß dialogische, *ko-respondierende Auseinandersetzungen* zwischen Menschen über Themen ihrer Lebenssituationen, ihres Weltbezugs, daß relevante Themen unserer *Lebenswelt* im Zentrum der *Ko-respondenzprozesse* stehen müssen, die darauf gerichtet sein sollten, einen *horizontalen, „konsensuellen Sinn*" zu schaffen, die aber auch scheitern können. Darin liegt ein Moment der *Freiheit*, denn Freiheit ist nicht nur beglückend, sondern birgt auch Risiken. Ko-respondenzprozesse sind vom Leben unterfangen, in dem sie gründen und von dem sie hervorgebracht werden. Sie sind getragen von einem „primordialen Milieu", das Untergrund und Übersteigung zugleich ist. Diese Dimension eines *„vertikalen Sinnes*", mit der ich mich an anderer Stelle auseinandergesetzt habe (*Petzold* 1983e) und dem man sich in Bemühungen um „vertikale Integrationen" nähern kann – die „Reflexionen" von *Ilse Orth* (vgl. die Beiträge dieses Buches) sind auf dieses Thema gerichtet –, muß, auch wenn sie hier nicht weiter entfaltet wird, im Blick bleiben, denn sie bietet die Chance der „Überschreitung" und die Gefahr der „Entgrenzung" und beides kennzeichnet wiederum *Freiheit*. Vor allen Dingen wird damit verhindert, daß die „horizontalen Integrationen" pragmatisch verflachen oder allein dem Diktat von „Sachzwängen" folgen. Differenzieren und Integrieren, Aufnehmen und Abscheiden kennzeichnen wir als fundamentale Lebensprozesse, ja als Qualitäten des Lebendigen. Der Mensch, der über seinen Körper bzw. Leib der Welt des Lebendigen angehört, partizipiert an diesen Lebensprozessen und ist in seinen biologischen Grundfunktionen an ihnen ausgerichtet (wie die Funktionen des zentralen Nervensystems, der Wahrnehmung, des Gedächtnisses oder der embryologischen Entwicklung zeigen).

Konrad Lorenz formulierte als Grundaussage seiner „evolutionären Erkenntnistheorie": „Leben selbst ist ein Erkenntnisprozeß", und dieser erweist sich als beständige Interaktion von Organismen miteinander bzw. von Organismus und Umwelt im Sinne fortwährenden Differenzierungs- und Integrationsgeschehens. In diesen werden Lebensformen und -funktionen hervorgebracht, die in der Regel in optimaler Weise die Gesetzmäßigkeiten von „Lebensräumen" aufnehmen. „Das gilt für jede Einzellerstruktur, von der Körperform über alle Bauteile bis zur Position der Moleküle und von den einfachsten bis zu den komplexesten Strukturen des Verhaltens" (*Riedl* 1981, 26). *Differenzierungs- und Integrationsprozesse* – das sei nochmals betont – *erweisen sich damit als Ko-respondenzprozesse* (*Petzold* 1991e). Sie sind an Interaktionen gebunden, an Kommunikation in Kontext und Kontinuum, in Raum und Zeit unter den Bedingungen der Welt. *Interagierend gewinnt das Leben seine Form*. Dies gilt für die biologische Realität – und nicht nur für diese: „Wär' ... nicht das Auge sonnenhaft, die Sonne könnt ... es nicht erblicken". *Goethe* faßt hier das Grundprinzip ko-respondierenden, evolutionären Lernens: Das menschliche Auge, und damit die menschliche Art und Weise zu sehen steht am – derzeitigen – Ende eines Millionen von Jahren währenden Evolutionsprozesses, in dem die

„Bedingungen des Feldes“ in einer Weise integriert wurden, daß optimale *Formen* (idem 1990b) ausgebildet werden konnten. Dieser Prozeß hat letztlich zur Ausbildung der Strukturen menschlicher Wahrnehmung, ja menschlichen Denkens geführt und zu ihren Möglichkeiten *und Grenzen*. Es handelt sich hier – das muß herausgestellt werden – im weitesten Sinne um „Erfahrungsstrukturen“, die als Sedimentation aus der unmittelbaren, organismisch-leibhaftigen Erfahrung in der Interaktion mit der Welt gebildet wurden und eine überpersönliche Charakteristik haben. Sie wurden zu gesicherten *Programmen*, die unsere ontogenetische Entwicklung und unser Verhalten in der Welt, d. h. wiederum Interaktionssituationen, mitbestimmen. Der Begriff der „genetischen Programme“ als „Narrative der Vorwelt“, Niederschlag und Aufzeichnung einstmaliger Interaktionen von Lebewesen mit ihrer Umwelt, trägt in sich die Signatur vergangener Korespondenzprozesse und ist damit – wie ich (1990b; 1975h, 22) für die Integrative Therapie unterstrichen habe – hervorragend geeignet, den monolithen Triebbegriff der Psychoanalyse (er wurde inzwischen auch von der ursprünglichen Referenzwissenschaft, der Biologie, aufgegeben) abzulösen.«
Die energiemetaphorische Triebtheorie *Freuds* kann so durch eine *Theorie fleischgewordener, interaktiver Welterfahrung* ersetzt werden, denn nichts anderes sind die vielfältigen Antriebe unseres Verhaltens, die hinter unseren primären bzw. intrinsischen Motivationen stehen. Wir sind durch unsere *Intentionalität*, unsere grundsätzliche Bezogenheit auf die Welt angeregt, bewegt, und nicht durch *Triebe*. Aus persönlichen und kollektiven Integrationsleistungen einer Art (und ihrer Geschichte) hervorgegangen, werden solche *evolutionären Narrative* bzw. Programme, die unserer leiblichen Natur inhärent sind, Grundlage für weitere Differenzierungs- und Integrationsprozesse, bis daß neue Anforderungen des Feldes neue Muster erforderlich machen« (ibid.). So entwickelt sich in fortwährender Interaktion ein *spiraliger Prozeß der Erkenntnis*, wie ihn *Lorenz*, *Vollmer*, *Oeser*, *Riedl*, *Bischof* und andere beschrieben haben, in dem sich individuelle und kollektive Erkenntnisleistungen verbinden und eine immer höhere Abstraktion gewinnen: Von dem leibhaftigen Erleben *unmittelbar* gegebener Phänomene kommt es zu einem in der Lebenswelt gründenden, *erfahrenden Wissen*, auf dem *„mittelbarer* Erkenntnisgewinn“ aufruht, all das, was wir durch Theorien erschließen. Theorien sind Modelle über die Wirklichkeit, mit deren Hilfe wir versuchen, komplexe Realität in immer differenzierterer Weise zu begreifen. Daß wir auf der Oberfläche dieser Erdkugel stehen, die sich selbst wiederum in einer Windung unserer Milchstraße befindet, welche selbst nur einer von unzähligen Spiralnebeln in einem für unsere Vorstellungswelt unendlichen Universum ist, dies ist unserer unmittelbaren Wahrnehmung nicht gegeben. So entsteht eine der bedeutendsten Integrationsaufgaben, die zudem eine spezifisch menschliche ist: nämlich *sinnenhaft gegebene Erfahrungen* und *gedanklich erschlossene Erkenntnisse*, erlebte Welt und Modellkonstruktionen von Welt, phänomenale und transphänomenale Wirklichkeit (*Bischof* 1966) miteinander zu verbinden. Der Hiatus, der zwischen dem unmittelbaren *Erleben*, der erlebten Sinnenwelt besteht – Farben und Duft einer Blume –, der benannten und damit *reflektierten* Sinneserfahrung (hier liegt, wie *Hegel* zeigte, der Ausgangspunkt der Entfremdung als anthropologischer Gegebenheit) und der an Modellen konstruierten *konzeptualisierten* Welt, etwa der chemischen Verbindungen, die das pflanzliche Gewebe oder die Duftstoffe konstituieren, wird für wahrnehmungsgegründete Erfahrung auf ewig unüberbrückbar sein. Die *Gebrochenheit* jeglicher Erfahrung ist durch das exzentrische, reflexive Bewußtsein eine Grundverfaßtheit des menschlichen Wesens, weil vom Nach*spüren* über das Nach*sinnen* und über das Nach*denken* zur abstrakten Bestimmung und modellhaften (Re)konstruktion eines Gegenstandes ein qualitativer Umschlag grundsätzlicher Art erfolgt – eine *Ent-fremdung* von der Frische und leiblichen Unmittelbarkeit des wahrgenommenen Phänomens. Diese Gebrochenheit hat sich über

die Menschheitsgeschichte hin zunehmend verschärft, besonders mit der durch die Wissenschaft hervorgebrachten Informationsfülle und durch die Möglichkeiten der Technik, die die Mikro- und Makrowelt durch Elektronenmikroskop und Radioteleskop erschließen über die vermittelnden Transpositionen der Bildschirme, die uns die phänomenal unzugängliche Welt *mediatisiert* sinnlich zugänglich machen. Schon *Goethe* thematisiert in den „Wanderjahren" dieses Problem, wenn er Wilhelm (I, 10) sprechen läßt: „... ich habe im Leben gefunden ..., daß diese Mittel, wodurch wir unseren Sinnen zur Hülfe kommen, keine sittlich günstige Wirkung auf den Menschen ausüben," wie der Gewinn von Einsicht über technische Hilfsmittel auch immer einen Verlust impliziert und eine Gefahr, denn Abstraktion kann zum Beginn der Un-menschlichkeit werden. Heute wird dies besonders deutlich, denn das Potential rechnergestützter Informationsverarbeitung und die sich damit ergebenden technischen Möglichkeiten sind praktisch unbegrenzt. Es werden „virtuelle Welten" erzeugt, die die Welt sinnenhafter Erfahrung zunehmend entgrenzen. Aber der *Cyberspace* ist nicht unbedingt *Lebensraum*. Die intellektuelle *Sinnerfassungskapazität* von Menschen, ihr Potential zu abstrahieren, ist sicher noch lange nicht ausgeschöpft, aber das *Integrationspotential*, um die Welt des Erlebens und die Welt der abstrakten Ideen zusammenzubinden, scheint an Grenzen zu kommen – derzeit jedenfalls. Die Integrationsleistungen, die Kinder heute in ihrem Leben vollbringen müssen, nämlich Wahrnehmungs- und *Ideenwelt*, Sinnen- und *Modellwelten* zu verbinden, wird immer größer, und es muß hier die Frage gestellt werden: Wann kommt die *Integrationskapazität* von Kindern, wann die von Erwachsenen – und es handelt sich dabei ja nicht nur um ein kognitives Vermögen – an ein Ende, und wie wirkt sich das aus? Welche Phänomene – etwa der Überforderung –, welche Symptome, Erkrankungen psychischer, somatischer, noetischer und sozialer Art entstehen in solchen Grenzbereichen? Auf jeden Fall gilt es, eine Sensibilität zu entwickeln, um *Grenzen* zu erspüren. Grenzüberlastungen schlagen sich nieder im Lebensgefühl, in einem Zeitgeist, in persönlichen und kollektiven angespannten Anstrengungen, Komplexität zu bewältigen, vielleicht auch – bei Erfahrungen des Scheiterns – in resignativer Niedergeschlagenheit, in herzloser Gleichgültigkeit, in überschießenden, malignen Produktions- und Konsumzwängen auf der individuellen und kollektiven Ebene. Dies alles sind Zeichen von Entgrenzungen. Als solche können beispielhaft benannt werden, um diese Überlegungen zu konkretisieren: Entgrenzung auf der körperlichen Ebene, etwa als „Dickleibigkeit", Wohlstands-Adipositas, deren Obszönität (*Baudrillard* 1982) durch die Elendsgestalten der Hungernden offenbar wird, die aus der Sphäre des Wohlstands der „ersten Welt" ausgegrenzt sind (*les gens de tiers monde, c'est du monde!*). Entgrenzung im Seelischen zeigt sich etwa in der konsumptorischen Unmäßigkeit des Verschlingens von Information (*Postman* 1992), die keine persönliche und kollektive Bedeutung mehr gewinnt. Die Betroffenen, etwa im „Reality-TV" – und hier liegt wiederum ein „Einbruch des Obszönen" –, sind mit ihrer Not, ihrem Unglück, dem voyeuristischen Blick preisgegeben, ohne daß sie wirkliche Betroffenheit auslösen und die Resonanz dieses Berührtseins als Stütze, Trost oder konkrete Hilfe erfahren können. Als Entgrenzung ist auch das kollektive Phantasma des unbegrenzten Wachstums und *„Fortschritts"* – der Besiedlung, der Wirtschaft, der Wissenschaft – zu sehen, der Expansion in allen Bereichen, die zunehmend *Rückschritte* produziert, etwa im Hinblick auf die ökologische, gesellschaftliche und individuelle „Gesundheit" unserer Lebenswelt, und die *Evolution* in *Devolution* (*Petzold* 1986h) zu verkehren droht.

Unsere Muster der Wirklichkeitsverarbeitung haben sich über die Hominisation, die Menschheitsgeschichte hin in Formen der Vergesellschaftung entwickelt, doch diese haben in den vergangenen beiden Jahrhunderten einen ungeheuren Akzelerationsprozeß erfahren: Reichen aber unsere in Frühgeschichte, Antike, Mittelalter und Neuzeit herausgebildeten „Muster der Integration“ aus, um die ultrakomplexen Probleme, die im 20. Jahrhundert von uns *geschaffen* wurden, zu bewältigen? Reichen sie aus, um für die die Weltverhältnisse beeinflussenden Wirkungen – etwa ökologischer Art –, die erst jetzt, am *fin de siècle* in ihren gigantischen Dimensionen erahnbar werden, Lösungen zu schaffen: für Bevölkerungsexplosion (was Verelendungsexplosion heißt), für Treibhauseffekt, das Sterben der Meere, Ozonlöcher, Immunschwächen, die u. a. durch die von Menschen erzeugten global präsenten Giftstoffe ausgelöst werden? Der Mensch als *Kultur* schaffendes Wesen hat die *Natur*, die *biologische Evolution* überschritten, fraglich ist nur, ob die in der Phylogenese grundgelegten Muster der Erfahrungsbildung und die sich abzeichnende *Hyperexzentrizität* des Menschen – seine immer größere Abständigkeit zu den Gegebenheiten der Lebenswelt – noch integriert werden können oder ob er an der Aufgabe, in *Kulturarbeit* (*Petzold* 1987d, 1993d) menschlichen Geist und Natur zu integrieren, scheitert und seine Aktivitäten zu einer „schlechten Zivilisation“ verkommen, ja, zu einer *Kolonialisierung* der Lebenswelt geraten?

Konrad Lorenz hat das evolutionäre Lernen wie folgt charakterisiert: „Unsere vor jeder individuellen Erfahrung festliegenden Anschauungsformen und Kategorien passen aus ganz denselben Gründen auf die Außenwelt, aus denen der Huf des Pferdes schon vor seiner Geburt auf den Steppenboden, die Flosse des Fisches, schon ehe er aus dem Ei schlüpft, ins Wasser paßt“ (*Lorenz* 1941/1980, 99). Aber so organisch fügt sich der Mensch nicht mehr in die Außenwelt ein. Er verändert sie in einem Maße, daß die originären Muster der Orientierung nicht mehr greifen, und er sucht Räume auf (z. B. den Weltraum mit seiner Schwerelosigkeit), für die es keine originären Muster gibt. Dies alles sind faszinierende Erfahrungen – sie müssen indes interpretiert und integriert werden. Die weiträumigen evolutionären Schritte über Millionen von Jahren, die – immer noch weiträumigen – kulturevolutionären Schritte über Jahrtausende, die zum aufrechten Gang, zu Formen der Vergesellschaftung zum modernen Zivilisationsprozeß durch Informationsverarbeitungsstrategien der Komplexitätsproduktion *und* der Komplexitätsreduktion (beides bedingt sich wechselseitig) geführt haben, haben die Differenzierungsvorgänge in eine zeitraffergleiche Beschleunigung geführt. Was aber können wir als Einzelwesen, was können wir als Gesellschaft, als Menschheitsgemeinschaft noch von der *Komplexität* integrieren, die wir durch die überhitzte Akzeleration der Differenzierung, die Explosion der Erkenntnisse in Wissenschaft und Technik produzieren? *Integrationsarbeit* kommt durch immer weitere Spezialisierungen auf Dauer an Grenzen. Integration könnte deshalb durchaus darauf hinauslaufen bzw. darin bestehen, aus *Komplexität auszuwählen* oder gar auf *Komplexitätsproduktion zu verzichten*, und bedeutet dann also *nicht*, in unbegrenztem Maße gegebene und geschaffene Vielfalt zu ordnen und sich produzierende Detailinformationen zu übergreifenden Sinnzusammenhängen zu verbinden. Die zu Eingang gegebene Definition von Integration erhält hier eine andere Wendung, denn es werden *Bewertungen* einzuführen sein, durch die darüber befunden werden kann, was weiter differenziert, erforscht und integriert werden soll. Damit steht das Thema einer *Wissenschaftsethik* im Raum, das Thema einer *„Ethik des Integrierens“*. Es müßte ko-respondierend auf möglichst breiter Ebene *Konsens* darüber hergestellt werden, was mit Blick auf die anstehenden Menschheitsprobleme an Wissensproduktion wesentlich oder unwesentlich ist. Dies sind äußerst prekäre und schwierige Fragen, und die Auseinandersetzung mit ihnen wird zumeist vermieden, wie der Umgang mit Großtechnologien nur zu deutlich zeigt. Das Thema kann hier nicht weiter vertieft werden.

Die Unterscheidung zwischen *Erkenntniswissen* einerseits und selektiertem und bewertetem *Entscheidungswissen* andererseits ermöglicht eine *vertikale* Differenzierung, eine Schichtung von Erkenntnisthemen, die es zu integrieren gilt.

Menschen stehen aber auch vor der Aufgabe, *horizontale* Differenzierungen zu integrieren,

Informationsfülle, Fakten, die in unüberschaubarer Menge nebeneinander stehen und kaum noch sinnvoll verbunden werden können. *Neil Postman* hat diese Situation in den plakativen Satz gefaßt: „Wir informieren uns zu Tode" – „Die meisten Menschen glauben immer noch, Informationen und immer mehr Informationen sei das, was die Menschen vor allem benötigten. Information bildet die Grundlage all unserer Bemühungen um die Lösung von Problemen. Aber unsere wirklich ernsten Problemen erwachsen nicht daraus, daß die Menschen über unzureichende Information verfügen. Wenn es zu einer Nuklearkatastrophe kommt, dann nicht wegen unzulänglicher Information. Wo Menschen verhungern, geschieht das nicht wegen unzureichender Information. Wenn Familien zerbrechen, wenn Kinder mißhandelt werden, wenn zunehmende Kriminalität eine Stadt terrorisiert, wenn sich das Erziehungswesen als ohnmächtig erweist, so nicht wegen mangelnder Information, sondern weil wir kein zureichendes Bewußtsein davon entwickeln, was sinnvoll und bedeutsam ist" (idem 1992, 62). Auch von *Postman* wird die Selektions- und Bewertungsproblematik angesprochen. Sowohl für die vertikale wie auch für die horizontale Integrationsarbeit, für das Verbinden von Informationen auf unterschiedlichen Ebenen und aus unterschiedlichen Feldern steht der Mensch – sei es nun in seinen Alltagsbezügen oder in einem therapeutischen Kontext – vor dem Problem, daß Information häufig vom unmittelbaren Erleben abgekoppelt ist: „Man steht nicht im Katastrophenkontext, in leibhaftig konkreten Bedrohungen, man sitzt nicht selbst in der Taucherkugel oder im Stratosphärenballon. Betroffenheit ist mittelbar und Interesse abstrakt. Die Informationen über erlebnisferne Ereignisse – wie schlimm sie auch sein mögen – stehen in der Gefahr der Banalisierung" ... „die Informationsschwemme bringt Pseudokontexte hervor, und Pseudokontexte verwandeln sich, indem sie die Kluft zwischen Information und sinnvollem Handeln noch weiter vertiefen, in Unterhaltung" (*Postman* 1992, 62). Wenn es aber – wie es die Fernsehberichterstattung beim zweiten Golfkrieg zeigte – zu einer Qualität der „Unterhaltung durch schreckliche Realität" kommt, so entsteht gleichzeitig eine Qualität der *Aggressivität* und der *Ohnmacht*. Einmal, weil die „Informationsschwemme ... auch zu einem wachsenden Gefühl von Ohnmacht" (ibid.) führt: „man kann eh nichts tun" –, zum anderen, weil man, indem man sich unmittelbare Betroffenheit „vom Leibe hält", dies auch ein aggressiver Akt gegen diejenigen ist, die an einem fernen Ort Furchtbares erleiden müssen. Zwischen die Welt unmittelbarer Sinneserfahrungen und die Welt konstruierter Erkenntnis ist als eine zunehmend neue Dimension eine Welt „mediatisierten" Erfahrens und Erkennens getreten, die durch die neuen audiovisuellen Medien Film, Fernsehen und Video eine besondere Qualität *unberührter Berührtheit* hervorbringt, welche einen spezifischen und zugleich anonymen „Brückenschlag zum Fernen" durch Mediatisierung schafft. Der eigene, dem unmittelbaren Erleben zugängliche Kontext erhält dabei eine positive Aufwertung. Die nähere Sozialwelt, die eigene soziale Gruppe wird zu einem „Intimitätsraum der Sicherheit", der gegen die durch die Medien nahe herangerückten und doch entfernten bedrohlichen Wirklichkeiten und notfalls gegen die vom Unglück betroffenen anderen abgeschirmt werden muß. Und das führt zu Ausgrenzungen! *Richard Sennett* hat in seinen bedeutenden Analysen aufgezeigt, wie im Prozeß der Modernisierung in den letzten beiden Jahrhunderten es zu einem zunehmenden Verfall des *öffentlichen Raumes*, der übergreifenden Perspektiven gekommen ist, zugunsten einer Aufwertung des Privaten, des kleinen Raumes. Die Integrationen „nach innen" führen zu Abgrenzungen „nach außen". Was in den Texten der französischen Revolution noch als „allgemeine" *Brüderlichkeit* herausgestellt wurde, wird zu einer Brüderlichkeit des „inneren Kreises" und gerät, wie *Sennett* sagt, zu einer „Tyrannei der Intimität". Die Stichworte „Ausländerfeindlichkeit und Asylantenpolitik" exemplifizieren heute, was *Sennett* in seinen Analysen 1987 aufgezeigt hat. Es darf also nicht übersehen werden, daß Integration auch immer

Nicht-integrierbares ausweist, daß sie einen Selektionsprozeß darstellt, und daß wir uns deshalb fragen müssen, wie weit – auf der Ebene horizontaler Differenzierungen – unsere Integrationskapazitäten reichen, wie weit unsere Integrationsräume gefaßt sind und wo die Ausgrenzung von Informationen, Materialien, ja, Menschen beginnt, durch Selektionen, deren Kriterien unhinterfragt sind, denn sie kommen sicher nicht aufgrund *ethischer Diskurse* (*Apel* 1992; *Petzold* 1992a, 500 ff.) zustande. Wir müssen uns weiterhin fragen, welche Folgen Ausgrenzungen für die Ausgegrenzten, aber auch für die Ausgrenzenden haben. Damit kommen die Strategien persönlicher und kollektiver Integrationsarbeit in den Blick, nicht nur die Mechanismen und Strategien des Integrierens, sondern auch die Intentionen, die hinter Integrationsbemühungen stehen. Es kann gar nicht genug unterstrichen werden, daß der Begriff der *Integration* keineswegs nur eine kognitive oder emotionale Leistung von Privatmenschen bezeichnet, sondern häufig genug ein kollektives Geschehen (als offenes und verdecktes, vgl. *Erdheim* 1982) mit äußerst realen Konsequenzen. So hat dieser Begriff „Integration" seit langem in Theorie und Praxis der Behinderten- und Altenarbeit, der Ausländer- und Randgruppenarbeit, der Kulturtheorie und Kulturarbeit einen zentralen Platz. Es geht also nicht nur um die „Integration" von Ideen, Kenntnissen, Informationen, sondern auch um die „Integration" von Menschen, Gruppen und der von diesen vertretenen Traditionen, es geht um Welt- und Menschenbilder. Hier meint Integration oft genug Einpassung, Nivellierung, Angleichung, Eingemeindung, Unterdrückung unter durchaus fragwürdigen Selektionskriterien und Normierungen (*Berger, Luckmann* 1970), und es bleibt immer Nicht-integrierbares, es bleiben Ausgegrenzte, Abgeschobene, Verstoßene, ja, blickt man in die Welt, Vernichtete.

Kommen wir auf die eingangs anhand des Koexistenzaxioms und mit Rückgriff auf die evolutionäre Erkenntnistheorie herausgearbeitete These zurück: Integration ist an Ko-respondenz, an Interaktions- und Kommunikationsprozesse mit den Gegebenheiten des Feldes gebunden; so wird deutlich, daß Integrieren als persönliche Lebensaufgabe niemals in der Privatheit verbleiben kann, sondern „*Begegnung* und *Auseinandersetzung*" erfordert – wie in der Theorie der „Integrativen Therapie" der Prozeß *intersubjektiver Ko-respondenz* definiert ist (*Petzold* 1978c, 1991e). Integration wird damit als ein mehrdimensionales Geschehen erkennbar, in dem leiblich gegründete Wahrnehmungsvorgänge sowie emotionale, kognitive und soziale Erkenntnis- und Bewertungsvorgänge *synergetisch* zusammenspielen und in dem schließlich individuelle und kollektive Aspekte, persönliche und soziale Repräsentationen (*Moscovici* 1984; *Jodelet* 1989) sich verschränken. *Integrationen sind an solche integrierenden Prozesse* gebunden. In ihnen verbinden sich Wege und Ziele in einer fortschreitenden Spiralbewegung von *Wahrnehmen, Erfassen, Verstehen* und *Erklären,* von *Spüren, Erkennen, Begreifen* und *Handeln* (*Petzold* 1988b), solange die kohäsive Kraft einer solchen verbindenden Bewegung ausreicht – und hier liegt der neuralgische Bereich der *Grenzen* der Integrationsfähigkeit. Wir müssen für diese Grenzen sensibel werden, um ein Zerbrechen integrierender Prozesse zu verhindern, die ansonsten in Desintegration, Chaos, *Devolution* (*Petzold* 1986h) führen oder vorhandenes, integrationsbedürftiges Chaos nicht mehr zu bändigen vermögen.

Für die therapeutische Arbeit wie für die persönliche Reflexion oder das Alltagsgespräch – zwischen Partnern, Freunden, Kollegen –, das häufig *reflektierend und berührt zugleich* ist, gilt, daß es stets um Integrationsprozesse kleineren oder größeren Ausmaßes geht, und diese gelingen uns um so besser, je ko-respondierender das „narrative Klima" zwischen den Interaktionspartnern ist. Deshalb ist es wesentlich, daß wir eine *Gesprächskultur* (idem 1991o/1991a, 374 ff.) entwickeln und pflegen, daß wir Erzähl- und Ko-respondenzgemeinschaften (idem 1991e) auf breiter Basis aufbauen, in denen eine Bewußtheit für das geschaffen wird, was man integrieren kann und nicht zuletzt Bewußtheit *für das, was man damit jeweils ausgrenzt.* Die notwendige Beschränkung von Informationsfülle, die Eingrenzung der Informationsschwemme wird damit nicht nur eine individuelle Aufgabe. Ethisch konsensfähige Selektionskriterien lassen sich am besten gemeinschaftlich finden und bestimmen (*Apel* 1992). Wird die Abblendung von Weltkomplexität auch unverzichtbar, so kann durch verantwortlich kooperierende Konsensgemeinschaften gewährleistet werden, daß dabei der „Horizont von Welt" nicht ausgeblendet wird. Wie *Luhmann* (1968) deutlich gemacht hat, wäre dies verhängnisvoll. Integrierende Eingrenzungen müssen sich des *Ausgegrenzten* und der *Ausgegrenzten* bewußt bleiben, in einer Offenheit, die es möglich macht, über die gezogenen Grenzen erneut zu verhandeln – menschliches Miteinander ist „Handeln um Grenzen" –, denn sonst mündet Ausgrenzung – und dies zeigt *Sennett* (1987) – allzu leicht in Akte der Tyrannei und Gewalt.

Unsere Überlegungen führen uns damit in einem Bogen über kollektive Sinnfragen und Erkenntnisformen zu politischen Fragestellungen: *Integrationsarbeit hat eine eminent politische Dimension.* Das darf nicht vergessen oder ausgeblendet werden. Selbst persönliche Integrationsleistungen stehen in der Regel in kollektiven Prozessen, sind häufig eingebunden in kollektive Integrationsarbeit. Dies wird etwa an *Bildungsarbeit,* wie wir sie an FPI und EAG betreiben (*Sieper* 1985), aber auch an Therapie und Maßnahmen psychosozialer Hilfeleistung, die wir in unserer therapeutischen Praxis und psychosozialen Projektarbeit durchführen (*Petzold, Schobert, Schulz* 1991), deutlich. Auch wenn das „öffentliche Moment in persönlichen Prozessen" sehr oft nicht gesehen wird oder werden will, wie etwa in den Prozessen von Erziehung und Sozialisation in Schule und Elternhaus, ist unübersehbar, daß sie von übergreifenden „believe systems", „représentations sociales" (*Moscovici* 1984), von „kollektiven Stilen des Integrierens" gekennzeichnet sind und solche auch weitervermitteln, ohne daß dies den so Sozialisierten bewußt ist und – soweit es sich um Kinder handelt – auch bewußt gemacht werden kann. Aus diesem Faktum entsteht die Aufgabe der *Emanzipation von der eigenen Geschichte* – sei es der Bildungsgeschichte, der Familiengeschichte, der Leidensgeschichte – im Sinne einer „engagierten Distanznahme" von der eigenen Biographie als Widerfahrnis, ohne daß damit der Kontakt zur eigenen Lebensgeschichte verloren wird. Nur dann kann man sich das Leben zu eigen machen und eigene Entwürfe realisieren – nicht *neben* der Gesellschaft und nicht ohne die anderen Menschen, aber eben auch nicht passiv, den Einflüssen des Lebenskontextes ausgeliefert und überantwortet. Ein Mensch, der einen solchen Weg beschreitet und das Projekt der „Selbstverwirklichung mit anderen" ein Stück weit realisieren kann, wirkt konstruktiv in die Lebenswelt. Er setzt Zeichen, daß *miteinander* Lebensqualität in Freiheit verwirklicht werden kann (*Orth, Petzold* 1993, dieses Buch). Therapie kann unter dieser Perspektive immer als eine Hilfe aufgefaßt werden, „unterbrochene oder unabgeschlossene Bildungsprozesse" (*Gadamer, Habermas*) – und das sind immer unterbrochene Differenzierungs-, Integrations- und Kreationsprozesse – weiterzuführen, zu einem Abschluß hin und über diesen Abschluß hinaus als *kreative Öffnung auf die Zukunft* hin, die gemeinsam in *Freiheit* gestaltet werden kann, einer Freiheit, Grenzen auszudehnen und Grenzen zu beachten.

LITERATUR

Apel, K.O., Universelle Ethik, *UNESCO Courier* 7/8 (1992) 7-11.

Baudrillard, J., Die Dickleibigkeit als transpolitische Form und Weise des Verschwindens, in: *Kamper, D., Wulf, Ch.*, Die Wiederkehr des Körpers, Surhkamp, Frankfurt 1982.

Berger, P.L., Luckmann, T., Die gesellschaftliche Konstruktion der Wirklichkeit. Eine Theorie der Wissenssoziologie, Firscher, Frankfurt 1970.

Bischof, N., Erkenntnistheoretische Grundlagenprobleme der Wahrnehmungspsychologie, in: *Metzger, W.*, Handbuch der Psychologie, Bd. I, Hogrefe, Göttingen 1966, 1974[2], 21-78.

Erdheim, M., Die gesellschaftliche Produktion von Unbewußtheit. Eine Einführung in den ethnopsychoanalytischen Prozeß, Suhrkamp, Frankfurt 1982.

Jodelet, D., Les représentations sociales, Presses Universitaires de France, Paris 1989a.

Jodelet, D., Folies et représentations sociales, Presses Universitaires de France, Paris 1989b.

Lorenz, K., Über tierisches und menschliches Verhalten, Piper, München 1990.

Luhmann, N., Zweckbegriff und Systemrationalität. Über die Funktion von Zwecken in sozialen Systemen, Mohr, Tübingen 1968.

Moscovici, S., The phenomenon of social representations, in: *Farr, R.M., Moscovici, S.* (eds.), Social representations, Cambridge University Press, Cambridge 1984.

Orth, I., Integration als persönliche Lebensaufgabe, Vortrag auf 3. Deutschen Kongreß für Gestalttherapie und Integrative Therapie, 25.-28. Februar 1993 in München, in: *Petzold, Sieper* (1993a), dieses Buch.

Petzold, H.G., Thérapie du mouvement, training rélaxatif, thymopratique et éducation corporelle comme intégration, Paris 1970c.

Petzold, H.G., Integrative Therapie ist kreative Therapie. Fritz Perls Institut, Düsseldorf 1975h.

Petzold, H.G., Das Ko-respondenzmodell in der Integrativen Agogik, *Integrative Therapie* 1 (1978c) 21-58.

Petzold, H.G. (Hrsg.), Psychotherapie, Meditation, Gestalt, Junfermann, Paderborn 1983d.

Petzold, H.G., Nootherapie und „säkulare Mystik" in der Integrativen Therapie, 1983e in: *Petzold* (1983d) 53-100.

Petzold, H.G., Zur Psychodynamik der Devolution, *Gestalt-Bulletin* 1 (1986h) 75-101.

Petzold, H.G., Kunsttherapie und Arbeit mit kreativen Medien – Wege gegen die „multiple Entfremdung" in einer verdinglichenden Welt, 1987d; in: *Richter, K.* (Hrsg.), Psychotherapie und soziale Kulturarbeit – eine unheilige Allianz? *Schriftenreihe des Instituts f. Bildung und Kultur*, Bd. 9, Remscheid, 38-95; repr. in: *Matthies, K.*, Sinnliche Erfahrung, Kunst, Therapie, Bremer Hochschulschriften, Univ. Druckerei, Bremen 1988.

Petzold, H.G., Zur Hermeneutik des sprachlichen und nichtsprachlichen Ausdrucks in der Integrativen Therapie, Fritz Perls Institut, Düsseldorf 1988b (erw. in 1991a).

Petzold, H.G., Gestalt und Rhizom – Marginalien zu Einheit und Vielheit in der Integrativen Therapie, *Gestalt & Integration*, Gestalt-Bulletin 1 (1989a) 34-50.

Petzold, H.G., „Form und Metamorphose" als fundierende Konzepte für die Integrative Therapie mit kreativen Medien – Wege intermedialer Kunstpsychotherapie 1990b, in: *Petzold, Orth* (1990a) II, 639-720.

Petzold, H.G., Integrative Therapie – Methoden und Modelle zu einer schulenübergreifenden Psychotherapie, Bd. II/1: Klinische Philosophie, Junfermann, Paderborn 1991a.

Petzold, H.G., Masken – die „andere Identität des Selbst", in: *Sommer, K.*, Therapeutisches Maskenspiel – Grundformen der Theatertherapie – Gesichter der Frauen – ein Frauenseminar, Junfermann, Paderborn 1991d, 9-17.

Petzold, H.G., Das Ko-respondenzmodell als Grundlage der Integrativen Therapie und Agogik, überarbeitet und erw. von (1978c) 1991e, in: *Petzold* (1991a) 19-90.

Petzold, H.G., Chronosophische Überlegungen zu Zeit, Identitätsarbeit und biographischer Narration, 1991o, in: *Petzold* (1991a) 333-396.

Petzold, H.G., Integrative Therapie. Ausgewählte Werke Bd. II, 2: Klinische Theorie, Junfermann, Paderborn 1992a.

Petzold, H.G., Identität und Entfremdung, 1993d, Fritz Perls Institut, Düsseldorf 1993.

Petzold, H.G., Orth, I., Die neuen Kreativitätstherapien, 2 Bde., Junfermann, Paderborn 1990a.

Petzold, H.G., Orth, I., Die neuen Kreativitätstherapien – Formen klinischer Kunsttherapie und Psychotherapie mit kreativen Medien, 1990b, in: *Petzold, Orth* (1990a) 15-30.

Petzold, H.G., Orth, I., Therapietagebücher, Lebenspanorama, Gesundheits-/Krankheitspanorama als Instrumente der Symbolisierung, karrierebezogenen Patientenarbeit und Lehranalyse in der Integrativen Therapie, *Integrative Therapie* 1/2 (1993a) 95-153; auch in: *Frühmann, Petzold* (1993a).

Petzold, H.G., Schobert, R., Selbsthilfe und Psychosomatik, Junfermann, Paderborn 1991.

Petzold, H.G., Schobert, R., Schulz, A., Anleitung zu „wechselseitiger Hilfe" – Die Initiierung und Begleitung von Selbsthilfegruppen durch professionelle Helfer – Konzepte und Erfahrungen, in: *Petzold, Schobert* (1991) 207-259.

Petzold, H.G., Sieper, J., Integration und Kreation, Junfermann, Paderborn 1993a.

Postman, N., Wir informieren uns zu Tode, *Die Zeit* 41 (1992) 61-62.

Riedl, R., Biologie der Erkenntnis. Die stammesgeschichtlichen Grundlagen der Vernunft, Parey, Hamburg 1981.

Sennett, R., Verfall und Ende des öffentlichen Lebens. Die Tyrannei der Intimität, Fischer, Frankfurt 1987[3]; orig. The fall of public man, Alfred Knopf, New York 1974.

Sieper, J., Bildungspolitische Hintergrunddimensionen für Integrativ-agogische Arbeit an FPI und FPA, *Integrative Therapie* 3/4 (1985) 340-359.

Arbor sapientiae vel philosophicus
Aus: Basilius Valentinus, Azoth. Paris 1659

Magister und Scholar stehen unter dem kosmischen Planetenbaum, dem Baum der Wissenschaft und Weisheit. „Die Äste laufen in den Planeten aus, von rechts nach links: Mond, Jupiter, Saturn, Merkus, Venus, Mars und Sonne. Während das in der Krone eingezeichnete Dreieck das Universum (mit Körper, Geist und Seele des Weltalls) darstellt, versinnbildlicht das untere, umgekehrte Dreieck den Menschen, dessen dreifaches Wesen durch die drei Stoffe (Salz = Körper, Quecksilber = Geist, Schwefel = Seele) veranschaulicht wird. So erscheint der Mensch als Spiegelbild des Kosmos." (*M. Lurker*, Der Baum in Glauben und Kunst, Körner, Baden-Baden 1976, 98; vgl. *Petzold, H.*, Der heilige Baum, Quatember 1 (1967/68) 2-6).